DIE HEIDELBERGER STRASSENNAMEN

BEITRÄGE ZUR HEIDELBERGER STADTGESCHICHTE

herausgegeben vom Heidelberger Geschichtsverein

Band 1

DIE HEIDELBERGER STRASSENNAMEN

Straßen, Gassen, Wege, Plätze
und Brücken in Heidelberg

von Hansjoachim Räther

Herausgegeben von Hans-Martin Mumm
für den Heidelberger Geschichtsverein

Mattes Verlag

Die Beschreibung der Straßennamen des Stadtteils Wieblingen
wurde von Walter Petschan beigetragen

ISBN 978-3-86809-043-7
Mattes Verlag Heidelberg 2015

Bibliographische Information Der Deutschen Bibliothek
Die Deutsche Bibliothek verzeichnet diese Publikation
in der Deutschen Nationalbibliographie; detaillierte
bibliographische Daten sind im Internet über
http://dnb.ddb.de abrufbar.

Umschlagabbildung: Ausschnitt Heidelberger Stadtplan 1926
Druck und Bindung: Neumann, Heidelberg

Inhalt

Was ist das Schwerste von allem?
Was dir das Leichteste dünket:
Mit den Augen zu sehn,
was vor den Augen dir lieget.
(Johann Wolfgang von Goethe, Xenien aus dem Nachlass)

Von diesen Städten wird bleiben:
der durch sie hindurchging, der Wind.
(Bertolt Brecht, Vom armen B.B.)

Vorwort

Dass Straßen Namen haben, ist keineswegs selbstverständlich. Das lehrt schon ein Blick auf die Quadrate der Nachbarstadt Mannheim. Weltweit gibt es Rastersysteme für Straßen oder Baublöcke mit Buchstaben und Ziffern. Unser heutiges System amtlicher Straßenverzeichnisse geht auf das 19. Jahrhundert zurück. Die Selbstverwaltungsorgane der Kommunen benannten per Beschluss Straßen und Plätze und vergaben Hausnummern. Dabei wurden in den Ortskernen viele überlieferte Namen übernommen. Die Kettengasse der Altstadt hat nichts mit Ketten zu tun, sondern leitet ihren Namen von lateinisch cattus, Belagerungsgerät, ab; hier stand im Mittelalter das pfalzgräfliche Zeughaus mit dem Waffenarsenal. Der Amselweg in Handschuhsheim verweist auf die Begräbnisstätte von Abt Anselm auf dem Heiligenberg, der Hostig in Wieblingen markiert den hohen Steig am Neckarufer.

Die Namensgebung in den Gründerzeitvierteln folgte den Maximen der Kaiserzeit: Pate standen Fürstenhäuser und Militärs, daneben berühmte Wissenschaftler und gelegentlich verdiente Kommunalpolitiker. In den Siedlungen des 20. Jahrhunderts, bearbeitet vom Vermessungsamt der Stadt, dominieren die quartiersmäßigen Benennungen: Vogelarten, Flüsse, Maler, Komponisten, Wissenschaftler und Wissenschaftlerinnen, aber auch alte oder alt klingende Flurnamen.

Wenn der Stadtrat Namen vergibt, kann er sie auch ändern. Zuletzt wurde 2011 die Treitschke- in Goldschmidtstraße umbenannt: Statt des antisemitischen Historikers wurde das jüdische Stifterehepaar Leontine und Victor Goldschmidt zum Namensgeber. Im 19. Jahrhundert ging es um die Aufwertung der eigenen Wohnstraße, im 20. Jahrhundert um die Vermeidung von Doppelbenennungen nach Eingemeindungen und um die politischen Einschnitte der Machtergreifung 1933 und der Befreiung 1945. Eine Umbenennung der besonderen Art fand 1929 statt, als der Bierhelder Weg im eingemeindeten Rohrbach in Kühler Grund umbenannt wurde: Das Eichendorff-Gedicht »In einem kühlen Grunde« wurde dadurch gegen alle Philologie, aber sehr effektiv an Heidelberg gebunden.

Auch ohne Umbenennung kann es zu einem Bedeutungswandel kommen. 1929 erhielt die Turnerstraße in der Südstadt ihren Namen nach einem Turnplatz. Später kamen in der Nachbarschaft Straßen mit Namen berühmter Maler dazu, und so wurde stillschweigend aus der Turner- eine (William-)Turner-Straße. Die Saarstraße erhielt 1934 ihren Namen im propagandistischen Zusammenhang mit der Kampagne zur Rückgabe des Saargebiets an das Deutsche Reich; heute ist die Saarstraße ein harmloser Name zwischen anderen an deutsch-französische Grenzflüsse erinnernde Straßen.

Diese wenigen Beispiele können genügen, um zu zeigen, dass ein Buch über Straßennamen eine gute Fundgrube für zahllose Informationen und überraschende Zusammenhänge ist. Der Historiker Hansjoachim Räther hat zum ersten Mal die Straßennamen der heutigen Heidelberger Gemarkung systematisch erforscht und zusammengestellt. Stützen konnte er sich dabei auf – keineswegs flächendeckende – Vorarbeiten zur Flurnamenforschung, zur Stadtteilgeschichte und auf Adressbuchmitteilungen. Es blieb noch genügend Raum für mehrjährige Recherche. Unterstützt wurde er dabei von Walter Petschan, Historiker und Philologe, der die Wieblinger Straßennamen bearbeitet hat. Herausgekommen ist ein neuartiges Werk, das den heutigen Bestand an Straßennamen lexikalisch erfasst, über die historischen Zusammenhänge informiert und die Siedlungsgeschichte Heidelbergs im 19. und 20. Jahrhundert onomastisch erfasst.

Der Heidelberger Geschichtsverein beginnt mit diesem Band eine neue Reihe »Beiträge zur Heidelberger Stadtgeschichte«. Neben unserem Periodikum »Heidelberg. Jahrbuch zur Geschichte der Stadt« wollen wir künftig in zwangloser Folge monografische Arbeiten veröffentlichen, die den Rahmen eines Jahrbuchs übersteigen würden.

Wir danken den beiden Autoren, dem Mattes Verlag für sorgfältige Betreuung und den Mitgliedern des Geschichtsvereins für die großzügige finanzielle Unterstützung dieses Buchprojekts. Den Leserinnen und Lesern wünschen wir bessere Orientierung in ihrem Wohnumfeld und allgemein viele neue Erkenntnisse.

Heidelberg,   Hans-Martin Mumm
im Dezember 2014   Vorsitzender des Heidelberger Geschichtsvereins

Einleitung

Warum Straßennamen?

Der Mensch ist das einzige Wesen, das den Dingen, die ihn umgeben, einen Namen gibt. Indem er sie benennt, übt er Herrschaft über sie aus, bekommt er sie in den Griff, werden sie ihm untertan. Namen sind nicht Schall und Rauch.

Wege und Straßen gehören zu den ältesten Spuren, die der Mensch in der Landschaft hinterlassen hat. Sie dienen der alltäglichen Kommunikation, der Mobilität der Menschen, dem Austausch von Informationen und Gütern. Die Namen der Straßen und Wege sind durchtränkt von unbewusstem Sinn und fernen Bedeutungen, spiegeln Geschichte wider, wirken als kulturelles Gedächtnis. Wohl dienen sie in erster Linie der Orientierung und Verwaltung, aber auch der Erinnerung, und sie erzählen vom Entstehen und Wachsen der menschlichen Siedlung. Lange Zeit existierten sie nur im mündlichen Gebrauch.

Die Notwendigkeit von Straßenbenennungen wird verknüpft mit dem Gedenken an Menschen, an Gewerke, an Ereignisse, an typische Merkmale wie Enge oder Breite, Länge oder Kürze, oder die Lage bei wichtigen Bauwerken. Hinter der Benennung stecken oft politische, zuweilen auch wirtschaftliche Erwägungen. Dies wird besonders deutlich, wenn Änderungen von Namen erfolgen.

Die ständige Begegnung des Einzelnen mit der durch Namen hervorgerufenen Vergangenheit unterliegt dem Zufall und geschieht fast immer unbewusst. Über banale Straßennamen dringt der Mythos der Geschichte in unseren Alltag. Die scheinbare Bedeutungslosigkeit von Straßenschildern verleiht ihnen eine Selbstverständlichkeit, die sie wieder auf die Version der Vergangenheit, die sie darstellen, übertragen.

Geschichte der Straßennamen

Die Kenntnis von Straßennamen reicht bis in die Antike. Einer der ältesten überlieferten ist der Name der Via Appia, die seit 312 vor Christus von Rom nach Brindisi führte und deren Name bis heute gilt. Auch die ersten Straßen in unserer Gegend wurden wohl von Römern angelegt. In der Mitte des ersten Jahrhunderts nach Christus besetzten sie den Rhein-Neckar-Raum, um den Flussübergang am Schnittpunkt von Ost-West- und Nord-Süd-Verbindungen zu kontrollieren. Sie bauten strategische Straßen, zum Teil unter Beibehaltung vor-römischer Verkehrsverbindungen. An der Kreuzung zweier solcher Wege, der alten Bergstraße (Nord-Süd) und der Verbindung zwischen Ladenburg und den Kastellen des Odenwaldlimes (West-Ost), entstand die Heidelberger Römersiedlung. Solche Straßen sind im heutigen Straßennetz noch erkennbar, aber ihre ursprünglichen Namen bleiben uns verborgen. Nach Abzug der Römer verfielen die Straßen. Das mittelalterliche Verkehrsnetz bestand vor allem aus Resten alter Römerstraßen und natürlichen Passagen.

Kriterien der Benennung

Im Laufe der Zeit änderte sich die Art und Weise des Sich-Beziehens auf öffentliche Verkehrsflächen. Im Mittelalter pflegte man die Lage von Märkten, Häusern und Grundstücken nach klaren Bezugspunkten zu benennen, etwa nach einer Kirche, einem markanten Profanbau, einem Tor, einem Turm, einem Gewässer. Die Bezeichnungen wurden nicht von oben diktiert, sondern vom Volk gewählt, waren nicht bindend und wechselten häufig. Entsprechend veränderten sich die Schreibweisen der Namen, teilweise bis zur Unkenntlichkeit. Die Städte des Mittelalters waren für die Bewohner übersichtlich, man kannte sich aus. Um eine Person oder ein Gebäude zu identifizieren und zu finden, waren keine Straßenbenennungen nötig.

Häuser haben Namen

Dagegen war es damals (und ist zum Teil bis heute) üblich, Häuser mit Namen zu versehen. Hausnamen erleichterten die Orientierung in einer Zeit, in der die meisten Menschen Analphabeten waren. Beispiele in Heidelberg sind: *Alte Diemerei* (Schlossberg 9), *Blaue Lilie* (Große Mantelgasse 1–3), *Blümli-Alp* (Schloss-Wolfsbrunnen-Weg 6), *Bomeisselsches Handelshaus* (Steingasse 9), *Bremeneck* (Bremeneckgasse 1), *Haus Felseck* (Neue Schlossstraße 1), *Villa Felseck* (Neuenheimer Landstraße 38), *Finkengut* (Hauptstraße 55), *Hansa-Haus* (Rohrbacher Straße 9), *Jungwirthsches Haus* (Schlossberg 2), *Leonhardisches Haus* (Hauptstraße 232), *Lumbezwick* (Römerstraße 2–10), *Magerer Hof* (Schlierbach), *Menglerbau* (Rohrbacher Straße 6–8), *Medersches Haus* (Hauptstraße 168), *Nollertblock* (Wörthstraße 3), *Ottheinrichshof* (Hauptstraße 195), *Salzhaus* (Marktplatz 10), *Zum Schlüssel* (Kettengasse 21).

Die vier Quartiere der Heidelberger Altstadt

Vor Einführung der durchlaufenden Hausnummern innerhalb der einzelnen Straßen war die Stadt im 19. Jahrhundert in vier Quartiere (»Literae A, B, C, D«) eingeteilt, nämlich:

Litera A = 1. Quartier: südliche Vorstadt
Litera B = 2. Quartier: nördliche Vorstadt
Litera C = 3. Quartier: südliche Altstadt
Litera D = 4. Quartier: nördliche Altstadt

Grenzen zwischen den Quartieren waren Hauptstraße und Grabengasse. Nicht in die Quartiers-Einteilung fielen die Straßen *Unterer Faulpelz*, *Oberer Faulpelz*, *Schlossberg*, *Kurzer Buckel* sowie das Dorf Schlierbach und der Kohlhof.

Straßennamen in Heidelberg

Noch immer sind in Heidelberg alte Namen, mehr oder weniger verändert, in Gebrauch. Zu den ältesten uns bekannten gehören die *Bergstraße* (1165 erstmals unter diesem Namen auf Heidelberger Gemarkung erwähnt, nicht identisch mit der heutigen Straße gleichen Namens), der *Galgenweg* (1294, heute Teil der Römerstraße), die *Untere Straße* (1300), die *Heugasse* (1344), die *Pfaffengasse* (1344), die *Bergheimer Steige* (1348, heute Steigerweg). Viele Straßennamen sind verschwunden und vergessen (z. B. *Franziskanergasse*, *Sporergasse*, *Sapienzgasse*, *Schwertgäßlein*, *Münzgäßchen*, *Kandelgaß*). Manche Namen, wie *Fauler Pelz*, *Märzgasse*, *Bussemergasse*, *Sensenried*, *Im Bosseldorn*, *Werrgasse*, *Märzgasse*, *Odelweg* oder *Küchengäßchen*, geben immer noch Rätsel auf. Den befestigten Kern der gegründeten Stadt können wir heute noch an (z. T. erst später vergebenen) Namen wie *Grabengasse, Mantelgasse, Plankengasse* und *Zwingerstraße* erkennen. Namen wie *Sandgasse, Schiffgasse, Fahrtgasse* oder *Lauerstraße* deuten auf Anlege- und Stapelplätze hin. Von ihrem Verlauf her sind viele heutige Straßenzüge sehr alt: z. B. *Hauptstraße, Eppelheimer Straße, Diebsweg, Römerstraße, Handschuhsheimer Landstraße, Kirchheimer Weg, Speyerer Straße, Heidelberger Straße.* Den Namen der *Ingrimstraße* (1389), der *Floringasse* (1588), der *Semmelsgasse* (1406) und der *Bussemergasse* (1400) liegen vermutlich Eigennamen zugrunde.

Änderung von Straßennamen

Schon früher wechselten die Straßennamen häufig. Die Beweglichkeit örtlicher Benennungen können wir uns kaum groß genug vorstellen (Derwein 1940, S. 45). So bewohnte z. B. der Apotheker und Ratsherr Ezechias Fettich II. († um 1610) stets dasselbe Haus, hatte aber verschiedene Adressen: 1588 *Auf dem Neuen Markt*, 1600 *Im Mittel Kaltenthal*, 1607 *Sporeroder Kleinkendelgaß*. (Vgl. Dietrich Lutz, Vor dem großen Brand. Stuttgart 1992, S. 51; Derwein 1940, Nr. 865). Die heutige Heiligenbergschule in Handschuhsheim, 1957 am Klausenpfad eingeweiht, liegt heute an der Berliner Straße. Ein Beispiel aus dem 21. Jahrhundert: Das Autohaus Bernhardt in Wieblingen war bis 2010 unter Wieblinger Weg 120 zu finden. Seitdem der westliche Teil dieser Straße umbenannt wurde, heißt die Adresse In der Gabel 16. »Wir sind nicht umgezogen!«, beteuert die Firma auf ihrer Website.

Im 19. und 20. Jahrhundert bekamen Straßen zuweilen auf Wunsch der Anlieger neue Namen: So die *Dohlengasse* (seit etwa 1800: Bauamtsgasse), die *Judengasse* (seit 1832: Dreikönigstraße), das *Kalte Tal* (seit 1843: Karlstraße), das *Säugäßlein* (seit 1847: Krahnengasse), die *Hintergasse* in Neuenheim (seit 1909: Bleichstraße), der *Schafpad* in Neuenheim (seit 1929: Posseltstraße). 1963 wurde auf Verlangen der Anlieger hin die erst im Jahr zuvor nach einem Gewann benannte Straße *Kartoffelstückweg* auf dem Boxberg in ein belangloses Berghalde umbenannt. Die Bezeichnung *Froschau* für das Gebiet zwischen Alter Brücke und Mönchsmühle ist seit 1468 nachweisbar. 1854 wurde die dort hindurch führende Straße Obere Neckarstraße getauft, weil der alte Name von Fremden lächerlich gefunden werden könnte. 1926 gab der Ziegelhäuser Gemeinderat dem Wunsch der Anwohner nach, die an Beleidigung grenzende Bezeichnung *Hammelsbuckel* durch Hirtenaue zu ersetzen. Andere Gesuche von Anwohnern auf Änderung wurden negativ beschieden, so bei der *Rahmengasse, Jakobsgasse, Kurzer Buckel* oder *Märzgasse*.

Umbenennungen von Straßen können auch Ausdruck veränderter politischer und gesellschaftlicher Verhältnisse sein. Sensible Jahreszahlen sind für Deutschland bekanntlich die Jahre 1918, 1933, 1945 und 1990. In den Jahren 1945/1946 wurden auf Anordnung der Besatzungsmacht in Heidelberg und Ziegelhausen 13 Straßen, Plätze und Brücken umbenannt. 1946 wurde der Steinäckerweg in Kirchheim nach dem Widerstandskämpfer Albert Fritz in Albert-Fritz-Straße umbenannt. 1974 wurde die 1921 nach dem Schriftsteller Rudolph Stratz benannte Rudolph-Stratz-Straße in Neuenheim nach den Widerstandskämpfern Alfred Seitz und Käthe Seitz geb. Brunnemer umbenannt. Im gleichen Jahr wurde die Mühlstraße in Bergheim nach dem Widerstandskämpfer Heinrich Hermann Fehrentz in Fehrentzstraße umbenannt. Die 1896 nach dem Historiker Heinrich von Treitschke benannte Treitschkestraße in der Weststadt wurde 2011 nach den Mäzenen Leontine Goldschmidt geb. Porges Edle von Portheim und Victor Mordechai Goldschmidt umbenannt. Die 1980 nach dem Sportfunktionär Carl Diem benannte Carl-Diem-Straße in Kirchheim wurde 2009 in die Pleikartsförster Straße einbezogen.

Neubenennungen

Seit dem 19. Jahrhundert kamen viele neue Straßen und Wege dazu, einesteils durch Eingemeindungen, andernteils durch die Erschließung neuer Stadtteile. Um zu vermeiden, dass Namen mehrfach vorkommen, wurden meist die betroffenen Straßen im eingemeindeten Stadtteil umbenannt. So bekamen in Wieblingen nach der Eingemeindung 19 Straßen neue Namen, in Rohrbach 25, in Kirchheim 21.

Die Neubenennungen ließen manchmal auf sich warten. In seiner Sitzung vom 21. Dezember 1927 rügte der Stadtrat, dass der Name Luisenstraße/Louisenstraße im Stadtgebiet noch immer viermal vertreten sei (nämlich in Rohrbach, Kirchheim, Wieblingen und Bergheim). Ebenfalls gab es noch 1928 je viermal die Namen Hauptstraße, Bismarckstraße, Friedrichstraße und Wilhelmstraße, und (im zehnten Jahr der Republik) drei Kaiserstraßen. Die endgültigen amtlichen Umbenennungen in Kirchheim, Rohrbach und Wieblingen erfolgten erst zum 1. Januar 1930. In Alt-Heidelberg wurden Namen nicht so häufig geändert.

Historische Benennungen

An die Römerzeit in Heidelberg erinnern heute Namen des 20. Jahrhunderts wie *Kastellweg*, *Kastellplatz*, *Am Römerbad*, *Römerstraße*, *Römerplatz*, *Rufinusplatz* und *Merkursteinweg* (Waldweg). Der Archäologe Berndmark Heukemes hatte sich gewünscht, dass die Benennungen in Neuenheim mehr über die römische Zeit aussagen sollten (vgl. *Jahnstraße*). Die kurpfälzische Zeit spiegelt sich wider in den Benennungen *Kurpfalzring*, *Kurfürstenanlage*, *Kurpfalzhof*, *Pfälzer Straße*, *Karl-Theodor-Brücke*, *Fürstendamm*, *Am Fürstenweiher*. Namen von Angehörigen des badischen Fürstenhauses sind in *Amalienstraße*, *Friedrichstraße*, *Hildastraße*, *Karlstraße*, *Luisenstraße*, *Sofienstraße*, *Viktoriastraße*, *Wilhelmstraße*, *Wilhelmsplatz* und *Zähringerstraße* verewigt. Auch viele preußische Heerführer finden sich in Straßennamen: *Blücherstraße*, *Blumenthalstraße*, *Gneisenaustraße*, *Moltkestraße*, *Roonstraße*, *Werderstraße*, *Yorckstraße*.

Ehrung von Persönlichkeiten

Im 19. Jahrhundert kam die Mode auf, Straßen und Plätze nach Personen des öffentlichen Lebens zu benennen, die nicht immer einen direkten Bezug zum Ort hatten. (Beispiele: *Lessingstraße*, *Hildastraße*, *Blücherstraße*, *Dürerstraße*, *Adenauerplatz*, *Philipp-Reis-Straße*). Der erste öffentliche Platz, mit dessen Name eine Persönlichkeit geehrt wurde, war der *Carl-Friedrich-Platz* (heute Karlsplatz), welcher 1804/1807 durch den Abbruch des Franziskanerklosters entstand. Er wurde nach dem Landesoberhaupt benannt, dem Großherzog Karl Friedrich von Baden (1728–1811), der immerhin hier in der (heutigen) Karlstraße 4 residierte, wenn er in Heidelberg weilte. Die Bezeichnung *Sofienstraße* (nach Großherzogin Sophie von Baden, 1801–1865), gibt es seit 1840.

Erstmals 1873 wurden in Heidelberg verdiente Bürger, vor allem Gelehrte der Universität, durch Aufnahme ihrer Namen in Straßenbezeichnungen geehrt (die Professoren Voß, Thibaut, Häusser, Schlosser sowie der Arzt Hermann Kleinschmidt). Eine Ehrung, die den Vorteil hatte, dass sie nichts kostete, weil Straßen nun einmal einen Namen haben müssen. Eine damals erst projektierte Straße in Neuenheim wurde einen Tag vor der goldenen Hochzeit von Geheimrat Professor Georg Hermann Quincke und seiner Frau am 27. Mai 1913 nach ihm benannt. Mitunter kam es vor, dass eine Person in einer Straße wohnte, die den eigenen Namen trug. Das war etwa der Fall bei Robert Wilhelm Bunsen (1811–1899), der 1888 eine Reihenvilla in der damaligen Louisenstraße 12 kaufte, welche 1893, also noch zu seinen Lebzeiten, in *Bunsenstraße* umgetauft wurde. Manchmal ergaben sich Namensfelder, wie in Bergheim, wo vier Straßen nach Juristen benannt sind (*Vangerowstraße*, *Thibautstraße*, *Bluntschlistraße*, *Mittermaierstraße*). Erstaunlich viele Heidelberger Straßen tragen die Namen von Naturwissenschaftlern und Technikern. Allein sieben davon haben einen Bezug zur Technischen Hochschule Karlsruhe (*Englerstraße*, *Haberstraße*, *Hermann-Hampe-Weg*, *Hans-Bunte-Straße*, *Hertzstraße*, *Redtenbacherstraße*, *Tullastraße*).

Es ist bemerkenswert, nach welchen Personen Straßen in Heidelberg benannt sind. Nicht minder bemerkenswert ist aber auch, welche Persönlichkeiten mit einem starken Bezug zur Stadt ohne solche Ehrung bleiben. So gibt es zwar eine *Carl-Benz-Straße*, benannt nach dem Mannheimer Erfinder des Automobils, nicht aber eine Richard-Benz-Straße, nach dem Heidelberger Schriftsteller, dessen Namen immerhin eine Medaille trägt, welche die Stadt verdienten Bürgern verleiht. Es gibt eine *Karl-Theodor-Brücke*, die nach ihrem Bauherrn, aber keine Straße, die nach ihrem Baumeister (Matthias Mayer) benannt wäre. (Der Konstrukteur der Brooklyn Bridge dagegen ist in der *Roeblingstraße* verewigt). Die *Zähringerstraße* trägt den Namen des badischen Herrscherhauses, die Familie Wittelsbach, für Jahrhunderte Herrscher der Pfalz, ist als solche nicht präsent. Es gibt eine *Derweinstraße*, eine *Karl-Christ-Straße*, eine *Reinhard-Hoppe-Straße*, eine *Albert-Mays-Straße* und eine *Fritz-Frey-Straße*, aber keine Straße, die an Heimatforscher wie Karl Pfaff, Martin Jordan, Wolfgang von Moers-Messmer, Ludwig Merz oder den genialen Archäologen Berndmark Heukemes erinnert.

Nach dem Vater des Pfaffengrunds ist die *Josef-Amann-Anlage* benannt. Der Vater des Thermal- und des Radium-Solbads, Wilhelm Salomon-Calvi, dem die Heidelberger 1933 die Ehrenbürgerwürde wegnahmen, ist ebensowenig Namensgeber wie Max Weber, der in Heidelberg seine Protestantische Ethik schrieb. Es gibt Straßen, die nach drittrangigen Schriftstellern wie Rudolph Stratz und Theodor Körner benannt sind – aber keine Straßentafel nennt den genialsten Dichter, der je in den Mauern dieser Stadt geweilt hat, dem die Studenten huldigten und dem Hegel und Creuzer 1817 das Ehrendoktordiplom der Universität überreichten: Jean Paul. Es gibt eine *Gundolfstraße*, aber keine, die an seinen Meister Stefan George erinnert, der so oft in Heidelberg war. Für Gartendirektor Johann Metzger (1789–1852), der wie kein zweiter das Erscheinungsbild der Stadt durch die Anlage von Gärten und Grünanlagen geprägt hat, wurde vor langer Zeit an versteckter Stelle ein Gedenkstein aufgestellt. Es gibt auch keine Wilhelm-Meyer-Förster-Straße, nach dem Manne, der diese Stadt nie betreten hat, aber durch sein Stück »Alt-Heidelberg« bis heute ihr erfolgreichster Promotor blieb. Daniel Hartmann, der 1907 bei Mauer/Elsenz den Unterkiefer des Homo heidelbergensis fand, bekam eine Straße in Mauer, nicht in Heidelberg.

Und nur wenige Straßen sind nach Frauen benannt (fünf davon nach Fürstinnen). Es gibt ein kirchliches Morata-Haus, aber keine Olympia-Fulvia-Morata-Straße. Der Stadtteil mit den meisten weiblichen Straßennamen ist (seit 1994) Kirchheim. Einige wenige Straßen sind oder waren nach Stiftern und Wohltätern der Stadt benannt: *Bürklinweg* (heute: Am Römerbad), *Grahamstraße*, *Kleinschmidtstraße*, *Posseltstraße*, *Brechtelstraße*, *Wilhelm-Blum-Straße*, *Happelstraße*, *Schurmanstraße*.

Flurnamen als Straßennamen

Eine andere, natürliche Quelle der Namensgebung sind die Flurnamen. Dass die Stadt sich auf ehemaligem landwirtschaftlichem Grund entwickelt hat, lässt sich ablesen an Straßennamen wie *Dallgarten*, *Froschäckerweg*, *Glockenzehnten*, *Hopfengarten*, *Im Bäckerfeld*, *Kappesgärten*, *Kirschgartenstraße*. Die Namen *Buchwaldweg*, *Forlenweg*, *Hardtstraße*, *Hegenichhof* bezeugen, dass wir auf früherem Waldgrund siedeln. Andere erinnern an den weit verbreiteten Weinbau (*Am Wingertsberg*, *Sandwingert*, *Wingertspfad*, *Winzerstraße*, *Biethsstraße*). Zu Straßennamen geronnene Flurnamen wie *Am Fürsten-weiher*, *Entensee*, *Fischpfad*, *Im Entenlach*, *Im Weiher*, *Obere/Untere Seegasse*, *Quel-lenweg*, *Schläuchen*, *Seewiesenweg*, *Wethgasse*, *Zur Forstquelle* kennzeichnen Feucht-gebiete. Manche Straßennamen erinnern an Gewanne, die früher an anderer Stelle lagen (vgl. *Steinhofweg*, *Schützenstraße*). Durch die Flurbereinigung des 19. Jahrhunderts wur-den viele historische Gewanne und damit ihre Namen räumlich verschoben oder gingen ganz unter. Die heutigen Bewohner wissen oft nichts mehr von der Existenz und Bedeutung der Flurnamen. Manche dieser Bezeichnungen, die sonst verlorengegangen wären, sind in Straßennamen bewahrt (z. B. *Langgewann*, *Am Hackteufel*, *Eselsgrundweg*, *Im Höllen-stein*, *Sandwingert*). Bei der Erschließung des neuen Stadtteils Bahnstadt Anfang des 21. Jahrhunderts hat man auf die Verwendung von Flurnamen verzichtet.

Moderne und Postmoderne

Aus der jüngsten Vergangenheit fallen (scheinbar) belanglose Namenbündel auf, oft nach Tieren und Pflanzen benannt. So sind im Stadtteil Pfaffengrund, einst als Gartenstadt kon-zipiert, zwischen 1920 und 1955 allein 24 Straßen nach Vögeln benannt worden. In der Siedlung Höllenstein (1929, Kirchheim) gibt es fünf nach einheimischen Laubbäumen be-nannte Straßen. Im Neubaugebiet Kirchheim-Am Bieth hat man 2008 erlesene Obstsorten wie Schlosskirschen, Renetten und Weinbirnen verewigt. Warum gerade diese drei? Hier wirkt das Gesetz der Assoziation und der Beliebigkeit, das Bündel der Merkmale kann bei Bedarf erweitert werden und bleibt zuverlässig ohne Bezug zum Benannten, das Dekora-tive, ja Nostalgische, tritt in den Vordergrund. Oder sollten Schlosskirschen-, Renetten- und Weinbirnenbäume ausgerechnet an der Stelle, wo heute Autos fahren, gestanden haben?

Schon bei den Malernamen der Straßen zwischen südlicher Weststadt und nördlichem Rohrbach ist weder topographisch noch inhaltlich ein Muster zu erkennen. Von den 16 dort geehrten Künstlern haben nur vier (Anselm Feuerbach, Guido Schmitt, Bernhard Fries, Carl Ludwig Fahrbach) einen direkten Bezug zu Heidelberg.

Als man 1959 zwölf Straßen in Kirchheim-Nord nach ehemals deutschen Städten jen-seits der Oder-Neiße-Linie benannte, sollten vermutlich Menschen, die dort einzogen, an ihre alte Heimat erinnert werden. Dagegen sind *Gabelsbergerstraße*, *Siemensstraße*, *Steubenstraße*, *Harbigweg*, *Zeppelinstraße*, *Andreas-Hofer-Weg* oder *Gregor-Mendel-Straße* Beispiele für Namen, die keinerlei örtlichen oder persönlichen Bezug aufweisen, aber in ganz Deutschland verbreitet sind und meist auf Vorschlag von Interessengruppen vergeben werden.

Heute tragen 931 bewohnte Straßen, Wege und Gewanne, 8 Brücken, 47 Plätze, sowie 38 kleinere Siedlungseinheiten (darunter 15 Stadtteile und 16 Höfe) einen offiziellen Namen. Nicht zu vergessen sind die mehr als 500 unbewohnten Feld- und Waldwege und -straßen, deren Bezeichnungen im amtlichen Stadtplan dokumentiert sind. Die meisten Vorschläge für Straßen-Neubenennungen in Heidelberg kommen mittlerweile von Stadtteilvereinen und Bezirksbeiräten. Den Beschluss zur Benennung trifft der Gemeinderat. In den Jahren 1933–1945 tat dies der Oberbürgermeister persönlich.

Vorarbeiten

Die Sammlung, Zusammenstellung und Drucklegung von Flurnamen aus oft verstreut liegenden Quellen ist eine langwierige und mühselige Arbeit. Menschen wie Fritz Frey, Otto Jaeger, Herbert Derwein und Reinhard Hoppe ist zu danken, die sich der entsagungsvollen Aufgabe unterzogen haben, die Flurnamen von Handschuhsheim, Neuenheim, Alt-Heidelberg (mit Schlierbach) und Ziegelhausen zusammenzutragen und zu deuten. Für die Heidelberger Stadtteile nördlich des Neckars liegt damit eine vollständige (wenn auch stark überarbeitungsbedürftige) Sammlung vor, während im Süden die Flurnamenbücher von Rohrbach, Kirchheim, Wieblingen und Grenzhof noch auf ihre Bearbeiter warten.

In älteren Adressbüchern finden sich Hinweise auf die Bedeutung der Straßennamen, ein ausführliches, erklärendes, vollständiges Verzeichnis der Heidelberger Straßennamen fehlte bisher jedoch. Für viele südwestdeutsche Städte liegt ein solches Werk vor (Speyer, Stuttgart, Mannheim, Freiburg, Schriesheim, Heppenheim, Pforzheim, Heilbronn, Kaiserslautern, Karlsruhe, Mainz). In unserer Stadt hat es sich der Heidelberger Geschichtsverein e.V. zur Aufgabe gemacht, ein solches Straßennamenbuch herauszugeben. Es umfasst alle derzeit amtlichen Namen, gibt aber auch Hinweise auf Bezeichnungen, die weitgehend vergessen sind.

Vorgehensweise

Bei dieser Arbeit stützen wir uns auf die vorhandenen Flurnamenbücher von Herbert Derwein (1940, Alt-Heidelberg), Fritz Frey (1944, Handschuhsheim), Reinhard Hoppe (1956, Ziegelhausen) und Otto Jaeger (1988, Neuenheim), auf die seit 1839 erscheinenden Adressbücher, auf die amtlichen Stadtpläne, auf die Ortsgeschichten sowie auf die sonstige reichhaltige Literatur über Heidelberg und seine Stadtteile. Eine intensive Auswertung der ungedruckten Quellen, vor allem der Protokolle des Gemeinderats und der Eingemeindungsakten, war dazu nötig. Bei manchen Straßen wurde das Jahr der Ersterwähnung dem jeweiligen Adressbuch entnommen. Möglicherweise sind die Angaben der Adressbücher aber nicht exakt. Die angegebenen Koordinaten der Straßen (A 1 bis M 17) beziehen sich auf den amtlichen Stadtplan von 2014. Der Namens-Korpus entspricht den im Straßenverzeichnis zu diesem Stadtplan genannten Namen.

Die Namen im Stadtteil Wieblingen hat Walter Petschan bearbeitet.

Für freundliche Hilfe jeder Art danke ich Dr. Dietrich Bahls (†), Alfred Bechtel, Bert Burger, Christian Burkhart, Kristina Dietze, M. M. Fricke, Dr. Norbert Giovannini, Dr. Jochen Goetze, Ursula Gramatikov, Ludwig Haßlinger, Eugen Holl, Thilde Hoppe, Ulrike Hügel, Philipp Körner, Dr. Hermann Lehmann, Dr. Renate Marzolff, Willi Morlock, Hans-Martin Mumm, Niels-Uwe Nielsen, Agnes Petschan, Walter Petschan, Claudia Rink, Ludwig Schmidt-Herb, Arnold Schwaier, Dr. Peter Sinn, Tobias Staedtler, Gerold Teutsch, Jörg Vondung, Dr. Cornelia Weidenhammer, Dr. Klaus Weidenhammer, Dr. Franz Werner.

Diana Weber, Günther Berger und Leena Ruuskanen vom Stadtarchiv Heidelberg sowie Axel Rohnacker vom Vermessungsamt Heidelberg haben mir bei der Beschaffung von Unterlagen geholfen. Auch den beiden Verlegern Kurt Mattes und Regina Wehrle danke ich für die gute Zusammenarbeit. Nicht zuletzt gebührt mein Dank den Mitgliedern und dem Vorstand des Heidelberger Geschichtsvereins e.V., die mir den Auftrag für dieses Buch gegeben haben. Trotz aller Sorgfalt weist es noch Fehler und Mängel auf, die ich zu entschuldigen bitte. Die Materie macht es unvermeidlich, dass viele Fragen offen bleiben. Wer etwas weiß, möge es uns mitteilen.

Abkürzungen

ahd. = althochdeutsch
Bd. = Band
f. = feminin, weiblich
HJG = Heidelberg. Jahrbuch zur Geschichte der Stadt
HNN = Heidelberger Neueste Nachrichten
HSB = Heidelberger Straßen- und Bergbahn AG (heute RNV)
m. = maskulin, männlich
mhd. = mittelhochdeutsch
MPI = Max-Planck-Institut
n. = neutrum, sächlich
nhd. = neuhochdeutsch
NN = Normal Null
OEG = Oberrheinische Eisenbahn-Gesellschaft (heute RNV)
PH = Pädagogische Hochschule
PLZ =Postleitzahl
RNV = Rhein-Neckar-Verkehr GmbH (Zusammenschluss von fünf Verkehrsunternehmen in Mannheim, Ludwigshafen und Heidelberg 2004)
RNZ = Rhein-Neckar-Zeitung
TH = Technische Hochschule
VRN = Verkehrsverbund Rhein-Neckar
Wgt. = Wingert, Weingarten
ZGO = Zeitschrift für die Geschichte des Oberrheins

Abgekürzt zitierte Literatur

Brecht 1968 = Gerd Brecht: Die Heidelberger Straßennamen. Zulassungsarbeit zur Staatsprüfung für das wiss. Lehramt an höheren Schulen, Heidelberg 1968

Derwein 1933 = Herbert Derwein: Handschuhsheim und seine Geschichte, Heidelberg 1933, Neuauflage Heidelberg 1997

Derwein 1939 = Herbert Derwein: Heidelberger Straßennamen, in: Hermann Eris Busse (Hg.): Heidelberg und das Neckartal. Badische Heimat. Zeitschrift für Volkskunde, Heimat-, Natur- und Denkmalschutz, 26. Jg., Jahresband 1939, Freiburg 1939, S. 159–163

Derwein 1940 = Herbert Derwein: Die Flurnamen von Heidelberg. Straßen/Plätze/Feld/Wald. Eine Stadtgeschichte, Heidelberg 1940

Eller 1967 = Alfons Eller: Der Ortsadel von Kirchheim und sein Besitz, in: Dieter Neuer (Hg.), 1200 Jahre Kirchheim. 767–1967. Hg.: Stadtteilverein Kirchheim. Heidelberg o. J. [1967], S. 23–32

Fehrentz/Mumm 2002 = Dieter Fehrentz, Hans-Martin Mumm: Das Mahnmal für die Opfer der nationalsozialistischen Justiz auf dem Bergfriedhof, HJG 7 (2002), S. 271–291

Frey 1944 = Fritz Frey: Die Flurnamen von Handschuhsheim, Heidelberg 1944

Fricke 2012 = Maxi Marianne Fricke: 175 Jahre Dr. Heinrich Klose, Heidelberg 2012

Grisebach 1981 = Hanna Grisebach: Der Heidelberger Bergfriedhof. Gräber und Grabsteine, ausgewählt und dargestellt von Hanna Grisebach, Heidelberg 1981

Haßlinger 2005 = Ludwig Haßlinger: Alte Wege und Gassen in Handschuhsheim, in: Jahrbuch des Stadtteilvereins Handschuhsheim 2005, S. 104f.

Hoepke 1947 = Hermann Hoepke: Heidelberg. Neuer Blick in alte Gassen, Heidelberg 1947

Hoppe 1940 = Reinhard Hoppe: Dorfbuch der Gemeinde Ziegelhausen mit Ortsteil Peterstal, Heidelberg 1940

Hoppe 1956 = Reinhard Hoppe: Die Flurnamen von Ziegelhausen, Heidelberg 1956

Hoppe 1970 = Reinhard Hoppe: 750 Jahre Ziegelhausen 1220–1970, Heidelberg 1970

Hoppe 1984 = Reinhard Hoppe: Vor den Mauern der Stadt. Aus Geschichte und Gegenwart des Stadtteils Heidelberg-Schlierbach, Heidelberg 1984

Jaeger 1988 = Otto Jaeger: Die Flurnamen von Neuenheim, Heidelberg 1988

Jordan 1988 = Martin Jordan: Die Handschuhsheimer vor 1900. Ortssippenbuch von Heidelberg-Handschuhsheim (Deutsche Ortssippenbücher, Reihe B, Bd. 53; Badische Ortssippenbücher, Bd. 56), Heidelberg 1988

Knörr 1999 = Karl Heinz Knörr: Schlierbach. Geschichte und Geschichten, Heidelberg 1999

Körner 2009 = Philipp Körner: Kirchheim. Ein heimatkundlicher Überblick, Leimen-St. Ilgen 2009

Kollnig/Frese 1999 = Karl Kollnig, Inge Frese: Der Handschuhsheimer Friedhof. Ein Rundgang, Heidelberg 1999

Kreisbeschreibung II 1968 = Heidelberg und Mannheim. Amtliche Kreisbeschreibung. Hg. von der Staatlichen Archivverwaltung Baden-Württemberg, Bd. 2. Die Stadt Heidelberg und die Gemeinden des Landkreises Heidelberg, Karlsruhe 1968

Krieger 1904 = Albert Krieger: Topographisches Wörterbuch des Großherzogtums Baden. Band I, Heidelberg [2]1904

Menzer 1926 = Georg Ludwig Menzer: Rohrbach bei Heidelberg. Eine pfälzische Ortsgeschichte, bearbeitet und ergänzt nach Akten des †Pfr. Trautwein, Heidelberg 1926

Mumm 2009 = Hans-Martin Mumm: Vor der Stadtgründung. Drei Studien, HJG 13 (2009), S. 9–20

Mumm 2011 = Hans-Martin Mumm: »Heidelberg« und andere topografische Namen der Altstadt, HJG 15 (2011), S. 183–193

Neu 1929 = Heinrich Neu: Aus der Vergangenheit von Wieblingen, Heidelberg 1929

Neuer 1985 = Dieter Neuer, Kirchheim. Eine Ortsgeschichte aus der Kurpfalz. Heidelberg 1985

Neues Archiv = Neues Archiv für die Geschichte der Stadt Heidelberg und der rheinischen Pfalz

Neumüllers-Klauser 1970 = Renate Neumüllers-Klauser (Bearb.): Die Inschriften der Stadt und des Landkreises Heidelberg. Die deutschen Inschriften, 12. Heidelberger Reihe, 4, Stuttgart 1970

Probst 2010 = Hansjörg Probst: Das Mannheimer Flurnamenlexikon, Ubstadt-Weiher 2010

Reimold 1936 = Emil Reimold: Dorfleben in Handschuhsheim und Neuenheim, Heidelberg o.J. [1936], Nachdruck 1996

Schaab, ZGO 106/1958 = Meinrad Schaab, Die Entstehung des pfälzischen Territoriums am unteren Neckar und die Anfänge der Stadt Heidelberg, ZGO 106 (1958), S. 233–276

Schmith 1928 = Heinrich Schmith: Neuenheim. Vergangenheit einer Pfälzer Dorfgemeinde in Verbindung mit der Geschichte der Heimat, Heidelberg 1928

Seidenspinner 2007 = Wolfgang Seidenspinner, Manfred Benner: Heidelberg (Archäologischer Stadtkataster Baden-Württemberg, Bd. 32), Stuttgart 2007

Streitberg 1938 = Streitberg, Gerhart: Flurnamen und Flurbereinigung in Wieblingen bei Heidelberg, Oberdeutsche Zeitschrift für Volkskunde 12 (1938), S. 108–118

Verzeichnis der bewohnten Straßen, Gassen, Wege, Plätze und Brücken mit Erklärung ihrer Namen

Achim-von-Arnim-Straße (Rohrbach, I 9, zwischen Herrenwiesenstraße und Heidelberger Straße). 1954 wurden zwei Querstraßen der Herrenwiesenstraße nach romantischen Dichtern benannt: Ludwig Joachim von Arnim (1781–1831) aus Berlin und Ludwig Tieck waren Freunde. Arnim lebte zwischen 1805 und 1808 jeweils für einige Monate in Heidelberg. Mit seinem späteren Schwager Clemens Brentano gab er hier die Liedersammlung »Des Knaben Wunderhorn« und die »Zeitung für Einsiedler« heraus. Sie wohnten in der Hauptstraße (heute Nr. 151–153), wo eine Gedenktafel besagt: »In diesem Hause wohnten / Achim von Arnim und Clemens Brentano / dichtend und sammelnd an / des Knaben Wunderhorn 1808«. Von einem Spaziergang auf den Heiligenberg schrieb Arnim an seine spätere Frau Bettina Brentano: »Und ich sah alle Ufer der Ströme und das Land zwischen den Bergen, und ich sah in die Berge, wo sie her kamen, wo die Wege sich verloren, und alles war von Menschenwerk, die Bäume waren von Menschenhand gesäet, die Steine gesammelt, die Flüsse gelenkt, und ich sah Gottes Hand in der Hand des Menschen, der sein Ebenbild ist«. – An der Achim-von-Arnim-Straße befinden sich der Rohrbacher Kerweplatz und die Eichendorffhalle (vgl. *Ludwig-Tieck-Straße*, *Brentanoweg*).

Achim von Arnim, Gedenktafel Hauptstraße 151–153

Adenauerplatz (Weststadt, F 9–10, zwischen Rohrbacher Straße, Friedrich-Ebert-Anlage und Gaisbergstraße). 1976 wurden der damalige Seegarten (1570 erstmals als »Sehe garthen« erwähnt) und die südlich davon verlaufende *Wilhelm-Erb-Straße* nach dem ersten Kanzler der Bundesrepublik Deutschland Konrad Adenauer (1876–1967) umbenannt. – »Der Seegarten lag im 18. Jhdt. nur südl. der Wilhelm-Erb-Straße ... Seinen Namen mag der Garten dem von Friedrich dem Siegreichen wohl im heutigen Neptungarten angelegten See ... verdanken.« (Derwein 1940, Nr. 836). – Der Internist und Neurologe Geheimrat Wilhelm Heinrich Erb (1840–1921) war 1869–1907 mit Unterbrechungen Professor in Heidelberg. Er entdeckte u. a. die Kniesehnenreflexe. Seine Villa steht in der Hans-Böckler-Straße 4. Im November 1914 wurde die Seegartenstraße (gegen den Willen vieler Anlieger) in Wilhelm-Erb-Straße umbenannt. »Zur Erhaltung der historischen Bezeichnung Seegartenstraße« wurde der Neptungarten dafür »Seegarten« genannt, was die Topographie verfälschte, denn der historische Seegarten lag südlich davon. – Von 1862 bis 1955 fuhren die Züge der Odenwaldbahn durch den Seegarten in den Gaisbergtunnel. 1955 wurden die Gleise abgebaut, die Bahnübergänge Gaisbergstraße und Rohrbacher Straße beseitigt. 1960 wurde der umgestaltete Seegarten als Straßenbahnverkehrs-Knotenpunkt mit Wendeschleife, Grünanlagen, Läden, Kiosken, Telefonzellen, Wartehalle und Fußgänger-Unterführungen eröffnet. Die

Adenauerplatz 1

Adenauerplatz, Neptunbrunnen

Läden sollten die Geschäfte der 1959 abgerissenen »Arkaden« am Bismarckplatz aufnehmen. 13 Jahre später stellte man die Straßenbahnlinie nach Rohrbach durch die Rohrbacher Straße wieder ein und gab die Anlage auf. 1987 wurde der Seegarten-Brunnen von Rainer Scheithauer aufgestellt, den die Bezirkssparkasse der Stadt schenkte. 1989 wurde der umgestaltete Adenauerplatz mit einer Sandstein-Nachbildung der Neptun-Figur vom alten Seegarten in der Unterführung eingeweiht (vgl. *Stadtgarten*).

> *»Historische Namen bleiben erhalten. Als vor mehr als einem Jahrzehnt der Adenauerplatz seinen Namen erhielt, fielen die früher gebrauchten Platzbezeichnungen ›Seegarten‹ (für den westlichen Teil der Grünanlage) und ›Stadtgarten‹ (für den östlichen Teil) fort. Die beiden historischen Bezeichnungen sollen jedoch nicht verlorengehen, sondern in Erinnerung gebracht werden. Das Vermessungsamt der Stadt Heidelberg wird deshalb in die Kataster und in die nächste Ausgabe der amtlichen Stadtkarte (Stadtplan 1:15.000) neben der offiziellen Bezeichnung ›Adenauerplatz‹ die zusätzlichen Angaben ›ehemaliger Stadtgarten‹ und ›ehemaliger Seegarten‹ eintragen.« (Heidelberger Amtsanzeiger, 6. 10. 1988, S. 4)*

Nr. 1: ehemalige Süddeutsche Diskontogesellschaft, heute: Deutsche Bank (1922–23, Architekt: Franz Sales Kuhn). – Nr. 2: ehemaliges Haus des Handwerks (1997–2008)

Adenauerplatz, Seegarten-Brunnen

Adlerstraße   (Wieblingen, D–E 6, beidseits der Gleisanlage der OEG, beginnend am OEG-Übergang des Grenzhöfer Weges; der östliche Strang – als Verlängerung der Edinger Straße – zieht bis zur Liselottestraße; der westliche Strang endet am Dammweg). Das älteste Teilstück, das westliche entlang der OEG zwischen Maaßstraße und Dammweg (erstmals auf dem Stadtplan von 1921), hieß vor 1930 *Zeppelinstraße* und wurde wegen der Zeppelinstraße in Handschuhsheim umbenannt. Der neue Name wurde damit begründet, dass der Adler »doch immerhin – wenn auch im bildlichen Sinne – einen gewissen Zusammenhang mit dem Namen Zeppelin hat« (Schreiben des städtischen Vermessungsamtes an den Oberbürgermeister vom 11. Januar 1929). Seit 1951 beginnt die Adlerstraße am *Grenzhöfer Weg* (vgl. *Greifstraße* und *Habichtsweg*).

Nr. 1/4: Polizeiposten Wieblingen (seit Dez. 1998 hier). – Nr. 1/7: Königreichsaal der »Zeugen Jehovas« (erbaut 2002/03).

Adolf-Engelhardt-Straße   (Kirchheim-West, I–K 7, beginnt und endet an der Schwarzwaldstraße). Nach Regierungsdirektor Adolf Engelhardt (1889–1967) aus Kirchheim benannt, der sich sozialpolitisch engagierte. Ursprünglich Maler und Tüncher, ließ er sich wegen einer schweren Kriegsverletzung zum Kaufmann umschulen. Als Sozialdemokrat (seit 1912) und Vorsitzender des Heidelberger Gewerkschaftskartells (seit 1919) war er nach 1933 zeitweise inhaftiert und mit Berufsverbot belegt. 1945 Mitbegründer des DGB Heidelberg, war er bis 1959 Mitglied des Stadtrats, seit 1956 Zweiter Vorsitzender des Stadtteilvereins Kirchheim, 1957–64 Vorsitzender der SPD Kirchheim (Körner 2009, S. 71; vgl. *Ernst-Rehm-Straße*).

Adolf-Rausch-Straße   (Kirchheim-West, I 7, zwischen Schwarzwaldstraße und Stückerweg). Nach dem Drucker, Gewerkschafter und Bürgermeister Adolf Rausch (1899–1967) benannt, 1927 Vorsitzender der Arbeiterwohlfahrt, 1930–33 Mitglied des Bürgerausschusses, 1933 verhaftet und ins Konzentrationslager Kislau gebracht. Von 1946 bis 1954 war er Mitglied des Gemeinderats, Vorsitzender der SPD-Fraktion, 1954–64 Bürgermeister (Beigeordneter) von Heidelberg. Im Nachruf der Stadt Heidelberg wird er als »Freund der Armen und Schwachen« bezeichnet (Körner 2009, S. 72).

Agnesistraße   (Bahnstadt, G–F 7–8, zwischen Grüne Meile und Eppelheimer Straße). Die Mathematikerin Maria Gaetana Agnesi wurde 1718 in Mailand als ältestes von insgesamt 21 Kindern in eine wohlhabende Familie von Intellektuellen und Kaufleuten geboren. Ihr Vater förderte ihre mathematische Begabung und verhalf ihr zu einer guten Ausbildung. Maria galt als Wunderkind. Mit 20 Jahren konnte sie auf Latein jedes beliebige Thema der Philosophie oder Mathematik diskutieren. Sie wollte ins Kloster gehen, ihr Vater wandte sich jedoch dagegen. Ein Jahrzehnt lang widmete sie sich den Wissenschaften. 1748 veröffentlichte sie das grundlegende Werk »Instituzioni analitiche ad uso della gioventù italiana« (»Grundlagen der Analysis«), eine Synthese der damals neuen Mathematik nach Leibniz und Newton. Papst Benedikt XIV. ernannte sie 1748 zur Professorin der Universität Bologna, wo sie jedoch nie gelehrt hat. Als sie 34 Jahre alt war, starb ihr Vater. Fortan gab sie die Wissenschaft zugunsten karitativer Tätigkeiten auf. Sie studierte Theologie und kümmerte sich um Arme und Kranke. Sie mietete ein Haus, in dem sie Obdachlosen Unterkunft gewährte. 1771 übernahm sie die Leitung eines Altenheims für Frauen. Im Jahre ihres Todes beherbergte es 450 Bewohnerinnen. Bis heute bekannt ist »La versiera di Agnesi«, eine algebraische Kurve, die von Maria Agnesi untersucht wurde. Mikro- und Makroökonomiker hantieren heute noch mit Agnesis Kurven. 1799 starb Maria Agnesi in Mailand. – Der Gemeinderat entschied im Juni 2014 über die Namensgebung.

Ahornweg (Kirchheim, I 8, Siedlung Höllenstein). Die 1929 östlich der Bahnlinie erbaute Siedlung *Im Höllenstein* gehört zu Kirchheim, ist aber mit Rohrbach verbunden. Die Straßen sind nach heimischen Baumarten benannt (vgl. *Birkenweg, Buchenweg, Erlenweg, Ulmenweg*).

Akademiestraße (Altstadt, F 10, zwischen Hauptstraße und Friedrich-Ebert-Platz). In der 1840 angelegten *Heckengasse* fand ein Wochenmarkt (»Heckemarkt«) statt, der dann auf den späteren *Wredeplatz* verlegt wurde. 1852 wurde die Gasse bis zur damaligen *Leopoldstraße* (heute *Friedrich-Ebert-Anlage*) verlängert. Seit dem Bau des Chemischen Laboratoriums (Plöck 55, Architekt: Heinrich Lang) 1853–55 für Robert Bunsen nannte man die Heckengasse Akademiestraße (Derwein 1940, Nr. 9, 303; vgl. *Bunsenstraße, Friedrich-Ebert-Anlage, Friedrich-Ebert-Platz*).

Nr. 2: Kreishandwerkerschaft (Haus des Handwerks). – Nr. 4–8: Universitätsarchiv, Institut für Sinologie, Institut für Japanologie der Universität Heidelberg.

Alamo Circle (Patrick-Henry-Village, K 4–5, zweigt von der South Lexington Avenue ab). Das Alamo (span. »Pappel«) war ein Fort in der texanischen Stadt San Antonio. Im texanischen Unabhängigkeitskrieg siegten 1836 mexikanische Truppen unter General Antonio López de Santa Ana über die Verteidiger des Forts. Mit dem Schlachtruf »Remember the Alamo!« gewannen die Texaner später die Schlacht von San Jacinto im Harris County. Texas blieb in der Folge unabhängige Republik und wurde 1845 von den USA annektiert. Bis heute ist der Kampf um das »Alamo« einer der verklärten Mythen der US-amerikanischen Geschichte (vgl. *Buena Vista Road, San Jacinto Drive*).

Albert-Fraenkel-Straße (Rohrbach, Gewann See, K 9, zwischen Burnhofweg und Friedrich-Weinbrenner-Straße). 1978 nach dem Arzt und Forscher Albert Fraenkel (1864–1938) aus Mußbach an der Hardt benannt. Er war 1928–33 Leiter des Tuberkulose-Krankenhauses Rohrbach und des 1927 eröffneten Mittelstandssanatoriums Speyererhof, sowie seit 1928 ordentlicher Honorar-Professor an der Universität Heidelberg. In Straßburg war er Schüler von Adolf Kußmaul (vgl. *Kußmaulstraße*). Weil er als angehender Arzt an Lungentuberkulose erkrankte, ließ er sich in Badenweiler (Markgräflerland) nieder, wo das Klima für Lungenkranke günstig ist. 1906 gelang ihm an der Universitätsklinik zu Straßburg, deren Leiter Ludolf Krehl (vgl. *Ludolf-Krehl-Straße*) war, die Entwicklung der intravenösen Strophantin-Therapie bei Herzerkrankungen. Als Jude wurde Fraenkel 1933 verhaftet und ihm zwei Jahre später die Lehrbefugnis entzogen. Er ist auf dem Bergfriedhof begraben. Sein Schwiegersohn Hans Anschütz hatte aus Angst vor Grabschändung beantragt, die Urne im Familiengrab Anschütz beizusetzen, was die Stadt ablehnte. Erst 1947 konnte sie dort beigesetzt werden. Auf dem Grabstein stehen nur die Worte: »Albert Fraenkel, Arzt«. 2013 wurde die Grabstätte in die Liste der Heidelberger Ehrengräber aufgenommen. – Die Albert-Fraenkel-Straße verläuft südlich des Krankenhauses Rohrbach. Die *Curiestraße* und die *Roentgenstraße* in der Nachbarschaft sind ebenfalls nach Pionieren der medizinischen Forschung

Albert Fraenkel

Albert Fritz, Stolperstein

benannt. Auch in seinem Geburtsort Mußbach gibt es eine Fraenkelstraße. 1984 beschloss der Heidelberger Stadtrat, die Fraenkelstraße in Albert-Fraenkel-Straße umzubenennen (vgl. Martin Krauß, HJG 7 (2002), S. 131–141)

Albert-Fritz-Straße   (Kirchheim, I 7–8, zwischen Pleikartsförsterstraße und Hardtstraße, südlich des Gewanns »Steinäcker«). 1921 nach den Gewannen »Steinäcker« bzw. »Lange Steinäcker« *Steinäckerweg* benannt. Am 3. Januar 1946 auf Antrag der KPD Heidelberg-Kirchheim umbenannt nach dem Eisendreher Albert Fritz (1899–1943) aus Hornberg (Baden), Mitglied der KPD, der im Steinäckerweg 52 gewohnt hatte. Er kam 1926 nach Heidelberg und wurde in den Bürgerausschuss gewählt. 1933 wurde er verhaftet und war 13 Monate im Konzentrationslager Ankenbruck (Schwarzwald) inhaftiert. Er schloss sich einer Widerstandsgruppe an, die der Schriftsetzer Georg Lechleiter aus Mannheim 1940 um sich sammelte. Die Verbreitung der illegalen Zeitung »Der Vorbote« führte 1942 zu Lechleiters Verhaftung und Hinrichtung. Mit ihm wurden u. a. auch Alfred Seitz und Käthe Seitz verhaftet und hingerichtet. Drei der Hauptangeklagten wurden während der Haft zu Tode gefoltert, 19 der insgesamt ca. 32 Mitglieder der Gruppe ebenfalls hingerichtet, der Rest zu Haftstrafen verurteilt. Auch Albert Fritz wurde 1942 verhaftet und am 24. Februar 1943 in Stuttgart hingerichtet. 1951 errichtete man für die Widerstandskämpfer, deren Leichen der Anatomie der Universität Heidelberg zur Verfügung gestellt worden waren, im Heidelberger Bergfriedhof eine Gedenkstätte. Die Albert-Fritz-Straße ist die erste Straße in Heidelberg, die nach einem hingerichteten Widerstandskämpfer benannt wurde (Fehrentz/Mumm 2002, S. 271–287; Körner 2009, S. 72; vgl. *Seitzstraße, Fehrentzstraße*).

Albert-Mays-Straße   (Weststadt, F–G 9, zwischen Bahnhofstraße und Blumenstraße). 1901 nach dem Juristen und Heimatforscher Albert Mays (1818–1893) benannt. Mays stammte aus einer alten Heidelberger Familie. Sein Großvater Georg Daniel Mays war 1805–19 erster Oberbürgermeister von Heidelberg. Albert Mays war Stadtrat, Stadtverordneter und Abgeordneter des badischen Landtags. 1876 wurde er Leiter der Historischen Commission für die Geschichte der Stadt Heidelberg. 1879 erwarb die Stadt Heidelberg hauptsächlich auf Mays' Anregung die »Kunst- und Alterthümer-Sammlung zur Geschichte Heidelbergs und der Pfalz« des Grafen Charles de Graimberg (vgl. *Graimbergweg*). Mays betreute die Sammlung als ehrenamtlicher Direktor. Seine eigene, auf die Geschichte der Stadt Heidelberg und der Pfalz bezügliche Sammlung vermachte er der Stadt. 1881 brachte

Albert Mays   Albert Mays, Grabstelle

er das »Erklärende Verzeichniss der vormals Gräflich von Graimbergschen jetzt städtischen Kunst- & Alterthümersammlung zur Geschichte Heidelbergs und der Pfalz« im Friedrichs-bau des Heidelberger Schlosses heraus, dessen dritte, vermehrte und verbesserte Auflage 1892 erschien. 1886 gab er die Anthologie »Heidelberg, gefeiert von Dichtern und Denkern seit fünf Jahrhunderten« heraus. 1890 erschien Heft 1 des Neuen Archivs für die Geschichte der Stadt Heidelberg und der rheinischen Pfalz, »im Auftrag des Stadtraths und der Com-mission für die Geschichte der Stadt hg. von Albert Mays und Karl Christ«. Seit 1891 ist er Ehrenbürger von Heidelberg. Er ist mit seiner Ehefrau Julie Mays geb. Mays auf dem Bergfriedhof begraben.

Albert-Saur-Straße   (Kirchheim, I–K 7, zwischen Pleikartsförster Straße und Heuauer-weg). Nach Albert Saur (1896–1971) aus Külsheim benannt. Saur war 1926–63 Lehrer und Rektor an der Volksschule Kirchheim, 1945–64 Vorsitzender der CDU Kirchheim, Förderer des kulturellen Lebens, und machte sich als Dirigent und Organist einen Namen. Er ist auf dem Kirchheimer Friedhof begraben (Körner 2009, S. 72).

Albertsgasse   (Südstadt, H 9, zwischen Rohrbacher Straße und Görresstraße). Früher: *Albergasse*. 1407 erstmals erwähnt (*am Alwer wege*). Eine der Gassen, die vom Rohrbacher Weg in die Weinberge führten. Der Name kommt wohl von mhd. alber(poum) m. = »Pappel« (ahd. albari, alpari aus ital. albaro, albero, von lat. albus), volksetymologisch umgedeutet (Derwein 1940, Nr. 10, 628).

Albert-Ueberle-Straße   (Neuenheim, E–F 10, beginnt an der Neuenheimer Landstraße zwischen Haus Nr. 70 und 74 in Höhe »Schwarzes Schiff« und steigt in Serpentinen zum Philosophenweg). 1903 nach dem letzten Bürgermeister von Neuenheim Albert Ueberle (1828–1903) *Albert-Ueberle-Weg* genannt. Ueberle wurde in Neuenheim als Sohn eines Fischers und Schiffers geboren, betrieb einen Holzhandel und pachtete die Neckarfähre (»Ueberles Überfahrt«), die er auch für Fuhrwerke einrichtete. Als Bürgermeister (1881–91) betrieb er den Anschluss Neuenheims an Heidelberg. Danach war er bis zu seinem Tode Mitglied des Heidelberger Stadtrats.

Albert-Ueberle-Straße 3–5   Albert-Ueberle-Straße 26

Nr. 2: Villa von Prof. Wilhelm Salomon-Calvi (1868–1941), erbaut 1911/1912, Architekt: Franz Sales Kuhn, heute Zentrum für Astronomie der Universität Heidelberg. – Nr. 3–5: Villa Bergius. Der Chemiker und Nobelpreisträger Friedrich Bergius (1884–1949) kaufte 1923 zwei Jugendstilvillen und ersetzte sie 1927–29 durch einen Bau im Stil der Neuen Sachlichkeit. Heute befindet sich dort das Dekanat der Fakultät für Physik und Astronomie (vgl. *Carl-Bosch-Straße*).

Alexander-Colin-Straße (Handschuhsheim, D 9, zwischen Hans-Thoma-Straße und Dossenheimer Landstraße). 1950 nach dem Bildhauer Alexander Colin (1526–1612) aus Mechelen (Brabant) benannt, der 1558/59 als Nachfolger von Meister Anthony die Skulpturen an der Fassade des Ottheinrichsbaus des Heidelberger Schlosses vollendete. Er brachte die dekorative Manier der flämischen Renaissance nach Heidelberg. 1559/60 kehrte er nach Mechelen zurück. Später war er in Innsbruck für Kaiser Ferdinand I. tätig.

Alfons-Beil-Platz (Bergheim, F 8, Bergheimer Straße 108–110, südlich der St. Albert-Kirche zwischen Mittermaierstraße und Bergheimer Straße). 1933–35 wurde die St. Albert-Kirche erbaut. Bis dahin hatte der Platz an der Bergheimer Straße/Mittermaierstraße als Messplatz gedient. 1956 nannte man den Platz südlich der Kirche *Albertusplatz* (nach dem hl. Albertus Magnus, dem die Kirche geweiht ist), 2002 benannte man ihn »Alfons-Beil-Platz«. Alfons Beil (1896–1997) war seit 1936 Kurat an der St.-Albert-Kirche, seit 1948 dort Pfarrer, 1950–69 Dekan des katholischen Kapitels Heidelberg. Alfons Beil ist auf dem Bergfriedhof begraben. Ein Grund für die Umbenennung des Platzes war u. a. das unerschrockene Eintreten Beils für jüdische Mitbürger in der Zeit ihrer Verfolgung im Dritten Reich.

Alfred-Jost-Straße (Kirchheim-West, I 7, zwischen Stückerweg und Schwarzwaldstraße). Nach dem Landwirt Alfred Jost (1898–1974) aus Kirchheim benannt. Nach dem landwirtschaftlichen Studium und Verwaltungstätigkeiten im Breisgau übernahm er 1936 den elterlichen Hof in der Oberdorfstraße. »Unermüdlich setzte er sich örtlich, regional und überregional für die Belange der Landwirtschaft ein und war an leitenden Stellen im Bauernverband tätig.« (Körner 2009, S. 72). 1949–68 war er Stadtrat der CDU. »Durch sein Engagement konnte u. a. vielen Wohnungssuchenden bei der großen Wohnungsnot nach dem Krieg geholfen werden« (Körner). 1968 erhielt er das Bundesverdienstkreuz am Bande. Er ist auf dem Kirchheimer Friedhof begraben.

Allensteiner Weg (Kirchheim-Nord, I 8, zwischen Danziger Straße und Schwetzinger Straße). Nach der Stadt Allenstein (Ermland, Ostpreußen) benannt, die 1945 zu Polen kam und heute Olsztyn heißt. – 1959 nannte man die Straßen in Kirchheim-Nord nach ehemals deutschen Städten jenseits der Oder-Neiße-Linie (vgl. *Breslauer Straße*, *Danziger Straße*, *Elbinger Straße*, *Glatzer Straße*, *Gleiwitzer Straße*, *Insterburger Weg*, *Königsberger Straße*, *Liegnitzer Straße*, *Marienburger Straße*, *Oppelner Straße*, *Stettiner Straße*, *Tilsiter Straße*).

Allmendpfad   (Handschuhsheim, C 7–8, zwischen Dossenheimer Landstraße und verlängerter Tiergartenstraße). Allmende (zu ahd. algimeinida »Allgemeinheit«) ist das »allen zustehende Land«, der Teil der Gemeindeflur, der der Gemeinde gehört und von ihren Mitgliedern gemeinsam genutzt wird. Die Nutzungen aus dem Wald und aus der Weide standen im Allgemeinen den Vollmitgliedern der Gemeinde zu. In der Regel war das Nutzungsrecht an den Besitz eines Bauernhofes oder zumindest einer Herdstelle gebunden. »Heute haftet der Name an dem nördlichen Hauptfeldweg, an dem Allmendäcker und -wiesen lagen, und an dem Dossenheimer Allmendpfad . . . Früher Bezeichnung für verschiedene kleine Wege« (Fritz Frey). – 2003 erschien der Roman »Allmendpfad« von Claudia Koppert (»Claudia Koppert schildert das Handschuhsheimer Bauernleben nach dem letzten Krieg und die wachsenden Schwierigkeiten des Gemüseanbaus in den 1960er und 1970er Jahren aus eigener Erfahrung und mit ironischer Distanz.« – Michael Buselmeier). Der Allmendpfad ist keine Wohnadresse (Frey 1944, Nr. 2ff.).

Alois-Link-Platz   (Weststadt, G 9, zwischen Rohrbacher Straße, Gaisbergstraße, Dantestraße und Steigerweg). 1982 nach dem Schmiedemeister Alois Link (1932–1977) benannt, Teilhaber an der von seinem Vater, dem Schmiedemeister Alois Link sen., 1946 in Heidelberg gegründeten, bis heute bestehenden Firma Alois Link Fahrzeugbau. Von 1959 bis 1977 war er Stadtrat, auch CDU-Fraktionsvorsitzender, Kreisvorstand der DJK Heidelberg, Präsident der Handwerkskammer Mannheim und Vorsitzender der Baugesellschaft Neu Heidelberg. »Alois Link war ein großer Sohn der Stadt. Er ist gehört worden über die Parteien hinweg in allen Fraktionen des Gemeinderats« (Oberbürgermeister Reinhold Zundel). – Den größten Teil des Platzes nimmt ein Parkplatz ein, im Westen steht ein stillgelegter Kiosk, dazwischen eine kleine Parkanlage mit Gedenkstein für Alois Link.

Alois Link, Gedenkstein

Alois-Link-Platz

Alstaterstraße   (Kirchheim, I 7–8, zwischen Pleikartsförsterstraße und Langgarten). Bis 1930: *Bismarckstraße*. Südwestlich von Kirchheim soll einst ein Dorf Alstat oder Altstetten (= »alte Stätte«, »altes Dorf«) gelegen haben, das 1214 an das Kloster Schönau verkauft wurde. In der Nähe lag die Wüstung Lochheim (vgl. *Lochheimer Straße*). – An der Ecke Alstater-/Schwetzinger Straße stand von 1902 bis 1973 ein Wasserturm, 1991 wurde dort der »Wasserturmplatz« (keine offizielle Bezeichnung) eingeweiht (Körner 2009, S. 72f.).

Alte Bergheimer Straße   (Bergheim, F 9, zwischen Gartenstraße und Römerstraße, verläuft parallel zur Bergheimer Straße). 1852 benannt. Verläuft auf einer älteren Trasse der *Bergheimer Straße*.

Nr. 3: ehemalige Fassbürstenfabrik Gallus Mahler KG (1869 gegründet). – Nr. 7: ehemaliges Pferdebahndepot (bis 1903). – Nr. 9: ehemalige Heidelberger Glockengießerei Friedrich Wilhelm Schilling (1949–82). – Nr. 11: ehemaliges Wohnhaus des Fabrikanten Lazarus Reis (1998 abgerissen).

Alte Brücke   siehe *Karl-Theodor-Brücke*

Alte Eppelheimer Straße   (Bergheim, F 8–9, zwischen Römerstraße/Römerplatz und Czernyring/Czernybrücke, verläuft parallel zur Bergheimer Straße). Die Straße hieß ursprünglich *Eppelheimer Straße* und war Teil der Straße zwischen den Dörfern Bergheim und Eppelheim. Der Teil westlich des Diebswegs wurde *Eppelheimer Landstraße* genannt. Der Übergang über die Bahnlinie Heidelberg-Mannheim hieß vor dem Bau des »Baggerlochs« (des Gleiskörpers des neuen Hauptbahnhofs) »Eppelheimer Überführung«. Für kurze Zeit, um 1876/85, hieß das Straßenstück östlich der Stadtgrenze *Schwetzinger Straße*. 1958 wurde der östliche Teil der Eppelheimer Straße (zwischen Römerstraße und Czernyring) in »Alte Eppelheimer Straße« umbenannt. Dabei änderten sich die Hausnummern zwischen Czernybrücke und Autobahn (Nr. 67–163 in 1–103, Nr. 96–150 in 4–82). – Im 19. Jahrhundert wurden im »Seelengewann« (im Winkel zwischen Römerstraße und Alter Eppelheimer Straße) Reihengräber des 6./7. Jahrhunderts gefunden. 2007 entstand zwischen Mittermaierstraße, Kurfürstenanlage, Kirchstraße und Alter Eppelheimer Straße, in Nachbarschaft zur Print Media Academy und zu den Heidelberger Druckmaschinen, ein Neubauviertel (X-House, Gutenberghöfe) (Derwein 1940, Nr. 906; vgl. *Eppelheimer Straße*).

Nr. 48: ehemaliges Wirtshaus »Zum Kronprinzen«, am 19. März 1945 durch alliierten Bombenabwurf zerstört (12 Tote). – Nr. 50: Staatliches Hochbauamt.

Alte Glockengießerei   (Bergheim, F 9, zwischen Römerstraße und Poststraße. Keine Fahrstraße). 1949–82 war in der Alten Bergheimer Straße 9 die Glockengießerei Friedrich Wilhelm Schilling. 2000 fand man hier, am Südostrand des alten Dorfes Bergheim, bei Grabungen Gebrauchskeramik, hölzerne Pfostenbauten und Grubenhäuser aus dem 11./12. Jahrhundert. 2003 wurde der »Glockenturm« (Büroturm mit Restaurant) eingeweiht (vgl. *Alte Bergheimer Straße*).

Alte Schulstraße   (Ziegelhausen-Peterstal, B 14, Sackgasse parallel zur Wilhelmsfelder Straße). Ursprünglich: *Untere Gasse, Mühlweg*. Führt unterhalb der ehemaligen Glashütte am alten Peterstaler Schulhaus, der früheren Mühle (Nr. 55, 1768 erstmals erwähnt) vorbei (Hoppe 1956, Peterstal Nr. 12, 31, 39).

Alte Eppelheimer Straße

Alte Glockengießerei 9

Alte Speyerer Straße (Kirchheim, K–M 5–6, zwischen Speyerer Straße und Gemarkungsgrenze Oftersheim/Sandhausen). Befestigter Feldweg, Fortsetzung der *Speyerer Straße* (vgl. dort) nach Südwesten etwa auf der Trasse der alten Römerstraße nach Speyer, setzt sich auf Gemarkung Sandhausen fort. (Keine Wohnadresse).

Alter Synagogenplatz (Altstadt, F 10, zwischen Großer Mantelgasse und Lauerstraße). Hier stand das seit 1714 zur Synagoge umgebaute Wirtshaus »Zur blauen Lilie« (Große Mantelgasse 1–3), 1878 durch einen historistischen Neubau ersetzt. In der Nacht vom 9. zum 10. November 1938 wurde die Synagoge von Heidelberger Bürgern niedergebrannt. 1956 erhielt der Platz seinen Namen, 1959 wurde eine Gedenktafel zur Erinnerung an die Synagoge angebracht, 2001 der Platz neu gestaltet. 2004 wurde eine weitere Tafel angebracht, die eine Namensliste mit dem Zusatz enthält »Zum Gedenken an die jüdischen Bürgerinnen und Bürger, die von 1933 bis 1945 ausgewiesen, deportiert, ermordet, in den Tod getrieben wurden«.

Alter Synagogenplatz

Am Bahnbetriebswerk (Bahnstadt, F 7, parallel zwischen Eppelheimer Straße und Te-rosonstraße). Der Weg läuft am ehemaligem Bahnbetriebswerk vorbei. Der Name erinnert an das unter Denkmalschutz stehende Bahnbetriebswerk der Reichsbahn/Bundesbahn mit Werkstatt und Wasserturm (1926–28 erbaut, 1989 Betrieb eingestellt). – Der Gemeinderat entschied im Juni 2014 über die Namensgebung.

Am Aukopf (Schlierbach, E 14, zieht vom Schlierbachhang als Sackweg westwärts). Die Straße im Gewann »Lindenried« wurde 1959 nach einer Gewannbezeichnung (Auköpfle) »Am Aukopf« benannt (Derwein 1940, Nr. 36; vgl. *In der Aue*).

Am Bächenbuckel (Ziegelhausen, D–E 14, zwischen Friedhofweg und Hirtenaue). Bis 1970: *Neuer Moselbrunnenweg*. Nach dem nordöstlich davon liegenden Gewann »Bächen-buckel« benannt, 1790 erstmals als *Bechen Buckel* erwähnt. »Bergrücken mit Acker-land, großenteils erst 1733 gerodet. Zu beiden Seiten entspringen wasserreiche Bäche.« (R. Hoppe). Die Bäche fließen (heute verdolt) in den Steinbach (Hoppe 1956, Nr. 13, 205).

Am Bischoffsberg (Ziegelhausen, C–D 13, zwischen Peterstaler Straße und Ezanville-straße). Bis 1970: *Unterer Neurottweg*, 1954 ausgebaut und bebaut. Nach der Familie Bi-schoff benannt, die im Gewann »Untere Neurott« ein großes Wiesengrundstück besaß und deren Haus dort noch steht (Hoppe 1956, Nr. 229, Peterstal Nr. 33).

Am Brückentor (Altstadt, F 11, Platz am südlichen Aufgang zur Karl-Theodor-Brücke). 1284 wird erstmals eine Neckarbrücke bei Heidelberg erwähnt. Immer wieder wurden die Brücken zerstört, meist durch Eisgang. Die neunte und heutige *Karl-Theodor-Brücke*, 1786–88 von Bauinspektor Matthias Maier errichtet, ist die erste ganz aus Sandstein er-baut. 1945 wurde sie von deutschen Truppen gesprengt, 1947 wieder aufgebaut. Das zweitürmige Brückentor ist eines der wenigen noch stehenden mittelalterlichen Bauwerke Heidelbergs, barock und klassizistisch umgestaltet. Bis zum Bau des Neckarstaden zählten die Brückentürme zur *Lauerstraße* und trugen die Hausnummer 17. Östlich davon (Obere Neckarstraße 1) schließt sich die Neckarschule an, die älteste Schule der Stadt, Anfang des

Am Bahnbetriebswerk, ehemaliger
Wasserturm

Am Brückentor

15. Jahrhunderts als städtische Schule für Bürgerkinder gegründet. Das heutige Gebäude ist von 1706, im Sockelgeschoss befindet sich das Tränktor. – In Heidelberg erinnert außer der Brücke, deren Bau er in Auftrag gegeben hatte, auch das Karlstor, das zu seinen Ehren errichtet wurde, an den Kurfürsten Carl Theodor. – 1897 wurde der Platz am Aufgang zur Alten Brücke *Am Brückenthor* benannt. Früher hieß er *An der Neckarbrücke* bzw. *Im Tor der alten Brücke*. Im Turm der Alten Brücke wohnte der Schriftsteller Gert Kalow (1921–1991) von 1956 bis zu seinem Tod. (Derwein 1940, Nr. 81, 595, 764; vgl. *Karl-Theodor-Brücke*, *Obere Neckarstraße*).

Am Büchsenackerhang   (Ziegelhausen, E 13–14, zwischen Köpfelweg und Neuer Weg). Nach der 1534 erstmals erwähnten Gewannbezeichnung »uff dem Büchsenacker«. »Bergkuppe mit Ackerland. 1746 von Kurpfalz an die Gemeinde zur Rodung abgegeben.« (R. Hoppe). »Büchsenacker« hieß ursprünglich ein Schießplatz auf der Höhe am Weg von der Stiftsmühle nach Peterstal, beim heutigen Hallenbad. Der Name bezog sich dann auf die gesamte, dem Köpfel vorgelagerte Bergkuppe, die einst mit Wald bedeckt war und um die die Straße im Norden, Osten und Süden herumführt. 1799 kam es auf dem Büchsenacker zu einem Gefecht zwischen Franzosen und Odenwälder Landsturm (vgl. *In der Neckarhelle*; Hoppe 1940, S. 25, 154; Hoppe 1956, Nr. 41f.).
Nr. 53: Wohnung des Philosophen Hans-Georg Gadamer (1900–2002), (vgl. *Gadamerplatz*).

Am Dorf   (Kirchheim, Am Dorf, K 7, zweigt von der Sandhäuser Straße nach Westen ab). Siedlungs- und Straßenname nach einem Gewann südwestlich des Ortskerns von Kirchheim, zwischen Heuauerweg, Sandhäuser Straße und Cuzaring. Mitten hindurch führt der alte, nach Bruchhausen führende *Bruchhäuser Weg*. 1990 wurde der Bebauungsplan für das Neubaugebiet »Am Dorf« erstellt, 1994 begannen die Erschließungsarbeiten, und die dortigen Straßen erhielten ihre Namen.

Am Ebertsrott   (Boxberg, K 10, westlicher Abzweigweg vom Buchwaldweg). 1962 nach der Gewannbezeichnung »Ebertsroth« benannt.

Am Erlenhain   (Boxberg, I–K 10, Sackweg, zieht vom Anfang des Boxbergrings südwärts). 1962 nach einer Gewannbezeichnung benannt.

Am Fürstenweiher   (Ziegelhausen, D 13–14, Weg zu den Häusern um den Fürstenbrunnen). Die drei Fischweiher, die die Kurfürsten von der Pfalz im Talgrund des Steinbachs zum Fischen und Krebsen anlegten, wurden 1645 erstmals erwähnt und nach 1761 trockengelegt. Danach dienten sie als Bleichwiesen, heute sind sie zum großen Teil bebaut. Am Haus Nr. 8 befindet sich ein Brunnen aus der Zeit Kurfürst Carl Theodors mit einer Gedenktafel von 1938. – Die Nummerierung der Häuser wurde 1969 geändert (Hoppe 1956, Nr. 49, 82, 85, 207, 321; vgl. *Fürstendamm*, *Mühldamm*, *Steinbachdamm*).
Nr. 40: Steinbachhalle.

Am Götzenberg   (Boxberg, K 10, zwischen Karlsruher Straße und Boxbergring). 1967 nach einer Gewannbezeichnung benannt, diese beruht wahrscheinlich auf einem Personennamen (»Gottfried«?). Zufahrt zu Boxberg und Emmertsgrund.

Am Fürstenweiher 8, Fürstenbrunnen   Am Götzenberg

Am grünen Hag   (Schlierbach, E–F 15, Parallelstraße zur Schlierbacher Landstraße östlich der Ziegelhäuser Brücke bei dem Weg Im Grund). Die Straße im ehemaligen Gutleuthofer Feld wurde 1950 benannt, wahrscheinlich in Analogie zu Straßennamen, die auf echte Flurnamen zurückgehen (als Namensfeld frei erfunden, vgl. *Am Rain*, *Im Anger*, *Im Grund*, *Im Wiesengrund*). Hag bedeutet »Einfriedung von Dorngesträuch«.

Am Gutleuthofhang   (Schlierbach, E–F 15, zwischen Gutleuthofweg bei der Bahnunterführung hinter der Ziegelhäuser Brücke und Sportplatz). 1921 *Untere Aue* genannt. Die Straße im ehemaligen Gutleuthofer Feld wurde 1950 *Am Gutleuthofhang* benannt. Der nördliche Teil der Straße zwischen Gutleuthof und Im Hofert wurde 1958 in *Im Wiesengrund* umbenannt (Derwein 1940, Nr. 30; vgl. *Gutleuthofweg*).

Am Hackteufel   (Altstadt, E–F 11, Uferstraße von der Alten Brücke zum Karlstor). Die Straße wurde anlässlich der Neckarkanalisation 1930–31 als Fortsetzung des *Neckarstaden* angelegt und 1930 nach dem Hackteufel (von mhd. hacken = »schlachten«) benannt, einer Felsenbank im Neckar oberhalb der Alten Brücke, 1928 gesprengt und überflutet. Die Granitklippen des Neckars bildeten bei Niedrigwasser gefürchtete Stromschnellen für die Schifffahrt. Die Wasserkraft wurde hier bis 1962 durch die Herrenmühle genutzt. (Derwein 1940, Nr. 274; vgl. *Neckarstaden*, *Neckarmünzgasse*).

Am Heiligenhaus   (Rohrbach, K 9–10, zwischen Bierhelderweg und Am Müllenberg). Bis 1930: *Pfarrgasse*. (Ein anderer, mündlich überlieferter Name war »Säugaß«). Hier stand das alte »Heiligenhaus« (= Kapelle), dessen Vorgängerbau als Schulhaus benutzt wurde und in den Kriegen des 17. Jahrhunderts wie fast alle anderen Rohrbacher Gebäude abbrannte. Wieder aufgebaut, war es bis 1835 das Schulhaus der reformierten Gemeinde. In Kirchheim gab es eine Gewannbezeichnung »Am heiligen Häusel« (vgl. *Häuselgasse*). Den Straßennamen »Am Heiligenhaus« finden wir auch häufig andernorts, z. B. in Leimen. In Handschuhsheim wird 1411 erstmals das Gewann »Heiligenhäusel« erwähnt (Frey 1944, Nr. 171).

Karlstor (1938)

Am Karlstor (Altstadt, E–F 11, zwischen Hauptstraße und Schlierbacher Landstraße). Der Platz wurde 1983 benannt. 1775–81 erbauten die Heidelberger Bürger am östlichen Ende der Stadt das Karlstor als Triumphtor zu Ehren von Kurfürst Carl Theodor nach Plänen von Nicolas de Pigage. Den bildnerischen Schmuck schuf Hofbildhauer Lamine. Das massige Tor, durch das nur ein Wagen passt, weist unterirdische Kerkerräume auf. Das Neckarufer reichte ursprünglich bis an das Tor. Außer ihm erinnert in Heidelberg auch die *Karl-Theodor-Brücke* an den Kurfürsten. – Seit 1862 fährt die Odenwaldbahn am Karlstor vorbei nach Neckargemünd. 1872–73 wurde der erste Bahnhof am Karlstor erbaut. Seit 1885 fuhr die Pferdebahn vom Hauptbahnhof zum Karlstor, seit 1902 die elektrische Straßenbahn, die bis 1936 durch das Tor hindurchfuhr, sodann in einer Schleife um das Tor herum. 1938 wurde der neue Karlstorbahnhof eröffnet. 1962 fuhr die letzte Straßenbahn vom Karlstor nach Neckargemünd. 1967 wollten die Heidelberger das Tor »aus verkehrstechnischen Gründen« abreißen. 1976 fuhr die letzte Straßenbahn vom Bismarckplatz zum Karlstor. 1996 wurde der Karlstorbahnhof, der bis dahin der Stadt Heidelberg als Bürogebäude diente, nach Umbau als »Kulturzentrum« eröffnet. 2008 wurde der S-Bahn-Haltepunkt »Karlstorbahnhof« in »Heidelberg-Altstadt« umbenannt. Dazu hatte ein Unbekannter schon 1907 in der »Heidelberger Zeitung« geschrieben: »Es wird uns hoffentlich erspart bleiben, dass unser Karlstorbahnhof nach dem Muster anderer Gegenden den Schablonennamen ›Heidelberg-Ost‹ erhält.« (Derwein 1940, Nr. 416; vgl. *Schlierbacher Landstraße*).

Am Markt (Pfaffengrund, G 6, zwischen Eppelheimer Straße und Untere Rödt, führt zum ehemaligen Marktplatz). 1920 benannt. Der Marktplatz entstand 1921 und gehört damit zum ältesten Teil des Pfaffengrunds. Auf beiden Seiten stehen Reihenhäuser, die ursprünglich kleine Läden für den täglichen Bedarf (Konsum, Metzger, Friseur etc.) aufnahmen. 1924 erhielt der Platz seinen südlichen Abschluss durch das Verwaltungsgebäude mit Polizeiwache (jetzt: Bürgeramt). Am nördlichen Rand war ein (nicht ausgeführtes) »Volkshaus« vorgesehen.

Am Müllenberg (Rohrbach, I–K 10, zieht von der Rathausstraße östlich, Parallelstraße zum Bierhelderweg). Nach der Verdolung des Rohrbachs wurde oberhalb der Rathaus-

Am Müllenberg   Am Müllenberg

straße aus einem Fußweg eine Straße. Diese wurde 1970 nach dem benachbarten Gewann benannt (»Müllenberg« aus »Mühlenberg«). Mindestens sechs Mühlen standen einst im Rohrbachtal. Am Hang hat es heute noch Weinberge.

Am Pferchelhang   (Ziegelhausen, D 14, zwischen Höhenstraße und Schleifengrund-weg). 1970 benannt. Das Gewann »Pferchel« ist 1607 erstmals als »Im Pferchel« erwähnt, ein Tal am Rand des Ziegelhäuser Waldes beim Hammelsbuckel. Der Name, mundartlich »Perchel«, ist die Verkleinerung von Pferch m. = »Einfriedung für Tiere«. Am Osthang des Pferchels liegt der Hirtenbrunnen, 1607 erstmals als Pferchlesbronnen erwähnt. Der Haupt-teil des Tales war bis 1750 Wald, dort war das weidende Vieh (Schweine, Schafe) nachts oder auch für längere Zeit eingepfercht. – 2008 wurde hier die sanierte Erholungsanlage Pferchel (Grillhütte) übergeben. Die Straße Am Pferchelhang hat keine Verbindung zum Pferchel, sie endet im benachbarten Tal Schleifengrund. Sie führt am Hang des Kirchenberges entlang (Hoppe 1956, Nr. 245; Hoppe 1970, S. 2; vgl. *Hirtenbrunnenweg*, *Saupfercheckweg*).

Am Rain   (Schlierbach, F 15, beginnt an der Westecke des neuen Friedhofs und umgrenzt diesen im Süden). Ursprünglich Feldweg, 1950 benannt, wahrscheinlich in Analogie zu Straßennamen, die auf echte Flurnamen zurückgehen (als Namensfeld frei erfunden, vgl. *Am grünen Hag*, *Im Anger*, *Im Grund*, *Im Wiesengrund*). Rain bedeutet »Rand, Ackergrenze, Grenzweg«, daher »Anrainer« = »Grundstücksnachbar« (vgl. *Rainweg*).

Am Römerbad   (Neuenheim, F 8, zwischen Uferstraße und Jahnstraße). Eine kleine Straße mit nur drei Hausnummern. Sie hieß seit 1929 *Bürklinweg*, nach dem Juristen Dr. Al-bert Bürklin (1844–1924), Intendant der Karlsruher Hofbühne und Reichstagsabgeordneter. Die Stadt verdankt ihm mehrere Stiftungen für das Museum und machte ihn 1919 zum Eh-renbürger. Auf Vorschlag von Stadtrat Prof. Dr. Hermann Hoepke wurde die Straße 1963 um-benannt, weil Grabungen hier eine römische Therme freigelegt hatten (Brecht 1968, S. 46).

Am Rohrbach   (Rohrbach, I 9, zwischen Karlsruher Straße und Fabrikstraße). Bis 1929: *Bachstraße*, dann in *Am Rohrbach* umbenannt (wohl weil in Handschuhsheim bereits eine Bachstraße existierte, die ihren Namen allerdings von dem Komponisten hat). Der Rohrbach floss hier bis 1855 unverdolt in den Kirchheimer See zwischen Odenwaldstraße und Leimener Weg. Dies war oftmals ein Anlass zum Streit zwischen »Bachebern« (Rohrbachern) und »Windbeuteln« (Kirchheimern). Daher leitete man den Bach von Sonntagabend 6 Uhr bis Donnerstagabend 6 Uhr ins »Kirchheimer Loch« auf Heidelberger Gemarkung (vgl. *Schrebergartenweg*). In der übrigen Zeit floss er weiter in den Kirchheimer See. Das so entstandene Wasserloch war das Badeparadies der Rohrbacher Jugend, zugleich Karpfenteich. Allmählich verschlammte das Wasser, so dass die Gemeinde Rohrbach im Jahre 1913/14 Kläranlagen schaffen musste. Im Jahr der Eingemeindung 1927 wurde der Rohrbach schließlich bei der Fuchsschen Fabrik abgefangen und durch einen Kanal in den Neckar geleitet. Noch der Stadtplan von 1939 zeigt den Bach offen von der Quelle unterhalb »Drei Eichen« bis zum Bosseldorn. 1963 wurde der obere Bach eingerohrt und zugeschüttet (»Bach im Rohr«). Im Heimatmuseum hängen Bilder vom unverdolten Bachlauf. – Auch andere Straßen- und Flurnamen in Rohrbach und Kirchheim deuten auf Gewässer: *Seewiesenweg*, *Obere/Untere Seegasse*, *See*, *Seegrund*, *Gewann See*, *Dohlweg*. Bis zur Eingemeindung Rohrbachs gab es dort auch eine *Seegasse* (heute *Burnhofweg*).

Am Rosenbusch (Schlierbach, E 12, zwischen Schlierbacher Landstraße und Hausackerweg). 1749 erstmals erwähnt. Nach dem ehemaligen Gasthaus »Zum Rosenbusch«, dessen Name 1836/41 auf die nahe Gastwirtschaft »Magerer Hof« übertragen wurde (früher: Schlierbacher Landstraße 76–78). Das »Kaffee-Restaurant zum Rosenbusch« existierte bis 1934. Durch die Verlegung der Odenwaldbahn zwischen Karlstor und Neckargemünd auf die bergseitige Trasse und durch den Bau einer Brücke über die Bahn 1934 verschwanden mehrere Gebäude, darunter der »Rosenbusch«. – Mögliche Deutungen des Namens Rosenbusch: 1. beschönigende Bezeichnung einer Gegend wie Richtplatz, Abdeckerei, Platz, an dem Seuchenkranke beerdigt wurden; 2. (von »Ross«): Verwendung des Platzes als Pferdeweide (Derwein 1940 Nr. 334, 736; Knörr 1999, S. 52ff.; vgl. *Rosenbergweg*).

Am Schlierbachhang (Schlierbach, E–F 13–14, zwischen der Gaststätte »Wolfsbrunnen« und Bahnhof Schlierbach). Bis 1955 *Schlierbacher Wolfsbrunnenweg*. Der Schlierbach, der am Wolfsbrunnen entspringt und der Siedlung den Namen gab, wird gewöhnlich Mühlbach genannt. Sein Name kommt von mhd. slier m. = »Lehm, Schlamm« (Knörr 1999, S. 121).

Am Sportfeld (Kirchheim, H 8, zwischen Harbigweg und Mörgelgewann). Führt am Sportplatz des 1968 gegründeten Heidelberger Sportclubs (Fußball, Tennis, Clubhaus) vorbei.

Am Taubenfeld (Wieblingen, D 5–6, von der Mannheimer Straße 307 zu Im Schuhmachergewann; bildet im Gewerbegebiet einen Ring). Ursprünglich ein Feldweg; als Straße ausgebaut um 1960. Nördlich des Wegs lag früher das Gewann »Taubenfeld« oder »Taubengewann«. Der Name ist noch ungeklärt. Vor 1930: *Unterer Weg*, der die Grenze zwischen den Gemarkungsteilen Unterfeld und Mittelfeld darstellte (vgl. *Grenzhöfer Weg = Mittlerer Weg*, *Maaßstraße = Oberer Weg*).

Nr. 18: Service-Center des Technischen Überwachungsvereins (TÜV). – Nr. 35: Technisches Hilfswerk, Ortsverband Heidelberg.

Am Waldrand   Am Wingertsberg

Am Waldrand   (Boxberg, K 10, zieht vom Boxbergring als Randweg am Wald entlang).
1964 benannt. Die Waldgrenze verläuft hier noch immer. 1933 legte der Turnerbund Rohrbach dort einen Waldsportplatz an, wo sich heute die Sportanlage des Turnerbunds
Rohrbach-Boxberg befindet.

Am Wingertsberg   (Ziegelhausen, E 12–13, zwischen Pirschweg und Stiftweg). Nach
der Gewannbezeichnung »Wingartsberg«, 1535 erstmals erwähnt, bezeichnet Terrassen
mit Bergwiesen. Bis ins 19. Jahrhundert gab es dort, zwischen Mausbachtal und Neckartal, Weinberge (Hoppe 1956, Nr. 374).

Am Wittumstein   (Kirchheim, I 7, zwischen Adolf-Engelhardt-Straße und Heuauerweg).
Wittum, Widemgut (verwandt mit »widmen«) bezeichnet den Gesamtbesitz einer Pfarrkirche
an Gütern und Rechten. Die Wittumsgüter waren von Steinen begrenzt, die eine Inschrift
sowie einen Kelch mit Hirtenstab zeigten. Auf Kirchheimer Gemarkung gab es drei solche
Gewanne. Einer dieser Steine befindet sich heute im Heimatmuseum Kirchheim (Körner
2009, S. 73; vgl. *Hedwigsgasse*).

Am Zapfenberg   (Handschuhsheim, D 9, zwischen Mühltalstraße beim Wasserbecken
und Löbingsgasse). Nach der Gewannbezeichnung »Zapfenberg«, 1674 erstmals erwähnt.
1238 schenkte Erenfried, genannt Zapfe, dem Kloster Schönau eine Mühle (wahrscheinlich
die spätere »Leitzemühl«, Mühltalstraße 91) nebst Hof und $2\frac{1}{2}$ Morgen Weingarten. Der
frühere *Zapfenbergweg* wurde 1956 in »Am Zapfenberg« umbenannt (Frey 1944, Nr. 147,
516).

Amalienstraße   (Rohrbach, I–K 9, zwischen Rathausstraße und Parkstraße). Bis 1930:
Schloßstraße. Benannt nach Markgräfin Amalie von Baden (1754–1832), in Prenzlau geborene Prinzessin von Hessen-Darmstadt, Frau des Erbprinzen Karl Ludwig von Baden. Sie
bekam 1803 von ihrem Schwiegersohn, Kurfürst Maximilian Joseph von Bayern, das Rohrbacher Schlösschen geschenkt. Zwar lebte sie nur sporadisch im Sommer in Rohrbach, ließ
aber das Schlösschen zu seiner heutigen Gestalt ausbauen. Hier empfing sie Zar Alexander I., Kaiser Franz I. und Goethe. Ihr Hauptwohnsitz war Schloss Bruchsal, wo sie auch

starb. Nach ihrem Tode verkaufte die großherzogliche Familie das Anwesen an Johann Georg Stulz (vgl. *Schelklystraße*). Man nannte Amalie die Schwiegermutter Europas, weil alle ihre Töchter Fürstlichkeiten heirateten: Luise den Zaren Alexander I. von Russland, Friederike den König Gustav IV. Adolf von Schweden, Marie den Herzog Friedrich Wilhelm von Braunschweig-Wolfenbüttel, Wilhelmine den Großherzog Ludwig II. von Hessen-Darmstadt, und Karoline Friederike Wilhelmine den späteren König von Bayern, Maximilian Joseph. Ihr Sohn Karl, verheiratet mit Prinzessin Stéphanie de Beauharnais, war 1811–18 Großherzog von Baden. – Amalienstraßen gibt es auch in anderen badischen und pfälzischen Gemeinden. Andere Heidelberger Straßen sind ebenfalls nach weiblichen (meist angeheirateten) Angehörigen des in Baden regierenden Hauses Zähringen benannt: *Hildastraße*, *Luisenstraße*, *Sofienstraße*, *Viktoriastraße*.

Amselgasse (Handschuhsheim, D 9, zwischen Mühltalstraße und Bergstraße, setzt sich im Neulichweg fort). 1475 erstmals als *Anßelmsweg* erwähnt, 1814 als *Amselsgaß*. Nach der Ortstradition ist die Gasse nach Abt Anselm von Lorsch benannt, der 1094 auf der südlichen Kuppe des Heiligenbergs ein Klausurgebäude zu Ehren der hll. Stephan und Laurentius erbauen ließ, wo er 1102 begraben wurde. Nach Fritz Frey hieß die Gasse im Volk *Hammelsgaß*. Er verzeichnet auch die Gewannbezeichnungen »Amselloch« (»Im Amelschen loche«, 1407) und »Amselwiese« (»Ammelßwießen«, 1619) (Derwein 1933, S. 178; Frey 1944, Nr. 9ff.).

An der Bahn (Pfaffengrund, G 6, zwischen Untere Rödt und Elsterweg, parallel zum Heinrich-Menger-Weg). Nach der Trasse benannt, auf der die Eisenbahn 1910–67 von Heidelberg nach Schwetzingen fuhr und die der späteren Siedlung Pfaffengrund ihren Umriss gab. Die Straße wurde 1921 bebaut und benannt, nachdem die Bezeichnung bei den Bewohnern bereits in Gebrauch war.

An der Markscheide (Südstadt, I 9, zwischen Karlsruher Straße und Panoramastraße). Bis 1930: *Blücherstraße*. Benannt nach dem ehemaligen Gewann »Markscheide« (1348 als »in der marcken« erstmals erwähnt), welches zwischen dieser Straße, der Rohrbacher Straße, der Albertsgasse und dem Wald lag. Es markiert die ehemalige Gemarkungsgrenze zwischen den Dörfern Bergheim und Rohrbach. Daher endet hier die Rohrbacher Straße

Amselgasse (Ill. Ludwig Haßlinger)

An der Tiefburg, Burggraben

und beginnt die Karlsruher Straße. Heute verläuft die Grenze zwischen den Stadtteilen Rohrbach und Südstadt auf der Linie Sickingenstraße–Eichendorffstraße. Das Gebiet zwischen dieser Linie und Markscheide–Saarstraße, das jahrhundertelang zur Gemarkung Rohrbach gehörte, ist heute Südstadt (Derwein 1940, Nr. 576).

An der Neckarspitze   (Bergheim, F 7, zwischen Mannheimer Straße und Wieblinger Weg). Nach dem Gewann »Neckarspitz« benannt. Hier wendet sich der Neckar nach Norden. An der Wieblinger Landstraße lag früher der Grubenhof, die städtische Abfuhranstalt. Dorthin wurden seit 1889 der Müll und bis zum vollständigen Ausbau des Kanalnetzes auch die Fäkalien der Heidelberger gekarrt (Derwein 1940, Nr. 642; vgl. *Steinzeitweg*).

An der Tiefburg   (Handschuhsheim, D 9, zwischen Burgstraße und Dossenheimer Landstraße, beiderseits der Tiefburg). Die Straße wurde 1907–12 angelegt und 1922 nach der vermutlich im 13. Jahrhundert angelegten Wasserburg der Herren von Handschuhsheim benannt. Der Burgbezirk umfasste ein weitaus größeres Gebiet, als die heute noch sichtbaren Gebäude vermuten lassen. In den Kriegen des 17. Jahrhunderts erlitt die Burg schwere Beschädigungen, seit 1674 ist sie Ruine. Nach dem Aussterben der Herren von Handschuhsheim ging der Besitz an die Grafen von Helmstatt. Nach 1700 entstand das »Herrenhaus« neben der Burg, dessen Tor lange Zeit als Eingang in den Burgbezirk diente. Das heutige Erscheinungsbild der Burg rührt von der Renovierung durch Raban von Helmstatt 1911–13 her. Seit 1914 fand vor der Tiefburg der Obstmarkt statt. 1921–56 war hier die Jugendherberge der Mädchen. 1932–34 fanden im Hof Freiluftschauspiele statt (Stücke von Irma von Drygalski und Fritz Frey). Bleickart von Helmstatt verkaufte die Burg 1950 an die Stadt Heidelberg, die 1957 die Verwaltung der Burg dem Stadtteilverein übertrug. Fritz Frey richtete in der Burg eine Heimatstube ein, aus der ein Heimatmuseum entstehen sollte. Bis 1971 war die Wohnung im Obergeschoss bewohnt. Dann entstand dort das von Eugen Holl geleitete Tiefburgarchiv. – Ab 1912 fuhr die Straßenbahn durch die *Mittelstraße* (heute *Steubenstraße*) und bis 1919 westlich der Tiefburg durch die *Burgstraße* zur *Biethsstraße*. Von 1946 bis 1971 umrundete die Bahn die Tiefburg in einer Schleife. (Frey 1944, Nr. 460).
Nr. 10: Evangelisches Pfarrhaus Handschuhsheim-Nord.

Andreas-Hofer-Weg (Handschuhsheim, D 8, begann früher am Klausenpfad, jetzt an der Berliner Straße, und zieht nordwärts zur Husarenstraße). 1935 nach dem Gastwirt Andreas Hofer (1767–1810) aus Passeier (Tirol) benannt, Anführer der Tiroler Aufstandsbewegung von 1809. – Der nördliche Abschnitt der Straße verläuft auf der ehemaligen Trasse der 1906–70 dort verlaufenden OEG-Güterbahnlinie von Wieblingen durch das Neuenheimer und Handschuhsheimer Feld nach Dossenheim. (Auch der *Hofmeisterweg* verläuft ein Stück weit auf der ehemaligen OEG-Trasse.) 1953 wurden die Hausnummern 2–16 in 2–24 geändert.

Angelweg (Handschuhsheim, D 8–9, beginnt am Hans-Thoma-Platz und zieht westlich ins Feld). Ursprünglich: *Wieblinger Weg*, 1545 erstmals erwähnt. Er zieht in der Verlängerung ziemlich genau auf die alte Wieblinger Kirche zu. 1952 nach der Gewannbezeichnung »Angel« (1487 erstmals als »am Angel« erwähnt) benannt. Wahrscheinlich Bezeichnung für ein dreieckiges Flurstück. Das altgerm. Angel (ahd. angul, mhd. angel, verwandt mit nhd. Anker und Anger) ist eine Bildung zu einem untergegangenen Substantiv mit der Bedeutung »Haken, Angelhaken, Türangel«. – 1959/60 verlängerte man die Straße *In den Pfädelsäckern* bis zum Angelweg, wordurch sich die Hausnummern Angelweg 15–15a änderten (Frey 1944, Nr. 12, 487).

Anton-Klausmann-Platz (Pfaffengrund, G 6, Schützen-/Marktstraße, Platz an der katholischen Kirche). Der Platz vor der St.-Marien-Kirche wurde 1989 nach Anton Klausmann (1899–1973) benannt, dem ersten Kuraten (Hilfsgeistlicher, ab 1935) und katholischen Pfarrer (1962–68) im Pfaffengrund. Die Inschrift der Tafel an der Kirche weist ihn als »Erbauer von Pfarrkirche, Kindergarten und Schwesternhaus, sozial engagierter Pionier unseres Stadtteils Pfaffengrund« aus. Beispielhaft sei sein soziales Wirken und die musikalische Erziehung und Förderung der jungen Menschen gewesen. Er habe sich auch für den Wohnungsbau im Pfaffengrund stark gemacht und hierfür neue Formen initiiert. – 1989 wurde gegenüber, an der Ecke Schützen-/Marktstraße, eines der Wachhäuschen des 1856 abgebrochenen Mannheimer Tors vom Westende der Hauptstraße aufgestellt, welches im Pfaffengründer Feld als Unterstand für den Feldhüter diente und 1983 im Garten des katholischen Kindergartens wiederentdeckt worden war (Derwein 1940, Nr. 934).

Apfelskopfweg (Ziegelhausen-Peterstal, C 13–14, Sackgasse, beginnt in der Wilhelmsfelder Straße und gabelt sich in einen nördlichen und einen südlichen Ast, welcher als »die Au« bezeichnet wird). Weg im Gewann »Apfelskopf«, nach 1918 benannt. Der Apfelskopf ist

Anton Klausmann, Gedenktafel

eine 1757 erstmals unter dieser Bezeichnung erwähnte 448 m hohe bewaldete Bergkuppe zwischen Kreuzgrund und Peterstal (Hoppe 1956, Nr. 9, Peterstal Nr. 1; vgl. *Peterhofweg*).

Apothekergasse (Altstadt, F 11, zwischen Hauptstraße und Zwingerstraße). 1493 erstmals unter diesem Namen erwähnt. Benannt nach der Hofapotheke von 1404 im Eckhaus Hauptstraße 190. 1374 erhielt der Vitztum (Vicedominus) Heinrich von Erligheim das Eckhaus als Erbburglehen. Daher hieß sie auch von 1391 bis ins 18. Jahrhundert *Vitztumsgasse*. 1403 belehnte König Ruprecht I. seinen Apotheker Johannes Schönthal mit dem »Steinhaus gegen den heiligen Geist über an dem Markt zu Heidelberg, das man nennet des Vitztums Haus«. 1693 wurde die Hofapotheke zerstört und um 1701 neu errichtet. 1877 verlegte man die Hofapotheke in die Sofienstraße 11. – Die Apothergasse heißt 1493 auch *Braite Stein gaß* und im Einwohnerverzeichnis von 1588 *Breidenstein* (Derwein 1940, S. 48, Nr. 24, 73, 974; vgl. *Steingasse*).

Asternweg (Pfaffengrund, E–F 5–6, Siedlung Staatsbahnhof). Von Aster, lat. aster, Zierpflanze in Gärten. 1934/35 entstanden am *Asternweg*, *Tulpenweg* und im *Ochsenkopf* Einfamilienhäuser für Arbeiter, finanziell unterstützt von den Firmen Schnellpresse AG und IG Farben (vgl. *Tulpenweg*).

Astorstraße (Südstadt, Mark-Twain-Village, H 9, zwischen Römerstraße und Elsa-Brändström-Straße). 1951 nach dem deutsch-amerikanischen Unternehmer Johannes Jakob Astor (1763–1848) aus Walldorf benannt, der durch den Pelzhandel mit indigenen Völkern reich wurde und aus seinem damit erworbenen Vermögen zahlreiche Stiftungen begründete, so die Astor-Bibliothek, das Waldorf-Astoria-Hotel in New York und das Astor-Haus für arme Kinder und alte Leute in Walldorf (vgl. *Carl-Schurz-Straße*, *Columbusstraße*, *Edisonstraße*, *Elsa-Brändström-Straße*, *Ludwig-Richter-Straße*, *Mark-Twain-Straße*, *Nansenstraße*, *Roeblingstraße*, *Zengerstraße*).

Auf dem Heiligenberg (Handschuhsheim, E 10, zwischen Mittlerem Klosterweg und Oberem Hagelsteigweg). Der dominierende, zweigipflige Heiligenberg (440 m über NN) zwischen Mühlbachtal und Neckar, an dessen Fuß Handschuhsheim liegt, wird seit prähistorischer Zeit als Kult- und Befestigungsplatz genutzt. Älteste Funde der Bandkeramik um 5500 v. Chr., um 3000 v. Chr. dauerhafte Siedlung der mittleren Jungsteinzeit, um 1200 v. Chr. erste Siedlung der Bronzezeit, um 600–250 v. Chr. keltische Höhensiedlung mit Ringwällen, im 1./2. Jahrhundert n. Chr. von den Römern genutzt. Bemerkenswert ist das Heidenloch,

Auf dem Heiligenberg, Michaelsbasilika

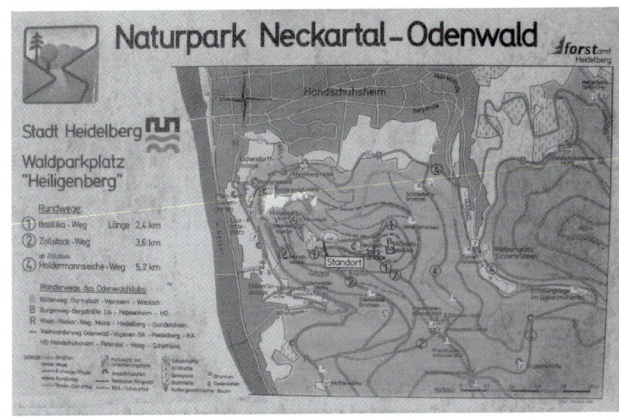

Auf dem Heiligenberg,
Wandertafel

vielleicht eine Filterzisterne. Um 700–820 war auf dem Hauptgipfel ein fränkischer Königshof. 882 schenkte König Ludwig III. den damals »Aberinisberg« geheißenen Berg dem Kloster Lorsch. Im 9.–11. Jahrhundert wurde er mit zwei Filialen des Klosters besetzt (St. Michael, St. Stephan, seit dem 16. Jahrhundert Ruinen). Seit dem 11. Jahrhundert wird der Berg Allerheiligenberg, dann Heiligenberg genannt. 1432 und öfter verbot die Universität Heidelberg ihren Angehörigen, ohne Erlaubnis des Rektors in der Bittwoche den Rolloß (eine Bußprozession) auf den Heiligenberg zu besuchen (vgl. *Rolloßweg*). Durch den Gernsheimer Friedensvertrag 1461 kam mit den Dörfern Handschuhsheim und Neuenheim auch der Heiligenberg zur Kurpfalz. Im Dreißigjährigen Krieg befestigte man den südlichen Bergfuß, 1635 nahm bayerische Artillerie das von Schweden besetzte Schloss vom Heiligenberg aus unter Beschuss. 1831 verkaufte die Pflege Schönau als Nachfolgerin des Lorscher Besitzes der Gemeinde Handschuhsheim den Heiligenbergwald. Zwischen den beiden Klosterruinen liegt seit 1934 die »Thingstätte« (ab 1935 »Feierstätte«, ab 1945 »Heiligenberg-Anlage«) in Form eines Amphitheaters (»dient für vaterländische Kundgebungen und Festspiele«, Fritz Frey). Das an der Straße liegende Gasthaus »Waldschenke« (1929) ist seit 2011 wieder geöffnet. (Frey 1944, Nr. 1, 107, 165ff., 286; vgl. *Heiligenbergstraße*).

Auf der Weide   (Boxberg, K 10, Stichweg von der Berghalde nordostwärts). 1962 nach einer Gewannbezeichnung benannt.

Augustastraße   (Rohrbach, I–K 9, zwischen Heinrich-Fuchs-Straße und Ortenauer Straße). Prinzessin Auguste Wilhelmine von Hessen wurde 1765 als Tochter des Landgrafen Georg Wilhelm von Hessen-Darmstadt und seiner Gemahlin Luise in Darmstadt geboren. 1785 vermählte sie sich mit dem jüngsten Sohn des Pfalzgrafen Friedrich Michael von Birkenfeld-Zweibrücken, Maximilian Joseph, der als Nachfolger des Kurfürsten Carl Theodor 1799 den pfalz-bayerischen Thron bestieg und 1806 der erste König von Bayern wurde. Johann Friedrich Dryander, Hofmaler des Prinzen Georg von Hessen-Darmstadt, malte im Jahr der Vermählung in Darmstadt das Porträt der Prinzessin. Sie starb 1796 im Alter von 31 Jahren im Rohrbacher Schlösschen, der späteren Thoraxklinik, an Lungenschwindsucht. Das Ehepaar hatte vier Kinder. Kronprinz Ludwig wurde später König Ludwig I. von Bayern. 1797 heiratete Maximilian Joseph die um 20 Jahre jüngere Prinzessin Karoline Friederike Wilhelmine, Tochter des Erbprinzen Karl Ludwig von Baden-Durlach und der Amalie von Hessen-Darmstadt,

»Kleine« Augustinergasse   Augustinergasse

Markgräfin von Baden. – Augustastraßen gibt es auch in anderen badischen Orten (vgl. die *Augustaanlage* in Mannheim, die nach ihrem Mann benannte *Max-Josef-Straße* sowie die nach ihrem Sohn benannte *Erbprinzenstraße* in Rohrbach).

Augustinergasse   (Altstadt, F 10, zwischen Hauptstraße und Marsiliusplatz). Name 1370 erstmals als *in der gassen den augustiner vber* erwähnt. Nach dem 1279 erstmals genannten, 1555 aufgelösten und 1693 zerstörten Augustiner-Eremiten-Kloster auf dem heutigen Universitätsplatz benannt. Der Friedhof des Klosters stieß an die Gasse. – Vor der Zerstörung von 1689/93 gab es östlich des Collegium Casimirianum (Grabengasse 1) auch eine *Kleine Augustinergasse*. Beim Wiederaufbau der Stadt wurde sie verkürzt. Sie hieß auch *Casimirian Gäßlein* (1698) oder *Universitäts Gäßel* (1770/1806). Ein Rest ist heute westlich des Hauses Hauptstraße 130 zu sehen (Derwein 1940, Nr. 34f., 176, 238, 963, 973; vgl. *Merianstraße*).

Nr. 2: Studentenkarzer (1736). Hier stand vor der Zerstörung das Geburtshaus des Dichters Julius Wilhelm Zincgref (1591–1635). – Nr. 5 (heute Merianstraße 1): Hier unterhielt 1920–32 die von-Portheim-Stiftung das Slavische Institut unter Leitung von Nicolai von Bubnoff. – Nr. 7: Geburtshaus des Advokaten und Dichters Karl Gottfried Nadler (1809–1849). Eine Sandsteintafel trägt die Inschrift: »In diesem Hause / wurde der Pfälzer Mundartdichter / Karl Gottfried Nadler / am 19. August 1809 geboren«. Ab 1868 Archäologisches Institut, Philologisches Seminar und Germanisch-Romanisches Seminar. Eine andere Gedenktafel erinnert an den Gründer und Leiter des Archäologischen Instituts Karl Bernhard Stark (1824–1879). Heute: Zentrum für Europäische Geschichts- und Kulturwissenschaften, Musikwissenschaftliches Seminar. – Nr. 9: Hier stand vor der Stadtzerstörung das Wohnhaus des Juristen Samuel Pufendorf, der 1661–68 in Heidelberg auf dem ersten deutschen Lehrstuhl für Naturrecht und Völkerrecht lehrte. Bis 1878 befand sich unter dieser Adresse die Verlagsbuchhandlung Friedrich Bassermann. Dort besuchte der Zeichner Wilhelm Busch (1832–1908; vgl. *Wilhelm-Busch-Straße*) des öfteren seinen Verleger Otto Bassermann. Später war hier das Juristische Seminar der Universität (»Altjuridikum«). – Nr. 13 (abgerissen): Neben dem ehemaligen Jesuitengymnasium (vgl. *Schulgasse*), wo er unterrichtete, wohnte ab 1813 der Handschuhsheimer Maler Friedrich Rottmann (1768–1816). Seine bedeutendsten Schüler waren sein Sohn Carl Rottmann sowie Carl Philipp Fohr und Ernst Fries, das »Dreigestirn« der Heidelberger Romantik.

Bachstraße (Handschuhsheim, E 9, zwischen Max-Reger-Straße und Rottmannstraße). 1907 angelegt. 1910 nach dem Komponisten Johann Sebastian Bach (1685–1750) benannt. In Rohrbach gab es vor der Eingemeindung ebenfalls eine Bachstraße, die sich allerdings nach dem Rohrbach nannte (heute: *Am Rohrbach*). – 1885 gründete Philipp Wolfrum in Heidelberg einen Chor, der später den Namen »Bach-Verein« erhielt. 1956–85 war Erich Hübner Leiter des Bachchors (vgl. *Erich-Hübner-Platz*). – Viele Straßen zwischen Langgewann, Rottmann- und Blumenthalstraße tragen die Namen von Musikern (vgl. *Beethovenstraße, Furtwänglerstraße, Haydnstraße, Max-Reger-Straße, Mozartstraße, Philipp-Wolfrum-Weg, Richard-Wagner-Straße, Schubertstraße*).
Nr. 24: Gedenktafel für den Nationalökonomen und Soziologen Alfred Weber (1868–1958).

Baden-Badener Straße (Rohrbach-Hasenleiser, K 8–9, zwischen Kolbenzeil und Erlenweg). Eine von zwölf Straßen im Hasenleiser, die nach südbadischen Städten benannt wurden. Baden-Baden, damals noch Baden (von lat. Aquae), kam im 11. Jahrhundert an die Zähringer und war dann Sitz der Markgrafen von Baden. Nach der Teilung des Landes 1535 blieb Baden der Sitz der älteren Linie des Hauses, die sich nun Markgrafen von Baden-Baden nannte. Nach der Wiedervereinigung 1771 wurde dieser Doppelname für die Stadt gebräuchlich. Aber erst seit 1931 heißt die Stadt offiziell Baden-Baden (vgl. *Rastatter Straße*).
Nr. 11: Seniorenzentrum Rohrbach. – Nr. 14: Internationale Gesamtschule Heidelberg, Hallenbad Hasenleiser.

Bärenbachtal (Ziegelhausen, E–F 15–16) Siedlung östlich von Ziegelhausen am Ausgang des Bärenbachtals an der Kleingemünder Straße (bis 1974: *Heinrich-Stoess-Straße*). Der Bach, erstmals 1535 als »die Bären Bach« (»Bach des Bero«?) erwähnt, entspringt unterhalb des Münchel und fließt in den Neckar. Bärenbach ist auch der »Sammelname für die kurfürstlichen Waldungen vom Hahnberg längs des Neckars bis zur Kleingemünder Grenze« (R. Hoppe). Ende des 18. Jahrhunderts war am Ausgang des Tals eine Ölmühle, dann eine Gerberei. 1888 gründete Heinrich Stoeß aus Schweinfurt hier die Heidelberger Gelatinefabrik Stoeß u. Co. 1931 verlegte man Firmensitz und Produktion nach Eberbach. Später waren hier die Schokoladen- und Konfitürenfabrik Franz Haaf (seit 1939, ehemalige Heinrich-Stoess-Straße 34) und das Fallschirmwerk Richard Kohnke (Heinrich-Stoess-Straße 31). Nach ihrer Schließung in den 1970er Jahren arbeitete in den Fabrikhallen bis zu deren Zerstörung durch eine Übung der Feuerwehr und des THW im Jahre 1994 eine Künstlerkolonie. Heute »Wohnpark am Neckar« mit Supermarkt. – Die Straße nach Kleingemünd wurde erst 1877/79 ausgebaut (Hoppe 1956, Nr. 16; vgl. *Kleingemünder Straße*).

Bäumengasse (Handschuhsheim, D 9, zwischen Dossenheimer Landstraße und Friedensstraße). 1604 erstmals als *beimen gaßen* erwähnt, 1755 als *Bäumergaß*. Im mundartlichen Gebrauch heißt sie *Beimergaß*. Sie verlief um 1700 im südlichen Teil so wie heute und zog dann im Verlauf der jetzigen Kriegsstraße im Bogen zur Mühltalstraße. Damit markierte sie die Grenze des Tiefburg-Areals. 1888 wurde die Kriegsstraße unter Einbeziehung der alten Bäumengasse bis Haus Kriegsstraße 29 ausgebaut. – Die Tradition führt den Namen auf »Burgmauergasse« zurück. Eine andere Möglichkeit wäre die Herleitung von der Ge-

Bäumengasse (Ill. Ludwig Haßlinger)

wannbezeichnung »die Beind«, die in unserer Gegend häufig anzutreffen ist (zu ahd. biunta oder biwenda »eingezäuntes Grundstück«, mhd. biunte, biunde, biunt »freies, besonderem Anbau vorbehaltenes und eingehegtes Grundstück, Gehege, Grenze«; vergleiche An der Beint in Ladenburg, Beintweg in Leimen, Beindstraße in Heddesheim, Beundstraße in Weinheim, Beinweg und Beinpfad in Hirschberg-Leutershausen etc.) (Frey 1944, Nr. 35, 38; vgl. *Im Beind*).

Bahnhofstraße (Weststadt, F–G 9, zwischen Rohrbacher Straße und Römerstraße). Um 1870 benannt. Der Name rührt vom früheren Hauptbahnhof her, dessen Empfangsgebäude von 1840 bis 1955 an der Rohrbacher Straße, etwa an der Stelle des heutigen Menglerbaus, stand. Die Bahnhofstraße verlief parallel zu den Bahngeleisen, die Hausfassaden waren geschwärzt vom Ruß der Lokomotiven. Von 1949 bis 1956 führte der »Weststadtring« der Straßenbahn von der Bahnhofstraße über Römerstraße–Schillerstraße–Rohrbacher Straße zurück zur Bahnhofstraße. Auf der Nordseite der Bahnhofstraße wurden die 1967/68 entstandenen Behördengebäude 2010/11 abgerissen. 2007/08 versuchte eine Bürgerinitiative vergeblich zu verhindern, dass in der Bahnhofstraße Bäume gefällt wurden und ein Teil der Straße durch ein sechsstöckiges Gebäude überbaut wurde. Wie die *Poststraße* ohne Post, die *Bauamtsgasse* ohne Bauamt, die *Krahnengasse* ohne Kran, ist die *Bahnhofstraße* ohne Bahnhof.

Nr. 27: Gaststätte »Zum schwarzen Walfisch« (1876).

Bahnhofstraße, östlicher Teil

Bahnhofstraße, westlicher Teil

BAHNSTADT Die Bahnstadt, die auf dem Gelände des ehemaligen Rangier- und Güterbahnhofs der Deutschen Bundesbahn entstand, ist seit 2011 Heidelbergs 15. Stadtteil. Das Areal umfasst 116 ha, erstreckt sich südwestlich des Hauptbahnhofes auf dem bisherigen Gebiet der Stadtteile Weststadt und Wieblingen und grenzt an die Stadtteile Pfaffengrund im Westen, Bergheim im Norden und die Weststadt im Osten. Die Einwohnerzahl soll im Jahr 2020 etwa 6000 betragen. 6000 neue Arbeitsplätze sollen durch Ansiedlung von Gewerbe- und Dienstleistungsbetrieben geschaffen werden. 2001 erhielt das Darmstädter Büro Trojan, Trojan & Neu den Ersten Preis in einem Architekturwettbewerb zum Bau des neuen Stadtteils. 2008 wurde die Entwicklungsgesellschaft Heidelberg gegründet, welche für ca. 50 Millionen Euro die Fläche der künftigen Bahnstadt von der DB-Tochter Aurelis (75 von 116 ha) kaufte. Im März 2009 erfolgte der Spatenstich für den ersten Bauabschnitt. Die ersten Bewohner zogen im Sommer 2012 ein. Am 21. Dezember 2010 beschloss der Heidelberger Gemeinderat die ersten Bezeichnungen der Straßen und Plätze im neuen Stadtteil: »Leitziel der Namensgebung ist, zu dokumentieren, dass Heidelberg ein internationaler Wissenschaftsstandort mit besonderer Wohnqualität ist. Diesem Grundsatz folgend, werden die neuen Straßen und Plätze im Bereich des Campus nach bedeutenden Wissenschaftlern/-innen und Heidelberger Nobelpreisträgern benannt, im Bereich der Wohnbebauung überwiegend nach Heidelberger Partnerstädten. Einige in der Planungsphase entstandene Bezeichnungen, die

Bahnstadt, Zollhofgarten

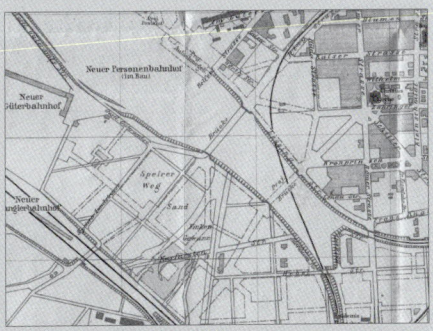

Bahnstadt, Stadtplan 1920

Bahnstadt, Bürogebäude

Bahnstadt, Schwetzinger Terrasse

sich eingebürgert haben, werden beibehalten.« Die *Güteramtsstraße* wurde in *Max-Jarecki-Straße* umbenannt. Der westlich der Speyerer Straße gelegene Teil der *Rudolf-Diesel-Straße* wurde in *Langer Anger* umbenannt. Die neu entstandene Straße im Nordwesten der Bahnstadt, die in die *Henkel-Teroson-Straße* einmündet, erhält ebenfalls den Namen *Henkel-Teroson-Straße*. 2011 legte der Gemeinderat die Stadtteilgrenzen der Bahnstadt fest. Der Bereich der Alten Stadtgärtnerei (begrenzt durch Bahnlinie, Bernhard-Fries-Weg, Rudolf-Diesel-Straße und Speyerer Straße) bleibt bei der Weststadt. Der Bereich südlich der Rudolf-Diesel-Straße bleibt bei Kirchheim. Die südöstliche Grenze der Bahnstadt wurde auf die Speyerer Straße festgelegt.

Bahofweg (Handschuhsheim, C–D 10, Feldweg zwischen Mühltalstraße und Kriegsweg). Nach einer Gewannbezeichnung, 1267 erstmals als *die Bach uffen* (»bachaufwärts«) erwähnt. Eine andere Erklärungsmöglichkeit wäre die Ableitung von mhd. bachoven m. »Backofen«, ein Name, der an Orten haftet, wo Ziegel gebacken, d. h. gebrannt wurden. Der Weg wird 1487 *Kallenbergs weg*, 1576 *Bahof*, 1842 *Bahofsweg* genannt. Zwischen Bahofweg und Unterem Neuwegsbergweg verläuft als Waldweg der *Obere Bahofweg*. Er beginnt am Turnerbrunnen und wird im Volksmund wegen der hohen Ausbesserungskosten auch *Milliuneweeg* genannt. Der Weg zwischen Mühltal und Kriegsweg/Bahofweg, der am ehemaligen Eleonorenhaus beginnt, heißt *Tiefentalweg* (Frey 1944 Nr. 29, 220, 461f.).

Bauamtsgasse (Altstadt, F 10, zwischen Unterer Neckarstraße und Hauptstraße). Im Mittelalter noch nicht vorhanden, erstmals 1699 als *Bawamt gaß* erwähnt, nach dem um 1610 an der Ecke Untere Neckarstraße (nördlich des Armen- oder Bürgerspitals, westlich des Marstalls) errichteten und 1689/93 zerstörten kurfürstlichen Bauamt benannt. Die Gasse hieß bis um 1806 auch *Dollen-* oder *Dohlengasse*, wahrscheinlich nach dem Bäckermeister Georg Doll, der 1760 das Haus Hauptstraße 89, Ecke Bauamtsgasse, kaufte. Dieser Name wurde im 19. Jahrhundert offiziell geändert: »Durch Dohlengasse, meinte man, seien die Bewohner als diebisch bezeichnet.« Wie die *Poststraße* ohne Post, die *Bahnhofstraße* ohne Bahnhof, die *Krahnengasse* ohne Kran, so ist die *Bauamtsgasse* heute ohne Bauamt (Derwein 1940, Nr. 46, 56, 121, 480; Derwein 1939, S. 161).

Baumschulenweg (Weststadt, Pfaffengrund, G–H 7-8, zwischen Speyerer Straße und Marktstraße, bildet die Grenze zwischen Pfaffengrund und Bahnstadt). Frühere Namen: *Alleestraße*, *Schwetzinger Landstraße*, *Schwetzinger Chaussee*, *Alte Speyerer Straße*.

Bauamtsgasse 8

Baumschulenweg, Neue Feuerwache

1963 nach der Baumschule Späth (Gewann »Schützenhütte«) benannt. – 1720–34 ließ Kurfürst Karl Philipp auf der geomantischen Achse vom Gipfel der Kalmit zu dem des Königstuhls einen schnurgeraden Fahrweg vom Schwetzinger Schloss nach Heidelberg anlegen. Diese etwa 10 km lange, im Volk *Maulbeerbaumallee* genannte Strecke wurde 1771 von Kurfürst Carl Theodor als Chaussee vollendet. Carl Theodor förderte die Seidenraupenzucht und ordnete die Pflanzung von Maulbeerbäumen an. Auf einem Teil der Straße (westlich der Speyerer Straße) verlief 1873–1910 die Trasse der Schwetzinger Bahnlinie. Die heutige *Franz-Knauff-Straße*, die *Heinrich-Lanz-Straße* und der Baumschulenweg sind Teile der alten Maulbeerbaumallee des 18. Jahrhunderts, die sich auf Eppelheimer Gemarkung (*Leonie-Wild-Straße*) fortsetzt (Derwein 1940, Nr. 589, 1015; vgl. *Maulbeerweg*).

Nr. 4: Neue Feuerwache (2007).

Bautzenstraße   (Bahnstadt, G 7, zwischen Langem Anger und Pfaffengrunder Feld). 2010 nach der Stadt Bautzen (Oberlausitz) benannt, dem alten »Budissin«, seit 1002 slawische Burg. Heute ist die Stadt das Zentrum der Lausitzer Sorben und Sitz der »Domowina«, des Dachverbands der sorbischen Vereine und Verbände. Bautzen ist seit 1991 Partnerstadt Heidelbergs. Hier gab es zwei Gefängnisse, die für Unrecht und politische Verfolgung in der Sowjetischen Besatzungszone und in der DDR bekannt sind. Das 1900–04 gebaute Zuchthaus (»Bautzen I«) ist heute Justizvollzugsanstalt des Landes Sachsen. Etwa gleichzeitig wurde ein Untersuchungsgefängnis gebaut (»Bautzen II«), welches heute eine Gedenkstätte für beide Gefängnisse beherbergt (vgl. *Cambridgestraße*, *Kumamotostraße*, *Montpellierstraße*, *Rehovotstraße*, *Simferopolstraße*).

Beethovenstraße   (Handschuhsheim, D–E 9, zwischen Blumenthalstraße und Pfarrgasse). 1906 nach dem Komponisten Ludwig van Beethoven (1770–1827) benannt. – Viele Straßen zwischen Langgewann, Rottmannstraße und Blumenthalstraße tragen die Namen von Musikern (vgl. *Bachstraße*, *Furtwänglerstraße*, *Haydnstraße*, *Max-Reger-Straße*, *Mozartstraße*, *Philipp-Wolfrum-Weg*, *Richard-Wagner-Straße*, *Schubertstraße*).

Nr. 64: Hier wohnte 1947–70 der Pfarrer Hermann Maas.

Belfortstraße   (Weststadt, G 8–9, zwischen Kurfürstenanlage 67 und Lessingstraße). 1904 erhielt die östlich der »Kriegskurve« ziehende Straße, die bis dahin zur Speyerer Straße gerechnet wurde, in Erinnerung an die Schlacht um Belfort im Deutsch-Französischen Krieg (15.–17. Januar 1871) ihren Namen. Auf preußischer Seite kommandierte General August Graf von Werder (vgl. *Werderstraße*). Am Tag nach der Schlacht riefen die Fürsten König

BERGHEIM Das ehemalige Dorf Bergheim, erstmals als »Bergeheim« 769 im Lorscher Codex erwähnt, ist älter als die Stadt Heidelberg. Schon zur Römerzeit gab es eine Brückenkopf-Siedlung südlich des Neckars, bei der mehrere Straßen aufeinandertrafen. Die ursprüngliche Heidelberger »Neckarfahr« befand sich zwischen den Dörfern Bergheim und Neuenheim. Im 19. Jahrhundert wurden im »Seelengewann« (im Winkel zwischen Römerstraße und Alter Eppelheimer Straße) Reihengräber des 6./7. Jahrhunderts gefunden. Die Stadt Heidelberg wurde auf Bergheimer Urgemarkung gegründet. Karl Pfaff grub 1899–1901 die Grundmauern der Bergheimer Kirche aus, welche sich an der Ecke Vangerow-/Kirchstraße befand. Der Name *Bergheimer Steige* (heute *Steigerweg*), ein alter Zugang ins Gebirge, zeigt, wie ausgedehnt die Gemarkung des Dorfes Bergheim war. 1392 ließ Kurfürst Ruprecht II. das Dorf Bergheim auflösen, um die Stadt Heidelberg zu erweitern. Die beiden Gemarkungen wurden »auf ewige Zeiten« miteinander vereinigt. Die Einwohner Bergheims, Leibeigene des Pfalzgrafen, wurden angewiesen, ihre Wohnhäuser abzubrechen und in den Raum zwischen der heutigen Sofienstraße und der Grabengasse zu verlegen (»Neustadt«, später »Speyerer Vorstadt«, vgl. *Plöck*). Der Pfalzgraf förderte die Ansiedlung durch Steuererleichterungen. Dieser Akt machte das Dorf Bergheim zur Wüstung (»Altbergen«). Nur der Handschuhsheimer Hof und die Bergheimer Mühle blieben bestehen. – Erst mit dem Bau der Eisenbahn dehnte sich die Besiedlung Heidelbergs wieder in Richtung Westen aus. Die 1840 gebaute Bahnlinie Heidelberg-Mannheim bildete die Südgrenze des neuen Stadtteils (heute die *Kurfürstenanlage*), der 1861 die Bezeichnung »Bergheimer Baubezirk« erhielt, um dann den Namen des fast 500 Jahre zuvor aufgegebenen Dorfes anzunehmen. Im 19. Jahrhundert war Bergheim Heidelbergs Gewerbegebiet. Der erste Großbetrieb war der 1840 eröffnete Bahnhof mit Bahnbetrieb, Werkstätten und Bauinspektionen. Durch die Bahntrasse hatten die Fabriken direkten Anschluss. 1853 kam das Gaswerk und 1900 das Elektrizitätswerk dazu. Das Portland-Cementwerk, das von 1874 bis 1895 zwischen Bergheimer Straße und Neckar in Höhe der ehemaligen Bergheimer Mühle lag, brannte ab und wurde nach Leimen verlegt. Nördlich des Gaswerks hatten sich um 1870 zwei Brauereien niedergelassen: Schrödl und Kleinlein, seit 1884 »Heidelberger Aktienbrauerei«, seit 1952 »Schloßquellbrauerei Kleinlein AG« (bis 1999). – Neben dem 1892–93 errichteten Schlachthof in der Bergheimer Straße 155 legte man 1902 das Depot der elektrischen Straßenbahn an. 1898 wurde die Tabakfabrik Landfried von der *Landfriedstraße* in die Bergheimer Straße 139–151 verlegt. Sie war nach dem Wegzug der Zement- und der Waggonfabrik der größte Betrieb der Stadt. 1896 wurde die Druckmaschinenfabrik Albert & Hamm von Frankenthal nach Bergheim verlegt und 1899 als Schnellpressenfabrik A. Hamm in eine Aktiengesellschaft umgewandelt. 1957 baute die Heidelberger Druckmaschinen AG ein großes Werk in Wiesloch, 2000 eröffnete sie die Print-Media-Akademie in Bergheim.

1931 war mit der Verladeanlage der Kiesbaggerei Weber & Co. der »Heidelberger Hafen« entstanden. Bis 1953 lag hier der Heidelberger Messplatz. 1949–82 wurden in der Alten Bergheimer Straße 9 (Heidelberger Glockengießerei Schilling) Glocken gegossen. – 1906 wurde der Mittelbau mit Ostflügel des neuen Schulhauses in der *Vangerowstraße* (später: Wilckensschule) eingeweiht, 1909 der Westflügel. Die Kirchengemeinden gehörten noch lange zur Weststadt, bis 1928 das Lutherhaus und 1935 die St.-Albert-Kirche sie eigenständig machten. Das Jugendstil-Hallenbad bestand von 1906 bis 1981, 1928 wurde das Kurhaus des Radium-Sol-Thermal-Bads und 1939 das Radiumsole-Frischwasser-Thermalschwimmbad eingeweiht. 1918 hatte die Bohrung der Thermalquelle bei der Bergheimer Mühle durch Prof. Wilhelm Salomon-Calvi bei einer Tiefe von 998 m eine 27 Grad warme Quelle ergeben.

Seit 1919 entstand entlang des *Wieblinger Weges* nach dem Baukonzept der »Garten-stadt« die Eisenbahnersiedlung »Ochsenkopf«. Ursprünglich zu Bergheim gehörend, wurde sie 2003 zu Wieblingen geschlagen. Ein bedeutendes Bau-Ensemble ist das 1869–1922 zwischen Neckar, Bergheimer Straße und Mühlstraße erbaute Klinikviertel der Universität (heute: »Altklinikum«). Ferner befinden sich heute in Bergheim die Polizeidirektion, die Stadtwerke, die Stadtbücherei, der Bus- und Straßenbahn-Betriebshof, der Campus Bergheim, die Volkshochschule, die Akademie für Ältere, die St.-Albert-Kirche, die Lutherkirche, das Landfriedhaus und mehrere Gebäude der Heidelberger Druckmaschinen AG (Derwein 1940, S. 24–28, Nr. 52).

Bergheim, Print Media Academy der Fa. Heidelberger Druckmaschinen

Wilhelm I. von Preußen im Spiegelsaal des Schlosses von Versailles zum Deutschen Kaiser aus. Dabei brachte Großherzog Friedrich I. von Baden das erste Hoch auf den Kaiser aus. – Belfort, eine Stadt in der Burgundischen Pforte, kam 1648 mit dem habsburgischen Sundgau an Frankreich und ist seit 1871 Hauptstadt des Territoire de Belfort. – Die Belfortstraße ist Teil der alten *Speyerer Straße*, die vor dem Bau der Eisenbahn schnurgerade vom Römerplatz bis zur heutigen Speyerer Straße verlief. Ursprünglich sollte sie den Zugang zum Empfangsgebäude des geplanten Hauptbahnhofs bilden. Der südliche Teil der Belfortstraße wurde um 1910 durch den Bau des »Baggerlochs« für den neuen Bahnhof abgetrennt. Heute ist von der Straße nur noch ein kurzer Rest (7 Hausnummern) übrig (vgl. *Speyerer Straße*, *Wörthstraße*, *Kaiserstraße*).

Berghalde   (Boxberg, I–K 10, zwischen Kühlem Grund und Boxbergring). 1962 (nach dem Gewann »Kartoffelstücker«) *Kartoffelstückweg* benannt. Dieser wurde schon im folgenden Jahr auf Verlangen der Anlieger hin in *Berghalde* umbenannt. In Nr. 16 baute sich 1959 die Familie des Ingenieurs Tellesch das erste Haus auf dem Boxberg (vgl. *Waldhofer Straße*).

Bergheimer Straße   (Bergheim, F 8–9, zwischen Sofienstraße und Gneisenaustraße). Benannt nach dem ehemaligen Dorf Bergheim, 1407 als *Bergheimer straß* erstmals erwähnt,

1487 und später auch als *Wieblinger Weg*. Sie war die Verbindung der Stadt Heidelberg mit den Dörfern Bergheim und Wieblingen. Zwischen ihr und dem Neckarufer, an dem Weingärten lagen, liefen mehrere Gassen, wie *Frauenendgasse*, *Kirchgasse*, die *Mühlgassen* und die *Lindengassen*. Am heutigen Römerplatz ging nach Süden der 1294 erstmals erwähnte *Galgenweg* (heute Römerstraße) ab. Im 18. und 19. Jahrhundert hieß die Bergheimer Straße *Mannheimer Chaussee* oder *Mannheimer Straße*. Im Adressbuch von 1852 taucht sie erstmals als *Bergheimer Straße* auf. Der Abschnitt östlich der Römerstraße hieß in der frühen Neuzeit auch *das Pflaster*. An der früheren Augenklinik wurde eine alte Straßenpflasterung gefunden. Die historische Bergheimer Straße nahm bis zu ihrer Begradigung 1873–90 einen recht gewundenen Verlauf, was man noch heute am Römerplatz sieht, wo sie einen deutlichen Knick macht (vgl. *Alte Bergheimer Straße*). 1892–93 wurde der Schlachthof erbaut. – Von 1874 bis 1895 lag zwischen der Bergheimer Straße und dem Neckar in Höhe der ehemaligen Bergheimer Mühle (die als Kraftwerk diente) das Portland-Cementwerk von Johann Philipp Schifferdecker mit Gleisanschluss zum damaligen Hauptbahnhof. Erst 1900 ging die Bergheimer Straße in das Eigentum und in die Verwaltung der Stadt über. Mit Eröffnung der Reichsautobahn Darmstadt–Mannheim–Heidelberg 1935 wurde sie zum Autobahnzubringer. Ursprünglich endete sie an der heutigen Kreuzung Emil-Maier-Straße/Czernyring, wo sie in die *Wieblinger Landstraße* überging. Seit 1949 endet sie an der Gneisenaustraße. Die alten Hausnummern Mannheimer Straße 2–16 änderten sich dadurch in Bergheimer Straße 140–154. 1954 wurde sie durch Wegnahme der nördlichen Vorgärten auf 27,50 m verbreitert. Zum Teil bis in die 1950er Jahre gab es noch landwirtschaftliche Betriebe (Bergheimer Straße 30, 78–86, 119, 121, 123, 128–132). Auf fast der gesamten Länge verkehrt die Straßenbahn (bis 1993 auch die OEG) auf eigener Trasse. Die Straßenbahnlinie nach Pfaffengrund/Eppelheim biegt an der Kreuzung Czernyring/Emil-Maier-Straße in Richtung Czernybrücke ab. Zwischen Mittermaierstraße und Karl-Metz-Straße verkehren die Straßenbahnlinien in Richtung Hauptbahnhof und Ernst-Walz-Brücke. – Die Bergheimer Straße führt heute nicht, wie andere derartig benannte Straßen, nach einem Ortsteil, sondern durch diesen hindurch (Derwein 1940, S. 25, Nr. 52, 694, 904, 912, 1017).

Bergheimer Straße 153   Bergheimer Straße 157

Nr. 1: ehemaliges Botanisches Institut (1876–78 von Heinrich Hübsch erbaut, 1955 ins Neuenheimer Feld verlegt, 1958 abgerissen), 1961 Kaufhaus Horten, seit 2000 »Galeria Kaufhof am Bismarckplatz«. – Nr. 1b: Zieglerbräu (1901 für die Brauerei Georg Friedrich Ziegler erbaut). – Nr. 4: ehemalige Villa Thode (1898 erbaut, 1965 von der HSB an die Fa. Woolworth verkauft; danach abgerissen). – Nr. 6: Hotel Tannhäuser (um 1870 erbaut, 1909 Hotel Tannhäuser). – Nr. 8: Hotel Denner (um 1870 erbaut, 1890 Hotel Denner). – Nr. 20: ehemalige Augenklinik (vgl. *Rizalufer*); Institut für Medizinische Psychologie, Deutsches Zentrum für Altersforschung. – Nr. 23: ehemaliges Restaurant »Stadt Bergheim«. – Nr. 26: ehemalige Zuckerwarenfabrik Louis Sautter (um 1860 erbaut). – Nr. 35: ehemalige Weinhandlung Brunn. – Nr. 36: ehemalige Zigarrenfabrik Gebr. Maier (19. Jahrhundert). – Nr. 45: Altes Hallenbad (1906–81). – Nr. 58: ehemaliger Botanischer Garten (1880), Neue Medizinische Klinik, 1922 eingeweiht, Architekt: Ludwig Schmieder. 1935: Ludolf-Krehl-Klinik. Seit 2009: »Campus Bergheim« (Alfred-Weber-Institut für Wirtschaftswissenschaften, Institut für Politische Wissenschaft und Institut für Soziologie). – Nr. 59: ehemaliges Capitol-Kino im Art-Déco-Stil mit berühmter Kinoorgel, 1927 eröffnet, Architekt: Uwe Darius, 1945 von der Besatzungsmacht beschlagnahmt, 1953 wiedereröffnet, 1971 geschlossen, 1974 abgerissen. – Nr. 69: ehemaliges städtisches Arbeitsamt (1925–30, Architekt: Fritz Haller. Später Versorgungsamt, 1995 Amt für öffentliche Ordnung, heute: Bürgeramt). – Nr. 76: ehemalige Zigarrenfabrik Liebhold (1903), Gewerbeschule (1928), Volkshochschule (1987), Akademie für Ältere. – Nr. 89a: ehemalige Brauerei Kleinlein, seit 1952 Schloßquellbrauerei Kleinlein AG., 1999 geschlossen, jetzt Hotel. – Nr. 91: ehemaliger Ausschank der Heidelberger Aktienbrauerei. – Nr. 104–106: ehemalige Zigarrenfabrik Gebr. Maier (1905 erbaut). – Nr. 108: St. Albert-Kirche (1935) / *Alfons-Beil-Platz*. – Nr. 109: ehemaliger städtischer Holzhof (1919–33). – Nr. 117: ehemaliger Ausschank der Brauerei Schrödl. – Nr. 139–151: Landfriedhaus (ehemalige Fabrik, Tabakmagazin, Schlosserei, Kessel- und Maschinenhaus, Villa, Remise, 1898–1900 erbaut, jetzt Gewerbehof mit Handel, Freizeitbetrieben und Büros), Interkulturelles Zentrum (2012). – Nr. 147: ehemaliges Verwaltungsgebäude der Fa. Landfried, Taeter-Theater (1987). – Nr. 153–155: ehemaliger Schlachthof (erbaut 1892–93), seit 1956 Straßenbahnbetriebshof, jetzt Rhein-Neckar-Verkehrs GmbH. – Nr. 159: ehemalige Bierkühlapparatefabrik A. Klotz, ehemaliges Postamt 6.

Bergstraße (Neuenheim-Handschuhsheim, D–E 9, zwischen Neuenheimer Landstraße und Mühltalstraße). Die heutige *Bergstraße* ist nicht identisch mit der alten Landstraße, die von Heidelberg nach Eberstadt führt, dabei die Dörfer am Westhang des Odenwalds berührt und die 773 als *in stratam publicam*, 1165 als *in Bergstrassen* genannt wird. Der Name rührt davon, dass man im Mittelalter zum Reisen die trockenen Hangwege gegenüber den sumpfigen Flusstälern und Ebenen bevorzugte. Mit Beginn der Frankfurter Messe im 13. Jahrhundert entwickelte sich der Fernverkehr. Die jetzige, weiter in die Ebene verschobene Straße, die wir heute als »Bergstraße« bezeichnen, ist verhältnismäßig jung. Zwischen Handschuhsheim und Dossenheim wurde sie erst um 1785 hergestellt. Im weiteren Sinne ist »Bergstraße« auch ein Landschaftsname. – Unterhalb der alten Bergstraße beim »Schwarzen

Bergstraße

Schiff« in Neuenheim war bis zur Errichtung der zweiten Neckarbrücke (1877) die Überfahrt nach Heidelberg (»Neuenheimer Fahr«). Hier steht noch das Kruzifix (»Kreuz an der Fahr«), welches 1747 errichtet und 1850 erneuert wurde. Bis zum Bau der *Brückenstraße* (1890) bildete die alte Bergstraße die Fernverkehrsverbindung von Heidelberg über Lützelsachsen, Weinheim, Eberstadt und Bessungen nach Frankfurt (*Frankfurter Landstraße, Frankfurter Chaussee*). Diese begann an der Alten Brücke, zog über die heutige Neuenheimer Landstraße zur jetzigen Bergstraße und bog beim Mönchhof auf die Handschuhsheimer Landstraße ab, von dort weiter über die untere Mühltalstraße am jetzigen Friedhof vorbei auf den Dossenheimer Weg. Die Einmündung der Bergstraße in die Neuenheimer Landstraße beschreibt Joseph von Eichendorff in seinem Versepos »Robert und Guiscard« so: »Doch da sie jetzt um einen Fels sich wandten, / Tat's plötzlich einen wunderbaren Schein, / Kirchtürme, Fluren, Fels und Wipfel brannten, / Und weit ins farbentrunkne Land hinein / Schlang sich ein Feuerstrom mit Funkensprühen, / Als sollt' die Welt in Himmelsloh'n verglühen. / Geblendet sahen zwischen Rebenhügeln / Sie eine Stadt, von Blüten wie verschneit, / Im klaren Strome träumerisch sich spiegeln.«

Bis 1893 hieß auch der Abschnitt der Bergstraße in Neuenheim zwischen dem Gasthaus »Zur Krone« und dem Mönchhofplatz *Handschuhsheimer Landstraße*. Seitdem blieb dieser Name auf die Strecke zwischen Mönchhof und dem Dorf Handschuhsheim beschränkt. – Seit Ende des 19. Jahrhunderts wurde die Bergstraße nach Norden ausgebaut, zunächst bis zum *Hainsbachweg* (1898), dann bis zur *Leimengrube* (1912). Sie hieß anfangs wegen der Bebauung durch reiche Leute »Villenstraße«. 1932 verlängerte man sie bis zum Handschuhsheimer Mühltal. Für den Durchstich zur *Mühltalstraße* wurden zwei Häuser abgebrochen. – 1857–76 befand sich der Neuenheimer Friedhof gegenüber der Einmündung der Kußmaulstraße, dort, wo heute das Haus Bergstraße 60 steht. – 2005 weihte die Handschuhsheimer Geschichtswerkstatt eine Gedenktafel für die hier ausgegrabenen fränkischen Reihengräber des 6./7. Jahrhunderts ein (Frey 1944 Nr. 41f.; Jaeger 1988, Nr. 63, 64, 234, 240, 494, 790, 979, 1053; Schmith 1928, S. 122, 189, 264, 294, 298f.; Mumm 2009, S. 10ff.; ders. 2004/05, S. 79–101; Sinn 2003).

Nr. 106–108: Villa für den Internisten Ludolf von Krehl (vgl. *Ludolf-Krehl-Straße*), erbaut 1911, Architekt: Friedrich Ostendorf.

Berliner Straße (Neuenheim-Handschuhsheim, D–F 8–9, zwischen Ernst-Walz-Brücke und Rottmannstraße). Sie setzt die vom Hauptbahnhof kommende Mittermaierstraße jenseits der 1928 eröffneten Ernst-Walz-Brücke nach Norden fort. Bis Anfang der 1950er Jahre endete die Brückenfahrbahn an der Kreuzung mit der Jahnstraße, welche zu einem Platz ausgeweitet war, der schon auf dem amtlichen Stadtplan von 1929 und noch auf dem von 1953 *Hindenburgplatz* genannt wird. Von diesem Platz aus wurde in Richtung Bergstraße eine Straße angelegt, die seit dem Ersten Weltkrieg geplant war. 1933–45 hieß die projektierte, noch unbebaute Straße *Hindenburgstraße*. 1952 wurde sie *Frankfurter Straße* benannt. Das erste Teilstück bis zur *Tiergartenstraße* wurde 1955 eröffnet. 1957 wurde der Abschnitt des Klausenpfads zwischen Rottmannstraße und Andreas-Hofer-Weg in die Frankfurter Straße einbezogen. Die Hausnummern 45–24 des Klausenpfads änderten sich in Frankfurter Straße 100–113. 1958 wurde die Strecke zwischen Tiergartenstraße und Hans-Thoma-Platz eröffnet, 1959 erhielt die Straße den Namen nach der ehemaligen Reichshaupt-

Berliner Straße, Grabungen um 1960

stadt. Über ihre ganze Länge, von der Bergheimer Straße nach Handschuhsheim-Nord, verläuft seit 1995 die Straßenbahn auf eigenem Gleiskörper zwischen den Fahrspuren. 1959 endete die Straßenbahnlinie noch an der Chirurgischen Klinik, dann wurde sie zum Bunsen-Gymnasium verlängert. 1987 wurde sie zum Technologiepark verlängert, 1995 zum Hans-Thoma-Platz. – 1951 entdeckte man bei Kanalarbeiten an der späteren Berliner Straße im Gartenland des Neuenheimer bzw. Handschuhsheimer Feldes das größte römische Gräberfeld Süddeutschlands. Es wurde zwischen 80 und 190 n. Chr. benutzt, als am Neckar ein römisches Kastell stand, und lag entlang der Fernstraße nach Ladenburg. Bis 1970 legte der Archäologe Berndmark Heukemes fast den gesamten Bestattungsplatz frei. Er umfasst mehr als 1400 Bestattungen aus dem Neuenheimer Kastell und der zugehörigen Zivilsiedlung.

Nr. 6: Hauptverwaltung von HeidelbergCement AG (seit 1963). – Nr. 10: neues Verwaltungsgebäude der HeidelbergCement AG (seit 2003). – Nr. 14: ehemaliger Ingenieurbetrieb Dipl. Ing. Günther Koch. Hier wurde 1962 die elektronische Rechenanlage IBM 1620 aufgestellt, eines der ersten elektronischen Rechenzentren Deutschlands. – Nr. 95: Feuerwehr-Abteilungen Handschuhsheim und Neuenheim. – Nr. 100: Heiligenbergschule (1957 als »Volksschule am Klausenpfad« eingeweiht, zunächst »Rottmannschule«, 1967 »Heiligenbergschule«).

Bernhard-Fries-Weg (Südstadt, G–H 9, zwischen Hebelstraße und Bosseldorn). 1956 nach dem Maler Bernhard Fries (1820–1879) benannt. Er wurde als Sohn des Bankiers, Fabrikanten und Gemäldesammlers Christian Adam Fries (»Krapp-Fries«) in Heidelberg geboren, was ihm sorgenfreies Malen und Reisen ermöglichte. Sein Bruder war der Maler Ernst Fries. Bernhard Fries besuchte 1835–37 die Münchener Akademie, lebte 1838–46 in Italien und starb in München. 1852 malte er Kuno Fischer (vgl. *Kuno-Fischer-Straße*) als Heidelberger Privatdozenten. Am Hause Rohrbacher Straße 57 hing eine (jetzt verschollene) Tafel mit der Inschrift: »Zur Erinnerung / an die Heidelberger / Maler Ernst Fries 1801–1833 / Bernh. Fries 1820–1879«. Seine Gemälde sind in vielen Museen vertreten, z. B. in Darmstadt, Halle, Karlsruhe, München, Stuttgart und Zürich. Das Kurpfälzische Museum in Heidelberg besitzt viele seiner Werke. – Der Bernhard-Fries-Weg ist eine der Straßen im Maler-Namenfeld in der Südstadt/Weststadt (vgl. *Friesenweg, Kuno-Fischer-Straße*).

Berolfweg (Wieblingen, E 6, mittlerer Verbindungsweg vom Sandwingert zum Rutlindisweg). Benannt 1965, ausgebaut 1966. Berolf war einer der fünf Unfreien, die Rutlindis 767 zusammen mit ihrem Wieblinger Grundbesitz dem Kloster Lorsch schenkte (vgl. *Rutlindisweg*).

Bienenstraße (Altstadt, F 10, zwischen Unterer Neckarstraße und Hauptstraße). Im 19. Jahrhundert befand sich auf dem Gelände des ehemaligen Schomberger Hofs (1693 zerstört, heute Hauptstraße 79/Ecke Bienenstraße) die Klingelsche Wachs- und Unschlittfabrik, mit der eine Bienenzucht verbunden war. Die Straße wurde 1862 durch das Gelände der aufgegebenen Fabrik angelegt und benannt (Derwein 1940, Nr. 56, 422, 822; vgl. *Karpfengasse*).

Bierhelderhof (Altstadt, I 10, Bierhelderhofweg 2, zwischen Speyererhof und Rohrbach). Nach einer Gewannbezeichnung, 1442 erstmals urkundlich als *ze Berhelden* erwähnt. Zur Herkunft dieses Namens gibt es verschiedene Deutungen. Er hat weder etwas mit »Bier« noch mit »Beeren« noch mit »Bär« zu tun. Möglicherweise rührt er von ahd. ebur, mhd. bêr = »Zuchteber«, vielleicht aber auch von mhd. bûre, bûr = »Bauer, Nachbar«. Halde, helde bedeutet Halde, Bergabhang (vgl. *In der Neckarhelle*; Derwein 1940 Nr. 57). – Der Hof gehörte bis 1917 zu Rohrbach. 1627 starb der humanistische Gelehrte Jan Gruter aus Antwerpen, seit 1593 Professor für Geschichte an der Universität Heidelberg, der letzte Bibliothekar der Bibliotheca Palatina, bei einem Besuch seines Schwiegersohns Oswald Smend in dessen Landhaus auf dem Bierhelderhof. 1737 erwarb die Stadt Heidelberg Hof und Feld und gab sie in Pacht. 1770 kaufte ihn Herzog Karl II. August von Pfalz-Zweibrücken, Herr des Rohrbacher Schlosses, um ihn als Jagdsitz zu nutzen. Im gleichen Jahr wurde die ehemalige *Bierhelder Straße* bzw. *Steige* auf Kosten der Gemeinde Rohrbach angelegt, um dem Herzog den Weg zu seinem Jagdsitz bequemer zu machen. Der Hof blieb bis 1824 im Besitz der fürstlichen Familie. Von 1849 bis 1890 gehörte er der Familie Schelkly (vgl. *Schelklystraße*). 1888 brannten die Ökonomiegebäude ab. 1890 wurde er an den Hauptlehrer Philipp August Büchler verkauft, der das Wohnhaus und die Ökonomiegebäude nach Plänen des Architekten Johann Remler (vgl. *Remlerstraße*) neu aufbauen ließ. 1904 verkaufte Büchler den Hof an Dora Beisel. 1906 brannten die Ökonomiegebäude abermals ab. 1908 wurde der Hof zwangsversteigert und wiederum Philipp August Büchler zugeschlagen. Er übertrug seine Rechte an das Ehepaar Weiß aus Schwetzingen, unter deren Pflege der Hof wieder aufblühte. Im Ersten Weltkrieg erwarb die Stadt Heidelberg mehrere landwirtschaftliche Betriebe, um die Versorgung der Bewohner mit Lebensmitteln zu sichern, vor allem um Kinderheime und Krankenhäuser mit einwandfreier Milch zu versorgen. 1917 kaufte sie auch den Bierhelderhof, ließ ihn elektrifizieren und verpachtete ihn samt Gastwirtschaft. Daher gehört der Bierhelderhof heute nicht mehr zu Rohrbach, sondern zum Stadtteil Altstadt. Er ist ein

Bierhelderhof

Bierhelderhof

Bierhelderweg / Leimer Straße

beliebtes Ausflugsziel. Gutsschänke und Hofgut mit Aberdeen-Angus-Rinderzucht werden von der Familie Friedrich Schumacher betrieben.

Bierhelderhofweg   (Südstadt, H–I 10, zieht vom Kühlen Grund nördlich, am Bierhelderhof vorbei zum Steigerweg). Nach dem *Bierhelderhof* benannt. Diese Straße hat nur eine Hausnummer (Nr. 2: Bierhelderhof).

Bierhelderweg   (Rohrbach, K 9–10, zwischen dem Ende der Rathausstraße beim Gasthaus »Zur Linde« und der evangelischen Kirche). Die Straße wurde nach der Eingemeindung Rohrbachs aus dem östlichen Stück der früheren *Hauptstraße* und der *Kirchgasse* gebildet. Sie ist nach dem *Bierhelderhof* benannt, zu dem sie führt. 1929 wurde der obere Teil des Bierhelderwegs in *Kühler Grund* umbenannt (Mumm 2008, S. 195).

Biethsstraße   (Handschuhsheim, D 9, zwischen Dossenheimer Landstraße und der Straße Zum Steinberg). Der Teil zwischen Hilzweg und der Straße Zum Steinberg hieß von 1874 bis zur Eingemeindung 1903 *Werderstraße*. Der Abschnitt zwischen Dossenheimer Landstraße und Hilzweg wurde 1907 gebaut. Vorher war hier ein Fußpfad. Die Gewannbezeichnung »Bieth« wird erstmals 1267 als *uff dem biettde* erwähnt, die Straße 1724 als *biedh gaß*. Das Biet (ahd. biot) ist der Trog unter der Kelter, eine aus Balken gefügte viereckige Wanne zum Einfüllen der Traubenmaische (Frey 1944, Nr. 44f., vgl. den Flurnamen »Weinbiet« und die Straße/Siedlung *Im Bieth*).

Birkenweg   (Kirchheim, Siedlung Höllenstein, K 8, zwischen Ahornweg und Ulmenweg). Die 1929 östlich der Bahnlinie erbaute Siedlung *Im Höllenstein* gehört zu Kirchheim, ist aber mit Rohrbach verbunden. Die Straßen sind nach heimischen Baumarten benannt (vgl. *Ahornweg*, *Buchenweg*, *Erlenweg*, *Ulmenweg*).

Bismarckplatz   (Bergheim, F 9, zwischen Sofienstraße und Bismarckstraße; mit Bismarckgarten und Bismarckdenkmal). Der Bismarckplatz lag einst vor den Toren der Stadt, an der Stelle der Befestigungen des Dreißigjährigen Kriegs. Heute bildet er den städtischen Mittelpunkt. Hier legte man 1847 einen Hafen (»Winterhalt«) an, der nur etwa 15 Jahre in Betrieb war und bis 1874 wieder zugeschüttet wurde. Der entstandene Platz, zunächst *Hafenplatz* genannt, wurde als Garten angelegt. Dieser erhielt 1875 den Namen Bismarckplatz. Otto Eduard Leopold von Bismarck-Schönhausen (1815–1898), 1871 Fürst von Bismarck, 1862 Ministerpräsident von Preußen, 1867 Bundeskanzler des Norddeutschen Bundes, war 1871–90 der erste Reichskanzler des Deutschen Reiches, dessen Gründung er

Bismarckplatz   Bismarckplatz, Bismarckdenkmal

maßgeblich vorangetrieben hatte. 1847 kam Bismarck auf der Hochzeitsreise mit Johanna von Puttkamer nach Heidelberg. – Die süddeutschen Liberalen sahen in Bismarck anfangs den Führer der preußischen Reaktion, von dem sie nichts Gutes erwarteten. So schrieb der Rektor der höheren Töchterschule in der Plöck, Prof. Dr. August Thorbecke, zunächst heftige Kampfartikel gegen den Staatsmann, bis er sich schließlich doch der allgemeinen »Eiserner-Kanzler«-Euphorie anschloss. Bismarck erhielt in Heidelberg vielfältige Ehrungen: An seinem 70. Geburtstag 1885 wurde am *Unteren St. Nikolausweg* eine Bismarckeiche gepflanzt. Auf der später so benannten Bismarckhöhe im südlichen Stadtwald baute der Gemeinnützige Verein 1891 einen neun Meter hohen Aussichtsturm aus Holz. 1895 ernannte man Otto von Bismarck zur Feier seines 80. Geburtstages zum Ehrenbürger der Stadt Heidelberg. 1897 wurde das Bismarckdenkmal von Adolf Donndorf im Bismarckgarten, 1903 die Bismarcksäule nach Plänen von Wilhelm Kreis am Philosophenweg eingeweiht. An der Ostfassade der 1903 eröffneten Stadthalle sieht man u. a. die Köpfe von Bismarck und Moltke.

Der Bismarckplatz wurde bald zum Verkehrsknotenpunkt: 1877 erbaute man nördlich des Platzes die »Neue Brücke« über den Neckar. Seit 1890 fuhr die elektrische Straßenbahn über die Brücke nach Schriesheim. 1902 nahm die Straßenbahn zum Schlachthaus ihren Betrieb auf. 1925 baute man die Arkaden auf dem Platz. 1929 wurden die elektrische Fernbahn Bismarckplatz-Mannheim der OEG und die Gleisschleife um den Platz in Betrieb genommen. Bis 1966 fuhren die Bahnen im Kreis um den Platz, so dass kein Umsetzen oder Rückwärtsfahren notwendig war. Anstelle des früheren Stationsgebäudes entstand ein (1978 abgerissenes) Provisorium. – Beim Umbau des Platzes 1959 wurden die Arkaden, das Hotel Reichspost von 1890 mit Rondell (Rohrbacher Straße 1, Sofienstraße 4) und die Villa Busch (Sofienstraße 2) abgerissen, ebenso wie das 1876–78 von Heinrich Hübsch erbaute Botanische Institut (Bergheimer Straße 1). Die Geschäfte der Arkaden zogen, soweit sie nicht aufgaben, zum *Seegarten*, an den 1960 die Funktion des Bismarckplatzes als Zentral-Haltestelle der Straßenbahn überging. 1961 eröffnete das Kaufhaus Horten (Fassade von Egon Eiermann, 1982 bis auf einen kleinen Rest wieder entfernt), 1968 das Kaufhaus Woolworth (an der Stelle der abgerissenen Villa Thode, Bergheimer Straße 4). 1976 fuhr die letzte Straßenbahnlinie vom Bismarckplatz zum *Karlstor*. 1985 wurde die von Viktor Dulger gestiftete Brunnenplastik von Martin und Brigitte Matschinsky-Denninghoff (»Spaghetti-Brunnen«) der Öffentlichkeit übergeben. 1986 weihte Oberbürgermeister Reinhold Zundel den neu gestalteten Platz ein. Seit 1996 dient ein Bürocontainer auf dem Bismarckplatz als Polizeiwache. – Einzige Hausnummer ist Nr. 1, ehemals Kaufhaus Horten, seit 2000 »Galeria Kaufhof am Bismarckplatz« (Derwein 1940, Nr. 65, 1036).

Bismarckstraße   (Bergheim, F 9, auf der Westseite des Bismarckplatzes, zwischen Bergheimer Straße und Schurmanstraße). Noch 1875 hieß sie *Hafenstraße* (wegen des Winterhafens, der 1847 an der Stelle des heutigen Bismarckplatzes angelegt und bis 1874 wieder zugeschüttet wurde). Zur Bedeutung des Namens siehe *Bismarckplatz*. 1991 eröffnete in der Bismarckstraße 9–15 die Atos-Klinik. Von 1929 bis 1966 bzw. 1974 fuhren von der Bismarckstraße die Straßenbahnen nach Eppelheim, Schwetzingen und Wieblingen sowie die OEG nach Mannheim ab. 2002 wurde der westliche Gehweg der Bismarckstraße durch Bau einer dritten Kfz-Fahrspur um einen Meter schmäler, vom Bismarckgarten nahm man 70 cm weg. – Bismarckstraßen gab es auch in Rohrbach (heute: *Punkerstraße*), Kirchheim (heute: *Alstater Straße*), Wieblingen (heute: *Edinger Straße*).

Nr. 5–7 / Luisenstraße 14: Marienhaus (1875/84 erbaut, Altersheim für Kleinrentner und Dienstboten, 1927–28 Erweiterung durch Franz Sales Kuhn, heute Teil der Atos-Klinik).

Bleichstraße   (Neuenheim, E–F 9, zwischen Uferstraße und Ladenburger Straße). Früherer Zugangsweg zum Neckarvorland. Seit 1710 als *Hintergasse* erwähnt. 1909 in *Bleichstraße* umbenannt (nach der Tuchbleiche, d. h. Wiese am Neckarufer, auf der Leinentücher in der Sonne gebleicht werden) (Jaeger 1988, Nr. 72, 387, 1015; Schmith 1928, S. 294). Aus einem Schreiben, das am 20. März 1909 an den Stadtrat ging: »Sämtliche Anwohner der Hintergasse (Neuenheim) bitten um eine andere Bezeichnung derselben, da diese Benennung veraltet und den jetzigen Verhältnissen nicht mehr entspricht. Als Grund ist anzuführen, dass die Bezeichnung Hintergasse nicht nur unschön, sondern direkt anstössig wirkt, was beim Vermieten von Wohnungen jeder Hauseigenthümer erfahren muss . . . Als neue Bezeichnung erlauben sich die Anwohner in Vorschlag zu bringen ›Bleichstraße‹, da sie nach dem Neckarrasen zieht, auf dem dort stets viel Wäsche zum Bleichen und Trocknen sich befindet, jedoch soll etwaige andere Benennung den titl. Stadtrat vorbehalten bleiben.« (14 Unterschriften). Schon am 7. April 1909 beschloss der Stadtrat die gewünschte Umbenennung.

Bliesweg   (Rohrbach, I 9, zwischen Saarstraße und Grünewaldstraße). 1937 nach der Blies benannt, dem größten Nebenfluss der Saar, der in Lothringen entspringt. Vor dem Bau der *Grünewaldstraße* Sackgasse (vgl. die ebenfalls nach deutsch-französischen Grenzflüssen benannten *Moselstraße*, *Rheinstraße*, *Saarstraße*).

Blücherstraße   (Bergheim, F 8, zwischen Czernyring und Gneisenaustraße). 1913, zum 100jährigen Jubiläum der »Völkerschlacht« bei Leipzig, nach dem preußischen Generalfeldmarschall Gerhard Leberecht Fürst Blücher von Wahlstatt (1742–1819) benannt. Seine militärische Laufbahn begann im Siebenjährigen Krieg unter Friedrich dem Großen. Seit 1801 General, musste er sich nach der Niederlage bei Auerstedt 1806 ergeben und wurde auf Drängen Napoleons 1811 seines Kommandos enthoben. 1813 wurde er Oberbefehlshaber der Schlesischen Armee, schlug die napoleonische Armee an der Katzbach und trug in der Leipziger Schlacht entscheidend zum Sieg bei. Am 18. Juni 1815 besiegte er zusam-

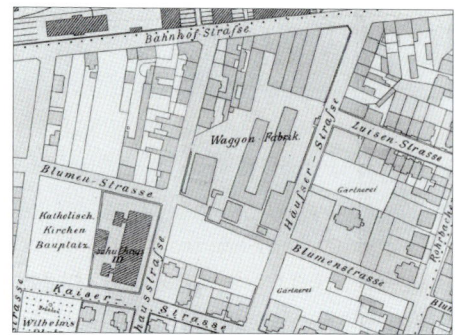

Blücherstraße mit aufgelassenen Geleisen   Blumenstraße, Plan um 1900

men mit Wellington Napoleon in der Schlacht bei Belle-Alliance. – Blücher zu Ehren wurden in Deutschland verschiedene Denkmäler aufgestellt. Dazu zählen das Denkmal des Bildhauers Johann Gottfried Schadow auf dem Universitätsplatz in Rostock (1819), die Statue von Christian Daniel Rauch gegenüber der Neuen Wache in Berlin (1826) und das Denkmal von Fritz Schaper in Kaub am Rhein (1894). – Bis 1993 fuhr die von Wieblingen kommende OEG-Linie über die Blücherstraße zur Bergheimer Straße. – In Rohrbach gab es bis 1930 eine Blücherstraße (heute: *An der Markscheide*, vgl. *Blumenthalstraße*, *Gneisenaustraße*, *Moltkestraße*, *Roonstraße*, *Theodor-Körner- Straße*, *Werderstraße*, *Yorckstraße*). Nr. 1–3: ehemalige Seifenfabrik Theobald Klar (1885–1977).

Blütenweg   (Pfaffengrund, G–H 6, zwischen Entenlach und Steinhofweg). 1950 benannt (vgl. *Frühlingsweg*, *Laubenweg*).

Blumenstraße   (Weststadt, G 9, zwischen Gaisbergstraße und Ringstraße). 1875 wurde der Teil zwischen Römerstraße und Rohrbacher Straße *Friedensstraße* benannt, der Teil zwischen Rohrbacher Straße und Gaisbergstraße *Blumenstraße*, 1887 beide Abschnitte *Blumenstraße*. Zwischen den beiden Teilen lag die Fuchssche Fabrik. 1900 wurde die Produktion nach Rohrbach verlegt (vgl. *Heinrich-Fuchs-Straße*). Durch die Verlegung entstand eine direkte Verbindung zwischen den beiden Straßenstücken. Für kurze Zeit, zwischen 1899 und 1902, hieß der Teil zwischen Landhausstraße und Ringstraße *Neuschulhausstraße* (nach der 1886 eingeweihten Landhausschule). 1902 hieß der gesamte Straßenzug zwischen Gaisbergstraße und Ringstraße wieder Blumenstraße.

Blumenthalstraße   (Handschuhsheim, E 8–9, zwischen Bergstraße 71 und Berliner Straße). Ehedem ein Feldweg, Ende des 19. Jahrhunderts im Volksmund *Kohlenweg* genannt, der (westlich der Landstraße) die Grenze zwischen Neuenheim und Handschuhsheim bezeichnete. Die Straße hieß bis 1902 *Wilhelmstraße* und wurde dann nach dem preußischen Generalfeldmarschall Leonhard Graf von Blumenthal (1810–1900) benannt. Blumenthal war im Krieg 1870/71 Generalstabschef des Kronprinzen und Oberbefehlshaber der 3. Armee, an den Kämpfen bei Sedan und Paris beteiligt, seit 1888 Generalfeldmarschall (vgl. *Blücherstraße*, *Gneisenaustraße*, *Moltkestraße*, *Roonstraße*, *Werderstraße*, *Yorckstraße*).

Johann Kaspar Bluntschli, Gedenktafel

Bluntschlistraße　(Bergheim, F 9, zwischen Vangerowstraße und Alter Eppelheimer Straße). 1894 *Fabrikstraße* benannt, nach dem ehemaligen Portland-Cementwerk, welches 1875–95 hier stand. 1896 wurde sie nach dem Staatsrechtler und nationalliberalen Politiker Johann Kaspar Bluntschli (1808–1881) aus Zürich umbenannt. Dieser war Anhänger der historischen Rechtsschule, 1845 Präsident des Großen Rats der Stadt Zürich, seit 1861 Professor an der Universität Heidelberg, Mitglied der Ersten und Zweiten Badischen Kammer sowie Präsident des Deutschen Protestantenvereins und der badischen Generalsynode. Er ist auf dem Bergfriedhof begraben. An Bluntschlis Wohnhaus in der Plöck 68 hängt eine Tafel mit der Inschrift: »Zur Erinnerung an / Joh. Kaspar Bluntschli / geb. 7. März 1808 / in Zürich / gest. 21. Oktober 1881 / in Heidelberg / Bewohner und Eigentümer dieses Hauses / von 1868 bis 1881« (vgl. *Vangerowstraße*).
Nr. 14: Gesellschaft für Grund- und Hausbesitz. – Nr. 31: Studentenverbindung Hercynia.

Bogenstraße　(Kirchheim, I 8, führt im Bogen von der Hardtstraße zum Freiheitsplatz, parallel zum Seewiesenweg). Die Straße erhielt 1928 ihren Namen nach der Form eines alten Neckarlaufs, in dessen Trockenbett früher der Rohrbach in den Kirchheimer See floss. Das alte Flussbett setzt sich in der *Unteren/Oberen Seegasse* fort.
Nr. 2: ehemaliges Postamt Heidelberg-Kirchheim.

Bonhoefferstraße　(Wieblingen, F 6–7, Wohngebiet Wieblingen-Süd, vom Gutachweg zur Maria-Probst-Straße). Angelegt und benannt 1964, als hier auch das Stoeckerwerk errichtet wurde (siehe *Ludwig-Guttmann-Straße*). Dietrich Bonhoeffer, geb.1908, evangelischer Theologe, leistete als Mitglied der Bekennenden Kirche Widerstand gegen den Nationalsozialismus und wurde am 9. April 1945 im Konzentrationslager Flossenbürg hingerichtet. Von ihm stammt u. a. der beliebte Text »Von guten Mächten wunderbar geborgen«.
Nr. 1: SRH Berufliche Rehabilitation gGmbH; SRH Business Academy. – Nr. 11: SRH School of Engineering and Architecture. – Nr. 17: SRH Berufsförderungswerk Heidelberg (erbaut 1964).

Botheplatz　(Emmertsgrund, L 10, Zufahrt über Bothestraße). Nach dem Physiker Walther Bothe (1891–1957) aus Oranienburg benannt, ab 1932 Professor der Experimentalphysik in Heidelberg, 1934 Direktor des Instituts für Physik am Kaiser-Wilhelm-Institut für medizinische Forschung Heidelberg (ab 1946 Max-Planck-Institut). 1943 baute er das erste deutsche Zyklotron. 1954 erhielt Bothe mit Max Born für die Erfindung der Koinzidenzmethode von 1925 den Nobelpreis für Physik. Er ist auf dem Friedhof Handschuhsheim begraben. – Der Bothe-

Bogenstraße 2   Botheplatz

platz hat nicht den Charakter eines Platzes, sondern den einer Ansammlung von zueinander strebenden Straßen. Er zählt 140 Hausnummern (vgl. *Bothestraße*).

Bothestraße   (Emmertsgrund, L 10, zieht von der Straße Im Emmertsgrund in westlicher, dann im Bogen in südlicher Richtung). 1971 benannt. Die Straße, eine Sackgasse, liegt am westlichen Ende des Emmertsgrunds. Sie zählt 144 Hausnummern (vgl. *Botheplatz*).

Boxbergring   (Boxberg I–K 10, Ringstraße, beginnt und endet an der Einmündung der Straße Zur Forstquelle). 1962 auf Grund der Straßenform benannt. Erschließt das Zentrum des Stadtteils in einem Ring.
Nr. 51: TBR Turnerbund Rohrbach.

Brahmsstraße   (Ziegelhausen, E 14–15, südlich der Kleingemünder Straße, parallel zu ihr verlaufend, unter der Neckarbrücke durchführend). Dies war bis 1876 der allgemeine Weg zwischen Ziegelhausen und Kleingemünd. Die Straße nach Kleingemünd wurde erst 1877/79 ausgebaut. Die heutige Brahmsstraße hieß zunächst *Ostweg* (1752), dann *Klein-*

Boxbergring, kath. Kirche

BOXBERG   Der Stadtteil, ursprünglich auf Rohrbacher Gemarkung, liegt 210 bis 270 m über NN am Westhang des Königstuhlmassivs und wurde Ende der 1950er Jahre als »Waldparksiedlung« geplant. Die Vorgaben lauteten, »Wohnungen für 6000 Einwohner mit der notwendigen Infrastruktur zu schaffen, ohne das Landschaftsbild in seinen Grundzügen zu stören.« 1960 beschloss der Gemeinderat den Bebauungsplan, 1962 zogen die ersten Bewohner ein. Im gleichen Jahr ging das Fernheizwerk am Oberen Neuen Weg in Betrieb. 1967 wurde die Waldparkschule eingeweiht, 1970 das Louise-Ebert-Heim der Arbeiterwohlfahrt. 1989 zog die Fritz-Gabler-Schule (Hotelfachschule) auf den Boxberg. Heute hat der Stadtteil etwa 4000 Einwohner, mehr als 25% der Bevölkerung sind über 65 Jahre alt. – Der Name kommt von der Gewannbezeichnung »Bocksberg« (zu ahd. bock, mhd. boc »Rehbock, Schafbock, Ziegenbock«). Vielleicht handelt es sich um die Bezeichnung für ein Grundstück, das dem gemeindlichen Bockhalter zur Nutzung überlassen wurde. – Am Westhang des Boxbergs, im Gewann »Burg« oberhalb von Rohrbach, lag eine Höhenburg, deren Reste nicht erforscht sind (vgl. *Siegelsmauer*).

»Auf den schlechten Zustand der Straßennamenschilder im Stadtteil Boxberg, die einmal Gegenstand eines Gestaltungswettbewerbs gewesen seien, machte Stadtrat Ernst Schwemmer (CDU) mit seiner Frage aufmerksam. Alle Straßennamenschilder würden im Rahmen der Straßenbegehung auf ihren Zustand hin beobachtet und nötigenfalls instandgesetzt, erklärte OB Zundel. Das Tiefbauamt werde dem Zustand der Schilder auf dem Boxberg besondere Aufmerksamkeit widmen.« (Heidelberger Amtsanzeiger, 28. Juli 1988, S. 5)

Boxberg

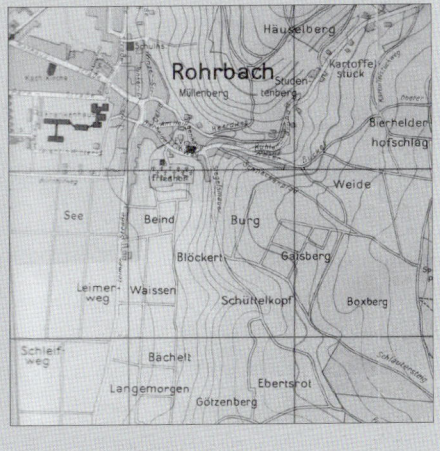

Stadtplan 1937

gemünder Weg (1876), 1934–45 *Karl-Pflaumer-Straße* (nach dem Heidelberger Stadtrat der NSDAP und badischen Innenminister Karl Pflaumer, 1896–1971). 1970 wurde der *Obere Neckarweg*, Verbindungsweg zwischen Brahmsstraße und Leinpfad, in die Brahmsstraße integriert. – 1945 nach dem Komponisten Johannes Brahms (1833–1897) benannt, der im Frühjahr und Sommer 1875 im Gartenhaus des Malers und Kammersängers Anton Hanno wohnte (Heinrich-Stoess-Straße 1, 1925 abgerissen, jetzt Kleingemünder Straße 41–43). Die

Brahmsstraße 2   Brahmsstraße 6 und 8

Inschrift der Gedenktafel von 1938 besagt: »An dieser Stelle wurde um 1200 durch das Kloster Schönau das ›obere Zigelhus‹ errichtet. Nach 1600 stand hier das ›Schultheißenhaus‹, in
dem Johannes Brahms den Sommer 1875 verbrachte.« Nach der Überlieferung entstanden
hier die »Duette für Sopran und Alt« op. 66, das Lied »Abendregen« (nach Gottfried Keller,
op. 70/4) und das »Streichquartett« op. 67. Im »Adler«, wo Brahms oft zu Mittag aß, wurde
ein mit Erinnerungsstücken ausgestattetes »Brahmsstübchen« eingerichtet. – Auch in Heidelberg gab es ein Brahmshaus: In dem 1959 abgerissenen Haus Hauptstraße 108 soll der
Komponist, wenn er von Ziegelhausen nach Heidelberg kam, bei dem Instrumentenmacher
Johann Baptist Trau gewohnt und, angeregt durch das Plätschern des »Kapuzinerbrunnens«
in der Theaterstraße, manches Lied (wie »Der Mond steht über dem Berge«) komponiert
haben (Hoppe 1956, Nr. 30, 31, 235, 298, 363; vgl. *Förster-Bronn-Weg*).
Nr. 8: ehemalige evangelische Kirche (1733), seit 1978 Textilmuseum Max Berk.

Brandywine Road   (Patrick-Henry-Village, I 5, zwischen North Lexington Avenue und
San Jacinto Drive). Benannt nach einer Schlacht im amerikanischen Unabhängigkeitskrieg,
die am 11. September 1777 bei Chadds Ford am Brandywine Creek (Pennsylvania) mit einem Sieg der britischen Streitkräfte endete und es ihnen ermöglichte, Philadelphia einzunehmen.

Brechtelstraße   (Rohrbach, I 9, zwischen Heinrich-Fuchs-Straße und Sickingenplatz).
Diese Straße hieß vor der Eingemeindung Rohrbachs *Wilhelmstraße*. In der Weststadt exi-
stierte aber bereits eine Straße dieses Namens, daher wurde der Teil nördlich der Heinrich-
Fuchs-Straße in *Brechtelstraße*, der südliche Teil in *Erbprinzenstraße* umbenannt. – In der
Reformationszeit lehrten die Brüder Heinrich und Martin Brechtel aus Rohrbach an der Uni-
versität Heidelberg Theologie. Heinrich Brechtel war Vikar an Heiliggeist. Martin Brechtel
war Baccalaureus der heiligen Schrift und Kanonikus des Stifts Neuhausen bei Worms, 1513
Dekan der Artistenfakultät und 1524 Rektor der Universität Heidelberg. Um 1520 stifteten
die beiden (wohl im Auftrag ihres in jenem Jahr verstorbenen Vaters Jodokus Brechtel) ein
Stipendium für das Collegium Dionysianum der Universität Heidelberg. Diese sogenannte
Armenburse war ein Kolleg für unbemittelte Studenten und stand auf dem Platz der heutigen
»Alten Universität«. Die Brüder Brechtel überließen das Recht der Verleihung des Stipen-
diums der Rohrbacher Dorfgemeinde. Die Empfänger waren in erster Linie Rohrbacher
Ortskinder.

Breisacher Weg (Rohrbach-Hasenleiser, K 8–9, zwischen Baden-Badener Straße und Max-Josef-Straße). Nach Breisach benannt, entstanden auf einem Berg im Breisgau zwischen Rheinarmen. Ein dort um 369 errichtetes römisches Kastell bestand als Burg bis ins Mittelalter. Im 12. Jahrhundert legten die Bischöfe von Basel auf dem Berg eine Stadt an. Sie war Reichsstadt, kam aber um 1330 zu Österreich und 1648 zu Frankreich, 1805 zu Baden. Der Name Breisach ist keltisch und wird wie der des Breisgaus von dem gallischen Personennamen Brisios abgeleitet. – Eine von zwölf Straßen und Wegen im Hasenleiser, die nach südbadischen Städten benannt wurden.

Bremeneckgasse (Altstadt, F 11, zwischen Oberbadgasse und dem Oberen Faulen Pelz). 1604 erstmals als *im Premer gäßlein* erwähnt, dann als *Pfrimengaß* (1607). Damit ist aber nach Derwein der Untere Faule Pelz gemeint, »wohl ohne die spätere Bremeneckgasse«. Diese wird als das *Bremer Eck Gässel* 1770f. erstmals erwähnt. »Bis 1801 bestand die Verbindung von Oberbadgasse (…) und den Faulen Pelzgassen (…) in einer Stiege.« (Derwein 1940, Nr. 75). Die Gasse wurde auf Wunsch der Anwohner nach 1801 hergestellt, indem die Südmauer am Zwinger durchbrochen wurde. Sie hieß zunächst *der neue Weg* (1805). Heute ist sie nach dem um 1400 erstmals erwähnten Bremeneck-Garten benannt, den Kurfürst Friedrich I. 1465 seiner Freundin Klara Dett schenkte. Der Garten war 1496–1714 im Besitz der Hofapotheker. 1808 sollen Achim von Arnim und Clemens Brentano hier in einem Gartenhaus den zweiten Band von »Des Knaben Wunderhorn« vollendet haben (vgl. *Achim-von-Arnim-Straße, Brentanoweg*). – Der Garten hatte seinen Namen von dem Gewann »Bremeneck«. Hierzu gibt es mindestens zwei Erklärungsmöglichkeiten: 1. von mhd. brem »Einfassung, Rand, Waldrand« (vgl. »verbrämen«), 2. von ahd. brâma, brema, mhd. brâme »Dorn, Dornstrauch, Brombeerstrauch«. Bezeugt ist Brame, Bram, Prem, Brim als Bezeichnung für mancherlei Pflanzen, so die Brombeere (Rubus fruticosus), die Kratzbeere (Rubus caesius), den Pfriemenginster (Sarothamnus vulgaris) und den Besenstrauch (Cytisus scoparius, niederländisch Bezembrem, niederdeutsch Brambusch) (Derwein 1940, Nr. 74–76; vgl. den Flurnamen »Bremenacker« in Ziegelhausen, Hoppe, 1940, S. 23).
Nr. 1: ehemaliges Gasthaus »Bremeneck«, seit 1919 Korporationshaus »Bremeneck« der Landsmannschaft Teutonia Heidelberg-Rostock. – Nr. 2: ehemaliges Gasthaus »Zum Faulen Pelz«, seit 1995 Dokumentations- und Kulturzentrum deutscher Sinti und Roma.

Bremeneckgasse 1

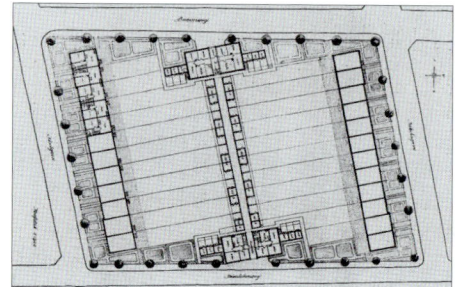

Brennerweg   Brennerweg, Lageplan 1928

Brennerweg   (Kirchheim, I 7–8, zwischen Pleikartsförsterstraße und Zentstraße). 1921 nach dem ehemaligen Gewann »Im Brenner« benannt, durch das die Straße zieht. Vermutlich nach einer Ziegelhütte benannt, die früher dort stand, d. h. nach einem Betrieb zum Brennen von Ziegeln oder Backsteinen aus Lehm. Die Siedlung *Am Brenner*, 1923–26 von der Gemeinnützigen Baugesellschaft Neu Heidelberg errichtet, folgte einem ähnlichen Prinzip wie die Siedlung *Pfaffengrund*. Zu jeder Wohnung sollten ein Stück Gartenland und ein Kleintierstall gehören (Eller 1984, S. 38; Körner 2009, S. 73, vgl. *Steinäckerweg*).

Brentanoweg   (Südstadt, H 9, zwischen Rohrbacher Straße und Görresstraße, Sackgasse, geht zur Görresstraße in eine Treppe über). Nach dem Dichter Clemens Brentano (1778–1842) benannt. Er heiratete 1803 in Marburg die Dichterin Sophie Mereau. 1804 kam er als erster der Romantiker nach Heidelberg. 1805 erschien bei der Verlagsbuchhandlung Mohr und Zimmer der erste Band von »Des Knaben Wunderhorn. Alte Deutsche Lieder von Clemens Brentano und Ludwig Achim von Arnim«. 1806 gründete Brentano hier die »Badische Wochenschrift zur Belehrung und Unterhaltung für alle Stände«. Am 26. Juli 1806 veröffentlichte er in dieser Zeitschrift aus Anlass der Genesung des Kurfürsten Karl Friedrich von Baden das »Lied von eines Studenten Ankunft in Heidelberg und seinem Traum auf der Brücke«, in dem er die Verdienste des Kurfürsten um den Aufschwung der heruntergekommenen Heidelberger Universität rühmt. Am 31. Oktober desselben Jahres musste er seine Frau mit ihrem totgeborenen Kind auf dem St. Anna-Kirchhof beerdigen. Daraufhin ging er nach Kassel. Von April bis August 1808 wohnte er mit Achim von Arnim wieder in Heidelberg, um den zweiten Band von »Des Knaben Wunderhorn« zu vollenden. Eine Gedenktafel am Haus Hauptstraße 151 besagt: »In diesem Hause wohnten / Achim von Arnim und Clemens Brentano / dichtend und sammelnd an / des Knaben Wunderhorn 1808«. Bei Mohr und Zimmer erschien ihre »Zeitung für Einsiedler« (»Und wer ist einsamer als Liebende, ihr seyd die wahren Einsiedler, für die wir schreiben!«). Der Verlag fasste die 37 Einzelhefte unter dem Titel »Tröst Einsamkeit, alte und neue Sagen und Wahrsagungen, Geschichten und Gedichte« in Buchform zusammen. 1808 verließ Brentano Heidelberg wieder. In diesem Jahr schrieb er an Friedrich Karl von Savigny: »An keinem gelehrten Orte vielleicht in

Deutschland herrscht ein elendigerer Brotneid und eine so innerliche Erbitterung aller Lehrer untereinander als hier«. – 1993 stiftete die Stadt Heidelberg den Clemens-Brentano-Preis für Literatur (vgl. *Achim-von-Arnim-Straße*, *Bremeneckgasse*).

Breslauer Straße (Kirchheim-Nord, I 7–8, zwischen Pleikartsförster Straße und Schwetzinger Straße). Bis 1959: »Nassgewann«. Nach Breslau benannt, der Haupstadt Schlesiens, 1741–1945 preußisch, ehemals viertgrößte Stadt Deutschlands, die 1945 zu Polen kam und heute Wrocław heißt. – 1959 nannte man die Straßen in Kirchheim-Nord nach ehemals deutschen Städten jenseits der Oder-Neiße-Linie (vgl. *Allensteiner Weg*, *Danziger Straße*, *Glatzer Straße*, *Gleiwitzer Straße*, *Insterburger Weg*, *Königsberger Straße*, *Liegnitzer Straße*, *Marienburger Straße*, *Oppelner Straße*, *Stettiner Straße*, *Tilsiter Straße*).

Bruchhäuser Weg (Kirchheim, K–L 6–7, beginnt an der Sandhäuser Straße und zieht südwestlich durch das Wohngebiet »Am Dorf«; von da an unbebaut, zum Kirchheimer Hof, überschreitet die Gemarkungsgrenze zu Sandhausen und zieht nach Bruchhausen). Nach dem ehemaligen Dorf Bruchhausen (»Wohnstätte im Bruch«) am früheren Hegenich-Wald benannt. Es wurde 1152 erstmals erwähnt, als Wolfram de Bruchhusen und seine Brüder das Dorf mit der Abtei Schönau gegen andere Güter tauschten. Die Schönauer Mönche reduzierten es zu einem Hofgut. Nach der Auflösung der Abtei Schönau 1559 verpachtete es die Pfälzer Verwaltung als Kammergut und errichtete dort 1727–32 ein Jagdzeughaus. Später war Bruchhausen im Besitz der Großherzöge von Baden. 1928 wurde es zu Sandhausen eingemeindet, die Bruchhäuser Mühle südöstlich von Bruchhausen wurde Kirchheim zugeteilt. 1938 wurden Neurott (Kirchheim) und Bruchhausen (Sandhausen) als »Erbhofsiedlungen« eingeweiht (Körner 2009, S. 12f.)

Brückenkopfstraße (Neuenheim, F 9, zwischen Bergstraße und Lutherstraße). Bis 1890: *Brunnengasse*. Diese reichte ursprünglich von der Lutherstraße nur bis zur Schulzengasse und hieß nach dem 1827 erneuerten doppelten Pumpbrunnen bei der »Rose« am westlichen Eck der Schulzengasse und Uferstraße. Ihren jetzigen Namen erhielt sie von dem Gasthaus »Zum Brückenkopf«, das während des Brückenbaus in der Brückenstraße 5 eröffnet wurde. Die westliche Brückenkopfstraße wurde 1877, die östliche 1889 angelegt. Der älteste Hinweis auf eine Wirtschaft in Neuenheim stammt aus der Brunnengasse. 1672 wurde Andreas Hofmann für seine bisher »mit nicht gehängten Schild« betriebene Wirtschaft »Zum Rebstock« die Schildgerechtigkeit verliehen (Schmith 1928, S. 294, 306f.; Jaeger 1988, Nr. 95, 102; Mumm 2009, S. 12).
Nr. 1: Gasthaus »Alte Krone« (1841 erbaut, 1936 verlegt).

Brückenstraße (Neuenheim, E–F 9, zwischen Theodor-Heuss-Brücke und Mönchhofplatz, wo sie in die Handschuhsheimer Landstraße übergeht). Die Straße hat ihren Namen von der 1877 erbauten »Neuen Brücke« über den Neckar. Bis dahin nahm der Durchgangsverkehr seinen Weg von der Alten Brücke über die Neuenheimer Landstraße und die Bergstraße. Um den Bau der Lokalbahn des Eisenbahn-Konsortiums Hermann Bachstein vom damaligen Hauptbahnhof über den Bismarckplatz nach Schriesheim zu ermöglichen, wurde eine neue Nord-Süd-Achse angelegt, zunächst bis zur Ladenburger Straße. 1890 war die Verlängerung zur Handschuhsheimer Landstraße beim Mönchhofplatz fertig und die Nebenbahn eröffnete ihren Betrieb bis Schriesheim. Das ursprünglich tiefer liegende Gelände wurde mit Schuttmassen aufgefüllt, die beim Bau der Bergbahn zur Molkenkur anfielen. Dabei zerstörte man einen Teil des alten Dorfes Neuenheim. – Zunächst hieß die neue Straße *Hauptstraße*. 1889 wurde sie zur Erinnerung an den 1888 verstorbenen Kaiser Wilhelm I. *Kaiser-Wilhelm-Straße* genannt. Der Name setzte sich nicht durch; seit der Eingemeindung 1891 heißt sie Brückenstraße. »Breite Trottoirs erlaubten den Fußgängern einen gemütlichen Einkauf oder einfach eine Promenade«, schildern Meinhold Lurz und Daniela Vogt in ihrem Buch »Neuenheim im Wandel« (1990, S. 66) die Situation um 1900 (siehe auch Jaeger 1988, Nr. 98f., 354, 438; Schmith 1928, S. 22f., 263ff., 294; Sinn 2003, S. 64).

Nr. 26: Kino »Die Kamera« (seit 1949). – Nr. 35–37: ehemaliges Hotel-Restaurant »Kaiserhof« (1899; 1922–25: Hotel »National Kaiserhof«).

Brunnengasse (Altstadt, zwischen Unterer Neckarstraße und Hauptstraße). 1490 erstmals erwähnt (*in der brongaszen*). Traditionell nach einem bei der Einmündung in die Hauptstraße vorhanden gewesenen Ziehbrunnen benannt. An der Gasse lag das 1476 gegründete Dominikanerkloster, dessen Mauer hier noch teilweise steht. Im ehemaligen Klostergarten ist noch heute die Öffnung eines Brunnenschachts sichtbar. 1846–49 wurde nach Plänen von Heinrich Hübsch auf dem Platz des Klosters die Neue Anatomie der Universität erbaut. – Eine andere Brunnengasse war die *Brückenkopfstraße*. (Derwein 1940 Nr. 87, 434).

Nr. 20–24: ehemalige Buchdruckerei Carl Pfeffer (1908).

Buchenweg (Kirchheim, Siedlung Höllenstein, K 8, zwischen Birkenweg und Erlenweg). Die 1929 östlich der Bahnlinie erbaute Siedlung *Im Höllenstein* gehört zu Kirchheim, ist aber mit Rohrbach verbunden. Die Straßen sind nach heimischen Baumarten benannt (vgl. *Ahornweg, Birkenweg, Erlenweg, Ulmenweg*).

Buchwaldweg (Boxberg, K 10, zwischen Boxbergring und Otto-Hahn-Straße). 1962 nach einer Gewannbezeichnung benannt.

Nr. 2: katholisches Pfarrgemeindezentrum St. Paul Boxberg-Emmertsgrund (1966 erbaut, Kirche 1972 geweiht). – Nr. 6: ehemaliges Boxberg-Gymnasium, jetzt Fritz-Gabler-Schule (Hotelfachschule, 1925 gegründet, ab 1959 in der Rohrbacher Straße 100, ab 1989 hier). – Nr. 30: Städtische Kindertagesstätte.

Brunnengasse, Brunnen des ehemaligen Dominikanerklosters

Brunnengasse, Alte Anatomie

Buchwaldweg

Bühler Straße   (Rohrbach-Hasenleiser, K 8–9, zwischen Kolbenzeil und Emmendinger Weg). Nach der mittelbadischen Stadt Bühl am Westfuß des nördlichen Schwarzwalds benannt. Zuerst 1283 erwähnt, kam sie 1386 an die Markgrafen von Baden. Das Marktrecht von 1403 ließ den Ort zum wirtschaftlichen Mittelpunkt der Vorgebirgslandschaft werden. Bühler Frühzwetschgen werden seit Mitte des 19. Jahrhunderts exportiert. In Kirchheim wurden 1890 die ersten Bühler Zwetschgenbäume gesetzt. Der Name Bühl (1412 Bühell, 1283 in banno Bühel) entspricht ahd. buhil »Hügel, Anhöhe« (vgl. die Flurnamen »Stahlbühl, Jettenbühl, Hüttenbühl, Klingenbühl, Linsenbühl, Hasenbühl, Rothenbühl« etc.). – Eine von zwölf Straßen im Hasenleiser, die nach badischen Städten benannt wurden.

Buena Vista Road   (Patrick-Henry-Village, I 5, Sackgasse zum San Jacinto Drive). Nach der Schlacht von Buena Vista (Mexiko) im mexikanisch-amerikanischen Krieg im Jahre 1847 benannt. Der mexikanische General Antonio López de Santa Ana unterlag dem US-Generalmajor Zachary Taylor, was letztlich zum Ende des Kriegs führte. Mexiko musste alle Gebiete nördlich des Rio Grande abtreten (vgl. *Alamo Circle*, *San Jacinto Drive*).

Bürgerstraße   (Kirchheim-Rohrbach, I–K 8, zwischen Untere Seegasse 21 und Heinrich-Fuchs-Straße). Die Straße überquert die Bahnlinie Heidelberg-Karlsruhe auf der 1903–04 erbauten und 2004 komplett erneuerten Bürger(straßen)brücke. Bis 1930: *Wilhelmstraße*, vielleicht in einem republikanischen Impuls umbenannt (vgl. *Im Höllenstein*).
Nr. 47: Polizeirevier Süd.

Bull Run Court   (Patrick-Henry-Village, K 4, beim Alamo Circle). Nach dem Fluss Bull Run im US-Bundesstaat Virginia, bei dem 1861 die erste große Landschlacht des amerikanischen Bürgerkriegs stattfand. Sie endete mit dem Sieg der Konföderierten, der die Pläne der Unionsregierung unter Präsident Lincoln durchkreuzte, der Sezession der Südstaaten durch einen Vormarsch auf deren Hauptstadt Richmond ein schnelles Ende zu bereiten. An dieser Schlacht nahm auf Seiten der Union u. a. auch der deutsche Politiker Gustav Struve teil (vgl. *Struvestraße*). Die zweite Schlacht am Bull Run fand 1862 statt. Die Armee der Nordstaaten zog sich geschlagen, aber nicht vernichtet in Richtung Washington zurück. – »Court« wird in Webster's Ninth New Collegiate Dictionary als »a wide alley with only one opening onto a street« erklärt.

Bunsenstraße   (Weststadt, F–G 9, zwischen Gaisbergstraße und Landhausstraße). Der Teil zwischen der Rohrbacher Straße und der Fuchsschen Fabrik hieß 1875–87 Kriegs-

Robert Wilhelm Bunsen, Grabstelle   Robert Wilhelm Bunsen, Denkmal

straße, der Teil zwischen der Rohrbacher Straße und der Gaisbergstraße *Louisenstraße*. 1887 wurde auch die Kriegsstraße in Louisenstraße umbenannt. Sie wurde 1893, also noch zu seinen Lebzeiten, nach Robert Wilhelm Bunsen (1811–1899) benannt, 1852–89 Professor der Chemie in Heidelberg und Direktor des Chemischen Laboratoriums (Plöck 55), das man 1853–55 für ihn baute (vgl. *Akademiestraße*). 1859/60 erfanden Bunsen und Gustav Kirchhoff das Spektroskop, wodurch sie der Spektralanalyse den Weg bahnten (vgl. *Gustav-Kirchhoff-Straße*). Damit gelang ihnen die Entdeckung der Elemente Caesium und Rubidium. 1863 wurde Bunsen Ehrenbürger von Heidelberg. 1888 kaufte er eine Reihenvilla in der damaligen Louisenstraße 12. Er ist auf dem Bergfriedhof begraben. An der Fassade der Stadthalle von 1903 sieht man u. a. die Köpfe von Bunsen und Kirchhoff. 1908 wurde das Bunsen-Denkmal in der Leopoldstraße (heute: *Friedrich-Ebert-Anlage*) eingeweiht, das 1961 an den Anatomiegarten versetzt wurde. 1940 wurde die Robert-Bunsen-Schule, Oberschule für Jungen (heute: »Bunsen-Gymnasium«), gegründet. Tafel am Haus Plöck 55: »In diesem Hause wohnte / der Chemiker / R. W. Bunsen / von 1855–1888« (vgl. *Kriegsstraße*).

Burgstraße   (Handschuhsheim, C–D 9, zwischen Kriegsstraße und Dossenheimer Landstraße). Nach der mittelalterlichen Tiefburg benannt, auf die die 1899 angelegte Straße zuführt. Zwischen 1912 und 1919 fuhr die Straßenbahn von der *Mittelstraße* (heute *Steubenstraße*) links der Tiefburg durch die Burgstraße bis zur Biethsstraße, was man heute noch an zwei Oberleitungsrosetten an den Hauswänden erkennen kann (Frey 1944, Nr. 67; vgl. *An der Tiefburg*).

Burgweg   (Altstadt, F 11, zwischen Kornmarkt und Karlsschanze). Steiler Fahrweg zur unteren Burg, 1391 erstmals erwähnt. Früher auch *Fuchssteig*. 1463/64 wurde am Burgweg die »neue Kanzlei« erbaut, 1581–83 umgebaut und erweitert, 1689 zerstört und nicht mehr aufgebaut. 1681–83 ließ Kurfürst Karl II. an der Stelle des ehemaligen Ballspielhauses zur Verteidigung der Nordostecke des Schlosses die »Karlsschanze« mit Karlsturm und Infanterie-Redoute errichten (1693 gesprengt). 1810/11 wohnte die Schriftstellerin Helmina von Chézy »im untern Stock, etwas dumpf und unbequem« oberhalb des Kornmarkts »im Burgweg«. Im unteren Teil des Weges gibt es zwei Brunnenstuben (Wasserverteilkasten), einer davon

Burgweg, Inschrift von 1751: »Pfaltz Graf Karl Theodor Churfürst reparirte mich«

Burgweg, Wasserverteilkasten

wurde 1996 vom Verein Alt-Heidelberg restauriert. Er speist noch heute zwei Brunnen im Innnenhof des Palais Graimberg (Derwein 1940, Nr. 102, 207).

Nr. 12 / Ecke Kurzer Buckel: ehemalige Münze.

Burnhofweg   (Rohrbach, K 9, zwischen Leimer Straße und Schelklystraße). Bis 1927: *Seegasse*, *Seestraße* (nach dem südlich davon liegenden Gewann »See«). Umbenannt nach dem Burnhof südlich des alten Rohrbach, zwischen Leimer Straße und Landstraße gelegen. Das Hofgut der ehemaligen Herren von Rohrbach fiel als Lehen an die Kurpfalz zurück, wurde 1484 von Pfalzgraf Philipp an Peter Heyl von Rohrbach verliehen und gehörte dann den Zweibrücker Pfalzgrafen als Erblehen. 1750 erwarb Pfalzgraf Friedrich Michael von Zweibrücken auf dem Gelände des ehemaligen Herrenhofes Land für den Bau eines einfachen Jagdschlosses, des Vorläufers des später von seinem Sohn Karl August dort 1770–74 erbauten Schlösschens. – Name vielleicht von mhd. bürne f. = »Brand«? Spolie unbekannter Herkunft von 1436 am Haus Burnhofweg 8: WER WILL BAUEN AN STRASSEN UND GASSEN / MUSZ DIE KLUGEN DENKEN / UND DIE NARREN REDEN LASSEN.

Bussardweg   (Pfaffengrund, G 6, Sackgasse zwischen Fasanenweg und Autobahn). Eine der 24 nach Vögeln benannten Straßen des Pfaffengrunds.

Bussemergasse   (Altstadt, F 10–11, zwischen Lauerstraße und Unterer Straße). 1400 erstmals als *in der Bosumer gaßen* erwähnt, 1539 als *Bosenheimergasse*. Vielleicht von frühnhdt. busoner = »Trompeter, Posaunenbläser« (von lat. bucina über frz. buisine und mhd. busûnaere). Oder wohnte dort jemand aus Bosenheim (bei Kreuznach)? Bussemer ist ein häufiger Familienname in unserer Gegend (z. B. in Ziegelhausen). – Der *Kohlhof* wurde 1721 erstmals als *Busemer* oder *Kohlhoff* erwähnt, 1775 als *Busenbronner Hoff* (Derwein 1940, Nr. 107, 467; Derwein 1939, S. 161).

Cambridgestraße   (Bahnstadt, G 8, zwischen Langem Anger und Pfaffengrunder Feld). 2010 nach der Stadt Cambridge am Cam in England benannt, seit 1209 Universitätsstadt, seit 1965 Partnerstadt Heidelbergs (vgl. *Bautzenstraße, Kumamotostraße, Montpellierstraße, Rehovotstraße, Simferopolstraße*).

Carl-Benz-Straße   (Weststadt, G 8, zwischen Speyerer Straße und Hebelstraße). 1950 nach dem Ingenieur Carl Friedrich Benz (1844–1929) aus Mühlburg bei Karlsruhe benannt, dem Erbauer des ersten von einem Viertakt-Benzinmotor angetriebenen Kraftwagens (1885). Später schloss sich die Benz & Cie. AG mit der Daimler-Motoren-Gesellschaft zusammen. Benz starb in Ladenburg (vgl. *Gottlieb-Daimler-Straße*).

Carl-Bosch-Straße   (Weststadt, G–H 9, zwischen Hebelstraße und Rudolf-Diesel-Straße). Bis 1951: *Robert-Bosch-Straße*, dann nach dem Chemiker Geheimrat Carl Bosch (1874–1940) umbenannt. Carl Bosch, der Neffe des Elektrotechnikers Robert Bosch, war Mitbegründer und Finanzier des Heidelberger Tiergartens (1934). Seit 1919 Vorstandsvorsitzender der BASF, ließ er 1922 die Villa Bosch am Schloss-Wolfsbrunnen-Weg 33a bauen. 1919 erhielt er zusammen mit Fritz Haber für die Synthese von Ammoniak aus Stickstoff und Wasserstoff (Haber-Bosch-Verfahren, Voraussetzung für die Herstellung von Kunstdünger und Schießpulver) den Nobelpreis für Chemie von 1918 (vgl. *Haberstraße*). 1925 wurde er Vorstandsvorsitzender der I.G. Farbenindustrie AG. 1931 erhielt er mit Friedrich Bergius den Nobelpreis für Chemie für die Entwicklung chemischer Hochdruckverfahren (Kohlehydrierung). Er ist auf dem Bergfriedhof begraben. 1978 erhielt die Heidelberger Gewerbeschule I den Namen Carl-Bosch-Schule, 1984 wurde hier eine Gedenktafel enthüllt. 1998 eröffnete Gerda Tschira in Boschs ehemaligem Garagenhaus im Schloss-Wolfsbrunnen-Weg 46 das Carl-Bosch-Museum.

Carl-Schurz-Straße   (Südstadt, Mark-Twain-Village, H 9, zwischen Feuerbachstraße und Rheinstraße, liegt in der ehemaligen abgesperrten Siedlung der US-Armee). 1951 nach dem deutschen Revolutionär und späteren US-amerikanischen General und Politiker Carl Schurz (1829–1906) aus Liblar bei Köln benannt. Die 1930 gegründete Carl-Schurz-Foundation in New York hat sich die Pflege der deutsch-amerikanischen Beziehungen zur Aufgabe

Carl Bosch, Grabstelle

Carl-Schurz-Straße

Carl-Zuckmayer-Straße

gemacht (vgl. *Astorstraße*, *Columbusstraße*, *Concord Street*, *Edisonstraße*, *Elsa-Bränd-ström-Straße*, *Ludwig-Richter-Straße*, *Mark-Twain-Straße*, *Nansenstraße*, *Roeblingstraße*, *Schurmanstraße*, *Steubenstraße*, *Zengerstraße*).

Carl-Zuckmayer-Straße (Emmertsgrund, L 10, Sackgasse, beginnt an der Jellinek-straße gegenüber dem Jellinekplatz und zieht zwischen der Jellinekstraße und der Em-mertsgrundstraße südlich). 1989 nach dem Schriftsteller Carl Zuckmayer (1896–1977) aus Nackenheim (Rheinhessen) benannt. Er studierte 1919/20 Philosophie in Heidelberg und wohnte in der Krämergasse 6. Mit Wilhelm Fraenger, Theodor Haubach, Oskar Kokoschka, Hans Prinzhorn u. a. gehörte er dem 1919–21 in Heidelberg bestehenden freien Bildungs-bund »Die Gemeinschaft« an. Die erfolgreiche Komödie »Der fröhliche Weinberg« (1925) soll Zuckmayer im »Café Knösel« (Untere Straße 37) geschrieben haben. 1929 erhielt er den Dramatikerpreis der Heidelberger Festspiele. 1939–46 lebte er im Exil in den USA. 1943 ver-fasste er für das amerikanische »Office of Strategic Services« Dossiers über Schauspieler, Regisseure, Verleger und Journalisten, die seit 1933 in Deutschland erfolgreich waren. Seine Autobiographie »Als wär's ein Stück von mir. Horen der Freundschaft« führte 1966 die Best-sellerlisten an. Darin erzählt er im fünften Kapitel über seine Studienzeit in Heidelberg und seine Freundschaft mit Carlo Mierendorff, Theodor Haubach und anderen. 1967 wurde er Ehrenbürger der Universität Heidelberg.

Chaisenweg (Handschuhsheim, D–E 10, zwischen Waldweg und Mittlerem Kloster-weg). Ursprünglich Waldweg am Westhang des Heiligenbergs, der den äußeren keltischen Ringwall durchschneidet. Der Weg, »auf dem Fremde in Chaisen (Droschken) spazieren-fuhren« (Fritz Frey), wurde im 19. Jahrhundert angelegt. Sein Name kommt von frz. chaise f. »halbverdeckter Wagen«. Mit dem Bau der 1935 eingeweihten Feierstätte (»Thingstätte«) wurde er als Zufahrtsstraße zum Heiligenberg ausgebaut. Hier begann früher die Schlit-tenbahn der Handschuhsheimer Dorfjugend, die am Rathaus endete. 1962–71 fuhr auf die-ser Straße ein Linienbus der HSB zur Thingstätte. Keine Wohnadresse. – Auch südlich des Neckars (zwischen Kohlhöfer Weg und Königstuhl) gibt es einen *Chaisenweg* (Frey 1944, Nr. 74; Derwein 1940, Nr. 110).

Christian-Bitter-Straße   (Rohrbach, Gewann See, K 9, zwischen Karlsruher Straße und Schleifweg). 1978 nach Christian Bitter (1878–1950), dem letzten Bürgermeister von Rohrbach 1913–27, *Bitterstraße* benannt. 1913–18 war er Mitglied der Zweiten Kammer der badischen Ständeversammlung. Nach ihm war 1926–38 das damalige »Rohrbacher Kreuz«, der jetzige *Eichendorffplatz*, »Bürgermeister-Bitter-Platz« benannt. 1984 beschloss der Gemeinderat, die Bitterstraße in *Christian-Bitter-Straße* umzubenennen. Auch die *Valentin-Winter-Straße* und die *Heinrich-Kaltschmidt-Straße* sind nach früheren Rohrbacher Bürgermeistern benannt.

Columbusstraße   (Südstadt, Mark-Twain-Village, H 9, beiderseits der Römerstraße zwischen Kirschgarten- und Elsa-Brändström-Straße). 1951 nach Christoph Kolumbus (1451–1506), dem Wiederentdecker Amerikas, benannt (vgl. *Astorstraße, Carl-Schurz-Straße, Edisonstraße, Elsa-Brändström-Straße, Ludwig-Richter-Straße, Mark-Twain-Straße, Nansenstraße, Roeblingstraße, Zengerstraße*).

Concord Street   (Patrick-Henry-Village, I 5, zwischen San Jacinto Drive und North Lexington Avenue). Concord (»Eintracht«) ist der Name eines Schiffes, auf dem die erste geschlossene deutsche Einwanderungsgruppe, zwölf Krefelder Mennonitenfamilien, 1683 die Überfahrt nach Amerika (Philadelphia) unternahm. Der 6. Oktober, der Tag ihrer Ankunft, wird von den Deutsch-Amerikanern als der »Deutsche Tag« gefeiert. – 1774 trat in Concord (Massachusetts) der erste Provinzialkongress der britischen Kolonie zusammen (vgl. *Steubenstraße*).

Curiestraße   (Rohrbach, Gewann See, K 9, zwischen Burnhofweg und Friedrich-Weinbrenner-Straße). 1978 nach Maria Salomea Curie, geb. Sklodowska (1867–1934) aus Warschau benannt. Sie kam 1891 nach Paris, um Chemie und Physik zu studieren. Dort entdeckte sie die Strahlung des Urans und nannte sie Radioaktivität. Zusammen mit ihrem Mann, dem französischen Physiker Pierre Curie (1859–1906), fand sie 1898 die radioaktiven Elemente Polonium und Radium. 1903 erhielt das Ehepaar Curie zusammen mit Henri Becquerel den Nobelpreis für Physik. 1908 wurde Marie Curie Professorin an der Sorbonne. 1911 (nicht 1904, wie auf einem Straßenschild zu lesen) bekam sie den Nobelpreis für Chemie. Sie starb 1934 an den Folgen der Strahlenkrankheit. Bis 1977 galt »Curie« als die Maßeinheit der Aktivität einer radioaktiven Substanz. 1991 wurde im Wieblinger Weg 9 die École française Pierre et Marie Curie eröffnet. – Die Curiestraße verläuft südlich des Krankenhauses Rohrbach und hat mit der *Albert-Fraenkel-Straße* und der *Roentgenstraße* einen Bezug dazu.

Cuzaring   (Kirchheim, I–K 7, westliche Umgehungsstraße zwischen Speyerer Straße und Sandhäuser Straße). 1982 nach dem rumänischen Adligen Alexandru Ioan Cuza benannt, der 1820 in Huşi (Hussburg, Moldau) geboren und 1859 zum Fürsten der Moldau und der Walachei gewählt wurde. 1861 proklamierte er den Staat România mit der Hauptstadt Bukarest. Er begann, das Land zu modernisieren und den Bodenbesitz zu reformieren. Unter anderem führte er den Gebrauch der lateinischen Schrift ein. Damit zog er den Unwillen von Klerus und Adel auf sich, aber auch Widerstand aus Russland und dem Osmanischen Reich. 1866 wurde er von Militärs zur Abdankung gezwungen und außer Landes geschafft. Zum neuen Fürsten Rumäniens erhob man den deutschen Adligen Karl Eitel von Hohenzollern-

Alexandru Ioan Cuza, Denkmal   Vinzenz Czerny, Grabstelle

Sigmaringen. Cuza starb am 15. Mai 1873 im Exil im Hotel »Europäischer Hof« in Heidelberg. 1969 wurde hier eine Gedenktafel angebracht, 2011 im gegenüberliegenden Stadtgarten ein Denkmal errichtet (Körner 2009, S. 73).

Czernybrücke   (Bergheim, Bahnstadt, F 8). 1913 eröffnete Brücke über die Eisenbahnstrecke Heidelberg-Mannheim. Der dortige Bahnübergang vor dem Bau des »Baggerlochs« (des Gleiskörpers des neuen Hauptbahnhofs) wurde »Eppelheimer Überführung« genannt. Der Czernyring führt von der Bergheimer Straße über die Czernybrücke zur Hebelstraße. Am südlichen Brückenkopf beginnt die Eppelheimer Straße, die nach Pfaffengrund zieht. Zwischen Bergheimer Straße und Eppelheimer Straße verkehrt die Straßenbahn über die Brücke nach Pfaffengrund-Eppelheim. (Zur Namensbedeutung siehe *Czernyring*).

Czernyring   (Bergheim, Weststadt, Bahnstadt, G 8–9, zwischen Bergheimer Straße und Hebelstraße). 1912 nach dem Chirurgen und Krebsforscher Prof. Dr. Vinzenz Czerny (1842–1916) benannt. Czerny war Schwiegersohn von Adolf Kußmaul (vgl. *Kußmaulstraße*). Von 1876–1906 war er Professor und Leiter der Chirurgischen Universitätsklinik. 1905 ließ er das Samariterhaus (Voßstraße 3) für Krebskranke errichten und gründete 1906 das Institut für experimentelle Krebsforschung. Er ist auf dem Bergfriedhof begraben. – Der Czernyring hieß ursprünglich *Czernystraße* und war wesentlich kürzer: Er zog vom westlichen Ende der Bergheimer Straße quer durch das Gewann »Hinterm Paradies« auf die »Eppelheimer Überführung«. 1948 wurden die damalige *Czernystraße*, die (seit 1910 so benannte) *Matthisonstraße*, die von der Hebelstraße abzweigte und nordwestlich zog, sowie die bisherige *westliche* und *östliche Güteramtsstraße* zusammengefasst und in *Czerny-Ring* umbenannt. 1954 wurden die Hausnummern 19–21 in 7–9 geändert. – Der Czernyring gehört heute nördlich der Czernybrücke zu Bergheim, westlich der Speyerer Straße zur Bahnstadt, östlich davon zur Weststadt. Zwischen Bergheimer und Eppelheimer Straße verkehrt die Straßenbahnlinie nach Pfaffengrund-Eppelheim. Zwischen 1953 und 1972 befand sich der Heidelberger Messplatz am Czernyring/Ecke Speyerer Straße.

Nr. 3: ehemalige Feuerwehr-Hauptwache, jetzt Kultur- und Kreativwirtschaftszentrum. – Nr. 18/1: Wasserturm (1907).

Dachsbuckel-Winzerhof (Rohrbach, M 10, Hof am Buchwaldweg, zwischen Emmertsgrund und Leimen). Gewannbezeichnung nach dem Tiernamen Dachs. Der »Heidelberger Dachsbuckel« ist heute eine kleine Einzellage an der badischen Bergstraße im Besitz der Familie Bauer. Das Weingut, 1957 von Heinrich Bauer gegründet, bewirtschaftet als Familienbetrieb mehr als ein Drittel der gesamten Heidelberger Rebfläche. Der jetzige Aussiedlerhof wurde 1974 im Gewann »Am Dachsbuckel« mitten im Weinberg gebaut und verfügt über Ferienwohnungen sowie eine Edelobstbrennerei (vgl. westlich davon der *Dormenackerhof*).

Dallgarten (Handschuhsheim, C 9, Verbindungsstraße zwischen Burgstraße und Steinberg). Bis 1966 *Michael-Rummer-Straße*. Nach einer Gewannbezeichnung benannt, 1130 als »Dalovingar« (= »Weingarten im Tal oder am Abhang«?) erstmals erwähnt. Die Straße führt auf den Friedhof zu, der 1962 nach Norden erweitert wurde. Damit war das Gewann »Dallgarten« geteilt (Frey 1944, Nr. 77; vgl. *Rummerweg*).

Dammweg (Wieblingen, E 6, von der Wallstraße über die Trasse der ehemaligen OEG zur Umgehungsstraße L 637). Die Straße ist der alte Verbindungsweg von Wieblingen nach Eppelheim und schon auf dem ältesten Wieblinger Ortsplan (1741/92) vorhanden. Vor 1930: *Eppelheimer Straße*; umbenannt wegen der Eppelheimer Straße in Bergheim. Sie führte zu den Gewannen »Dammfeld«, »Auf dem Damm« und »Damm«. Die ersten beiden gehörten ursprünglich zum ehemaligen Wieblinger Oberfeld (vgl. *Oberfeldstraße*) und wurden nach dem Bau der Autobahn (1935/36) der Eppelheimer Gemarkung angeschlossen.
Nr. 17: Lukaskirche der Christengemeinschaft (2010).

Dammweg 17, Lukaskirche

Dantestraße (Weststadt, G 9, zwischen Gaisbergstraße und Lessingstraße). Diese Straße hieß bis zur Umbenennung *Kronprinzenstraße*, nach Großherzog Friedrich II. von Baden, der ein halbes Jahrhundert, von 1857 bis 1907, Kronprinz war. 1899 weihte das Kronprinzenpaar das Landfriedsche Bürgerstift in der Kronprinzenstraße 7 (seit 1990 städtisches Seniorenzentrum und Amt für Altersfragen) ein. – Die Straße wurde 1939 nach dem italienischen Dichter Dante Alighieri (1256–1321) aus Florenz (vielleicht als Hommage an die Achse Berlin-Rom 1936?) umbenannt. Dante ist der Dichter der Commedia, seit dem 16. Jahrhundert Divina Commedia genannt, das »beste Buch, das die Literatur jemals gezeugt hat« (Jorge Luis Borges). Es beschreibt den Gang eines an der Welt Verzweifelten durch die

Dantestraße 33 und 35   Herbert Derwein, Gedenktafel

Sphären von Inferno, Purgatorium und Paradies. – Zwischen Schiller- und Römerstraße ist die Straße durch eine Grünanlage mit Spielplatz und Erfrischungshalle zweigeteilt (früher: *Kronprinzenplatz*).

Danziger Straße   (Kirchheim-Nord, I B, zwischen Albert-Fritz-Straße und Breslauer Straße). Nach der ehemals deutschen Hansestadt Danzig an der Weichselmündung benannt, die 1945 zu Polen kam und heute Gdansk heißt. – 1959 nannte man die Straßen in Kirchheim-Nord nach ehemals deutschen Städten jenseits der Oder-Neiße-Linie (vgl. *Allensteiner Weg*, *Breslauer Straße*, *Elbinger Straße*, *Glatzer Straße*, *Gleiwitzer Straße*, *Insterburger Weg*, *Königsberger Straße*, *Liegnitzer Straße*, *Marienburger Straße*, *Oppelner Straße*, *Stettiner Straße*, *Tilsiter Straße*).

Darwinstraße   (Bahnstadt, G 8, zwischen Max-Jarecki-Straße und Nightingalestraße). 2010 nach dem englischen Naturforscher Charles Darwin (1809–1882) benannt. Der Heidelberger Paläontologe und Zoologe Heinrich Georg Bronn (1800–1862) veröffentlichte 1860 die erste deutsche Übersetzung von Darwins »Origin of Species« (1859) unter dem Titel »Über die Entstehung der Arten im Thier- und Pflanzen-Reich durch natürliche Züchtung, oder Erhaltung der vollkommensten Rassen im Kampfe um's Daseyn« (vgl. *Förster-Bronn-Weg*).

Da-Vinci-Straße   (Bahnstadt, G 7–8, zwischen Langem Anger und Eppelheimer Straße). 2010 nach dem italienischen Künstler, Naturforscher und Techniker Leonardo da Vinci (1452–1519) benannt. Sein wohl bekanntestes Werk ist die »Mona Lisa«. Die Verlängerung zur künftigen Fuß- und Radwegbrücke über das Bahngelände heißt seit 2014 ebenso.

Derweinstraße   (Handschuhsheim, C 9, zwischen Burgstraße und Dossenheimer Weg). 1970 nach dem Historiker Dr. Herbert Levin, seit 1926 Herbert Derwein (1893–1961) aus Braunschweig benannt. 1917 schrieb die Corps-Suevia-Stiftung der Universität Heidelberg einen Wettbewerb über »Die Romantik in Heidelberg« aus. Um dem Thema gerecht zu werden, übersiedelte Levin nach Heidelberg und gewann mit der Arbeit »Die Heidelberger Romantik« die Ausschreibung. 1919 heiratete er die Schriftstellerin Irma von Drygalski (1892–

1953). Seit 1921 wohnte er in der Dossenheimer Landstraße 53. 1933 erschien sein grundlegendes Buch »Handschuhsheim und seine Geschichte«, 1940 das ebenso grundlegende Werk »Die Flurnamen von Heidelberg«, auf das sich auch das vorliegende Buch stützt. Derwein betreute 1941–58 das Heidelberger Stadtarchiv. Er ist auf dem Bergfriedhof begraben. An der Tiefburg in Handschuhsheim erinnert eine Gedenktafel an ihn. 2004 stiftete die Interessengemeinschaft Handschuhsheim Legendenschilder, die den Straßennamen erläutern.

Diebsweg (Pfaffengrund, G–H 7, zwischen Eppelheimer Straße und Speyerer Straße). 1487 als *neben dem diepwege* erstmals erwähnt. Alter Weg, einst die Verbindung zwischen den Dörfern Wieblingen und Kirchheim, weshalb er auf Kirchheimer Gemarkung früher auch *Wieblinger Weg* hieß. Er führte beim Schnittpunkt mit der Speyerer Straße am Galgen der Kirchheimer Zent vorbei, wo die Diebe (und andere Verurteilte) gehenkt wurden. Der Diebsweg teilt das Bergheimer Mittelfeld vom Unterfeld. Das Gewann »Diebsweg« wurde nach dem Weg benannt. Als man Ende des 19. Jahrhunderts die Sandgruben östlich des Pleikartsförsterhofs anlegte, fand man die Fundamente des Galgens und die Gebeine der dort Eingescharrten. Durch den Bau der Eisenbahnstrecke Heidelberg-Mannheim wurde die Trasse des Diebswegs unterbrochen. Sie setzte sich in Wieblingen etwa über die heutigen Straßen *Gutachweg* und *Pfälzer Straße* zur katholischen Kirche fort. – 1998 wurde am Diebsweg im Gewann »Ohrläppchen« der Pfaffengrunder Friedhof eingeweiht (Derwein 1940 Nr. 119, 511, 1060; vgl. *Pfälzer Straße*).

Nr. 11: landwirtschaftlicher Betrieb Rainer Klose. – Nr. 20: ehemaliges Bahnwärterhaus, heute Vereinshaus der Pfaffengrunder Karnevalsgesellschaft.

Dischingerstraße (Pfaffengrund-Gewerbegebiet, F 5, zwischen Friedrich-Schott-Straße und Asternweg). 1956 nach dem Bauingenieur Franz Dischinger (1887–1953) aus Heidelberg benannt. Er wuchs in Karlsruhe auf und studierte 1907–11 an der dortigen TH Bauingenieurwesen. Ab 1913 arbeitete er bei der Fa. Dyckerhoff & Widmann (Dywidag) in Wiesbaden, die die neue Betonbauweise praxistauglich machte. Ruhm erntete er bei der Konstruktion einer Schalbau-Kuppel für das Jenaer Planetarium. Er galt als führender Brückenbauexperte. In den 1930er Jahren baute er die ersten deutschen Spannbetonbrücken. 1932 wurde er an die TH Berlin berufen. Albert Speer zog ihn für die Konstruktion und Berechnung der riesigen Kuppel der geplanten »Großen Halle« in Berlin heran. Dischinger kooperierte mit der »Organisation Todt« und betreute kriegswichtige Projekte, an denen Zwangsarbeiter und KZ-Häftlinge mitwirkten. 1946 nahm Dischinger seine Lehrtätigkeit als Stahlbetonexperte an der TU Berlin wieder auf, 1952 wurde er dort Ehrensenator. Er starb am 9. Januar 1953 in Berlin. Sein Grab, ein Berliner Ehrengrab, befindet sich auf dem Dahlemer Waldfriedhof.

Nr. 5: Druckerei Hörning (1966–2006). – Nr. 8: Zollamt (seit 2012).

Dohlweg (Rohrbach, K 8–9, zwischen verlängertem Birkenweg und Kirchheimer Straße. Keine Wohnadresse). Das Gewann im Winkel zwischen Dohlweg und Kirchheimer Straße heißt »Dohläcker«. Wie der Weg ist es wohl nicht nach dem Vogel, sondern eher nach Dole = »verdeckter Abzugsgraben, Röhre, Rinne, Kanal« benannt.

Dompfaffenweg (Pfaffengrund, G 8, zwischen Im Winkel und Obere Rödt). 1953 benannt. – Eine der 24 nach Vögeln benannten Straßen des Pfaffengrunds.

Dohlweg

Dormenackerhof (Rohrbach, M 10, an der Gemarkungsgrenze Leimen, oberhalb des Leimer Steinbruchs). Gewannbezeichnung. Das Hofgut Dormenacker ist seit 1959 eine Einzellage an der badischen Bergstraße im Besitz des Weinguts Philipp Clauer (vgl. östlich davon der *Dachsbuckel*).

Dossenheimer Landstraße (Handschuhsheim, C–D 9, beginnt am Rathausplatz und zieht nach dem alten Lauf des Mühlbachs zunächst westlich, am Hans-Thoma-Platz nördlich zum Ortsausgang). Alte Verbindungsstraße zwischen dem ehemaligen St.-Wendels-Tor und dem alten Handschuhsheimer Rathaus. Mundartlich *die unner stroß*. Sie ist nach der Nachbargemeinde Dossenheim benannt. »Ursprünglich verband diese Ortsstraße (...) die Mühltalstraße und Handschuhsheimer Landstraße mit dem Ladenburger Weg« (Fritz Frey). 1784/85 wurde die Chaussee nach Dossenheim in Fronarbeit gebaut, um den Verkehr aus der Mühltalstraße und Stuhlgasse (heute *Zum Steinberg*) herauszunehmen, durch die bis dahin alle Reisenden zwischen Heidelberg und Frankfurt zogen. Von 1840 bis zur Eingemeindung 1903 trug sie zusammen mit der Handschuhsheimer Landstraße den Namen *Hauptstraße*. In ihrer Mitte kommen von der Rottmannstraße her Straßenbahngleise (Derwein 1933, S. 177; Frey 1944, Nr. 158, 263, 481; vgl. *Handschuhsheimer Landstraße*).
Nr. 4: ehemaliges Herrenhaus der Herren von Helmstatt. – Nr. 5: ehemaliges Handschuhsheimer Rathaus (1878–1903). – Nr. 8: Rosen-Apotheke (1914). – Nr. 13: ehemaliger Knebelhof, genannt »Schlösschen«; 1674 bis auf den Treppenturm von 1609 zerstört, 2003 Bürgeramt Handschuhsheim. – Nr. 37: Postamt (seit 1962). – Nr. 38: Inschrift einer verschollenen Tafel: »In diesem Hause wohnte / in den Jahren 1886–1891 / der Dichter unseres Heimatliedes: / ›An des Berges Fuß gelegen‹ / Pfarrer D. Albert Ludwig / Gewidmet vom Handwerkerverein Handschuhsheim«. – Nr. 82: Hotel und Restaurant »Auerstein«. – Nr. 98: bis 1938 H. Hebborn & Co., Fabrik für Füllhalter und Füllbleistifte (1912–14 errichtet). – Nr. 125: ehemaliger Sportplatz des TSV Handschuhsheim am Hellenbach (1941). – Nr. 151: Erzeuger-Großmarkt Heidelberg-Bergstraße (1970).

Dossenheimer Weg (Handschuhsheim, B–C 8–9, östlicher Parallelweg zur Dossenheimer Landstraße, zwischen Zum Steinberg und Gemarkungsgrenze). Die ältere, 1598 erstmals erwähnte Landstraße von der »Hilzehand« am nördlichen Handschuhsheimer Dorfausgang nach Dossenheim, parallel und östlich der Dossenheimer Landstraße, Fortsetzung der alten Bergstraße (Frey 1944, Nr. 41, 481; vgl. *Dossenheimer Landstraße*, *Hilzweg*).

Dreikönigstraße (Altstadt, F 19–11, zwischen Lauerstraße und Hauptstraße). 1374 erstmals als *Judengasse* erwähnt. Hier wohnten nie ausschließlich Juden, und diese wohnten auch in anderen Straßen. 1832 wurde die Gasse auf Wunsch der Anwohner, die »des Namens

Dossenheimer Landstraße / Steubenstraße   Dreikönigstraße 22

wegen nur schwer Zimmer an Studenten vermieten konnten«, nach dem ehemaligen Gast-haus »Zu den drei Königen«, Hauptstraße 160, auf welches sie zuführte, in Dreikönigstraße umgetauft. An Haus Nr. 2 besagt die Inschrift einer Tafel: »Hier stand das / Judentor der mittelalterlichen Stadtbefestigung / erbaut im 13. Jahrhundert / zerstört / im 18. Jahrhundert«. (Das Tor stand nicht hier, sondern nördlich davon). An der Stelle der heutigen Häuser Untere Straße 24 und 26 stand die mittelalterliche Synagoge (das Eckgrundstück Dreikönigstraße 24 war ein ummauerter Hof), 1390 enteignet und der Universität übergeben, zunächst Ma-rienkapelle, dann Auditorium iuridicum (Collegium der Juristen und Mediziner). – Auch in Rohrbach gab es bis 1921 eine *Judengasse* (heute: *Weingasse*) (Derwein 1940, Nr. 133, 388, 893; Hermann Lehmann, Die so genannte Judenschule. Sozialgeschichte eines Hauses. Hei-delberg 2001).

Dreisamweg   (Wieblingen, F 6–7, Siedlung Ochsenkopf; zwischen westlichem Kinzig-weg und Gutachweg). 1952 benannt. Der Fluss Dreisam fließt aus dem Hochschwarzwald durch Freiburg und mündet bei Riegel in die Elz (vgl. *Elsenz-*, *Gutach-*, *Kinzigweg*).

Drosselweg   (Pfaffengrund, G 6, zieht von der Unteren zur Oberen Rödt). 1920 benannt. – Eine der 24 nach Vögeln benannten Straßen des Stadtteils.

Dürerstraße   (Rohrbach, I 9, zwischen Lucas-Cranach-Straße und Brechtelstraße). 1952 *Albrecht-Dürer-Straße* benannt, 1958 in *Dürerstraße* umbenannt. Nach Albrecht Dürer (1471–1528), dem bedeutendsten Vertreter der deutschen Kunst im Übergang von der Spätgotik zur Renaissance. 1490–94 wanderte er am Oberrhein. Er arbeitete mit Lucas Cra-nach dem Älteren zusammen (vgl. *Lucas-Cranach-Straße*). In der Sammlung der Brüder Boisserée am Karlsplatz befanden sich Werke von Dürer (heute in der Alten Pinakothek München). Das Kurpfälzische Museum besitzt Grafiken von Dürer. Im Universitätsmuseum ist Dürers Kreidezeichnung des Pfalzgrafen Friedrich II. zu sehen. *Lucas-Cranach-Straße*, *Dürerstraße*, *Holbeinring*, *Memlingstraße*, *Menzelweg* sind Rohrbacher Straßen, die nach bekannten bildenden Künstlern benannt sind. Ähnliche Namensfelder gibt es in der Südstadt und in Handschuhsheim.

Eberlinweg (Handschuhsheim, D 9, zwischen Biethsstraße und Johann-Fischer-Straße). 1937 angelegt und nach dem evangelischen Pfarrer und Kirchenrat August Christian Eberlin (1803–1884) aus Opfingen (Kaiserstuhl) benannt. 1826 Pfarrkandidat, 1832 Lizenziat, 1835 Pfarrverwalter in Dossenheim, war er bis 1840 Dozent an der Universität Heidelberg. 1840 wirkte er als Pfarrer in Wiesloch, 1842–59 als Dekan im Kirchenbezirk Oberheidelberg, 1859–84 als Pfarrer an der Friedenskirche Handschuhsheim, wurde 1860 Dekan in Ladenburg, 1867 auch in Weinheim. »Eberlin war unversöhnlich gegenüber den liberalen Strömungen der neuen Zeit und widerstand kämpferisch mit Widerwillen den Errungenschaften der neuen Ära in Baden« (Alfred Bechtel). Er pflegte eine aufrichtige Freundschaft mit seinem katholischen Amtskollegen, Dekan Konrad Bopp. Er wurde auf dem Handschuhsheimer Friedhof begraben, die erneuerte Grabplatte wurde 1910 am Turmeingang der Friedenskirche angebracht (Frey 1944, Nr. 92; Reimold 1936, S. 86; Kollnig/Frese 1999, S. 133).

August Eberlin, Gedenktafel (Friedenskirche)

Ebertplatz (Ziegelhausen, E 14, am südlichen Ende der Peterstaler Straße, Kreuzung Kleingemünder Straße und In der Neckarhelle). Park einer früheren Mühle, der »Hosefelderei«, 1709 von Johann Nikolaus Faber erbaut. Zuvor ohne offiziellen Namen, hieß der Platz 1933–45 *Horst-Wessel-Platz*. Von 1946 bis zur Eingemeindung hieß er *Friedrich-Ebert-Platz*. Seit 1975 ist er offiziell wieder ohne Namen, wird aber immer noch »Ebertplatz« genannt. 1999 wurde hier ein unterirdisches Regenüberlaufbecken seiner Bestimmung übergeben. Nach der Neugestaltung des Platzes tritt der Steinbach (vgl. *Steinbachdamm*) jetzt südlich des Parkplatzes aus und mündet in einem »naturnah gestalteten Bachlauf« in ein Wasserbecken (Hoppe 1940, S. 33; Hoppe 1956, Nr. 57, 128; vgl. *Friedrich-Ebert-Platz*).

Eckenerstraße (Handschuhsheim, D–E 9, nördliche Verlängerung der Keplerstraße zwischen Blumenthalstraße und Bachstraße). 1929 nach Hugo Eckener (1869–1954) benannt, Journalist und Nachfolger des Luftschiffbauers Ferdinand Graf von Zeppelin. Unter seiner Leitung entstanden mehrere Luftschiffe, darunter LZ 126, mit dem ihm 1924 einer der ersten Nonstopflüge über den Atlantik gelang. Das Luftschiff war Teil der deutschen Reparationszahlungen an die USA. Nach der erfolgreichen Ablieferungsfahrt sammelte Eckener mit Vorträgen und Bildern der Fahrt Geld für den Bau von LZ 127. 1952 bekam er das Bundesverdienstkreuz. Viele Straßen und Schulen in Deutschland sind nach ihm benannt. – Die Straße ist seit der Bebauung des Langgewanns im Abschnitt zwischen Bachstraße und

Richard-Wagner-Straße ein Fußweg, die Fortsetzung nach Norden bildet die *Schubertstraße* (vgl. *Zeppelinstraße*).

Edinger Straße (Wieblingen, D 6, zieht vom Grenzhöfer Weg zunächst gerade, dann schräg zur Mannheimer Straße 337). Benannt nach dem Wieblingen unmittelbar benachbarten Ort Edingen (Gemeinde Edingen-Neckarhausen). Vor 1930 *Bismarckstraße*, Umbenennung wegen der Heidelberger Bismarckstraße. Der abgeknickte Verlauf ab *Am Taubenfeld* entstand dadurch, dass die OEG-Trasse nach Edingen ursprünglich hier verlief (und dann weiter neben der heutigen Mannheimer Straße) (vgl. *Feudenheimer*, *Friedrichsfelder*, *Käfertaler*, *Neckarauer*, *Rheinauer* und *Waldhofer Straße* sowie *Ilvesheimer*, *Sandhofer*, *Schwabenheimer* und *Viernheimer Weg*).

Edisonstraße (Südstadt, Mark-Twain-Village, H 9, zwischen Roeblingstraße und Zengerstraße). 1951 nach dem amerikanischen Ingenieur und Erfinder Thomas Alva Edison (1847–1931) benannt. Er führte 1889 auf der 62. Versammlung deutscher Naturforscher und Ärzte in Heidelberg im Gebäude der Museumsgesellschaft am Ludwigsplatz (heute Universitätsplatz) seinen 1878 erfundenen Phonographen vor (vgl. *Astorstraße*, *Carl-Schurz-Straße*, *Columbusstraße*, *Elsa-Brändström-Straße*, *Ludwig-Richter-Straße*, *Mark-Twain-Straße*, *Nansen-*, *Roebling-*, *Zengerstraße*).

Eichendorffplatz (Rohrbach, I 9, begrenzt von Karlsruher Straße, Eichendorffstraße, Heidelberger Straße und Karlsluststraße). Bis 1926 *Platz am »Kreuz«*. Der Rohrbacher Gemeinderat beschloss, den Platz, der das Denkmal für die Gefallenen des Ersten Weltkriegs aufnehmen sollte, zu Ehren des letzten Rohrbacher Bürgermeisters (1913–27) Christian Bitter *»Bürgermeister-Bitter-Platz«* zu benennen. 1938 bekam der Platz auf Initiative des pensionierten Pfarrers Karl-Otto Frey seinen jetzigen Namen. Man enthüllte dabei eine Eichendorff-Gedenktafel, über deren Inschrift ein Hakenkreuz eingemeißelt war. 1952 wurde hier ein Eichendorff-Stein eingeweiht, ebenso eine Gedenktafel am »Roten Ochsen« in der Rathausstraße (vgl. *Christian-Bitter-Straße*, *Eichendorffstraße*, *Kühler Grund*, *Kätchen-Förster-Weg*).

Joseph von Eichendorff, Gedenktafel (Eichendorffplatz)

Eichendorffstraße

Eichendorffstraße   (Rohrbach, I 9, beginnt an der Karlsruher Straße und zieht bergan, bildet die Grenze zwischen Südstadt und Rohrbach). Die Eichendorffstraße hieß bis 1929 *Friedrich-Ebert-Straße*, noch früher: *Schützenstraße*. 1929 nach dem Dichter Joseph Karl Benedikt Freiherr von Eichendorff benannt, geboren 1788 auf Schloss Lubowitz bei Ratibor in Oberschlesien. Er studierte 1807/08 in Heidelberg Jurisprudenz und wohnte in der Hauptstraße 59. Seine Liebe zu der Rohrbacher Küferstochter Katharina Barbara Förster soll ihn zu dem Gedicht »Das zerbrochene Ringlein« angeregt haben. Es wurde 1814 von dem schwäbischen Pfarrer Johann Ludwig Friedrich Glück unter dem neuen Titel »In einem kühlen Grunde« vertont und rasch berühmt. 1815 erschien Eichendorffs Roman »Ahnung und Gegenwart«, in dem er das Gedicht verwendete. Am »Roten Ochsen« in Rohrbach besagt eine Tafel, dass Eichendorff hier oft mit seinen Freunden weilte. Am Haus Rathausstraße 72 erinnert eine Inschrift an Kätchen Förster. Der Dichter kam nie mehr nach Heidelberg zurück und starb 1857 in Neiße (Oberschlesien). – In Neuenheim liegt oberhalb des Philosophenwegs die seit 1933 so genannte »Eichendorff-Anlage« mit einem Stein, auf dem Worte aus dem Versepos »Robert und Guiscard« stehen: »In dieses Märchens Bann verzaubert stehen / Die Wandrer still – Zieh weiter, wer da kann! / So hatten sie's in Träumen wohl gesehen, / Und jeden blickt's wie seine Heimat an, / Und keinem hat der Zauber noch gelogen, / Denn Heidelberg war's, wo sie eingezogen.« Im Gasthaus »Schnookeloch«, früher: »Schwarze Traube«, Haspelgasse 8, gibt es eine »Eichendorff-Stube«. – An der Ecke Fabrik-/Sickingenstraße wurde 2002 die Wohnanlage »Eichendorff-Forum« mit einem »Eichendorff-Turm« eingeweiht (vgl. *Eichendorffplatz*, *Kühler Grund*, *Kätchen-Förster-Weg*).

Eichgärtlein   (Kirchheim-West, I 7, südlich der Schwarzwaldstraße, bildet mit der Straße Zwerggewann einen Ring). Erinnert an den gleichnamigen Bezirk des ehemaligen Hegenichwaldes am Grasweg (Körner 2009, S. 73).

Einsteinstraße   (Bahnstadt, G 8, zwischen Langem Anger und Czernyring). 2010 nach dem Physiker Albert Einstein (1879–1955) aus Ulm benannt, 1914–33 Direktor des Kaiser-Wilhelm-Instituts für Physik in Berlin. Einstein stellte 1905 die spezielle, 1916 die allgemeine Relativitätstheorie auf und erhielt 1921 den Nobelpreis für Physik. Im Dezember 1932 reiste er in die USA und kehrte wegen Hitlers Machtübernahme nicht mehr nach Deutschland zurück. 1934 wurde er ausgebürgert.

Eisengreinweg   (Weststadt, G 9, zwischen Rohrbacher Straße und Steigerweg, längs der Neckartal-Bahnlinie). Nach der Gewannbezeichnung »an dem Isengryn« (1364), eine alte Weinberglage. Der Name soll von einem Bauern namens Hans Eisengreyn herrühren, der, wie der kurpfälzische Kirchenrat Marcus zum Lamm (1544–1606) in seinem »Thesaurus Picturarum« berichtet, 1603 einen Mordversuch auf Pfalzgraf Friedrich IV. unternommen habe, weil dieser bei der Hasenjagd über seine Felder geritten sei. Mhd. Îsengrîn ist der Name des Wolfs in der Fabel, aber auch eines Bauern. Ernst Christmann (Weinlagennamen in Pfalz und Rheinland, 1965, S. 184) leitet den Flurnamen von mhd. grien »Kiessand, sandiges Ufer, sandiger Platz« her. »Eisengrein« wäre dann »eisenhaltiger Sand«. – 1842–44 wurde der Bergfriedhof in der Bergheimer Steige im Gewann »Eisengrein« angelegt. Dort gab es die *große* und die *kleine Eisengreingasse*, die vom Rohrbacher Weg in die Weinberge führten und die im erweiterten Friedhof aufgingen. Der ursprüngliche Eisengreinweg bildet heute die Zufahrt zum Krematorium. Der jetzige Eisengreinweg wurde um 1910 weiter nördlich im Zuge des Baus des Königstuhltunnels angelegt (Derwein 1940, Nr. 142).

Eisenlohrstraße (Weststadt, G 9, zwischen Dantestraße am Danteplatz und Franz-Knauff-Straße). 1905 *Friedrich-Eisenlohr-Straße* benannt, nicht nach dem Erbauer des ersten Heidelberger Bahnhofs (Friedrich Eisenlohr (1805–1854), sondern nach dem Stadtrat Dr. Friedrich Eisenlohr (1831–1904) aus Mannheim, seit 1872 Professor der Mathematik und Physik an der Universität Heidelberg. Er hatte sich um die Stadt verdient gemacht; so unterstützte er den Bau der Christuskirche und half der Luisenheilanstalt über kritische Zeiten hinweg. Er ist auf dem Bergfriedhof begraben. Im Stadtwald südlich des »Hohlen Kästebaums« gibt es seit 1904 einen *Eisenlohrweg*, wo ein Stein die Inschrift trägt: »Zum ehrenden Gedächtnis an den langjährigen Vorsitzenden der Waldkommission Stadtrat Prof. Dr. Friedrich Eisenlohr, auf dessen Anregung der Weg erbaut wurde 1904«. – 1955 wurde die Straße in *Eisenlohrstraße* umbenannt.

Nr. 6: Erzbischöfliches Bauamt, Pfälzer Katholische Kirchenschaffnei.

Elbinger Straße (Kirchheim, I 7–8, von Marienburger Straße bis Königsberger Straße). Nach der früheren deutschen Hansestadt Elbing (Ostpreußen), die 1945 zu Polen kam und heute Elbląg heißt. – 1959 nannte man die Straßen in Kirchheim-Nord nach ehemals deutschen Städten jenseits der Oder-Neiße-Linie (vgl. *Allensteiner Weg*, *Breslauer Straße*, *Danziger Straße*, *Glatzer Straße*, *Gleiwitzer Straße*, *Insterburger Weg*, *Königsberger Straße*, *Liegnitzer Straße*, *Marienburger Straße*, *Oppelner Straße*, *Stettiner Straße*, *Tilsiter Straße*).

Elisabethenweg (Altstadt, F 12, zwischen Schloss-Wolfsbrunnen-Weg und Schützenhaus, geht dort in einen Waldweg über). Nach Kaiserin Elisabeth von Österreich (1837–1898) benannt, die diesen Weg bei ihren Aufenthalten in Heidelberg in den 1880er Jahren häufig gegangen sein soll. Ein Gedenkstein aus Odenwälder Granit von 1899 am oberen Teil des Wegs trägt die Inschrift: »Zur Erinnerung an den Aufenthalt der Kaiserin Elisabeth von Österreich in Heidelberg in den Jahren 1884, 1885 und 1890«. Das einzige Gebäude an diesem Weg ist die Nr. 1 (Schützenhaus) (Derwein 1940, Nr. 147; vgl. *Valerieweg*).

Friedrich Eisenlohr, Gedenkstein

Elisabethenweg, Gedenkstein

Elisabethstraße (Wieblingen, E 6, von der Mannheimer Straße 193 zur Adlerstraße, Trasse der ehemaligen OEG). 1918 verkaufte Elisabetha Lechner geb. Pföhler an die Gemeinde Wieblingen ein Grundstück, das auf dem Gelände des heutigen westlichen Straßenteils (zwischen Pfälzer Straße und Adlerstraße) lag, zum Bau einer Straße, die 1919 angelegt wurde als letzter Straßenbau der selbständigen Gemeinde Wieblingen. Zunächst hieß nur dieser westliche Teil der Straße Elisabethstraße. Der heutige östliche Teil (zwischen Mannheimer Straße und Pfälzer Straße) war schon 1908 als *Neue Straße* angelegt worden im Zusammenhang mit dem Bau des Gasthauses Eisele an der Mannheimer Straße, um das langgestreckte Grundstück zu erschließen. Seit 1910 wird sie als *Luisenstraße* geführt, nach Luise, der Großherzogin von Baden, reg. 1856–1907. Aufgrund der schon vorhandenen *Friedrichstraße* (siehe *Johanniterstraße*) waren zwei benachbarte Straßen nach dem badischen Herrscherehepaar benannt. 1930 wurde die Luisenstraße zu einem Teil der Elisabethstraße; eine Umbenennung war nötig wegen der *Luisenstraße* in Bergheim. An der Südseite der Straße begann 1921 der Bau der gemeinnützigen Wohnsiedlung »Blaue Heimat«, die in den folgenden Jahren zur *Hermann-Treiber-Straße* und zur *Oberfeldstraße* ausgedehnt wurde; sie wurde 2009/14 großteils abgetragen und neu errichtet.

Elisabeth-von-Thadden-Platz (Wieblingen, D 6, an der Mannheimer Straße 231, südlich der alten katholischen Kirche). Elisabeth von Thadden entstammte einer Adelsfamilie, die auf dem Rittergut Trieglaff in Hinterpommern (heute Polen) ansässig war. Sie wurde 1890 in Mohrungen in Ostpreußen geboren, wo ihr Vater Landrat war. Sie machte in Berlin eine Ausbildung in Sozialarbeit. Nach mehreren Stationen erzieherischer Tätigkeit (u. a. im Internat Salem) pachtete sie in Wieblingen das dem heutigen Platz schräg gegenüber liegende Hofgut der Reichsfreiherren von LaRoche-Starkenfels und eröffnete hier 1927 das »Evangelische Landerziehungsheim Schloss Wieblingen«. Aus christlicher Überzeugung stand sie in Distanz zum Nationalsozialismus. Nach der Verstaatlichung der Schule 1941 kehrte sie nach Berlin zurück. Freimütige Äußerungen über die Zeit nach einem verlorenen Krieg wurden von einem Gestapospitzel verraten. 1944 wurde sie vom Volksgerichtshof zum Tode verurteilt und am 8. September in Berlin-Plötzensee hingerichtet. 1949 wurde ihre

Elisabeth von Thadden, Gedenkstein   Elisabeth-von-Thadden-Platz

Urne auf dem Schulgelände vor der Kapelle beigesetzt. Die Wiedereröffnung der Schule 1946 war mit der Neubenennung »Elisabeth-von-Thadden-Schule« verbunden. Der heutige Platz war bis 1966 mit dem Bauernhof Zimmermann bebaut und wurde 1998 nach seiner Neugestaltung nach Elisabeth von Thadden benannt. – In Eppelheim gibt es eine Elisabeth-von-Thadden-Straße. (Irmgard von der Lühe, Elisabeth von Thadden. Ein Schicksal unserer Zeit, Düsseldorf/Köln 1966; Matthias Riemenschneider und Jörg Thierfelder (Hgg.), Elisabeth von Thadden. Gestalten – Widerstehen – Erleiden, in der Reihe: Edition Zeitzeugen, Karlsruhe 2002; Almut A. Meyer, Elisabeth von Thadden (1890–1944). Pädagogin aus christlichem Geist im Konflikt mit dem Nationalsozialismus, in: Lebensbilder aus der Evangelischen Kirche in Baden im 19. und 20. Jahrhundert, i. A. des Evangelischen Oberkirchenrates Karlsruhe hg. durch den Verein für Kirchengeschichte in der Evangelischen Landeskirche in Baden von Johannes Ehmann, Band 5: Kultur und Bildung, hg. von Gerhard Schwinge, 2007, S. 472–495.)

Elsa-Brändström-Straße (Südstadt, Mark-Twain-Village, H 9, zwischen Feuerbachstraße und Rheinstraße). 1951 *Elsa-Brandström-Straße* benannt nach der schwedischen Philanthropin Elsa Brändström-Ulich (1888–1948), bekannt als »Engel von Sibirien« in den russischen Gefangenenlagern des Ersten Weltkriegs. 1933 übersiedelte sie mit ihrer Familie in die USA, wo sie sich um Flüchtlingshilfe für ankommende Deutsche und Österreicher kümmerte. Gegen Ende des Zweiten Weltkriegs begann sie mit einer Hilfsaktion für notleidende Kinder in Deutschland, woraus die Organisation CARE International (Cooperative for American Relief in Europe) entstand (vgl. *Astorstraße*, *Carl-Schurz-Straße*, *Columbusstraße*, *Edisonstraße*, *Ludwig-Richter-Straße*, *Mark-Twain-Straße*, *Nansen-*, *Roebling-*, *Zengerstraße*).

Elsenzweg (Wieblingen, F 6–7, Siedlung Ochsenkopf, vom Gutachweg entlang der Autobahn A 656 zum Wieblinger Weg). Erstmals im Stadtplan von 1937. Der Fluss Elsenz mündet, aus dem Kraichgau kommend, bei Neckargemünd in den Neckar (vgl. *Dreisam-*, *Gutach-*, *Kinzigweg*).

Elsterweg (Pfaffengrund, G 6, zwischen Eppelheimer Straße und An der Bahn). Eine der 24 nach Vögeln benannten Straßen des Pfaffengrunds.

Emil-Maier-Straße (Bergheim, F 8, zwischen Vangerowstraße und Kurfürstenanlage). Bis 1946: *Theodor-Körner-Straße*. (Heute heißt der Straßenzug südlich der Bergheimer

Emil-Maier-Straße 16

Straße zwischen Czernyring und Gneisenaustraße Theodor-Körner-Straße). Nach Emil Maier (1876–1932) benannt, Buchdrucker, Redakteur, Politiker, 1908 Bezirkssekretär der SPD in Heidelberg, 1909 Abgeordneter im badischen Landtag, 1912–31 Stadtrat in Heidelberg, 1918/19 Mitglied des Heidelberger Arbeiter- und Soldatenrats. Als Leiter des städtischen »Holzhofes« baute er ab 1919 einen kommunalen Wirtschaftsbetrieb auf, der über 200 Mitarbeitern Arbeit und Brot brachte. 1931 wurde er badischer Innenminister. In diesem Amt legte er sich immer wieder mit den Nazis an. Vermutlich hat ihn sein früher Tod vor dem Konzentrationslager bewahrt (Michael Braun, Emil Maier (1876–1932). Eine politische Biographie, Heidelberg 1997).

Nr. 16: ehemalige Feuerwehr-Hauptwache, jetzt Kultur- und Kreativwirtschaftszentrum.

Emmendinger Weg (Rohrbach-Hasenleiser, K 8–9, zwischen Baden-Badener Straße und Freiburger Straße). Nach der Stadt Emmendingen im Breisgau benannt. Diese entstand als alamannische Siedlung, war im 11. Jahrhundert im Besitz der Zähringer und kam 1415 an die Markgrafen von Baden. Der Name (1094: Anemutinga) ist vermutlich die Ableitung eines Personennamens. – Eine von zwölf Straßen im Hasenleiser, die nach südbadischen Städten benannt wurden.

Emmertsgrundpassage (Emmertsgrund, L 10, Fußgängerbereich, der den nördlichen Emmertsgrund von Norden nach Süden durchzieht).

Nr. 1: Polizeiposten Emmertsgrund. – Nr. 9: Kleiderstube. – Nr. 17: Bürgeramt Emmertsgrund/Boxberg. – Nr. 22: Treff des Jugendmigrationsdienstes des Internationalen Bundes. – Nr. 29: Spielstube des Kinderschutzbundes. – Nr. 36–38 und 43: Städtische Kindertagesstätten.

Endemannstraße (Weststadt, G 9, zwischen Römerstraße und Hildastraße). Ursprünglich *Westliche Diagonalstraße*. Geplant war, diese Straße ebenso breit auszuführen wie die

Emmertsgrundpassage

Endemannstraße (1952)

EMMERTSGRUND Wie der Boxberg gehört der Stadtteil Emmertsgrund zu den neueren Heidelberger Stadtteilen, ist jedoch größer und von seiner Struktur mehr von Wohnanlagen geprägt. Er wurde Ende der 1960er Jahre als Großsiedlung am Westhang des Königstuhlmassivs zwischen Stadtwald, Weinbergen und Gärten konzipiert. Im Zweiten Weltkrieg war das Gebiet des Emmertsgrunds militärisches Übungsgelände und Munitionsplatz. Vom Bund an die Stadt zurückgegeben, wurde er im Flächennutzungsplan von 1957 als Wohnreserve ausgegeben. 1967 erteilte der Gemeinderat der Baugenossenschaft »Neue Heimat Baden-Württemberg« den Zuschlag für die Bebauung des Emmertsgrunds und übergab ihr denselben. Die »Neue Heimat« beauftragte 1968 den Frankfurter Psychoanalytiker Alexander Mitscherlich (1908–1982, »Von der Unwirtlichkeit unserer Städte«) mit einem Gutachten zur geplanten Siedlung. 1975 zog er sich wegen »Meinungsverschiedenheiten« aus der Gutachterkommission zurück. Der Planentwurf stammt von den Münchener Architekten Prof. Fred Angerer und Alexander von Branca. Die bauliche Ausführung erfolgte zwischen 1970 und 1975. 1972 begann die Fernwärmeversorgung im Stadtteil. 1973 bezogen die ersten Bewohner ihre Wohnungen. Im selben Jahr wurden Grundschule und Müllsauganlage eröffnet, 1974 das evangelische Gemeindezentrum, 1975 das Bürgerhaus und 1976 das Wohnstift Augustinum. »Man gab es auf, den Emmertsgrund nach Plan zu Ende zu bauen. Reihenhäuser traten an die Stelle der vorgesehenen Hochhäuser, die vertikale Pferchung wurde durch eine horizontale Pferchung ersetzt.« (Rudolf Süss, Emmertsgrundbuch 1998. Fakten, Fakten, Fakten. Heidelberg 1998, S. 22). Heute leben etwa 6500 Menschen im Emmertsgrund, 65% davon sind Einwanderer. »Emmertsgrund« war ursprünglich die Gewannbezeichnung für den engen Taleinschnitt unterhalb des *Schlautersteig*. Möglicherweise kommt der Name von Emmer, einer alten Getreideart (Spelz, Sommerdinkel, Triticum dicoccum). Manfred Merkel erklärt 2009 den Namen von amarellus, dem lateinischen Wort für die Goldammer, das sich zu nhd. Emmer weiterentwickelt habe (Arndt Krödel, Ulrich Deutschmann, Der Emmertsgrund. Global Village oder sozialer Brennpunkt, Wiesbaden 2009, S. 30ff.; vgl. *Im Schnepfengrund, Im Emmertsgrund*).

östliche Diagonalstraße (heute *Schillerstraße*). Beide beginnen an der platzartigen Kreuzung Römer-/Zähringerstraße und ziehen im Winkel von jeweils 45 Grad nach Südwesten (Endemannstraße) bzw. Südosten (Schillerstraße). Die westliche Diagonalstraße sollte in eine Brücke (»Hildabrücke«) über den Gleiskörper des neuen Hauptbahnhofs münden, was eine Verbindung über die westliche Hebelstraße zum Kirchheimer Weg ergeben hätte. – 1924 wurde sie nach dem Juristen Geheimrat Prof. Dr. Friedrich Endemann (1857–1936) umbenannt. Endemann war 1904–24 Professor in Heidelberg. Bedeutend ist sein mehrbändiges »Lehrbuch des Bürgerlichen Rechts«, das im Jahr der Verkündigung des Bürgerlichen Gesetzbuches zu erscheinen begann. »Aber neben dem Gelehrten Endemann stand immer in besonders ausgeprägtem Maße auch der Mensch, dieser Hochschullehrer, der sich schon früh die Gedanken des Nationalsozialismus zu eigen gemacht hatte und in dem die Jugend stets eine große Stütze fand, wenn es galt, ihre Interessen zu vertreten.« (HNN, 2. 11. 1936, S. 4). Er ist auf dem Bergfriedhof begraben. – Die Endemannstraße wurde erst ab 1935 bebaut und wies noch in den 1950er Jahren reine Gartengrundstücke auf. Die Weststädter nannten sie lange Zeit »Schiefer Weg«.

Englerstraße (Rohrbach-Süd, Gewerbegebiet, L 8–9, Sackgasse, zieht von der Hertzstraße nach Westen). 1970 nach dem Chemiker Karl Engler (1842–1925) aus Weisweil (Breisgau) benannt. Er studierte am Polytechnikum Karlsruhe Chemie und lehrte 1876 als Professor an der dortigen Technischen Hochschule. Er lieferte den Nachweis, dass Erdöl durch Zersetzung organischer Stoffe entstand. 1870 stellte er den Farbstoff Indigo künstlich her. Als nationalliberaler Politiker war er 1887–90 Mitglied des Reichstages und 1890–1902 Mitglied der Badischen Ersten Kammer. Der »Englergrad« ist eine nicht gesetzliche Einheit zur Messung der Zähflüssigkeit von Mineralölen. – Im Gewerbegebiet Rohrbach-Süd erinnern andere Straßen an Haber, Hertz, Redtenbacher und Tulla, die alle eine Beziehung zur TH Karlsruhe haben. Im Pfaffengrund wurde Hans Bunte, Professor an der TH Karlsruhe, mit einem Straßennamen geehrt (vgl. *Haberstraße*).

Eppelheimer Straße (Bergheim/Bahnstadt/Pfaffengrund, F–G 6–7, beginnt bei der Czernybrücke und zieht nach Eppelheim). Alte Verbindung zwischen den Dörfern Bergheim und Eppelheim, 1407 als *uff Eppelheymer wege* erstmals erwähnt. Die Straße begann am Römerplatz. Westlich des Diebswegs hieß sie *Eppelheimer Landstraße*. Der Teil zwischen dem Römerplatz und dem Czernyring heißt heute *Alte Eppelheimer Straße*. Anfang des 20. Jahrhunderts hatte die heutige Straße noch den Namen *Eppelheimer Landstraße*, und die heutige Alte Eppelheimer Straße in Bergheim trug den Namen *Eppelheimer Straße*. – An der Kreuzung mit dem Diebsweg steigt die Eppelheimer Straße an, um sogleich wieder abzufallen. Diese künstliche Erhöhung ermöglichte von 1910 bis 1967 die kreuzungsfreie Begegnung mit der eingleisigen Schwetzinger Bahnlinie, die in einem Tunnel, der noch existiert, unter der Kreuzung durchfuhr. Im Pfaffengrund bildet die Eppelheimer Straße die Grenze zwischen dem nördlichen Gewerbegebiet und dem südlichen Wohngebiet. An der Gemarkungsgrenze geht sie in die Eppelheimer *Hauptstraße* über (Derwein 1940, Nr. 906). – Die Neubauten nördlich der Eppelheimer Straße und westlich der Czerny-Brücke wurden bezüglich der Hausnummerierung der Eppelheimer Straße zugeordnet. Die abgehenden neuen Stichstraßen erhielten ebenfalls den Namen »Eppelheimer Straße«.

Nr. 15: Versorgungsamt. – Nr. 17: ESV Rot-Weiß Heidelberg e.V. – Nr. 52: Studentenwohnheim (»Alcatraz«). – Nr. 68–72: Stadtwerke, Werk Pfaffengrund. – Nr. 82: ABB Stotz-Kontakt.

Eppelheimer Terrasse (Bahnstadt, F–G 7, zwischen Langem Anger und Pfaffengrunder Feld). 2010 nach dem Nachbarort Eppelheim benannt.

Erbprinzenstraße (Rohrbach, I–K 9, zwischen Heinrich-Fuchs-Straße und Ortenauer Straße). Nach Erbprinz Ludwig von Birkenfeld-Zweibrücken (1786–1868) benannt, Sohn des Herzogs und Pfalzgrafen Maximilian Joseph von Birkenfeld-Zweibrücken. Er verbrachte einen Teil seiner Jugend in Rohrbach. 1825–48 war er als Ludwig I. König von Bayern. Nach ihm ist auch die Stadt Ludwigshafen benannt. Im Musiksalon des Palais Morass (Kurpfälzisches Museum) hängt ein Gemälde des Malers Joseph Carl Stieler, welches König Ludwig I. von Bayern zeigt. – Diese Straße hieß vor der Eingemeindung Rohrbachs *Wilhelmstraße*. In der Weststadt existierte aber bereits eine Straße dieses Namens. So wurde der Teil nördlich der Heinrich-Fuchs-Straße in *Brechtelstraße*, der südliche Teil in *Erbprinzenstraße* umbe-

Eppelheimer Straße   Ergelweg, ehemaliger Wasserturm

nannt. Bemerkenswert ist, dass diese Straße (wie auch die *Amalienstraße*, *Augustastraße*, *Max-Josef-Straße*) erst nach 1927, also in der Republik, nach Angehörigen von ehemaligen Herrscherhäusern benannt wurde. Die nach Vertretern des Hauses Zähringen benannten Straßen in der Weststadt, Bergheim und Altstadt bekamen ihre Namen schon vor 1918.

Ergelweg   (Wieblingen, C–D 4–5, Feldweg von der Mannheimer Straße zur Autobahn A 656). Grenzweg, der teilweise zu Wieblingen, teilweise zu Edingen gehört. Der Name könnte durch falsche Abtrennung des ursprünglichen Namens *Am Mergelweg* entstanden sein. Mergel (d.h. kalkhaltiger Ton) weist auf die Bodenbeschaffenheit hin (Streitberg 1938, S. 8). Am Ergelweg steht der 1908 erbaute Wasserturm (samt Wärterhaus) des damaligen Wasserversorgungsverbandes »Neckargruppe« (Wieblingen, Edingen, Friedrichsfeld); er ist bis heute eine auffallende Landmarke. Jenseits der OEG-Trasse befinden sich seit 1925/26 in einer um 1900 stillgelegten Kiesgrube die Schießanlagen und das Vereinsheim der Schützengesellschaft 1925 Wieblingen. (Zum Namen vgl. auch *Im Mörgelgewann*.)

Erich-Hübner-Platz   (Handschuhsheim, D 9, zwischen Mühltalstraße und Dossenheimer Landstraße). Bis 2006: *Rathausplatz*, nach dem ehemaligen Handschuhsheimer Rathaus (1878–1903), Dossenheimer Landstraße 5. Umbenannt nach Erich Hübner (1917–1985) aus Leipzig, 1951–82 Kantor und Organist an der Friedenskirche Handschuhsheim. Hübner wurde 1945 Leiter des evangelischen Posaunenchors, 1949 Leiter des »Singkreises« an der Friedenskirche, 1953 Leiter des evangelischen Kirchenchors, 1956 Bezirkskantor und künstlerischer Leiter des Bachvereins, 1965 Landesobmann der badischen Kirchenmusiker, 1966 Präsident des Verbandes evangelischer Kirchenmusiker Deutschlands, 1967 Kirchenmusikdirektor und Vorsitzender des Zentralrats für evangelische Kirchenmusik, 1975 Landeskantor. 1970 erhielt er das Bundesverdienstkreuz. 1978 verfasste er anlässlich des 75jährigen Jubiläums der Eingemeindung Handschuhsheims zusammen mit Horst Meusel (Text) die Kantate »Hört, Freunde, was sich zugetragen«, die in der Heiligenbergschule aufgeführt wurde. Im selben Jahr erhielt er den Titel Professor. Er ist auf dem Friedhof Handschuhsheim begraben. – 2007 setzte man ihm eine Gedenktafel auf einer kleinen Stele.

Erich Hübner, Gedenktafel

Erlebaltweg (Wieblingen, E 6, vom Ende des Dammwegs zum Wibiloweg). Angelegt 2007. Der Priester Erlebalt schenkte um 782 an das Kloster Lorsch seinen Grundbesitz in Wieblingen samt einer »basilica« (Lorscher Codex, Urkunde 713); dies ist die früheste Erwähnung einer Kirche in Wieblingen (vgl. *Gerbodoweg*). Es handelte sich wohl um eine Eigenkirche des Erlebalt. 790 machte er dann in Wieblingen eine weitere Schenkung an das Kloster und bestätigte dabei seine frühere Schenkung (Urkunde 715). Für das Jahr 796 ist belegt, dass der Kirche in Eppelheim »der ehrwürdige Herr Erlebalt als Priester vorsteht«; er dürfte also wohl auch der Besitzer und Pfarrer der dortigen Kirche gewesen sein. Außerdem schenkte er auch Grundbesitz in Edingen, Bergheim, Nußloch und Eppelheim an das Kloster Lorsch. Offenbar hat Erlebalt sowohl als Grundbesitzer wie auch als Geistlicher eine bedeutende Rolle für unseren Raum gespielt.

Erlenweg (Kirchheim, Siedlung Höllenstein, K 8, zieht vom Ahornweg südwärts, parallel zur Bahnlinie, längs der alten Gemarkungsgrenze zwischen Kirchheim und Rohrbach, geht in einen Feldweg über). Die Westseite des Erlenwegs gehört zur 1929 erbauten Siedlung *Im Höllenstein* und damit zu Kirchheim, die Ostseite zu Rohrbach. Die Straßen im »Höllenstein« sind nach heimischen Baumarten benannt (vgl. *Ahornweg*, *Birkenweg*, *Buchenweg*, *Ulmenweg*).
Nr. 22–32: Sportplätze der TSG Rohrbach.

Ernst-Rehm-Straße (Kirchheim, Am Dorf, K 7, zwischen Heuauer Weg und Bruchhäuser Weg). 1994 nach Ernst Rehm (1912–1983) benannt, langjähriger Direktor der Kirchheimer Volksbank, Gründungsmitglied der Freien Wählervereinigung Heidelberg, Stadtrat der Freien Wähler von 1959–74, Mitbegründer und seit 1956 Vorsitzender des Stadtteilvereins Kirchheim (2. Vorsitzender wurde damals Adolf Engelhardt) sowie Vorsitzender der Sportgemeinschaft Kirchheim. 1972 bekam er das Bundesverdienstkreuz (Körner 2009, S. 73; vgl. *Adolf Engelhardt-Straße*).

Ernst-Walz-Brücke (Brücke über den Neckar zwischen Bergheim und Neuenheim, F 8, verbindet Mittermaierstraße und Berliner Straße). Die Ernst-Walz-Brücke trägt wie die *Friedrichsbrücke* (heute: *Theodor-Heuss-Brücke*) und die *Karl-Theodor-Brücke* den Namen ihres Bauherrn. Am 14. April 1928 wurde sie als dritte Brücke über den Neckar bei Heidelberg in Anwesenheit des badischen Staatspräsidenten Adam Remmele dem Verkehr übergeben. Der Architekt war Paul Bonatz, der 1926–28 auch die Staustufen Hirschgasse und Wieblingen baute. Die Brücke endete im unbebauten Neuenheimer Feld und besaß zunächst keinen direkten Anschluss nach Norden. Der Verkehr in Richtung Handschuhsheim musste die Quincke- und Zeppelinstraße benutzen (vgl. *Berliner Straße*). Als erstes Gebäude am Nordbrückenkopf wurde 1930 das Kaiser-Wilhelm-Institut für Innere Medizin eröffnet. – Die Brücke ist nach dem Juristen Prof. Dr. Ernst Walz (1859–1941) benannt, 1886–1913 erster Bürgermeister, 1914–28 Oberbürgermeister von Heidelberg, 1926 Ehrenbürger, seit 1902 a. o. Professor an der Juristischen Fakultät der Universität Heidelberg. Sein Grab ist auf dem Bergfriedhof. In seine Amtszeit fielen der Erste Weltkrieg und die Nachkriegsjahre mit Wohnungsnot, Inflation und Arbeitslosigkeit, die Walz u. a. mit dem Bau der Siedlungen Pfaffengrund und Pfädelsäcker zu bewältigen versuchte. – 1933 nannte man die Brücke auf Antrag der NSDAP-Stadtratsfraktion in *Hindenburgbrücke* um. 1939 wurde die Straßenbahnlinie von der Mittermaierstraße zur Chirurgischen Klinik fertiggestellt, die im Krieg für Verwundetentransporte genutzt wurde. Am 27. März 1945 sprengten deutsche Truppen die Brücke. Am 12. Juli 1945 beschloss der Stadtrat, die zerstörte Brücke wieder in Ernst-Walz-Brücke umzubenennen. Ausgeführt wurde dieser Beschluss erst am 3. Januar 1946. Sie wurde wieder aufgebaut und 1953 eröffnet. Der Platz nördlich der Brücke hieß schon auf dem amtlichen Stadtplan von 1929 und noch auf dem von 1953 Hindenburgplatz. (Derwein 1940, Nr. 79).

Ernst Walz schreibt in seinen »Lebenserinnerungen. Vierzig Jahre an der Spitze der Stadt Heidelberg« (Heidelberg 1991, S. 57f.): »Die neue Brücke trug eine Zeitlang meinen Namen; man wollte durch diese Namensgebung zum Ausdruck bringen, dass es sich hier nicht um ein vom Staat, sondern aus Kräften der Bürgerschaft geschaffenes Werk handelt. Nach der letzten Revolution [sic] erhielt sie den Namen ›Hindenburgbrücke‹; man hat mich bei dieser Namensänderung nicht gefragt. Ich hätte selbstverständlich meine Zustimmung gegeben. Ich hatte auch niemals verlangt, dass mein Name mit dem der Brücke verbunden werde, und habe demnach auch angeordnet, dass eine Straßentafel mit meinem Namen an der Brücke nicht angebracht werde.«

Ernst Walz, Grabstelle

Ernst-Walz-Brücke, Zementwerbung 1928

Erwin-Rohde-Straße (Neuenheim, E 9, zwischen Mönchhofstraße und Moltkestraße). 1916 nach dem Altphilologen Prof. Erwin Rohde (1845–1898) aus Hamburg benannt. Er war 1886–98 Lehrer und Direktor am Philologischen Seminar Heidelberg. 1890–94 veröffentlichte er »Psyche, Seelencult und Unsterblichkeitsglaube der Griechen«. Er wohnte in der damaligen Klosestraße 1. Diese Straße war 1882 als Privatstraße fertiggestellt und 1885 nach dem Direktor des Neuenheim College, Dr. Heinrich Klose (1836–1909), benannt worden. Klose besaß hier viele Grundstücke, die er zum Teil bebaute, zum Teil wieder verkaufte. 1870 übernahm er das »Englische Knaben-Institut« des Dr. Thomas Gaspey in der Bergheimer Straße und verlegte es 1876 in das damals ruhigere Neuenheim. Von Klose erwarb Erwin Rohde 1888 um 30 000 Mark die Villa Klosestraße 1. 1916 gab der Stadtrat bekannt, »dass wir der Klosestraße im Stadtteil Neuenheim zur Erinnerung an den hervorragenden Philologen, Geheimrat Prof. Dr. Erwin Rohde, der vor 30 Jahren an die hiesige Universität berufen wurde, wo er seine bedeutendsten Arbeiten vollendete, die Bezeichnung Erwin-Rohde-Straße beigelegt haben«. In den Akten des Stadtarchivs liegt ein Entwurf für eine Tafel: »Dies Haus erwarb 1888 / Erwin Rohde / hier fand er Musse / zu fruchtbarer Arbeit / hier vollendete er sein klassisches Werk ›Psyche‹ / hier starb er am 11. Januar 1898«. Heute hängt dort eine Tafel mit der Inschrift: »In diesem Hause lebte / und arbeitete von 1889–98 / Erwin Rohde / Professor der klassischen / Philologie an der / Universität Heidelberg / Der grosse Erforscher / griechischer Literatur / und Religionsgeschichte«. Erwin Rohde ist auf dem Bergfriedhof begraben (Jaeger 1988, Nr. 45, 479, 479).

Erzäckerweg (Ziegelhausen, E 12–13, zwischen Am Wingertsberg und In der Neckarhelle). Weg am Ostende des Gewanns »Erzäcker«. Das Gewann liegt zwischen Stift Neuburg und Haarlass. Metallerze kommen hier nicht vor. Vielleicht sind die Manganerze weiter oben im Mausbachtal gemeint, die Ende des 19. Jahrhunderts abgebaut wurden. Wahrscheinlicher ist die falsche Abtrennung eines möglichen Namens »Am Merzacker«. Das Gewann »Merzacker« stößt an die Erzäcker an (Hoppe 1956, Nr. 64, 200; vgl. *Märzgasse*).

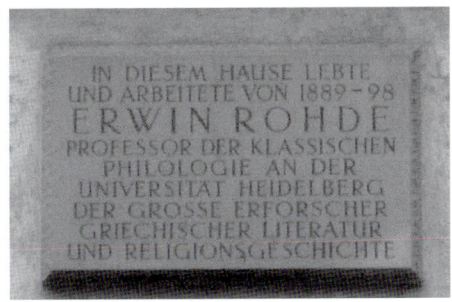

Erwin Rohde

Erwin Rohde, Gedenktafel

Erzäckerweg   Eselspfad

Eselsgrundweg   (Südstadt, H 9, zwischen Rohrbacher Straße und Panoramastraße). Eine der Gassen, die früher vom Rohrbacher Weg in die Weinberge führten. Angeblich nach einem Gebirgseinschnitt, dem Weltzgrund (1445 belegt) benannt, wo sich eine Suhle zum Wälzen des Wildes befunden haben soll. Der Name ist wohl vom Volksmund umgedeutet. Die *Eselsgründergasse* wurde 1938 in Eselsgrundweg umbenannt. Auch in Ziegelhausen gibt es die Gewannbezeichnung »Eselsgrund« (Derwein 1940, Nr. 162, 742).

Eselspfad   (Altstadt, F 11, beginnt an der Karlstraße und bildet gegen den Schlossgarten eine Sackgasse). 1500 erstmals erwähnt. Ehemals ein schmaler Pfad von der (erst 1770 erwähnten) *Plankengasse* zum Burgweg, auf dem Lastesel von der Herrenmühle zur Herrenbäckerei auf der Burg getrieben wurden. Nur der mittlere Teil ist noch vorhanden. Ein Turm der Befestigung, 1693 von den Franzosen geschleift, war danach Eselsturm benannt. Inschrift am Hause Eselspfad 1: »Hier stand der Eselspfadturm / der mittelalterlichen Stadtbefestigung / genannt nach den Eseln, welche das Mehl aus / der Herrenmühle nach dem Schloss trugen / erbaut im 13. Jahrhundert, zerstört 1689–1693« (Derwein 1940, Nr. 163, 472, 700; vgl. *Plankengasse*).

Ezanvillestraße   (Ziegelhausen/Peterstal, C 13–14, zwischen Sitzbuchweg und Wilhelmsfelder Straße). Bis 1933: *Neurottweg*. Nach dem Ersten Weltkrieg ausgebaut und besiedelt. 1933–45 *Karl-Pflaumer-Straße* (nach dem Heidelberger Stadtrat der NSDAP und badischen Innenminister Karl Pflaumer, 1896–1971). 1945 auf Anordnung der Besatzungsmacht in *Neurottstraße* umbenannt. Später benannt nach der Gemeinde Ezanville, Département Val-d'Oise, Île-de-France, etwa 20 km nördlich von Paris gelegen, dem französischen Partnerort von Ziegelhausen seit 1972 (Hoppe 1956, Nr. 229; Peterstal Nr. 33).

Fabrikstraße (Rohrbach, I 9, zwischen Heinrich-Fuchs-Straße und Sickingenstraße). Bis 1929: *Leopoldstraße* (nach Großherzog Leopold von Baden, reg. 1830–52). Nach der von 1899 bis 1957 hier gelegenen Fuchsschen Waggonfabrik umbenannt. Da 1947 auch die *Leopoldstraße* in der Altstadt ihren Namen verlor, gibt es heute keine Straße in Heidelberg mehr, die nach dem Großherzog heißt. – 2003 wurde im Zuge der Erschließung des »Quartier am Turm« der nach Westen führende Ast der Fabrikstraße *Felix-Wankel-Straße* (siehe dort) benannt. Die Hausnummern 1 und 7 bis 13 wurden zu den Hausnummern Felix-Wankel-Straße 1 und 4 bis 20 (vgl. *Heinrich-Fuchs-Straße*).

Fahrbachweg (Südstadt, H 9, zwischen Franz-Marc-Straße und Philipp-Otto-Runge-Straße). 1957 *Fahrbachstraße* benannt, 1958 in *Fahrbachweg* umbenannt. Nach dem in Heidelberg (Untere Straße 4) geborenen spätromantischen Landschaftsmaler Carl Ludwig Fahrbach (1835–1902). Er erhielt ab 1857 seine Ausbildung an der großherzoglichen Kunstschule in Karlsruhe. 1863 ging er nach München, 1867 nach Düsseldorf, wo er auch starb. Das Kurpfälzische Museum besitzt Werke von ihm. Das Gemälde »Schloss Heidelberg« befindet sich seit 1881 im Besitz der späteren schwedischen Königin Viktoria, Tochter von Großherzog Friedrich I. von Baden und seiner Gattin Luise, in Stockholm. Seit 2006 gibt es in der Seminarstraße beim »Art-Hotel« einen »Louis-Fahrbach-Brunnen«. – Der Fahrbachweg ist eine der Straßen im Maler-Namenfeld in der Südstadt.

Fahrtgasse (Altstadt, F 9–10, zwischen Neckarstaden und Hauptstraße). Der Name dieser Gasse scheint auf eine alte Fährstelle hinzuweisen, wurde jedoch erst 1856 nach einem Vorschlag von Bürgern im »Heidelberger Journal« (Nr. 226/1855) der bisherigen *Neckargasse* gegeben. Sie wurde nach der Neckarüberfahrt (»Neuenheimer Fahr«) benannt, die bis zur Errichtung der zweiten Neckarbrücke 1877 zwischen Heidelberg und Neuenheim (beim »Schwarzen Schiff« unterhalb der alten Bergstraße) bestand. Im Mittelalter war die »Fahr« bei der *Ziegelgasse* bzw. in Bergheim. Früher hieß die Straße *Neckargässchen*, *Neckargass* (1659, 1701, 1809) oder *Wingertsgässchen* (1805), auch *Schinder Gässlein* (1607, 1797), denn an ihrer südwestlichen Ecke zur Hauptstraße wohnte der Scharfrichter

Fabrikstraße

und Abdecker (Derwein 1939, S. 161; Derwein 1940, Nr. 167, 170, 196, 592, 636, 794f., 1035; Jaeger 1988, Nr. 207; vgl. *Karpfengasse, Ziegelgasse*).

Nr. 1: ehemalige Wirtschaft »Zum Karpfen« (1940; vgl. *Karpfengasse*).

Falkengasse (Wieblingen, D 6, von der Maltesergasse zur Kreuzstraße). Die Straße ist schon auf dem ältesten Wieblinger Ortsplan (1741/92) vorhanden. Auf dem Ortsplan von 1864/67 heißt sie *Untere Straße* (damals zusammen mit der heutigen oberen Maltesergasse), später dann bis 1929 *Untere Dorfstraße*. Sie wurde in Falkengasse umbenannt, weil man den Vogel im Wieblinger Ortssiegel fälschlicherweise für einen Falken hielt. Deshalb hielt sich im Ort lange das Gerücht, in dieser Straße sei eine Falknerei gewesen. Diese Neubenennung erfolgte, obwohl schon Heinrich Neu in seiner Ortsgeschichte (1929) dieses Gerücht als falsch bezeichnet hatte (Laroche-Starkenfels, Udo Wilhelm von: Notizen über Wieblingen bei Heidelberg, Karlsruhe 1876, S. 7, Anm. 2; Neu 1929, S. 16; Petschan, Walter: Die Entwicklung des Wieblinger Ortssiegels, HJG 11 (2006/2007), S. 12f.).

Fasanenweg (Pfaffengrund, G 6, zwischen Eppelheimer Straße und Schwalbenweg). 1949 benannt. – Eine der 24 nach Vögeln benannten Straßen des Pfaffengrunds.

Fehrentzstraße (Bergheim, F 9, zwischen Schurmanstraße und Bergheimer Straße). Bis 1974: *Mühlstraße*, da sie zur Bergheimer Mühle führte. Diese befand sich etwa bei der Vangerowstraße 2 (Turbinenhaus des Zementwerks, seit 1932 Bootshaus der Heidelberger Rudergesellschaft). Nach dem Widerstandskämpfer Heinrich Hermann Fehrentz (1908–1943) umbenannt. Er wurde am 26. Oktober 1943 wegen »Vorbereitung zum Hochverrat, Wehrkraftzersetzung und Abhören von Feindsendern« zum Tode verurteilt und am 22. Dezember 1943 hingerichtet. 1950 errichtete man auf dem Bergfriedhof eine Gedenkstätte für die ermordeten Widerstandskämpfer. Gleichzeitig mit dieser Straße wurde die *Rudolph-Stratz-Straße* in Neuenheim in *Seitzstraße* umbenannt. Zusammen mit der *Albert-Fritz-Straße* in Kirchheim gibt es daher in Heidelberg drei Straßen, die nach Widerstandskämpfern benannt sind (Fehrentz/Mumm 2002, S. 278–280).

Nr. 8: Villa Schott (1886), Wohnhaus des Dr. Ing. Friedrich Schott (1850–1931), 1895–1919 Vorstand des Portland-Zementwerks Leimen (vgl. *Friedrich-Schott-Brücke, Friedrich-Schott-Straße*). – Nr. 10: ehemaliges evangelisches Pfarrhaus. Hier wohnte Stadtpfarrer Otto Frommel, der 1907–10 das 2. Pfarramt an der Christuskirche innehatte.

Heinrich Hermann Fehrentz und andere, Gedenktafel

Fehrentzstraße

Felix Wankel, Grabstelle

Felix-Wankel-Straße (Rohrbach, Quartier am Turm, I 8–9, zwischen Fabrikstraße und Konrad-Zuse-Straße). 2003 nach dem Kaufmann und Erfinder Felix Wankel (1902–1988) aus Lahr benannt. Seit 1915 in Heidelberg wohnend, machte er ab 1921 eine Lehre als Verlagskaufmann beim Carl Winter Verlag. 1921 wurde er Mitglied der NSDAP, aus der er 1932 ausgeschlossen wurde. 1924–31 hatte er mit Freunden eine Hinterhofwerkstatt in der Kleinschmidtstraße 8 (mechanische Werkstatt Paul Kind, seit 2012 mit Gedenktafel). 1932 zog er nach Lahr, um in einer Versuchswerkstatt seine Theorie des Kreiskolbenmotors in die Praxis umzusetzen. Das Reichsluftfahrtministerium finanzierte ihm ein Institut in Lindau am Bodensee, das während des Kriegs zu einem Entwicklungswerk erweitert wurde. 1945 nahmen ihn die Alliierten vorübergehend in Haft. 1954 konstruierte er den Kreiskolbenmotor, der ab 1964 serienmäßig in Autos eingebaut wurde. Der Wankelmotor konnte sich jedoch gegen den Hubkolbenmotor nicht durchsetzen. 1970 erhielt Wankel das Bundesverdienstkreuz. 1971 gründete er im Philosophenweg 17, seinem Altersruhesitz, die Felix-Wankel-Stiftung. Diese vergibt Preise für außergewöhnliche Leistungen im Tierschutz. 1976 sponserte Wankel im Rahmen eines Heidelberger OB-Wahlkampfes die Alternativzeitung »Rhein-Neckar-Rundschau«, die nach wenigen Auflagen wieder eingestellt wurde. Er ist auf dem Bergfriedhof begraben. – 2003 wurde der nach Westen führende Ast der *Fabrikstraße* in Felix-Wankel-Straße umbenannt. Die Hausnummern Fabrikstraße 1 sowie 7 bis 13 wurden 2003 zu den Hausnummern Felix-Wankel-Straße 1 bzw. 4 bis 20. – Die Straßen im ehemaligen Fuchsschen Werksgelände (»Quartier am Turm«) sind nach Erfindern und Technikern benannt.

Nr. 25: St. Paulus-Heim des Sozialdienstes katholischer Frauen (2009).

Fennenbergerhöfe (Handschuhsheim, C–D 7, parallel zum Neckarkanal, zwischen der Gemarkungsgrenze zu Dossenheim und der Tiergartenstraße). 1964 nach dem Gewann »Fennenberger« benannt, seit 1962 Sondergebiet für Gartenbau. Das Gewann wird schon 1490 als *uff dem Fändenberger* erwähnt: »Einst feuchte Äcker in der Nähe vom Neckar an der Dossenheimer Grenze« (Fritz Frey). Fenn(e) bezeichnet im niederdeutschen Raum eine morastig-sumpfige Niederung oder ein Moor. Es kann auch eine Koppelweide bedeuten. Der Gewannname mag auch von einem Personennamen kommen. Beim Mittelfeldweg geht die *Tiergartenstraße* in die Straße Fennenbergerhöfe über (Frey 1944, Nr. 111).

Ferdinandstraße   (Wieblingen, D 6, von der Hostig zum Neckarhamm). 1832 verkaufte Ferdinand Freiherr von Sturmfeder (1788–1850) seinen Grundbesitz zwischen Hostig und Neckar in Parzellen an zahlreiche Wieblinger zum Hausbau, einen Teil auch an die Gemeinde Wieblingen zum Bau dieser Straße; schon damals wurde als Name *Ferdinandstraße* festgelegt. Ihr Vorhandensein ist erstmals für 1843 belegt. Das fränkische Geschlecht der Freiherren von Sturmfeder war seit 1774 als Erben der Herren von Kronberg in Wieblingen begütert. Früher: *Ferdinandgasse*.

Feudenheimer Straße   (Wieblingen, D 6, von der Edinger Straße 6/12 mit Biegung zur Neckarauer Straße). Angelegt etwa 1960; benannt nach dem Mannheimer Stadtteil Feudenheim (vgl. *Edinger*, *Friedrichsfelder*, *Käfertaler*, *Neckarauer*, *Rheinauer* und *Waldhofer Straße* sowie *Ilvesheimer*, *Sandhofer*, *Schwabenheimer* und *Viernheimer Weg*).

Feuerbachstraße   (Südstadt, H 9, zwischen Rohrbacher Straße und Elsa-Brändström-Straße). Die Straße ist nicht nach dem Philosophen Ludwig Feuerbach benannt, der 1848/49 auf Einladung von Studenten im Heidelberger Rathaussaal Vorlesungen über das Wesen der Religion hielt, sondern nach seinem Neffen, dem Maler Anselm Feuerbach (1829–1880) aus Speyer. Dessen Stiefmutter Henriette Feuerbach und die Schwester Emilie wohnten von 1852 bis 1876 in Heidelberg (Hauptstraße 84 und Theaterstraße 11). Eine Tafel an der Hauptstraße 84 besagt: »In diesem Hause / wohnte von 1856–1868 / Henriette Feuerbach / die treusorgende Mutter Anselm Feuerbachs«. 1855 traf Anselm in Heidelberg mit Joseph Victor von Scheffel zusammen (vgl. *Scheffelstraße*). – Die Feuerbachstraße ist eine der Straßen im Maler-Namenfeld in der Südstadt.

Nr. 4: Hoffnungskirche der Evangelisch-Freikirchlichen Gemeinde (Baptisten).

Fichtestraße   (Südstadt, H 9, zwischen Feuerbachstraße 7 und Veit-Stoß-Straße). Nach dem Philosophen Johann Gottlieb Fichte (1762–1814) benannt, der neben Schelling und Hegel als wichtigster Vertreter des deutschen Idealismus gilt. 1807/08 hielt er im französisch besetzten Berlin »Reden an die deutsche Nation«. Diese zielten auf die Gründung eines deutschen Nationalstaates, der sich von der französischen Herrschaft emanzipieren sollte. Er sah das deutsche Volk schon wegen der »Urtümlichkeit« seiner Sprache dazu auserwählt, den obersten Platz in der Weltgeschichte einzunehmen. Unter anderem forderte er eine »Nationalerziehung«, welche »die Freiheit des Willens gänzlich vernichtet«: »Nicht der Geist der ruhigen bürgerlichen Liebe der Verfassung und der Gesetze, sondern die verzehrende Flamme der höheren Vaterlandsliebe, die die Nation als Hülle des Ewigen umfasst, für wel-

Anselm Feuerbach, Gedenktafel für Henriette Feuerbach

Fischergasse   Fischmarkt

che der Edle mit Freuden sich opfert, und der Unedle, der nur um des ersten willen da ist, sich eben opfern soll.« (Achte Rede). Aber er sagte auch (in seiner ersten Vorlesung am 12. Januar 1806): »Leben ist Liebe, und die ganze Form und Kraft des Lebens besteht in der Liebe und entsteht aus der Liebe«. 1811 wurde Fichte zum ersten Rektor der neu gegründeten Universität Berlin gewählt. In Heidelberg war er vermutlich nie (vgl. *Feuerbachstraße*).

Finkenweg   (Pfaffengrund, G 6, zieht von der Unteren zur Oberen Rödt). 1920 benannt. – Eine der 24 nach Vögeln benannten Straßen des Pfaffengrunds.

Fischergasse   (Altstadt, F 11, zwischen Oberer Neckarstraße und Marktplatz). 1393 erstmals als *vischergaßen* erwähnt. »Hier, nahe der Fischerpforte [= Tränktor], wohnten offenbar viele Fischer.« (Derwein). Wahrscheinlicher ist die Benennung nach dem Zunfthaus der Fischer, das hier stand (analog zur *Krämergasse*). Die meisten Fischer wohnten in der westlichen Vorstadt. Die Gasse wurde zeitweise auch *Knebelgasse* genannt, wohl nach »der knebelin hus« (Derwein 1940, Nr. 182, 462).

Fischmarkt   (Altstadt, F 11, zwischen Haspelgasse, Steingasse und Heiliggeistkirche). Früher Verkaufsplatz für Neckarfische, 1487 erstmals erwähnt, im Gegensatz zum »großen« oder »gemeinen Markt« östlich der Heiliggeistkirche. Zum Fischmarkt zählt heute auch die Verlängerung der Haspelgasse zur Hauptstraße. Der Neubau der Heiliggeistkirche Ende des 14. Jahrhunderts ließ den Platz vor dem Westportal zu klein werden, so dass die Häuserfronten um knapp 3 m zurückversetzt wurden. Nach 1698 wurden die drei Seitenkapellen am Nordrand der Kirche abgebrochen, was den Platz verbreiterte. (Derwein 1940, Nr. 184; vgl. *Haspelgasse*).
Nr. 2: Städtisches Amt für Soziales und Senioren.

Floringasse   (Altstadt, F 11, zwischen Hauptstraße und Ingrimstraße). 1459 ist vermutlich an der Stelle Hauptstraße 176, an der Einmündung der Floringasse, ein Gasthaus, genannt des »Florn Haus« (Wirtshaus des Conrad Flor), bezeugt. 1526 verkaufte Friedrich Schwarz, Trompeter des Pfalzgrafen Friedrich, an Heinrich Harzer, Bürger in Heidelberg, »sein Haus Hofreide und Geseß daselbst in Florngaßlin gelegen«, zu einer Seite an den Verkäufer, zur andern an Beatrix Florin stoßend. Wohl weil die Familie Flor hier lange Zeit begütert war, nahm es den Namen *Florgass* (1588) an, woraus *Floringasse* entstand (nach Gustav Christ, in: Monatsschrift für die Geschichte Westdeutschlands 5/1879, S. 104). Auch bei der *Ingrim-straße*, der *Semmelsgasse* und vielleicht bei der *Bussemergasse* liegen dem Straßennamen Personennamen zugrunde (Derwein 1940, Nr. 186; Seidenspinner 2007, S. 252).

Förster-Bronn-Weg   (Ziegelhausen, D 13, Sackweg am Waldrand, vom Kreuzgrundweg abgehend, oberhalb der Straße Neue Stücker. Förster-Bronn-Weg und Neue Stücker sind durch den Gleisweg miteinander verbunden). Bis 1971: *Neuestückerweg*. Nach der Zie-gelhäuser Försterfamilie Bronn benannt, die im 18. und 19. Jahrhundert mehrere Förster stellte: Valentin Georg Bronn (1731–1799) wurde von Bellheim nach Ziegelhausen versetzt. 1780–90 war er Schultheiß von Ziegelhausen, 1781–90 auch Förster daselbst. Er wohnte im 1925 abgebrochenen »Brahmshaus« (Kleingemünder Straße 41–43). »Er hatte seine Frau gepeinigt, geschlagen und nachts in Ketten geschlossen. Deshalb fand er im Grabe keine Ruhe und musste jede Nacht an den Ort seiner Taten zurückkehren.« (Hoppe 1956, S. 21). – Georg Ernst Bronn (1762–1820) war 1795–1820 Förster in Ziegelhausen. Weitere bekannte Mitglieder der Familie: Dr. Valentin Heinrich Bronn (1796–1834) lehrte Zoologie an der Uni-versität Lüttich und an der Forstschule Karlsruhe. Sein Bruder, der Paläontologe und Zoologe Heinrich Georg Bronn (1800–1862) war 1828 a. o. Professor der Staatswirtschaft und Natur-wissenschaft in Heidelberg, ab 1833 ordentlicher Professor der Natur- und Gewerbswissen-schaften und Direktor des zoologischen Kabinetts. Er veröffentlichte 1860 die erste deutsche Übersetzung von Charles Darwins »Origin of Species« (1859) unter dem Titel »Über die Ent-stehung der Arten im Thier- und Pflanzen-Reich durch natürliche Züchtung, oder Erhaltung der vollkommensten Rassen im Kampfe um's Daseyn« (vgl. *Darwinstraße*).

Forlenweg   (Ziegelhausen, D 14, zwischen Peterstaler Straße und Am Pferchelhang). Nach Forle = süddeutsch für »Kiefer« (Pinus sylvestris). Die Straße führte ursprünglich bis zum Waldrand, in ein Gebiet, in dem heute noch viele Kiefern stehen. Heute heißt der obere Abschnitt *Am Pferchelhang* (Hoppe 1956, Nr. 72).

Forstweg   (Wieblingen, D 6, von der Mannheimer Straße 285 zur Edinger Straße). Erst-mals auf dem Katasterplan 1864/67 (noch nicht 1841/48) eingetragen. Der Name erinnert an den früheren Wieblinger Wald, der den Namen »Die Rauschen« trug (Genaueres siehe *Ge-wann Die äußeren Rauschen*). Vor 1930: *Karlstraße*, nach Großherzog Karl von Baden, reg. 1811–18; umbenannt wegen der Karlstraße in der Altstadt. Im Volksmund bis heute meist

Förster-Bronn-Weg

Ochsegass genannt; das Eckhaus Mannheimer Straße 285 war früher das Gasthaus »Zum Ochsen«.

Forum (Emmertsgrund, L 10, zwischen Bürgerhaus und Wohnstift Augustinum). 1973 benannt. Von lat. forum n. »Gerichtshof, Markt, Öffentlichkeit«. Mittelpunkt des Stadtteils mit Bürgerhaus, Einkaufsmöglichkeiten, evangelischer Kirche, Grundschule und dem Wohnstift Augustinum. Alexander Mitscherlich meinte damals: »Das abfallende Gelände mit seinem herrlichen Weitblick legt es nahe, einen Platz . . . nach Westen zur Ebene hin geöffnet – als Stadtteilmittelpunkt zu planen . . . mit genügend Anziehungspunkten in Form von Geschäften, Cafés, Restaurants, um tatsächlich zu einem unausweichlichen Kommunikationsort zu werden.«

Nr. 1: Grundschule Emmertsgrund, Zweigstelle der Stadtbücherei. – Nr. 3: Pfarramt der evangelischen Emmertsgrundgemeinde, Evangelischer Kindergarten. – Nr. 5: Postpoint, Internationales Frauen- und Familienzentrum Heidelberg e.V.

Franz-Knauff-Straße (Weststadt, G 9, zwischen Rohrbacher Straße und Römerstraße). Bis 1915: *Alleestraße, östliche Kurfürstenstraße*. Nach dem Arzt Prof. Dr. Franz Knauff (1835– 1920) aus Karlsruhe benannt. Er war 1868–1907 großherzoglicher Bezirksarzt und 1892–1909 Professor für Hygiene und Gerichtsmedizin an der Universität Heidelberg. Sein Interesse galt der öffentlichen Gesundheitsfürsorge. Er stiftete der Stadt eine ansehnliche Summe für die Kinderfürsorge. Beerdigt ist er auf dem Bergfriedhof, unweit der nach ihm benannten Straße. Die heutige Franz-Knauff-Straße, die *Heinrich-Lanz-Straße* und der *Baumschulenweg* sind Teile der 1720/34 durch Kurfürst Karl Philipp angelegten und 1771 von Kurfürst Carl Theodor als Chaussee vollendeten schnurgeraden sogenannten *Maulbeerbaumallee* nach Schwetzingen. – An der Einmündung in die Rohrbacher Straße entstand 2010 ein Kreisverkehr. Südlich der Franz-Knauff-Straße befindet sich der S-Bahnhof Weststadt/Südstadt (Derwein 1940, Nr. 589).

Franz-Kruckenberg-Straße (Rohrbach, Quartier am Turm, I 9, zwischen Felix-Wankel- und Heinrich-Fuchs-Straße). 2003 benannt nach dem Schiffbau-Ingenieur Franz Kruckenberg (1882–1965) aus Uetersen. Dieser entwickelte bei der Fa. Schütte-Lanz in Mannheim zunächst Luftschiffe und Flugzeuge. 1924 gründete er in Heidelberg die »Gesellschaft für Verkehrstechnik« und entwarf eine Hänge-Schwebebahn. Später gründete er die »Flugbahn-Gesellschaft mbH« zum Bau eines propellergetriebenen Triebwagenzugs auf Geleisen (»Schienenzeppelin«), dessen Prototyp er 1931 vorstellte. Bei dieser Fahrt erzielte das Fahr-

Forum

zeug mit 230 km/h einen Geschwindigkeitsweltrekord. Kruckenberg propagierte schon früh die Verlagerung des Autoverkehrs auf Fernschnellbahnen. Er plante auch die Tōkaidō-Schnellbahn zwischen Tokyo und Osaka (1964). 1953 erhielt er das Bundesverdienstkreuz. Er wohnte in der Villa Unter der Schanz 1 und starb in Heidelberg. – Die Straßen im ehemaligen Fuchsschen Werksgelände (*Quartier am Turm*) sind nach Erfindern und Technikern benannt.

Franz-Marc-Straße (Südstadt, H 9, verlängerte Fichtestraße, zwischen Liebermannstraße und Feuerbachstraße). 1952 nach dem Maler Franz Marc (1880–1916) benannt, Mitbegründer der Künstlervereinigung »Blauer Reiter« in München. – Die Franz-Marc-Straße ist eine der Straßen im Maler-Namenfeld in der Südstadt.

Freiburger Straße (Rohrbach-Hasenleiser, K 8–9, zwischen Kirchheimer Straße und Erlenweg). Eine von zwölf Straßen im Hasenleiser, die nach südbadischen Städten benannt wurden. Freiburg im Breisgau wurde 1120 von den Zähringern als Kaufmannsstadt gegründet. 1157 gründeten diese auch Freiburg im Uechtland (Fribourg). Im Jahre 1457, 71 Jahre nach der Heidelberger, wurde die Freiburger Universität gegründet. Von 1368 bis 1805 gehörte Freiburg zu Österreich, dann wurde es badisch. Damit hatte Baden zwei Universitäten, und es tauchte die Frage auf, ob eine der beiden aus finanziellen Gründen geschlossen werden sollte. 1807 wurde die katholische Abteilung der Heidelberger theologischen Fakultät nach Freiburg verlegt. Seit 1821 ist die Stadt Sitz eines Erzbischofs.
Nr. 4: Evangelisch-Lutherische Kirche St. Thomas (1971).

Freiheitsplatz (Kirchheim, I 8, öffentliche Anlage beim Seewiesenweg). 1928 benannt, 1954 in eine Grünanlage umgewandelt, 1955 Eröffnung des Spielplatzes. – Einen *Freiheitsplatz* gibt es auch in Mannheim (vgl. *Bürgerstraße, Freiheitsweg*).

Freiheitsweg (Kirchheim, I 8, zwischen Schwetzinger Straße 76 und Freiheitsplatz). 1928 als Verbindungsweg zwischen Freiheitsplatz und damaliger Hauptstraße angelegt und benannt (vgl. *Bürgerstraße, Freiheitsplatz*).

Friedensstraße (Handschuhsheim, D 9, zwischen Dossenheimer Landstraße und Mühltalstraße). Sie hieß von 1885 bis 1903 *Friedrichstraße*. Ungefähr hier lief bis 1830 der

Freiburger Straße 4, Kirche St. Thomas

Freiheitsplatz

Friedensstraße

»Dorfgraben«, ein alter Lauf des Mühlbaches (1407 erstmals erwähnt), als Nordgrenze des umfriedeten Dorfes. Nachdem er ab 1830 zugeschüttet worden war, baute man dort Häuser. 1857/60 wurde die *Dorfgrabenstraße* angelegt. Sie wird noch heute von alten Handschuhsheimern »Dorfgraben« genannt. Der Name *Friedrichstraße* wurde 1907 in *Friedensstraße* geändert, wohl nach dem Frieden von Frankfurt am Main vom 10. Mai 1871 (Annexion des Elsass und des nördlichen Lothringen). Auch in der Weststadt hatte es zwischen 1875 und 1887 eine Kriegsstraße (jetzt Bunsenstraße) und eine Friedensstraße (jetzt Blumenstraße) gegeben. – Die evangelische Friedenskirche (1910) liegt nicht in der Friedens-, sondern in der *Kriegsstraße* (Frey 1944, Nr. 84, 118).

Friedhofweg   (Ziegelhausen, E 14, zwischen der alten katholischen Kirche in der Kleingemünder Straße und Moselbrunnenweg). Früher auch: *Abtsweg*, *Kirchhofweg*, *Ziegelhütter Weg*, ehemalige Zufahrt zu der Ziegelhütte (Betrieb zum Brennen von Ziegeln oder Backsteinen aus Lehm) an der Stelle der heutigen Hausnummer 9. Die Nummerierung der Häuser wurde 1971 geändert (Hoppe 1956, Nr. 1, 79, 148, 501).

Friedrich-Ebert-Anlage   (Altstadt, F 10, zwischen Rohrbacher Straße/Adenauerplatz und Peterskirche/Schlosstunnel). An der Südseite der Stadt am Bergfuß zog einst die Stadtmauer, unterbrochen durch das Schießtor und das Kuhtor. 1800–09 ließ der Schmiedemeister Christoph Seidel auf eigene Kosten den von Regen- und Bergwasser zerstörten *Schießtorweg* vom Klingentor entlang der zerfallenen südlichen Stadtmauer bis zur Rohrbacher Chaussee drainieren, mit Lindenbäumen bepflanzen und in einen Spazierweg umwandeln. Er wurde *Seidels-Weg*, im westlichen Teil auch *Pariser Weg* genannt, weil 1799 französische Truppen auf dem Schießtorweg von Westen in die Stadt eingedrungen seien. 1822–30 legte man hier eine Straße an und nannte sie 1830 (zeitgleich mit der *Sofienstraße*) nach dem gerade auf den Thron gelangten Großherzog Leopold von Baden (reg. 1830–52) *Leopoldstraße*. In jenem Jahr bepflanzte Universitätsgärtner Johann Metzger die »Neuen Anlagen«. Er schuf eine Garten-Promenade, zu der damals auch das »Arboretum« am heutigen *Friedrich-Ebert-Platz* und der kleine Park, in dem später das Denkmal für Robert Bunsen stand, gehörten. Metzger besetzte die Anlage mit Rosskastanienbäumen. Auf dem Gelände des späteren Stadtgartens und des Seegartens legte er den Versuchsgarten des Landwirtschaftlichen Vereins an. Nach der Eröffnung des Bahnhofs 1840 am Westende der Leopoldstraße wurden die Grundstücke nach und nach fast vollständig bebaut. Der Bau der Odenwaldbahn 1858–62 zerstörte die von Metzger geschaffenen gärtnerischen Anlagen teilweise. Die südliche Fahrbahn der heutigen Friedrich-Ebert-Anlage war bis 1955 Gleisanlage. Die Häuser der Südseite waren über Stege zugänglich. An der Höhe der Stützmauer hinter der Peterskirche kann man heute noch sehen, um wieviel höher die Leopoldstraße damals gelegt wurde. 1961 wurde die Bahntrasse zur Straße umgebaut. – Ende des 19. Jahrhunderts entwickelte sich die »Anlage« zur vornehmsten und ruhigsten Promenadenstraße Heidelbergs mit modernen Wohnungen, Pensionen und Hotels. Hier flanierten die Heidelberger, hier wohnten Russen und Engländer. Es gab ein Hotel »Russischer Hof« (Leopoldstraße 35), später war hier das berühmte »Café Häberlein«. Ein Reiseführer von 1905 schreibt: »Die Straße gleicht durch ihre Kastanienallee und ihren Schmuck von öffentlichen Gärten, Anlagen, Rasenbeeten usw. mehr einer Gartenanlage.« 1885 eröffnete im Stadtgarten eine Erfrischungshalle, die sich in der Folgezeit zu einem Mittelpunkt des gesellschaftlichen Lebens entwickelte und bis 1936 bestand. 1908 wurde in der Leopoldstraße das Robert-Bunsen-Denkmal eingeweiht (1961 an den Anatomiegarten versetzt). – Am 27. Februar 1947 wurde die Leopoldstraße, die die Heidelberger immer nur »Anlage« nannten, nach dem ersten deutschen Reichspräsidenten in *Friedrich-Ebert-Allee*, dann *Friedrich-Ebert-Anlage* umbenannt. Friedrich Ebert (1871–1925) ist in der *Pfaffengasse* geboren und liegt auf dem Bergfriedhof begraben. – Der 1951 eröffnete Trinkpavillon des Radium-Solbads im Stadtgarten wurde 1964 durch eine heute vernachlässigte Brunnenanlage ersetzt. – 1890 wurden am Ostende der Leopoldstraße die Häuser Nr. 54 zu Klingenteichstraße Nr. 2, Nr. 56 zu Nr. 4 und Nr. 58 zu Nr. 6. Im Jahr 1895 wurden die geraden Nummern (Südseite) der Leopoldstraße neu durchnummeriert, um die vielen Nummern mit Anhangbuchstaben zu eliminieren. Bis zur Benennung des *Adenauerplatzes* 1976 begann die Friedrich-Ebert-Anlage an der Rohrbacher Straße. Dieser kurze erste Straßenteil ist heute Teil des Adenauerplatzes. Die alte Hausnummer 1 ist heute »Adenauerplatz 1« (Deutsche Bank) und machte nummerntechnisch Platz für den Neubau des Europäischen Hofes, der heute »Friedrich-Ebert-Anlage 1« ist. – Auch in Neuenheim gab es eine *Friedrich-Ebert-Straße*. Sie hieß zwischen 1933 und 1945 *Dietrich-Eckart-Straße*, jetzt: *Wielandtstraße* (Derwein 1940, Nr. 20, 535, 682, 840).

Friedrich-Ebert-Anlage / Stadtgarten, Gedenkstein Johann Metzger

Friedrich-Ebert-Anlage / Stadtgarten, Gedenktafel Ossip Mandelstam

Nr. 1/1a: Hotel Europäischer Hof. – Nr. 2: ehemaliges Fremdenverkehrsamt. – Nr. 4: Villa Manesse (1968 Schiller College). – Nr. 6–10: ehemaliges Hotel Victoria, seit 1958 Juristisches Seminar. – Nr. 7: Gedenktafel im Hauseingang für den Historiker Ludwig Häusser. – Nr. 22: ehemaliges Hotel Metropole (1901). – Nr. 26: Weinhandlung Fehser (1896). – Nr. 30: ehemalige Pension Continental (Gedenktafel für den russischen Dichter Ossip Emilevič Mandelštam). – Nr. 42: Gedenktafel für Wilhelmine von Kotzebue, Witwe des ermordeten Dichters August von Kotzebue. – Nr. 44: ehemaliges Gasthaus zum Riesenstein, seit 1874 Corpshaus Saxo-Borussia. – Nr. 50: ehemalige Staatliche Hochschule für Musik Heidelberg-Mannheim (1942–71). – Nr. 52: ehemaliges Gasthaus zur Leopoldshöhe, seit 1920 Verbindungshaus Karlsruhensia. – Nr. 62: ehemaliges Evangelisches Kirchenmusikalisches Institut (1931–71).

Friedrich-Ebert-Platz   (Altstadt, F 10, zwischen Plöck und Friedrich-Ebert-Anlage). Ursprünglich: *Heckemarkt* (nach der *Heckengasse*, der heutigen Akademiestraße), dann *Wredeplatz*. 1705 legte der Medizinprofessor Daniel Nebel hier den dritten Botanischen Garten der Universität an. 1767 machte der Arzt und Botaniker Georg M. Gattenhof daraus ein Arboretum für die Universität. Nach seinem Tod 1788 setzten Frau und Kinder ihm dort ein steinernes Denkmal (»Trauernde Flora« von Konrad Linck, 1805 in den Friedhof der Peterskirche versetzt). Das Arboretum ging 1835 in den Besitz der Stadt über. 1848 wurden die Bäume gefällt, der Wochenmarkt von der Heckengasse hierher verlegt. 1860 enthüllte man auf dem Heckemarkt das Denkmal des in Heidelberg geborenen bayerischen Feldmarschalls Karl Philipp Fürst Wrede, gestiftet von König Ludwig I. von Bayern. Bürgermeister Heinrich Krausmann versprach dabei, dass »die Vertreter der Stadt stets dafür Sorge tragen werden, dass das Standbild, welches eine Zierde dieses Stadttheils ist, in seiner Schönheit erhalten bleibe zu Ehren des Gefeierten und zu Ehren des allerhöchsten Stifters, Sr. Maj. des Königs Ludwig von Baiern«. Seitdem hieß der Platz *Wredeplatz*. 1940 überwies die Stadtverwaltung die bronzene Statue der »Metallspende« für Kriegszwecke. Am 27. Februar 1947 wurde der Platz in *Friedrich-Ebert-Platz* umbenannt, aber viele Heidelberger benutzen bis heute noch den alten Namen. – Der bis dahin als Parkplatz genutzte Platz wurde 2010 neugestaltet. Für den Bau einer Tiefgarage unter dem Platz wurde die denkmalgeschützte neoklassizistische Kolonnadenanlage von 1927 an der Nordseite des Platzes (»Markthalle«) abgerissen (vgl. Derwein 1940, Nr. 9, 303; 1052; vgl. *Akademiestraße*). – Auch in Ziegelhausen gab es von 1946 bis 1974 einen *Friedrich-Ebert-Platz*. Seit der Eingemeindung ist er offiziell ohne Namen, wird aber immer noch »Ebertplatz« genannt.

Nr. 2: ehemalige städtische Sparkasse (1928).

Friedrich-Ebert-Platz

Friedrich-Schott-Brücke   (Pfaffengrund-Gewerbegebiet, F 5, Brücke über die Autobahn zwischen Wieblinger Straße (Eppelheim) und Friedrich-Schott-Straße (Pfaffengrund) (vgl. *Friedrich-Schott-Straße*).

Friedrich-Schott-Straße   (Pfaffengrund-Gewerbegebiet, F 5–6, zwischen Kurpfalzring und Friedrich-Schott-Brücke). 1956 nach dem Chemiker und Fabrikanten Dr.-Ing. e. h. Friedrich Schott (1850–1931) benannt, 1895–1919 Vorstand des Portland-Zementwerks Leimen, Präsident der Handelskammer Heidelberg, 1925 Ehrenbürger von Heidelberg, auf dem Bergfriedhof begraben. Er ermöglichte durch eine Spende u. a. den Erwerb wertvoller ägyptischer Papyri für die Universität Heidelberg. – In der Fehrentzstraße 8 steht die Villa Schott (1877). In Leimen, dem Sitz des Portland-Zementwerks seit 1895, gibt es eine *Geheimrat-Schott-Straße*.

Friedrichsfelder Straße   (Wieblingen, D 6, von der Maaßstraße zum Grenzhöfer Weg). Ab 1930 nach dem Mannheimer Stadtteil Friedrichsfeld benannt, vorher als namenloser Feldweg vorhanden. Wohnbebauung erst nach 1920. Heute verkehrsberuhigte Straße (vgl. *Edinger, Feudenheimer, Käfertaler, Neckarauer, Rheinauer* und *Waldhofer Straße* sowie *Ilvesheimer, Sandhofer, Schwabenheimer* und *Viernheimer Weg*).

Friedrichspfad   (Rohrbach, I 9–10, Fortsetzung der Karlsluststraße, unbebaut). Der Zugang zur »Karlslust« auf dem Häuselsberg, der sich als Waldweg fortsetzt, wurde wahrscheinlich nach Pfalzgraf Friedrich Michael von Zweibrücken-Birkenfeld (1724–1767) benannt, der 1750 in Rohrbach auf dem Gelände des ehemaligen Herrenhofes (Burnhof) Land für den Bau eines einfachen Jagdschlosses erwarb, Vorläufer des später von seinem Sohn Karl August erbauten Schlösschens. Außerdem erwarb er das Gasthaus »Hirsch«, um es zum »Kavaliershaus« für sein Jagdgefolge umzubauen. Am Gossenbrunnen oberhalb Leimens besaß er eine Jagdhütte, die durch den dortigen Friedrichspfad mit dem Rohrbacher Sitz verbunden war (vgl. *Burnhofweg, Karlsluststraße, Odinspfad*).

Friedrichstraße   (Altstadt, F 10, zwischen Hauptstraße und Plöck). 1758 überließ Kurfürst Carl Theodor einen Teil der Fläche des 1545 von Pfalzgraf Otto Heinrich angelegten Herrengartens in der Vorstadt dem Fabrikanten Jean Pierre Rigal aus Württemberg, der dort

Friedrichspfad

eine Seidenfabrik mit Baumschule errichtete. 1808 wurde quer durch deren Garten eine Straße gezogen. Sie hieß anfangs »neue Gasse«, 1810 *Rigalsstraße*, 1820 *Friedrichstraße*, wohl nach Großherzog Karl Friedrich von Baden (1728–1811). – Der Kaufmann Philipp Jakob Landfried senior (1788–1850), der 1810 eine Landesproduktenhandlung gegründet hatte, erwarb 1812/13 die früheren Rigalschen Liegenschaften in der Vorstadt und etablierte in der Hauptstraße 86 ein Einzelhandelsgeschäft (Gewürzhandel). 1869 baute sein Sohn, Philipp Jakob Landfried junior (1841–1914) auf dem Gelände der Rigalschen Seidenfabrik eine Tabakfabrik. – 1900 zog die Rauchtabakfabrikation von der Hauptstraße 86/Landfriedstraße nach Bergheim um (Derwein 1940, Nr. 200, 725; vgl. *Karlsplatz*, *Landfriedstraße*).

Nr. 8: Hier wohnten 1844–47 Joseph Victor von Scheffel (vgl. *Scheffelstraße*) und 1917 der Schriftsteller Ernst Toller (1893–1939). – Nr. 11: Hier wohnte der Philologe Friedrich Creuzer (1771–1858) von 1844 bis zu seinem Tod.

Friedrich-Weinbrenner-Straße　(Rohrbach, Gewann See, K 9, zwischen Leimer Straße und Schelklystraße). 1978 nach dem Baumeister Friedrich Weinbrenner (1766–1826) benannt. Er war seit 1809 großherzoglicher Oberbaudirektor in Karlsruhe und damit Leiter des staatlichen Bauwesens in Baden. Zu seinen Werken gehören das Markgräfliche Palais, die evangelische und die katholische Stadtkirche, das Rathaus und die Pyramide auf dem Marktplatz in Karlsruhe, welche die Gruft mit dem Sarg des Stadtgründers, des Markgrafen Carl Wilhelm, enthält. – Südlich des Heidelberger Zeughauses stand 1806–1967 ein von Weinbrenner als Kavalleriekaserne entworfenes Gebäude, das zuletzt Kollegienhaus der Universität war. Weinbrenner soll auch 1822 das Jagdhaus am Wolfsbrunnen um ein Stockwerk erhöht und mit Holzgalerien in ein »Schweizerhaus« verwandelt haben. Im Auftrag von Markgräfin Amalie von Baden baute er 1803/04 das Rohrbacher Schlösschen um. Das Gebäude der Museumsgesellschaft am Parade-/Universitätsplatz (1828–1930) war im Weinbrennerstil erbaut. »Weinbrenner, der in Karlsruhe baute, wurde in Heidelberg nicht verstanden. So blieb sein Wirken hier auf die wenigen Gebäude beschränkt und fand keine Nachahmung.« (Gertrud Singer, Heidelberg. Eine Stadtuntersuchung auf geographischer Grundlage, Heidelberg 1933, S. 139). – 1984 beschloss der Gemeinderat, die Weinbrennerstraße in *Friedrich-Weinbrenner-Straße* umzubenennen (vgl. *Amalienstraße*, *Tullastraße*).

Friesenberg　(Altstadt, F 11, zwischen Hauptstraße und Schlossgarten). 1770f. erstmals erwähnt, 1868 als Fußweg zum Schloß verlängert. Die Straße folgt dem Tal, das der Bach bildet, welcher im »Fürstenbrunnen« des Schlosses entspringt und einen kleinen Schwemmfächer bildet. Die Straße, dann der Weg, haben ihren Namen von der gleichlautenden Gewannbezeichnung, welche keinen Berg meint, sondern eben jenes Tal. Die Tradition führt den Namen auf eine hier ansässige Familie Fries zurück. Eher dürfte der Friesenberg den Namen von seiner kalten Lage haben, von ahd. friosan, mhd. vriesen = »frieren« (d. h. »Kaltenberg«). Das »Kalte Thal« (die heutige Karlstraße) wäre dann die Fortsetzung des »Friesenthal«. (Eine andere Deutung bietet H.-M. Mumm 2011, S. 185). Die Bezeichnung Friesenberg ist (vor allem nach Herstellung des Schlossgartens um 1620) nicht scharf von den Gewannbezeichnungen »Ziegelried« (1259 erstmals erwähnt) und »Neckarhelde« (1364 erstmals erwähnt) zu trennen. – Am Friesenberg stand anstelle des mittelalterlichen St. Jakobstifts das 1701–05 erbaute Karmelitenkloster. Es wurde 1803 aufgehoben und 1805–10 bis auf wenige Reste abgerissen (Derwein 1940, Nr. 201, 420, 640, 1068).

Friesenweg   Ernst Fries, Gedenkplatte

Nr. 1a: 1911–22 wohnte hier der Dichter Alfred Mombert (1872–1942; vgl. *Mombertplatz, -straße*).

Friesenweg   (Altstadt, F 11, zwischen Molkenkurweg und Molkenkur). An diesem Wald-weg steht seit 1841 der Friesenstein zur Erinnerung an den Maler, Zeichner und Lithogra-phen Ernst Fries (1801–1833). Sein Vater war der Bankier, Krappfabrikant und Gemälde-sammler Christian Adam Fries (»Krapp-Fries«), sein Bruder der Maler Bernhard Fries (1820–1879). Die Familie war wohlhabend und ermöglichte ihm einen langjährigen Italien-Aufenthalt. Ernst Fries erfuhr durch Friedrich Rottmann ersten Unterricht im Zeichnen. Er war neben Carl Philipp Fohr und Carl Rottmann der bedeutendste Maler der Heidelberger Romantik und wurde vor allem durch seine Landschaftsbilder berühmt. 1831 ernannte ihn der Großherzog zum badischen Hofmaler. Zwei Jahre später, auf der Höhe seines Ruhms, setzte er seinem Leben im Fieber einer Scharlacherkrankung ein Ende. Auf dem Peters-kirchhof beigesetzt, wurden seine Gebeine 1957 auf den Bergfriedhof umgebettet. Eine (verschollene) Inschrift am Hause Rohrbacher Straße 57 besagte: »Zur Erinnerung / an die Heidelberger / Maler Ernst Fries 1801–1833 / Bernh. Fries 1820–1879«. Viele seiner Werke befinden sich im Kurpfälzischen Museum (Derwein 1940, Nr. 202); vgl. *Bernhard-Fries-Weg*, *Rottmannstraße*).

Fritz-Frey-Straße   (Handschuhsheim, C 8–9, beginnt Im Weiher und führt in einer Schleife dorthin zurück). 1973 nach dem Lehrer und Heimatforscher Fritz Frey (1881–1962) aus Handschuhsheim benannt, 1919–45 Lehrer an der dortigen Volksschule, 1931–45 Rek-tor daselbst, 1945–49 Stadtschulrat. Er führte 1919 den Lindentanz in Handschuhsheim ein, schrieb volkstümliche Heimatspiele, initiierte u. a. die Jugendherberge im Handschuhshei-mer Schlösschen, 1921 den Kriegergedenkbrunnen im Siebenmühlental (»Turnerbrunnen«), 1922 den Waldspielplatz im *Neulich* und 1957 die »Heimatstube« in der Tiefburg. 1944 er-schien sein Buch »Die Flurnamen von Handschuhsheim«, auf das sich auch das vorliegende Buch stützt. Er verwendete dafür Aufzeichnungen des Gastwirts Georg Lenz. Er ist auf dem Friedhof Handschuhsheim begraben. – An der Einmündung der Fritz-Frey-Straße in die Dos-senheimer Landstraße steht ein Gedenkstein mit der Inschrift: »Fritz Frey / Heimatforscher in Heidelberg / * 2. Februar 1881 / † 27. Februar 1962 / Stadtteilverein Handschuhsheim«.

Fritz Frey, Gedenkstein

Fröbelstraße (Wieblingen, E 6, von der Mannheimer Straße 215 zur Wallstraße). Erstmals auf dem Katasterplan 1864/67 (noch nicht 1841/48) eingetragen. Vor 1930: *Schulgasse*; Umbenennung wegen der Schulgasse in der Altstadt. 1852 wurde das hier stehende Gebäude (Mannheimer Str. 217) von der Gemeinde gekauft und zum Schulhaus gemacht (sog. Bau I); die weiteren Bauten: Bau II 1894, Bau III 1900–19, Turnhalle 1959/60, Bau IV 1995. Erst 1968 wurde die Schule »Fröbelschule« benannt. Friedrich Fröbel (1782–1852), ein Pädagoge in der Tradition Pestalozzis, ist besonders als Initiator der Kindergärten in Deutschland bekannt. (Zum Straßenverlauf siehe auch *Heinrich-Neu-Straße*).

Froschäckerweg (Handschuhsheim, D 9, zwischen Zeppelin- und Rottmannstraße). 1937/40 nach dem östlich davon gelegenen Gewann »Froschenäcker« angelegt und benannt. Dieses 1607 erstmals als »am froschen acker« erwähnte Gewann bezeichnet Fritz Frey als »Äcker, jetzt Baugelände, am Ausgange des Hainsbachtales westlich der Handschuhsheimer Landstraße bis zur Wethgasse [= Klausenpfad]. Nach starken Gewitterregen verursachte der Hainsbach dort große Überschwemmungen«. In der Altstadt gab es die Bezeichnung Froschau für das Gebiet zwischen Alter Brücke und Mönchsmühle (Derwein 1940, Nr. 204; Frey 1944, Nr. 122).

Frühlingsweg (Pfaffengrund, G–H 6, zwischen Im Buschgewann und Steinhofweg). 1950 benannt (vgl. *Blütenweg*, *Laubenweg*).

Fürstendamm (Ziegelhausen, D 13–14, zwischen Am Fürstenweiher und Peterstaler Straße). Bezeichnung des zweiten (mittleren) Damms am Steinbach, auch Weiherdamm genannt. Er wurde 1949 auf Vorschlag des Ziegelhäuser Gemeinderats Dr. Otto Clauß Kurfürstendamm genannt und 1957 in *Fürstendamm* umbenannt. Die Gemeinde begründete dies damit, dass eine Straße ja auch *Am Fürstenweiher* heiße und ein Gasthaus »Fürstenhof« (Peterstaler Straße 77). – Die Nummerierung der Häuser wurde 1969 geändert (Hoppe 1956, Nr. 50, 166, 369; vgl. *Mühldamm*, *Steinbachdamm*, *Am Fürstenweiher*).

Furchgasse (Neuenheim, F 9, zwischen Ufer-/Posseltstraße und Jahnstraße). Ursprünglich war die Gasse ein zum Neckar führender Feldweg im Gewann »Ober Kies«, auf dem gegenüberliegenden Ufer korrespondierend mit der ehemaligen *Kirchgasse* in Bergheim. Ihr Name könnte von Furt kommen, aber auch von Fahrt, denn hier war im Mittelalter die Bergheimer Fähre. – Die Furchgasse taucht auf dem Stadtplan von 1927 als südlicher Teil der heutigen *Quinckestraße* zwischen Schröderstraße und Uferstraße auf. Im Stadtplan von

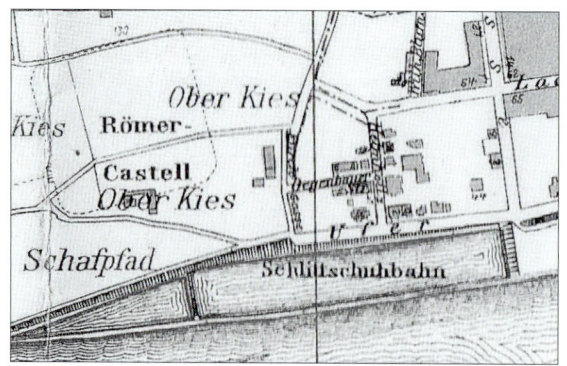

Furchgasse, Stadtplan von 1921: Furchgasse als südlicher Teil der heutigen Quinckestraße

Wilhelm Furtwängler, Grabstelle

1929 ist diese Bezeichnung verschwunden, die Quinckestraße reicht jetzt bis zur Uferstraße. Im Adressbuch 1930 taucht die Bezeichnung Furchgasse wieder auf mit der Bemerkung »verbindet die Ufer- und Posseltstraße mit der Jahnstraße«. Damit ist also die heutige Position der Furchgasse als südliche Verlängerung der *Wielandtstraße* gemeint. Sie ist zwischen 1927 und 1930 ein Stück nach Westen gewandert. Bis 1937 erscheint sie als unbewohnt, das Adressbuch für 1938 weist erstmals fünf bewohnte Hausplätze auf (Jaeger 1988, Nr. 252, 342, 537; Schmith 1928, S. 60, 63, 76, 295; Brecht 1968, S. 31).

Furtwänglerstraße (Handschuhsheim, E 8–9, zwischen Blumenthalstraße und Berliner Straße, Fortsetzung der Wielandtstraße nach Norden). Nach dem Dirigenten und Komponisten Wilhelm Furtwängler (1886–1954) aus Berlin benannt, 1928 Ehrendoktor der Universität Heidelberg, Leiter der Berliner Philharmoniker, begraben auf dem Bergfriedhof Heidelberg. – Viele Straßen zwischen Langgewann, Rottmannstraße und Blumenthalstraße tragen die Namen von Musikern (vgl. *Beethovenstraße*, *Haydnstraße*, *Max-Reger-Straße*, *Mozartstraße*, *Philipp-Wolfrum-Weg*, *Richard-Wagner-Straße*, *Schubertstraße*).
Nr. 11: Polizeirevier Nord. – Nr. 54: Kindertagesstätte (1994).

Gabelsbergerstraße (Neuenheim, E 9, zwischen Bergstraße und Handschuhsheimer Landstraße). Ehedem ein Feldweg, der die Grenze zwischen Neuenheim und Handschuhsheim bezeichnete. 1905 nach dem bayerischen Kanzleibeamten Franz Xaver Gabelsberger (1789–1849) aus Mainburg benannt, der 1834 die erste kursive deutsche Kurzschrift mit fließenden Schriftzügen entwickelte. Noch in der heute gültigen deutschen Einheitskurzschrift werden Gabelsbergers Zeichen verwendet. 1905 feierte der Verein für Gabelsberger'sche Stenographie in Heidelberg sein 20jähriges Stiftungsfest. Aus diesem Anlass bat dessen 1. Vorsitzender, der Stadtverordnete und Rechtsanwalt Dr. Theodor Kaufmann, den Stadtrat, »eine der neu anzulegenden Straßen auf den Namen des Erfinders der deutschen Stenographie Franz Xaver Gabelsberger zu benennen«. Herr Gabelsberger hat zwar mit Heidelberg sonst nichts zu tun, aber der Name ist recht beliebt. Und deshalb gibt es in Deutschland mindestens 178 Gabelsbergerstraßen.

Gadamerplatz (Bahnstadt, G 7–8, im Zentrum der Bahnstadt, zwischen Newtonstraße, Langer Anger, Max-Jarecki-Straße und Einsteinstraße). Der Philosoph Hans-Georg Gadamer (1900–2002) aus Marburg, 1949–68 als Nachfolger von Karl Jaspers Professor in Heidelberg, ist auf dem Friedhof Ziegelhausen Köpfel begraben. Er hatte sich der philosophischen Hermeneutik verschrieben, der Lehre vom Auslegen und vom Verstehen. In seiner Heidelberger Zeit verfasste er sein weltweit beachtetes Hauptwerk, »Wahrheit und Methode. Grundzüge einer philosophischen Hermeneutik« (1960). Zitat von Gadamer: »Die Selbstbesinnung des Individuums ist nur ein Flackern im geschlossenen Stromkreis des geschichtlichen Lebens.« – Im Stadtblatt Nr. 29 vom 14. Juli 2004 hieß es: »Seine zentrale Lage prädestiniert den Gadamerplatz zu einem gesellschaftlichen, sozialen und kulturellen Mittelpunkt der Bahnstadt. In der Platzmitte wird das bürgerschaftliche Zentrum errichtet mit Räumen, die vielfältige Nutzungsmöglichkeiten für Kultur, Bildung, Jugend- und Seniorenbegegnungen sowie Veranstaltungen aller Art bieten. Grünflächen und Bäume lockern den Platz auf.« – Der Gemeinderat entschied im Juni 2014 über die Namensgebung.

Gaisbergstraße (Weststadt, F–G 9–10, beginnt an der Friedrich-Ebert-Anlage zwischen Stadt- und Neptungarten als Fortsetzung der Sofienstraße und endet am Steigerweg). Nach dem Gaisberg, dem 375 m hohen Gipfel im Kleinen Odenwald, etwa 2 km westlich des Königstuhlgipfels, von diesem durch die Sprunghöhe getrennt, 1239 erstmals als »Geysberg« erwähnt. Der Name wird gerne mit den dort einst weidenden Ziegen erklärt, ist aber wohl früheren Ursprungs. Unfern des Gipfels steht der Gaisbergturm. – Die Gaisbergstraße, d. h. der ehemalige *Untere Gaisbergweg*, bis 1392 auf Bergheimer Gemarkung gelegen, war bis ins 19. Jahrhundert ebenso ein Weinbergweg wie der *Mittlere* und der *Obere Gaisbergweg* und der *Hutzelwaldweg*. Die 1550 erstmals erwähnte *geispergs gaß* verlief parallel zum *Rohrbacher Weg* (heute *Rohrbacher Straße*). Zwischen beiden gab es Verbindungswege, auf deren Trassen heute Straßen verlaufen. An ihrem Südende trifft die Gaisbergstraße auf die ehemalige *Bergheimer Steige* (heute *Steigerweg*), einen alten Zugang ins Gebirge. Auch das *Sensenried* am Nordende ist ein solcher alter Zugangsweg. – Mit dem Bau der Odenwaldbahn 1858–62 wurden an der Rohrbacher Straße und an der Gaisbergstraße beschrankte Übergänge nötig. Nach Aufteilung des Seegartens zu

Gaisbergstraße   Gaisbergstraße Süd um 1900

Bauplätzen führte man 1889 die Gaisbergstraße als direkte Verbindung zur Sofienstraße durch. Sie trennte also Stadtgarten und Neptungarten deutlich voneinander. Nach Eröffnung des neuen Hauptbahnhofs 1955 wurden die Gleise der Odenwaldbahn abgebaut, die Bahnübergänge beseitigt, 1962 der Gaisbergtunnel als Straßentunnel eröffnet. – In der Gaisbergstraße befanden sich im 20. Jahrhundert noch mindestens fünf landwirtschaftliche Betriebe. An ihrem Südende, Gaisbergstraße 103–107, heute im Einschnitt der Bahnlinie, lag Ende des 19. Jahrhunderts Louis Spengels Gärtnerei. (Derwein 1940, Nr. 212–214; Dietrich Bahls, Gaisbergstraße [Spaziergänge in Heidelberg]. Heidelberg 2004)

Nr. 7: Tiefbauamt, Vermessungsamt. – Nr. 9: hier wohnte ab 1896 der Kristallograph, Sammler und Mäzen Prof. Dr. Victor Mordechai Goldschmidt mit seiner Frau Leontine Goldschmidt geb. Porges Edle von Portheim (vgl. *Goldschmidtstraße*). – Nr. 16a: Pension Friedau. 1915 wohnten hier vorübergehend Max Weber und Stefan George (H.-M. Mumm, HJG 15 (2011), S. 127–143). – Nr. 31a: ehemaliges Pfarrhaus der evangelischen Christuskirche (1894–1904), Wohnsitz der Ärztin Marie Clauss (1906–1963). – Nr. 38: ehemaliges Hotel Reichshof. – Nr. 40: Villa Landfried (1882/83), 1933–45 NS Volkswohlfahrt, 1945 von der Besatzungsmacht beschlagnahmt, dann Arbeiterwohlfahrt mit Kindertagesheim, Altenklub und Nähstube. – Nr. 55: gehörte bis 1942 dem Chirurgen Prof. Dr. Oskar Vulpius bzw. seinen Erben. 1932 zog hier die Geschäftsstelle der Heidelberger SA ein. Die Villa wurde »Horst-Wessel-Haus« benannt. Später war hier die Kreisleitung der NSDAP, ab 1943 die Reichspost. – Nr. 81: Kindertagesstätte (1993).

Galileistraße   (Bahnstadt, G 8, südwestliche Verlängerung der Czernybrücke, zwischen Langem Anger und Czernyring). 2010 nach dem italienischen Naturforscher Galileo Galilei (1564–1642) aus Pisa benannt. Er begründete die moderne Kinematik und die mathematische Naturwissenschaft. Mit einem selbstgebauten Fernrohr entdeckte er die Phasen der Venus und die Jupitermonde. Er geriet in Gegensatz zur herrschenden Lehre des Aristotelismus und wurde durch die Inquisition zum Schweigen verurteilt. In einem zweiten Prozess zwang man ihn unter Androhung der Folter zum Widerruf.

Nr. 25: Ökumenisches Kirchenzentrum (2012).

Gartenstraße

Gartenstraße   (Bergheim, F 9, zwischen Alter Bergheimer Straße und Voßstraße). 1873
benannt. Verlief ursprünglich an der Ostseite des damaligen Botanischen Gartens (1876–
1915) zur Unteren Neckarstraße (heute *Schurmanstraße*) und hatte Verbindung mit der
Voßstraße. 1945 nach Süden zur Poststraße verlängert. Auch in Rohrbach (*Von-der-Tann-
Straße*) und Neuenheim (*Schröderstraße*) gab es Gartenstraßen, die jeweils nach der Eingemeindung umbenannt wurden.

Gaswerkstraße   (Bergheim, F 9, zwischen Alter Eppelheimer Straße und Kurfürstenan-
lage). Hieß zwischen 1873 und 1894 *Mittermaierstraße*. 1894 nach dem ehemaligen Gas-
werk (Nr. 4) benannt. Dafür wurde die westlich der Kirchstraße von Nord nach Süd ziehende
Straße *Mittermaierstraße* benannt. Das Gaswerk wurde 1852 von der Rheinischen Gas-
Gesellschaft errichtet, 1878 von der Stadt übernommen. 1900 wurde in Nr. 2–6 das städtische
Elektrizitätswerk eröffnet.

Gegenbaurstraße   (Neuenheim, F 9, zwischen Helmholtzstraße und Quinckestraße).
1902 nach dem Investor Alois Joerger noch als »Joergersche Privatstraße« bezeichnet, 1903
nach dem Arzt Carl Gegenbaur (1826–1903) aus Würzburg benannt, 1873–1901 Professor
für Anatomie in Heidelberg und Direktor des anatomischen Instituts, Ehrenbürger der Stadt

Gaswerkstraße, Hausanschluss der
Rheinischen Gasgesellschaft

Carl Gegenbaur

(1899). Er ist auf dem Bergfriedhof begraben. Gegenbaur war ein starker Befürworter von Charles Darwins Evolutionstheorie (vgl. *Darwinstraße, Förster-Bronn-Weg*). Er gründete eine vergleichend-morphologische Schule, die sich bis weit in das 20. Jahrhundert hinein verfolgen lässt. Gegenbaur gilt als einer der Väter der Evolutionsmorphologie.

Georg-Mechtersheimer-Straße (Rohrbach, Quartier am Turm, I 8–9, zwischen Konrad-Zuse- und Franz-Kruckenberg-Straße). 2003 nach Georg Mechtersheimer (1880–1972) aus Neustadt an der Hardt benannt, Oberingenieur und Designer bei Fuchs Waggon, Konstrukteur des »Gläsernen Zuges« ET-91 (1935) und des »gläsernen Schienenbusses« VT-90.5. Er starb in Schriesheim. – Die Straßen im ehemaligen Fuchsschen Werksgelände (*Quartier am Turm*) sind nach Erfindern und Technikern benannt. (Ludwig Schmidt-Herb, 75 Jahre »Gläserner Zug«. Ein Beitrag zur Technik- und Industriegeschichte Heidelbergs, HJG 15 (2011), S. 223–229).

Gerbodoweg (Wieblingen, E 6, vom Sandwingert zum Rutlindisweg). Benannt 1965, ausgebaut 1966. Gerbodo war 951–72 Abt des Klosters Lorsch und ließ in Wieblingen eine neue (die zweite) Kirche erbauen, wohl an der Stelle, an der bis heute der Rest der spätmittelalterlichen Kirche steht, jetzt »Schlosskapelle« oder »Thadden-Kapelle« genannt (vgl. *Erlebaltweg*). Vielleicht stammt von ihr noch der Unterbau des heutigen Turmes.

Gerhart-Hauptmann-Platz (Neuenheim, E–F 9, Platz beim Zusammentreffen der Gerhart-Hauptmann-Straße und Wielandtstraße). 1956 benannt. Keine Wohnadresse (vgl. *Gerhart-Hauptmann-Straße*).

Gerhart-Hauptmann-Straße (Neuenheim, E–F 8–9, zwischen Quinckestraße und Berliner Straße). 1928 nach dem Dichter Gerhart Hauptmann (1862–1946) benannt. Er war Festredner bei der Eröffnung der Heidelberger Festspiele am 31. Juli 1926 im Schlosshof. – Der Abschnitt der Gerhart-Hauptmann-Straße zwischen heutiger Berliner Straße und Humboldtstraße hieß zwischen 1929 und 1949 *Fritz-Reuter-Straße*. Der Burschenschafter und spätere kritisch-realistische Schriftsteller Fritz Reuter (1810–1874) kam 1840 nach vierjähriger Festungshaft nach Heidelberg, wo er, in der Oberen Neckarstraße 5 wohnend, sein Jura-Studium fortsetzte, aber wegen Trunksucht bald wieder abbrach. »Auch die alte Bezeichnung eines Weges führte zu einem archäologischen Aufschluß. Die Gerhart-Hauptmann-Straße, die an der Nordseite des ehemaligen römischen Steinkastells vorbeizieht, hieß früher ›Krummer Weg‹. Sie zeigt nämlich zwei entgegengesetzte Krümmungen an der Stelle der Nordwestecke und der Nordostecke des Kastells. Die Ausgrabungen ergaben, dass das gerade Mittelstück auf der Aufschüttung des nördlichen Kastellgrabens liegt. Dieser Krumme Weg zweigte einst von der römischen Straße nach Ladenburg im Neuenheimer Feld ab und zog über die heutige Quinckestraße, um vor der Wilhelm-Blum-Straße in die Ladenburger Straße zu münden. Bei einem Neubau neben meinem Haus auf der Nordseite der Quinckestraße habe ich auch diesen Teil des Krummen Wegs ein Stück weit verfolgen können.« (Ludwig Merz, Topographische Erkundungen in Alt-Heidelberg. Schwerpunkte meiner Heimat- und Stadtforschung. Der Stadt Heidelberg als Dank für die Verleihung der Bürgermedaille, 1996)

Gertrude-von-Ubisch-Straße   (Kirchheim, Am Dorf, K 7, zwischen Susanne-Pfisterer-Straße und Sandhäuser Straße). 1994 nach der Botanikerin und Genetikerin Gertrude Marie Therese von Ubisch (1882–1965) aus Metz benannt. Sie nannte sich selbst Gerta von Ubisch, wurde 1923 als erste Frau in Baden an der Universität Heidelberg habilitiert und 1929 außerordentliche Professorin für Botanik. 1933 nahm man ihr Dozentur und Assistentenstelle weg. Sie ging nach Utrecht und 1935 nach São Paulo (Brasilien). Die Lehrbefugnis wurde ihr entzogen. 1952 kam sie, mittellos, über Norwegen nach Heidelberg zurück. Sie bat um Unterstützung durch die Universität bzw. das Land. Erst nachdem sie vor Gericht gegangen war, erhielt sie 1956 eine Pension. Zurückgezogen lebte sie noch neun Jahre in Heidelberg. Heute steht ihr Name auf der Tafel im Foyer der Alten Universität, die die Namen der unter der NS-Diktatur entrechteten und vertriebenen Hochschullehrer verzeichnet. 2011 erschienen ihre Lebenserinnerungen »Zwischen allen Welten«.

Gervinusweg   (Kirchheim-West, I–K 7, beginnt und endet an der Heckerstraße). Nach dem Historiker und Politiker Georg Gottfried Gervinus (1805–1871) aus Darmstadt benannt. Er war ein gemäßigter Liberaler, 1835 Professor für Geschichte und Literatur an der Universität Heidelberg. Er ging 1836 nach Göttingen, wo er 1837 als einer der »Göttinger Sieben« den Protest gegen die vom Hannoverschen König aufgehobene Verfassung mit unterzeichnete und des Landes verwiesen wurde. 1844 war er wieder Honorarprofessor für Literaturgeschichte an der Universität Heidelberg, 1847/48 Redakteur der von Karl Mathy und Friedrich Daniel Bassermann begründeten »Deutschen Zeitung« daselbst, 1848 Abgeordneter der Frankfurter Nationalversammlung. 1853 verurteilte ihn das Mannheimer Hofgericht wegen politischer Publikationen zu zwei Monaten Festungshaft, und man entließ ihn aus dem Universitätsdienst. Das Urteil wurde kurz darauf vom Oberhofgericht für nichtig erklärt, die Anklage zurückgezogen. Eine Tafel an der Friedrich-Ebert-Anlage 5 besagt: »Georg Gottfried / Gervinus / bewohnte dieses Haus in den Jahren / 1860–1871« (Körner 2009, S. 74).

Gewann Die äußeren Rauschen   (Wieblingen, E 4, zwischen Grenzhöfer Weg, Unterer Weg, Bahnlinie und Autobahn). In diesem Gewann befindet sich das 1963–72 errichtete Wasserwerk der Stadtwerke Heidelberg mit 12 Brunnen, die aus 30 m Tiefe etwa 1500 m^3 Grund-

Georg Gottfried Gervinus, Grabstelle

wasser pro Stunde fördern. Dieses Gewann und ebenso das nordöstlich anschließende Gewann »Die inneren Rauschen« liegen zwischen Autobahn und Eisenbahnlinie Heidelberg-Mannheim und weisen auf den früher hier befindlichen Wieblinger Wald namens »Die Rauschen« hin (wahrscheinlich von mhd. rusch = »rauschende Bewegung, Rauschen«, bezieht sich auf das Rauschen des Blattwerks). Er wurde 1742 bis 1825 Stück für Stück abgeholzt. (Neu 1929, S. 82–85; vgl. *Forstweg*).

Gewann Entensee   (Handschuhsheim, C–D 7, östlich der Fennenberger Höfe). Gewannbezeichnung als »acker im entsehe« 1525 erstmals erwähnt. »Name von einem ehemaligen stehenden Wasser daselbst und von den Wildenten.« (Fritz Frey). Wie andere Flurnamen deuten auch die Gewannbezeichnungen »Entensee«, »Im Entenlach«, »Fischpfad«, »Im Weiher« und »Schläuchen« auf Feuchtgebiete hin, die als Reste des »Bergstraßenneckars« angesehen werden. (Frey 1944, Nr. 96; vgl. *Im Entenlach*).

Gewann Fischpfad   (Handschuhsheim, D 8, Gärten zwischen Steinklinge und Husarenäckern, südlich des Mittelfeldweges). Gewann 1571 erstmals als *im Fischpfad* erwähnt. Heute Gärten zwischen Steinklinge und Husarenäcker am Wieblinger Weg (Frey 1944, Nr. 114; vgl. Gewanne *Entensee* und *Schläuchen*).

Gewann Grundrain   (Wieblingen, C–D 4–5, im Feld westlich von Wieblingen, nördlich der Landschadhöfe). In diesem Gewann wurde 1975 eine (heute nicht mehr betriebene) Imkerei errichtet. Der Gewannname (von »Rain« = »Ackergrenze«) weist vielleicht auf die frühere Grenze zwischen den zwei Gemarkungsteilen Unterfeld und Kleinfeld hin (Streitberg 1938, S. 115).

Gewann Hasenbaum   (Handschuhsheim, C 8, nördlich des Ladenburger Wegs). Flurname, erstmals 1571 als »bey dem Haßenbaum« erwähnt. Könnte auf eine Stelle hinweisen, wo man häufig Feldhasen beobachtete, vielleicht auch auf die Grenzpfosten eines Niederwildgeheges, auf denen oft Hasen abgebildet waren. Der Name könnte auch vom Haselbaum (Corylus avellana) herrühren, der bei uns wild vorkommt (Frey 1944, Nr. 155).

Gewann Hühnerstein   (Handschuhsheim, D–E 7–8, Feld zwischen den Gewannen Saumagen und Bodenmeister, Klausenpfad und Wieblinger Weg). Erstmals 1656 als »acker beim hünerstein« erwähnt. Wahrscheinlich eine missverstandene Ableitung des Wortes »Hünenstein«, Bezeichnung für einen neolithischen Menhir, der hier vielleicht einmal stand (Frey 1944, Nr. 209; Sinn 2009, S. 47ff.).

Gewann Hüttenbühl 2. Gewann   (Kirchheim, I 7, zwischen Umspannwerk und Speyerer Straße). (vgl. *Im Hüttenbühl*).

Gewann Husarenäcker   (Handschuhsheim, D 8, zwischen Wieblinger Weg und Ladenburger Weg). Erstmals 1773 als »Hußaren Acker« erwähnt. »Husar« von ungarisch huszár = »Räuber«, ursprünglich ungarische leichte Kavallerie in Nationaltracht, in anderen Armeen nachgeahmt. »Im 18. Jahrhundert wurde die Gemarkung mehrfach durch die Kriege berührt. Vielleicht erinnert der Name an ein Truppenlager.« (Fritz Frey 1944, Nr. 211; vgl. *Husarenstraße*).

Gewann Im Viehtrieb   (Wieblingen, C–D 5, im Feld westlich von Wieblingen, nordöstlich der Landschadhöfe). In diesem Gewann liegt der 1970 angelegte Aussiedlerhof Merkel (früher: Mannheimer Straße 267). Der Gewannname weist auf das frühere Weideland im Unterfeld hin (Streitberg 1938, S. 114). Die Hausnummer *Im Viehtrieb 2* führt der ebenfalls 1970 angelegte Aussiedlerhof Wacker (früher: Mannheimer Straße 239), der aber eigentlich im Gewann »In den vier Steinen« liegt.

Gewann Mannebusch   (Rohrbach, M 9–10, bei der Gemarkungsgrenze Leimen unterhalb des Steinbruchs). Gewannbezeichnung (auch in Leimen, dort 1721 erstmals erwähnt) von unbekannter Bedeutung.

Gewann Pfädelsäcker   (Handschuhsheim, D 8, zwischen Klausenpfad und Wieblinger Weg, östlich der ehemaligen OEG-Güterbahnlinie). 1620 erstmals als »acker im pfedel vor der weeth« erwähnt. Name von Pfädel »kleiner Pfad«. 1905 legte der Lehrer Karl Pfaff im Gewann »Pfädelsäcker« ein fränkisches Grab frei (Frey 1944, Nr. 321; vgl. *In den Pfädelsäckern*).

Gewann Schafwedel   (Weststadt, G 7–8, zwischen Bahnlinie und Speyerer Schnauz, nördlich des Baumschulenwegs). »Die Schaafwedels Gewann« wird 1770f. erstmals erwähnt (Schafwedel = »Schafschwanz«). Zusammenhang mit der Kirchheimer Herrenschäferei? (Derwein 1940, Nr. 768; vgl. *Schaafrippel, Schäfergasse*).

Gewann Schläuchen   (Handschuhsheim, D 7–8, Mittelfeld zwischen Wieblinger Weg und Mittelfeldweg). Gewannbezeichnung, 1784 als »in den Schleichen« erstmals erwähnt, von Schleich m. zu mhd. slîch m. »Schlamm, Schlick«. Schlauch, Schläuchen, Schleichen = »angeschwemmter, fruchtbarer Ackerboden, der sich aus dem Schlamm bildet«. – Wie andere Flurnamen deuten auch die Gewannbezeichnungen »Entensee«, »Im Entenlach«, »Fischpfad«, »Im Weiher« und »Schläuchen« auf Feuchtgebiete hin, die als Reste des »Bergstraßenneckars« angesehen werden (Frey 1944 Nr. 375; Derwein 1940 Nr. 800–803, 1002).

Gewann Schlossäcker   (Handschuhsheim, C 7–8, zwischen Allmendpfad und Mittelfeldweg, durchschnitten vom Ladenburger Weg). 1784 erstmals als »im Schlossacker« erwähnt. Äcker, die früher zur Tiefburg gehörten (Frey 1944, Nr. 380).

Gewann Spitzäcker   (Handschuhsheim, C 7–8, nördlich des Allmendpfades bei der Krummlach). 1643 erstmals als »im Spitzacker« erwähnt. Vor der Flurbereinigung spitz zulaufendes Grundstück (Frey 1944, Nr. 414).

Gewann Steinklinge   (Handschuhsheim, D 8, zwischen Mittelfeldweg und Angelweg). Gewannbezeichnung, 1571 erstmals als »in der Steinklingen« erwähnt (Frey 1944, Nr. 425, vgl. *Im Klingenbühl*).

Gewann Wiesenäcker   (Handschuhsheim, C–D 8, zwischen Ladenburger Weg und Allmendpfad). 1865 erstmals als »im großen Wiesenacker« erwähnt. Wiesen westlich des Mühlbachs bzw. des *Wiesenwegs* (Frey 1944, Nr. 503).

Gewann Spitzäcker

Ginsterweg (Boxberg, K 10, zwischen Berghalde und Boxbergring). 1962 wohl nach der Pflanzengattung Genista benannt, zu der Arten wie Färberginster, Stechginster, Besengister u. a. gehören.

Glatzer Straße (Kirchheim, I 7–8, nördlich der Breslauer Straße und ostwärts der Königsberger Straße). Nach der Stadt Glatz in Niederschlesien benannt, im 10. Jahrhundert als böhmische Grenzfeste gegen Polen gegründet, erhielt im 13. Jahrhundert Magdeburger Stadtrecht, seit 1945 polnisch, heute Kłodzko. – 1959 nannte man die Straßen in Kirchheim-Nord nach ehemals deutschen Städten jenseits der Oder-Neiße-Linie (vgl. *Allensteiner Weg*, *Breslauer Straße*, *Danziger Straße*, *Elbinger Straße*, *Gleiwitzer Straße*, *Insterburger Weg*, *Königsberger Straße*, *Liegnitzer Straße*, *Marienburger Straße*, *Oppelner Straße*, *Stettiner Straße*, *Tilsiter Straße*).

Gleisdreieck (Weststadt, G 9, zwischen Römerstraße und Hebelstraße). Diese Straße, die man 1910 *Hölderlinstraße* nannte, entstand, als das »Baggerloch«, der Gleiskörper des neuen Hauptbahnhofs, ausgehoben wurde. Hier teilen sich die vom Hauptbahnhof kommenden Eisenbahnstrecken nach Karlsruhe und in den Odenwald. 1964 erhielt die Straße den Namen *Gleisdreieck*. Im selben Jahr wurde der *Röderweg* (Neuenheim) in *Hölderlinweg* umbenannt.

Gleiwitzer Straße (Kirchheim, I 7, zwischen Pleikartsförster Straße und Liegnitzer Straße). Nach der Industriestadt Gleiwitz in Oberschlesien, als slawische Siedlung gegründet, seit 1276 Stadt mit Magdeburger Recht, bis 1492 böhmisch, dann österreichisch, preußisch, deutsch, seit 1945 polnisch, heute Gliwice. – 1959 nannte man die Straßen in Kirchheim-Nord nach ehemals deutschen Städten jenseits der Oder-Neiße-Linie (vgl. *Allensteiner Weg*, *Breslauer Straße*, *Danziger Straße*, *Elbinger Straße*, *Glatzer Straße*, *Insterburger Weg*, *Königsberger Straße*, *Liegnitzer Straße*, *Marienburger Straße*, *Oppelner Straße*, *Stettiner Straße*, *Tilsiter Straße*).

Glockenzehnten (Kirchheim-West, I 7, beginnt an der Schwarzwaldstraße, geht über in die Straße Schaafrippel). Nach einer häufigen Gewannbezeichnung, die das Besoldungsstück für den Glöckner zur Bestreitung seines Unterhalts meint. Als Uhren noch selten waren, war das regelmäßige Läuten der Kirchenglocken für den Tagesablauf in Haus und Feld von großer Bedeutung. »Die drei Glockenzehnt-Gewanne sind noch heute als unverbaute Teile der Kirchheimer Gemarkung auf Stadtplänen zu finden: in Kirchheim-Nord, am Heuauerweg und westlich des St. Ilgener Wegs« (Körner 2009, S. 74).

Gneisenaustraße   (Bergheim, F 8, beginnt am Wehrsteg an der Vangerowstraße, quert den Platz, wo die Bergheimer Straße in die Autobahn übergeht, und zieht südlich bis unter die Czernybrücke). 1913, zum 100jährigen Jubiläum der »Völkerschlacht« bei Leipzig, nach dem preußischen Generalfeldmarschall August Graf Neidhardt von Gneisenau (1760–1831) benannt. Er wurde bekannt, als er 1807 die Festung Kolberg erfolgreich gegen die Franzosen verteidigte. In den »Freiheitskriegen« war er Generalstabschef Blüchers. – 1913 wurde zwischen Gneisenaustraße und Staatsbahnlinie der Güterbahnhof der Nebenbahn eröffnet (1970/71 stillgelegt). Bis 1993 querte hier die von Wieblingen kommende OEG-Strecke die Gneisenaustraße. – Der Platz zwischen Yorckstraße, Bergheimer Straße, Vangerowstraße und der Verbindungsstraße zwischen den beiden letzteren wird inoffiziell als *Gneisenauplatz* bezeichnet (vgl. *Blücherstraße*, *Blumenthalstraße*, *Moltkestraße*, *Roonstraße*, *Theodor-Körner-Straße*, *Werderstraße*, *Yorckstraße*).

Goeppert-Mayer-Straße   (Bahnstadt, G 8, zwischen Max-Jarecki-Straße und Einsteinstraße). 2010 nach der deutsch-amerikanischen Physikerin Maria Goeppert-Mayer (1906–1972) aus Kattowitz benannt. Sie fand 1949 die Erklärung für die »magischen Zahlen«, deren Bedeutung für die Stabilität der Atomkerne schon länger bekannt war. Zeitgleich und unabhängig fand auch der Heidelberger J. Hans D. Jensen die Lösung. Zusammen schrieben sie 1955 das Buch »Elementary theory of nuclear shell structure«. Goeppert-Mayer teilte sich 1963 mit Jensen eine Hälfte des Nobelpreises für Physik für ihre Entdeckung der nuklearen Schalenstruktur des Atomkerns. 1950 wurde sie zum korrespondierenden Mitglied der Heidelberger Akademie der Wissenschaften gewählt (vgl. *Jensenstraße*).

Görresstraße   (Südstadt, H–I 9, zwischen Bergfriedhof und An der Markscheide). 1936 wurde die Görresstraße unter Einbeziehung von Weinbergwegen wie der *Kleinen Kisselgasse* angelegt. Zwischen 1927 und 1936 existierte sie bereits als kurze Sackgasse, welche man nur von der Hohen Gasse aus befahren konnte. Sie ist nach dem Publizisten Josef von Görres (1776–1848) aus Koblenz benannt. Er hielt von 1806 bis 1808 in Heidelberg als Privatdozent Vorlesungen über Philosophie, Ästhetik, Literatur und andere Themen und gehörte zum Freundeskreis um Achim von Arnim und Clemens Brentano. Görres veröffent-

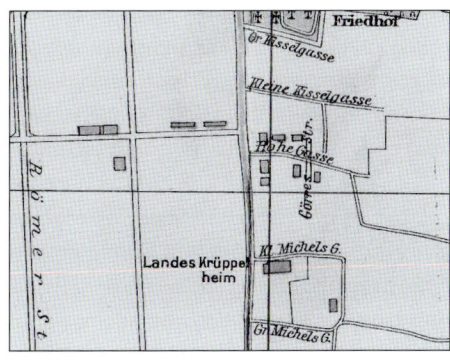

Görresstraße, Ausschnitt aus dem Stadtplan von 1927

lichte Rezensionen u. a. in den »Heidelberger Jahrbüchern« und in Brentanos »Zeitung für Einsiedler«. 1807 gab er bei Mohr & Zimmer in Heidelberg »Die teutschen Volksbücher« heraus. Er war in Heidelberg einer der Hauptfeinde des Kreises um Johann Heinrich Voß (vgl. *Voßstraße*). Als sich die Hoffnungen auf eine Professur zerschlugen, kehrte er nach Koblenz zurück (Derwein 1940, Nr. 438, 449, 827; vgl. *Brentanoweg*).

Goethestraße (Weststadt, F–G 9, zwischen Bahnhofstraße und Blumenstraße). Die Straße führte durch das Gelände der Fuchsschen Waggon-Fabrik, welche 1862–99 im Gebiet zwischen der heutigen Häusser-, Bahnhof-, Landhaus- und Blumenstraße bestand. Nach der Umsiedlung der Fabrik nach Rohrbach baute Direktor Carl Fuchs das kurze Straßenstück südlich seiner Villa zwischen Goethe- und Häusserstraße zu einer »Avenue« aus, d. h. mit einer ovalen gärtnerischen Anlage in der Mitte, im Volk »Fuchse-Ei« genannt, heute durch einen Spielplatz ersetzt. – Die Straße wurde 1899 nach dem herzoglich Weimarischen Geheimrat Johann Wolfgang von Goethe (1749–1832) aus Frankfurt am Main benannt. Goethe war achtmal in Heidelberg. Es war eine entscheidende Wende, als er in Heidelberg im Herbst 1775 die geplante Italienreise aufgab und dem Ruf des Herzogs Karl August, nach Weimar zu kommen, folgte. Als 1810 die Brüder Sulpiz und Melchior Boisserée in Heidelberg ihre Gemäldesammlung altdeutscher und niederländischer Meister der Öffentlichkeit zugänglich machten, erhofften sie sich von dem Urteil Goethes einen starken Einfluss auf die Kunstmeinung weiter Kreise. Eine Tafel am Haus Hauptstraße 207–209 besagt: »In diesem Haus hat Goethe / als Gast der Brueder Boisserée / vom 24. September bis zum 9. October / 1814 und vom 21. September / bis zum 7. October 1815 gewohnt.« Im Herbst 1815 traf Goethe in Heidelberg mit seinem alten Freund Johann Jakob von Willemer und dessen junger Frau Marianne (1784–1860) zusammen. Hier besuchte er außerdem die Juristen Anton Friedrich Justus Thibaut und Sigismund Karl Johann Freiherr von Reitzenstein, die Theologen Heinrich Eberhard Gottlob Paulus und Karl Daub, den klassischen Philologen Georg Friedrich Creuzer und in Kirchheim den Pfarrer Maurer (vgl. *Oberdorfstraße*).

Goldammerweg (Pfaffengrund, G 5–6, zwischen Im Winkel und Obere Rödt). 1953 benannt. – Eine der 24 nach Vögeln benannten Straßen des Pfaffengrunds.

Goldschmidtstraße (Weststadt, G 9, zwischen Rohrbacher Straße und Häusserstraße). 1896 nach dem Historiker Heinrich von Treitschke (1834–1896) aus Dresden *Treitschkestraße* benannt. Treitschke kam 1867 als Professor an die Universität Heidelberg, 1873 wurde er als Nachfolger von Leopold von Ranke nach Berlin berufen. 1879 begann mit einem Artikel Treitschkes der sogenannte Berliner Antisemitismusstreit. Treitschke warf den deutschen Juden vor, durch ihr mangelndes Assimilationsvermögen die nationale Einheit zu gefährden und forderte, ihren gesellschaftlichen Einfluss zurückzudrängen. Als sich sein Kollege Theodor Mommsen einschaltete, wurde der Streit zu einem öffentlichen Schlagabtausch. Im Kern handelte es sich um eine Auseinandersetzung zwischen Nationalismus und Liberalismus. – 2011 beschloss der Gemeinderat, die Straße in *Goldschmidtstraße* umzubenennen. Leontine Goldschmidt geb. Porges Edle von Portheim (1863–1942) und Victor Mordechai Goldschmidt (1853–1933) machten der Universität Heidelberg großzügige Zuwendungen und gründeten 1919 die »Josefine-und-Eduard-von-Portheim-Stiftung für Wissenschaft und Kunst«. Daraus entstanden zahlreiche Institute, darunter das heutige Völkerkundemuseum.

Goldschmidtstraße   Familie Gothein, Grabstelle

Goldschmidt war nicht nur Mäzen, sondern als Mineraloge und Kristallograph auch ein Wissenschaftler von internationalem Rang. Mit seinem interdisziplinären Ansatz suchte er den Brückenschlag zwischen Natur- und Geisteswissenschaften. 1933 entließ ihn die Universität Heidelberg wegen jüdischer Herkunft als Honorarprofessor. Er starb in Salzburg an einem Magenleiden. Leontine Goldschmidt beging angesichts der drohenden Deportation nach Theresienstadt mit 79 Jahren in Heidelberg Selbstmord. Das Ehepaar ist auf dem Bergfriedhof begraben. 2007 veröffentlichte Renate Marzolff ihr Buch über »Leontine und Victor Goldschmidt«. – Erstmals wurde bekannt, was eine Straßen-Umbenennung kostet: »insgesamt also 100 000 Euro, die das städtische Vermessungsamt eingeplant hat« (RNZ, 24. 5. 2011). Die Stadt Heidelberg übernahm »die persönlichen Adress-Umstellungskosten in den von ihr geführten Registern« (Stadtblatt, 16. 11. 2011). Am 31. März 2012 erfolgte der endgültige Beschluss des Gemeinderats zur Umbenennung.

Gotheinstraße (Neuenheim, E 8–9, zwischen Im Gabelacker und Blumenthalstraße). 1955 nach dem Wirtschafts- und Kulturhistoriker Dr. Eberhard Gothein (1853–1923) aus Neumarkt (Schlesien) benannt, 1904–23 als Nachfolger von Max Weber Professor an der Universität Heidelberg, 1914/15 Prorektor der Universität, 1919 Abgeordneter des badischen Landtags (Deutsche Demokratische Partei). Er wohnte mit seiner Familie in der Straße Im Gabelacker 13 in Neuenheim. Er veröffentlichte u. a. »Ignatius von Loyola und die Gegenreformation« (1895) und »Die Renaissance in Süditalien« (1924). Seine Frau Marie-Luise Gothein (1863–1931) war Kunsthistorikerin, Gärtnerin und Schriftstellerin. Sie verfasste das heute noch gültige Standardwerk »Geschichte der Gartenkunst« (1926). Ihr 1896 geborener Sohn Percy Gothein kam 1944 im Konzentrationslager Neuengamme um. Die Eltern sind auf dem Bergfriedhof begraben. Eine Inschrift am Grab erinnert an den Sohn.

Gottlieb-Daimler-Straße (Weststadt, G 8, zwischen Speyerer Straße und Carl-Bosch-Straße). 1950 nach dem Ingenieur Gottlieb Daimler (1834–1900) benannt, neben Carl Benz (vgl. *Carl-Benz-Straße*) Schöpfer des modernen Kraftwagens. 1890 gründete er in Stuttgart-Untertürkheim die Daimler-Motoren-Gesellschaft, die sich 1926 mit der Firma Benz zur Daimler-Benz AG. vereinigte.

Grabengasse (Altstadt, F 10, beginnt an der Hauptstraße, führt am Universitätsplatz vorbei und endet an der Friedrich-Ebert-Anlage bei der Peterskirche). Als Straßenname 1805 erstmals erwähnt. Nach dem ehemaligen, die Altstadt von der Vorstadt trennenden, im Mittelalter westlich der Stadtmauer angelegten (1391 erstmals erwähnten) Graben benannt, der auch als Schießgraben diente. Er wurde wohl nach 1392 zugeschüttet. Auf dem Merianschen Kupferstich von 1620 ist er als Straße dargestellt, mit Ausnahme eines kleinen Stücks am Neckar. Zwischen der heutigen Hauptstraße Nr. 126 und 135 stand bis 1827 das Mitteltor mit Turm, 1689/93 ausgebrannt und 1715 wieder aufgebaut. Nach Norden setzt die *Marstallstraße* die Grabengasse auf dem verfüllten alten Stadtgraben in Richtung Neckar fort. Das frühere Barockhaus an der Ecke Grabengasse/Seminarstraße beherbergte 1808-94 das Lyceum (Gymnasium für Knaben). – An den Nordflügel des Hauptgebäudes der Universitätsbibliothek schließt der Triplex-Komplex an, der das Areal zwischen der Sandgasse und der Grabengasse nördlich des Universitätsbibliothek-Altbaus umfasst. Zu Beginn der 1970er Jahre erbaut, beherbergt der Komplex mehrere Institute der Universität sowie Einrichtungen des Studentenwerks: eine Mensa, eine Cafeteria, die Studentenbücherei und das »InfoCenter«. Bis 2009 waren im Triplex auch das Alfred-Weber-Institut für Wirtschaftswissenschaften und das Institut für Soziologie untergebracht. Die mit dem Umzug dieser Institute nach Bergheim frei gewordenen Flächen werden von der Universitätsbibliothek genutzt (Derwein 1940, Nr. 258, 260; vgl. *Universitätsplatz*).

Nr. 1: Alte Universität (Domus Wilhelmiana, 1712–28, Baumeister: Johann Adam Breunig), Universitätsmuseum (Hier stand seit 1396 das Collegium Pauperum bzw. Dionysianum, 1591–1693 das Collegium Casimirianum der Universität). – Nr. 3–5: Neue Universität (1931, Architekt: Karl Gruber), Historisches Seminar, Institut für Fränkisch-Pfälzische Geschichte und Landeskunde. – Nr. 14: Triplex-Gebäude (1970). – Nr. 16: ehemaliges Postamt.

Grahamstraße (Handschuhsheim, D 9, zwischen Klausenpfad und Pfarrgasse). 1910 angelegt und 1911 nach dem Eigentümer des Handschuhsheimer Schlösschens seit 1861, dem Engländer John Benjamin Graham (1813–1876) aus Bexhill (Sussex) benannt, einem Wohltäter Handschuhsheims. Nach ihm ist auch der Grahamgarten benannt, an des-

Grabengasse 8   Grabengasse

Grahamstraße

sen Westrand die Straße entlangführt. – Das Schlösschen ist Teil des Knebelhofs, dessen Vorgängerbau möglicherweise eine Vorburg zur Tiefburg war. Er wurde 1674 von Franzosen unter Turenne zerstört. Bis auf den Treppenturm von 1609 stammt das Gebäude aus dem 18. Jahrhundert. Ab 1783 gehörte das Schlösschen der Familie Rottmann. Helena Rottmann verkaufte es 1836 an den Kaufmann Karl Adolf Uhde (1792–1856) aus Bremen. 1854 trat Uhde das zur Anlage der *Mittelstraße* (heute *Steubenstraße*) nötige Gelände ab. Dafür erhielt er einen Teil des *unteren Kirchenwegs* sowie der *Lindengasse* mit einigen Bauernhäusern. Diese ließ er abbrechen und legte auf dem Gelände einen Park an, in dem der untere Kirchenweg bis auf einen kurzen Rest an der Dossenheimer Landstraße (Sackgasse) aufging. Das Schlösschen nutzte Uhde als Museum für seine Sammlungen, darunter indianische Gegenstände aus Mittel- und Südamerika, die später an das Ethnologische Museum in Berlin-Dahlem gingen. 1861 kaufte John Benjamin Graham das Schlösschen, um dort mit seiner Familie die Sommermonate zu verbringen. Die Grahams öffneten den Park für die Dorfbewohner und unterstützten 1864 die Gründung der evangelischen Kleinkinderschule in der Mühltalstraße 21 (1871 in die Obere Kirchgasse 12 verlegt). Alljährlich veranstalteten sie ein großes Gartenfest für die Kinder. Nach dem Tod seiner Ehefrau Louisa kehrte J. B. Graham nach England zurück. Dennoch ist das Ehepaar auf dem Handschuhsheimer Friedhof begraben. – Ihr Sohn Harry Robert Graham verkaufte 1916 das Anwesen an die Stadt Heidelberg, die hier 1921 die Jugendherberge für Jungen einrichtete. Der an der Stelle der »Orangerie« 1985 gebaute Veranstaltungssaal heißt nach dem Handschuhsheimer Maler der Romantik Carl-Rottmann-Saal (Derwein 1933, S. 177f.; Frey 1944, Nr. 144, 232, 272, 357).

Grahampark, Zufahrt von der Dossenheimer Landstraße

»Handschuchsheim. (Immobilien zu verkaufen oder zu vermiethen) Das zu Hand-
schuchsheim, eine halbe Stunde von Heidelberg, an der Landstraße nach Frankfurt
gelegene Schlösschen, bestehend aus einem zweistöckigen Wohnhaus, und allen
zu einer Landwirthschaft nöthigen Gebäuden, und 2 am Haus gelegenen großen
Gärten, nebst laufendem Brunnen, welch Alles mit einer Mauer umgeben, ist aus
freier Hand zu verkaufen oder auch zu Theil zu vermiethen. Es ist zu einem der
gesündesten und angenehmsten Sommer-Aufenthalte, auch zu jeder Fabrike oder
sonst ausgedehnten Gewerbe geeignet, und können auf Verlangen auch eine an-
gemessene Morgenzahl Aecker und Wiesen in Kauf gegeben werden. Wer solches
zu kaufen oder zu miethen Lust hat, beliebe sich an die Eigenthümerin Helena
Rottmann in Handschuchsheim zu wenden. Heidelberg, den 20. April 1831« (Heidelberger Wochenblätter No. 82, Dienstag, 26. 4. 1831).

Graimbergweg   (Altstadt, F 11, zwischen Klingenteichstraße und Neue Schlossstraße).
Die 1901–03 angelegte Straße stellte die Verbindung zwischen dem Klingenteich und dem
Schloss her. Sie wurde 1902 nach dem französischen Emigranten Graf Carl von Graimberg (Charles de Graimberg-Belleau, 1774–1864) benannt, der 1810 in Heidelberg seine
zweite Heimat fand und das Schloss der Versunkenheit entriss. Er erwarb 1839 das Haus
am Kornmarkt 5 (»Palais Graimberg«) und richtete 1841 dort ein Museum ein. Er schuf
damit den Grundstock der Sammlung des Kurpfälzischen Museums. 1850 eröffnete er die
»Alterthümerhalle« im Friedrichsbau des Schlosses. Er zeichnete zahlreiche Vedouten von
Stadt und Schloss Heidelberg und aus der Umgebung, die gestochen oder lithographiert
wurden. – Sein Sohn, der Maler, Zeichner und Kunstsammler Graf Philibert von Graimberg
(1832–1895), war 1862 Mitgründer des ersten katholischen Casinos in Heidelberg, 1867 des
katholischen Gesellenvereins und 1872 des Studentenvereins Palatia. 1879 verkaufte er die
Kunst- und Altertümer-Sammlung seines Vaters an die Stadt Heidelberg. Philiberts Tochter,
Maria Gräfin von Graimberg (1879–1965), gründete 1911 im Palais Graimberg eine katho-
lische soziale Frauenschule. Sie erhielt 1959 das Bundesverdienstkreuz und wurde 1965
Ehrenbürgerin von Heidelberg. – Die gräfliche Familie ist auf dem Bergfriedhof begraben
(Derwein 1940, Nr. 261).
Nr. 4: Katholische Deutsche Studentenverbindung Ferdinandea-Prag.

Karl von Graimberg, Gedenktafel am Torturm des   Graimbergweg 4
Gläsernen Saalbaus im Schloss Heidelberg

Grasweg (Kirchheim, K 5–6; zwischen Speyerer Straße in Verlängerung des Heuauer Wegs und Patrick-Henry-Village). Der Grasweg führte durch den ehemaligen Hegenichwald (vgl. *Hegenichhof*) und war später die wichtigste Zufahrt zu *Patrick-Henry-Village*. An ihm liegen zwei Bauernhöfe (1965 und 1967 entstanden) und eine Baumschule.

Gregor-Mendel-Straße (Rohrbach, I 9, zwischen Von-der-Tann-Straße und Panorama-straße, in Verlängerung der Achim-von-Arnim-Straße, führt auf die »Himmelsleiter« in den Wald zu). 1970 benannt nach dem Brünner Augustinerprior und Entdecker der Vererbungs-gesetze Gregor Johann Mendel (1822–1884). Auch die Realschule, an der die Straße vor-beiführt, hieß nach Mendel. 2007 zog die Schule nach Kirchheim-Nord.

Greifstraße (Wieblingen, E 6, vom Dammweg zur östlichen Adlerstraße und von der westlichen Adlerstraße zum Hauheckenweg). Angelegt bald nach 1930. Die Namensge-bung wurde wohl in Anpassung an die benachbarte *Adlerstraße* gewählt (Greifvogel). Der Greif ist ein Fabelwesen aus Adler und Löwe. Zwei Greifen waren Schildhalter im damaligen badischen Staatswappen; Löwe und Greif halten heute den Wappenschild von Baden-Würt-temberg (vgl. *Adlerstraße*, *Habichtsweg*).

Grenzhof (Wieblingen, E 2, Straßenbezeichnung identisch mit dem gesamten Weiler Grenzhof, im neueren Teil die süd-nördlich verlaufende Kreisstraße 9703, im älteren Teil eine langgezogene Schleife um den alten Dorfplatz). Der Weiler Grenzhof geht auf ein Dorf zurück, das erstmals 771 als »Granesheim« im Lorscher Codex genannt ist; erst im Laufe des 17./18. Jahrhunderts änderte sich dies zu »Grenzhof«. Seit Mitte 12. Jahrhundert erwarb das Zisterzienserkloster Schönau allmählich die ganze Gemarkung und wandelte das Dorf in eine Grangie um. Seit dem Spätmittelalter wurden die Höfe, deren Anzahl wieder zunahm, verpachtet. Um 1850 erhielt der Grenzhof sein heutiges Aussehen mit den großen, um einen geräumigen »Dorfplatz« angeordneten bäuerlichen Anwesen. In der Neuzeit gehörte der Grenzhof als »Nebenort« zu Wieblingen: Er hatte eine eigene Gemarkung, eigenes Orts-vermögen und einen eigenen Ortsvorsteher (Stabhalter); letzterer saß auch im Wieblinger Gemeindegericht. Nach der Eingemeindung Wieblingens (1920) blieb der Grenzhof Neben-

Grenzhof 6

Grenzhof

ort von Heidelberg und wurde erst 1935 endgültig eingemeindet. – 1821 erhielt der Grenzhof einen eigenen Friedhof, der bis heute benutzt wird (an der Ecke Kreisstraße 9703 nach Edingen / Straße nach Mannheim-Friedrichsfeld). (Neu 1929, S. 194ff.; Kreisbeschreibung II 1968, S. 161ff.).

Grenzhöfer Weg (Wieblingen, D 5–6, von der Mannheimer Straße 277 über die Trasse der ehemaligen OEG zur Umgehungsstraße L 637; dann als Feldweg bis zum Autobahndamm der A 5). Die Straße ist schon auf dem ältesten Wieblinger Ortsplan (1741/92) vorhanden und war bis 1966 der übliche Weg von Wieblingen zum Weiler Grenzhof (vgl. *Grenzhof*). Sie führte geradeaus bis zum Marienhof und weiter nach Plankstadt. Durch den Autobahnbau wurde sie unterbrochen und durch die neue K 9706 ersetzt. Vor 1930: *Mittlerer Weg*; er führte mitten durch den Gemarkungsteil »Mittelfeld« (vgl. Am Taubenfeld = Unterer Weg, Maaßstraße = Oberer Weg). – Am Grenzhöfer Weg entstand seit Ende der 1950er Jahre das erste Wieblinger Gewerbegebiet (bis zur Umgehungsstraße L 637).

Grießbaumweg (Kirchheim-West, I 7, Parallelstraße zur Alfred-Jost-Straße). Nach dem Geistl. Rat Franz Sales Grießbaum (1877–1959) aus Münchweier benannt. Er wurde 1909 der erste katholische Seelsorger seit der Reformation an der damals gegründeten Pfarrkuratie St. Peter in Kirchheim. Hervorzuheben ist seine Tätigkeit im katholischen Arbeiterverein, wo er die soziale und Arbeiterfrage behandelte. Die Priesterkonferenzen des Dekanats Heidelberg übertrugen ihm das Amt des Consultors. Besonders lag ihm die künstlerische Innenausgestaltung seiner Pfarrkirche am Herzen. 1942 wurde er in Anerkennung seiner Verdienste um die Pfarrgemeinde von Erzbischof Dr. Konrad Gröber als Stadtpfarrer investiert. 1950 trat er in den Ruhestand. »Er war zu seiner Zeit ein sehr strenger Hüter des katholischen Glaubens, erfolgreicher Initiator der kirchlichen Vereine und zeigte auch in der Zeit des Nationalsozialismus bewundernswerte Zivilcourage« (Körner 2009, S. 74; vgl. *Lochheimer Straße*).

Große Mantelgasse (Altstadt, F 10, zwischen Synagogenplatz/Lauerstraße und Heumarkt). 1363 erstmals als *in der mantelgassen* erwähnt. Sie zieht die westliche Mauer der Stadtbefestigung entlang. Der Name kommt von dem am nördlichen Ende der Gasse gelegenen Mantelturm, auch Frauenturm oder Käfig genannt. Dieser Name wiederum geht zurück auf mittellateinisch mantellus »äußeres Mauerwerk eines Gebäudes«, zu kirchenlateinisch mantellum »Decke, Hülle«. Der Turm, die nordwestliche Bastion der Stadtbefestigung, ist teilweise erhalten und in die Heuscheuer (Nr. 2) eingebaut. Inschrift des Steins, der an den Überresten des Mantelturms angebracht ist: »Hier stand der Mantel / oder / Frauenturm / der mittelalterlichen Stadtbefestigung / verwendet als Frauengefängnis / und daher «Käfig» genannt / erbaut / im 13. Jahrhundert / zerstört 1689–1693«. (Derwein 1940, Nr. 569ff.).

Nr. 1–3: Synagoge (1714–1938; vgl. *Alter Synagogenplatz*).

Große Michelsgasse (Südstadt, H 9, zwischen Rohrbacher Straße und Panoramstraße). Eine der Gassen, die früher vom Rohrbacher Weg in die Weinberge führten. Benannt nach einer Gewannbezeichnung *große* und *kleine Michelsgasse* am Westhang des Ameisenbuckels. Die *Kleine Michelsgasse* (nördlich des Bethanien-Krankenhauses) ist heute verschwunden. 1391 wurde erstmals ein »Wingert heißt zum Michel« erwähnt. Herbert Der-

Große Mantelgasse 26

Große Michelsgasse

wein vermutet, dass der Ameisenbuckel und der Bergrücken bis zum Häuselsberg einmal »Michelsberg« geheißen haben. (Derwein 1940, Nr. 599f.; vgl. *St. Michaelsgasse*).

Grüne Meile   (Bahnstadt, F–G 7, Parallelstraße zur Eppelheimer Straße, beginnt am Zollhofgarten und mündet in die Straße Langer Anger). 2010 benannt. Hier soll die Straßenbahn zum Pfaffengrund fahren.

Grünewaldstraße   (Südstadt, I 9, verlängerte Hagenstraße zwischen Karlsruher Straße und Kirschgartenstraße). 1952 nach dem Maler der Spätgotik Matthis Neithart, irrtümlich genannt Grünewald (1460/70–1528), benannt. Er gehört mit Lucas Cranach dem Älteren, Dürer und Burgkmair zur älteren Generation der Meister, die um 1500 eine neue Epoche der deutschen Malerei heraufgeführt haben. Sein bekanntestes Werk ist der Isenheimer Altar (Colmar). – Die Grünewaldstraße ist eine der Straßen im Maler-Namenfeld in der Südstadt.

Gugenmusweg   (Handschuhsheim, D 8–9, zwischen Berliner Straße, früher: Klausenpfad, und Andreas-Hofer-Weg). 1950 nach dem Schriftsteller und Landwirt Stephan Gugenmus (1739–1778) aus Bretten benannt, der 1769 das Handschuhsheimer Schlösschen mit dem dazugehörenden Gut pachtete. Er führte neuartige landwirtschaftliche Betriebsformen ein. So stellte er von der Weidewirtschaft auf Stallhaltung um und erreichte, dass die für die Düngung wichtigen Klee- und Krappäcker von der Beweidung ausgenommen wurden.

Stephan Gugenmus, Gedenktafel

Hauptwerk: »Von dem Ackerbau des kurpfälzischen Dorfes Handschuhsheim«, 1779. – 1984 wurde an der Nordwest-Ecke des Handschuhsheimer Friedhofs an der Straße Zum Steinberg eine Gedenktafel für Stephan Gugenmus enthüllt. Seitdem heißt der Platz inoffiziell *Gugenmusplatz*.

Guido-Schmitt-Weg   (Südstadt, H 9, zwischen Franz-Marc-Straße und Philipp-Otto-Runge-Straße). 1957 *Guido-Schmitt-Straße*, 1958 in *Guido-Schmitt-Weg* umbenannt. Benannt nach dem Heidelberger Maler der Spätromantik Guido Schmitt (1834–1922), Schüler seines Vaters Georg Philipp Schmitt (1808–73). 1859–96 machte sich Guido Schmitt in England und Schottland als Porträtist der Aristokratie einen Namen. Dann kehrte er in seine Vaterstadt zurück und wohnte in seinem Elternhaus (heute: Klingenteichstraße 6, bis 1890 Leopoldstraße 58). 1920 machte ihn die Stadt Heidelberg zum Ehrenbürger. Er ist auf dem Bergfriedhof begraben. Bekannte Werke: »Ruperto Carola« (1886, Ölgemälde im großen Senatssaal der Universität Heidelberg), »Brand des Heidelberger Rathauses« (1908, Ölgemälde im Kurpfälzischen Museum). – Der Guido-Schmitt-Weg ist eine der Straßen im Maler-Namenfeld in der Südstadt.

Gundolfstraße   (Neuenheim, E 9, zwischen Mönchhofstraße und Blumenthalstraße). Nach Friedrich Gundolf (1880–1931) aus Darmstadt benannt, bis 1927 Friedrich Leopold Gundelfinger, Mitglied des George-Kreises. 1911 habilitierte er sich in Heidelberg mit »Shakespeare und der deutsche Geist«. 1917–31 lehrte er hier deutsche Literaturgeschichte. Von Gundolf stammt das Motto über dem Eingang zur Neuen Universität »Dem lebendigen Geist«. Er ist auf dem Bergfriedhof begraben.

Gustav-Kirchhoff-Straße   (Neuenheim, E 9–10, zwischen Bergstraße und Ludolf-Krehl-Straße). 1945 nach dem Physiker Gustav Robert Kirchhoff (1824–1887) aus Königsberg benannt, 1854–74 Ordinarius in Heidelberg. Er erfand zusammen mit Robert Bunsen das Spektroskop, wodurch sie der Spektralanalyse den Weg bahnten (vgl. *Bunsenstraße*). An der Fassade der Stadthalle von 1903 sieht man u. a. die Köpfe von Bunsen und Kirchhoff. Schon 1909 war vorgeschlagen worden, eine Straße nach Gustav Kirchhoff zu nennen. 1939 nahm

Guido Schmitt, Grabstelle

Friedrich Gundolf, Grabstelle

Oberbürgermeister Dr. Carl Neinhaus selbst die Benennung in *Philipp-Lenard-Straße* vor (nach dem Physiker Dr. Philipp Lenard (1862–1947), 1905 Nobelpreisträger für Physik, 1907–31 Professor für Physik in Heidelberg, 1933 Ehrenbürger Heidelbergs). Die Straße wurde im September 1945 auf Anordnung der Besatzungsmacht umbenannt (vgl. Kirchhoff-Institut für Physik im Neuenheimer Feld). – Tafel an der Hauptstraße 52: »In diesem Hause hat / Kirchhoff / 1859 seine mit Bunsen begründete / Spektralanalyse / auf Sonne und Gestirne gewandt / und damit die Chemie des Weltalls / erschlossen« (vgl. *Ludolf-Krehl-Straße*).

Gustav-Radbruch-Platz (Handschuhsheim, D–E 9, kleine Parkanlage an der Zeppelinstraße gegenüber dem Krankenhaus Salem). Ursprünglich Feldflur, nach der Bebauung inoffiziell *Zeppelinplatz* genannt. Im Zweiten Weltkrieg befand sich hier ein Luftschutz-Löschteich, 1951 wurde der Platz zur Grünanlage ausgebaut, 1957 der *Radbruch-Platz* in Gustav-Radbruch-Platz umbenannt. – Der Jurist und Politiker Gustav Radbruch (1878–1949) aus Lübeck war Mitglied des Reichstags (SPD), 1921–23 Reichsjustizminister, 1926–33 und 1945–48 Professor für Strafrecht und Rechtsphilosophie an der Universität Heidelberg. 1933 wurde er aus politischen Gründen entlassen. Er ist auf dem Bergfriedhof begraben. Das Studentenwohnheim am Heumarkt 3 wurde 1983 nach ihm Radbruch-Haus benannt und mit einer Gedenktafel versehen.

Gutachweg (Wieblingen, F 6–7, Siedlung Ochsenkopf, von der Ludwig-Guttmann-Straße unter der Autobahn A 656 durch zum Wieblinger Weg). Teil des ursprünglichen *Diebswegs* (vgl. dort). Erste Wohnbebauung 1934/35. 1952 umbenannt nach dem Fluss Gutach im Schwarzwald, der oberhalb von Triberg entspringt, die Triberger Wasserfälle bildet und bei Hausach in die Kinzig mündet (vgl. *Dreisam-*, *Elsenz-*, *Kinzigweg*).

Nr. 5: ehemaliges Kelterhaus; seit 1979 Vereinsheim der Siedlungsgemeinschaft Ochsenkopf.

Gutenbergstraße (Neuenheim, E 9, zwischen Bergstraße und Handschuhsheimer Landstraße). Bevor die Grenze zwischen Neuenheim und Handschuhsheim von der Gabelsbergerstraße zum Hainsbachweg verschoben wurde, befand sich die heutige Gutenbergstraße auf Handschuhsheimer Gemarkung. Sie wurde 1906 nach dem Erfinder des Buchdrucks

Gustav Radbruch, Grabstelle

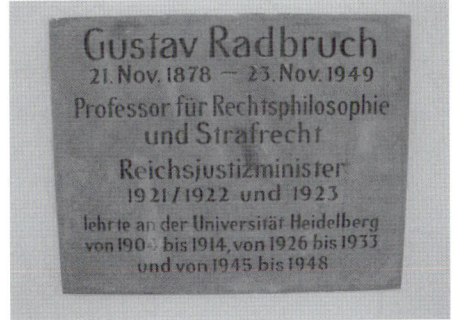

Gustav Radbruch, Gedenktafel

mit beweglichen Lettern Johannes Gensfleisch, genannt Gutenberg, (1400–1468) aus Mainz benannt. – 1936 gründete Heinrich Pfeffer die Heidelberger Gutenberg-Druckerei GmbH. In der Mannheimer Straße 21 (jetzt Wieblinger Weg Nr. 24/7) wurde 1962 die Johannes-Gutenberg-Schule (berufliche Schule) eröffnet. 2007 entstand zwischen Mittermaierstraße, Kurfürstenanlage, Kirchstraße und Alter Eppelheimer Straße ein Neubauviertel mit Namen »Gutenberghöfe«.

Gutleuthofweg (Schlierbach, E–F 15, zieht von der Bahnunterführung östlich des Friedhofs parallel zur Bahnlinie bis zur Orthopädie). 1755 erstmals erwähnt (*oben auf den gut Leuth Hoffsweeg*). 1910 wurde die Straße, die bis dahin zur Schlierbacher Landstraße zählte, nach dem früheren Gutleuthof benannt, ursprünglich einer Isolierstation für Aussätzige, »des Herrgotts gute Leute«. Für die aus der Gemeinschaft Verbannten legte man im Mittelalter außerhalb bewohnter Orte in der Nähe verkehrsreicher Straßen »Gutleuthäuser« an, damit sie sich ihren Lebensunterhalt erbetteln konnten. Vielerorts bezeichnen »Gutleutstraßen« die Lage ehemaliger Gutleuthäuser. 1430 stiftete Kurfürst Ludwig III. vor den Mauern der Stadt, in der »Aue«, eine dem Erlöser, der Maria und dem hl. Laurentius geweihte Kapelle. An sie war das Siechenhaus, auch Gutleuthaus genannt, angebaut. Die verstorbenen Kranken setzte man auf dem Friedhof hinter der Kapelle bei, der später zum Schlierbacher Friedhof wurde. In der Reformation wurde die Stiftung säkularisiert. Nachdem die Zahl der Aussätzigen gesunken war, wurde das Gutleuthaus zur »Elenden Herberge« für arme Reisende und Pilger, 1741 zur Wirtschaft »Zur Alpenrose«. 1861 räumte man wegen des Baus der Odenwaldbahn den unteren Teil des Schlierbacher Friedhofs. 1880 brannte die Wirtschaft ab, die Kapelle blieb stehen und ging 1883 in städtischen Besitz über. Bis zum Bau der katholischen Laurentiuskirche an der Wolfsbrunnensteige 1901 war die Gutleuthofkapelle der einzige Kirchenraum für beide Konfessionen in Schlierbach. 1941 legte man im Innern mittelalterliche Fresken frei (Derwein 1940, Nr. 272; Knörr 1999, S. 127ff.; vgl. *Am Gutleuthofhang*).

Haarlassweg (Neuenheim, E 12, beginnt an der Ziegelhäuser Landstraße und zieht berg-auf). Nach dem ehemaligen Hofgut Haarlass benannt, bis 1776 zur Gemeinde Neuenheim gehörig. Im »Weisthum«, einer Bestandsaufnahme mündlich überlieferter Rechtsfälle, welches der Erzbischof von Mainz 1399 für Handschuhsheim erstellen ließ, wird ein Ziegler namens Hamann Haarlas als Erbbeständer auf dem »niederen Ziegelhus« des Klosters Schönau erwähnt. Sein Name ging auf die Gebäude und von diesen auf die Feldflur über, für die er seit 1464 belegt ist. Von 1776 bis 1930 befand sich hier eine Gerberei, dann ein Hotel mit Restaurant, heute ist es der Sitz der Softwarefirma SAS. 1815 wohnte Zar Alexander I. von Russland im Haarlass. Dort, wo der Haarlassweg von der Ziegelhäuser Landstraße abgeht, steht der »Russenstein«. 1815 ertrank hier Theodor Rudolph Perewicsch, Kutscher des Großfürsten Michael, beim Tränken der Pferde im Neckar (Jaeger 1988, Nr. 333f.; Hoppe 1940, S. 26, Hoppe 1956, Nr. 100).

Haberstraße (Rohrbach-Süd, Gewerbegebiet, L 8–9, Einfahrt ins Gewerbegebiet von der Kirchheimer Straße). 1970 nach dem Chemiker Fritz Haber (1868–1934) aus Breslau benannt. Er studierte in Berlin, Heidelberg (bei Robert Bunsen) und Zürich. 1894 ging er an die Technische Hochschule Karlsruhe zu Karl Engler (vgl. *Bunsenstraße*, *Englerstraße*). 1898 wurde er dort zum außerordentlichen, 1906 zum ordentlichen Professor auf dem neu errichteten Lehrstuhl für physikalische Chemie ernannt. Seit 1908 arbeitete er bei der BASF an der Entwicklung der synthetischen Stickstoff-Fixierung. Es gelang ihm sozusagen, Brot aus der Luft zu produzieren. Für die Synthese von Ammoniak aus Stickstoff und Wasserstoff (Haber-Bosch-Verfahren, Voraussetzung für die Herstellung von Kunstdünger und Schießpulver) erhielt er 1919 zusammen mit Carl Bosch den Nobelpreis für Chemie von 1918 (vgl. *Carl-Bosch-Straße*). 1911 wurde er Leiter des Kaiser-Wilhelm-Instituts für physikalische Chemie und Elektrochemie in Berlin-Dahlem, welches seit 1953 seinen Namen trägt. Im Ersten Weltkrieg ermöglichte seine Arbeit als Leiter der chemischen Abteilung im preußischen Kriegsministerium den Mittelmächten, trotz der alliierten Blockade des chilenischen Stickstoffs Explosivwaffen herzustellen. Haber förderte den Einsatz von Gaswaffen, die er als »humane Waffe« pries. Die Entwicklung und Produktion chemischer Kampfstoffe war ein eklatanter Verstoß gegen die Haager Landkriegsordnung und hatte den Einsatz von Giftgas durch alle kriegführenden Staaten zur Folge. Kurz nach seiner Rückkehr vom ersten Chlorgasangriff bei Ypern am 22. April 1915 nahm sich Habers Frau, die promovierte Chemikerin Clara Immerwahr, das Leben. Nach dem Krieg entging der Nobelpreisträger nur knapp einem Verfahren der Siegermächte als Kriegsverbrecher. Habers Projekt, die deutschen Kriegsschulden durch Gewinnung von Gold aus Meerwasser zu decken, führte nicht zum Erfolg. 1933 musste er als »Nicht-Arier« sein Institut verlassen und emigrierte nach England.

Habichtsweg (Wieblingen, E 6, von der Heinrich-Neu-Straße zur Greifstraße). Angelegt um 1935. Der Name wurde wohl in Anpassung an die benachbarten Straßen gewählt, die ebenfalls einen Greifvogel bezeichnen (vgl. *Adlerstraße*, *Greifstraße*).

Häfnergässchen (Schlierbach, E 13, zwischen der ehemaligen Bahnstation Jägerhaus und dem Kronenweg). Als *Häffner gäßlein* 1755 erstmals erwähnt. Nach dem Müller Gabriel Häffner, der dort um 1750 wohnte (Knörr 1999, S. 70; Derwein 1940, Nr. 276, 493).

Häuselgasse (Kirchheim, I 7, zwischen Lochheimer Straße 9 und Albert-Fritz-Straße). Bis 1929: *Jakobsgasse* bzw. *Jakobstraße*. Das Kirchheimer »Heiligenhäusel«, eine Feldkapelle, stand an der Pleikartsförster Straße, auf dem Weg zum Zentgalgen an der Kreuzung Speyerer Straße/Diebsweg. Die heutige Häuselgasse verläuft durch das ehemalige Gewann »Am heiligen Häusel«. Nach der Eingemeindung wurde die Jakobsgasse umbenannt, weil es in Alt-Heidelberg schon eine solche gab. Den Flur- oder Straßennamen »Am Heiligenhaus« finden wir auch häufig in anderen Orten, z. B. in Leimen. In Handschuhsheim wird 1411 erstmals das Gewann »Heiligenhäusel« erwähnt (Frey 1944, Nr. 171; Körner 2009, S. 74; vgl. *Am Heiligenhaus*).

Häusserstraße (Weststadt, F–G 9, zwischen Bahnhofstraße und Franz-Knauff-Straße). 1873 nach dem Historiker Ludwig Häusser (1818–1867) aus Cléebourg (Unterelsass) benannt. Häusser war ab 1840 Lehrer am Lyzeum und Privatdozent für Geschichte und Philologie an der Universität Heidelberg, seit 1845 Professor daselbst, veröffentlichte 1845

Häusserstraße 8

Häusserstraße 10–12, Synagoge

Ludwig Häusser, Grabstelle

die »Geschichte der rheinischen Pfalz nach ihren politischen, kirchlichen und literarischen Verhältnissen«, war 1847/48 mit Gervinus, Mathy und Mittermaier Herausgeber der »Deutschen Zeitung«, wurde 1860 Ehrenbürger von Heidelberg, war 1861–65 Mitglied der Zweiten Badischen Kammer, Leiter der Museumsgesellschaft und 1864 Mitgründer des »Engeren Ausschusses«, der sich im Waldhorn ob der Bruck (Ziegelhäuser Landstraße 21) traf. Er wohnte zuletzt in der Leopoldstraße 7 (Gedenktafel). Häusser war Schüler des Historikers Friedrich Christoph Schlosser, sein Nachfolger war Heinrich von Treitschke. Häusser ist auf dem Bergfriedhof begraben (vgl. *Scheffelstraße*, *Schlosserstraße*).

Nr. 8: Villa Fuchs (ehemaliger Wohnsitz von Carl Fuchs, Direktor der Fa. Fuchs Waggon). – Nr. 10–12: ehemalige Villa Julius (Haus des Kommerzienrats Paul Julius, 1946 Synagoge und jüdisches Gemeindehaus, dann jüdisches Altersheim, 1977 abgerissen), 1994 Neubau der Synagoge und des jüdischen Gemeindehauses.

Hagellachstraße   (Kirchheim, I–K 8, beginnt an der Odenwaldstraße und zieht südlich ins Feld). »Hagellach« heißt ein Gewann südlich von Rohrbach und Kirchheim, auf beiden Gemarkungen. Vielleicht von Hagenloch, aus ahd. hagan, mhd. hagen (»Dorngebüsch, Einfriedung, umhegter Ort«) und Lohe (»Gehölz«), also ein von einem Hag umgebenes Waldstück (vgl. *Hagenstraße*, *Hegenichhof*). Den Flurnamen »Hagellach« gibt es auch in Leimen (Körner 2009, S. 74).

Hagenstraße   (Südstadt, I 9, zwischen Karlsruher Straße und Panoramastraße). Bis 1929: *Goethestraße*, dann *Hagenweg* benannt. Verläuft längs dem Gewann »Hagen« (vgl. *Hagellachstraße*, *Hegenichhof*).

Hahnbergweg   (Ziegelhausen, E 14–15, zieht von der alten katholischen Kirche in mehreren Kurven bis zum Waldrand, Verlängerung als Waldweg zum Tanzplatz). Nach dem 320 m hohen Hahnberg östlich des alten Dorfes benannt, mit Steilabfall zum Neckar, 1399 erstmals als »Hunberg« erwähnt. Nach Hoppe deutet der Name »auf einen Ort, wo Menschen der Vorzeit wohnten«. Tatsächlich wurden am Hahnberg steinzeitliche Funde gemacht. Er könnte daher der älteste Siedlungsplatz des heutigen Ziegelhausen sein. Der Weg wurde erstmals 1752 als »fusspfad zum gemeinen Rathauß« erwähnt. Das Rathaus lag bis 1785 an der Stelle des Hauses Hahnbergweg 2. – Der Rummerweg in Handschuhsheim hieß 1926–54 *Am Hahnenberg* (Hoppe 1956, S. 14, Nr. 91, 101; Frey 1944, Nr. 70f., 151).

Hagellachstraße 14

Hagenstraße

Hahnbergweg   Hahnbergweg, Bergstraßenbrücke

Hainsbachweg   (Handschuhsheim, E 9, beginnt an der Handschuhsheimer Landstraße und zieht bergan). 1896 zwischen Handschuhsheimer Landstraße und Bergstraße erstellt und nach dem Hainsbach benannt. Dieser Bach (im Lorscher Codex 1094: »Heiminisbach«) entspringt zwischen den beiden Kuppen am Westhang des Heiligenbergs, floss ursprünglich über die Handschuhsheimer Landstraße hinaus in das Gewann »Froschäcker« (vgl. *Froschäckerweg*) und mündete in die »Weth« (Dorfgraben, vgl. *Wethgasse*). Noch im 20. Jahrhundert verursachte der Hainsbach nach starken Gewitterregen große Überschwemmungen. Die Quelle (»am Heinspacher Brunnen«, 1814) wurde um 1890 gefasst und zu einer privaten Wasserleitung verwendet. Der Hohlweg längs dem Bach durch das Tal heißt unten Hainsbachweg, oben *Hainsbacher Weg* (1604: *die heinßbacher Steig;* Frey 1944, Nr. 152). Der Name »Hainsbach« könnte von einem fränkischen Personennamen (»Ort beim Bach des Heimo«?) stammen. Der Bach gab dem Gewann den Namen (»Obere, Vordere, Hintere Hainsbach«). – 1899–1906 wurden an der Ecke Hainsbachweg/Bergstraße fränkische Reihengräber mit reichen Beigaben des 6./7. Jahrhunderts freigelegt. 2005 weihte die Handschuhsheimer Geschichtswerkstatt hier eine Gedenktafel ein. – 1961 wurde die Verwaltungsgrenze zwischen Handschuhsheim und Neuenheim nach Norden verschoben. Damals kam das Villenviertel an der Ludolf-Krehl-Straße bis zum Hainsbachweg zu Neuenheim.

Handschuhsheimer Landstraße   (Neuenheim-Handschuhsheim, D–E 9, zwischen Mönchhofplatz und Rathausplatz). Um 1550: *Heidelberger straß*, mundartlich *die hinner stroß*, im 17./18. Jahrhundert auch *Schweitzerstraße*, im 19. Jahrhundert auch *Hauptstraße* genannt. Bis zum Bau der Steubenstraße ging der gesamte Nord-Süd-Verkehr über diese Straße. Der Handschuhsheimer Teil hieß bis 1903 *Neuenheimer Landstraße*. Bis 1893 hieß

Hainsbachweg (1899)

HANDSCHUHSHEIM Im Norden Heidelbergs in der Rheinebene, am Mühlbach und am Fuß des Heiligenbergs liegt das 1903 eingemeindete ehemalige Dorf Handschuhsheim mit der zentral gelegenen Tiefburg und der ältesten Kirche Heidelbergs, St. Vitus. Es grenzt im Norden an die Gemeinde Dossenheim, im Westen an den Neckar, im Osten an den Stadtteil Ziegelhausen und im Süden an den Stadtteil Neuenheim. Bei der Eingemeindung Neuenheims nach Heidelberg war die *Blumenthalstraße* als Nordgrenze festgelegt worden. Weiter westlich bildete bis 2003 der *Klausenpfad* die Grenze zwischen Neuenheim und Handschuhsheim, seither ist es die Straße *Im Neuenheimer Feld*. Handschuhsheim gewann dadurch eine Fläche von 40,5 Hektar hinzu und ist mit heute rund 18 500 Einwohnern der bevölkerungsreichste Stadtteil. Der erste Teil des Namens Handschuhsheim stammt vermutlich von einem Personennamen. Volksetymologisch wurde er auf das Wort »Handschuh« bezogen, so dass die Herren von Handschuhsheim den Handschuh als Wappen (silbern in blauem Feld) annahmen. Der Ort wurde erstmals 765 im Lorscher Codex anlässlich einer Weinbergschenkung als »Hantscuhesheim« erwähnt. Den Mittelpunkt des Dorfes bildeten die untere *Mühltalstraße* und die *Kirchgassen*. In der Ebene war es auf drei Seiten von einem Graben (Weth) umgeben, zum Wald hin schützte der Wildgraben. Die Ortsausgänge sperrten das Stuhltor nach Dossenheim, das St. Wendelstor nach Ladenburg und im Süden das Heidelberger Tor. Der heute im unteren Teil eingedolte Mühlbach entspringt am Strangwasenbrunnen und fließt durch den historischen Dorfkern zur Ebene, wo er den Hellenbach aufnimmt und sich mit dem Dossenheimer Bach vereinigt.

Die Gemarkung dürfte ursprünglich den ganzen Raum zwischen Dossenheim und dem Neckar umfasst haben. Neuenheim hätte sich also später von der Gemarkung abgetrennt. Ein Dorf Hillenbach vor dem Ausgang des Hellenbachtals zwischen Dossenheim und Handschuhsheim wird zwischen 767 und 1295 erwähnt. Nach dessen Untergang wurde seine Gemarkung mit der Handschuhsheims vereinigt (vgl. *Höllenbachweg*).

Dienstleute des Klosters Lorsch saßen auf einer Höhenburg im Gewann »Bürgel« und später auf der Tiefburg. Die Verwaltung des Handschuhsheimer Klosterbesitzes ging auf das von Lorsch eingesetzte Amt Schauenburg über. 1319/20 kam die Herrschaft Schauenburg (und damit die Dörfer Handschuhsheim, Dossenheim und Neuenheim) durch Kauf zum Erzbistum Mainz, 1461 im Gernsheimer Friedensvertrag als Pfand und 1650 im Bergsträßer Rezess endgültig an die Kurpfalz. Das Ministerialen-Geschlecht der Herren von Handschuhsheim starb 1600 aus. Erben der Tiefburg und ihrer Liegenschaften waren die Grafen von Helmstatt. Handschuhsheim wurde in vielen Kriegen zerstört, im Pfälzischen Erbfolgekrieg bis auf wenige Gebäude niedergebrannt.

Das innere Ortsbild ist geprägt von alten Bauernhäusern und verwinkelten Gassen, manche davon heute überbaut und nur noch in Resten vorhanden. Viele Häuser stehen auf großen, tiefliegenden Gewölbekellern. Handwerker wie Schmiede, Wagner und Küfer hatten ihre Betriebe vor allem entlang der Verkehrsachse Handschuhsheimer Landstraße-Mühltalstraße.

Die landwirtschaftlichen Reformen von Stephan Gugenmus (1739–1778, vgl. *Gugenmusweg*) führten dazu, dass die Handschuhsheimer Bauern auf Stallfütterung umstellten und Handelsgewächse anbauten. Damit begann die Entwicklung zu Gartenbau und

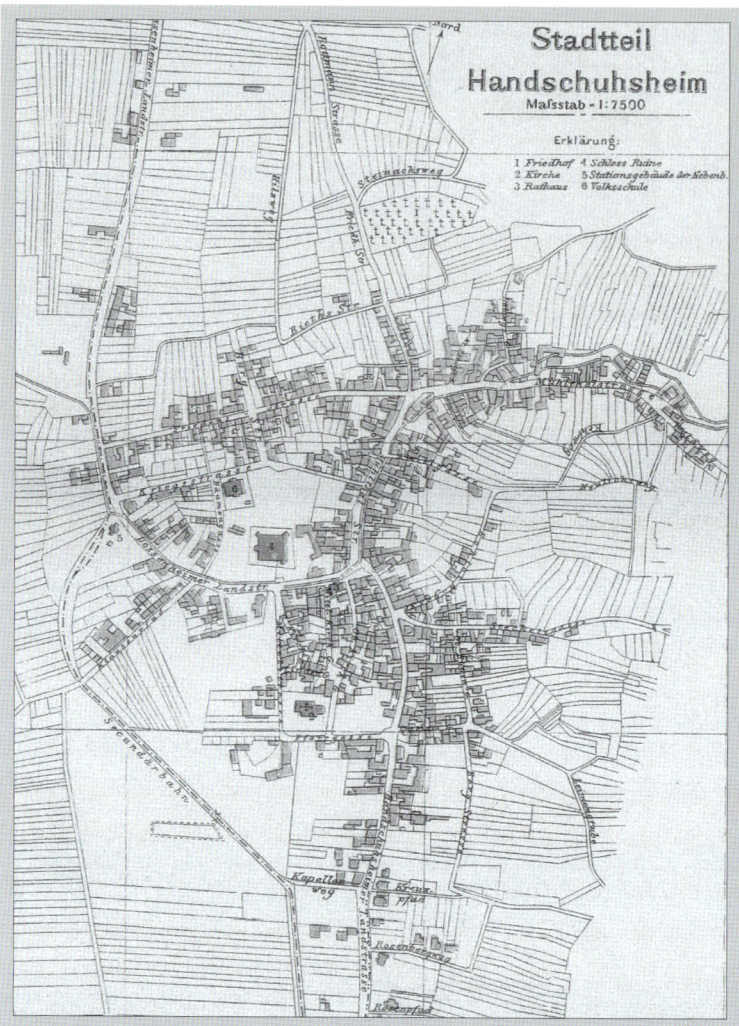

Hand-
schuhsheim
1906

Sonderkulturen, noch heute ein Charakteristikum der örtlichen bäuerlichen Wirtschaft. Im 19. und 20. Jahrhundert war Handschuhsheim bekannt für seinen Garten- und Weinbau, der vor allem von den grundbesitzenden Müllern des Siebenmühlentals beherrscht wurde.

1843 wurde ein neuer Friedhof nordöstlich des Dorfes in Gebrauch genommen, der 1869 erweitert werden musste. 1906 verzichteten die Müller zugunsten der Stadt auf die Wasserrechte im Mühltal. 1921 errichtete der Turnverein Handschuhsheim im Mühltal bei der Bachspring den Kriegergedenkbrunnen (»Turnerbrunnen«).

Der Bau der zweiten Neckarbrücke zwischen Heidelberg und Neuenheim (1877) und der Nebenbahn (1890) brachte auch für Handschuhsheim einen Auftrieb der Bautätigkeit. An den Hängen des Heiligenbergs befinden sich Villen aus der Gründerzeit. 1892 wurden in Handschuhsheim Straßentafeln mit weißer Schrift auf blauem Grund eingeführt.

Handschuhsheimer Landstraße 92b

auch der Abschnitt der *Bergstraße* in Neuenheim zwischen dem Gasthaus »Zur Krone« und dem Mönchhofplatz Handschuhsheimer Landstraße. Seitdem blieb dieser Name auf die Strecke nördlich des Mönchhofs beschränkt. Nach der Eingemeindung wurde sie als Platanenallee zunächst zwischen Kußmaulstraße und Kapellenweg ausgebaut. Durch die Verlängerung der *Mittelstraße* durch den Atzelhof (vgl. *Steubenstraße*) und den Ausbau der Rottmannstraße zur Umgehungsstraße verlor die Handschuhsheimer Landstraße ihren Charakter als Hauptverkehrsachse des ehemaligen Dorfes. – Zwischen 1904 und 1912 fuhr die elektrische Straßenbahn von Neuenheim durch die Handschuhsheimer Landstraße bis zum Gasthaus »Grüner Hof« (Jaeger 1988, Nr. 347; Frey 1944, Nr. 158, 264, 400; vgl. *Dossenheimer Landstraße*, *Neuenheimer Landstraße*).

Nr. 23: Haus Windeck, seit 1930 St. Raphael-Gymnasium (Freie Katholische Schule, 1930 gegründet; vgl. *Roonstraße*). – Nr. 52: Evangelisches Pfarrhaus Handschuhsheim-Süd (1937). – Nr. 61: hier stand das »Heidelberger Tor«. – Nr. 77: ehemalige Eisengießerei und Maschinenfabrik Jakob Schlicksupp. – Nr. 82: ehemaliges Gasthaus »Grüner Hof« (1974 abgerissen). – Nr. 98–104: der gemeinsame Hof des Anwesens wird im Volk Rammelhof genannt.

Hangäckerhöfe   (Rohrbach, K 8–9, Gehöftgruppe südlich des Dohlwegs zwischen Kirchheimer Straße und Erlenweg). Der Weg wurde 1970 nach dem Aussiedlerhof mit Besenwirtschaft benannt. Zufahrt über den Dohlweg.

Nr. 2: Jugendhof Heidelberg e.V. – Nr. 5: Besenwirtschaft Klein.

Hans-Böckler-Straße   (Weststadt, F 9–10, zwischen Rohrbacher Straße und Gaisbergstraße, setzt sich im Sensenried fort). 1974 wurde die seit 1878 benannte *Riedstraße* (nach dem 1348 erstmals genannten Weg *Sensenried*) auf Wunsch des DGB-Kreises Rhein-Neckar in Hans-Böckler-Straße umbenannt. Der Metallarbeiter Hans Böckler (1875–1951) aus Trautskirchen bei Fürth, 1949 bis zu seinem Tode 1. Vorsitzender des DGB, war öfters in Heidelberg zu Besuch bei Dr. Walther Raymond, dem Präsidenten des Arbeitgeberverbandes. 1951 einigten sich Bundeskanzler Adenauer und Böckler über die paritätische Mitbestimmung im Montanbereich. 1977 wurde die Hans-Böckler-Stiftung gegründet, eine gemeinnützige Stiftung des Deutschen Gewerkschaftsbundes (vgl. *Seegarten*, *Sensenried*).

Nr. 2: Deutscher Gewerkschaftsbund. – Nr. 4: Industrie- und Handelskammer Rhein-Neckar-Kreis.

Hans-Bunte-Straße   (Pfaffengrund-Gewerbegebiet, F 6, zwischen Industriestraße und Kurpfalzring, nördlich des ehemaligen Gaswerks). 1927 nach dem Technologen Hans Hugo Christian Bunte (1848–1925) aus Wunsiedel benannt, Gasspezialist auf dem Gebiet der

Hans-Bunte-Straße 5/1   Hans-Bunte-Straße 6

Brennstoff- und Feuerungstechnik, Professor der chemischen Technologie an der Technischen Hochschule Karlsruhe, 1903–13 Mitglied der Badischen Ersten Kammer. – Die Straße führt auf die Keimzelle des Industrie- und Gewerbegebiets im Pfaffengrund zu, das 1915 gebaute städtische Gaswerk am Diebsweg. 1951 wurde es ergänzt durch einen turmartigen Gasbehälter an der Kreuzung Diebsweg/Eppelheimer Straße, der die Umgebung dominierte und zum Wahrzeichen des Stadtteils wurde. 1966 stellte man die Gaserzeugung ein und brach 1985 den Gaskessel ab. Mit der Verlagerung der Fa. Stotz Kontakt von Mannheim nach Heidelberg infolge der Kriegszerstörungen baute man 1943 an dieser Straße Behelfswohnungen, die teilweise erhalten sind.

Nr. 4: Henkel-Teroson GmbH. – Nr. 6: ehemalige Fa. Schmitthelm.

Hans-Feigenbutz-Weg (Rohrbach, Gewann See, K 9, beginnt am Schleifweg und zieht als Feldweg nach Süden). 1978 nach Hans Feigenbutz (1890–1974) benannt, Stadtrat von 1947 bis 1962, Ehrenvorsitzender des Sängerkreises Heidelberg. In Rohrbach geboren, als es noch selbständig war, erlernte er das Schreinerhandwerk und wurde Kaufmann. Zuletzt war er Filialleiter des Konsumvereins (später Coop, *Rathausstraße*) in Rohrbach. Vor der Eingemeindung 1927 war er im Bürgerausschuss Rohrbach tätig. 1947 war Feigenbutz an der Wiederbegründung des Badischen Sängerbundes beteiligt. 1956 begründete er den Stadtteilverein Rohrbach mit, dessen Vorsitz er bis 1960 innehatte. Besonders verdient gemacht hat er sich bei der 1200-Jahrfeier Rohrbachs im Jahre 1966 und um die Errichtung der Mehrzweckhalle (Eichendorffhalle). 1984 beschloss der Gemeinderat, den *Feigenbutzweg* in *Hans-Feigenbutz-Weg* umzubenennen.

Hans-Thoma-Platz (Handschuhsheim, D 9, zwischen Hans-Thoma-Straße und Rottmannstraße, am früheren OEG-Bahnhof). Der Platz wurde durch den Bau der 1890 eröffneten dampfbetriebenen Nebenbahn von Heidelberg nach Dossenheim (später bis nach Schriesheim und Weinheim) mit dem »Bohöfel« zum Verkehrsmittelpunkt des Stadtteils. 1949 wurde die Strecke bis Dossenheim elektrifiziert, 1959 das »Bohöfel« durch einen neuen Bahnhof ersetzt. – Der Platz ist seit 1952 nach dem badischen Maler Hans Thoma (1839–1924) aus Bernau im Schwarzwald benannt. In München schloss Thoma sich dem Kreis um Wilhelm

Hans-Thoma-Platz, ehemaliger Bahnhof Handschuhsheim (ca. 1954)

Hans-Thoma-Platz, ehemaliger Bahnhof Handschuhsheim (vor 1949) (Ill. Ludwig Haßlinger)

Leibl an (vgl. *Leiblweg*). 1899 wurde er Leiter der Kunsthalle Karlsruhe und Akademieprofessor. Seine Freundschaft mit Wilhelm Trübner ging in die Brüche (vgl. *Trübnerstraße*). Thoma malte u. a. die beiden Leinwandbilder an den östlichen Stirnwänden der Seitenschiffe der Heidelberger Peterskirche (»Der kleinmütige Petrus« und »Noli me tangere«, 1902). 1903 machte die Universität Heidelberg Thoma zum Ehrendoktor (vgl. *Kriegsstraße*).

Hans-Thoma-Straße (Handschuhsheim-Nord, C–D 9, beginnt am Hans-Thoma-Platz und zieht nördlich zur Trübnerstraße bzw. Tischbeinstraße). Ab 1960 entstand an der verlängerten Hans-Thoma-Straße ein Wohngebiet mit dem sog. »Ärztehochhaus« (vgl. *Hans-Thoma-Platz*).

Happelstraße (Neuenheim, E 9, zwischen Keplerstraße und Quinckestraße nördlich der Ladenburger Straße). 1911 nicht nach dem Heidelberger Kunstmaler Carl Happel (1819–1914) benannt, sondern nach dessen Bruder J. Theodor Happel (1823–1909), der der Stadt 1903 und 1908 größere Geldbeträge schenkte und damit den Erwerb und die Erweiterung des Palais Morass als Haus der städtischen Sammlungen (später: Kurpfälzisches Museum) ermöglichte. 1909 vermachte er der Stadt seine Gemäldesammlung. Theodor lebte in Brooklyn/USA und kehrte 1870 nach Deutschland zurück, um bis zu seinem Tode in Stuttgart zu wohnen. – Carl Happel schenkte 1911 der Universität Heidelberg eine hohe Summe »zur Förderung der Sternkunde«. 1957 wurde das »Happel-Laboratorium für Strahlungsmessung« auf dem Königstuhl fertiggestellt. Das Happelsche Familiengrabmal auf dem Bergfriedhof wurde in einen Gedenkstein für Carl Happel umgewandelt und in die Nähe des »St. Anna-Platzes« im Friedhof versetzt.

Harbigweg 24, Gregor-Mendel-Realschule

Harbigweg (Kirchheim, H 8, zieht vom Kirchheimer Weg nach Westen und dann parallel zur Speyerer Straße zur Stettiner Straße, wo er in die Königsberger Straße übergeht). 1970 auf Vorschlag des Bezirksbeirats Kirchheim nach dem im Zweiten Weltkrieg gefallenen Leichtathleten Rudolf Harbig (1913–1944) aus Dresden benannt, der vor allem als Mittelstreckenläufer erfolgreich war. Bundesweit sind zahlreiche Straßen, Hallen und Stadien nach ihm benannt worden. Seit 1950 vergibt der Deutsche Leichtathletik-Verband jährlich den »Rudolf-Harbig-Gedächtnispreis« an einen verdienten Leichtathleten.

Nr. 5: »Haus am Harbigweg«, Stadtjugendring. – Nr. 9: Rudergesellschaft Heidelberg. – Nr. 10 und 16: Sportplatz Hockey-Club Heidelberg. – Nr. 11/1: Turnzentrum Heidelberg. – Nr. 24: Gregor-Mendel-Realschule.

Hardtstraße (Kirchheim, I–K 8, zieht vom Kirchheimer Weg von Nord nach Süd, gleichlaufend mit der Bahnlinie, bis zur Gemarkungsgrenze Leimen). Nach der Hardt (= »Wald«), Teil der Kirchheimer und Rohrbacher Gemarkung südlich der Hagellach. Durch Rodung entstanden die Hardtäcker. Bis 1930: *Bahnhofstraße*. 1955 wurde die Hardtstraße über die Albert-Fritz-Straße bis zum geplanten Kurpfalzring verlängert. Dabei änderten sich die Hausnummern (Körner 2009, S. 75).

Nr. 1: Bahnhof Kirchheim (1914 erbaut). – Nr. 2: städtischer Zentralbetriebshof (1977), Amt für Abfallwirtschaft und Stadtreinigung.

Haselnussweg (Boxberg, K 10, zwischen der Schule und dem Einkaufszentrum am Boxbergring). 1962 nach dem Haselbaum (Corylus avellana) benannt, der bei uns wild vorkommt.

Hasenbühler Weg (Weststadt, G 9–10, zwischen Steigerweg und Oberem Gaisbergweg). 1398 als Weinbergbezirk »Hasenbuhel« erstmals erwähnt, »Bühl«, ahd. buhil, mhd. buhel bedeutet »Hügel, Anhöhe«. Als Flurweg 1770f. erstmals erwähnt, war er bis in die zweite Hälfte des 19. Jahrhunderts ebenso ein Weinbergweg wie die *Gaisbergstraße*, der *Obere* und *Mittlere Gaisbergweg* und der *Hutzelwaldweg*. 1935 wurde das unterste Stück des Hasenbühler Wegs, welches vor dem Bau des Königstuhltunnels anders verlief, *Traubengasse* benannt (Derwein 1940, Nr. 291; vgl. *Steigerweg*).

Hasenweg (Ziegelhausen, D 13–14, zwischen Rainweg und Mühlweg, geht in die Treppe zum Rainweg über). Nach dem ersten Ansiedler im 18. Jahrhundert Michael Haas benannt (Hoppe 1956, Nr. 108).

Haspelgasse (Altstadt, F 11, zwischen Neckarstaden und Fischmarkt). 1405 wird »Claus haspels seligen hus in lentzen gaßen« erstmals erwähnt. Danach wäre die Gasse nach einem Mann namens Claus Haspel genannt, der in der *Lenzengasse* (d. h. in der Haspelgasse) wohnte. Es gibt noch weitere Möglichkeiten: Eine Haspel ist ein Gerät, das sich um eine Achse dreht, um einen Faden, ein Seil oder eine Kette aufzunehmen. »Haspel« könnte hier eine Seilwinde sein, um Boote an Land zu ziehen, oder auch eine Vorrichtung, um das sich dort befindliche Tor (»Haspelpforte«) der Stadtbefestigung zu öffnen. Weiter wäre zu denken an eine Winde zum Schroten von Weinfässern, oder um Fässer aus dem Keller zu ziehen. Dafür spräche eine Erwähnung von 1754: »hab ich in der haßbel gaß den haßbel gesetzt und eingepflastert« (Derwein 1940, Nr. 297, 530; Mumm 2011, S. 186f.). In der heutigen Weststadt gab es ein Gewann »bey dem Haspel« (1678 erstmals erwähnt); der *Schwabenheimer Weg* in Wieblingen hieß bis 1930 *Haspelgasse* (siehe dort). – Die Fähre über den Neckar, 1218 erstmals erwähnt, verkehrte vor dem Bau der ersten Brücke vermutlich in Höhe der Haspelgasse. Der Weg eines Reisenden führte von der Anlegestelle zunächst zum »Kaufhaus« (heute: Haspelgasse 12), dem Zentrum des Binnenhandels, dann über die Kettengasse zum alten Schloss, und über den Plättelsweg/Königstuhl nach Neckargemünd. Damit war sie eine der Haupteinfallstraßen in die Stadt. – Die Verlängerung der Haspelgasse zur Hauptstraße zählt heute zum *Fischmarkt* (Nr. 1–3). Der Neubau der Heiliggeistkirche vom Ende des 14. Jahrhunderts ließ den Platz vor dem Westportal zu klein werden, so dass die Häuserfronten um knapp 3 m zurückversetzt werden mussten.

Nr. 8: Schnookeloch, Hotel und Restaurant, früher: »Schwarze Traube«, mit Eichendorff-Stube. – Nr. 12: Haus Cajeth, Barockpalais, 1735 durch den Münzwardein Anton Cajet († 1744) auf dem Platz der mittelalterlichen Markthalle erbaut. 1796 Tuchgeschäft und Bankhaus der Familie Zimmern. 1898–1928 Redaktion und Druckerei der »Heidelberger Neuesten Nachrichten«. Seit 1982 Museum für primitive Kunst. Das Haus beherbergt außerdem die Buchhandlung Egon Hassbecker und das Kulturamt der Stadt Heidelberg.

Hatschekstraße (Rohrbach-Süd, Gewerbegebiet, L 8–9, zieht von Im Breitspiel westlich, um dort in einer Schleife zu enden). 1970 nach dem Industriellen Ludwig Hatschek (1856–1914) aus Těšetice bei Olmütz benannt, der ein Herstellungsverfahren für Asbestzementplatten erfand. Er baute in Österreich-Ungarn mehrere Eternit-Fabriken. Eternit, ein Pionier unter den modernen Baustoffen, revolutionierte die Bautechnik und die Architektur. Die Gesundheitsrisiken wurden schon früh erkannt, fielen aber im Vergleich zum Nutzen nicht ins Gewicht. Erst als der amerikanische Arzt Irving Selikoff in den 1960er Jahren die Folgen des Umgangs mit Spritzasbest publik machte, kam ein Prozess in Gang, in dessen Sog auch der Asbestzement geriet. Dies sensibilisierte die Öffentlichkeit für das Problem der Berufskrankheiten, denen man früher wenig Beachtung schenkte. – Südlich der Hatschekstraße, zum Teil schon auf Leimer Gemarkung, befindet sich das Heidelberger Werk der Eternit AG. Seit 1945 werden hier Faserzementprodukte hergestellt. 1990 vollzog die Firma die Umstellung auf eine asbestfreie Materialtechnologie für Hochbauprodukte.

Hauheckenweg (Wieblingen, E 6, von der Maaßstraße 37 südwärts zur Greifstraße). Der Gemeinderat beschloss diese Benennung 1931, als an dem bis dahin namenlosen Feldweg Wohnbebauung entstand. Westlich davon lag das Gewann »Die Hauhecke«, dessen Name nur schwer gedeutet werden kann: vielleicht nach Hecken, die behauen = beschnitten werden, oder nach Hecken, die in einem »Hau« angelegt wurden, also in einem Waldstück, wo Holz geschlagen wurde.

Hauptstraße (Altstadt, F 9–11, zwischen Sofienstraße und Karlstor). Hieß ursprünglich auch *Obere Gasse* (1391, 1511, zwischen dem obern Tor und dem Markt), *Platea magna* (1419), *Speyerer Straße* (1508, 1619), *Ober Speirisch Straß* (1588, zwischen Markt und Mitteltor), *Breite Straße* (1685), *Obere Straße* (1738). Als *haubt straß* wird sie erstmals 1699 erwähnt. Sie weist mehrere leichte Verschwenkungen auf, ist ca. 1850 m lang, davon 1600 m Fußgängerzone, und hat 249 Hausnummern. Zwischen Nr. 126 und 135 stand bis 1827 das Mitteltor mit Turm. 1856, im selben Jahr, da man das Mannheimer Tor an ihrem Westende abbrach, wurde sie hausnummerntechnisch in einen westlichen und einen östlichen Teil geteilt. Die »westliche Hauptstraße« begann am Ende der Bergheimer Straße und endete am Ludwigsplatz (heute: Universitätsplatz). Hier begann die »östliche Hauptstraße« und endete am Karlstor. 1877/78 wurde die Zählung der Hausnummern in der Hauptstraße wieder geändert, die Trennung der Teile aufgegeben. (Beispiel: Hauptstraße Nr. 107 ist seitdem Hauptstraße Nr. 235). – Seit 1885 fuhr die Pferdebahn vom damaligen Hauptbahnhof durch die Hauptstraße zum Karlstor. Zwischen Bismarckplatz und Karlstor besteht ein Höhenunterschied von ca. 2 m. Zwischen Theaterstraße und Universitätsplatz ist die Steigung, bedingt durch den Schwemmkegel des Klingenteichbaches, fühlbar, so dass dort 1897 für die Pferdebahn ein Vorspanndienst mit einem zweiten Pferd eingerichtet wurde. An der Einmündung des *Friesenberg* bildet der Bach, welcher im »Fürstenbrunnen« des Schlosses entspringt, einen kleinen Schwemmfächer. Von 1902 bis 1976 fuhr die elektrische Straßenbahn (zweigleisig, ab Karlsplatz eingleisig) durch die Hauptstraße. Seit 1969 ist sie für den Durchgangsverkehr gesperrt. 1978 wurde die Fußgängerzone Altstadt fertiggestellt, die teilweise auch in die Seitengassen der Hauptstraße reicht (Derwein 1940, Nr. 231, 298, 472, 905, 908, 916).

Der Kunsthistoriker Carl Neumann (»Heidelberg als Stadtbild«) schrieb 1914: »Die Straßen der modernen Städte sind wie die des 17. und 18. Jahrhunderts geradli-

Hauptstraße 198, Eingang Mittelbadgasse

Hauptstraße 213

Hauptstraße 224   Hauptstraße 168

nig in meist rechtwinkligen Blöcken angelegt. Heidelberg ist aber nicht geradlinig,
sondern eben eine seiner größten Schönheiten ist die Kurve der Hauptstraße, wie
sie mannigfach sich hin- und herbiegend, Vor- und Altstadt durchzieht, nach der
Berg- wie nach der Wasserseite kleine, häufig krumme, rippenartige Querstraßen
entsendend. Was sich an gerade geführten Querstraßen heute findet, ist moderner
Durchbruch.«

Nr. 31: ehemaliges Einzelhandelsgeschäft der Seifenfabrik Theobald Klar (bis 1977). – Nr. 37: ehemaliges Café Odeon mit Lichtspieltheater (1911). – Nr. 42: ehemalige Schloß-Lichtspiele (1909). – Nr. 44:
ehemaliges Hotel »Roter Hahn« (1901–91). – Nr. 47–51: Friedrichsbau, benannt nach Großherzog Friedrich I., 1861–63 an der Stelle der Kirche des Dominikanerklosters als naturwissenschaftliches Instituts-
gebäude der Universität errichtet (Architekt: Wilhelm Waag), heute Psychologisches Institut (Gedenktafel für den ungarischen Begründer der modernen Gravitationsforschung Lorand Eötvös). – Nr. 52:
Venninger Hof, Haus zum Riesen, erbaut 1707 von Oberjägermeister Eberfritz von Venningen, Baumeister: Johann Adam Breunig, Fassade: Heinrich Charrasky; später Geologisch-Paläontologisches Institut
(Gedenktafel für den Geologen Wilhelm Salomon-Calvi). Hier erfanden Bunsen und Kirchhoff 1859
das Spektroskop, wodurch sie der Spektralanalyse den Weg bahnten. – Nr. 63: am oberen Ende der
Ziegelgasse stand das ehemalige kurfürstliche Ballhaus (Darstellung durch Philibert von Graimberg,
1886), 1931–1990 Kaufhaus Woolworth. – Nr. 73: 1902–10 Wohnung von Max Weber, hier schrieb er
»Protestantische Ethik und der Geist des Kapitalismus«. – Nr. 75: ehemaliges Gasthaus »Zum Karpfen«
(seit 1673 belegt), ab 1891 »Perkeo«. – Nr. 78: Palais von Leoprechting (1736 erbaut, westlicher Trakt
1910 abgerissen). – Nr. 84–85: ehemalige Wohn- und Geschäftshäuser der Fa. Landfried. – Nr. 90a:
Providenzkirche (1661 als lutherische Pfarrkirche erbaut, 1693 bis auf die Außenmauern zerstört, bis
1721 mit Turm wieder aufgebaut). – Nr. 94: ehemaliges Café Krall, 1834 von Martin Krall gegründet,
1933 durch Otto Schafheutle als Theatercafé eröffnet. – Nr. 97: Palais Morass (1712), heute: Kurpfälzisches Museum, Heidelberger Kunstverein (Gedenktafel für den Chirurgen Maximilian Josef von Che-
lius, 1794–1876). – Nr. 106: ehemalige Vergolderei und Spiegelhandlung Welker. – Nr. 110: ehemaliger
Wormser Bischofshof. – Nr. 117: ehemalige Weinwirtschaft »Kümmel-Spalterei«. – Nr. 118: Zimmerthea-
ter (seit 1951). – Nr. 120: Haus Neukirch, Curt und Heidemarie Engelhorn Palais, Heidelberg Center
for American Studies (2006). – Nr. 124: ehemalige Kunsthandlung Edmund von König (1899–2002). –
Nr. 126–128: ehemalige Oberrheinische Bank (1900/01, Architekten: Jakob Henkenhaf, Friedrich Ebert).
– Nr. 136 (Ecke Augustinergasse): ehemaliges Antiquariat des Buchhändlers Ernst Carlebach (1877–
1923). – Nr. 143: ehemalige Brauerei und Gasthaus »Zum Weißen Schwan«. – Nr. 146: ehemaliges
Gasthaus »Zum König von Portugal«, seit 1907 Kino. – Nr. 160: ehemaliges Gasthaus »Zu den Drei Köni-

gen« bzw. Herberge »Zur Krone«, ab 1736 im Besitz der Familie Bassermann. – Nr. 168: Haus Meder. – Nr. 176: Apotheke zum Schwanen (seit 1902). – Nr. 178: Haus zum Ritter (1592), heute Hotel. – Nr. 189: Heiliggeistkirche (1410 Chor, 1441 Langhaus, 1544 Turm). – Nr. 190: ehemalige Hofapotheke (1701 erbaut, bis 1878). – Nr. 195: ehemaliges Palais des Pfalzgrafen Otto Heinrich (1544, später Gasthaus »Schwarzer Adler«, heute zum Rathaus). – Nr. 196: Gedenktafel für Dorothea Delph, Freundin Goethes. – Nr. 199: ehemaliges Gasthaus »Zum großen Faß«, 1956 abgerissen, seit 1961 Erweiterungsbau zum Rathaus. – Nr. 207: Roßhirtsches Haus, hier starb der Dichter Karl Gottfried Nadler 1849 (vgl. *Nadlerstraße*). – Nr. 209: Sickinger Hof (1705 neu erbaut), 1810–19 Palais Boisserée, im 19./20. Jahrhundert Polizeirevier I und Landratsamt, seit 1974 Germanistisches Seminar der Universität Heidelberg. – Nr. 224: ehemalige »Altdeutsche Weinstube«. – Nr. 226: Walpergenhaus (Studentenwohnheim). – Nr. 231–233: Rhenanenhaus (Corps Rhenania), heute Dekanat der Theologischen Fakultät. – Nr. 233: Inschrift über dem Gartentor: »Hier stand das innere Obertor / auch Jakobspforte genannt / der mittelalterlichen Stadtbefestigung / erbaut im 13. Jahrhundert – abgetragen 1750 / ersetzt durch das östlich der Herrenmühle gelegene / hintere oder äußere Obertor / und später durch das Karlstor.« – Nr. 232–234: Haus Buhl (1722 von Johann Jakob Rischer für Friedrich Gerhard von Lüneschlos errichtet), später Gesellschaftshaus der Universität. – Nr. 235: Palais Weimar (1714, 1784 Kameralschule, heute Völkerkundemuseum). – Nr. 236: Liselotte-Haus (Studentenwohnheim). – Nr. 242: Internationales Wissenschaftsforum. – Nr. 244: Corps Thuringia. – Nr. 246: Fremerey-Haus, Jellinekhaus (Studentenwohnheime). – Nr. 251: Karlstor (1775/81).

Hausackerweg (Schlierbach, E 12, zwischen der Straßenüberführung zur Schlierbacher Landstraße oberhalb des Rosenbusches und dem Schloss-Wolfsbrunnen-Weg). Nach dem Gewann »Hausacker« (1566 als »hauß Ackher« erstmals erwähnt), Name einer kleinen Siedlung, in der hauptsächlich Fischer wohnten. Namengebend dürften die Hausgärten der Bewohner Alt-Heidelbergs gewesen sein. 1716–1868 gab es hier eine Gastwirtschaft »zum Hausacker« mit Tanzsaal, wo auch die Studenten paukten. 1868–78 umgab sich Karl Metz, Begründer einer Fabrik für Feuerlöschgeräte, in diesem Gebäude mit einer Altertümersammlung. 1896–1933 war hier die Färberei Grün. Das Anwesen fiel 1934 der Verlegung der Odenwaldbahn zwischen Karlstor und Neckargemünd auf die bergseitige Trasse und dem Bau einer Brücke über die Bahn zum Opfer (Neues Archiv II/1894, S. 141f.; Derwein 1940, Nr. 299; Knörr 1999, S. 53; vgl. *Karl-Metz-Straße*, *Am Rosenbusch*).

Haydnstraße (Handschuhsheim, D–E 9, zwischen Steubenstraße und Zeppelinstraße). 1912 nach dem Komponisten Josef Haydn (1732–1809) benannt. – Viele Straßen zwischen Langgewann, Rottmannstraße und Blumenthalstraße tragen die Namen von Musikern (*Bachstraße*, *Beethovenstraße*, *Furtwänglerstraße*, *Max-Reger-Straße*, *Mozartstraße*, *Philipp-Wolfrum-Weg*, *Richard-Wagner-Straße*, *Schubertstraße*).

Hebelstraße (Weststadt, H 8–G 9, zwischen Römerstraße und Kirchheimer Weg, in diesen übergehend). 1909 nach dem alemannischen Dichter und Theologen Johann Peter Hebel (1760–1826) benannt, der in Schwetzingen starb und dort begraben wurde. Er wurde 1808 Direktor des Karlsruher Gymnasiums, 1819 Prälat der lutherischen Landeskirche und dadurch Mitglied der Ersten Kammer der Badischen Ständeversammlung. 1822 erhielt Hebel die Ehrendoktorwürde der Theologischen Fakultät der Universität Heidelberg für seine Verdienste um die Durchsetzung der Union der Reformierten und Lutheraner Badens. – Die Straße überquert die Bahnlinie Heidelberg-Karlsruhe auf der Hebel-Brücke.

Nr. 9: Hebel-Halle des UnterwegsTheaters.

Heckerstraße

Heckerstraße   (Kirchheim-West, I–K 7, beginnt und endet an der Schwarzwaldstraße). Nach dem Revolutionsführer Friedrich Hecker (1811–1881) aus Eichtersheim benannt. Nach einem juristischen Studium in Heidelberg ließ er sich in Mannheim als Rechtsanwalt nieder. Laut Inschrift am Gebäude Hauptstraße 133 war Hecker unter den 51 »fortschrittlichen« Politikern im »Badischen Hof« in der Heidelberger Hauptstraße, die am 5. März 1848 die Einberufung einer deutschen Nationalversammlung forderten. Am 12. April 1848 rief er mit Gustav von Struve in Konstanz zum bewaffneten Aufstand auf. Der »Heckerzug« machte sich auf den Weg Richtung Rheinebene, um die Landeshauptstadt Karlsruhe einzunehmen. Bei Kandern wurden die Aufständischen von regulären Truppen zerrieben. Friedrich Hecker floh über die Schweiz in die USA und wurde Farmer. Um seine Person bildete sich rasch ein Mythos. – Auf dem Straßenschild lautet das Todesjahr Heckers 1871 (vgl. *Struvestraße*; Körner 2009, S. 75).

Hedwig-Jochmus-Straße   (Kirchheim-Am Dorf, K 7, zweigt von der Sandhäuser Straße nach Nordwesten ab). 1994 nach der Chemikerin Dr. Hedwig Jochmus (1899–1993) aus Kassel benannt. Sie war bei der IG Farbenindustrie AG in Ludwigshafen, nach 1945 bei der BASF tätig. Sie war Mitbegründerin des Bundes angestellter Akademiker in der IG Chemie, 1953–57 Mitglied des Deutschen Bundestags, 1960–68 Abgeordnete des Wahlkreises Heidelberg-Stadt im Landtag von Baden-Württemberg und 1956–66 Bundesvorsitzende der Frauenvereinigung der CDU. 1963 erhielt sie das Bundesverdienstkreuz. Sie wohnte in Neuenheim und auf dem Emmertsgrund (Körner 2009, S. 75).

Hedwigsgasse   (Kirchheim, I–K 8, zwischen Wingertspfad und Hardtstraße). Bis 1930 *Luisenstraße*. Nach Hedwig von Kirchheim benannt, Witwe des Ortsadeligen Markolf von Kirchheim, der es laut Urkunde von 1224 auf Lebenszeit erlaubt war, wöchentlich eine Fuhre Holz aus dem Hegenichwald zu holen (Körner 2009, S. 8f., 75).

Hegenichhof   (Kirchheim, Bauernsiedlung, westlich von Patrick-Henry-Village). Der Hegenichwald, ein Laubwald zwischen Eppelheim, Plankstadt, Schwetzingen, Oftersheim, Kirchheim, Bruchhausen und dem Leimbach, wurde 1220 als »Hegenehe« im Besitz des Klosters Schönau erwähnt. Das Wort Hegenich ist von mhd. hac (»Hecke, Gebüsch, Einhegung«) abgeleitet und bezeichnet einen durch einen Hag eingezäunten Waldbezirk oder auch einen Buschwald. Das Verb hegen bedeutet »mit einem hac umgeben, umzäunen, hegen, pflegen, bewahren«. Wahrscheinlich gehörte auch das Pleikartsförster Feld, das als erstes gerodet wurde, zum Hegenichwald. Die *Speyerer Straße* verlief mitten durch den

Wald, welcher Bau- und Brennholz lieferte und als Viehweide diente. Nach der Säkularisierung des Klosters ging er auf die geistliche Güterverwaltung über. Die Gemeinde Kirchheim, die das Recht auf den Viehtrieb hatte, bekam 1798 drei Viertel des Waldes zugesprochen. 1803 schoss ein Jäger aus Schwetzingen dort den letzten Wolf. Bis 1855 wurde der Wald vollständig abgeholzt, das Holz versteigert. Vom Erlös bauten die Kirchheimer u. a. 1822/24 ihr Rathaus. Gewannbezeichnungen wie »Neurott«, »Dachsbau«, »Dornbuckel«, »Gäulschlag«, »Kälberschlag« und »Waldäcker« erinnern noch an den ehemaligen Wald. In der Rodung legte der Heidelberger Kaufmann Carl Theodor Trackert 1808 einen Hof (»Trackertshof«) an. Später richtete er dort eine Branntweinbrennerei und eine Ölmühle ein, 1838 wurde eine Schankerlaubnis erteilt. Der Hof wechselte mehrmals den Besitzer, einer davon war Graf Berckheim aus Weinheim. Seit 1954 gehört der Hof der Stadt Heidelberg, 1974 wurde er abgerissen und 200 m weiter nördlich ein neuer landwirtschaftlicher Betrieb gebaut. – Auf dem Allmendgrund des einstigen Hegenichwaldes baute man 1935/36 die Autobahn Heidelberg-Bruchsal, 1938 die Bauernsiedlung *Neurott*, 1955 den *Kurpfalzhof* und 1953–56 die amerikanische Wohnsiedlung *Patrick-Henry-Village*. In den 1980er Jahren pflanzte die Gemeinde Eppelheim in der Nähe auf ehemaligen Kiesgruben, die als Mülldeponien gedient hatten, den »Eppelheimer Wald« (Körner 2009, S. 23ff.; vgl. *Trackertweg*).

Hegenichstraße (Kirchheim, K 7–8, beginnt am ehemaligen Marktplatz und endet an der Hardtstraße, führt in Verlängerung über Heuauer Weg-Graswen zum ehemaligen Hegenichhof). 1894 zum Teil über den alten Friedhof angelegt. Hieß bis 1929 zwischen dem ehemaligen Marktplatz (heute »Spinne« genannt) und der evangelischen Kirche *Obere Kirchgasse*, östlich davon bis zur Bahnlinie *Friedrichstraße*. Beide wurden als voneinander unabhängige Straßenzüge empfunden. Weil es in Handschuhsheim schon eine *Friedrichstraße* gab, wurde die *Obere Kirchgasse* mit der *Friedrichstraße* zur *Hegenichstraße* vereinigt (Neuer 1985, S. 18ff., 75ff.; vgl. *Hegenichhof*, *Türmergasse*).
Nr. 2: Turn- und Festhalle (1924–27). – Nr. 13: evangelische Kirche (1748–50 erbaut).

Heidebuckelweg (Ziegelhausen-Peterstal, B 14, am Waldrand zwischen Peterstaler Straße und Peter-Wenzel-Weg). Benannt nach dem 1735 erstmals erwähnten Gewann »am Heydten Buckel« (»buckeliger sandiger Abhang«, Hoppe 1956, Peterstal Nr. 16).

Heidelberger Straße (Rohrbach-Villenviertel, I 19, zwischen Eichendorffplatz / Karlsruher Straße und Rathausstraße). Gegenstück zur Leimer Straße im Süden und zur Rohrbacher Straße im Norden. Nicht die gerade Römerstraße war die Verbindung zwischen dem Dorf Rohrbach und der benachbarten Stadt, sondern die krumme Heidelberger Straße und ab der »Markscheide« der damals ebenso gewundene Rohrbacher Weg. In der Heidelberger Straße wurde 1891 auf dem ehemals von-der-Thannschen Grundstück das neue Schulhaus (heute Eichendorffschule, Nr. 61) errichtet. – Im heutigen Stadtgebiet gab es noch andere »Heidelberger Straßen«, so die jetzige *Handschuhsheimer Landstraße* oder die Straße *In der Neckarhelle* in Ziegelhausen, die bis zur Eingemeindung *Heidelberger Landstraße* hieß. Der südliche Teil des Kirchheimer Wegs hieß noch 1921 *Heidelberger Weg*. Nur die Rohrbacher durften ihre Heidelberger Straße behalten.
Nr. 4: ehemaliges Postamt Heidelberg-Rohrbach. – Nr. 61: Eichendorffschule (1891 erbaut, seit 1951 so benannt); ehemalige Gregor-Mendel-Realschule (bis 2007).

Heiligenbergstraße (Handschuhsheim, D 9–10, zieht vom Waldweg bei den Förster-häusern (Waldweg 50), den Neulichweg querend, westwärts, dann südwärts zum »Weißen Haus«, dort als Sackgasse). Um 1930 angelegt (Frey 1944, Nr. 168; vgl. *Auf dem Heiligen-berg*).

Nr. 6–8: Weißes Haus (1928).

Heiliggeiststraße (Altstadt, F 11, zwischen Marktplatz und Leyergasse). Bis 1947 *Hirschstraße*, dann nach der Heiliggeistkirche benannt. Sie wurde als Einheit mit der *Un-teren Straße* empfunden. Kurfürst Ruprecht III. fügte 1398–1410 an das Langhaus einer Vorgängerkirche den heutigen Heiliggeistchor an. 1441 war das spätgotische Langhaus voll-endet, 1544 der Turm. 1693 wurden die drei Seitenkapellen am Nordrand der Kirche zerstört. 1706 wurde die Kirche durch eine Quermauer geteilt, der Chor diente den Katholiken, das Schiff den Reformierten. Seit 1809 war die Jesuitenkirche Pfarrkirche der katholischen Ge-meinde zum Hl. Geist. Der Chor der Heiliggeistkirche diente 1874–1936 den Altkatholiken als Gotteshaus. 1936 wurde die Gesamtkirche evangelische Pfarrkirche. – Möglicherweise war die Heiliggeiststraße die eigentliche Hauptverkehrsachse der ursprünglichen Sied-lung. Sie führte vom Markt zum Friesenberg. Der Kunsthistoriker Carl Neumann schreibt: »Dieses Zusammenmünden der zwei Parallelstraßen [Hauptstraße und Heiliggeiststraße] an der Leyergasse gehört noch zu den echten, gotisch empfundenen Straßengedanken des alten Heidelberg.« (Heidelberg als Stadtbild, Heidelberg 1914, S. 15). – Früher war die Straße nach dem erstmals 1546 erwähnten Gasthaus zum goldenen Hirschen am Markt (an der Stelle des nordwestlichen Rathaus-Flügels) benannt. Es galt als der beste Gasthof der Stadt. Während seiner Besuche in Heidelberg logierte Götz von Berlichingen meistens im »Hirschen ufffm Markt«. Auch Philipp Melanchthon, der auf der Heimreise vom »Wormser Gespräch« einer Einladung des Kurfürsten Ottheinrich folgte, wohnte 1557 dort. Der Dichter Joseph Victor von Scheffel lässt in seinem Gedicht den Herrn von Rodenstein zu Heidelberg im »Hirschen« einkehren: »Wer reit' mit zwanzig Knappen ein / zu Heidelberg im Hirschen? / das ist der Herr von Rodenstein / nach Rheinwein will er pirschen«. Elisabeth Charlotte von der Pfalz schrieb 1722 an ihre »herzallerliebste Luise«: »Ist das Wirthshaus vom großen Hirsch noch auf dem großen Markt? Das war doch das Wirthshaus, so in der größten Repu-tation war«. Der »Hirsch« blieb 1693 vom Stadtbrand nicht verschont. In dem an seiner Stelle 1701–05 im barocken Stil neu errichteten Haus befand sich für einige Zeit das katholische Stadtpfarrhaus. Im Jahr 1867 erwarb es die Stadt Heidelberg. Von 1871 bis 1884 diente es der städtischen Sparkasse als Domizil. 1885 musste es dem neuen Rathaus-Nordflügel weichen

Heiliggeiststraße, Einmündung Hauptstraße

(Derwein 1940, Nr. 227, 329, 917; H.-M. Mumm, HJG 16 (2012), S. 11–44; vgl. *Hirschgasse*).

Nr. 11: Inschrift: »Hier im früheren / Haus Hirschstraße 13, / befand sich die Fabrik für / Feuer- und Rettungswesen / von Karl Metz (1818–1877), / dem Begründer der / Freiwilligen Feuerwehr« (vgl. *Karl-Metz-Straße*). – Nr. 12: ehemaliges Stadtarchiv (1972–2013). – Nr. 17: ehemalige reformierte Kirchenrats-Kanzlei (1790/91 von Nicolas de Pigage an der Stelle der Mönchhof-Kanzlei erbaut), heute: Schmitthennerhaus, Pfarrhaus der Heiliggeistkirche. Am Tor lesen wir: »Dem Dichter / Adolf Schmitt- henner / Pfarrer bei Heiliggeist / zum Gedächtnis / 1854–1907«. – Gedenktafel für Pfarrer Hermann Maas.

Heinrich-Fuchs-Straße   (Rohrbach, I 8–9, zwischen Rohrbach Markt und Bahnlinie). 1844 eröffnete Johann Schäfer am *Kirchheimer Weg* in der Nähe des damaligen Bahnhofs eine Wagenfabrik. 1862 übernahm sie der Sattlergeselle und Kutschenfabrikant Heinrich Fuchs (1820–1884) aus Offenbach. Weil es in der Weststadt keine Erweiterungsmöglichkei- ten gab, wurde um 1900 die Produktion nach Rohrbach verlegt. Hier, nahe dem Bahnhof Kirchheim, konnten modernste Fertigungsanlagen mit Gleisanschluss errichtet werden. Die Fabrikantenvilla mit dem geflügelten Rad der Eisenbahner steht noch heute an der Ecke Häusser-/Bunsen-/Goethestraße. Bald bekam Heinrich Fuchs Aufträge von der badischen Bahnverwaltung und von denen anderer deutscher Länder. Später nahm man Güter- und Straßenbahnwagen ins Fertigungsprogramm auf. Die Heidelberger Straßen- und Bergbahn AG bezog zwischen 1945 und 1957 sämtliche Straßenbahnwagen von Fuchs. 1899 gab Carl Heinrich Fuchs (1849–1905), Sohn von Heinrich Fuchs, der Firma die Form einer Aktienge- sellschaft. Die Zeit nach dem Ersten Weltkrieg brachte für die deutsche Waggonindustrie den Niedergang. Um diesen aufzufangen, fertigte man zwischen 1925 und 1930 bei Fuchs auch Sattelschlepper. 1931 wurde der berühmte »Gläserne Zug«, ein Aussichts-Triebwagen, vorgestellt (vgl. *Franz-Kruckenberg-Straße*, *Georg-Mechtersheimer-Straße*). Nach dem Zweiten Weltkrieg nahm die unzerstörte Fabrik ihren Betrieb wieder auf. Dr. Heinrich Fuchs (1883–1970), der Enkel des Gründers, baute sie zu einem der größten Metallbetriebe der Region aus. 1948 arbeiteten dort über 1500 Menschen. Bald schrumpfte der Export wieder und der anfängliche Vorteil begann sich negativ auszuwirken. Denn nun waren die Anlagen veraltet. Die »Fuchs Waggon AG« war 1940 Eigentum der Dillinger Hütte geworden. Das Saarland gehörte nach dem Zweiten Weltkrieg wirtschaftlich zu Frankreich. Um Devisen für dringende Investitionen zu beschaffen, wurde die Fuchs AG 1957 an die amerikanische Landmaschinenfabrik International Harvester Company verkauft. Das Fuchssche Firmen- archiv ist verschollen, so dass weitere Forschungen erschwert sind. Die Angehörigen der Familie Fuchs sind auf dem Bergfriedhof begraben. – Der westliche Teil der Heinrich-Fuchs- Straße gehörte ursprünglich zu Kirchheim und zur dortigen *Rohrbacher Straße*, während der östliche (Rohrbacher) Teil bis 1929 *Kirchheimer Straße* hieß. Auch heute noch gehört der südwestliche Zipfel der Heinrich-Fuchs-Straße zu Kirchheim. Bis 1929 hieß die heutige Straße *Im Hasenleiser* Fuchsstraße. 1959 wurde der Teil der *Odenwaldstraße*, der östlich der Bahn- linie verläuft, und der nördliche *Birkenweg* in *Heinrich-Fuchs-Straße* umbenannt. Die Haus- nummern Odenwaldstraße 68–59 wurden in Heinrich-Fuchs-Straße 103–122 geändert. Von 1910 bis 1972 fuhr die Straßenbahn von Rohrbach durch die Heinrich-Fuchs-Straße und über die Bürgerbrücke nach Kirchheim. – Die Fuchsschen Werksanlagen waren Anfang dieses Jahrhunderts noch fast vollständig erhalten. 2000 wurde ein Bebauungsplan verabschiedet, der eine gemischte Nutzung des Fabrikareals für Gewerbe und Wohnen vorsah (»Quartier

Heinrich-Fuchs-Straße   Heinrich-Lanz-Straße 3

am Turm«). Dabei wurde ein Teil der historischen Fassaden in die Neubebauung integriert. Die Räumung des Geländes begann 2001, die Grundsteinlegung war 2003. Die Straßen im ehemaligen Fuchsschen Werksgelände (*Quartier am Turm*) sind nach Erfindern und Technikern benannt.

Heinrich-Kaltschmidt-Straße   (Rohrbach, I 9, zieht von der Rathausstraße nördlich, Sackgasse). Nach dem Gastwirt Heinrich Kaltschmidt (1864–1930) benannt, von 1904 bis 1913 Bürgermeister der Gemeinde Rohrbach. Unter ihm wurde die Frage der Eingemeindung nach Heidelberg diskutiert. Die Bilder der letzten sechs Rohrbacher Bürgermeister sind im Heimatmuseum zu sehen. (Auch die *Valentin-Winter-Straße* und die *Christian-Bitter-Straße* sind nach früheren Rohrbacher Bürgermeistern benannt).

Heinrich-Lanz-Straße   (Weststadt, G 8–9, zwischen Czernyring und Karl-Benz-Straße). Nach dem Gründer der Mannheimer landwirtschaftlichen Maschinenfabrik Heinrich Lanz aus Friedrichshafen (1838–1905), Hersteller von Landmaschinen, Lokomobilen und Dampfmaschinen, die unter dem Markennamen Lanz in alle Welt exportiert wurden. Ein Teil seines Vermögens ging in eine Stiftung, aus der das »Heinrich-Lanz-Krankenhaus« in Mannheim und die Heidelberger »Akademie der Wissenschaften« hervorgegangen sind. 1956 wurde die Aktienmehrheit der Heinrich Lanz AG an die amerikanische Firma John Deere & Company verkauft. – Die heutige *Franz-Knauff-Straße*, die *Heinrich-Lanz-Straße* und der *Baumschulenweg* sind Teile der 1720/34 durch Kurfürst Karl Philipp angelegten und 1771 von Kurfürst Carl Theodor als Chaussee vollendeten schnurgeraden *Maulbeerbaumallee* nach Schwetzingen. Deshalb hieß die Heinrich-Lanz-Straße von 1910 bis 1959 *Kurfürstenstraße*. 1959 wurde die »Neue Straße«, die durch die Verlegung des Hauptbahnhofs entstand, *Kurfürstenanlage* benannt. Um Verwechslungen zu vermeiden, wurde die Kurfürstenstraße in *Heinrich-Lanz-Straße* umbenannt (Derwein 1940, Nr. 589).
Nr. 8–10: Alois Link Fahrzeugbau KG (seit 1953, vgl. *Alois-Link-Platz*).

Heinrich-Menger-Weg   (Pfaffengrund, G–H 6, zwischen Eppelheimer Straße und Autobahn). Der so genannte *Rentnerweg* auf der Trasse der ehemaligen Bahnlinie Heidelberg-Schwetzingen (1910–67) wurde 1993 nach dem Schriftsetzer Heinrich Menger (1913–1987) umbenannt. Menger war von 1959 bis 1980 Stadtrat, Betriebsratsvorsitzender der Fa. Gebr. Hein, Vorsitzender des Kulturkartells Pfaffengrund und erhielt 1973 das Bundesverdienst-

Heinrich-Menger-Weg

kreuz. 1952 wurde hier am Baumschulenweg die Gartenanlage Himmelswiese errichtet (vgl. *Josef-Amann-Anlage*, *An der Bahn*).

Heinrich-Neu-Straße (Wieblingen, E 6, von der westlichen Adlerstraße/OEG-Trasse zum Hauheckenweg). Angelegt um 1930, damals als Teil der *Fröbelstraße*, weil dies ursprünglich derselbe Feldweg war (das Zwischenstück entlang der Friedhofsmauer war noch bis zum Bau der neuen katholischen Kirche 1955 ein Feldweg). Umbenannt 1949 nach Heinrich Neu (1864–1963) zu dessen 85. Geburtstag, 1916–33 evangelischer Pfarrer von Wieblingen, 1919–23 Vorsitzender des Badischen Pfarrvereins, 1919 Mitglied der außerordentlichen Generalsynode der Badischen Landeskirche, 1921 Dr. theol. ehrenhalber, Verfasser der Wieblinger Ortsgeschichte »Aus der Vergangenheit von Wieblingen« (1929) und der zwei Bände des »Pfarrerbuch der evangelischen Kirche Badens von der Reformation bis zur Gegenwart« (1938/39). Er liegt auf dem alten Wieblinger Friedhof begraben. In Eppelheim wurde 1952 im damaligen Neubaugebiet an der Autobahn eine Straße nach Heinrich Neus Vater Jakob Neu benannt, der 1878–1907 in Eppelheim Lehrer war und 1906 (erster) Ehrenbürger dieser Gemeinde wurde. (Martin Achtnich, Heinrich Neu (1864–1963). Pionier badischer Kirchen- und Ortsgeschichte und Stimme der badischen Pfarrerschaft, in: Lebensbilder aus der Evangelischen Kirche in Baden im 19. und 20. Jahrhundert, im Auftrag des Evangelischen Oberkirchenrates Karlsruhe hg. durch den Verein für Kirchengeschichte in der Evangelischen Landeskirche in Baden von Johannes Ehmann, Band 5: Kultur und Bildung, hg. von Gerhard Schwinge, 2007, S. 422–455). (Zum Straßenverlauf siehe auch *Fröbelstraße*).

Heinrich-Zille-Straße (Handschuhsheim, C–D 9, zwischen Hans-Thoma-Straße und Dossenheimer Landstraße). 1960 nach dem Zeichner Heinrich Zille (1858–1929) benannt. Zille schilderte in humoristischen und satirisch anklagenden Zeichnungen das Leben des Berliner Proletariats.

Helaweg (Rohrbach, I 9, zwischen Brechtelstraße und Konrad-Zuse-Straße, endete vor dem Bau des »Quartiers am Turm« an der Fabrikstraße, 2003 nach Westen verlängert). Der Helaweg hieß bis 1929 *Hildastraße*. Aus Hilda wurde nach der Eingemeindung Hela, weil es in der Weststadt schon eine Hildastraße gab. – Ungewiss wie die Herkunft des Namens ist, ob der Helaweg, der heute im ehemaligen Gewann »Linden« liegt, einen Bezug zum südwestlich davon gelegenen Gewann »Höllenstein« hat. Zu vermuten ist auch ein Bezug zur Halbinsel Hela (Putziger Nehrung; polnisch: Półwysep Helski, kaschubisch:

Hélskö Sztremlëzna), eine Landzunge, die die Danziger Bucht teilweise von der Ostsee trennt. Sie kam 1919 mit Westpreußen an Polen. – 2003 wurde der Helaweg über die Fabrikstraße nach Westen verlängert.

Helmholtzstraße (Neuenheim, F 9, zwischen Uferstraße und Ladenburger Straße). 1896 nach dem Arzt und Physiker Dr. Hermann von Helmholtz (1821–1894) benannt, 1858–71 Professor und Direktor des Physiologischen Instituts in Heidelberg, Ehrenbürger der Stadt Heidelberg (1869), Gründer der Heidelberger Sektion des Deutschen und Österreichischen Alpenvereins (1869). Er ging 1871 nach Berlin. Von 1879 bis 1883 arbeitete der junge Heinrich Hertz mit ihm zusammen (vgl. *Hertzstraße*). – Nach Helmholtz wurde 1953 die Oberrealschule Helmholtz-Gymnasium benannt. An der Fassade der Stadthalle von 1903 sieht man u. a. die Köpfe von Bunsen, Helmholtz und Kirchhoff.

Henkel-Teroson-Straße (Pfaffengrund-Gewerbegebiet, Bahnstadt, F 6–7, ursprünglich zwischen Eppelheimer Straße beim ehemaligen Gaswerk und dem Bahnhof Wieblingen. Seit 2010 als Fortsetzung der Eppelheimer Straße in nordwestlicher Richtung). Seit etwa 1942 hieß sie *Industriestraße*. Die neu entstandene Straße im Nordwesten der Bahnstadt, die in die bestehende Henkel-Teroson-Straße einmündet, ist deren Bestandteil und trägt somit ebenfalls diesen Namen. Benannt nach Fritz Henkel (1848–1930), dem Gründer der Waschmittelfabrik Henkel & Cie. in Aachen, und Theodor Ross. Dieser gründete 1898 in Mannheim die chemische Fabrik Teroson (Theodor Ross und Sohn), später Teroson-Werke GmbH, die 1919 nach Heidelberg übersiedelte (Hans-Bunte-Straße 4). 1991 wurde sie von Henkel übernommen. Der Name Teroson besteht nur noch im Straßennamen fort. 1998 beschloss der Gemeinderat, die frühere *Industriestraße* zum 100. Geburtstag der Fa. Teroson in *Henkel-Teroson-Straße* umzubenennen.

Hermann-Hampe-Weg (Rohrbach, Gewann See, K 9, zwischen Leimer Straße und Kätchen-Förster-Weg). 1978 nach dem Architekten und evangelischen Kirchenoberbaurat Hermann Hampe (1904–1970) benannt. Er wurde in Heidelberg als ältester Sohn des Historikers Karl Hampe geboren. 1922–26 studierte er Architektur an der Technischen Hochschule Karlsruhe. Seit 1930 Regierungsbaumeister, gründete er 1942 mit dem Kirchenbauer Otto Bartning im Auftrag der Evangelischen Landeskirche Baden die »Bauhütte bei Heiliggeist« mit dem Ziel, die Heiliggeistkirche zu restaurieren. Nach dem Krieg ging daraus das Evangelische Kirchenbauamt Heidelberg hervor, zu dessen Leiter Hampe berufen wurde. Aufgabe des Amtes war, die beschädigten oder zerstörten Kirchen Badens wiederaufzu-

Henkel-Teroson-Straße

bauen. Hampe, der vor 1933 (wie Theodor Heuss) der Deutschen Demokratischen Partei angehörte, begründete 1945 die CDU Heidelberg mit, deren erster Vorsitzender er 1946–49 war. Von 1946 bis zu seinem Tode war er Mitglied des Heidelberger Gemeinderats. Er ist in Neuenheim begraben. 1984 beschloss der Gemeinderat, den *Hampeweg* in *Hermann-Hampe-Weg* umzubenennen.

Hermann-Löns-Weg (Schlierbach, E 13–14, zwischen Kronenweg und Bahnhof Schlierbach, parallel zur Bahnlinie). Nach dem Journalisten und Heimatdichter Hermann Löns (1866–1914) benannt, der als Freiwilliger im Ersten Weltkrieg fiel. Er war ein früher Verfechter des Naturschutzes. Ein bekanntes Tierbuch von ihm heißt »Mümmelmann« (vgl. *Mümmelmannweg*). In Deutschland tragen Hunderte von Straßen, Plätzen und Schulen den Namen des Dichters. – Der Weg, ein Feldweg (»Privatweg Wilz«), gehörte früher der Nummerierung nach zur *Schlierbacher Landstraße*. Als ihn die Erben von Hermann Wilz (»Heidelberger Schuhfabrik«) an die Stadt abgaben, wurde er *Hermann-Löns-Weg* genannt, später als Fußweg nach Osten verlängert. Die nördliche Seite bildet die Bahnlinie, daher hat die Straße nur gerade Hausnummern (Knörr 1999, S. 98ff., 120).

Hermann-Maas-Brücke (Weststadt-Südstadt, G 9, Römerstraße). Bis 1978: *Römerstraßenbrücke*. Dann erneuert und nach dem evangelischen Pfarrer Hermann Ludwig Maas (1877–1970) aus Gengenbach benannt, der 1915–43 und 1945–65 Pfarrer an der Heiliggeistkirche war. Für zwei Wahlperioden war er auch Stadtrat. 1933/34 trat er dem Pfarrernotbund und der badischen Bekenntnisgemeinschaft bei. Zwischen 1933 und 1945 erhielt er wegen seines Eintretens für die Juden Rede-, Schreib-, Aufenthalts- und Berufsverbote. 1938 gründete er mit Probst Heinrich Grüber die »Kirchliche Hilfsstelle für nichtarische Christen«. 1943 versetzte ihn der Evangelische Oberkirchenrat in den Ruhestand. Von 1946 bis 1965 war er Kreisdekan des Kirchenkreises Nordbaden, ab 1956 mit dem Titel Prälat. 1947 bekam er den Ehrendoktortitel der theologischen Fakultät der Universität Heidelberg. 1950 wurde er als erster Deutscher vom Staat Israel zu einem Besuch eingeladen. 1952 wurde er Heidelberger Ehrenbürger. 1954 bekam er das Bundesverdienstkreuz. 1966 verlieh ihm der Staat Israel die »Yad-Vashem-Medaille der 36 Gerechten unter den Völkern«. Maas starb 1970 in Mainz-Weisenau. Er ist auf dem Friedhof in Handschuhsheim begraben. In der »Allee der Gerechten« in Yad-Vashem, Jerusalem, pflanzte man einen Johannisbrotbaum für ihn. In Heidelbergs Partnerstadt Rehovot gibt es eine Dr.-Hermann-Maas-Street, in Ein Harod,

Hermann Maas, Gedenktafel (Schmitthennerhaus)

Gilboa, einen Hermann-Maas-Hain. In Heidelberg gibt es die Hermann-Maas-Stiftung, das Hermann-Maas-Archiv, das Hermann-Maas-Haus (Kirchheim), Gedenktafeln in der Heilig-geistkirche, am Schmitthennerhaus (Heiliggeiststraße 17) und an seinem Wohnhaus Beethovenstraße 64.

Hermann-Schück-Weg   (Rohrbach, Gewann See, K 9, zwischen Leimer Straße und Kätchen-Förster-Weg). 1978 nach dem Pädagogen Hermann Schück (1885–1973) *Schückweg* benannt, 1984 in *Hermann-Schück-Weg* umbenannt. Schück trat nach dem Studium der Germanistik, des Französischen und der Geschichte 1910 in den höheren Schuldienst ein und wurde Lehrer an der Oberrealschule Heidelberg. 1916 Ernennung zum Professor. Während der Weimarer Republik Mitglied von Bürgerausschuss und Stadtrat für die SPD. 1942 aus politischen Gründen aus dem Schuldienst entlassen und vom Sondergericht Mannheim zu einem Jahr Gefängnis verurteilt. 1945-52 Rektor der Lehrerbildungsanstalt (heute Pädagogische Hochschule) Heidelberg. 1945–59 Mitglied des Gemeinderats. 1953 erhielt er das Bundesverdienstkreuz.

Hermann-Treiber-Straße   (Wieblingen, E 6, von der Mannheimer Straße 183 zur Adlerstraße / Trasse der ehemaligen OEG). Peter Hermann Treiber (1844–1906) war 1888–1906 Bürgermeister von Wieblingen, »der sich durch die Bepflanzung der Straßen und Allmende mit Obstbäumen ein Denkmal setzte« (Neu 1929, S. 70). Er liegt auf dem Alten Friedhof in Wieblingen begraben. Das Grundstück zur Anlegung des östlichen Straßenteils wurde von seinem Sohn 1924 an die Stadt verkauft und die Benennung nach seinem Vater angeregt, was zum 1. 8. 1924 auch geschah. Der schon 1921 mit »Kleinwohnungsbauten« angelegte westliche Teil (zwischen Adlerstraße und Pfälzer Straße) hieß bis 31. Juli 1924 *Südstraße*. Danach wurde die in der *Elisabethstraße* begonnene Wohnsiedlung »Blaue Heimat« hierher ausgedehnt.

Herrenwiesenstraße   (Rohrbach, I 9, zwischen Rathausstraße 21 und Karlsruher Straße). 1953 wurde die (verlängerte) *Herrenstraße* in *Herrenwiesenstraße* umbenannt. Der Name kommt von dem Hofgut der »Herren« des Kollegiat-Stiftes Cyriacus in Neuhausen bei Worms, das bis zur Säkularisierung 1565 bewirtschaftet wurde. Ein Kollegiatstift ist eine Gemeinschaft von Weltgeistlichen, die an einer bestimmten Kirche leben, in diesem Fall dem Stift St. Cyriakus in Neuhausen, für dessen Gottesdienste sie zuständig waren. Die Herrenstraße war einst die Zufahrt zum Hofgut.

Nr. 12: katholische Kirche St. Johannes (1965).

Hertzstraße   (Rohrbach-Süd, Gewerbegebiet, L 9, zwischen dem Gewann »Hangäcker« und der Haberstraße). 1970 nach dem Physiker Heinrich Rudolf Hertz (1857–1894) aus Hamburg benannt. Hertz studierte in Dresden und München Polytechnik. 1878 ging er nach Berlin, wo er seine entscheidende Begegnung mit Hermann von Helmholtz hatte (vgl. *Helmholtzstraße*). 1883 habilitierte er sich in Kiel. 1885–89 hatte er den Lehrstuhl für Physik an der Technischen Hochschule Karlsruhe inne. 1887 gelang ihm die Erzeugung elektromagnetischer Wellen, womit er die wesentliche Grundlage für die drahtlose Telegraphie, die Rundfunk- und Fernsehtechnik und für das Radar schuf. Aufsehen erregte am 20. September 1889 sein Vortrag »Über die Beziehung von Licht und Elektrizität« auf der 62. Versammlung deutscher Naturforscher und Ärzte in Heidelberg, einer der großartigsten populären

Vorträge in der Geschichte der Physik. Die internationale Einheit der Periodenfrequenz ist nach Hertz benannt.

Hessenhöfe (Wieblingen, E–F 4, Aussiedlerhöfe in den Gewannen »Am Grenzhofer Weg« und »Hessengärten« westlich der nach Plankstadt führenden Kreisstraße 9702). Zwei der vier in den Jahren 1958–61 hier angelegten Aussiedlerhöfe Wieblinger Bauern liegen im Gewann »Hessengärten«, die beiden anderen im Gewann »Am Grenzhofer Weg«. Heute sind nur noch zwei Betriebe bewirtschaftet. Benannt 1962; der Flurname »Hessengärten« ist noch ungeklärt (Streitberg 1938, S. 9).

Heuauerweg (Kirchheim, K 6–7, beginnt an der Abzweigung der Sandhäuser bzw. Pleikartsförster Straße, quert den Cuzaring am Kirchheimer Friedhof und zieht als Feldweg zum Kirchheimer Hof). Bis 1930: *Schwetzinger Straße*. Das Gewann »Heuaue« (zwischen Speyerer Straße und Heuauerweg) gehörte zu den ersten Rodungsstücken des Hegenichwaldes. 1852 wurde hier der Friedhof angelegt. 1900–03 grub der Lehrer Karl Pfaff im Gewann »Heuaue« einen fränkischen Reihengräberfriedhof (etwa 550–650 n. Chr.) aus. Seit 2006 fährt die Straßenbahn durch den Heuauerweg zum Friedhof Kirchheim. – Der Name Heuaue gehört wahrscheinlich zu ahd. houwe, mhd. höuwe, houwe »Heu, Gras« und verweist auf Wiesen, die der Heugewinnung dienten, und auf Wege, auf denen das Heu eingefahren wurde (Körner 2009, S. 76; vgl. *Hegenichhof*).

Nr. 45: Friedhof Kirchheim (1852).

Heugasse (Altstadt, F 10–11, zwischen Hauptstraße und Jesuitenkirche). 1344 erstmals als *in der heuwegaßen* erwähnt. Nach der ehemaligen Heuscheuer des pfalzgräflichen Marstalls, die bis zur Stadtzerstörung etwa an der Stelle der heutigen Jesuitenkirche stand. Ursprünglich ging die Gasse von der Hauptstraße bis zur oberen Stadtmauer (Zwinger). Hier war der »alte Heumarkt« (Derwein 1940, Nr. 316; vgl. *Ingrimstraße*).

Heumarkt (Altstadt, F 10, zwischen Großer und Kleiner Mantelgasse und Hauptstraße). 1546 erstmals erwähnt (*vf dem heumarck*). Es ist der »neue Heumarkt« im Gegensatz zum »alten Heumarkt« zwischen Heugasse und Zwinger. Im Mittelalter diente der Platz als Auf-

Heuauerweg, Friedhof

Heugasse   Heumarkt

stellfläche der Lastwagen hinter dem Speyerer Tor im Schutz der Stadtbefestigung. Hier endet die Untere Straße, die Stadtmauer wurde nach 1693 nicht durchbrochen (was nach barockem Empfinden naheliegend gewesen wäre). 1991 wurde hier, nicht am Fischmarkt, der Sumebrunnen (Entwurf: Stefan Engel) errichtet (Sume = junge Fische, bzw. die Kinder der Altstadt) (Derwein 1940, Nr. 317; vgl. *Fischmarkt, Heugasse*).

Nr. 1: Sibleyhaus (Studentenwohnheim), Gedenktafel für den Dichter Berthold Auerbach. – Nr. 3: Gustav-Radbruch-Haus (Studentenwohnheim; vgl. *Gustav-Radbruch-Platz*).

Hildastraße (Weststadt, G 9, zwischen Ringstraße 17 und Dantestraße). Nach der letzten badischen Großherzogin Hilda Charlotte Wilhelmine von Nassau (1864–1952) benannt, Tochter des Herzogs Adolf I. von Luxemburg. Sie war seit 1884 Gemahlin des Erbgroßherzogs Friedrich II. von Baden (1857–1928), der 1907 seinem Vater auf den Thron folgte. 1918 dankte ihr Mann ab, 1928 starb er. Sie lebte als Witwe in Freiburg, Zwingenberg und Badenweiler, starb dort und wurde in der fürstlichen Grabkapelle in Karlsruhe begraben. Sie hatte sich vor allem für das Rote Kreuz engagiert. – Eine der Straßen, die nach weiblichen (meist angeheirateten) Angehörigen des in Baden regierenden Hauses Zähringen benannt sind (wie *Amalienstraße, Luisenstraße, Sofienstraße, Viktoriastraße*).

Nr. 8: Hochschule für Kirchenmusik (seit 1971).

Hilzweg (Handschuhsheim, C–D 9, zwischen Biethsstraße und Zum Steinberg). Ursprünglich ein Weg durch Gärten und Weinberge, 1475 erstmals als *Helßgässel* erwähnt. Nördlich davon ein Gewann »Hilzehand« (1622 »bey der hültzen hand«). Vielleicht ist mit der »hölzernen Hand« ein Markt- und Friedenszeichen, eine Warnung für Flur- und Forstfrevler, ein Wegweiser oder das Wappen der Herren von Handschuhsheim gemeint (Derwein 1933, S. 179; Frey 1944, Nr. 178ff., 203; vgl. *Dossenheimer Weg*).

Hirschgasse (Neuenheim, E 11, zwischen Ziegelhäuser Landstraße und Philosophenweg). Im 16. Jahrhundert *Heiligenberger Thal* genannt, im 19. Jahrhundert *Odenwälder Weg*. Führt in das Tal des Schweinsbächel (früher: Dagersbach, Darsbach, mit der Engelswiese) und geht in den jetzigen Odenwälder Weg über, der zum Zollstock führt. Bildet den

Zugang zur »Hohen Straße« in den Odenwald über den Weißen Stein nach Hilsenhain und Waldmichelbach. Der Name *Alte Hirschgasse* bezeichnete den kleinen Fußweg von der Hirschgasse zum Philosophenweg. Die *Neue Hirschgasse* als Fahrweg zum Philosophenweg wurde 1872 hergestellt. – Der Heidelberger Bürgermeister Heinrich Eckhardt, Gastwirt auf dem »Goldenen Hirschen« am Marktplatz, legte 1583 an der Ziegelhäuser Landstraße ein Lusthaus mit Garten und Fischweiher an, das er nach seinem Gasthaus »Zum Hirschen« nannte. Oberhalb davon lag der »obere Hirschgarten«. Daraus entstand das spätere Pauklokal »Zur Hirschgasse«. 1791 erwarb Georg Adam Ditteney die Schildgerechtigkeit und baute einen großen Saal an das Haus an. Es wurde ein beliebter Ausflugsort der Heidelberger. 1817 fand hier der Gründungskommers der Heidelberger Burschenschaft statt. Hinter der »Hirschgasse« lag der Turnplatz der Burschenschaft (d. h. der erste Heidelberger Sportplatz). Hier fanden Pistolenduelle statt, die mitunter tödlich endeten. Seit 1828 schlugen die Studenten im Saal ihre Mensuren. Die »Hirschgasse« blieb bis 1901 im Besitz der Familie Ditteney. – Auf dem unteren Teil des Grundstücks stand das als »Kuchenhäusel« bezeichnete Gasthaus »Zum Hirschen«, das bis 1895 betrieben wurde. Nach seinem Abbruch im Jahre 1902/03 wurde auf dem Gelände die Villa Cuntz (Ziegelhäuser Landstraße 37) erbaut (Karl Christ, Ein geschichtlicher Gang über die Hochstraße bei Heidelberg, in: Mannheimer Geschichtsblätter Nr. 5, X. Jg., Mai 1900, Sp. 107ff.; Oechelhäuser 1913, S. 342, 526; Schmith 1928, S. 307ff.; Jaeger 1988, Nr. 148ff., 187, 371, 390ff., 761).

Hirtenaue   (Ziegelhausen, D–E 14, zwischen Peterstaler Straße und Pferchel). Früher ein Viehtriebsweg, der zu den im Zentallmendwald liegenden Viehweiden führte, auch *Hammelsbuckel* genannt. 1926 gab der Gemeinderat dem Wunsch eines Anwohners nach, diese »an Beleidigung grenzende« Bezeichnung durch Hirtenaue zu ersetzen. Dennoch hielt sich die alte Bezeichnung bis heute (Hoppe 1956, Nr. 102, 117, 350).

Hirtenbrunnenweg   (Ziegelhausen, D–E 14, beginnt an der Hirtenaue/Am Bächenbuckel und zieht in den Wald, geht dort in den Moselbrunnweg-Waldweg über). Am Osthang des Pferchels liegt der Hirtenbrunnen, 1607 erstmals als Pferchlesbronnen erwähnt. Der Hauptteil des Tales war bis 1750 Wald, dort war das weidende Vieh (Schweine, Schafe) nachts oder auch für längere Zeit eingepfercht. Der Brunnen wurde 1905 gefasst und 1975 renoviert (Hoppe 1956, Nr. 118, 245; vgl. *Am Pferchelhang*, *Moselbrunnenweg*).

Höhenstraße   (Ziegelhausen, D 14, zwischen Sitzbuchweg und Pferchel). Straße am Waldrand, etwa auf 220 Metern Höhe über NN. Hieß bis zur Eingemeindung *Panoramaweg*,

Hirtenaue

wurde dann umbenannt, weil es in Rohrbach/Südstadt eine Panoramastraße gibt (Hoppe 1970, S. 25).

Hölderlinweg   (Neuenheim, E 11, zwischen Werrgasse und Scheffelstraße). Dr. Karl David August Roeder (1806–1879) aus Darmstadt, von 1842 bis zu seinem Tode Professor der Rechte an der Universität Heidelberg, kaufte 1848 Garten, Weinberg und Gartenhaus oberhalb der Brücke an der *Werrgasse* zum Bau eines Wohnhauses und legte eine Zufahrt an. 1905 beschloss der Stadtrat, die Rödersche Privatstraße, die in das Eigentum der Stadt übernommen wurde, *Röderweg* zu nennen. 1964 wurde der Röderweg in *Hölderlinweg*, gleichzeitig die *Hölderlinstraße* in der Weststadt in *Gleisdreieck* umbenannt. – Der Dichter Friedrich Hölderlin (1770–1843) hat Heidelberg in einem wundervollen Gedicht besungen. 1788 besuchte er 18jährig als Maulbronner Klosterschüler auf dem Weg nach Speyer zum ersten Mal Heidelberg. Er schrieb an seine Mutter: »Die Stadt gefiel mir außerordentlich wohl. Die Lage ist so schön, als man sich je eine denken kann. Auf beiden Seiten und am Rücken der Stadt steigen steile waldichte Berge empor, und auf diesen steht das alte, ehrwürdige Schloss ... Merkwürdig ist auch die neue Brücke daselbst«. Im Juni 1795 traf er hier auf der Rückreise von Jena Dr. Johann Gottfried Ebel, der ihm die Hofmeisterstelle im Hause Gontard in Frankfurt vermittelte. Hölderlin kam noch mehrfach nach Heidelberg, aber immer nur kurz. 1800 schrieb er die Ode »Heidelberg«. In der Hölderlin-Anlage am Philosophenweg (die keine Verbindung zum Hölderlinweg hat) steht ein Stein, auf dem die erste Strophe zu lesen ist. 1937 wurde die Mädchen-Oberschule in der Plöck in Hölderlin-Gymnasium umbenannt (Jaeger 1988, Nr. 825, 1098).

Höllenbachweg   (Handschuhsheim, C 9, zwischen Dossenheimer Landstraße und Unterem Neuwegsbergweg). Der obere Teil im Wald heißt *Hellenbachtalweg*. Erstmals 1571 als *Hellenbacher Weg* erwähnt. Benannt nach dem dortigen Bach (1701 als »Hellenbächlein« erwähnt), der am Westhang des Hohen Nistler entspringt und in den Mühlbach mündet, bzw. nach dem ehemaligen Ort Hillenbach, einer mittelalterlichen Wüstung an der alten Bergstraße zwischen Dossenheim und Handschuhsheim (zwischen 767 und 1295 erwähnt).

Friedrich Hölderlin, Gedenktafel Hölderlin-Anlage

Höllenbachweg, Hillenbachstein

Name angeblich von ahd. hille = »geneigte Fläche« (vgl. angelsächsisch hyll). Im ehemaligen Steinbruch steht heute die Hellenbach-Grillhütte. 1994 wurde hier ein Gedenkstein für das aufgegebene Dorf Hillenbach aufgestellt (Frey 1944, Nr. 200; Probst 2010, S. 272; Krieger 1904, S. 970).

Nr. 20: Schützenhaus.

Höllenstein   (Kirchheim, I–K 8, östlich der Bahnlinie Heidelberg-Karlsruhe). Die ab 1929 erbaute und 1949/50 erweiterte Siedlung »Höllenstein« gehört politisch zu Kirchheim, ist aber topographisch mit Rohrbach verbunden. Benannt ist sie nach einer Gewannbezeichnung an der Grenze zu Rohrbach, 1617 als »bey dem Hünlinstein« (von »Hüne« = »Riese«) erwähnt. Wie erklärt sich der Name Höllenstein? Nach dem Dreißigjährigen Krieg, als Kirchheim und Rohrbach zerstört waren, kam es unter der Bevölkerung zum Streit um den Verlauf der Grenze zwischen beiden Dörfern. Als man sich nicht einigen konnte, sollte eine Art Gottesurteil über die Frage entscheiden: Ein Rohrbacher namens Peterhans musste einen schweren Stein nach Kirchheim tragen. Dort, wo er nicht mehr weiter könne, sollte die Grenze sein. So geschah es. Weit hinter Rohrbachs früherer Grenze ließ er seine Last fallen. Dann brach er tot zusammen. Man sagt, der Peterhans habe mit dem Teufel im Bunde gestanden. Deshalb muss er des Nachts umgehen, bis er erlöst wird. Der Stein, der zum Grenzstein wurde, erhielt den Namen Höllenstein. Er ist verschwunden, lebt aber im Namen der Siedlung fort. – Am 25. Januar 1952 wurde im Gasthaus »Zur Pfalz« in Rohrbach die »Siedlungsgemeinschaft Höllenstein« gegründet (Körner 2009, S. 116f.; vgl. *Ahornweg, Birkenweg, Buchenweg, Erlenweg, Ulmenweg, Im Höllenstein*).

Hofmeisterweg   (Neuenheim, E–F 8, beginnt im westlichen Teil der Martin-Kirschner-Straße, zieht nördlich zum Botanischen Garten und dann westlich bis zur ehemaligen OEG-Güterlinie, auf deren Trasse er ein kurzes Stück bis zur Tiergartenstraße verläuft). 1956 nach dem Botaniker Friedrich Wilhelm Benedikt Hofmeister (1824–1877) aus Leipzig benannt. (Sein Vater gründete 1807 den Verlag Friedrich Hofmeister, Leipzig, in dem 1911 die Volksliedsammlung »Zupfgeigenhansl« erschien.) Hofmeister entdeckte den Generationswechsel der Moose, Farne und Blütenpflanzen. 1863–72 war er Professor der Botanik und Direktor des Botanischen Gartens der Universität Heidelberg, welcher sich damals auf der zugeschütteten Sandgrube vor dem Mannheimer Tor zwischen Sofienstraße, Mannheimer Chaussee, Rohrbacher Straße und Gaisberghang befand. Seine Frau und seine drei Kinder starben früh. 1872 ging er nach Tübingen.

Hohe Gasse   (Südstadt, H 9, zwischen Rohrbacher Straße und Panoramastraße, unterhalb des Ameisenbuckels). Einer der Pfade, die früher vom *Rohrbacher Weg* in die Weinberge führten. Gewannbezeichnung, 1609 als »in der Hohen gassen im Ammelsen loch« erstmals erwähnt. – Im Adressbuch von 1926 wird eine Häusergruppe in der Hohen Gasse 1–8 und in der Rohrbacher Straße 135–139 als »Siedlung der Deutschen Siedlungsgemeinschaft« bezeichnet. Eine rudimentäre *Görresstraße* (siehe dort) kreuzt auf dem Stadtplan von 1927 die Hohe Gasse (Derwein 1940, Nr. 228; Arnold Schwaier, in: 175 Jahre Helmholtz-Gymnasium 1835–2010. Heidelberg 2010, S. 94–102).

Holbeinring   (Rohrbach, I 9, rundführende Straße im Innern des Baublocks zwischen Am Rohrbach, Sickingenstraße, Fabrikstraße und Römerstraße). 1952 *Hans-Holbein-Straße*,

Hohe Gasse   Holbeinring

1953 *Holbein-Ring*, 1955 *Holbein-Straße* benannt, heute *Holbeinring*. Er lag ebenso wie der südliche Teil der Memlingstraße in der abgesperrten Siedlung der US-Armee. Das Studentenwerk hat die Gebäude gemietet, um Wohnheimplätze für Studierende anzubieten. – Nach dem Maler und Holzschnitzer Hans Holbein dem Jüngeren (1497–1543) benannt, Sohn und Schüler von Hans Holbein dem Älteren. Geboren in Augsburg, lebte er ab 1515 in Basel, wo er sich mit Erasmus befreundete, den er 1523 porträtierte und dessen Buch »Lob der Narrheit« er illustrierte. Bekannt ist sein »Totentanz« (58 Holzschnitte, 1523/24). 1532 ließ er sich in London nieder und wurde 1536 Hofmaler Heinrichs VIII. Er ist einer der größten Porträtisten Nordeuropas und hat die englische Kunst entscheidend beeinflusst. Er porträtierte unter anderem Prinzessin Mary von England (Tochter Heinrichs VIII., Verlobte des Pfalzgrafen Philipp, als Königin Maria die Blutige bekannt), Thomas Morus, Thomas Cromwell, den Nürnberger Kaufmann Joachim Gundelfinger (Vorfahr von Friedrich Gundolf; vgl. *Gundolfstraße*) und wahrscheinlich auch Pfalzgraf Philipp, den jüngeren Bruder von Ottheinrich. Von Hans Holbein d. J. besitzt das Kurpfälzische Museum keine Werke. *Lucas-Cranach-Straße*, *Dürerstraße*, *Holbeinring*, *Memlingstraße*, *Menzelweg* sind Rohrbacher Straßen, die nach bekannten bildenden Künstlern benannt sind. Ähnliche Namensfelder gibt es in der Südstadt und in Handschuhsheim.

Hopfengarten   (Kirchheim, K 8, zwischen Hagellachstraße und Hardstraße). Bis 1930: *Roonstraße*, umbenannt, weil es in Neuenheim schon eine Roonstraße gab. Erinnert an den Hopfenanbau in Kirchheim.

Hospitalstraße   (Bergheim, F 9, zwischen Bergheimer Straße und Voßstraße). 1873 benannt. Zufahrt zu den Gebäuden des zwischen 1869 und 1879 erbauten »Neuen Akademischen Krankenhauses« im heutigen Altklinikum Bergheim.
Nr. 1: ehemalige Zahnklinik. – Nr. 3: ehemalige Poliklinik. – Nr. 5: Heidelberger Dienste gGmbH.

Hostig   (Wieblingen, D 6, von der Klappergasse zur Klostergasse). Die Straße ist schon auf dem ältesten Wieblinger Ortsplan (1741/92) vorhanden. Der Name ist bisher mindestens für 1832 verbürgt, aber sicher viel älter. Er bedeutet wohl »Hoher Steg« oder »Hohe Steige«, weil

Hostig, »Hostigbuckel« mit Thaddenkapelle   Hostig, nördlicher Teil

er das hochwasserfreie Hochufer des Neckars markiert. In manchen alten Schriftstücken und Karten auch *Hostigweg* genannt. Im Volksmund kommt ebenso »der Hostig« wie »die Hostig« vor (vgl. *Neckarhamm*).

Nr. 5: Ehemaliger evangelischer Kindergarten (erbaut 1886, geschlossen 1997). Steintafel mit der Inschrift: »erbaut im Jahre 1886. / Lasset die Kindlein zu mir kommen / und wehret ihnen nicht: / Ev. Luc. 18 V. 16.«

Hugo-Stotz-Straße   (Pfaffengrund-Gewerbegebiet, F–G 6, zwischen Eppelheimer Straße und Hans-Bunte-Straße). Bis 1953: *Klingenbühl*. Nach dem Unternehmer Hugo Stotz (1869–1935) aus Stuttgart benannt, der 1891 in Mannheim eine elektrotechnische Firma (später: »Stotz & Companie – Fabrik elektrischer Spezialapparate«) gründete, die er 1918 an BBC verkaufte. 1943 nahm man die Montage von Sicherungsautomaten und anderen Geräten der Elektrotechnik in Heidelberg auf. Während des Zweiten Weltkriegs wurden Häftlinge aus dem Konzentrationslager Buchenwald sowie Deportierte aus dem Vogesenstädtchen Raon l'Étape als Zwangsarbeiter in der Produktion eingesetzt. Die heutige Firma ABB Stotz-Kontakt gehört seit 1988 zu ABB und hat ihren Sitz in der Eppelheimer Straße 82 (Harald Gilbert, HJG 1 (1996), S. 205–216; vgl. *Im Klingenbühl*).

Humboldtstraße   (Neuenheim, E–F 8, zwischen Jahnstraße und Mönchhofstraße). 1952 nach dem Gelehrten und Staatsmann Wilhelm von Humboldt (1767-1835) benannt, Begründer des humanistischen Gymnasiums in Preußen und der Universität Berlin sowie der Vergleichenden Sprachwissenschaft. Humboldt kam 1789 auf einer Reise von Paris über Mainz nach Heidelberg. Er schreibt in sein Tagebuch: »Heidelberg, am Fuß des hohen, schwarzen, waldbewachsenen Gebirges. Die Stadt ist klein, mit engen Straßen und schlecht gebaut. Aber überall sieht man über den Häusern das Gebirge hervorragen, und die Trümmern des alten Schlosses auf dem Schlossberge macht den Anblick romantisch.«

Nr. 23: Bunsen-Gymnasium, wurde 1940 als Robert-Bunsen-Schule, Oberschule für Jungen, im Gebäude der Lehrerbildungsanstalt, Keplerstraße, gegründet. 1948 wurde es in Bunsen-Real-Gymnasium umbenannt. 1952 wurde der erste Bauabschnitt des Gymnasiums zwischen Humboldtstraße und Berliner Straße bezogen, 1953 der zweite Bauabschnitt. 1954 Umbenennung in Bunsen-Gymnasium, 1955 Einzug in das fertiggestellte Schulhaus.

Husarenstraße   (Handschuhsheim, D 8–9, zwischen Mühlingstraße und Hans-Thoma-Straße). Früher ein Feldweg, seit 1913 Ortsstraße. Führt auf das Gewann »Husarenäcker«.

Humboldtstraße 23

»Der Weg hieß früher auch der St. Wendel und führte zum St. Wendelsplatz und -tor.« (Fritz Frey). Der hl. Wendelin ist der Schutzpatron des Viehs. Bis zur Eingemeindung hieß die Straße *Sofienstraße*. – Seit 1949 heißt die westliche Verlängerung ebenfalls Husarenstraße (Frey 1944, Nr. 211, 496f.; vgl. *Gewann Husarenäcker*).

Hutzelwaldweg (Weststadt, G 9–10, zwischen Gaisbergstraße und Oberem Gaisbergweg). 1894 *Kleiner Gaisbergweg* benannt, 1951 in *Hutzelwaldweg* umbenannt. Er war bis in die zweite Hälfte des 19. Jahrhunderts ebenso ein Weinbergweg wie die *Gaisbergstraße*, der *Obere* und *Mittlere Gaisbergweg* und der *Hasenbühler Weg*. Das Adjektiv hutzelig, hutzlig bedeutet »viele Runzeln, Falten habend; dürr, welk«. Hutzeln sind mundartlich »getrocknete Birnen, die in Hutzel-Broten verbacken werden«, aber auch die Fruchtzapfen der Nadelbäume (»Hutzele«), sowie die despektierliche Bezeichnung für eine alte Frau (Elisabeth Charlotte von der Pfalz sprach von Madame de Maintenon als einer »alten Hutzel«). – Der 1714 erstmals erwähnte Hutzelwald war vor 1837 der größte Walddistrikt, er erstreckte sich von der Bierhelder Steige bis zum Klingenteich. Ein Brand im Sommer 1829 gab dem Dichter Karl Gottfried Nadler (vgl. *Nadlerstraße*) Anlass zu einem Spottgedicht. In der Gaisbergstraße 93 befindet sich das »Gasthaus zum Hutzelwald«, in dessen Gaststube der Brand als Wandbild dargestellt ist. Am *Johannes-Hoops-Weg* im Stadtwald steht die Hutzelwaldhütte, von der aus der Hutzelwaldpfad zur Sprunghöhe zieht (Derwein 1940, Nr. 368).

Ilse-Krall-Straße (Kirchheim, I 8, bildet mit der Karl-Menges-Straße das Wohnviertel Kirchheimer Weg/Franzosengewann mit verkehrsberuhigtem Bereich). 1987 nach Dr. Ilse Krall (1897–1982) benannt, eine von fünf Frauen, die 1947 in den Heidelberger Gemeinderat gewählt wurden. Sie arbeitete 21 Jahre in der Fraktion der CDU. Mit anderen Frauen gründete sie u. a. die gemeinnützige Verkaufshilfe, die Verbrauchergemeinschaft, den Altenclub, die Eheberatungsstelle, die Hauspflege und das Mathilde-Vogt-Haus in Kirchheim, wo sie ihren Lebensabend verbrachte. Sie gehörte auch zu den Initiatorinnen des Heidelberger Frauenvereins, der nach Gründung des Deutschen Frauenrings in diesem aufging. Sein Sitz war das Anna-Blum-Haus (Theaterstraße 10; Körner 2009, S. 76).

Ilvesheimer Weg (Wieblingen, D 6, von der Käfertaler Straße in zweifacher Biegung zum Sandhofer Weg). Angelegt 1959. Benannt nach dem Ort *Ilvesheim* am Neckar gegenüber Seckenheim (vgl. *Edinger, Feudenheimer, Friedrichsfelder, Käfertaler, Neckarauer, Rheinauer* und *Waldhofer Straße* sowie *Sandhofer, Schwabenheimer* und *Viernheimer Weg*).

Im Anger (Schlierbach, F 15, zwischen Gutleuthofweg und Am Gutleuthofhang). 1950 nach den Wiesen am Ort benannt, wahrscheinlich in Analogie zu Straßennamen, die auf echte Flurnamen zurückgehen (als Namensfeld frei erfunden, vgl. *Am Rain, Am grünen Hag, Im Grund, Im Wiesengrund, Langer Anger*).

Im Bäckerfeld (Neuenheim, E 8, zwischen Im Gabelacker und Blumenthalstraße). Seit 1929 Straßenname, nach einer Gewannbezeichnung. Möglicherweise war hier ein Bäcker begütert. Es kann aber auch eine Verballhornung von keltisch baccar »Baldrian« sein (Jaeger 1988, Nr. 57).

Im Beind (Rohrbach, K 9–10, zwischen Leimer Straße und Friedhof, beschreibt dabei ein Viereck). Das Gewann »Beind« lag östlich des Gewanns »See«. Beind ist eine Bezeichnung, die in unserer Gegend häufig anzutreffen ist. Vergleiche: An der Beint in Ladenburg, Beintweg in Leimen, Beindstraße in Heddesheim, Beintstraße in Dossenheim, Beundstraße in Weinheim, Beinweg und Beinpfad in Hirschberg-Leutershausen etc. Eigentlich müßte es »In der Beind« heißen. Zu ahd. biunta f. »eingezäuntes Grundstück«, mhd. biunte, biunde, biunt »freies, besonderem Anbau vorbehaltenes und eingehegtes Grundstück, Gehege«. Die Beind, Beunt oder Beunde bezeichnet ursprünglich aus der Allmende herausgenommenes, eingehegtes, dem Flurzwang entzogenes, meist im Besitz eines Adligen befindliches Land, das vornehmlich dem Anbau von Sonderkulturen wie Wein, Kraut, Hanf, Flachs, Rüben u. ä. vorbehalten war. Die heutigen Flurnamen beziehen sich auf geschlossenes Ackerland und auf Grundstücke, die meist in Ortsnähe auf gutem Boden liegen (Derwein 1940, Nr. 48).

Im Bieth (Kirchheim, Im Bieth, I 7). Die Straße wurde 2008 benannt. »Bieth« heißt eine Feldflur südlich der Speyerer Straße, 1617 als »Biedt« erstmals erwähnt, bei der Rodung des Pleikartsförster Feldes dem Hegenichwald abgerungen. 1838 gab es nördlich der Speyerer Straße noch das Gewann »Kurze Bieth«. Alfons Eller (1967, S. 24) erwähnt, dass in den Lagerbüchern für »Biet« auch der Name »Biunt« vorkommt, d. h. »ein durch Ortsherrn eingefriedigtes Wald- oder Ödland, das dem gemeinsamen Nutzen, der Dorfweide, entzogen

Im Beind   Im Bieth

war und der Grund- oder adelige Dorfherr von seinen Leuten roden, entreuten und urbar machen ließ.« Das Neubaugebiet *Im Bieth* wurde 2009 erschlossen (Körner 2009, S. 76; vgl. *Biethsstraße*, *Im Beind*).

Im Bosseldorn   (Südstadt, Gewerbegebiet Bosseldorn, I 8–9, zwischen Sickingenstraße und dem Gewann »Kirchheimer Loch«, die Straße bildet westlich der Campbell Barracks einen Ring). 1964 nach einer 1567 erstmals erwähnten (»uff dem Bossel Dorm«) Gewann-bezeichnung auf Rohrbacher Gemarkung benannt. Das Gewann »Bosseldorn« lag nördlich des alten Laufs des Rohrbachs. Die Bedeutung ist nicht geklärt (Bosseldorn = Turm aus Bossen, eine Art Landwehr?). Heute Gewerbegebiet (Derwein 1940, Nr. 70).

Im Breitspiel   (Rohrbach-Süd, Gewerbegebiet, L 9, von der Haberstraße südlich, parallel zur Karlsruher Straße ziehend, in diese mündend). Ein Flurname, der, wie in vielen anderen Fällen, zum Straßennamen wurde. Das so benannte Flurstück lag am südlichen Ende der heutigen Straße. Der Name kommt möglicherweise von ahd. breitī f. = »Breite, Umfang, Größe«, mhd. breite, breiten = »freies Feld«, einer Ableitung vom Adjektiv breit. Breite bezieht sich ursprünglich auf breit hingelagerte Flächen, die nur geringen Höhenunterschied haben. Namengebend können dann breite Acker- und Wiesenstücke gewesen sein. Besonders Kornfelder, Flachsfelder und Wiesen wurden so benannt (»Flachsbreite, Kornbreite, Wiesenbreite«). Darüber hinaus kann sich »Breite« auf grundherrliches Ackerland, zu einem grundherrlichen Hof gehöriges Herrenland beziehen.

Im Buschgewann   (Pfaffengrund, G–H 6, zwischen Steinhofweg und Autobahn). Nach den »Buschgewannäckern« westlich des Diebswegs, heute bebaut. Deutet auf früheren Wald hin (Derwein 1940, Nr. 105; vgl. die benachbarten Straßen *Im Dornbusch*, *Im Dörning*).

Im Dörning   (Pfaffengrund, G–H 6, zwischen Im Buschgewann und Im Schnepfengrund). 1950 nach der Gewannbezeichnung »die Dörnich« benannt, 1706 erwähnt. Deutet auf früheren Wald hin (Derwein 1940, Nr. 125; vgl. *Im Dornbusch*).

Im Dornbusch (Pfaffengrund, G–H 6, zwischen Marktstraße und Steinhofweg). 1950 nach der Gewannbezeichnung »die kleine / die große Dornbuscher Gewann« östlich des Diebswegs (Mittelfeld, 1770 erwähnt) benannt. Deutet auf früheren Wald hin (Derwein 1940, Nr. 123; vgl. die benachbarten Straßen *Im Buschgewann*, *Im Dörning*).

Im Eichwald (Boxberg, K 10, Ringstraße zwischen dem Südende des Boxbergrings und dem Buchwaldweg). 1962 benannt.

Nr. 19: ehemaliges Internat des Boxberg-Gymnasiums (1974), jetzt Hotel ISG.

Im Emmertsgrund (Emmertsgrund, K–L–M 10, zwischen Am Götzenberg und Jellinekstraße, zieht als Haupterschließungsstraße durch den ganzen Stadtteil Emmertsgrund). Früher ein Höhenweg, der vom Kalksteinbruch nach Norden zog, 1950 als Weg, 1971 als Straße benannt (vgl. *Emmertsgrund*).

Im Entenlach (Pfaffengrund, G–H 6, zwischen Heinrich-Menger-Weg und Autobahn, führt auf den Sportplatz des TSV Pfaffengrund zu). Als »die Endenlacher Gewann« 1770f. erstmals erwähnt. Danach wurde die Straße 1955 benannt. Mhd. lache f. = »Wasseransammlung, Pfütze«. Die Enten sind nach Derwein Wildenten, (Derwein 1940, Nr. 153; ähnlich: *Entensee*, *Froschäcker*, vgl. das östlich anstoßende »Gewann Entenlach«).

Im Fasanenwäldchen (Boxberg, K 10, beginnt als Stichweg bei der Straße Im Eichwald). 1962 nach einer Gewannbezeichnung benannt.

Im Franzosengewann (Kirchheim, I 8, zwischen Schwetzinger Straße und Hardtstraße). 1955 nach einer Gewannbezeichnung benannt, diese möglicherweise nach einem Lager französischer Truppen in den Kriegen zwischen 1795 und 1805 (Körner 2009, S. 77).

Im Fuchsloch (Pfaffengrund-Gewerbegebiet, F 6, Sackgasse vom Kurpfalzring). Gewannbezeichnung. Über diese Straße bestand ursprünglich eine Verbindung zwischen Siemensstraße und Kurpfalzring. Die Straße dient heute nur als Zufahrt zur Fa. Borg Warner. Die heute einzige Hausnummer 1 ist nur über die Siemensstraße zu erreichen.

Im Franzosengewann

Im Fuchsloch

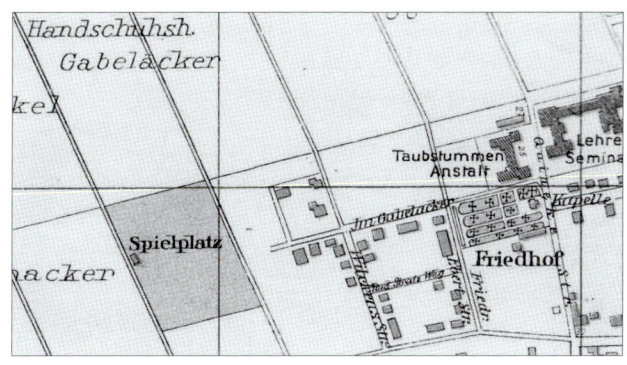

Im Gabelacker (Ausschnitt aus dem Stadtplan von 1927)

Im Gabelacker (Neuenheim, E 8–9, zwischen Wielandtstraße beim Neuenheimer Fried-hof und Gundolfstraße). Seit 1925 Straßenname. Nach der Gewannbezeichnung »Gabel-acker« (»gegabeltes Flurstück«), die es sowohl in Handschuhsheim (1830) als auch in Neu-enheim (1786) gab. 1906 wurde an der Ecke Werderstraße/Im Gabelacker ein privates Luft- und Sonnenbad eröffnet. Im Adressbuch 1926 erscheint die kleine Siedlung westlich des Neuenheimer Friedhofs mit Friedrich-Ebert-Straße (heute Wielandtstraße), Im Gabelacker und Wilckensstraße als »Siedlung im Gabelacker« (Frey 1944, Nr. 127; Jaeger 1988, Nr. 257f.; vgl. *In der Gabel*).

Nr. 13: hier wohnten Eberhard Gothein (1853–1923) und seine Frau Marie-Luise Gothein (1863–1931; vgl. *Gotheinstraße*).

Im Grund (Schlierbach, F 15, zwischen Am Gutleuthofhang und Gutleuthofweg). Wiesen und Äcker im Grund, im Gegensatz zum Hang. 1950 benannt, wahrscheinlich in Analogie zu Straßennamen, die auf echte Flurnamen zurückgehen (als Namensfeld frei erfunden, vgl. *Am Rain*, *Im Anger*, *Am grünen Hag*, *Im Wiesengrund*). Die Straße zieht quer zum Hang, ähnlich wie *Im Höllengrund*, *Im Wiesengrund*, *Im Lindenried*.

Im Hasenleiser (Rohrbach, I–K 9, zwischen Heinrich-Fuchs-Straße bei der ehemaligen Fuchsschen Fabrik und Max-Josef-Straße). Bis 1929: *Fuchsstraße*. Nach dem Gewann »Hasenleiser« benannt. Den Namen trägt auch der Rohrbacher Bezirk *Hasenleiser*. Die Be-deutung des alten Flurnamens ist nicht klar. Vielleicht von mhd. hasenluzer = »der den Hasen auflauert« (von mhd. lûzen »lauern, beobachten«)? Das Gewann östlich davon heißt »Hasenstock«. Das könnte auf einen herrschaftlichen Wildbann hinweisen, ein unbebau-tes Flurstück, welches der Hasenjagd vorbehalten ist (vgl. *Gewann Hasenbaum*, *Heinrich-Fuchs-Straße*, *Leisberg*).

Im Heimgarten (Pfaffengrund, H 6, Straße ist zweigeteilt. Sie beginnt am Steinhofweg, wird an der Marktstraße durch einen Grünstreifen unterbrochen – die Hausnummern 14–32 sind unbebaut -, setzt sich am Kranichweg fort und endet bei der Straße In der Siedlerruh). 1950 benannt. Heimgarten bedeutet nach dem Grimmschen Wörterbuch »der vor einem heim gelegene, mit bäumen bestandene platz, auf den sich die gemeindeglieder zu spiel, unterhaltung und zwiesprache einzufinden pflegten« bzw. »in Oberdeutschland trauliche zusammenkunft, plauderei, besuch, unterhaltung, mhd. heimgarte«. Der Name deutet wie

163

In der Siedlerruh, Laubenweg, Blütenweg und andere auf das damalige Siedlungskonzept des Pfaffengrunds, das Wohnen im eigenen Haus mit Garten.

Nr. 34: Stephanushaus, Pfarramt der evangelischen Emmaus-Gemeinde.

Im Höllengrund (Schlierbach, E–F 14, zieht vom ehemaligen Schulhaus aufwärts zur Straße Am Schlierbachhang, parallel zu Im Lindenried). Gewannbezeichnung, von »Halde« = »Bergabhang«. Der Höllengrund umfasste ursprünglich den Grund des Schlierbaches vom Wald bis an den Neckar. Die Straße, 1950 benannt, zieht quer zum Hang, ähnlich wie die Straßen *Im Wiesengrund, Im Grund* und *Im Lindenried*. Vielleicht eine frühere Verbindung zwischen einem Neckarübergang und dem Hohlen Kästenbaum. Durch die Änderung der Straßenbezeichnung erhielten Wohngebäude andere Hausnummern (Derwein 1940, Nr. 350; vgl. *Höllengrundweg*).

Im Höllenstein (Kirchheim, I–K 8, zwischen Ahornweg und Ulmenweg). Zentrale Straße der Siedlung »Höllenstein«. 1929 nach einer Gewannbezeichnung an der Grenze zu Rohrbach benannt, 1617 als »bey dem Hünlinstein« erwähnt (Körner 2009, S. 77; vgl. Siedlung *Höllenstein*).

Im Hofert (Schlierbach, F 15, südlicher Parallelweg zum Gutleuthofweg von Am Gutleuthofhang bis zur Orthopädischen Klinik). 1950 benannt. Die Gewannbezeichnung wurde 1881 in Erinnerung an das »Hoffahrtswehr«, eine Stromschnelle im Neckar, eingeführt. Vorher hieß das Gewann »ober der Leimengrube« (1794). Das Hoffahrtswehr lag weiter neckaraufwärts, beim Gumpental, unterhalb des Kümmelbacher Hofes, bei einer ehemaligen Neckarinsel. Hier hatte sich der pfalzgräfliche Hof die Fischerei vorbehalten (Derwein 1940, Nr. 336f.).

Nr. 24: Sportzentrum Ost, Sportanlage Schlierbach.

Im Hüttenbühl (Kirchheim, I 7, zwischen Pleikartsförster Straße und Stückerweg). 1921 nach einer Gewannbezeichnung benannt. Früher: »Hüb Bühel«, 1768 »Huppen Bühl«, seit 1794 »Hüttenbühl«. »Bühl«, ahd. buhil, mhd. buhel bedeutet »Hügel, Anhöhe«. – 1921 wurden hier Kleinwohnungsbauten errichtet, die um 1970 durch modernere ersetzt wurden. 1993 wurde hier die Kindertagesstätte eingeweiht (Körner 2009, S. 77f.; Alfons Eller 1967, S. 51; vgl. *Gewann Hüttenbühl*).

Im Klingenbühl (Pfaffengrund-Gewerbegebiet, G 5–6, zwischen Autobahn und Kurpfalzring). 1927 nach einer Gewannbezeichnung benannt, welche 1487 als »vff dem klingenbuhelle« erstmals erwähnt ist. »Klinge« in Flurnamen (ahd. chlinga) bedeutet Bergbach, Schlucht, Wasserabsturz, hier im flachen Gelände der Rheinebene schwer vorstellbar. »Bühl«, ahd. buhil, mhd. buhel bedeutet »Hügel, Anhöhe«. – Die Straße Im Klingenbühl ist heute reines Industriegebiet, mittendrin ein einziges Einfamilienhaus mit Garten (Derwein 1940, Nr. 452, 454, 455; vgl. *Gewann Steinklinge, Hugo-Stotz-Straße, Klingenteich*).

Im Kolbengarten (Pfaffengrund, G–H 6, zwischen Im Buschgewann und Im Schnepfengrund). 1950 benannt. Flurname, der wohl auf das Vorhandensein von Sumpfpflanzen mit kolbenartigem Fruchtstand zurückgeht (vgl. *Kolbenzeil*).

Im Lindenried (Schlierbach, E–F 14, zwischen Hermann-Löns-Weg und Am Schlierbachhang). 1914 gab der Stadtrat dem Weg zwischen Schloss-Wolfsbrunnen-Weg und der Station Schlierbach (bis dahin *Ochsenweg*) die Bezeichnung Im Lindenried. Durch die Änderung der Straßenbezeichnung erhielten Wohngebäude andere Hausnummern. Die Gewannbezeichnung »im Lindenrieth« wurde erstmals 1716 erwähnt. Der zweite Wortbestandteil kommt von »Ried, Riet, Ries (Plural: Rieder)« und bezeichnet einen Hohlweg am Hang, durch den das geschlagene Holz bis zu einem befahrbaren Weg »geriest« = geschleift wird. Die Straße zieht quer zum Hang, ähnlich wie die Straßen *Im Höllengrund*, *Im Grund* und *Im Wiesengrund* (Derwein 1940, Nr. 546f., 669, 721; Knörr 1999, S. 121; vgl. *Am Aukopf*, *Sensenried*).

Im Mörgelgewann (Kirchheim, H 8, ehemaliger Gewannweg südlich der ehemaligen Grenadierkaserne, heute Patton Barracks, Straße zwischen Kirchheimer Weg und Speyerer Straße. Keine Ausfahrt zur Speyerer Straße). 1955 nach der Gewannbezeichnung »Mörgelgewann« benannt. Von Mergel (ahd. mergil, lat. marga), einem Sedimentgestein, das je etwa zur Hälfte aus Ton und Kalk besteht. In der Landwirtschaft wurden hauptsächlich trockengelegte Feuchtgebiete mit Mergel verbessert. – Das Notwohngebiet »Im Mörgelgewann« wurde 1957 zur Unterbringung von Flüchtlingen aus Ostdeutschland errichtet. Das Quartier liegt räumlich und optisch abseits, es ist nur über eine Stichstraße erreichbar. Seit 1961 werden hier Obdachlose untergebracht. 1962 errichtete die Stadt Heidelberg einen Kindergarten und einen gottesdienstlichen Raum (Derwein 1940, Nr. 611; Körner 2009, S. 78; vgl. *Ergelweg*).

Im Moselsgrund (Ziegelhausen, D–E 14, zwischen Am Bächenbuckel und Friedhofweg). 1970 nach der Gewannbezeichnung »Moselbrunnen« benannt, erstmals 1607 als solche erwähnt, mundartlich »Mosselsbrunn«. Die Quelle des Moselbrunnens wurde 1896 in einer Brunnenstube gefasst. Galt früher als Kleinkinderbrunnen, daher volksetymologisch von Moses, dem Patron solcher Brunnen, abgeleitet (4. Buch Mose 20,11) (Hoppe 1956, Nr. 205; vgl. *Moselbrunnenweg*).

Im Neuenheimer Feld (Neuenheim, Handschuhsheim, E 7–8, zwischen Berliner Straße und Tiergartenstraße). Die Straße führt durch das Neuenheimer Feld und bildet als Fortsetzung der Blumenthalstraße seit 2003 die Grenze zwischen den Stadtteilen Neuenheim und Handschuhsheim. Alle Gebäude des Gebiets zwischen Neckar, Tiergartenstraße, Klausenpfad und Berliner Straße haben die Adresse »Im Neuenheimer Feld«. Die Hausnummern

Im Mörgelgewann

(seit 1973) sind keine Hausnummern entlang einer Straße, sondern Gebäudenummern. Bis zu Nr. 500 befinden sich die Gebäude südlich der Straße im Stadtteil Neuenheim, ab Nr. 500 nördlich der Straße in Handschuhsheim. – Neuenheimer Feld war ursprünglich die Bezeichnung für das gesamte Feld westlich des Neuenheimer Ortsetters, d. h. es reichte ursprünglich viel weiter nach Osten, Ende des 19. Jahrhunderts etwa bis zur heutigen Werderstraße. Ähnlich wie das nördlich angrenzende Handschuhsheimer Feld wurde das Gelände bis in die Mitte des 20. Jahrhunderts weitgehend landwirtschaftlich genutzt. Heute bezeichnet es ein Neubaugebiet im Westen des Stadtteils Neuenheim, in dem überwiegend die naturwissenschaftlichen Fakultäten sowie Teile des Klinikums der Universität Heidelberg untergebracht sind. In der ersten Hälfte des 20. Jahrhunderts entstanden am Norduffer des Neckars mit dem 1915 hierher verlegten Botanischen Garten und der Chirurgischen Klinik (1939) erste Universitätsinstitute. Der Bau der Ernst-Walz-Brücke 1928 stellte die Weichen für eine konsequente Umsetzung der Universitätserweiterung. 1930 wurde am Nordbrückenkopf der Ernst-Walz-Brücke das Kaiser-Wilhelm-Institut für Innere Medizin eröffnet. Das Chemische Institut war das erste nach dem Zweiten Weltkrieg gebaute Universitätsinstitut im Neuenheimer Feld (Baubeginn 1951). Heute liegen hier u. a. die Chirurgische Klinik, die Kinderklinik, das Universitätsbauamt, das Zoologische Museum, das Museum für Geologie/Paläontologie, das Deutsche Krebsforschungszentrum (1964), das Zentrum für Molekulare Biologie (Biowissenschaftliches Zentrum »Bioquant«, 1985), das Mathematische Institut, das Physikalisch-Chemische Institut, das Universitätsrechenzentrum (1975), die Zentralmensa, das Südasien-Institut (1962), der Botanische Garten, die Zweigstelle der Universitätsbibliothek, das Gästehaus der Universität, das Institut für Theoretische Medizin, das Institut für Geschichte der Medizin (1974), die Kopfklinik (1987), die Klinik für Innere Medizin (2004), die Frauen- und Hautklinik (2013), das Otto-Meyerhof-Zentrum für ambulante Medizin und klinische Forschung (2001) und das Max-Planck-Institut für Medizinische Forschung (1930).

Außerdem liegen in diesem Gebiet Studentenwohnheime, die Jugendherberge (1956) und Sportplätze. Der Tiergarten entstand 1934 anstelle des Zentralfriedhofs. – Auch auf das angrenzende Handschuhsheimer Gebiet wurde die Bebauung ausgeweitet, hier befinden sich das Schwimmbad (1955), das Institut für Sportwissenschaft, der Olympiastützpunkt Rhein-Neckar, der Neubau der Pädagogischen Hochschule, das Max-Planck-Institut für ausländisches öffentliches Recht und Völkerrecht, das Versorgungszentrum Medizin (1987) und der Technologiepark Heidelberg (1985). Nördlich der Straße im Anschluss an den Technologiepark sollen neben einem Hotel für ambulante Patienten des Universitätsklinikums ein Gesundheitszentrum, Apartments für Klinikmitarbeiter, Büros und Laborflächen für das Klinikum entstehen. Eine Erweiterung des Straßenbahnnetzes, die das Gebiet erschließen soll, ist beschlossen.

Im Neulich (Handschuhsheim, D 10, Siedlung zwischen Heiligenbergstraße und Mönchbergweg). 1947 nach einer Gewannbezeichnung benannt, 1574 als »Neulich« oder »Langenroth« erstmals erwähnt (»neu gerodeter ehemaliger Wald«). Früher Weingärten, 1922–41 Waldsportplatz des Turnvereins Handschuhsheim (seit 1946 »TSV Handschuhsheim 1886 e.V.«). 1943 entstanden auf dem Sportplatz Behelfsheime für Ausgebombte aus Mannheim, heute exklusive Wohnlage (Frey 1944, Nr. 265, 312; vgl. *Neulichweg*).

Im Neuenheimer Feld   Im Neulich

Im Rossgraben   (Pfaffengrund, G 6, zwischen Marktstraße und Steinhofweg). 1949 nach einer Gewannbezeichnung benannt, die 1570 erstmals als »im Rosgraben« erwähnt ist. Möglicherweise Bezeichnung einer Abdeckerei (Derwein 1940, Nr. 738; vgl. *Am Rosenbusch*, *Rosenbergweg*, *Rosenpfad*).

Im Sändel   (Wieblingen, D 5–6, von der Waldhofer Straße westwärts; Sackgasse). 1958 angelegt und benannt. Die Straße verläuft im früheren Gewann »Das Sändel«. Der Name deutet auf die Bodenbeschaffenheit hin (Streitberg 1938, S. 8; vgl. *Sandwingert*, *Im Sand*).

Im Sand   (Weststadt, G–H 9, zwischen Philipp-Reis-Straße und Carl-Bosch-Straße). Straße im ehemaligen Gewann »Mittlerer Vogelstang«, 1950 benannt. Der Name deutet auf die Bodenbeschaffenheit hin (Derwein 1940, Nr. 747; vgl. *Sandwingert*, *Im Sändel*).

Im Schaffner   (Pfaffengrund, G 6, zwischen Lerchenweg und Kranichweg). »Schaffner« (mhd. schaffenære) bedeutet »Aufseher, Wirtschafter, Verwalter über Einnahmen und Ausgaben einer Gemeinde, eines Klosters (zum Einzug des Zehnten), Pfleger«. Gewannbezeichnung, vielleicht nach der hier begüterten Pfälzer Katholischen Kirchenschaffnei (Derwein 1940, Nr. 767).

Im Schnepfengrund   (Pfaffengrund, H 6, zwischen Kranichweg und In der Siedlerruh gegen die Autobahn, parallel nördlich der ehemaligen Schwetzinger Bahnlinie). 1955 nach einer Gewannbezeichnung benannt. 1770 erstmals als »Schneppengründer Winkelgewann« erwähnt. Da Schnepfen vorwiegend im Wald leben, kann der Flurname ein Hinweis auf frühere Bewaldung sein (Derwein 1940, Nr. 820).

Im Schollengewann   (Wieblingen, E 6, vom Sandwingert im Bogen zum Wibiloweg/ Trasse der ehemaligen OEG). Angelegt 2007. Der frühere Gewannname »Schollengewann« weist wohl auf die lockere Konsistenz des Ackerbodens hin (Streitberg 1938, S. 8). Der Name wird auch als Bezeichnung für das gesamte dortige 2007 erschlossene, seit 2010 bebaute Wohngebiet verwendet.

Im Schuhmachergewann   (Wieblingen, D–E 5–6, führt im Gewerbegebiet von der Maaßstraße über den Grenzhöfer Weg und knickt in einer Biegung zu Am Taubenfeld ab). Angelegt und benannt 1959. Die Straße verläuft u. a. im früheren Gewann

»Schuhmachergewann«; der Name weist vielleicht auf ehemalige Eigentümer hin (Streitberg 1938, S. 8; vgl. *Schusterstraße*).

Im Stopfelgarten (Handschuhsheim, D 8–9, zwischen Hans-Thoma-Straße und Trübnerstraße, innerhalb der Siedlung »Blaue Heimat«). Die Straße in der Siedlung »Blaue Heimat« wurde 1926 nach einer Gewannbezeichnung benannt. 1844 erstmals als »Stoppelgarten« erwähnt, vielleicht von mundartlich »stupfeln« = »stoppeln, zusammensuchen, was von der Ernte liegengeblieben ist, Nachlese halten«. – Die Gemeinnützige Gesellschaft für Grund- und Hausbesitz baute 1926–27 zwischen Stopfelgarten, Mühlingstraße, Hans-Thoma-Straße und Trübnerstraße eine Siedlung, die wegen der damaligen Fassadenfarbe den Namen »Blaue Heimat« erhielt. Der Eingang zum »Stopfelgarten« führt durch das Haus Hans-Thoma-Straße 9 und Wilhelm-Trübner-Straße 4 (Frey 1944, Nr. 172, 435; vgl. *Mühlingstraße*).

Im Weiher (Handschuhsheim, C 8, zwischen der Ecke Trübner-/Tischbeinstraße und der Gemarkungsgrenze zu Dossenheim beim Erzeugergroßmarkt). Früher Gartenbaugebiet, als Wohngebiet 1988/89 bebaut. 1973 nach einer Gewannbezeichnung benannt, diese nach einem Feuchtgebiet. 1475 erstmals als »unser Weiher« im Besitz der Herren von Handschuhsheim erwähnt. Dieser gab dem Gewann den Namen. Wie andere Flurnamen deuten auch die Gewannbezeichnungen »Entensee«, »Im Entenlach«, »Fischpfad«, »Im Weiher« und »Schläuchen« auf Feuchtgebiete hin, die als Reste des »Bergstraßenneckars« angesehen werden. Der Weiher ist schon lange zugeschüttet (Derwein 1933, S. 193; Frey 1944, Nr. 491).

Im Wellengewann (Pfaffengrund-Gewerbegebiet, F 6, ostwärts des Kurpfalzrings, zwischen Henkel-Teroson-Straße, Kurpfalzring und Bahnlinie). 1959 nach einer Gewannbezeichnung (»vff der Wälden«, 1661) benannt. Angeblich soll hier der Boden leicht gewellt sein. Vielleicht auch von »Waldgewann« (Derwein 1940, Nr. 1024; vgl. *Asternweg*, *Tulpenweg*).

Im Wiesengrund (Schlierbach, F 15, zwischen Gutleuthofweg und Im Hofert). Der nördliche Teil der Straße *Am Gutleuthofhang* zwischen Gutleuthof und Im Hofert wurde 1958 in Im Wiesengrund umbenannt, wahrscheinlich in Analogie zu Straßennamen, die auf echte Flurnamen zurückgehen (als Namensfeld frei erfunden, vgl. *Am Rain*, *Im Anger*, *Im Grund*,

Im Stopfelgarten

Am grünen Hag). Die Hausnummern 54–49 wurden in 1–6 geändert. Die Straße zieht quer zum Hang, ähnlich wie die Straßen Im Höllengrund, Im Grund und Im Lindenried.

Im Winkel   (Pfaffengrund, G 5–6, südlich der Eppelheimer Straße, zwischen Dompfaffenweg und Goldammerweg). 1953 nach dem Verlauf der Straße benannt, der der Form eines Hufeisens entspricht.

In den Pfädelsäckern   (Handschuhsheim, D 8, zwischen St. Vitusgasse und Angelweg). Nach der Gewannbezeichnung »Pfädelsäcker« (1620 erstmals als »acker im pfedel vor der weeth« erwähnt). Name von Pfädel »kleiner Pfad«. 1921–23 baute die Gemeinnützige Baugenossenschaft Neu-Heidelberg hier, auf bestem Boden westlich des alten Handschuhsheim, die Gartensiedlung Pfädelsäcker. Bei Notgrabungen entdeckte der Prähistoriker Ernst Wahle zahlreiche merowingische Gräber. 1959/60 wurde die Straße bis zum Angelweg verlängert. Dabei änderten sich die Hausnummern Angelweg 15–15a (Frey 1944, Nr. 321; vgl. *Gewann Pfädelsäcker*).

In der Aue   (Schlierbach, E–F 14–15, zwischen der Bahnstation und dem Auweg bzw. dem Linsenteich-Auweg). Bis 1950: »die Au«, dann »In der Aue« benannt. Die »Aue« ist das Gebiet südöstlich des Schlierbacher Bahnhofs (*Gutleuthoferfeld*; vgl. den Walddistrikt Aukopf). Bei der Bebauung wurden hier Reste einer vorgeschichtlichen Siedlung entdeckt. 1430 stiftete Kurfürst Ludwig III. in der Aue die Laurentiuskapelle, an die das Siechenhaus, später Gutleuthaus genannt, angebaut war (Derwein 1940, Nr. 29f.; Knörr 1999, S. 128ff.; vgl. *Am Aukopf*, *Obere Aue*, *Mittlere Aue*, *Untere Aue*, *Gutleuthofweg*).

In der Gabel   (Wieblingen, E–F 5–6, Gewerbegebiet an der A 5, als Fortsetzung des Wieblinger Weges von der Kurpfalzring-Brücke zur A 5). War bis 2010 Teil des *Wieblinger Weges* (siehe dort) und wurde zum 2. 7. 2010 nach dem früheren Gewannnamen zu *In der Gabel* umbenannt. Seither sind die ehemaligen geraden Hausnummern des Kurpfalzringes von 92–98 dem neuen Straßennamen zugeordnet. Die Gewannnamen »In der Gabel« und »Gabeläcker« (Streitberg 1938, S. 2 und 11) sind 1812 belegt; ihre Bedeutung ist unklar. Nach dem Autobahnbau 1934/36 wurde nur ersterer wiederbelebt und ergab insofern einen neuen Sinn, als das Gelände nun in einer »Gabelung« der von Mannheim kommenden Autobahn (nach Heidelberg bzw. Karlsruhe) lag. Diese Gabelung wurde Ende der 1960er Jahre zum Autobahnkreuz Heidelberg ausgebaut (vgl. *Im Gabelacker*).

In der Neckarhelle   (Ziegelhausen, E 13–14, zwischen Peterstaler Straße/Ebertplatz und Russenstein, geht dort in die Ziegelhäuser Landstraße über). Die Straße besteht aus zwei voneinander getrennten Ästen, die beide den gleichen Namen tragen: die frühere *Heidelberger Landstraße* (von der Neuenheimer Gemarkungsgrenze bis zum Steinbachtal) und die seit 1975 bestehende Umgehungsstraße am Neckar. In jenem Jahr wurden beide Äste *In der Neckarhelle* benannt. – Der Name kommt von der Gewannbezeichnung »Neckarhalde«, 1399 erstmals als »an der Neckarhelden« erwähnt. »Halde, helde« bedeutet »Bergabhang«. Ursprünglich bezog sich dieser Name auf die Wiesen am Abhang des Büchsenackers, dann auch auf die das Gewann durchziehende Landstraße (Derwein 1940 Nr. 57; Hoppe 1956, Nr. 171, 220; Jaeger 1988, Nr. 659, 678; vgl. *Im Höllengrund*, *Am Büchsenackerhang*).
Nr. 129: ehemaliges Hotel Stiftsmühle (1872). – Nr. 162: ehemaliges Park-Hotel Haarlass.

In der Neckarhelle

In der Siedlerruh (Pfaffengrund, G–H 6, zwischen Im Buschgewann und Im Schnepfen-grund). 1950 nach den Siedlern des Pfaffengrunds benannt (vgl. *Im Heimgarten*, *Lauben-weg*).

In der unteren Rombach (Schlierbach, E–F 13, parallel zum Hang, zwischen Wolfs-brunnensteige und Rombachweg). Nach dem Rombach benannt, der unterhalb des König-stuhls entspringt und bei der Schlierbacher Landstraße 126 in den Neckar mündete (heute nicht mehr sichtbar). Er wurde 1518 erstmals als »Rumbach« erwähnt (zu mhd. râm = »Schmutz«). Das dortige Gewann heißt nach dem Bach »Obere bzw. Untere Rombach« (Der-wein 1940, Nr. 733; vgl. *Obere Rombach*, *Rombachweg*, *Rahmengasse*).

In der Vogelstang (Weststadt, G 9, zwischen Philipp-Reis-Straße und Carl-Bosch-Straße, parallel zur Hebelstraße). 1950 nach der Gewannbezeichnung »Vogelstang« benannt, 1606 erstmals als »bei der Vogel stangen« erwähnt. »Wohl nach einer Stange benannt, die mit Leimruten besteckt war, um daran Vögel zu fangen« (Derwein 1940, Nr. 983).

Ingrimstraße (Altstadt, F 11, zwischen Kettengasse und Kornmarkt). 1389 erstmals erwähnt (*in Ingramszgassen*). Benannt nach einer Familie Ingram aus Bergheim, die hier Be-sitz hatte. Der Name kam schon 1268 in Heidelberg vor. In Wieblingen sind die Ingram zwi-schen 1261 und 1409 erwähnt. Die Familie, eine der ältesten greifbaren in Heidelberg, starb

Ingrimstraße

Ingrimstraße

vermutlich im 17. Jahrhundert aus. – Die »Untere Ingrimstraße« zwischen Ketten- und Augustinergasse wurde 1937 in *Merianstraße* umbenannt. Der Versatz der beiden Straßenzüge an der Kettengasse ist schon im Befestigungsplan von 1622 dargestellt und beruht wohl auf der Größe des kurfürstlichen Stadthofs an der Heugasse. – Auch bei der *Floringasse*, der *Semmelsgasse* und vielleicht bei der *Bussemergasse* liegen Eigennamen zugrunde (Derwein 1940, Nr. 369; vgl. *Heugasse*, *Karlstraße*, *Merianstraße*).

Insterburger Weg   (Kirchheim, I 8, zwischen Albert-Fritz-Straße und Danziger Straße). Nach der Stadt Insterburg in Ostpreußen, heute Tschernjachowsk (russische Oblast Kaliningrad), benannt. – 1959 nannte man die Straßen in Kirchheim-Nord nach ehemals deutschen Städten jenseits der Oder-Neiße-Linie (vgl. *Allensteiner Weg*, *Breslauer Straße*, *Danziger Straße*, *Elbinger Straße*, *Glatzer Straße*, *Gleiwitzer Straße*, *Königsberger Straße*, *Liegnitzer Straße*, *Marienburger Straße*, *Oppelner Straße*, *Stettiner Straße*, *Tilsiter Straße*).

Iqbal-Ufer   (Bergheim, F 8–9, Neckaruferstraße zwischen Vangerowstraße und Schurmanstraße). Die Straße wurde 1968/69 als Fortsetzung der Schurmanstraße am Neckar unter der Ernst-Walz-Brücke hindurch erbaut. Damit waren das Thermalbad und das Vereinsheim der Rudergesellschaft vom Fluss abgeschnitten. Am 14. Februar 1969 im Beisein des pakistanischen Botschafters nach dem Dichter, Philosophen und Politiker Sir Muhammad Iqbal (1877–1938) benannt, der als »geistiger Vater« des Staates Pakistan gilt, welcher neun Jahre nach seinem Tod gegründet wurde. Im Juni 1907 lernte Iqbal in Heidelberg Deutsch, noch im selben Jahr wurde er an der Universität München promoviert. 1923 erhob ihn die britische Krone wegen seiner dichterischen Leistungen in den Adelsstand. An der Neuenheimer Landstraße 58, wo er wohnte, hängt seit 1966 eine Gedenktafel für ihn. – Am Iqbal-Ufer steht ein Stein, der an die römische Brücke über den Neckar erinnert. Die Inschrift lautet: »Um 200 n. Ch. erbaute hier der Architekt Valerius Paternus zusammen mit Aelius Macer eine 260 Meter lange Steinpfeilerbrücke. Sie war Neptun, dem Gott aller Gewässer und Schützer der Brücken, sowie dem römischen Kaiserhaus geweiht. Auf dem mittleren der sieben Steinpfeiler stand ein Heiligtum mit dem Standbild Neptuns, den Dreizack schwingend.«

Iqbalufer, Gedenkstein Römerbrücke

Jägerpfad (Schlierbach, E–F 13, zwischen der Bahnunterführung an der Schlierbacher Landstraße (Schuhfabrik Wilz) und dem Mühlenweg, führt ins Schlierbachtal). Ursprünglich »Privatweg Goos«, 1950 benannt nach dem »Jägerhaus«, dem ehemaligen Wirtshaus »Zur Krone« (Schlierbacher Landstraße 77), um 1900 ein gut besuchtes Ausflugslokal (Derwein 1940, Nr. 255, 493; Knörr 1999, S. 98; vgl. *Kronenweg*).

Nr. 11: ehemalige Goossche Mühle (seit 1995 Kindertagesstätte).

Jahnstraße (Neuenheim, F 8, zwischen Quinckestraße 11 und Chirurgischer Klinik, kreuzt die Berliner Straße). Um 1927 nach dem Begründer des deutschen Turnwesens, Friedrich Ludwig Jahn (1778–1852) aus Lanz (Prignitz), benannt. Seine Bewegung sollte die deutsche Jugend auf den Kampf gegen die napoleonische Besetzung und für die Rettung Preußens und Deutschlands vorbereiten. Die von Jahn und seinen Mitstreitern in der Berliner Hasenheide demonstrierten Vorstellungen von der »Deutschen Turnkunst« sind noch im heutigen Turnbetrieb wiederzufinden, ebenso Begriffe, die Eingang in die Terminologie des Geräteturnens gefunden haben. – Nicht der römische Kaiser Trajan, der die »Civitas Nemetum« gründete, war Namensgeber der Straße, wie es der Archäologe Dr. Berndmark Heukemes vorgeschlagen hatte, sondern Turnvater Jahn. Die Jahnstraße führte vor dem Bau der Ernst-Walz-Brücke als Feldweg vom bebauten Teil Neuenheims zu zwei Sportplätzen, von denen einer an der Stelle des heutigen Max-Planck-Instituts für medizinische Forschung lag. Der andere war der Universitäts-Sportplatz, bis in die 1960er Jahre zwischen der Chirurgischen Klinik, dem Botanischen Garten und der Tiergartenstraße gelegen. – Eine Inschrift an der Ecke Jahn- und Posseltstraße erinnert an das Neuenheimer Kastell: »Römer-Kastell / an der Heerstraße / Neuenheim-Ladenburg / etwa 70 bis 120 nach Christus« (vgl. *Posseltstraße*).

Nr. 29: Max-Planck-Institut für medizinische Forschung.

Jakobsgasse (Altstadt, F 11, Verlängerung des Friesenbergs, zwischen Hauptstraße und den Bögen unter dem Garten des Palais Weimar). 1410 erstmals erwähnt. Nach der ehemaligen St. Jakobskapelle am Friesenberg benannt (diese 1371 erstmals erwähnt), auf die die Gasse zuführte. Sie lag in der Jakobsvorstadt, die mit einem Graben von der Kernaltstadt getrennt und nach Osten vom Neckargemünder Tor, im Westen vom Oberen Tor abge-

Jägerpfad

Jahnstraße 29, Ansicht von Süden

schlossen war. Unterhalb der Gasse lag eine Schiffslände und Überfahrt. – Der Garten des Palais Weimar (Hauptstraße 235, 1714) zieht in der gesamten Grundstücksbreite entlang der Gasse zum Neckar hinunter. Dort tragen Arkaden eine Sandstein-Terrasse, die sich etwa 5 m über das Straßenniveau erhebt. Die Terrasse ruht gegen den Neckar auf neun Bögen, seitlich auf je einem Bogen. Das Gelände unter den Bögen gehört der Stadt Heidelberg. Es war bis 1982 Teil eines öffentlichen Wegs (vgl. *Neckarmünzgasse*). Als damals das Völkerkundemuseum im Palais Weimar durch einen Anbau erweitert wurde, riss man die unter Denkmalschutz stehende Mauer aus dem 17. Jahrhundert an der Gasse ein. – Neben der St. Jakobskapelle standen seit 1387 das St. Jakobs-Kollegium für die Zisterziensermönche, die an der gerade gestifteten Universität studierten, und das 1410 erstmals erwähnte St. Jakobsspital, eine Pilgerherberge. 1685/88 ließ Kurfürst Philipp Wilhelm dort eine größere, geostete St. Jakobskirche mit hohem Turm und Kirchhof und Dechantenhaus erbauen, die bereits 1693 dem Stadtbrand zum Opfer fiel. – Der Apostel Jakobus der Ältere fand 44 n. Chr. den Märtyrertod und wurde zum Schutzpatron der Pilger, Spaniens und der spanischen Eroberer in Amerika. Sein Hauptwallfahrtsort ist das angebliche Grab zu Santiago de Compostela (Derwein 1940, Nr. 373; vgl. *Santiago Drive*).

»An den verehrlichen Stadtrat in Heidelberg. Bitte, betreffend Abänderung des Namens der Jakobsgasse in einen beliebigen anderen Namen.

Die unterzeichneten Bewohner der Jakobsgasse beehren sich, dem löblichen Stadtrat von Heidelberg die ganz ergebene Bitte vorzulegen, den Strassennamen der Jakobsgasse zu ändern u. einen andern an dessen Stelle zu setzen. Zur Begründung möge hiermit folgendes dienen. Die Jakobsgasse ist durch den etliche 30–35 Jahre in derselben geführten, eigentümlichen Geschäftsbetrieb sozusagen überall bekannt geworden, ein Vorzug, der heute für die Besitzer der Häuser, nachdem die Strasse im Jahre 1900 dem damaligen Zwecke entzogen wurde, nur höchst nachteilig wirkt. Mit dieser Veränderung nach mehr als 4 Jahren ist es noch nicht möglich geworden, eine Wohnung in besagten Häusern an leidlich anständige Mieter abzugeben. Ja nicht nur das alleine drängt die Hausbesitzer zu obiger Bitte, sondern es ist auch noch der Umstand mitbestimmend, dass heute noch zu allen Stunden des Tages u. der Nacht, auswärtige fremde Besucher uns belästigen, denen die Verlegung der früheren Zustände an andere Stelle wahrscheinlich noch nicht bekannt ist.

Dienstboten sind in der Jakobsgasse entweder garnicht zu bekommen, oder wenn es doch einmal gelingt u. sie erfahren, welchem Zwecke die Häuser früher gedient haben, so sind sie bei bester Bezahlung u. Behandlung zum Bleiben kaum mehr zu bringen. Mitbestimmend ist dabei noch, dass die weiblichen Bewohner, von den obengenannten Fremden, manchmal sehr zudringlichen Besuchern sittlich gefährdet sind. (. . .)

Wir hoffen zuversichtlich auf Gewährung u. geeignetem Entgegenkommen unserer Bitte, umsomehr wenn wir noch darauf aufmerksam machen, dass Hausbesitzer, Mieter u. Dienstboten bei Behörden u. Privaten, ja selbst in der Strassenbahn sehr oft in Verlegenheit kommen, wenn sie den Strassennamen Jakobsgasse nennen müssen. Selbst manchem anderen Einwohner Heidelbergs, der auf der Stras-

senbahn die Haltestelle «Jakobsgasse» benützen muss, wird es erwünscht sein, einen anderen Namen dafür nennen zu können.

Auch der landschaftlich schöne Ausblick von der Jakobsgasse nach dem Neckar, dem Hl. Berg, der Hirschgasse u. den am Berghang gegenüber liegenden Villen veranlasst im Sommer viele Fremde, aber auch sehr viele Heidelberger, welche ihr Spaziergang über die Hauptstrasse oder vom Friesenberg her führt, durch die Jakobsgasse an den schönen Aussichtspunkt am Neckar zu gehen. Manche ließen sich aber schon bestimmen, wie man es öfters schon bemerken konnte, als sie den Namen «Jakobsgasse» an der Ecke gelesen hatten, auf diesen herrlichen Genuß zu verzichten u. eiligst von dannen zogen. (...)

Indem wir unsere Bitte dem löblichen Stadtrat zur Genehmigung angelegentlichst empfehlen, zeichnet mit vorzüglicher Hochachtung, ergebenste Georg Sievi, Jakobsgasse 1, Gertrut Ellesser, Jakobsgasse 3, Elisabeth Klein, Jakobsgasse 5. Heidelberg, am 10ten März 1905.«

Antwort des Oberbürgermeisters vom 23. März 1905: »... teilen wir Ihnen ... mit, dass wir einen begründeten Anlass zur Änderung des Namens der Jakobsgasse nicht als vorliegend anzusehen vermögen. Die in Ihrer Eingabe beklagten Mißstände werden unzweifelhaft eine Zeit lang weiter bestehen, sie werden aber, zumal sie meistens in der Dunkelheit sich geltend machen, nicht früher verschwinden, auch wenn die Tafeln der betr. Straße andere Namen erhalten.« (Stadtarchiv Heidelberg, UA 288/9a).

Jaspersstraße (Emmertsgrund, L 10, zieht als kurze Stichstraße mit zwei Abzweigungen im Bogen von der Straße Im Emmertsgrund aus). 1971 nach dem Psychiater und Philosophen Carl Theodor Jaspers (1883–1969) aus Oldenburg benannt, 1922–37 Ordinarius für Philosophie in Heidelberg. Er wohnte von 1923 bis 1948 in der Plöck 66. Hannah Arendt (1906–1975), die 1926–28 am Schlossberg 16 wohnte, promovierte bei ihm über den »Liebesbegriff bei Augustin«. 1937 erhielt er Lehrverbot und wurde wegen »jüdischer Ver-

Jakobsgasse

Jaspersstraße 2

sippung« zwangsemeritiert. Er ging mit seiner Frau ins »innere Exil«. Nach dem Krieg erhielt er mit anderen Professoren den Auftrag, die Universität Heidelberg wieder zu eröffnen. 1945 hatte er einen Lehrstuhl für Philosophie in Heidelberg. Aus Enttäuschung über die politische Entwicklung in Deutschland ging er 1947 nach Basel. Über Heidelberg schrieb er 1952 an Hannah Arendt: »Es sind doch noch ordentliche Leute dort. Und die Stadt bleibt herrlich, die schönste in Deutschland.« – In der Voßstraße 2 befindet sich seit 2008 das Karl Jaspers Zentrum für Transkulturelle Forschung. Eine Gedenktafel an der Plöck 66 besagt: »Hier wohnte Karl Jaspers während seiner Heidelberger Zeit von Januar 1923 bis März 1948«.
Nr. 2: Wohnstift Augustinum (1976).

Jellinekplatz   (Emmertsgrund, L 10, Zufahrt über Jellinekstraße). 1971 nach Vater und Sohn benannt: Der in Leipzig geborene Jurist Georg Jellinek (1851–1911) wurde 1891 Professor des Staats- und Völkerrechts in Heidelberg und 1907 erster jüdischer Rektor der Universität. Er prägte den Begriff von der »normativen Kraft des Faktischen«. – Seine Frau Camilla Jellinek (1860–1940) war eine engagierte Frauenrechtlerin. Beide sind auf dem Bergfriedhof begraben. – Ihr in Wien geborener Sohn Walter Jellinek (1885–1955) kam 1891 mit seinen Eltern nach Heidelberg. Er wurde 1929 Ordinarius für Öffentliches Recht und Völkerrecht an der Universität Heidelberg. 1935 wegen jüdischer Abstammung aus dem Amt vertrieben, kehrte er 1945 auf den alten Lehrstuhl in Heidelberg zurück und wurde später Richter am Verwaltungsgerichtshof sowie am Staatsgerichtshof Baden-Württemberg. Er ist auf dem Friedhof in Handschuhsheim begraben. (Auf dem Straßenschild ist das Geburtsjahr von Walter Jellinek irrtümlich mit 1878 angegeben).

Jellinekstraße   (Emmertsgrund, L 10, beginnt im südlichen Teil der Siedlung, läuft parallel zur Straße Im Emmertsgrund und mündet in diese im Süden ein). 1971 benannt (vgl. *Jellinekplatz*).

Jensenstraße   (Bahnstadt, G 8, zwischen Noetherstraße und Grüne Meile). 2010 nach dem Physiker Johannes Hans Daniel Jensen (1907–1973) benannt. Er teilte sich 1963 mit Maria Goeppert-Mayer eine Hälfte des Nobelpreises für Physik für ihre Entdeckung der nu-

Jellinekstraße / Jellinekplatz

Georg Jellinek

klearen Schalenstruktur des Atomkerns. Das Gebäude des Instituts für Theoretische Physik der Universität Heidelberg im Philosophenweg 16 wurde nach ihm Jensen-Haus genannt (vgl. *Goeppert-Mayer-Straße*).

Jettaweg   (Schlierbach, F 13, zwischen Schloss-Wolfsbrunnen-Weg und Klingelhütten-weg). 1925 benannt. Der Hügel, auf dem die untere Heidelberger Burg erbaut ist, heißt seit dem 16. Jahrhundert »Jettenbühl«. Die (erstmals bei Hubert Leodius 1555 erwähnte) Legende will, dass dort eine Weissagerin namens Jetta wohnte. An einer Quelle im Walde – seither Wolfsbrunnen geheißen – soll sie von einem Wolf zerrissen worden sein. Diese Geschichte ist wohl von Humanisten erfunden. Herbert Derwein leitet den Namen von »Geltenpogel« (mhd. »ze dem gelten bühele«, wobei gelt »unfruchtbar« bedeuten soll) mit der Bedeutung »Jungviehweide« ab (Derwein 1940, Nr. 379f.; vgl. *Schloss-Wolfsbrunnen-Weg*).

Johannes-Hoops-Weg   (Altstadt, F–G–H 10, Waldstraße zwischen Klingenteichstraße und Speyererhof). Ursprünglich *Speyererhofweg*, der südliche Teil heißt heute noch so. 1851/52 als Zufahrt zum *Speyererhof* ausgebaut. An dieser Straße steht die Hutzelwaldhütte. 1952 nach Johannes Ludwig Hoops (1865–1949) aus Rablinghausen bei Bremen benannt, seit 1896 a. o. Professor für Englische Philologie und Germanische Altertumskunde an der Universität Heidelberg, 1902 ordentlicher Professor, 1920/21 Rektor. Er ermöglichte 1921 durch Spendensammlung die Fertigstellung der Mensa academica im sog. Marstall-gebäude (»Zeughaus-Mensa«). Im selben Jahr leitete er die Gründung der »Gesellschaft der Freunde der Universität Heidelberg« ein, deren Geschäftsführer er bis zu seinem Tode blieb. Seine Bemühungen um die Stiftung des amerikanischen Botschafters Jacob Gould Schurman (vgl. *Schurmanstraße*) führten zur Errichtung des Gebäudes der Neuen Universität. 1926 ging er als erster deutscher Austausch-Professor an die Universität Berkeley (Kalifornien). 1945 war er kommissarischer Rektor der Universität Heidelberg. Er wohnte unweit dieser Straße, in der Klingenteichstraße 13, und ging dort oft spazieren. Eine seiner Veröffentlichungen trägt den Titel »Waldbäume und Kulturpflanzen im germanischen Altertum«. Schon deshalb lag es nahe, eine Waldstraße, an der nur ein Wohnhaus steht, nach ihm zu benennen. Er ist auf dem Bergfriedhof begraben.

Nr. 8: Kamin und Maschinenhaus zur Entlüftung des Königstuhltunnels, 1906–13 erbaut, 1971 außer Betrieb gesetzt, heute Wohngebäude.

Jettaweg   Johannes-Hoops-Weg

Johann-Fischer-Straße (Handschuhsheim, D 9, zwischen Dossenheimer Landstraße und Zum Steinberg). 1925 angelegt und nach dem Landwirt Johann Fischer (1852–1921) benannt, dem letzten Bürgermeister der Gemeinde Handschuhsheim vor der Eingemeindung (1896–1902), danach Stadtrat in Heidelberg. Er hatte zunächst für den Erhalt der Selbständigkeit des Dorfes gekämpft, aber dann doch die Eingemeindung mit seiner Unterschrift gebilligt. Die Stadt Heidelberg übertrug ihm die Verwaltung der Hofgüter Bierhelderhof und Kohlhof. Er ist auf dem Handschuhsheimer Friedhof begraben (Frey 1944, Nr. 113; Kollnig/Frese 1999, S. 184f.).

Johanniterstraße (Wieblingen, E 6, von der Mannheimer Straße 203a zur Pfälzer Straße). Der Johanniterorden besaß schon im 14. Jahrhundert in Wieblingen ein Hofgut (siehe *Maltesergasse*). Der »Ritterliche Orden des hl. Johannes vom Spital zu Jerusalem« wurde um 1070 im Ersten Kreuzzug in Jerusalem zur Betreuung kranker Pilger im Heiligen Land gegründet und später auch zur bewaffneten Verteidigung der dortigen Kreuzritterstaaten. Er breitete sich schnell in Europa aus und erhielt durch Schenkungen umfangreichen Grundbesitz. – Die 1899 angelegte Straße hieß vor 1930 *Friedrichstraße*, benannt nach Großherzog Friedrich I. von Baden (reg. 1856–1907). Sie wurde wegen der Friedrichstraße in der Altstadt umbenannt. 1908 folgte südlich davon die nach seiner Gattin benannte *Luisenstraße* (vgl. *Elisabethstraße*), so dass zwei benachbarte Straßen die Namen des regierenden Herrscherpaares trugen.

Josef-Amann-Anlage (Pfaffengrund, G 6–7, Grünanlage zwischen Heinrich-Menger-Weg und TSV-Sportplatz). 1982 nach dem Bäcker, Gewerkschafter und Bürgermeister Josef Amann (1897–1971) benannt, dem »Vater des Pfaffengrunds«, 1924–33 Mitglied des Bürgerausschusses und des Stadtrats. Nach dem 20. Juli 1944 wurde er verhaftet und ins Konzentrationslager Dachau gebracht. 1945 war er Mitinitiator bei der Neugründung der SPD in Heidelberg, 1946 wurde er Vorsitzender der SPD-Gemeinderatsfraktion, 1946 Mitglied der Landesversammlung von Württemberg-Baden, 1948–54 Erster Bürgermeister und seit 1963 Ehrenbürger der Stadt Heidelberg. Er ist auf dem Bergfriedhof begraben. – Inschrift auf einem Findling beim Clubhaus des TSV Pfaffengrund: »Zur Erinnerung an Ehrenbürger Josef Amann 1897–1971 / den aufrechten Demokraten und Förderer des Pfaffengrunds in schwerer Zeit«. – Die Josef-Amann-Anlage ist keine Wohnadresse.

Jubiläumsplatz (Altstadt, F 10, westlich der Stadthalle). Der Platz bildete wie der Montpellierplatz bis 1886 einen Teil des 1562 erstmals erwähnten, zwischen Ziegelgasse und Marstall gelegenen »Zimmerplatzes« (von mhd. zimber, zimmer = »Bauholz, Gebäude, Wohnung«). Dieser wurde an Zimmerleute und Schiffsbauer verpachtet, im 18./19. Jahrhundert auch »Lauer«, also Landungs- und Lagerplatz am Neckar genannt. Auf der östlichen Hälfte war der Borthof, das städtische Holzmagazin. 1845 wurde der Zimmerplatz planiert und nivelliert. Anlässlich der 500-Jahrfeier der Universität 1886 errichtete man auf dem östlichen Teil des Zimmerplatzes eine provisorische hölzerne Festhalle, nach deren Abbau der Platz Jubiläumsplatz benannt wurde. 1903 wurde hier die Stadthalle eröffnet. Der Platz ist keine Wohnadresse (Derwein 1940, Nr. 384, 520, 1064, 1070; vgl. *Montpellierplatz*).

Junkergasse (Rohrbach, I 9, Sackgasse zwischen Rathausstraße oberhalb des Rathauses und dem Thannschen Hof). Der Name weist auf adelige Großgrundbesitzer hin. Hier

Junkergasse

stehen noch Hofhaus und Portal mit zwei Wappen des Thannschen Hofes. Sie zeigen das springende Pferd der Familie von Wolzogen und zwei Lilienstäbe der Familie von Venningen. 1661 wurde der Thannsche Hof an Freiherr Christoph Andreas von Wolzogen, den Eigentümer des Menzinger Hofes (Winzerstraße 11), verkauft. Somit waren Menzinger und Thannscher Hof in einer Hand (vgl. *Von-der-Tann-Straße*).

Käfertaler Straße   (Wieblingen, D 6, nach Mannheimer Straße 310 zum Neckarhamm). Angelegt 1959, bebaut ab 1961. Benannt nach dem Mannheimer Stadtteil Käfertal (vgl. *Edinger*, *Feudenheimer*, *Friedrichsfelder*, *Neckarauer*, *Rheinauer* und *Waldhofer Straße* sowie *Ilvesheimer*, *Sandhofer*, *Schwabenheimer* und *Viernheimer Weg*).

Kätchen-Förster-Weg   (Rohrbach, Gewann See, K 9, parallel zur Leimer Straße). 1978 nach Katharina Barbara Förster (1789–1837) benannt, Tochter des Küfermeisters Johann Georg Förster und seiner Frau Maria Barbara, geb. Astor. 1807 logierten die Brüder Josef und Wilhelm von Eichendorff aus Lubowitz (Oberschlesien) studienhalber bei dem Bäcker Johann Jakob Förster, Kätchens Bruder, in der Heidelberger Vorstadt (heute Hauptstraße 59). Dort soll Kätchen den nur wenige Monate älteren Joseph kennengelernt haben. Die Brüder Eichendorff trafen sich daraufhin häufig mit Freunden im »Roten Ochsen« in Rohrbach (heute Rathausstraße 55), schräg gegenüber Kätchens Elternhaus (2005 abgerissen). – Mit dem Gedicht »Klage«, aus dem die folgenden Verse stammen, soll Joseph von Eichendorff angeblich Kätchen gemeint haben: »Ach Gott, wem soll ich trauen, / Will sie mich nicht verstehn, / Tun all so fremde schauen, / Und alles muss vergehn. / Und alles irrt zerstreuet, / Sie ist so schön und rot, / Ich hab nichts, was mich freuet, / Ach wär ich lieber tot!« Im Sommer 1808 verließ er Heidelberg für immer, um 1814 standesgemäß zu heiraten. Kätchen sah ihn nie wieder, blieb ledig und starb als Magd in der »Schwarzen Traube«, die ihr Bruder gekauft hatte (heute »Schnookeloch«, Haspelgasse 8). Sie wurde auf dem Peterskirchhof begraben (vgl. *Eichendorffplatz*, *Eichendorffstraße*, *Kühler Grund*).

Kaiserstraße   (Weststadt, G 9, zwischen Rohrbacher Straße und Kurfürstenanlage). Die Straße wurde 1873 nach Kaiser Wilhelm I. (reg. 1871–88) benannt. 1797 in Berlin als Wilhelm Friedrich Ludwig von Preußen aus dem Haus Hohenzollern geboren, seit 1858 Regent, seit 1861 König von Preußen. 1871 wird er im Spiegelsaal des Schlosses von Versailles zum Deutschen Kaiser ausgerufen. Bei der Kaiserproklamation erbringt Großherzog Friedrich I. von Baden das erste Hoch auf Wilhelm I. Seither trägt das 2. Badische Grenadier-Regiment Nr. 110 seinen Namen. An seinem Geburtstag 1875 wird in dem bäuerlichen Anwesen Mühltalstraße Nr. 41 die Gastwirtschaft »Zum Deutschen Kaiser« eröffnet, nachdem bereits 1872 die aus dem Metall erbeuteter französischer Kanonen gegossene »Kaiserglocke« für die Kirche in Handschuhsheim festlich empfangen worden war. Er starb 1888, im Jahr darauf wurde die heutige *Brückenstraße* »Kaiser-Wilhelm-Straße« genannt. Der Name setzte sich nicht durch. Von 1901 bis 1918 stand auf dem Universitätsplatz ein Denkmal Kaiser Wilhelms I. – Die Straße endete westlich ursprünglich an der Römerstraße, dann an der Ringstraße (1891). 1904 erhielt der Abschnitt zwischen Belfortstraße und Ringstraße, ursprünglich *Kleine Speyerer Straße* benannt, ebenfalls den Namen *Kaiserstraße*. – Nachdem am 31. August 1921 Demonstranten sämtliche Straßenschilder in der Weststadt mit den Bezeichnungen der Kaiserstraße, Kronprinzenstraße, Wilhelmstraße und Wilhelmsplatz zertrümmert und entfernt hatten, stellte die sozialdemokratische Bürgerausschussfraktion »an den verehr. Stadtrat den Antrag, derselbe möge für die bisherige Kaiser- und Kronprinzenstraße zeitgemäßere Benennungen bestimmen.« Der Antrag wurde abgelehnt. Die Straßen, mit Ausnahme der *Kronprinzenstraße* (vgl. *Dantestraße*), heißen noch heute so. –

Kanzleigasse 4　　　　　　　　Kaiserstraße, Bonifatiuskirche

Seit 1988 ist die Kaiserstraße zwischen Kleinschmidt- und Landhausstraße in den Bereich des Wilhelmsplatzes einbezogen, also keine Durchgangsstraße mehr.

Nr. 23: Louise-von-Marillac-Schule am St. Josefskrankenhaus. – Nr. 69–71: Agentur für Arbeit.

Kanzleigasse　　(Altstadt, F 11, zwischen Karlstraße und Burgweg). Die winklig verlaufende Gasse wurde nach der ehemaligen kurfürstlichen Kanzlei benannt, 1463/64 von Friedrich dem Siegreichen am Burgweg erbaut, 1581/83 im Stil der Renaissance umgebaut und erweitert, 1689 zerstört und nicht mehr aufgebaut. Der Name bezog sich ursprünglich nur auf den heutigen Süd-Nord-Arm. Der Ost-West-Arm (1344: *Twerchgasse*, d. h. Quergasse; 1424 *Ortgessel*) ist ein Rest der Straße *Oberes Kaltes Thal*, welche nach der Stadtzerstörung aufgegeben wurde und in den Gärten der heutigen Karlstraße aufging. Die Straße wurde 1607 als *Canzlei gäßlein* erstmals erwähnt. Hier (in Nr. 1) wurde 1835 der älteste Heidelberger Kindergarten gegründet, heute wieder Kindergarten (Derwein 1940, Nr. 411, 677, 1073).

Kapellenweg　　(Handschuhsheim, D 9, zwischen Steubenstraße und Leimengrube). 1874–1910: *Kreuzpfad*, dann befestigt und umbenannt nach der ehemaligen, 1843 abgerissenen St.-Anna-Kapelle an der Einmündung des heutigen Kapellenwegs in die Handschuhsheimer Landstraße. Jesuiten errichteten sie um 1710 im Feld außerhalb des Dorfes. Beim Bau des Kapellenwegs fand man ihre Fundamente. An ihrer Stelle stand ein steinernes Kreuz, das vor dem Ersten Weltkrieg an die St.-Vitus-Kirche versetzt wurde. 1928 baute man im Geviert Steubenstraße/Kapellenweg/Handschuhsheimer Landstraße den »Rosengartenblock« (Frey 1944, Nr. 221, 248).

Kappesgärten　　(Wieblingen, D 6, von der Mannheimer Straße 306 zum Schwabenheimer Weg). Angelegt und benannt 1955. Der Flurname bezeichnet ein früheres Gewann am Neckar, in dem entweder vor allem Kohl (Kappes) angebaut wurde (Streitberg 1938, S. 7) oder für dessen Nutzung die Pächter Kapaune (kastrierte Hähne) abliefern mussten.

Karl-Christ-Straße　　(Ziegelhausen, E 14–15, zwischen Schönauer Straße und Schönauer Klingenweg). 1938 im »oberen Rod« als Dr.-Karl-Christ-Weg gebaut und nach dem Privatgelehrten und Heimatforscher Karl Christ (1841–1927) benannt, der lange hier im »Hahnberghof« wohnte und auf dem Friedhof Ziegelhausen begraben ist. Er fand u. a. um 1860 die Reste der Ringwälle auf dem Heiligenberg wieder und veröffentlichte zahlreiche Artikel zur Heimatgeschichte. Ab 1890 gab er zusammen mit Albert Mays (vgl. *Albert-Mays-Straße*) im Auftrag des Stadtrats das »Neue Archiv für die Geschichte der Stadt Heidelberg und der rheinischen Pfalz« heraus. 1921 verlieh ihm die Universität Heidelberg den Titel des Dr. phil. h. c. Im Kurpfälzischen Museum hängt sein Porträt von Guido Schmitt. Schon 1928 schlug die Ziegelhäuser Bürgerin Emma Kromer vor, den *Schulbergweg* nach Christ umzubenennen. Der Verkehrs- und Verschönerungsverein Ziegelhausen wiederholte die Bitte 1933 (»Die Verdienste unseres langjährigen allbeliebten Mitbürgers um unseren Ort sind unbestritten.«). Das lehnte die Gemeinde Ziegelhausen damals ab (Hoppe 1956, Nr. 46, 101).

Karl-Kollnig-Platz (Handschuhsheim, D 9, Gabelung Mühltalstraße-Waldweg-Bergstraße). Der bisher namenlose Platz hieß im Volksmund »der freie Platz«. 2006 benannte man ihn auf Vorschlag des Stadtteilvereins Handschuhsheim nach dem Lehrer und Historiker Prof. Dr. Karl Kollnig (1910–2003). Er war seit 1962 Professor für Soziologie und Politikwissenschaft an der Pädagogischen Hochschule Heidelberg und 1965–71 deren Rektor. 1996 schenkte er der Stadt Heidelberg seine Sammlung kurpfälzischer Münzen und Medaillen. 1997 erhielt er die Richard-Benz-Medaille für Kunst und Wissenschaft. – Um die Bergstraße zur Mühltalstraße durchzuführen, brach man 1929 die Häuser Waldweg 1 und 4 ab, 1955 auch das dahinterliegende Haus Mühltalstraße 122. Vorher war die Straße vor der »Leitzemühl« auf der Länge von etwa 30 Metern stark verengt. Durch den Abbruch entstand der heutige Platz. Er ist keine Wohnadresse.

Karl-Ludwig-Straße (Altstadt, F 10, zwischen Haupt- und Landfriedstraße, bei der Providenzkirche). 1884 gebaut, 1903 benannt nach Kurfürst Karl Ludwig von der Pfalz (1618–1680), Sohn des »Winterkönigs« Kurfürst Friedrich V. von der Pfalz und dessen Frau Elisabeth Stuart, Bruder der Elisabeth Charlotte. Er kehrte 1649 aus dem Exil in England zurück, erhielt die 1622 bayerisch gewordene Rheinpfalz zurück und die neu eingerichtete achte Kurwürde. 1659 wurde auf seine Initiative und die seiner Gemahlin Louise von Degenfeld hin der Grundstein zum Bau einer Kirche für die lutherische Gemeinde gelegt. Der Kurfürst

Karl-Christ-Straße

Karl-Kollnig-Platz

gab ihr nach 1. Mose 22, 8 (»Dominus providebit« = »Gott wird sorgen«) den Namen Providenz. 1661 war sie vollendet, noch ohne Turm. 1693 wurde sie bis auf die Außenmauern zerstört, 1721 mit Turm wieder aufgebaut. Bis 1830 war der Friedhof um die Kirche in Funktion (Derwein 1940, Nr. 413).

Nr. 6–8a: Evangelisches Pfarrhaus, Diakonisches Werk Heidelberg.

Karl-Menges-Straße (Kirchheim, I 8, bildet mit der Ilse-Krall-Straße das Wohnviertel Kirchheimer Weg/Franzosengewann mit verkehrsberuhigtem Bereich). 1987 nach dem Schlosser Karl Menges (1881–1968) benannt, seit 1898 Mitglied der Gewerkschaft, seit 1903 auch der SPD, Gemeinderat in Kirchheim vor der Eingemeindung, Werkführer der Heidelberger Eisenbahnwerkstatt, Leiter der Schlosserwerkstatt der Heidelberger Stadtwerke, Stadtrat 1930–33 und 1947–48. Als Sozialdemokrat und Gewerkschafter erlitt er nach 1933 Repressalien (Körner 2009, S. 77).

Karl-Metz-Straße (Bergheim, F–G 8, zwischen Vangerowstraße und Kurfürstenanlage beim Hauptbahnhof). 1964 nach Carl Metz (1818–1877) aus Feudenheim benannt, Ingenieur und Besitzer einer Fabrik für Feuerlöschgeräte und Förderer der Freiwilligen Feuerwehr in Baden. 1849 soll er unter Einsatz seines Lebens verhindert haben, dass Revolutionäre die Alte Brücke sprengten. Er ist auf dem Bergfriedhof begraben. 1880 wurde vor dem Klingentor (bzw. dem heutigen Polizeirevier Mitte) ein Denkmal für ihn eingeweiht (1916 eingeschmolzen, 1920 neu errichtet, 1977 an den Oberen Faulen Pelz versetzt, um Platz für Polizeifahrzeuge zu schaffen). An der Heiliggeiststraße 11 verkündet eine Tafel: »Hier im früheren / Haus Hirschstraße 13, / befand sich die Fabrik für / Feuer- und Rettungswesen / von Karl Metz (1818-1877), / dem Begründer der / Freiwilligen Feuerwehr«. 1895 verkaufte man die Fabrik an die Firma Maquet und verlegte die Produktion auf das Werksgelände in Bergheim. – Die Straße hieß ab 1875 *Nadlerstraße*, ab 1894 *Schlachthausstraße*. Seit 1893 lag hier der städtische Schlachthof, 1902 wurde daneben das Depot der elektrischen Straßenbahn gebaut. 1956 übernahm die HSB das Gelände des alten Schlachthofs für ihren Betriebshof. 1984 wurde die Straße zwischen Bergheimer Straße und Alter Eppelheimer Straße für den

Karl Metz Denkmal   Karl Metz Grabinschrift

Karl Philipp Fohr Gedenktafel

öffentlichen Verkehr gesperrt und wird fortan nur vom Werksverkehr der HSB (heute RNV) benutzt.

Karl-Philipp-Fohr-Straße (Handschuhsheim, D 8–9, zwischen Hans-Thoma-Straße und Trübnerstraße). 1949 nach dem am Burgweg in Heidelberg geborenen Maler und Zeichner der Romantik Carl Philipp Fohr (1795–1818) benannt, Sohn eines Ladenburger reformierten Schulmeisters. Er lernte bei Friedrich Rottmann Malerei und lebte dann in Darmstadt bei dem Maler Georg Wilhelm Issel. 1815 studierte er an der Akademie in München. 1816 brach er nach Rom auf, wo er Mitglied der Malergruppe der Nazarener wurde. Er starb mit 23 Jahren beim Baden im Tiber und ist auf dem protestantischen Friedhof in Rom begraben. Carl Rottmann, Carl Philipp Fohr und Ernst Fries werden auch das »Dreigestirn« der Heidelberger Romantik genannt (vgl. *Friesenweg*, *Rottmannstraße*). Bekannte Werke Fohrs: Blick auf das Stift Neuburg bei Heidelberg (1813), Das Heidelberger Schloss vom Weg zum Königsstuhl aus (1814), Das Heidelberger Schloss von Osten mit drei Studenten (1815) und sein Selbstbildnis von 1816. – Inschrift der Tafel am Burgweg: »Zum Gedenken an / Carl Philipp Fohr / den frühvollendeten genialen Maler / der Heidelberger Romantik / 26. 11. 1795 – 29. 6. 1818 / Er verlebte Jahre seiner Jugend im Hause Burgweg 12 / Verein Alt-Heidelberg 1968«.

Karlsluststraße (Rohrbach, I 9, zwischen Karlsruher Straße und Panoramastraße). Nach der »Karlslust« benannt, heute eine Waldabteilung und ein Aussichtsplatz auf dem Häuselsberg unterhalb des Bierhelderhofes, zu denen man gelangt, wenn man von der Karlsluststraße über den Friedrichspfad bergan geht. – Herzog Karl II. August von Pfalz-Zweibrücken (1749–1795), der Erbauer des Rohrbacher Schlösschens und leidenschaftlicher Jäger, ließ um 1777 auf halbem Wege im Wald zwischen Rohrbach und dem Bierhelderhof einen Ruheplatz mit Aussicht errichten. Diese »Karlslust« ist Ausgangspunkt des sogenannten »Fürstenpfads«, der von hier zur (ebenfalls nach Karl August benannten) »Prinzenbrücke« und zum »Gossenbrunnen« bei Leimen führt. – Karl August galt bei seinen Zeitgenossen als Inbegriff des absolutistischen Despoten und Tyrannen. Dennoch war er im Volk, besonders dem des Odenwalds, anscheinend populär: 1788 erhielt der Gasthof »Prinz Carl« am Heidelberger Kornmarkt die Schildgerechtigkeit. Im Wortlaut der Urkunde erscheint als Namensgeber Prinz Karl August von Pfalz-Zweibrücken. Gleichnamige Lokale existieren in Buchen und Neckargemünd. Auch die ehemaligen Heidelberger Gasthäuser »Zum Carlsberg« an der Ecke Haupt- und Marstallstraße (Haus Kochenburger) und »Karlsburg« (Hauptstraße 53) er-

Karlsluststraße   Karlslust, Wegweiser

innerten an den Prinzen bzw. an das Schloss Karlsberg, das er 1777ff. bei Homburg (jetzt Saarland) erbauen ließ und welches 1793 von französischen Revolutionstruppen niedergebrannt wurde. 1795 starb Karl August in Mannheim und wurde in der Heidelberger Karmelitenkirche beigesetzt. Seine Gebeine überführte man 1805 mit denen anderer Angehöriger seines Hauses in die Michaelskirche nach München. Im Kurpfälzischen Museum gibt es zwei Gemälde, die Karl August zeigen. – Die Karlsluststraße hieß bis 1927 *Moltkestraße*. Da es in Neuenheim schon einen solchen Straßennamen gab, musste der Rohrbacher weichen. – Am 25. April 1933 baten 16 Anwohner der Straße den Oberbürgermeister vergeblich »um Änderung der nicht beliebten Straßenbenennung ›Karlsluststraße‹ in ›Schlageterstraße‹ oder ›von Richthofenstraße‹ in Anbetracht der zur Zeit begangenen Gedächtnistage dieser beiden deutschen Helden« (vgl. *Friedrichspfad*).

Karlsplatz   (Altstadt, F 11, zwischen Hauptstraße und Karlstraße). Dieser Platz gehört nicht zu den alten Plätzen der Altstadt wie Marktplatz, Heumarkt, Fischmarkt, sondern entstand erst 1803 durch Niederlegung des Franziskanerklosters. Dabei verschwand auch der Name der *Franziskanergasse*, die noch heute am Westrand des Platzes verläuft, aber nicht mehr als Straße wahrgenommen wird. Er wurde als erster öffentlicher Platz mit dem Namen einer Persönlichkeit belegt: *Carl-Friedrich-Platz*, nach dem Großherzog Karl Friedrich von Baden (1728–1811). Unter ihm erklärte Baden 1806 seinen Austritt aus dem Reich und trat dem Rheinbund bei. – Das »Barfüßerkloster« der Minoriten oder Franziskaner war das älteste Heidelberger Kloster. Entstanden im 13. Jahrhundert außerhalb der Stadtmauer, wurde es 1321 auf den heutigen Karlsplatz verlegt. 1505/07 war Sebastian Münster (1488–1552) dort Schüler und Mönch. 1565 verlegte Kurfürst Friedrich III. das 1546 in der »Schwabenburse« gegründete Paedagogium (Lateinschule) in die Räume des aufgehobenen Klosters. Nach der Zerstörung 1693 wurde das Kloster neu erbaut und mit Mönchen besetzt. 1803 setzte man die Franziskaner in das Kapuzinerkloster um. Die Anwohner ersteigerten die Gebäude, um sie abzubrechen und eine öffentliche Promenade anzulegen, was 1807 geschah. Der Platz wurde mit Ketten eingeschlossen. Am 18. Juni 1815, dem Tag der Schlacht bei Belle-Alliance, paradierte hier, wie ein Bild von Friedrich Rottmann zeigt, die russische Kavallerie

Karlsplatz

zu Ehren der anwesenden Monarchen. 1977 wurde der Untergrund ohne abgeschlossene archäologische Untersuchung für den Bau einer Tiefgarage ausgeräumt und darauf 1978 der Sebastian-Münster-Brunnen von Michael Schoenholtz errichtet. Der Karlsplatz ist u. a. von den Gebäuden der Akademie der Wissenschaften und dem Palais Boisserée gesäumt (Derwein 1940, Nr. 115, 194, 415; vgl. *Friedrichstraße*, *Karlstraße*).

Karlsruher Straße (Rohrbach, I–K–L–M 9, beginnt an der früheren Heidelberger Gemarkungsgrenze (»Markscheide«) als Fortsetzung der Rohrbacher Straße und zieht südlich bis zur Stadtgrenze von Leimen, wo sie in die dortige Rohrbacher Straße übergeht). Nach der badischen Landeshauptstadt Karlsruhe benannt, die 1715 um ein Jagdschloss des Markgrafen Karl Wilhelm von Baden-Durlach entstand. Bis 1918 war Karlsruhe Residenz, bis 1952 Landeshauptstadt. – Schon 1840 nannte sich die heutige Rohrbacher Straße auf Heidelberger Gemarkung *Carlsruher Chaussee*. Bis 1927 hieß die Straße offiziell einfach die »Landstraße«. Dort, wo die alte Landstraße von der geradlinigen *Römerstraße* abweicht, steht das Gasthaus »Zur Rose«, früher »Zum Ritter St. Georg«, vielleicht die älteste Wirtschaft Rohrbachs. Auf der gesamten Länge der Straße verkehren Straßenbahnen zwischen Bismarckplatz und Rohrbach-Süd (Derwein 1940, Nr. 911).

Nr. 95: »Gasthaus zum Löwen« (19. Jahrhundert). – Nr. 144: ehemaliges US-Hospital (1937–45: Nachrichtenkaserne).

Karlstraße (Altstadt, F 11, zwischen Kornmarkt/Burgweg und Plankengasse). Früher nannte man die Gegend nördlich des Schlosshügels das »kalte Tal« (*Kalthental*, Name seit 1434 nachweisbar), »doch umfasste der Name in den verschiedenen Quellen Räume verschiedenen Umfangs« (Derwein). Das *obere Kalthetal* bezeichnet eine oberhalb der Karlstraße laufende, um 1700 aufgegebene Straße. (Ein Rest davon findet sich im Ost-West-Arm der *Kanzleigasse*). »Das mittlere Kaltetal entspricht der Hauptstraße, was südlich von ihr liegt, ist das obere, was nördlich, das untere Kaltetal« (Derwein). Der Name mag daher rühren, dass hier, auf dem Nordhang des Schlosshügels, die kälteste Gegend der Altstadt ist (vgl. *Friesenberg*). Weil die Anwohner glaubten, der Name könne dem Wert ihres Grundbesitzes nachteilig sein, wurde 1843 die Straße durch das kalte Tal nach Großherzog Karl Friedrich von Baden (dem Erneuerer der »Ruperto Carola«) in *Karlstraße* umbenannt (Derwein 1940, Nr. 403, 411, 418, 625, 626, 677; vgl. *Karlsplatz*, *Friedrichstraße*).

Karlsruher Straße 7   Karlstraße 13

Nr. 4: Großherzogliches Palais (1717–19 als Adelspalast erbaut, Baumeister: Louis Remy de la Fosse). Seit den 1920er Jahren hat hier die Akademie der Wissenschaften ihren Sitz. – Nr. 8: Haus Mittermaier. Das zu Anfang des 18. Jahrhunderts erbaute Haus bewohnten ab etwa 1770 der Medizinprofessor Franz Innozenz Gabriel Schoemezel und ab 1785 der Medizinprofessor Franz Anton Mai. Dessen Schwiegersohn, Peter Anton von Verschaffelt, ließ das Haus 1785–90 umbauen und innen neu ausgestalten. Gedenktafel für den Juristen Karl Joseph Anton Mittermaier (1787–1867), der hier von 1821 bis zu seinem Tode wohnte (vgl. *Mittermaierstraße*). 1958 erwarb die Turnerschaft Ghibellinia das Anwesen. – Nr. 10: Allemanniakneipe (Burschenschaft Allemannia). – Nr. 12: hier beginnt das *Münzgässchen*, 1607 erstmals erwähnt. Hier lag bis um 1500 die ältere kurfürstliche Münze. Heute eine Sackgasse, da das südliche Ende, das zum Burgweg zog, im Garten Karlstraße 4 aufging. 1956 als öffentliche Straße aufgehoben (vgl. *Eselspfad*). – Nr. 13: Gedenktafel für den bulgarischen Gelehrten Dr. Petar Beron (1800–1871), der 1825–27 hier wohnte, als er in Heidelberg Philosophie und Medizin studierte. In Bulgarien ist er als Lehrbuchautor und Aktivist der nationalen Wiedergeburt bekannt (vgl. *Obere Neckarstraße*). – Nr. 16: Thibautsches Haus, das 1808 der Jurist Anton Friedrich Justus Thibaut kaufte, der hier seine legendären Singabende veranstaltete. 1961 wurde es abgerissen (vgl. *Thibautstraße*). – Nr. 22: Inschrift: »Hier stand der Kaltetalturm der mittelalterlichen / Stadtbefestigung erbaut im 13. Jahrhundert / zerstört 1689–93.«

Karl-Theodor-Brücke (Brücke über den Neckar zwischen Altstadt und Neuenheim, E–F 11). Die Brücke trägt wie die ehemalige Friedrichsbrücke und die Ernst-Walz-Brücke den Namen ihres Bauherrn, des Kurfürsten Carl Theodor von der Pfalz (1724–1799, begraben in der Münchner Theatinerkirche). 1284 ist erstmals eine Neckarbrücke bei Heidelberg bezeugt. Die hölzernen, gedeckten Brücken wurden mehrfach durch Natur- und Menschengewalt zerstört und wiederaufgebaut. Wegen der ständigen Zerstörungen erlaubte König Ruprecht I. 1408 den Heidelbergern, ein Brückengeld zur Instandhaltung zu erheben. Im 15. Jahrhundert befand sich auf dem ersten Pfeiler von Norden der »Eiserne Pfahl«, eine Markierung der Grenze zwischen Kurpfalz und Kurmainz. Die neunte und heutige Brücke, 1786–88 von Bauinspektor Matthias Maier errichtet, ist die erste ganz aus Sandstein erbaute. Dabei gestaltete man das spätgotische Brückentor um, barocke Turmhelme ersetzten die spitzen Kegeldächer. Der mittlere Brückenteil wurde zum Schutz vor Eisgang erhöht. Die heutige Brücke ist 210 m lang, 9 m breit, hat neun Bögen und trägt die Denkmäler Kurfürst Carl Theodors (Konrad Linck, 1788) und der griechischen Göttin Pallas Athene,

Karl-Theodor-Brücke von Nordwest   Karl-Theodor-Brücke mit Brückenturm

Schutzpatronin der Universität (Konrad Linck, 1790). Die 2006 restaurierte Statue von Carl Theodor ist das einzige noch existierende Denkmal für einen Feudalherrscher in Heidelberg außerhalb des Schlosses. – Bis zum Bau der zweiten Neckarbrücke 1877 bildete die Brücke den Hauptzugang zur Stadt von Norden. Seitdem heißt sie im Volk »Alte Brücke« (seit 1906 offiziell *Karl-Theodor-Brücke*). 1945 zerstörten deutsche Truppen zwei Pfeiler und drei Bögen der Brücke. Sie wurden nach einer großen Spendenaktion bis 1947 wieder aufgebaut. 1969 brach man die zwei stadtseitigen Brückenbögen über die Straße ab und baute sie mit erhöhter Durchfahrtshöhe wieder auf. – Am nördlichen Brückenkopf, wo sich die ehemaligen Wacht- bzw. Brückengeld-Erheber-Häuser befinden, beginnt rechts die Ziegelhäuser Landstraße, links die Neuenheimer Landstraße. Geradeaus führt der 1369 erstmals als *Brückenried* erwähnte, seit 1791 als *Schlangenweg* bezeichnete Zugang zum Philosophenweg (Derwein 1940, Nr. 79; Jaeger 1988, Nr. 96, 887f., vgl. *Am Brückentor*).

Karl-von-Drais-Weg   (Rohrbach, Quartier am Turm, I 8, zwischen Felix-Wankel-Straße und Heinrich-Fuchs-Straße). 2003 nach dem großherzoglichen Forstmeister und Kammerjunker Karl Friedrich Freiherr Drais von Sauerbrunn (1785–1851) aus Karlsruhe benannt. 1803/04 studierte er Staatswirtschaft in Heidelberg. Den Beruf des Försters übte er nicht aus, stattdessen erfand er verschiedene Maschinen. Am 12. Juni 1817 führte er auf der Straße zwischen Mannheim und dem heutigen Stadtteil Rheinau die erste bekannte Fahrt mit einem Zweirad durch. Drais ist auf dem Hauptfriedhof in Karlsruhe begraben. – Der nördliche Teil der Straße ist Rad- und Gehweg. Die Straßen im ehemaligen Fuchsschen Werksgelände (*Quartier am Turm*) sind nach Erfindern und Technikern benannt (Hans-Eberhard Lessing, Heidelbergs folgenreichster Student. Karl Drais zum 150. Todestag, HJG 6 (2001), S. 203–217).

Karolingerweg   (Wieblingen, E 6, vom Dammweg zum Sandwingert). Benannt 1965, ausgebaut 1966. Die Familie der Karolinger regierte das Frankenreich vom 8. bis zum 10. Jahrhundert. Der bedeutendste unter ihnen war Kaiser Karl der Große (reg. 768–814). In der Karolingerzeit wird Wieblingen 767 erstmals schriftlich erwähnt (vgl. *Rutlindisweg*).

Karl-von-Drais-Weg   Kehler Weg

Karpfengasse (Altstadt, F 10, zwischen Unterer Neckarstraße 52 und Hauptstraße 73). Nach der Wirtschaft »Zum Karpfen« (Eckhaus Hauptstraße 75, 1673 erstmals erwähnt) benannt. Ab 1891 war hier das »Bierlokal zum Perkeo«. Die Schildgerechtigkeit des »Karpfen« wanderte 1940 zu dem Gasthaus am Neckarende der Fahrtgasse. Vor 1805 hieß die Gasse nach dem 1693 zerstörten Schomberger Hof zwischen Karpfengasse und Bauamtsgasse *Schomberger Gäßchen*, »genannt nach dem Schomberger (meist Schomburger, eigentlich Schönburger) Hof (. . .) Hans Meinhard v. Schönberg, 1611 zum Hofmeister Kurfürst Friedrichs V. ernannt, hatte von 1613 an den Grund nach und nach erkauft« (Derwein Nr. 56, 422, 822; vgl. *Bienenstraße*).

Kastellplatz (Neuenheim, F 9, Platz an der Ecke Wielandtstraße/Jahnstraße). Zwischen Gerhart-Hauptmann-Straße, Posseltstraße, Kastellweg und Quinckestraße befand sich seit etwa 90 n. Chr. zum Schutze des Flussübergangs am nördlichen Neckarufer ein römisches Kastell. Mit der Niederlassung von Kaufleuten, Handwerkern und Bauern entstand eine Siedlung unbekannten Namens mit Ziegeleien und Töpfereien. Um 260/270 drängten die Alamannen die Römer über den Rhein zurück. Eine Inschrift an der Ecke Jahn- und Posseltstraße erinnert an das Neuenheimer Kastell. – Anlässlich des Stadtjubiläums 1996 ließ der Stadtteilverein Neuenheim nach einer Idee von Ludwig Merz auf dem dreieckigen Platz eine Tafel aufstellen, die veranschaulichen soll, wie das Steinkastell zwischen den heutigen Straßenzügen zu denken sei (keine Wohnadresse).

Kastellweg (Neuenheim, E–F 8, zwischen Uferstraße und Mönchhofstraße). 1928 benannt (vgl. *Kastellplatz*).
Nr. 18: Haus Jakobus, evangelische Kirche.

Kehler Weg (Rohrbach, K 9, zwischen Konstanzer Straße und Dohlweg). Benannt nach der Stadt Kehl am Oberrhein, einst ein Fischerdorf, das seit dem 14. Jahrhundert Bedeutung als Rheinübergang nach Straßburg gewann. Im 16. Jahrhundert baute die Reichsstadt Straßburg Kehl zur Festung aus. Nach dem Frieden von Nijmegen 1678 machte Vauban es zur französischen Festung. Seit 1697 badisch, wurde Kehl 1808, 1919 und 1944 von den Franzosen besetzt. Der Name kommt wohl von mhd. kanel, känel, dies von lat. canalis »Röhre, Rinne, Kanal«. – Der Kehler Weg ist teils ein Fußweg ins Feld, teils eine Parkplatzzufahrt. – Eine von zwölf Straßen bzw. Wegen im Hasenleiser, die nach südbadischen Städten benannt wurden.

Kehrweg (Handschuhsheim, D 9, beginnt an der Steckelsgasse, zieht zuerst nordwärts, dann westwärts und mündet als Fußweg in den Rollossweg). Erstmals 1571 als *Kirrweg* erwähnt. Der Name kommt wohl davon, dass diese Sackgasse in einer Kehre zur Steckelsgasse führt. Es gab früher (siehe Stadtplan 1906) noch einen zweiten Kehrweg zwischen Neulichsweg und Waldweg (in der Heiligenbergstraße aufgegangen). – Im Kehrweg 4 wohnte 1943–45 im Haus seiner Schwägerin Marianne Lesser-Knapp der Journalist und Politiker Theodor Heuss, 1949–59 Bundespräsident. Hier schrieb er an seinem Buch »Robert Bosch, Leben und Leistung« (vgl. *Carl-Bosch-Straße*) und erlebte die Besetzung Heidelbergs durch die Amerikaner (Derwein 1933, S. 178; Frey 1944, Nr. 227).

Keplerstraße (Neuenheim, E–F 9, zwischen Uferstraße und Blumenthalstraße). Eine von vier Heidelberger Straßen, die ihren Namen einem Astronomen verdanken (Parallelstraße zur *Max-Wolf-Straße*; vgl. *Kopernikusstraße*; *Galileistraße*). 1898 zwischen Uferstraße und Ladenburger Straße angelegt. Nach dem großen württembergischen Astronomen und Mathematiker Johannes Kepler (1571–1630) aus Weil der Stadt benannt. Er gab als erster eine dynamische Erklärung der Planetenbewegungen (Keplersche Gesetze). 1609 wurde Keplers »Astronomia nova«, die die Entwürfe der ersten beiden Keplerschen Gesetze enthält, in Heidelberg bei Gotthard Voegelin verlegt. 1958 wurde die Realschule in der Mönchhofstraße 24 nach Johannes Kepler benannt. Wenn man die Keplerstraße von der Uferstraße her betrachtet, sieht man deutlich den Höhenunterschied vom Neckarufer zur (hochwasserfreien) Ladenburger Straße, den auch andere Straßen aufweisen.

Nr. 66: Albertus-Magnus-Haus (katholisches Studentenwohnheim). – Nr. 87: Alte Pädagogische Hochschule (früher: Lehrerbildungsanstalt).

Kettengasse (Altstadt, F 11, zwischen Hauptstraße 168 und dem Amtsgefängnis, mündet seit 1967 südlich in den Straßentunnel). Nach Albert Mays und Karl Christ (Neues Archiv I/1890, S. 83) kommt der Name »von den Ketten der Zugbrücke an dem Thor …, welches die Gasse an ihrem oberen Ende abschloss«. Früher wurde die Straße auch *Markbronnengasse* nach dem Markbronnen (1344: »margbronnen«) bzw. dem Marckbronner Thor der Stadtmauer (auf dem Platz der Hausnummer 25), und *Alt lawer gaß* (1607, d. h. »Lohgerbergasse«) genannt. Nach H.-M. Mumm kommt der Name von der lat. Bezeichnung für ein Belagerungsgerät (cattus) und bezeichnet die Gasse entlang des ehemaligen Zeughauses und Arsenals (Mumm 2011, S. 188). – Elisabeth Charlotte von der Pfalz berichtet 1721 von einem Studentenstreich: »… wurdt ein groß geschrey von einem gespenst, so alle nacht

Johannes Kepler, Ladenburger Straße 62

189

Kettengasse 25

mit feurigen augen und großen geblär durch die Ketten-gaß ging.« Karl Gottfried Nadler behandelt die Sage in seinem Gedicht »s' Keddekalb in Heidelberg« (Frey 1944, Nr. 226; Probst 2010, S. 274; Sinn, »Katz« und »Hühnerstein«. Zwei seltsame Flurnamen auf Handschuhsheimer Gemarkung, in: Handschuhsheimer Jahrbuch 2009, S. 47ff.; Derwein 1940, Nr. 200, 431, 434, 547).

Nr. 12–14: ehemaliges Jesuitenkolleg (1703/1732, Baumeister: Johann Adam Breunig), 1835: höhere Bürgerschule, später: Oberrealschule, 1945 Hermann-von-Helmholtz-Schule, 1948 Helmholtz-Real-Gymnasium (1969 Neubau Rohrbacher Straße 102), 1976: Anglistisches Seminar. – Nr. 19: Montpellier-Haus (seit 1986). – Nr. 21–23 / Zwingerstraße 1–5: Haus zum Schlüssel, ehemaliges Deutschordenshaus (seit 1407 nachweisbar), bis 1811 Posthalterei, 1890–1971 Gasthaus »Zum Pfalzgrafen«, dann »Bierbrunnen«, heute Hotel »Zum Pfalzgrafen«. – Nr. 25: 1881–1903 Restauration Carl Brettel, ab 1904 Friedrichshof, heute: »Amtsstübel« des Vereins Alt Heidelberg. Tafel mit Inschrift: »Hier stand das / Marktbronnertor / der mittelalterlichen Stadtbefestigung / erbaut im 16. Jahrhundert / zerstört 1689– 1693«.

Kinzigweg   (Wieblingen, F 6, Siedlung Ochsenkopf, vom Gutachweg an der A 656 entlang im Bogen zum Wieblinger Weg). Angelegt und benannt 1953. Die Kinzig im mittleren Schwarzwald durchfließt Offenburg und mündet bei Kehl in den Rhein (vgl. *Dreisam-, Elsenz-, Gutachweg*).

Kirchenbergweg   (Ziegelhausen, C 14, zwischen Sitzbuchweg und Wilhelmsfelder Straße). 1953 im Gewann »Kirchenberg« gebaut, 1661 als »im Kürchberg« erstmals erwähnt. »Die Entstehung dieses Namens ist unklar, da er keinerlei nachweisbare Beziehungen zu irgendeiner Kirche hatte« (Hoppe 1956, Nr. 146, Peterstal Nr. 20; Hoppe 1970, S. 21).

Oberbürgermeister Ernst Walz, unter dessen Amtsführung die Eingemeindung Kirchheims erfolgte, schreibt in seinen Lebenserinnerungen: »Bald nach der Einverleibung der Gemeinde Wieblingen schritt man auch zur Eingemeindung des südwestlich der Altstadt gelegenen Ortes Kirchheim. Hierbei war vor allem die Erwägung maßgebend, daß dieser Ort näher am künftigen Bahnhof gelegen war als die Altstadt, und die Gefahr war nicht ausgeschlossen, daß bei einem Zusammenschluß dieser Gemeinde mit Rohrbach unmittelbar vor den Toren der Stadt sich ein Gemeinwesen von 10–20 000 Einwohnern gebildet hätte, das näher am neuen Bahnhof gelegen wäre und dem die Vorteile dieser neuen Anlage in erster Linie zugeflossen wären, während Alt-Heidelberg das Nachsehen gehabt hätte. Auch bot die große Kirchheimer Gemarkung ein weites Feld für künftige Industrieanlagen,

KIRCHHEIM Das ehemalige Dorf, 767 erstmals im Lorscher Codex als »Chiricheim« erwähnt, wurde 1920 zu Heidelberg eingemeindet. Der Name lässt darauf schließen, dass der Ort schon früh Mittelpunkt christlichen Lebens war. Hier entdeckte man Siedlungsreste der Bandkeramiker und Reste eines Urnenfriedhofs der jüngeren Bronzezeit. Auch in der Römerzeit war Kirchheim besiedelt. Die wertvollsten Funde auf Kirchheimer Gemarkung stammen aus fränkischer Zeit. Im 12. und 13. Jahrhundert erfährt man vom Kirchheimer Ortsadel, dessen Grundbesitz später hauptsächlich an das Kloster Schönau ging. In diese Zeit fällt auch die erste urkundliche Erwähnung der dem hl. Petrus geweihten Kirche. Sie liegt auf dem Hochgestade einer eiszeitlichen Neckarrinne und ist seit der Reformation protestantisch. Erst 1909 bekam Kirchheim wieder einen katholischen Seelsorger in der in jenem Jahr gegründeten Pfarrkuratie St. Peter. Lange Zeit war Kirchheim Mittelpunkt der gleichnamigen Zent, eines Verwaltungs- und Gerichtsbezirks innerhalb des Lobdengaus (siehe *Diebsweg*, *Lobdengauplatz*, *Zentstraße*). Im Dreißigjährigen Krieg wurde Kirchheim verwüstet, 1689 von französischen Truppen fast vollständig niedergebrannt. Kirchheim war über Jahrhunderte ein rein landwirtschaftlich geprägtes Dorf. Mit Eröffnung des Kirchheimer Bahnhofs 1865 änderte sich dies und erste Fabriken (u. a. der Tabakindustrie) entstanden. 1910–72 fuhr die Straßenbahn von Rohrbach-Markt nach Kirchheim. Seit 2006 gibt es wieder eine Straßenbahn, die jetzt über den Kirchheimer Weg und Schwetzinger Straße-Heuauer Weg fährt. 1917 wurde Kirchheim an das Gasnetz der Stadt Heidelberg angeschlossen. 1936 zogen einige Bauern auf den *Bruchhäuser Hof* (Sandhausen). 1938 wurde westlich der Autobahn die Siedlung *Neurott* erbaut. 1955 siedelten acht Bauern auf den *Kurpfalzhof* aus und 1958 zehn Bauern auf den *Kirchheimer Hof*. Nach 1945 legten die Amerikaner beim *Pleikartsförster Hof* einen Militärflugplatz an, 1953–56 in den Gewannen »Kuhwaid« und »Scheibenloch« die Siedlung *Patrick-Henry-Village*.

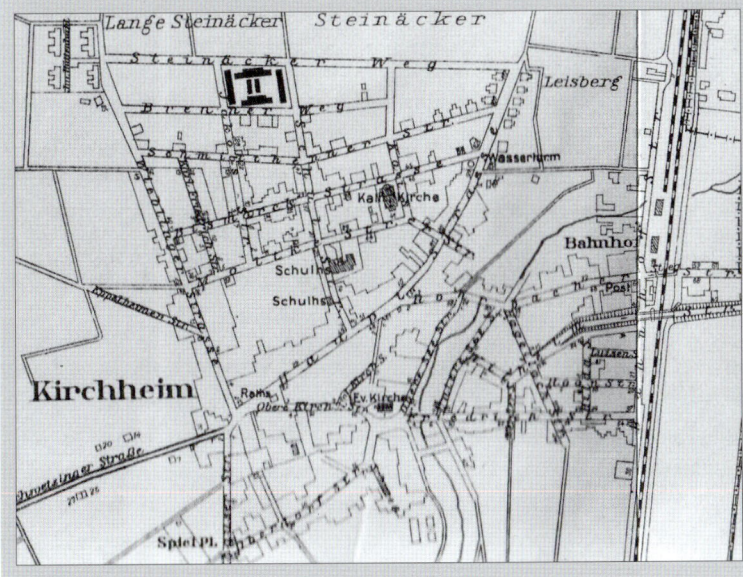

Kirchheim 1928

Das heutige Ortsbild zeigt nach Aussiedlungen der Höfe nur noch wenige Erinnerungen an seine alte bäuerliche Struktur. Im Norden, Westen und Südwesten entstanden neue Wohngebiete. Ab 1958 wurde nördlich der *Albert-Fritz-Straße* das Baugebiet »Kirchheim-Nord« erschlossen, ab 1982 dehnte sich Kirchheim nach Westen aus. 1990 entstand das Baugebiet »Am Dorf«. Das Neubaugebiet »Im Bieth« wird seit 2007 erschlossen.

Im Jahr 1962 entstanden die Geschwister-Scholl-Schule und die Robert-Koch-Schule. 1971 wurde das Altenzentrum Mathilde-Vogt-Haus in Betrieb genommen, 1978 das Sport-zentrum Süd seiner Bestimmung übergeben. 1981 weihte die evangelische Wichernge-meinde ihr Zentrum Arche ein. Seit 1982 gibt es im alten Schulhaus (Schäfergasse 5) ein Heimatmuseum. Die Gregor-Mendel-Realschule siedelte im Jahr 2007 von Rohrbach nach Kirchheim über.

Zu Kirchheim gehören heute der Höllenstein, der Kurpfalzhof, die Siedlung Neu-rott, Patrick-Henry-Village, der Pleikartsförsterhof, der Kirchheimer Hof, die Kirchhei-mer Mühle und die Neubaugebiete Im Hüttenbühl, Kirchheim-West, Kirchheim-Nord, Am Dorf. Mit etwa 16 500 Einwohnern ist Kirchheim zweitgrößter Stadtteil Heidelbergs, flächenmäßig mit 1535 ha der größte.

die der Stadt Nutzen bringen konnten, ohne ihr Unannehmlichkeiten oder Störun-gen des Landschaftsbildes zu verursachen. Endlich kam auch bei der Kirchheimer Eingemeindung ein sehr großer Allmendebesitz in Betracht« (Ernst Walz, Lebens-erinnerungen. Vierzig Jahre an der Spitze der Stadt Heidelberg. Heidelberg 1991, S. 54).

Kirchheimer Hof   (Kirchheim, K–L 6–7, Bauernsiedlung am *Bruchhäuser Weg*, in den Gewannen »Birstäcker«, »Kappesbuckel«, »Kieslochgewann« und »Bruchhäuserweg-äcker«). 1958 errichtet, 10 Hofstellen, benannt nach dem ehemaligen Dorf und heutigen Stadtteil Kirchheim.

Kirchheimer Mühle   (Kirchheim, M 7, südöstlich von Bruchhausen). Ursprünglich »Bruchhäuser Mühle«, 1711 vom kurfürstlichen Oberjäger Johann Jakob Kaiser von Bruch-hausen als Mahlmühle am Leimbach errichtet. 1804 übertrug sie Kurfürst Karl Friedrich von Baden zusammen mit dem *Bruchhäuser Hof* seinen drei Söhnen als Hofdomäne. 1830 war sie in Privatbesitz der Familie Heft. 1928 wurde der Bruchhäuser Hof zu Sandhausen, die Bruchhäuser Mühle zu Kirchheim eingemeindet. 1934 wurde die Mühle in einen Mühlen- und in einen landwirtschaftlichen Betrieb aufgeteilt. 1965 kaufte das Land Baden-Württem-berg einen Teil der Mühle. Die Universität Heidelberg züchtete dort bis 2004 Tiere für Ver-suchszwecke (Neuer 1985, S. 16f.; Körner 2009, S. 14; vgl. *Bruchhäuser Weg*).

Kirchheimer Weg   (Weststadt/Kirchheim, H–I 8, Verlängerung der Hebelstraße zwischen Rudolf-Diesel-Straße und Kirchheim, wo er an der Stettiner Straße in die Schwetzinger Straße übergeht). Der Teil auf Kirchheimer Gemarkung hieß früher *Heidelberger Weg*. Der Weg, auf Heidelberger Gemarkung 1407 erstmals als *gegen kyrchheymer wege* erwähnt, begann ursprünglich beim Seegarten an der heutigen *Rohrbacher Straße*. Er verlief etwa parallel zum damaligen Speyerer Weg (vgl. *Speyerer Straße*), quer durch die heutige Weststadt zum *Galgenweg* (heute *Römerstraße*), »dann, eine Strecke weiter südlich, vom Galgenweg ab

Kirchheimer Weg,
Straßenbahnhaltestelle Ilse-Krall-Straße

auf Kirchheim zu, in der ehemaligen Gewann vor dem Kirchheimer Buckel die Gemarkung verlassend« (Derwein). Östlich des Galgenwegs hieß er seit dem 18. Jahrhundert nach einer Ziegelhütte, die um 1700 etwa auf dem Grund des jetzigen Hauses Rohrbacher Straße 57 stand, auch *Ziegelhütter Weg*. Nur der südliche Abschnitt ist noch vorhanden, der nördliche verschwand im 19. Jahrhundert durch die Entwicklung der Weststadt. – Seit 1972 findet die Heidelberger Messe auf dem Neuen Messplatz am Kirchheimer Weg statt. Seit 2006 fährt die Straßenbahn über den Kirchheimer Weg und Schwetzinger Straße-Heuauer Weg zum Friedhof (Derwein 1940, Nr. 1010, 1067).

Nr. 4: ehemalige Grenadierkaserne (1903), von der Besatzungsmacht nach dem am 21. Dezember 1945 in Heidelberg verstorbenen US-General George S. Patton jr. »Patton Barracks« genannt.

Kirchstraße   (Bergheim, F 8, zwischen Vangerowstraße und Druckmaschinenfabrik). Ursprünglich die zur mittelalterlichen Bergheimer Kirche führende Gasse (*Kirch gaß*, 1570 erstmals erwähnt). Am Schnittpunkt der heutigen Kirchstraße und der Vangerowstraße grub der Lehrer Karl Pfaff 1899/1900 die Grundmauern jener Kirche aus (Derwein 1940, Nr. 444). Die Kirchgasse war im 19. Jahrhundert noch ein Hohlweg, der »an den Neckar hinunterzieht, neben welchem auf steilem Hochufer ein mit einer alten Mauer eingeschlossener Garten liegt, der unter dem Namen ›Kirchhöfel‹ bekannt ist, und an dem angebaut, noch die Trümmer einer alten Kapelle oder auch nur eines Beinhäuschens zu erkennen sind« (Archiv für die Geschichte der Stadt. Band 1. Heidelberg 1868, S. 197).

Nr. 2: ehemaliges Lutherhaus, 1926–28 erbaut. Bei der Eröffnung am 15. April 1928 versprach man: »Der Name Martin Luthers wird mit dem Hause für immer verknüpft bleiben«. Seit 2003 Städtische Musik- und Singschule. – Nr. 16: Kulturfenster, Seniorenzentrum Bergheim. – Nr. 24–28: die »Bahnhäuser« wurden 2001 für das »Heidelberg Business Center« der Heidelberger Druckmaschinen AG abgerissen.

Kirschgartenstraße   (Südstadt/Rohrbach, H–I 9, zwischen Spitzwegstraße und der Straße Am Rohrbach). Um 1930 nach dem Gewann »Kirschgärten« benannt. Der nördliche Straßenabschnitt gehört, ebenso wie bei der *Römerstraße*, *Turnerstraße*, *Von-der-Tann-Straße* und *Panoramastraße*, zur Südstadt. Die westliche Straßenseite gehört zur ehemaligen amerikanischen Siedlung Mark-Twain-Village. Durch die bauliche Erschließung des Geländes zwischen Feuerbachstraße und Saarstraße wurden 1951 die Hausnummern geändert. Die Nummern 1–61 wurden zu 61–113.

Kirschnerstraße   (Neuenheim, F 8, beginnt an der Jahnstraße beim Max-Planck-Institut für medizinische Forschung, zieht nördlich und dann westwärts durch das Klinikgebiet und setzt sich fort im Hofmeisterweg). Ursprünglich *Martin-Kirschner-Straße*. Nach dem Chirurgen Martin Kirschner (1879–1942) aus Breslau, der 1932 einen Ruf an die Universität Heidelberg, damals die »schlechteste aller Chirurgischen Kliniken Deutschlands«, zunächst ablehnte, da er die von ihm geforderte Zusage für einen sofortigen Klinikneubau nicht erhielt. 1933 nahm er den zweiten Ruf nach Heidelberg mit verbindlicher Zusage des Klinikneubaus an. Bis 1939 entstand unter seiner Leitung die Chirurgische Klinik im Neuenheimer Feld.

Nr. 1: Chirurgische Universitätsklinik. – Nr. 3: Schwestern- und Personalgebäude, Staatliches Sonderbauamt, Klinikbaubüro. – Nr. 4: Universitätsbauamt. – Nr. 5: Schwestern- und Personalgebäude.

Kisselgasse   (Altstadt, F 11, Privatstraße zwischen Hauptstraße und Karlstraße). Der Name deutet auf eine ungepflasterte Gasse mit Kiesbelag. 1572 erstmals als *in der Kisselgasse* erwähnt, im 18. Jahrhundert auch *Steingäßchen* oder (nach dem Besitzer des Eckhauses Hauptstraße 228, Johann Georg Walz) *Walzengaß* (1784) genannt. In Haus Nr. 2 lebte der Schriftsteller Kurt Wildhagen (1871–1949). – Früher gab es südlich des Bergfriedhofs eine *Große* und eine *Kleine Kisselgasse*, die vom Rohrbacher Weg in die Weinberge führten. Die Kleine Kisselgasse ging 1936 in der Görresstraße auf, die Große Kisselgasse in der Erweiterung des Bergfriedhofs (Derwein 1940, Nr. 438, 449, 450, 997).

Klappergasse   (Wieblingen, D 6, führt die Kreuzstraße weiter vom Beginn der Hostig zum Neckarhamm). Die Straße ist schon auf dem ältesten Wieblinger Ortsplan (1741/92) vorhanden. Der Name ist bereits für 1784 beim großen Eisgang des Neckars verbürgt (E. F. Deurer: Umständliche Beschreibung der im Jänner und Hornung 1784 die Städte Heidelberg, Mannheim und andere Gegenden der Pfalz durch die Eisgänge und Überschwemmungen betroffenen grosen Noth, Mannheim 1784, S. 56; vgl. *Neckarhamm*). Er bedeutet vielleicht, dass hier früher die Gänsehirten die klappernden Gänse aus dem Ort zum Neckar trieben (siehe auch den Gänsebrunnen auf dem *Wieblinger Rathausplatz*). Die Erklärung für die Klappergasse in Frankfurt-Sachsenhausen, nämlich dass dort die Leprakranken gewohnt hätten, die andere Menschen mit einer Klapper vor sich warnen und so vor Ansteckung schützen mussten, kommt für eine Straße mitten im alten Ortskern nicht in Frage; aus demselben Grund wird diese Deutung auch für die Klappergasse in der Ladenburger Altstadt abgelehnt (siehe Ladenburg-Lexikon, hg. vom Heimatbund Ladenburg e.V. 2. Aufl. 2012, S. 156).

Kisselgasse

Klausenpfad (Handschuhsheim, D–E 7–8, zwischen Dossenheimer Landstraße und Rottmannstraße). Ursprünglich ein Feldweg, benannt nach der »Klause«, einem kleinen Kloster der Augustiner-Chorfrauen, welches um 1470 westlich der St. Vituskirche, zwischen Atzelhof und Schlösschen, errichtet wurde, 1496 erstmals als »bei der klusen« erwähnt, 1575 aufgehoben, nach 1650 abgebrochen. Feldweg als *Clausenpfadt* 1716 erstmals erwähnt. Der Abschnitt innerhalb des Dorfes (1571 erstmals erwähnt) hieß bis 1903 *Wethgasse*. – 1956 wurde der Abschnitt zwischen Zeppelinstraße und Andreas-Hofer-Weg ausgebaut. 1957 nannte man den Klausenpfad zwischen Rottmannstraße und Andreas-Hofer-Weg in *Frankfurter Straße* um, die Hausnummern Klausenpfad 45–24 änderte man in Frankfurter Straße 100–113. Daher besteht der Klausenpfad jetzt aus zwei räumlich getrennten Abschnitten: der innerörtlichen Straße zwischen Dossenheimer Landstraße und Rottmannstraße und dem Feldweg zwischen Berliner Straße und Tiergartenstraße. Die heutige Heiligenbergschule, 1957 am Klausenpfad eingeweiht, liegt heute an der Berliner Straße. Bis 2003 bildete der westliche Klausenpfad die Grenze zwischen Neuenheim und Handschuhsheim (Frey 1944, Nr. 236, 500; Jaeger 1988, Nr. 137).

Kleegarten (Wieblingen, E 6–7, im Wohngebiet Wieblingen-Süd, von der Richard-Kuhn-Straße nach Süden und im Bogen zu dieser zurück). Angelegt und benannt 1978. Laut einer Notiz im Vermessungsamt handelt es sich um eine Gewannbezeichnung, die bei der Katastervermessung 1867 verloren gegangen sei; dies konnte jedoch in den alten Akten nicht gefunden werden. Nach der Lehre von Stephan Gugenmus (1739–1778), dem großen Reformer der Landwirtschaft in der Kurpfalz (vgl. *Gugenmusweg*), wurde damals in unserer Gegend der Kleeanbau eingeführt. Gugenmus schreibt zwar 1771, dass auch in Wieblingen zum Zwecke des Kleeanbaus »seit einigen Jahren« Weiden umgepflügt worden seien (Stephan Gugenmus: Betrachtungen über die wichtigsten Grundsätze des Ackerbaues, in: Sämmtliche Oekonomische Schriften, hg. von Georg Stumpf, Jena 1789, S. 269), jedoch war das Gelände um die heutige Straße »Kleegarten« sicherlich kein Weide-, sondern Ackerland.

Kleine Löbingsgasse (Handschuhsheim, D 9, beginnt an der Mühltalstraße und zieht als Sackgasse nördlich). Die Gasse hieß bis 1903 *Stichelsgasse* (erstmals 1652 als *in der*

Kleine Löbingsgasse   Kleine Löbingsgasse (Ill. Ludwig Haßlinger)

stigleins gaßen erwähnt). »Die Stichelsgasse, heute Kleine Löbingsgasse, war früher keine Sackgasse. Die Gasse ging in den Biethsweg über, der am Dallgartenweg in den Steinachsweg mündete. Ob der Durchgang schon nach der Dorfzerstörung 1689 aufgegeben wurde, ist nicht mehr nachzuweisen. Spätestens nach Anlage des Friedhofs im Jahr 1843 war kein Durchgang mehr möglich« (Haßlinger 2005; Frey 1944, Nr. 273, 432; vgl. *Große Löbingsgasse*).

Kleine Mantelgasse   (Altstadt, F 10, zwischen Lauerstraße und Heumarkt). 1371 erstmals als *in der clein mantelgassen* erwähnt. Verläuft parallel zur *Großen Mantelgasse* (zur Bedeutung siehe dort; Derwein 1940, Nr. 569–571).

Kleingemünder Straße   (Ziegelhausen, E–F–G 14–16, zwischen Peterstaler Straße und östlicher Gemarkungsgrenze). Der Teil der Straße zwischen Steinbachtal und alter katholischer Kirche hieß früher *Hauptstraße*, 1535 erstmals als *Obergaß zum Ziegelhauß* erwähnt, 1590 als *gemeine Strassen*, 1752 als *gemeine Gaß*. Der östliche Teil wurde anstelle eines Fußpfades 1876 als *Kleingemünder Landstraße*, die Straße nach Kleingemünd erst 1877/79 ausgebaut. – Ab 1933 hieß der östliche Teil im Ortsgebiet *Heinrich-Stoess-Straße* (nach Heinrich Stoeß aus Schweinfurt, der 1888 am Ausgang des Bärenbachtals die Heidelberger Gelatinefabrik Stoeß u. Co. gründete, 1931 nach Eberbach verlegt). Später waren hier

Kleingemünder Straße, Wegkreuz von 1478

Kleingemünder Straße 6

Kleingemünder Straße 41

die Schokoladenfabrik Franz Haaf und die Fallschirmfabrik Richard Kohnke. 1974 beschloss der Ziegelhäuser Gemeinderat, Hauptstraße und Heinrich-Stoeß-Straße in *Kleingemünder Straße* umzubenennen. Seit 1988 ist diese zwischen Peterstaler Straße und Hahnbergweg Fußgängerzone, seit 2001 verkehrsberuhigt. Der Platz vor der katholischen Kirche (mundartlich *Drehscheib*) hieß 1933–45 *Adolf-Hitler-Platz*. – Die Kleingemünder Straße dient heute als Zugang zum Ortszentrum von Osten und als Brückenauffahrt zum Flussübergang nach Schlierbach (Hoppe 1940, S. 31; Hoppe 1956, Nr. 30, 31, 110, 172, 249, 340; vgl. *Brahmsstraße*).

Nr. 8: Fachwerkhaus von 1601 (siehe Inge Kumlehn, Wilfried Maag, Das Gebäude Kleingemünder Straße 8 in Ziegelhausen. Bemerkenswerter Erhaltungszustand von Baukörper und Fachwerkbemalung aus dem Jahr 1601, HJG 3 (1998), S. 211–225). – Nr. 18: ehemaliges Schulhaus, dann Rathaus, jetzt Bürgeramt Ziegelhausen/Schlierbach und Heimatmuseum. – Hinter Nr. 30–34: »Kucheblech«, ehemaliger Sportplatz, heute Parkplatz, Spielplatz und Festplatz. Der Name kam um 1950 auf (Hoppe 1956, Nr. 161). – Nr. 34: ehemaliges Rathaus (1786–1905, abgerissen). – Nr. 36: ehemaliges Postamt Ziegelhausen. – Nr. 39: katholische Kirche St. Laurentius (1737/42). 1997 aufgegeben und 2000 in Privatbesitz übergegangen. – Nr. 41–43: ehemaliges Haus des Malers Anton Hanno (»Brahmshaus«, 1925 abgerissen). – Nr. 74–86: ehemalige Schokoladen- und Konfitürenfabrik Franz Haaf GmbH (in den 1970er Jahren geschlossen). – Nr. 92–94: Neckar AG (Kraftwerk, Staustufe seit 1930).

Kleinschmidtstraße (Weststadt, G 9, zwischen Kurfürstenanlage und Schillerstraße). 1893 starb der Privatmann Karl Kleinschmidt. Damit trat die von seiner 1887 verstorbenen Schwester Amalie Friederike Luise Kleinschmidt unter dem Namen »Marie-Kleinschmidt-Stiftung« errichtete Stiftung mit einem Kapital von 18 000 Mark zu Gunsten badischer, insbesondere hiesiger Maler und des Heidelberger Kunstvereins ins Leben. Die Straße wurde jedoch schon 1873 nach seinem Bruder, dem praktischen Arzt Dr. Hermann Kleinschmidt (1816–1869) benannt, der das Haus Friedrichstraße 9 und sein Vermögen der Stadt vermachte. Die Stadt finanzierte mit dem Geld die Anlage der *Neuen Schlossstraße*, woran seit 1902 bei Haus Nr. 38 eine Gedenktafel erinnert: »Dem Andenken des Freundes / und Wohlthäters der Stadt Heidelberg / Dr. med. Hermann Kleinschmidt / geb. in Heidelberg 1816 gest. daselbst 1869 / welcher durch letzten Willen sein Vermögen / in Verbesserung

Kleinschmidtstraße, Verlängerung nach Norden

Kleinschmidtstraße 8, Gedenktafel Felix Wankel

Adele und Max Klingel, Grabstelle

und Verschönerung seiner Vaterstadt / schenkte, worauf dasselbe in den Jahren 1872–1875 / durch Beschluß des Stadtraths zur Herstellung dieses Schlosswegs verwendet wurde / gewidmet diese Tafel die dankbare Bürgerschaft 1876«. Hermann Kleinschmidt ist auf dem Bergfriedhof begraben. – 2013 wurde die Kleinschmidtstraße von der Bahnhofstraße bis zur Kurfürstenanlage verlängert (Derwein 1940, Nr. 811).

Nr. 8: hier im Hinterhof, in der mechanischen Werkstatt Paul Kind, arbeitete Felix Wankel 1924–31 (vgl. *Felix-Wankel-Straße*).

Klingelhüttenweg   (Schlierbach, F 13, zwischen Schloss-Wolfsbrunnen-Weg und Wolfsbrunnensteige). Bis 1955: *östlicher Klingelhüttenweg*. Zweigt vom Schloss-Wolfsbrunnen-Weg oberhalb der »Schönen Aussicht« bergwärts ab und führt als oberster Weg der heutigen Bebauung dem Waldrand entlang. Mündet oberhalb des Wolfsbrunnens in die Wolfsbrunnensteige. Er war vor der Bebauung auch der Zugangsweg zu der nach 1971 abgegangenen »Klingelhütte«, die 1894 oberhalb des dortigen Steinbruchs bei der früheren »Graf-Johann-Schanze« auf dem das Rombachtal begleitenden westlichen Bergsporn errichtet wurde (262 m über NN). Max Klingel (1838–1921), Stadtverordneter, Mitbegründer (1884) und langjähriger Vorsitzender des »Gemeinnützigen Vereins« sowie Ehrenbürger von Heidelberg (1918), führte 1893 den Sommertagszug in Heidelberg ein. Nach ihm benannte der Verein zur Feier seines zehnjährigen Bestehens die von ihm erstellte Schutzhütte. Er ist auf dem Bergfriedhof begraben. – 1924 begann man, den *westlichen* mit dem *östlichen Klingelhüttenweg* baulich zu verbinden, doch wurden die Arbeiten vorzeitig abgebrochen. Der westliche Klingelhüttenweg heißt seit 1955 *Schmeilweg* (Derwein 1940, Nr. 453).

Klingenteichstraße   (Altstadt, F–G 10–11, zwischen Friedrich-Ebert-Anlage und Molkenkur). Ein Weingarten »in der Klingen gelegen« wird 1344 erstmals erwähnt. 1702 legte man hier den jüdischen Friedhof an, der bis 1876 in Benutzung blieb. 1845 baute man oberhalb der Stadtmauer, die hier noch teilweise erhalten ist, eine Straße durch den Klingenteich zum kleinen Gaisberg. Bis 1890 nannte man sie *Klingenteich* (nach dem gleichnamigen, 1837 festgelegten Walddistrikt), dann *Klingenteichstraße*. Die untersten Häuser auf der westlichen Straßenseite zählten bis 1890 noch zur *Leopoldstraße* (d. h. Leopoldstraße Nr. 54 wurde zu Klingenteichstraße Nr. 2, Nr. 56 zu Nr. 4 und Nr. 58 zu Nr. 6). In der unteren Klingenteichstraße gibt es etliche tief in den Berg hineingebaute Keller, die u. a. zum Kühlen des Biers dienten. Mitte des 19. Jahrhunderts wurde im Klingenteich ein Wasserfall angelegt, den man »wohl aus bürgerlicher Romantik in Erinnerung an Webers Freischütz«

(Derwein) »Wolfsschlucht« benannte. Zwischen 1905 und 1912 wurden in Klingenteichstraße 9–17 und Unter der Schanz 1–4 sieben Villen im Landhausstil gebaut, die sog. Villenkolonie Klingenteich.– Der Name der Straße kommt von der Klinge, der Gebirgseinsenkung, durch die sie führt, und ist eine Tautologie: Klinge, ahd. chlinga, mhd. klinge f. bedeutet »Gießbach, Talschlucht, auch ohne Wasser«, Teich bedeutet »Graben«. Die Klingenteichstraße ist eine Passstraße zwischen Königstuhlmassiv und Gaisberg und führt zur *Molkenkur*. – Die vermutete erste Siedlung des 12. Jahrhunderts um die Peterskirche lag auf dem Schwemmfächer, den der Klingenteichbach von Süden her auf die Niederterrasse des Neckars vorgebaut hatte. Dort war man vor Neckarhochwassern geschützt (Derwein 1940 Nr. 452, 455, 926, 1048).

Zwischen Nr. 3 und 5: Jüdischer Friedhof (1702–1876). – Nr. 4: Haus Drachenfels (1911, Corps Suevia). – Nr. 6: Elternhaus des Malers Guido Schmitt, Gedenktafel für den Dichter Alfred Mombert (zählte 1885 noch als Leopoldstraße 58; vgl. *Guido-Schmitt-Weg*, *Mombertstraße*). – Nr. 8: ehemaliges Freimaurerhaus (1870 eingeweiht, 1987 von der Anthroposophischen Gesellschaft erworben, jetzt Rudolf-

Klingenteichstraße 27

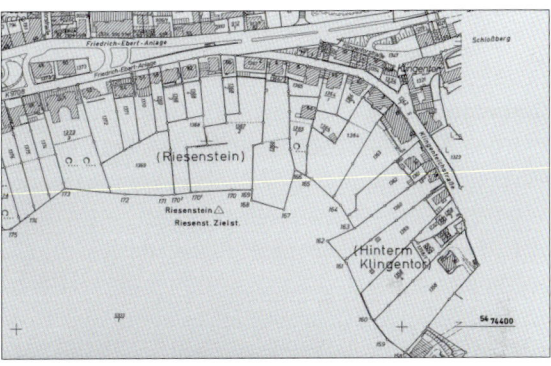

Klingenteichstraße, Katasterplan

Klingenteichstraße 5

Klingenteichstraße 6

Klingenteich

Kingenteichstraße, Eingang jüdischer Friedhof

Steiner-Haus). – Nr. 10: Schützengesellschaft »Tell« 1906. – Nr. 10–12: Turnhalle Klingenteich (1896). – Nr. 12: City Kult (Jugendtreff Altstadt). – Nr. 21: Katholische Deutsche Studentenverbindung Arminia. – Nr. 27: Haus mit Gedenktafel für Hans Breuer (1883–1918). Der Medizinstudent gab 1908 die Volksliedsammlung »Zupfgeigenhansl« heraus, dessen Lieder er hier im Kreise Heidelberger Wandervögel sammelte. – Nr. 31: Café-Restaurant Molkenkur / ehemalige Alte Burg. – Nr. 33: Bergbahnstation Molkenkur (1890/1907).

Klingentorstraße (Altstadt, F 10, zwischen Friedrich-Ebert-Anlage und Klingentor). 1857 nach dem Klingentor benannt, außer dem Brückentor das einzige erhaltene Tor der Stadtbefestigung, 1620–22 im Zug der Stadtmauer, die hier noch teilweise sichtbar ist, erbaut. 1738 bezogen die Jesuiten das Tor in ihr benachbartes Seminar am Schlossberg 2 ein und errichteten über der Durchfahrt einen Aufbau mit Kapelle. Oberhalb des Tors, an der Ostseite, ist eine Brunnenstube. Der Klingentorbrunnen, 1711 erstmals erwähnt, versorgte Häuser zwischen Mitteltor und Dominikanerkloster mit Trinkwasser. Unterhalb des Tors, an der Westseite, befindet sich der Nadlerbrunnen mit Gedenktafel für den Dichter Karl Gottfried Nadler (vgl. *Nadlerstraße*). – Die Klingentorstraße war früher die Fortsetzung der *Grabengasse*

Klingentorstraße, Stadtmauer

Klingentorstraße, Klingentor

200

ab Seminarstraße, sie begrenzte den St. Petersfriedhof im Osten und Süden. Die heutige Grabengasse östlich der Peterskirche hieß *Klingenthorgasse* bzw. *-straße*. Der Historiker Friedrich Christoph Schlosser (vgl. *Schlosserstraße*) wohnte als Eigentümer 1819–53 in der Klingenthorstraße Litera C 267, heute Grabengasse 9. – Zwischen 1862 und 1955 fuhr hier die Odenwaldbahn in den Tunnel, an der Peterskirche war ein Bahnübergang mit Haltestelle. Heute hat die Straße nur Häuser mit gerader Hausnummer (Derwein 1940, Nr. 456ff.).

Nr. 10: Leonenserhaus (Verbindung Leonensia).

Klingenweg   (Ziegelhausen, D–E 14–15, zwischen Schönauer Abtweg und Im Mosels-grund). 1954 nach der »Klinge« benannt, 1452 erstmals als »die Klingen« erwähnt, ein trockenes Seitental des Moselbrunnentals. Zur Wortbedeutung siehe *Klingenteichstraße* (Hoppe 1956, Nr. 150).

Klostergasse   (Wieblingen, D 6, von Mannheimer Straße 244/Alte katholische Kirche zum Neckarhamm). Die Straße ist schon auf dem ältesten Wieblinger Ortsplan (1741/92) vorhan-den. Das Gelände der heutigen Elisabeth-von-Thadden-Schule (vgl. *Elisabeth-von-Thadden-Platz*) gelangte durch die Schenkung des Erlebalt (siehe *Erlebaltweg*) um 782 an das Klo-ster Lorsch und war bis 1147 dessen Gutshof für die Wieblinger Besitzungen. Ein Kloster bestand hier jedoch nicht. Das Gelände dieses Gutshofes dürfte etwa dem Gelände der heu-tigen Elisabeth-von-Thadden-Schule entsprechen. Das sog. Schloss, der frühere Unterhof, wurde 1727 neu aufgebaut; der Kavaliersbau, der frühere Oberhof, trägt die Jahreszahl 1593; die Scheune stammt von 1772. Alle anderen Schulgebäude wurden erst nach dem Zwei-ten Weltkrieg errichtet. Die heute sog. Thaddenkapelle (früher: Schlosskapelle) ist der Rest der gotischen mittelalterlichen Kirche Wieblingens, erbaut im 15. Jahrhundert. Der Abriss des Langhauses erfolgte 1907; das Kirchengelände samt Kirchenrest wurde dem Gutsareal und somit der späteren Schule einverleibt. – Vor 1930: *Kirchstraße*, da sie zur ehemali-gen (evangelischen) Pfarrkirche, der heutigen »Thaddenkapelle« führte; umbenannt wegen der Kirchstraße in Bergheim. Von den Katholiken auch *Pfarrgasse* genannt, weil an ihr das 1737/38 erbaute katholische Pfarrhaus (Haus Nr. 13) lag.

Nr. 2–4: Elisabeth-von-Thadden-Schule (staatlich anerkanntes Gymnasium; gegründet 1927). – Nr. 13: ehemaliges katholisches Pfarrhaus.

Königsberger Straße   (Kirchheim-Nord, I 7–8, beginnt an der Albert-Fritz-Straße als Verlängerung der Schäfergasse und führt bis zur Stettiner Straße, wo sie in den Harbigweg übergeht). Nach Königsberg in Preußen, ehemalige Hauptstadt der Provinz Ostpreußen,

Klostergasse

Klostergasse, sog. Schloss

Königsberger Straße 12–16

heute Kaliningrad und Hauptstadt der gleichnamigen russischen Oblast. – 1959 nannte man die Straßen in Kirchheim-Nord nach ehemals deutschen Städten jenseits der Oder-Neiße-Linie (vgl. *Allensteiner Weg, Breslauer Straße, Danziger Straße, Elbinger Straße, Glatzer Straße, Gleiwitzer Straße, Insterburger Weg, Liegnitzer Straße, Marienburger Straße, Oppelner Straße, Stettiner Straße, Tilsiter Straße*).

Nr. 2: Geschwister-Scholl-Schule, Robert-Koch-Schule.

Königstuhl (Altstadt, G 12, 567,8 m hoher Berg im Kleinen Odenwald). Höchster Punkt der Stadtgemarkung (567,8 m über NN), 1604 erstmals erwähnt. Die Herkunft des Namens ist unklar. Im »Steineichenried«, zwischen dem »Auerhahnenkopf« (eigentlich »Hohe Spitze«) und dem Gutleuthof, auf 415 m über NN, liegt der »Königstein«, ein Sandsteinblock mit der Inschrift »KONGST«. Bis 1837 hieß die Waldabteilung, in der der Stein liegt, »Königstuhl«. Von hier ist wahrscheinlich der Name auf den Gipfel übertragen worden. Die Spitze des Berges heißt »Nasenplatz« (1716 erstmals erwähnt). – Nachdem ihn Kaiser Franz I. von Österreich 1815 bestiegen hatte, taufte man den Berg vorübergehend auch »Kaiserstuhl«. Dem Kaiser zu Ehren errichtete man einen (längst zerstörten) Gedenkstein mit der Inschrift: »Kaiserstuhl von Franz II. den 14. Junius 1815«. (Er war bis 1806 als Franz II. letzter Kaiser des

Königstuhl   Königstuhl, Gedenkstein Völkerschlacht

Königstuhl, Bergbahnstation

Heiligen Römischen Reiches, ab 1804 als Franz I. Kaiser von Österreich.) – Im 19. Jahrhundert war es bei den Heidelbergern Brauch, am 1. Mai mit Musikbegleitung auf den Königstuhl zu ziehen. Im Oktober 1814 entfachten sie zur Feier des Gedächtnisses der Leipziger Schlacht (bei der die Völker Badens, Sachsens, Hessens etc. gegen die Völker Preußens, Österreichs etc. gekämpft hatten) Freudenfeuer auf dem Königstuhl und dem Heiligenberg und setzten einen Gedenkstein mit der Inschrift »Zum Gedenken an die Völkerschlacht bei Leipzig 13. Oktober 1813«. – Ein 1835 auf dem Nasenplatz eröffneter achteckiger, 26 m hoher Aussichtsturm wurde 1959 abgerissen. Seit 1907 fährt die Bergbahn von der Molkenkur auf den Berg. Auf dem Gipfelplateau befinden sich heute die Höhengaststätte Königstuhl, die Landessternwarte (1895/98), der Fernsehturm des Südwestrundfunks (1960, diente bis 2001 auch als Aussichtsturm), das Max-Planck-Institut für Astronomie (1976), das »Märchenparadies«, das Haus der Astronomie (2011), der Fernmeldeturm der Deutschen Telekom sowie der ehemalige Fernmeldeturm der US-Armee (Derwein 1940, Nr. 399, 473f., 633).

Königstuhlweg   (Altstadt, G–H 12, zwischen Kohlhof und Königstuhl) Führt vom Kohlhof zum Königstuhl. Keine Wohnadresse.

Köpfelweg   (Ziegelhausen, D–E 13–14, zwischen Mühlweg und Büchsenacker/neuer Friedhof). Früher: *Eselspfad* (1607, 1718, 1807). Nach dem »Köpfel« benannt, einer Bergkuppe über dem Büchsenacker (322 Meter über NN), zu welchem der Köpfelweg ursprünglich führte. – Unterhalb des Köpfels gibt es einen Waldweg namens *Köpfleweg* ohne direkte Verbindung zur Straße Köpfelweg. 1994 ging das Blockheizkraftwerk Köpfel (beim Hallenbad, Stiftweg 32) in Betrieb. – Die Nummerierung der Häuser wurde 1969 geändert (Hoppe 1956, Nr. 67, 154).

Kohlhof   (Altstadt, H–I 12–13, etwa 1800 m südöstlich des Königstuhlgipfels, 453 m über NN). 1706 begann man das Kohlhof-Gebiet auf dem Königstuhl zur Anlage von Feldern zu roden. Der Hof wurde erstmals 1721 als »Busemer oder Kohlhoff«, 1775 als »Busenbronner Hoff« erwähnt. »Der Name erinnert an die ersten Ansiedler, die sich teilweise mit Kohlenbrennen beschäftigten … Nachdem 1706 mit Rodung im Walde zwecks Anlage von Feldern begonnen war, wurde 1718 der Hof von der Stadt an 2 Pächter erbbeständlich begeben« (Derwein). Im 18. Jahrhundert war der Kohlhof ummauert, vom Südosttor stehen noch Pfosten. 1881 wurde die westlich davon gelegene Posseltslust, eine Stiftung des Pharmazie-Professors Louis Posselt (1817–1880; vgl. *Posseltstraße*) eingeweiht. 1890 wurde das Kohlhofhotel eröffnet, 1950 abgerissen und an seiner Stelle 1951 ein Herzsanatorium errichtet.

Kohlhof, Südosttor

Im Tal des hier entspringenden Forellenbachs liegen Obstwiesen und eine Gastwirtschaft (Derwein 1940, Nr. 467ff., 942). In seinem Buch »Heidelberg und seine Umgebungen« aus dem Jahre 1811 schreibt Aloys Schreiber: »Der Kohlhof selbst besteht aus fünfzehn Land-wohnungen, die zerstreut zwischen Feldern und Wiesen unter Obstbäumen liegen. Es sind zwei Wirthshäuser darunter.« Damals gingen »nach dem Kohlhofe ... von Heidelberg aus gewöhnlich ganze Gesellschaften, die den Tag dort zubringen und sich von Mond und Ster-nen nach Hause leuchten lassen« (S. 205).

Kolbenzeil (Rohrbach-Hasenleiser, beginnt an der Heinrich-Fuchs-Straße und zieht südlich). Gewannbezeichnung. Vor der Eingemeindung Rohrbachs bildete diese Straße den südlichen Teil der *Leopoldstraße*. Den nördlichen Teil stellt die heutige *Fabrikstraße* dar. Damals hieß die heutige Friedrich-Ebert-Anlage in der Altstadt *Leopoldstraße* (nach Leo-pold, Großherzog von Baden, reg. 1830–52). – Bei dieser Namensgebung wurde auf eine alte Flurbezeichnung zurückgegriffen, die sonst dem Gedächtnis verloren gegangen wäre. Das ehemalige Gewann »Kolbenzeil« befindet sich nordwestlich der heutigen Straße. Vielleicht ein Hinweis auf dort wachsende Pflanzen mit kolbenartigem Fruchtstand wie Lieschgras, Wiesenfuchsschwanz oder Hirse? (vgl. *Im Kolbengarten*).

Konradgasse (Kirchheim, I 7, zwischen Lochheimer Straße und Schmitthennerstraße). Bis 1930: *Karl-Friedrich-Straße*. Der Name Konrad war bei den Angehörigen der Herren von Kirchheim im 12. bis 14. Jahrhundert häufig. Sie waren Gefolgsleute des Pfalzgrafen und bedeutende Grundbesitzer in Kirchheim und Umgebung (Hegenichwald, Pleikartsforst, Bruchhausen; Neuer 1985, S. 13ff.; Körner 2009, S. 8f., 78, Schaab, ZGO 106/1958, S. 247).

Konrad-Zuse-Straße (Rohrbach, Quartier am Turm, I 8, zwischen Felix-Wankel-Straße und Helaweg). 2003 nach dem Ingenieur, Erfinder und Unternehmer Konrad Ernst Otto Zuse (1910–95) aus Wilmersdorf benannt. Er entwickelte 1936–38 die erste programmgesteuerte Rechenanlage und baute 1941 den ersten vollautomatischen und frei programmierbaren Computer der Welt. – Die Straßen im ehemaligen Fuchsschen Werksgelände (*Quartier am Turm*) sind nach Erfindern und Technikern benannt.

Konstanzer Straße (Rohrbach-Hasenleiser, K 8–9, zwischen Erlenweg und Lörracher Straße). Nach *Konstanz* benannt, Stadt am Ausfluss des Rheins aus dem Bodensee. Um 590 Sitz eines Bistums, um 700 civitas Constantia (ursprünglich Name des Römerkastells, das um 300 zu Ehren des Kaisers Constantius Chlorus benannt war). 1192 Reichsstadt. 1414–

18 tagte hier das Konzil, bei dem man den Reformator Jan Hus verbrannte, wobei Kurfürst Ludwig III. von der Pfalz als oberster Richter des Reiches die Exekution leitete. 1548 kam Konstanz zu Österreich, 1805 zu Baden. – Eine von zwölf Straßen im Hasenleiser, die nach südbadischen Städten benannt wurden.

Kopernikusstraße (Bahnstadt, G 8, zwischen Grüner Meile und Czernyring). Eine von vier Heidelberger Straßen, die ihren Namen einem Astronomen verdanken (vgl. *Max-Wolf-Straße*, *Keplerstraße*; *Galileistraße*). 2010 nach Nikolaus Kopernikus (eigentlich Koppernigk, 1473–1543) aus Thorn benannt, Begründer der neuzeitlichen Himmelskunde. Er schrieb 1507 »De revolutionibus orbium coelestium«, wo er das kopernikanische Weltsystem darlegt, in dem die Sonne den Mittelpunkt der Welt bildet.

Koppertweg (Kirchheim-West, I 7, beginnt an der Alfred-Jost-Straße). Nach dem aus Rohrbach stammenden Wagnermeister und Hirschwirt Johann Georg Koppert (1748–1824), der 1792–1824 Schultheiß von Kirchheim war. »Auf ihn geht das Koppert/Schuhsche Haus am Kerweplatz zurück, das 1966 abgerissen wurde« (Körner 2009, S. 78; vgl. Koppertsmühle in Rohrbach).

Kornmarkt (Altstadt, F 11, zwischen Hauptstraße und Burgweg). Früher: *Neuer Markt*. 1553 durch Teilabriss des »Churhospitals« entstanden, das 1551 säkularisiert und in das ehemalige Dominikanerkloster verlegt worden war. Die westlich des Platzes zur Stadtmauer in der Zwingerstraße verlaufende *Sporergasse* ist verschwunden. 1600 wurde er erstmals als *Kornmarck* erwähnt, erst nach 1700 erhielt er seinen heutigen Umfang. Damals stand am oberen Ende des Platzes (zur Ingrimstraße) noch ein Häuserblock. – Der Name kommt von dem früher dort abgehaltenen (Feld-)Fruchtmarkt. Als Feldfrüchte bezeichnet man auf dem Feld bzw. im Ackerbau gezogene Kulturpflanzen wie z. B. Kartoffeln, Rüben und Getreide im Unterschied zu Garten-, Wald- und Baumfrüchten. Bereits auf einer Ansicht Peter Friedrich von Walpergens aus dem Jahr 1763 ist auf dem Kornmarkt ein Brunnen abgebildet. Heute beherrscht die dem Bildhauer Pieter van den Branden zugeschriebene Madonnenstatue (»Maria vom Siege«) die Platzmitte, welche Kurfürst Karl Philipp 1718 im Zeichen der Gegenreformation aufstellen ließ. Von den ursprünglich erheblich längeren Inschriftentexten sind heute noch vorhanden: »Non statuam aut saxum sed qvam designat honora – Noch Stein, noch Bild, noch Säulen hier, das Kind und Mutter ehren wir«. Im 19. Jahrhundert wurde das ursprünglich oktogonale Becken durch vier Muschelbecken ersetzt. Das getreppte Po-

Kornmarkt

Kornmarkt 5   Kornmarkt 9

dest mit Kettenpfosten stammt aus dem 20. Jahrhundert. – 1986 wurde hier die zum Spital gehörige frühgotische Kapelle mit Friedhof ausgegraben. Man fand vor allem Keramik- und Glasgegenstände für den Alltagsgebrauch aus dem 14. bis 17. Jahrhundert. Eine Plakette im Boden besagt: »Hier stand / vom Ende des / 13. Jahrhunderts / bis zum Jahre 1557 / die Kapelle des ehemaligen / Heilig-Geist-Spitals«. Der Text ist nicht ganz korrekt: Weder vom Spital noch von der Kapelle ist ein Patrozinium überliefert. – 1971 wurde das Parkhaus am Burgweg (mit Bergbahn-Talstation) eröffnet. 1989 wurde der Platz in Annäherung an seine ursprüngliche Form umgestaltet (Derwein 1940, Nr. 475, 578ff., 655, 865; Neumüllers-Klauser 1970, Nr. 579; Eva Hofmann, in: Heidelberger Altstadtbrunnen. Heidelberg 1996, S. 74–88).

Der 2. Bürgermeister Dr. Ing. Richard Drach schreibt am 10. Oktober 1919 in den »Vorlagen an den Bürgerausschuss 1919«: »Eine der reizvollsten Platzanlagen der Altstadt war früher der Kornmarkt, ehe seine Südseite durch den mißfarbenen Backsteinbau am Eingang zum Burgweg verunziert wurde. Jetzt ist der Stadtverwaltung Gelegenheit gegeben, die Hand auf dieses Bauwerk [Kornmarkt 3] zu legen, um ihm zu passender Zeit durch Vereinfachung der unseligen Dachaufbauten und Auftrag eines glatten Verputzes ein weniger störendes Aussehen zu geben und derart die frühere Platzwirkung wieder annähernd herzustellen.«

Nr. 1: ehemaliger Gasthof Prinz Carl. 1788 bekam er die Schildgerechtigkeit verliehen. Namensgeber war Prinz Karl II. August von Pfalz-Zweibrücken. Das Gebäude wurde mit Ausnahme des »Spiegelsaals« 1978 abgerissen. In veränderter Form wiederaufgebaut, sind hier seit 2001 Ämter der Stadtverwaltung untergebracht. Die historischen Gewölbekeller dienen als Kantine, der Spiegelsaal steht für öffentliche und private Repräsentationsveranstaltungen zur Verfügung. – Nr. 5: Palais Graimberg. Hier eröffnete 1841 Graf Carl von Graimberg (vgl. *Graimbergweg*) seine »Alterthümerhalle«, Grundstock der heutigen Sammlung des Kurpfälzischen Museums. 1911 gründete seine Enkelin Maria Gräfin von Graimberg eine katholische soziale Frauenschule (bis 1971 Höhere Fachschule für Sozialarbeit). Seit 1978 städtisches Dienstgebäude.

Kosselstraße (Bahnstadt, G 8, zwischen Langem Anger und Noetherstraße). 2010 nach dem Mediziner und Biochemiker Albrecht Kossel (1853–1927) aus Rostock benannt, der 1901 als Nachfolger von Wilhelm Friedrich Kühne und Hermann von Helmholtz (vgl. *Helm-*

holtzstraße) an die Universität Heidelberg kam. Er war einer der ersten, die die Methoden der organischen Chemie auf die Untersuchung biologischer Systeme anwandten. Für seine Arbeiten über Proteine und insbesondere die Nukleinsäuren erhielt er 1910 den Nobelpreis für Medizin. Er lehrte in Heidelberg bis 1923 und liegt auf dem Bergfriedhof begraben.

Krähenweg   (Pfaffengrund, zwischen Schützenstraße und Steinhofweg). 1932 benannt. – Eine der 24 nach Vögeln benannten Straßen des Stadtteils.

Krämergasse   (Altstadt, F 11, zwischen Hauptstraße und Zwingerstraße). 1559 erstmals erwähnt. Nach dem ehemaligen Zunfthaus der Krämer benannt, dem in der Krämergasse 14 gelegenen, südlichen Teil des Hauses Ingrimstraße 16 (Derwein 1940, Nr. 481).
Nr. 2: Cave 54, Vereinigung zur Pflege studentischer Geselligkeit e.V. (1954, ursprünglich Studenten-Jazzclub).

Krahnengasse   (Altstadt, F 10, zwischen Marstallstraße und Hauptstraße). Bis 1847: *Seyergäßchen*, *Saugäßlein*, Name seit 1569 nachweisbar (wohl nach den Mastschwei-neställen der Bäckerzunft beim Marstall). Auf Wunsch von Anwohnern in *Krahnengasse* umbenannt, obwohl der Kran zum Be- und Entladen der Neckarschiffe bis zur Anlage des Neckarstaden 1896/97 nicht hier, sondern an der Nordwestecke des Zeughauses stand. 1967 wurden sieben Häuser auf der Westseite der Gasse, meist aus dem 18. Jahrhundert stam-mend, abgerissen. Seitdem ist hier ein Parkplatz. Ohne Bürgerprotest wären auch die Häuser auf der östlichen Straßenseite verschwunden. In der Krahnengasse stand ein stattliches Ba-rockhaus (Nr. 6), dessen Fassadenteile nach Abriss für den »alsbaldigen Wiedereinbau« im städtischen Bauhof gelagert wurden (Derwein 1940, Nr. 479, 480, 759; vgl. *Krahnenplatz*).

Krahnenplatz   (Altstadt, an der nördlichen Ausmündung der Schiffgasse westlich vom sog. Marstallgebäude). Auf Vorschlag des Vereins Alt Heidelberg 1901 benannt. Hier am Nordwest-Turm des Zeughauses stand bis 1896 ein 1586 erstmals erwähnter Kran zum Be- und Entladen der Neckarschiffe. Er musste 1896/97 der Anlage des Neckarstadens weichen (Derwein 1940, Nr. 480; vgl. *Krahnengasse*).

Krämergasse

Krahnengasse 5

Kranichweg (Pfaffengrund, G–H 6, zwischen Eppelheimer Straße und Im Schnepfengrund). Eine der 24 nach Vögeln benannten Straßen des Pfaffengrunds.

Kreuzgrundweg (Ziegelhausen, C 13, Verlängerung des Kreuzgrundtalwegs bis zur Peterstaler Straße). Der »Kreuzgrund«, 1709 als »Creutzgrund«, 1752 als *Creutzgrund Weg* erstmals erwähnt, ist der Wiesengrund des westlichen Steinbaches. Das gesamte Steinbachtal hieß früher »Kreuztal« (1535 erstmals erwähnt), weil am Talausgang, an der Abzweigung des alten Schönauer Abtswegs von der Dorfstraße, gegenüber dem »Adler«, ein Wegkreuz mit Bildstock aus dem Jahre 1478 (renoviert 1724) steht. Darauf sind Maria und Johannes unter dem Kreuze stehend dargestellt, darunter ein Gottesgericht: Ein Mann, der am Sonntag Nüsse schwingen wollte, liegt tot unter einem Baum. – Der Kreuzgrundweg verläuft an der früheren Gemarkungsgrenze. Oberhalb des Kreuzgrunds befindet sich auf 366 m über NN das Naturfreundehaus »Kreuzgrundhütte« (Hoppe 1940, S. 25; Hoppe 1956, Nr. 156f., 367).

Kreuzstraße (Wieblingen, D 6, von der Mannheimer Straße 254 [evang. Kreuzkirche] ostwärts, wo sie sich in Falkengasse und Klappergasse verzweigt). Die Straße ist schon auf dem ältesten Wieblinger Ortsplan (1741/92) vorhanden. Auf diesem Plan ist an der Abzweigung der heutigen Kreuzstraße von der *Mannheimer Straße* ein Kreuz eingezeichnet. 1741 wurde »an einer öffentlichen Straße zu Ehren der heiligen Passion ein großes Kreuz errichtet« (H. Neu 1929, S. 170). Früher: *Kreuzgasse*. Die 1905/06 erbaute evangelische Pfarrkirche erhielt erst 1926 den Namen »Kreuzkirche«; das danebenliegende evangelische Pfarrhaus wurde 1932 errichtet. – Die platzartige Verbreiterung an der Verzweigung in *Klappergasse* und *Falkengasse* wurde vor dem Zweiten Weltkrieg »Kornmarkt« genannt; hier war zur Kerwe das Karussell aufgestellt.

Nr. 1: Katholisches Schwesternhaus (seit 1892) und ehem. katholischer Kindergarten (1892–2008). – Nr. 6: Evangelisches Pfarrhaus (erbaut 1932).

Kriegsstraße (Handschuhsheim, D 9, zwischen Dossenheimer Landstraße und Mühltalstraße). Sie hieß bis 1903 *Bahnhofstraße* (nach dem Bahnhof der 1890 eröffneten Nebenbahn Heidelberg-Schriesheim am heutigen Hans-Thoma-Platz). 1888 wurde die Straße unter Einbeziehung der alten *Bäumengasse* bis Haus Kriegsstraße 29 ausgebaut. – Einen *Kriegsweg*, 1571 erstmals als solcher erwähnt, gibt es in den Weingärten am Hang zwischen Mühlheimer Grund und Zapfenberg. Er soll in Kriegszeiten der Bevölkerung als Fluchtweg in den Wald gedient haben. – Kriegsstraße und *Friedensstraße* wurden bei der Eingemeindung

Kriegsstraße

Handschuhsheims 1903 vermutlich nach dem Deutsch-Französischen Krieg 1870/71 bzw. nach dem Frieden von Frankfurt am Main am 10. Mai 1871 benannt, welcher die Annexion des Elsass und des nördlichen Lothringen durch das Deutsche Reich brachte. 25 Jahre danach wurde das Kriegerdenkmal in Handschuhsheim (Ecke Pfarrgasse/Handschuhsheimer Landstraße) enthüllt. Auch in der Weststadt gab es zwischen 1875 und 1887 eine *Kriegsstraße* (jetzt *Bunsenstraße*) (Frey 1944, Nr. 249f.).

Nr. 14: Tiefburgschule (1897). – Nr. 16: Friedenskirche (1910, Architekt Hermann Behaghel). – Nr. 23: ehemaliges Postamt.

Kronenweg (Schlierbach, E 13, zwischen Jägerpfad [Bahnunterführung] und Mühlenweg). 1846 nach dem 1755 erstmals erwähnten Wirtshaus »Zur Krone« benannt, wohl ältester Bauteil des »Jägerhaus«. Der Volksmund nannte den Weg »Schollebuckel« nach dem Hauptlehrer Michael Scholl, der in Haus Nr. 2 wohnte und 1887 in den Ruhestand verabschiedet wurde. 1953 wurden die Hausnummern 1–11 in 1–13 und Nr. 2 in 2–4 geändert (Derwein 1940, Nr. 493; Knörr 1999, S. 67f.; vgl. *Jägerpfad*).

Krummer Baum (Kirchheim, Im Bieth, I 7). 2008 nach einem markanten Baum benannt.

Kuckucksweg (Pfaffengrund, G 6, zwischen Eppelheimer Straße und Obere Rödt). 1920 benannt. – Eine der 24 nach Vögeln benannten Straßen des Pfaffengrunds.

Küchengässchen (Altstadt, F 10–11, zwischen Unterer Straße 14 und Hauptstraße 157). Früher: *Gigengessel* (1594), *Kuchengäßlein* (1703). Eine der engsten Gassen der Altstadt und wie die anderen Verbindungen zwischen Hauptstraße und Unterer Straße abschüssig, um den Höhenunterschied auszugleichen. Sie hat keine Hausnummern, nur Eingänge zu Häusern in der Unteren Straße und Hauptstraße. – Der Name ist nicht eindeutig zu klären. Vielleicht kommt er von mhd. kiche f. = »Gefängnis, Loch«, aber auch »Asthma, Keuchhusten«, kîchen = »schwer atmen, keuchen«. Auch mhd. giege m. »Narr« käme in Frage. Sicher hat der Name weder etwas mit »Küche« noch mit »Geige« zu tun. – Die *obere Mönchgasse* zwischen Heiliggeiststraße und Hauptstraße, die früher ebenso eng war, hieß

Küchengäßchen

Kühler Grund, Förstermühle

zeitweise *Geygen gessel* (1559), *Gigengäßlein* (1767) und *Küchengäßlein* (1773) (Derwein 1940, Nr. 236, 252, 496; vgl. *Mönchgasse*).

Kühler Grund (Rohrbach, I–K 10, zwischen der evangelischen Kirche und Zur Forstquelle). Der Name klingt altvertraut und romantisch, wurde der Straße jedoch erst 1929 auf eine Anregung des »Gemeinnützigen Vereins Rohrbach« hin verliehen. Es handelt sich um den oberen Teil des *Bierhelderwegs*. Der Name *Kühler Grund* geht nicht, wie man vermuten könnte, auf einen alten Flurnamen zurück, sondern auf das Eichendorffsche Gedicht »Das zerbrochene Ringlein«. Hier stand die Förstersmühle, welche den Dichter dazu angeregt haben soll (»Hör ich das Mühlrad gehen: ich weiß nicht, was ich will . . .«). Es wurde von dem schwäbischen Pfarrer Johann Ludwig Friedrich Glück 1814 unter dem Titel »In einem kühlen Grunde« vertont und rasch berühmt. 1815 erschien Eichendorffs Roman »Ahnung und Gegenwart«, wo er das Gedicht verwendete. Als Rest der Mühle steht heute noch ein Torbogen mit einem Wappen, welches Brezel und Mühlrad zeigt. Nach einsetzender Bautätigkeit in den Neubaugebieten Boxberg und Emmertsgrund und der Fertigstellung des Boxbergknotens wurde die Straße im Osten für den Kfz-Verkehr geschlossen (vgl. *Eichendorffplatz*, *Eichendorffstraße*, *Kätchen-Förster-Weg*, *Bierhelderweg*).

Kumamotostraße (Bahnstadt, G 7, zwischen Langem Anger und Pfaffengrunder Feld). 2010 nach *Kumamoto*, der (1377 erstmals erwähnten) japanischen Partnerstadt Heidelbergs seit 1992, Verwaltungssitz der gleichnamigen Präfektur auf Kyūshū, der südlichsten der großen Inseln von Japan, benannt (vgl. *Bautzenstraße*, *Cambridgestraße*, *Montpellierstraße*, *Rehovotstraße*, *Simferopolstraße*).

Kuno-Fischer-Straße (Neuenheim, E 9, zwischen Bergstraße und Handschuhsheimer Landstraße). 1898 angelegt. 1901, also noch zu dessen Lebzeiten, nach dem Philosophen Kuno Fischer (1824–1907) aus Sandewalde (Schlesien) benannt, Ehrenbürger von Heidelberg (1894), der 1850–53 und 1872–1906 an der Universität Heidelberg lehrte. 1853 war ihm

Kuno Fischer, Grabstelle

Kuno Fischer

wegen des »Verdachtes des Pantheismus« in Baden die Lehrerlaubnis entzogen worden und er ging nach Jena. 1872 kehrte er zurück und hielt 1886 beim Festakt zur 500-Jahr-Feier der Universität in der Heiliggeistkirche eine drei Stunden währende Festrede. Sein Hauptwerk ist die »Geschichte der neuern Philosophie« (11 Bände, 1854–1900). – Der Geehrte bedankte sich schriftlich beim Stadtrat für die Benennung der Straße. Er ist auf dem Bergfriedhof begraben. Eine Tafel an der Plöck 50 (heute Parkhaus) besagt: »In diesem Hause, / das sein Eigen war, wohnte / Kuno Fischer / von 1873–1887«.

Kurfürstenanlage   (Weststadt, F–G 8–9, zwischen Adenauerplatz/Rohrbacher Straße und Czernybrücke, bildet die Grenze zwischen Bergheim und Weststadt). Die Straße entstand auf der Eisenbahntrasse zwischen dem ehemaligen Hauptbahnhof an der Rohrbacher Straße und dem »Baggerloch«. Im Osten setzt sie sich fort durch den Adenauerplatz und die Friedrich-Ebert-Anlage, im Westen durch die Gneisenaustraße. Anfangs hieß sie einfach »Neue Straße«. 1957 wurde die nördliche, 1958 die südliche Fahrbahn eröffnet, 1959 wurde sie *Kurfürstenanlage* benannt. Dadurch fielen die Straßen *Am alten Güterbahnhof* und *Eisenbahnstraße* weg, die Ringstraße wurde am Römerkreis an die Kurfürstenanlage angeschlossen. Die Hausnummern Am alten Güterbahnhof 1–3 änderten sich in Kurfürstenanlage 41–69. Die Eisenbahnstraße, die von der Alten Eppelheimer Straße westlich des Gaswerks entlang der Bahnlinie zur Mittermaierstraße zog, hatte keine Hausnummern. – Zwischen Rohrbacher Straße und Karl-Metz-Straße fährt seit 1956 die Straßenbahn. Seit 1993 führt die von Wieblingen kommende OEG-Strecke unter der Czerny-Brücke hindurch am

Kurfürstenanlage, Park

Kurfürstenanlage

Kurfürstenanlage 15

Hauptbahnhof vorbei über die Kurfürstenanlage. Die 1967/68 zwischen Kurfürstenanlage und Bahnhofstraße errichteten Behördengebäude wurden 2010/12 abgerissen und das Areal neu bebaut. – Im Deutschen Reich bis 1806 stand den Kurfürsten das Recht zur Wahl des deutschen Königs zu. Mitte des 13. Jahrhunderts vollzog sich die Beschränkung des Königswahlrechts auf die sieben Kurfürsten, die Inhaber der geistlichen und weltlichen Erzämter. Ab 1214, endgültig seit 1356 zählte der Pfalzgraf bei Rhein zu den sieben Kurfürsten und war in Abwesenheit des Königs dessen Stellvertreter. Die Kurfürstenwürde überdeckte dabei den Pfalzgrafentitel und ließ die Bezeichnung »Pfalz« allmählich zum Namen für die Territorien des »Kurfürsten von der Pfalz« bzw. für Länder der mit ihm verwandten Nebenlinien werden. 1623 wurde die Kur des geächteten Pfalzgrafen bei Rhein auf Bayern übertragen, 1648/49 eine achte Kur für die Pfalz geschaffen. Der erste Kurfürst von der Pfalz war Ruprecht I. (reg. 1356–90). 1799 wurden alle wittelsbachischen Länder zum Kurfürstentum Bayern zusammengeführt. 1802 fiel die rechtsrheinische Pfalz an Baden, Markgraf Karl Friedrich war bis 1806 Kurfürst, bevor er Großherzog wurde. 1806 erloschen die Kurwürden (vgl. *Heinrich-Lanz-Straße*, *Römerkreis*).

Nr. 15: Justizzentrum (2011). – Nr. 18: Stadtbücherei Heidelberg (1966, zugleich Poststraße 15). – Nr. 25: Hauptzollamt. – Nr. 38–40: Gesundheitsamt, Landratsamt. – Nr. 42–50: Stadtwerke (Heidelberger Versorgungs- und Verkehrsbetriebe, ehemaliges Elektrizitätswerk). – Nr. 52–60: Heidelberger Druckmaschinen AG mit Print Media Academy. – Nr. 62: Berufsgenossenschaft der chemischen Industrie.

Kurpfalzhof (Kirchheim, K 4, südwestlich des Hegenichhofs). Auf dem Allmendgrund des im 19. Jahrhundert verschwundenen Hegenichwaldes wurde 1955 westlich der amerikanischen Wohnsiedlung Patrick-Henry-Village, im »Sandgewann«, eine Siedlung mit acht Aussiedlerhöfen für Bauern aus Kirchheim gebaut, die 1958 »Kurpfalzhof« benannt wurde.

Kurpfalzring (Wieblingen-Pfaffengrund, E–G 6, von der Umgehungsstraße L 637 über Autobahn und Eisenbahnstrecke bis zur Eppelheimer Straße beim Kranichweg). In den 1950er Jahren war der Kurpfalzring als Halbkreis geplant, der sich vom Neckar bei Wieblingen über den Pfaffengrund bis zur Bahnlinie in Kirchheim erstrecken sollte. Heute beginnt er an der Wieblinger Umgehungsstraße und führt durch das Pfaffengrunder Industriegebiet bis zur Kreuzung Eppelheimer Straße und Kranichweg. Das ursprünglich dazu gehörende Straßenstück in Wieblingen zwischen der Mannheimer Straße und der Adlerstraße war mit dem südlichen Teil nicht verbunden. Dieses Anfangsstück wurde 2004 in *Liselottestraße* umbenannt; deshalb beginnen die Hausnummern des Kurpfalzrings heute erst bei Nr. 56 (an der Umgehungsstraße). Auch von der Umbenennung des westlich des Kurpfalzrings liegenden Teils des Wieblinger Wegs zu *In der Gabel*, die der Heidelberger Gemeinderat am 15. April 2010 beschlossen hatte, waren einige Hausnummern des Kurpfalzrings betroffen: Die ehemaligen geraden Hausnummern 92–96 wurden der neuen Straße zugeordnet. (vgl. auch *Kurfürstenanlage*, *Kurpfalzhof*, *Pfälzer Straße*, *Fürstendamm*, *Am Fürstenweiher*).

Nr. 79: Bahnhof Wieblingen, eröffnet 1873 (heute S-Bahn-Station Wieblingen/Pfaffengrund). – Nr. 112: Heidelberger Brauerei (ehemals »Schloßquell-Brauerei«).

Kurzer Buckel (Altstadt, F 11, zwischen Burgweg und Schlossberg). Treppenweg am Schlossberghang, führt zum westlichen Eingang des Schlosses, 1736 erstmals erwähnt. Die Häuser stehen am Fuß der Mauer des Stückgartens. Die Bezeichnung »Buckel« für eine Anhöhe ist hierzulande häufig (vgl. Ameisenbuckel, Bächenbuckel, Dachsbuckel, Heide-

Adolf Kußmaul, Grabstelle

buckel, Moselsbuckel, Roter Buckel, Schneckenbuckel, Stiftsbuckel etc.). 1889 forderten Anwohner vergeblich, die Straße in »Schlosssteig« umzubenennen (Derwein 1940, Nr. 94).

Nr. 3: ehemalige Pulvermühle. – Nr. 7: Burschenschaft Normannia. – Nr. 9/11: ehemaliges Hühner- und Fasanenhaus.

Kußmaulstraße (Neuenheim, E 9, zwischen Bergstraße und Handschuhsheimer Land-straße). Nach dem Mediziner Prof. Dr. Adolf Kußmaul (1822–1902) aus Graben (Baden) be-nannt. Er studierte 1840–45 Medizin in Heidelberg und gründete 1844 mit Joseph Victor Scheffel die Burschenschaft Allemannia II. 1855 habilitierte er sich in Heidelberg. 1855–57 veröffentlichte er mit Ludwig Eichrodt parodistische Gedichte über die Figur des schwäbi-schen Schulmeisters »Gottlieb Biedermeier«. 1857 wurde er a. o. Professor in Heidelberg. 1888 zog er sich aus dem Lehramt zurück und lebte bis zu seinem Tod in Heidelberg. 1898 nannte man die Kußmaulstraße nach ihm, im Jahr darauf machte man ihn zum Ehrenbürger der Stadt. Seine »Jugenderinnerungen eines alten Arztes« (1899) wurden immer wieder neu aufgelegt. Er ist auf dem Bergfriedhof begraben. – 1857–76 befand sich der Neuenheimer Friedhof gegenüber der Einmündung der Kußmaulstraße, dort, wo heute das Haus Berg-straße 60 steht (Jaeger 1988, Nr. 240; vgl. *Albert-Fraenkel-Straße*, *Czernyring*).

Ladenburger Straße (Neuenheim, E–F 9, zwischen Bergstraße und Jahnstraße). 1891 nach der Nachbarstadt Ladenburg benannt. Dort lag um 200 v. Chr. ein keltischer Siedlungsmittelpunkt. 98 n. Chr. gründete der römische Kaiser Trajan den Hauptort der »Civitas Ulpia Sueborum Nicrensium« (Lopodunum), der sich zur zivilen Stadt entwickelte. Um 250/275 überrannten Alamannen den obergermanisch-rätischen Limes, zerstörten die römischen Siedlungen und besiedelten Südwestdeutschland. 369 eroberte Kaiser Valentinian I. Ladenburg zurück und errichtete dort einen Burgus, d. h. einen militärischen Stützpunkt am damaligen Neckarlauf. Um 630 schenkte der Frankenkönig Dagobert I. dem Bistum Worms die Stadt Ladenburg und den Lobdengau, zu dem auch die Dörfer gehörten, die heute Stadtteile Heidelbergs sind (vgl. *Lobdengauplatz*). – Zur Römerzeit bildete die Trasse der Ladenburger Straße die Mittelachse des Kastells. Von dort zog sie in nordwestlicher Richtung, an dem großen Neuenheimer Gräberfeld vorbei nach Ladenburg und über Straßenheim nach Gernsheim. Nach dem Abzug der Römer verfiel die Straße. Ein Feldweg blieb bestehen, der aber nicht überall der alten Trasse folgte und im Zuge der Flurbereinigung 1870/80 verlegt wurde. Auf jenem Weg war 1613 der Hochzeitszug des Pfalzgrafen Friedrich V. und der Elizabeth Stuart nach Neuenheim gekommen. 1627 erscheint der Feldweg als *Ladenberger Weeg*. 1816 hieß er innerorts *Alte Ladenburger Straße*, 1849 *Hauptstraße*, 1874 *Römerstraße*. Er endete an der heutigen Lutherstraße. Erst im späten 19. Jahrhundert wurde die östliche Querverbindung zur Brückenstraße gezogen, diese wurde 1888 auf die Bergstraße zum Philosophenweg durchgeführt. Diese Verbindung hieß anfangs *Philosophenstraße* (Schmith 1928, S. 203, 293f.; M. Lurz, D. Vogt, Neuenheim im Wandel, 1990, S. 50f.; Jaeger 1988, Nr. 354, 405, 524f., 827, 1126; Frey 1944, Nr. 438, 483).

Lahrer Straße (Rohrbach-Hasenleiser, K 8–9, zwischen Freiburger Straße und Konstanzer Straße). Nach der Stadt Lahr im Ortenaukreis benannt, am Ausgang des Schuttertals am Westrand des Schwarzwaldes gelegen. Sie erhielt vor 1300 Stadtrecht. 1497 und abermals 1803 kam Lahr zu Baden. Der Name (1274: Lare) soll »Viehhürde« bedeuten. – Eine von zwölf Straßen im Hasenleiser, die nach südbadischen Städten benannt wurden.

Ladenburger Straße 5

Familie Landfried, Grabstelle

Landfriedstraße (Altstadt, F 10, zwischen Märzgasse und Friedrichstraße). Nach der Heidelberger Familie Landfried benannt. 1758 überließ Kurfürst Carl Theodor einen Teil der Fläche des Herrengartens in der Vorstadt dem Fabrikanten Jean Pierre Rigal aus Württemberg, der dort eine Seidenfabrik mit Baumschule errichtete. Der Kaufmann Philipp Jakob Landfried senior (1788–1850), der 1810 eine Landesproduktenhandlung gründete, in der u. a. Rohtabak vertrieben sowie Raps- und Mohnöl hergestellt wurden, erwarb 1812 die Rigalschen Liegenschaften und etablierte in der Hauptstraße 86 ein Einzelhandelsgeschäft (Gewürzhandel). 1869 baute sein Sohn Philipp Jakob Landfried junior (1841–1914) auf dem Gelände der Rigalschen Seidenfabrik eine Tabakfabrik. 1885 wurde durch die ehemals Landfriedschen Gärten die Landfriedstraße angelegt. 1900 verlegte die Fa. Landfried die Verwaltung und den größten Teil der Tabak-Fabrikation nach Bergheim (Landfriedhaus, Bergheimer Straße 139–151). 1899 wurde das Landfriedsche Bürgerstift in der damaligen Kronprinzenstraße 7 eingeweiht (vgl. *Dantestraße*). Die Familie Landfried hat zwei Grabstätten auf dem Bergfriedhof (Derwein 1940, Nr. 200, 506, 725; vgl. *Friedrichstraße, Maulbeerweg*).

Nr. 12: Hochschule für jüdische Studien (2009).

Landhausstraße (Weststadt, F–G 9, zwischen Bahnhofstraße und Zähringerstraße). 1873 benannt. Für die Weststadt war zunächst Villenbauweise im Landhausstil vorgesehen. Die »Landhausbebauung« entwickelte sich ohne Bebauungsplan und orientierte sich allein an den Grundstücksgrenzen. Erst mit dem sog. »Baumeisterplan« von 1891 wurden auf Kosten der damaligen Liegenschaftsbesitzer geordnete Straßenführungen eingerichtet und für den Rest des Bebauungsgebietes Reihenhäuser erlaubt (vgl. Christoph Vierneisel, 1985, S. 169–190).

Nr. 20: Landhausschule (1886, bis 1965: Pestalozzischule). – Nr. 25: St. Josefskrankenhaus (Orden der barmherzigen Schwestern des hl. Vinzenz von Paul, 1890).

Landoweg (Wieblingen, E 6, vom Sandwingert zum Rutlindisweg). Benannt 1965, ausgebaut 1966. Der Franke Lando schenkte im Jahre 776 dem Kloster Lorsch einen Weingarten in Wieblingen.

Landschadhöfe (Wieblingen, D 4–5, Aussiedlerhöfe in den Gewannen »In dem Landschad«, »Auf das Kleinfeld« und »Auf der Malteser Anwend«, westlich der Umgehungsstraße L 637 und der K 9702). Drei dieser vier Aussiedlerhöfe Wieblinger Bauern wurden 1962/63 angelegt, ein weiterer folgte 1966. Alle sind noch heute in Betrieb. Benannt 1964; der

Gewannname »In dem Landschad« verweist auf die Landschaden von Steinach als Grundbesitzer; im Ort gab es auch einen Landschadschen Hof (H. Neu 1929, S. 42ff.).

Langer Anger (Bahnstadt, F–G 7, Verlängerung der Rudolf-Diesel-Straße, verläuft in nordwestlicher Richtung bis zur Eppelheimer Straße). Der westlich der Speyerer Straße gelegene Teil der Rudolf-Diesel-Straße wurde 2010 in *Langer Anger* umbenannt. Der Begriff Anger (mhd. anger, ahd. angar) bezeichnet laut Wikipedia »ein grasbewachsenes Land oder einen Dorfplatz in Gemeinbesitz, der von allen Bewohnern der Stadt oder des Dorfes genutzt werden konnte«. (vgl. *Im Anger*, *Grüne Meile*).

Langgarten (Kirchheim, I 8, zwischen Bogenstraße und Im Franzosengewann). 1928 nach einer Gewannbezeichnung benannt. Den Flurnamen »Langgarten« gibt es auch in Handschuhsheim (Frey 1944, Nr. 266).

Langgewann (Handschuhsheim, E 8–9, zwischen Furtwänglerstraße und Berliner Straße). Nach einer Gewannbezeichnung benannt, 1571 erstmals als »In der Langengewanne« erwähnt. Die Bezeichnung »Gewann« kommt von »(den Pflug) wenden«. Ein Ochsengespann zu wenden, ist sehr mühsam. Um möglichst wenig wenden zu müssen, waren die Ackerstreifen um ein vielfaches länger als breit. »Die Gewann zog sich vom Klausenpfad nach Süden lang hin« (Frey 1944, Nr. 267; Derwein 1940, Nr. 514ff.; Jaeger 1988, Nr. 540ff.).

Laubenweg (Pfaffengrund, G–H 6, zwischen Im Buschgewann und Steinhofweg). 1950 benannt (vgl. *Blütenweg*, *Frühlingsweg*, *Im Heimgarten*, *In der Siedlerruh*).

Lauerstraße (Altstadt, F 10–11, zwischen Großer Mantelgasse und Dreikönigstraße). Früher auch: *Neckarstraß* (1770f., 1820), *Schwerd-Gäßlein* (1771), *Lauergaß*, *Pfisterstraße* (1808, nach der Pfistermühle), *unterste Straße*. 1856 *Lauerstraße* benannt. Zwischen der heutigen Lauerstraße und dem Neckar befand sich auf dem »Vorland« zwischen Alter Brücke und Heuscheuer die »Holzlauer«, wo Klafter-, Brenn- und Bauholz angelandet und gelagert werden konnte. Die Lauerstraße war der Zugang zur Alten Brücke von Westen her und reichte bis zum Brückentor. Die Brückentürme trugen im 19. Jahrhundert die Hausnummer 17. Auf der Nordseite lief die Stadtmauer mit dem Judentor in Höhe der heutigen Dreikönigstraße. Als 1896/97 der *Neckarstaden* gebaut wurde, fiel das 1587 errichtete Kornhaus Nr. 15. Seither endet die Lauerstraße mit der Hausnummer 11. Nr. 1–7 ist die ehemalige Pfistermühle (auch Stadtmühle), 1471 erstmals erwähnt, 1824 durch Hochwasser zerstört und abgetragen (Inschrift über einem Rundbogentor in Nr. 5: »Pfister-Mühle durch Hoch-

Langer Anger

Lauerstraße, Pfistermühle

wasser zerstört 30. Okt. 1824«) (Derwein 1940, Nr. 520, 523, 568, 832, 869; Contractenbuch XIV, S. 42f., 21. Januar 1808; Adressbuch 1858/59, S. 138 ff.; vgl. *Leyergasse*).

Leiblweg (Südstadt, H 9, zwischen Rohrbacher Straße und Turnerstraße). 1959 nach dem Maler Wilhelm Leibl (1844–1900) benannt, einem bedeutenden Vertreter des Realismus in Deutschland. In München versammelte er ab 1870 gleich gesinnte Maler (darunter Wilhelm Trübner und Hans Thoma) um sich. Sein wohl bekanntestes Bild, »Drei Frauen in der Kirche« (1881), befindet sich heute in der Kunsthalle Hamburg. – Der Leiblweg ist eine der Straßen im Maler-Namenfeld in der Südstadt/Weststadt (vgl. *Hans-Thoma-Platz*, *Trübnerstraße*).

Leimengrube (Handschuhsheim, D 9, zwischen Oberer Büttengasse 3 und Hainsbachweg). Gewannbezeichnung, 1629 erstmals als »in der grüben« erwähnt. Nach den dort befindlichen Lehmgruben benannt. Mhd. »leimgruobe f.« »Lehmgrube«, zu ahd. »leim, leimo«, mhd. »leim, leime«, »Lehm« bezeichnet Orte, an denen man Lehm abbaute, der u. a. beim Hausbau zum Füllen des Fachwerks, zur Herstellung von Tennen und Ziegeln und zum Abdichten der Öfen verwendet wurde. Leimgruben waren günstig zur Orientierung im Gelände, da sie allgemein bekannt waren, über längere Zeiträume hinweg genutzt wurden und auch nach ihrer Stilllegung noch lange erkennbar blieben. Der Weg bildet über Untere Büttengasse und Pfarrgasse die Verbindung zwischen der St.-Vitus-Kirche und der ehemaligen Handschuhsheimer Höhenburg im Gewann »Bürgel« (1629 erstmals erwähnt) (Frey 1944, Nr. 269; Derwein 1940, Nr. 528f.).

Leimer Straße (Rohrbach, K–L–M 9, zwischen Rathausstraße beim »Gasthaus zur Linde« und Gemarkungsgrenze zu Leimen). Die alte Landstraße zwischen Alt-Rohrbach und der südlichen Nachbargemeinde Leimen (in Fortsetzung der *Heidelberger Straße* im Norden) bricht heute bei der Abraumhalde des Leimener Steinbruchs ab. »Leimerweg« ist eine alte Gewannbezeichnung südlich des Gewanns »See«, zwischen Landstraße und Leimer Straße.

Leimer Weg (Kirchheim, K–L 7–8, zieht von der Sandhäuser Straße südöstlich und mündet in den St. Ilgener Weg, der weitere Verlauf ist durch Straßen- und Industriebauten gestört). Rest der alten Verbindung zwischen den Dörfern Kirchheim und Leimen. (Nur eine Hausnummer; vgl. *Leimer Straße*).

Leisberg (Kirchheim, I 8, zwischen Freiheitsplatz und »Franzosengewann«). 1928 nach dem Gewann »Leisberg« (von frühnhd. leis, leys »locker«?, vgl. »Löß«; oder von mhd. lûzen

Leisberg

»lauern, beobachten«, vgl. *Hasenleiser*) benannt. »Berg« meint hier wohl die Düne, an deren Fuß einst der Rohrbach zum Kirchheimer See floss (Körner 2009, S. 79).

Lenaustraße　(Weststadt, G 9, zwischen Römerstraße und Lessingstraße). 1906 nach dem spätromantischen Dichter Nikolaus Niembsch Edler von Strehlenau benannt (Nikolaus Lenau, 1802–1850). Er studierte 1831/32 in Heidelberg Medizin und kam auch danach wieder zu Besuch. In der Hauptstraße 146, wo er wohnte, besagt eine Tafel: »Zur Erinnerung an / Nikolaus Lenau / der in diesem Hause 1831 und 1832 wohnte, / errichtet an seinem hundertsten / Geburtstag, dem 13. August 1902 / von der Stadt Heidelberg«. Lenau war Lyriker und Versepiker, ein Dichter des Weltschmerzes (»Waldesrauschen, wunderbar / Hast du mir das Herz getroffen! / Treulich bringt ein jedes Jahr / Welkes Laub und welkes Hoffen«). Lenaus Geburtsort wurde 1767 im Königreich Ungarn als Kolonie deutscher Siedler gegründet. 1926 nannte man sie in »Lenauheim« um. Heute ist es eine Ortschaft im rumänischen Banat im Kreis Timiş, 45 km von dessen Hauptstadt Timişoara entfernt.

Lenbachweg　(Südstadt, H 9, zwischen Turnerstraße und Kirschgartenstraße). 1959 nach dem Maler Franz von Lenbach (1836–1904) aus Schrobenhausen benannt. Er lebte in München und war wohl der erfolgreichste deutsche Bildnismaler seiner Zeit. Bekannt sind zahlreiche Porträts von Bismarck, Wilhelm I., Richard Wagner sowie das des 73-jährigen Adolf Kußmaul (1895, vgl. *Kußmaulstraße*). – Der Lenbachweg ist eine der Straßen im Maler-Namenfeld in der Südstadt.

Lerchenweg　(Pfaffengrund, G 6, zwischen Schützenstraße und Schwalbenweg). 1932 benannt. – Eine der 24 nach Vögeln benannten Straßen des Pfaffengrunds.

Lessingstraße　(Weststadt G 8–9, zwischen Römerstraße und Kurfürstenanlage). 1910 nach dem Dichter Gotthold Ephraim Lessing (1729–1781) benannt. Er heiratete 1776 die aus Heidelberg gebürtige Eva Catharina König, geb. Hahn (1736–1778). Lessing war Mitglied der 1775 von Kurfürst Carl Theodor gegründeten »Deutschen Gesellschaft«. Das Angebot, Intendant des Mannheimer Nationaltheaters zu werden, scheiterte an unterschiedlichen Vorstellungen. – Die Lessingstraße hat keine ungeraden Hausnummern, da sie nur auf der nordöstlichen Seite bebaut ist. Auf der anderen Seite liegt die Bahnlinie. Das Gelände der heutigen Hausnummern 12 bis 34 blieb bis in die 1950er Jahre unbebaut. Hier waren Kleingärten, es gab keine Verbindung zur Zähringer- und Ringstraße. Der nordwestliche Teil mit den Hausnummern ab Nr. 36 hieß bis Mitte der 1950er Jahre *Westliche Lessingstraße*. Erst ab Adressbuch 1957/58 wird die ganze Straße *Lessingstraße* genannt.

Leyergasse (Altstadt, F 11, zwischen Oberer Neckarstraße/Neckarmünzplatz und Hauptstraße). Früher: *Lawergasse, Lauwergasse*, 1542 erstmals erwähnt. Genannt nach den *Lawern*, den Rotgerbern, die hier hauptsächlich wohnten. Auch die Kettengasse hieß einmal *Lauergaß*. Auf dem Merianschen Plan von 1622 ist die heutige Bauamtsgasse als *Alt-Leyergaß* bezeichnet. Die Unterscheidung zwischen Rot- und Weißgerbern hat mit dem Material, mit dem Produkt und mit der Gerbart zu tun. Die Rotgerber stellten das Leder her für Stiefel, Schuhe, Taschen, Sättel und Schläuche. Sie benutzten pflanzliche Gerbstoffe, vor allem Eichenrinde. Sie hießen so, weil das Leder beim Gerben mit Lohe einen rotbraunen Ton erhielt. Die zur Gewinnung genutzten Wälder wurden auch als Lohwälder bezeichnet; zur Zerkleinerung wurden oft sogenannte Lohmühlen betrieben. – Am Ende der Leyergasse stand das Leyertor der alten Stadtummauerung (Inschrift einer Tafel an Nr. 2: »Hier stand das / Leyertor / der mittelalterlichen / Stadtbefestigung / benannt nach den / Löhern = Lohgerbern / die in der Leyergasse / wohnten / erbaut im 13. Jahrhundert / zerstört 1689–1693«) (Derwein 1940, Nr. 434, 538; vgl. *Lauerstraße*). »Dieses Zusammenmünden der zwei Parallelstraßen [Hauptstraße und Heiliggeiststraße] an der Leyergasse gehört noch zu den echten, gotisch empfundenen Straßengedanken des alten Heidelberg.« (Carl Neumann, Heidelberg als Stadtbild. Heidelberg 1914, S. 15).

Liebermannstraße (Südstadt, G–H 9, zwischen Rohrbacher Straße und Philipp-Otto-Runge-Straße entlang der ehemaligen Güterbahnlinie). 1952 nach dem Maler und Graphiker Max Liebermann (1847–1935) aus Berlin benannt, der dort 1898 die Künstlergruppe »Berliner Sezession« gründete. Der nordöstliche Teil der Straße ist Rad- und Gehweg. 2002 wurde zwischen der Liebermannstraße und dem Schulhof der Pestalozzischule ein Fußweg entlang der ehemaligen Güterbahnlinie eröffnet.

Liegnitzer Straße (Kirchheim-Nord, I 7–8, zwischen Breslauer Straße und Königsberger Straße). Nach der Stadt Liegnitz an der Katzbach (Niederschlesien) benannt, heute Legnica. Als Stadt 1250 gegründet, neun Jahre nach der Schlacht bei Wahlstatt (Legnickie Pole), bei der Mongolen ein deutsch-polnisches Ritterheer unter dem polnischen Herzog Heinrich II.

Leyergasse, Gedenkstein Leyertor

Liegnitzer Straße

Lindenweg

von Schlesien besiegten. 1945 kam die Stadt zu Polen. – 1959 nannte man die Straßen in Kirchheim-Nord nach ehemals deutschen Städten jenseits der Oder-Neiße-Linie (vgl. *Allensteiner Weg*, *Breslauer Straße*, *Danziger Straße*, *Elbinger Straße*, *Glatzer Straße*, *Gleiwitzer Straße*, *Insterburger Weg*, *Königsberger Straße*, *Marienburger Straße*, *Oppelner Straße*, *Stettiner Straße*, *Tilsiter Straße*).

Lindengasse (Handschuhsheim, D 9, zwischen dem alten Handschuhsheimer Schulhaus in der Oberen Kirchgasse und der Steubenstraße). 1701 erstmals als *bey der lindten* erwähnt. Führt auf den Platz mit der 1934 abgestorbenen Dorflinde. Die Gasse war die östliche Fortsetzung des *unteren Kirchenweges*. Zur Kerwe findet auf dem *Lindenplatz* bei der Oberen Kirchgasse der 1919 eingeführte Lindentanz statt (Frey 1944, Nr. 232, 272).

Lindenweg (Rohrbach, I 9, zwischen Rohrbach-Markt und Konrad-Zuse-Straße). Bis 1929: *Pleikartsförster Straße*, weil sie von Alt-Rohrbach über den Hüttenbühl zum Pleikartsförsterhof zog. Dann nach dem Gewann »Linden« benannt, durch das der Weg zieht. Die ehemalige *Wieblinger Straße* in Kirchheim erhielt 1929 den Namen *Pleikartsförster Straße*. Die Straße endete vor dem Bau des Quartiers am Turm an der Fabrikstraße und wurde 2003 über die Fabrikstraße nach Westen verlängert.

Liselottestraße (Wieblingen, E 6, von der Mannheimer Straße 175 zur Adlerstraße / Trasse der ehemaligen OEG). Angelegt 1952, bebaut ab 1953. Dieses Straßenstück gehörte bis 2004 zum *Kurpfalzring* (siehe dort) und sollte somit Teil des geplanten großen Halbkreises sein, der sich vom Wieblinger Neckar über den Pfaffengrund bis nach Kirchheim erstrecken sollte. Der Wieblinger Abschnitt wurde zum 1. Juli 2004 in *Liselottestraße* umbenannt. – Elisabeth Charlotte (genannt Liselotte von der Pfalz), geb. 1652 in Heidelberg als Tochter des Kurfürsten Karl Ludwig, wurde aus politischen Gründen mit Herzog Philippe von Orléans, dem Bruder des französischen Königs Ludwig XIV, verheiratet. Nach dem Tod ihres kinderlosen Bruders Karl erhob Ludwig XIV. Erbansprüche auf die Kurpfalz, woraus sich der Pfälzische Erbfolgekrieg ergab, der zur Eroberung und Zerstörung Heidelbergs und der ganzen Umgebung führte. Liselotte starb 1722 in St. Cloud, ohne ihre Heimat jemals wieder gesehen zu haben. Berühmt sind ihre zahlreich erhaltenen Briefe, die Einblick in ihr Leben und Leiden geben. – Am Philosophenweg gibt es seit 1908 den Liselotteplatz, am Schlossberg seit 1996 den Liselottebrunnen.

Lise-Meitner-Straße (Emmertsgrund, L 10, zwischen Carl-Zuckmayer-Straße und Im Emmertsgrund). 1989 nach der Physikerin Lise Meitner (1878–1968) aus Wien benannt, die sich große Verdienste auf dem Gebiet der theoretischen Physik erworben hat und sich als erste Frau im Fach Physik habilitierte. 1918 entdeckte sie in Berlin zusammen mit Otto Hahn das neue Element Protactinium. 1933 entzogen ihr die Nationalsozialisten aus rassischen Gründen die Lehrerlaubnis, 1938 flüchtete sie nach Schweden. 1939 lieferte sie die erste theoretische Deutung der Kernspaltung, die Hahn und Fritz Straßmann 1938 beobachtet, aber nicht verstanden hatten. Otto Hahn erhielt 1944 für die Entdeckungen zur Kernspaltung allein den Nobelpreis für Chemie. Lise Meitner lebte bis 1945 isoliert in Stockholm. Als Wissenschaftlerin ein Leben lang unterschätzt, starb sie 1968 in Cambridge. – Von 1969 bis 1981 gab es in Heidelberg ein Lise-Meitner-Gymnasium, die letzte reine Mädchenschule in Heidelberg.

Little Big Horn Street (Patrick-Henry-Village, K 5, zwischen South Lexington Avenue und South Gettysburg Avenue). In der Schlacht am Little Bighorn River (Montana) am 25. Juni 1876 wurde das 7. US-Kavallerieregiment unter General George A. Custer von Indianern der Lakota-Sioux, Arapaho und Cheyenne unter Sitting Bull und Crazy Horse vernichtend geschlagen. Es war einer der wenigen indianischen Siege gegen die US-amerikanische Siedlergesellschaft.

Lobdengauplatz (Wieblingen, E 6, in der Mitte zwischen Sandwingert, Wibiloweg, Im Schollengewann und Dammweg, östlich der Lukaskirche). Angelegt 2007. In der Frankenzeit (5.–10. Jahrhundert) trug die Gegend am unteren Neckar den Namen Lobdengau; er reichte vom Rhein im Westen bis an die Bergstraße im Osten, von Lampertheim-Weinheim im Norden bis Walldorf-Wiesloch im Süden. Bei den zahlreichen Erstnennungen der Ortsnamen unserer Gegend im Lorscher Codex heißt es meistens »in pago Lobodonensi«. Der Platz wurde so benannt, weil das gesamte Wohngebiet Straßennamen mit Bezug zur fränkischen Zeit Wieblingens hat (vgl. *Berolf-*, *Erlebalt-*, *Gerbodo-*, *Karolinger-*, *Lando-*, *Rutlindis-* und *Wibiloweg*). Hier steht die 2010/11 erbaute Lukaskirche mit Gemeindezentrum der (anthroposophischen) Christengemeinschaft (vgl. *Ladenburger Straße*).

Lobdengauplatz, Lukaskirche

Lochheimer Straße (Kirchheim, I 7–8, zwischen Pleikartsförster Straße und Zentstraße). Bis 1930: *Moltkestraße*. Nach dem verschwundenen Dorf Lochheim benannt, das zwischen Kirchheim, Oftersheim und Sandhausen im Gewann »Feilheck« an der alten Römerstraße von Heidelberg nach Speyer lag. Lochheim (von ahd. loh »Busch, Wald«, vgl. *Leyergasse*) wurde 1131 erstmals genannt und kam 1196/98 in den Besitz des Klosters Schönau. Die Mönche vertrieben die Bauern und führten den Ort als Grangie (eigenständiger Wirtschaftshof) weiter. 1208 wurde die Kirche als letztes Gebäude abgerissen und die Flur seitdem landwirtschaftlich genutzt. Ein Großteil des ehemaligen Klosterhofbesitzes wurde (wie bei Bruchhausen) nach Aufhebung des Klosters 1560 der geistlichen Güteradministration in Heidelberg unterstellt. Die genaue Lage des Ortes konnte durch das Vorkommen hochmittelalterlicher Keramikscherben auf Feldern westlich der Autobahn auf Sandhäuser Gemarkung nachgewiesen werden. – Sowohl in Kirchheim als auch in Sandhausen weisen »Lochheimer Straßen« auf die Wüstung hin. In Sandhausen gibt es eine Hinweistafel in der Lochheimer Straße, in Kirchheim außerdem das Gewann »Lochäcker«. In der Nähe lag die Wüstung Alstat (vgl. *Alstater Straße*).

Im Stadtarchiv Heidelberg findet sich ein Brief des katholischen Pfarrkuraten Franz Sales Grießbaum vom 17. September 1929: »Nach der Neubenennung der Straßen des Stadtteils Kirchheim soll die bisherige Moltkestraße von nun ab Lochheimer Straße heißen. Da diesem Namen von manchen ein nicht gerade schöner Beigeschmack beigelegt wird, so möchten die Einwohner dieser genannten Straße Herrn OB ergebenst bitten, von dieser Neubenennung gütigst absehen und statt dessen die bish. Moltkestraße mit dem Namen Wilhelm-Grieser-Straße belegen zu wollen. Wilhelm Grieser war vom Jahre 1880–1915 an der hiesigen Volksschule Hauptlehrer bzw. Oberlehrer und Rektor und hat sich so um die Gemeinde große Verdienste erworben, so dass eine Straßenbenennung nach ihm gerechtfertigt erscheint.« Dieser Bitte wurde nicht entsprochen. Dafür nannte man eine andere Straße in Kirchheim Wilhelm-Grieser-Straße.

Löbingsgasse (Große Löbingsgasse) (Handschuhsheim, D 9, beginnt an der Mühltalstraße und zieht zum Kriegsweg). 1476 erstmals als *uff der leblin* erwähnt. Das L nach dem B im Namen wurde noch 1604 geschrieben (*Leblingsgaß*), 1605 heißt sie bereits *Lebeningsgaß*, 1677 *Löbingsgaß*. Die Gasse zieht als Fußweg über die »Felsen« in den Wingertbezirk *Lebling*. Der Name soll sich auf die überwachsenen Felsen aus Rotliegendem seitlich des Weges beziehen. Wahrscheinlicher ist die Verballhornung eines unbekannten Grundwortes, vielleicht eines Eigennamens (Derwein 1933, S. 178; Frey 1944, Nr. 273, 432; vgl. *Kleine Löbingsgasse*).

Lörracher Straße (Rohrbach, K 9, zwischen Konstanzer Straße und Freiburger Straße). Lörrach, Stadt an der Wiese, im Markgräfler Land, wurde zuerst um 1100 als alemannisches Dorf genannt und erhielt 1682 Stadtrecht. Der Name (1102: Lorracho) ist wahrscheinlich ein alter Gewässername. – Eine von zwölf Straßen im Hasenleiser, die nach südbadischen Städten benannt wurden.

Löbingsgasse

Lorscher Hof (Handschuhsheim, D 8–9, zwischen St.-Vitus-Gasse und Wethgasse). Name der Straße in der Siedlung Pfädelsäcker in Erinnerung an das ehemalige Lorscher Hofgut, das sich allerdings nicht hier, sondern etwa 400 m östlich, gegenüber der St.-Vitus-Kirche befand (insofern ist der Name irreführend). Hier mussten die dem Kloster Lorsch zinspflichtigen Bauern ihre Pachtabgaben und ihren Zehnten abliefern. Hier hielt auch der Lorscher Probst Gericht über die Zinsbauern. Nach der Reformation wurde hier das kurpfälzische Landeswaisenhaus (»Atzelhof«) eingerichtet. 1813 übernahm die Pflege Schönau den Hof und verkaufte ihn 1818 an den Landwirt Georg Michael Lersch. 1906 wurde er teilweise und 1923 ganz abgebrochen. Die 1920–28 von der »Gemeinnützigen Siedelungsgesellschaft Atzelhof« auf dem Gelände errichtete Wohnanlage übernahm den Namen (Frey 1944, Nr. 16, 190).

Lucas-Cranach-Straße (Rohrbach, I 9, zwischen Lindenweg und Am Rohrbach). Nach dem Maler und Graphiker Lucas Cranach dem Älteren (1472–1553) aus Kronach in Oberfranken benannt. Er gehört mit Grünewald, Dürer und Burgkmair zu den Meistern, die um 1500 eine neue Epoche der deutschen Malerei heraufführten. Anhänger und Freund Luthers, berief ihn 1505 Kurfürst Friedrich der Weise von Sachsen als Hofmaler nach Wittenberg. Berühmt sind unter anderem sein Kupferstich »Luther als Augustinermönch« (1520) und sein Holzschnitt »Luther als Junker Jörg« (1521). Das Kurpfälzische Museum besitzt Werke von Lucas Cranach dem Älteren. – *Lucas-Cranach-Straße*, *Dürerstraße*, *Holbeinring*, *Memlingstraße*, *Menzelweg* sind Rohrbacher Straßen, die nach bekannten bildenden Künstlern benannt sind.

Ludolf-Krehl-Straße (Handschuhsheim, E 9–10, zwischen Hainsbachweg und Bergstraße). 1928 nach dem Mediziner Prof. Dr. Ludolf von Krehl (1861–1937) aus Leipzig benannt. 1904 geadelt, wurde er 1906 als Nachfolger von Wilhelm Erb Direktor der Medizinischen Universitätsklinik Heidelberg. 1911 ließ Krehl sich an der Bergstraße 108 eine großartige Villa bauen, in der er mit seiner Familie bis 1919 wohnte, um dann ins Gärtnerhaus umzuziehen. 1922 nannte man die neue Medizinische Klinik in der Bergheimer Straße 58 Ludolf-Krehl-Klinik (2009 ins Neuenheimer Feld verlegt). Gleichzeitig verlieh man Krehl die Ehrenbürgerschaft der Stadt Heidelberg. 1930 wurde Krehl Leiter des Instituts für Pa-

Ludolf-Krehl-Straße, Aufgang

thologie im neu eröffneten Kaiser-Wilhelm-Institut für Innere Medizin am Nordbrückenkopf der Ernst-Walz-Brücke. Er ist auf dem Bergfriedhof begraben. – Seit 1924 plante man, die Ludolf-Krehl-Straße mit dem *Schweizerweg* als Höhenstraße am Hang des Heiligenbergs bis zum *Philosophenweg* fortzuführen. Erst 1966 wurde der Plan endgültig ad acta gelegt (vgl. *Gustav-Kirchhoff-Straße*).

Ludwig-Guttmann-Straße　(Wieblingen, F 6–7, Wohngebiet Wieblingen-Süd, von der Mannheimer Straße 63 bis zur Trasse der ehemaligen OEG). So benannt 1973. Als Feldweg, vor der Ansiedlung des Berufsförderungswerkes (der heutigen SRH), hieß dieser Weg *Grenzhofer Weg*, also mit einem o im Gegensatz zum *Grenzhöfer Weg* im Ort Wieblingen (siehe diesen); denn er stellte vor dem Bau der Autobahn (1935/36) eine direkte Verbindung vom Neckar zum Grenzhof dar. 1964 begann das Stoeckerwerk e. V., das 1955 zunächst für die Umschulung von Kriegsversehrten gegründet worden war und 1958/59 im Pfaffengrund seine erste Einrichtung gebaut hatte, in Wieblingen mit der Errichtung des sog. Zentrums II. 1966 wurde dieser Verein in die »Stiftung Berufsförderungswerk Heidelberg« umgewandelt mit dem Ziel, Rehabilitationseinrichtungen für behinderte Menschen zu schaffen, die wieder ins Arbeits- und Berufsleben eingegliedert werden sollten. Am 1. Oktober 1969 wurde die »Einrichtung zur beruflichen Rehabilitation Behinderter auf Hochschulebene« eröffnet, die später zur privaten Fachhochschule wurde. Schließlich erfolgte 1971 die Umbenennung in »Stiftung Rehabilitation Heidelberg« (SRH). Durch den Bau weiterer großer Gebäude entstanden ein großes Reha-Gelände und ein Hochschul-Campus. Heute ist die SRH ein Gesundheits- und Bildungskonzern mit Zweigstellen in ganz Deutschland, in Wieblingen ist sein Zentrum.

　　Der ursprüngliche *Grenzhofer Weg* wurde ausgebaut und 1973 in *Ludwig-Guttmann-Straße* umbenannt. Ludwig Guttmann (1899–1981) aus Tost/Oberschlesien war Neurologe und Neurochirurg, wanderte als Jude 1939 nach England aus, baute in Stoke-Mandeville das erste Spezialzentrum für Querschnittsgelähmte auf und gründete die »Weltspiele der Behinderten«, aus denen die Paralympischen Spiele hervorgingen. (1972 fanden die »XXI. Weltspiele der Gelähmten« auf dem Heidelberger Universitätssportgelände statt.) Guttmann bekam den Ehrennamen »Vater der Querschnittsgelähmten«. Das Querschnittsgelähmtenzentrum an der Orthopädischen Klinik in Schlierbach trägt den Namen »Ludwig-Guttmann-Haus«.

Nr. 5: SRH Kurpfalzkrankenhaus (Fachklinik für Innere Medizin, Neurologie und Dialyse). – Nr. 6: SRH Hochschule Heidelberg mit »Science Tower« (54 m). – Nr. 10: Sportgelände (erster Platz 1925 angelegt)

Ludwig-Guttmann-Straße, »Science Tower«

und Vereinsheim (erbaut 1979/80) des TSV Wieblingen. – Jenseits der OEG-Trasse: Sportzentrum West (Plätze angelegt 1999–2001, Halle 2002/03).

Ludwig-Tieck-Straße (Rohrbach, I 9, zwischen Karlsruher Straße und Herrenwiesenstraße). 1954 wurde die kleine Verbindungsstraße nach dem Dichter Ludwig Tieck (1773–1853) benannt. Sein bekanntestes Werk ist wohl das Märchen »Der gestiefelte Kater«. Tieck war oft in Heidelberg. Vergeblich bemühte er sich um eine Professur der Ästhetik an der Universität. Im Sommer 1803 stieg er in den »Drei Königen« (heute Hauptstraße 160) ab. Studenten veranstalteten ihm zu Ehren eine Nachtmusik. Er besuchte den Rohrbacher Schlosspark. 1803 gab er in Berlin »Minnelieder aus dem Schwäbischen Zeitalter« (eine Auswahl aus dem Codex Manesse) heraus. 1806 traf er in Heidelberg Clemens Brentano (vgl. *Brentanoweg*) und Friedrich Creuzer, aber auch deren Gegner Johann Heinrich Voß (vgl. *Voßstraße*). 1817 besuchte er die berühmte Gemäldesammlung der Brüder Boisserée, 1825 Rat Schlosser und seine Frau auf Stift Neuburg. 1826 übernahm er die Herausgabe und Vollendung der von August Wilhelm von Schlegel begonnenen Shakespeare-Übertragung. Tiecks Schwester, die Schriftstellerin Sophie Bernhardi (1775–1833), lebte 1820–22 in Heidelberg.

Luisenstraße (Bergheim, F 9, zwischen Bergheimer Straße 12 und Bismarckstraße). 1892 benannt nach Prinzessin Luise von Preußen, der einzigen Tochter von Prinz Wilhelm von Preußen, dem späteren deutschen Kaiser Wilhelm I., und seiner Frau Prinzessin Augusta von Sachsen-Weimar-Eisenach. 1838 in Berlin geboren, heiratete sie 1856 den Großherzog Friedrich I. von Baden. 1859 gründete Großherzogin Luise in Karlsruhe den Badischen Frauenverein, um Geld, Kleidung und Verbandsmaterial zur Unterstützung der österreichischen Truppen im Krieg gegen Italien zu sammeln. 1864 wurde die Kinderklinik »Luisen-Heilanstalt« benannt, 1885 bezog sie das neue Gebäude in der Luisenstraße 5, 1904 wurde der Neubau des Säuglingsheims in Anwesenheit der Großherzogin eingeweiht. 1898 kam das Paar zur Einweihung der Landessternwarte auf den Königstuhl, 1899 zur Eröffnung des Landgerichts und zur Feier des 150. Geburtstages Goethes nach Heidelberg. 1902 wurden in Anwesenheit der großherzoglichen Familie die beiden von Hans Thoma gemalten Leinwandbilder in der Peterskirche enthüllt. 1903 weihte das Großherzogspaar die Heidelberger Stadthalle, 1906 das Institut für experimentelle Krebsforschung und die verbreiterte *Friedrichsbrücke* ein.

Martin Luther, Gedenkstein »Luthereiche« bei der Peterskirche

1907 starb Luises Mann, 1923 starb sie selbst auf Schloss Baden-Baden. – Die Luisenstraße, bis dahin Privatstraße, wurde 1900 von der Stadt übernommen. Die Verbindung zwischen Schneidmühl- und Bismarckstraße wurde 1902 hergestellt. – Eine der Straßen, die nach weiblichen (meist angeheirateten) Angehörigen des in Baden regierenden Hauses Zähringen benannt sind (wie *Amalienstraße*, *Hildastraße*, *Sofienstraße*, *Viktoriastraße*).

Lutherstraße (Neuenheim, E–F 9, zwischen Uferstraße und Handschuhsheimer Landstraße). Um 1890 nach dem Augustiner-Eremiten-Ordensbruder, Doktor der Philosophie und der Theologie Martin Luther (1483–1546) aus Eisleben benannt. Luther veröffentlichte 1517 in Wittenberg 95 Thesen gegen die Missbräuche beim Ablass. Am 26. April 1518 nahm er am Generalkapitel seines Ordens in der »Schola artistarum« der Universität Heidelberg teil. (Die Plakette, die daran erinnert, befindet sich im Boden des Universitätsplatzes). – Erst 1556 führte Kurfürst Ottheinrich die Reformation in der Pfalz ein. 1560 wurde Luthers Enchiridion (Kleiner Katechismus) bei Anthony Formschneyder in Heidelberg gedruckt. – Die Lutherstraße, 1584 als *mittlere Gaß* erstmals erwähnt, hieß zwischen Neckar und Ladenburger Straße *Mittelgasse*. 1883/84 wurde sie bis zur Handschuhsheimer Landstraße durchgeführt und umbenannt. 1883 fiel auch das namengebende sog. Lutherhäuschen, eine ursprünglich dem Kloster Schönau gehörende »Elende Herberge«, nach der Reformation »Gutleuthaus« genannt, dann Schildwirtschaft »zum güldnen Faß«. Hier soll Luther einer Legende zufolge 1518 gewohnt haben. Das Haus, 1698 zerstört und 1699 wieder aufgebaut, stand etwa auf dem Grund des heutigen Hauses Nr. 69. Die Straße ist ab Adressbuch 1890 als »Lutherstraße« verzeichnet, 1886–90 hieß die Ortsbezeichnung »Zum Lutherhaus« und wurde zur Mönchhofstraße gerechnet (Schmith 1928, S. 126ff.; Jaeger 1988, Nr. 586f., 609; Fricke 2012, S. 51).

Nr. 13: ehemaliges Gasthaus »Rose« (seit 1903 Mietswohnhaus). – Nr. 18: ehemaliges Schulhaus (1870); Bürgeramt Neuenheim, Neuenheimer Geschichtsräume des Stadtteilvereins (2003). – Nr. 67: Gemeindehaus der evangelischen Johannesgemeinde (1930 eingeweiht).

Maaßstraße   (Wieblingen, D–E 6, vom Elisabeth-von-Thadden-Platz über die Trasse der ehemaligen OEG bis zur Umgehungsstraße L 637). Die Straße ist schon auf dem ältesten Wieblinger Ortsplan (1741/92) vorhanden. Bis 1935 hieß sie *Plankstadter Straße*, weil sie vor dem Bau der Autobahn (1934/35) bis nach Plankstadt führte. Ab jenseits der Trasse der ehemaligen OEG war ihre Fortsetzung der *Obere Weg*, der die Grenze zwischen den Gemarkungsteilen Mittel- und Oberfeld darstellte (vgl. auch *Am Taubenfeld*, *Grenzhöfer Weg* und *Oberfeldstraße*). Ende 1935 wurde »die durch den Autobahnbau abgeriegelte Plankstadter Straße« umbenannt nach Jakob Maaß (1858–1935), Wirt des Gasthauses »Zur Rose« und 1912–19 letzter Bürgermeister der Gemeinde Wieblingen. Er liegt auf dem alten Wieblinger Friedhof begraben. – Am Übergang der Maaßstraße über die OEG-Gleise stand von 1891 bis 2008 der OEG-Bahnhof. Im Haus Nr. 39 befand sich bis 2006 das letzte Wieblinger Postamt.

Nr. 26: SRH Musiktherapie-Schule. – Nr. 32: Finanzamt (2006 aus der Kurfürstenanlage hierher verlegt).

Märzgasse   (Altstadt, zwischen Hauptstraße und Friedrich-Ebert-Anlage). Der Name, 1607 erstmals als *inn der Mertz gaßen* erwähnt, soll von dem schon im 14. Jahrhundert erwähnten »Merzberg« (Gaisberg-Nordhang) stammen. Das Benennungsmotiv könnte auf den jahreszeitlichen Rhythmus der Natur und ihrer landwirtschaftlichen Nutzung (»Märzwiesen«, vgl. den Flurnamen »Merzacker« in Ziegelhausen) zurückzuführen sein. Wurde im Frühjahr das Vieh von der Vorstadt über den Klingenteich zum »Merzberg« getrieben? Eine andere Erklärung bieten Albert Mays und Karl Christ (im Neuen Archiv I (1890), S. 251f.). Danach kommen »Märzgasse« und »Merzberg« von mittelniederdeutsch mersch f. her, d. h. »Schwemmland der Flüsse, meist Wiesen« oder »fruchtbare Niederung am Ufer eines Flusses«, ein häufiger Flurname am Niederrhein und in den Niederlanden (vgl. englisch »marsh«, französisch »marais« »Sumpf«). War die Vorstadt einst versumpftes Gelände? Durch die Gasse soll nach Mays/Christ »der vom Merzberg herrührende Schlamm mittelst eines Seitengrabens theilweise abgeführt« worden sein. (Vielleicht ein Zusammenhang mit dem »Seegarten«? – Die *Mörschgasse* in Speyer befindet sich in einem ehemals sumpfigen Bereich am Nonnenbach.) – Etwa zwischen Märzgasse, Plöck und Theaterstraße lag seit Mitte des 16. Jahrhunderts der von Pfalzgraf Ottheinrich geschaffene *Herrengarten*, ein

Märzgasse 16

Märzgasse 16

Märzgasse 18

fürstlicher Lustgarten mit exotischen Pflanzen, Turnierplatz und Turnierhaus. Ein Rest ist in dem bescheidenen »Märzgarten« an der Ecke zur Plöck erhalten. Dieser war im 19. Jahrhundert ein tiefliegender Obst- und Weingarten, den der Besitzer der Stadt vermachte. Diese benutzte ihn zunächst als Abteilung der Stadtgärtnerei zur Anzucht von Pflanzen, bis sie ihn 1911 auffüllen ließ und daraus eine öffentliche Anlage mit Kinderspielplatz machte. – Erst 1876 erfolgte der Durchbruch der Märzgasse von der Plöck zur Leopoldstraße (Friedrich-Ebert-Anlage). Dabei wurde das Haus Nr. 36, das ehemalige lutherische Spital (1755 erbaut, 1804–22 »Schwarzisches Erziehungs-Institut für Knaben«) abgerissen (Derwein 1940, Nr. 586, 593f.).

1911 schrieb Philipp Werner, Inhaber der Drogerie Fritz Werner, an den Stadtrat:
». . . möchte ich mir erlauben, die stadträtliche Anerkennung der bisherigen März-
gasse als =Märzstrasse= anzuregen. Wenn es sich dabei auch nur um eine Förm-
lichkeit handelt, so zweifle ich nicht, dass sich dadurch noch Zögernde veranlasst
fühlen werden, das ihrige zur weiteren Verschönerung des Straßenbildes beizutra-
gen, worin sie bis jetzt die =Gasse= abgehalten hat!« Ihm wurde die abschlägige
Antwort zuteil: »Die Bezeichnung ›Gasse‹ führen hier auch andere bedeutende
Straßen, wie z. B. die Grabengasse.«

Nr. 4: ehemalige Pirogovsche Lesehalle (1862–1914 russische Lesehalle). – Nr. 16: ehemalige Sternwarte von Max Wolf (1885; vgl. *Max-Wolf-Straße*). – Nr. 18: Gedenktafel für den Juristen Carl Adolf von Vangerow (1840–1870) (vgl. *Vangerowstraße*). – Nr. 20: ehemaliges Mädcheninstitut der Caroline Rudolphi (1753–1811).

Maisenbachweg   (Schlierbach, F 15, zwischen In der Aue und Am Gutleuthofhang). 1921 wurde die Straße *Mittlere Aue* benannt, 1950 wurde sie in *Maisenbachweg* umbenannt. Das kurze Meisenbächlein entsprang früher am Haus In der Aue 14, floss durch mehrere Fischweiher, dann bei der Gutleuthofkapelle in den Neckar. Der Name hat nichts mit einem Vogel zu tun, er könnte von frühneuhochdeutsch maiß »Kahlschlag, Holzschlag, Lichtung« (von mhd. meizen »hauen, schlagen«) herrühren (vgl. den Mausbach auf der anderen Flussseite, 1534 als Meysenbach erwähnt; Derwein 1940 Nr. 591; Knörr 1999, S. 129; Hoppe 1956, Nr. 198; vgl. *In der Aue*).

Maltesergasse (Wieblingen, D 6, von der Mannheimer Straße 288 nach leichter Verschwenkung zum Neckarhamm am Kerweplatz). Die Straße ist schon auf dem ältesten Wieblinger Ortsplan (1741/92) vorhanden. Der Johanniterorden (vgl. *Johanniterstraße*) erhielt 1530 von Kaiser Karl V. die Insel Malta und wurde seither auch Malteserorden genannt. Er besaß schon im 14. Jahrhundert in Wieblingen ein Hofgut. Dessen Lage an dieser Straße ist seit 1700 belegt, angeblich das ehemalige Gehöft Haus Nr. 15 (H. Neu 1929, S. 53). Vor 1930 hieß nur der untere Teil (ab Falkengasse zum Neckar) Maltesergasse. Der obere Teil (zwischen Mannheimer Straße und Falkengasse) war 1864/67 – zusammen mit der heutigen Falkengasse – die *Untere Gasse*; später hieß dieser Teil *Untere Neckarstraße* und wurde 1930 wegen der *Unteren Neckarstraße* in der Altstadt mit der (unteren) Maltesergasse zusammengelegt.

Mannheimer Straße (Bergheim-Wieblingen, C–F 5–7, an der Autobahneinfahrt beginnend, im spitzen Winkel zum Neckar, dann am Neckar entlang, durch ganz Wieblingen, dann unter der A 5 hindurch und über die Feldflur bis zur Gemarkungsgrenze bei Edingen). Die Straße ist schon auf dem ältesten Wieblinger Ortsplan (1741/92) vorhanden, aber nur an der Ostseite bebaut. Sie war Teil der »Chaussee« Heidelberg-Mannheim, der wichtigsten Ost-West-Verbindung in der Kurpfalz. Den Namen *Mannheimer Straße* trug bis 1852 die heutige *Bergheimer Straße*. Diese endete ursprünglich an der heutigen *Emil-Maier-Straße*; die Fortsetzung trug den Namen *Wieblinger Landstraße* bis zur Gemarkungsgrenze Wieblingen; auf Wieblinger Gebiet hieß sie dann *Hauptstraße*. Zum 1. Januar 1930 wurde diese Hauptstraße mit der Wieblinger Landstraße zusammengefasst und in *Mannheimer Straße* umbenannt (wegen der *Hauptstraße* in der Altstadt). Der Anfangsteil zwischen Emil-Maier-Straße und Gneisenaustraße wurde 1949 der *Bergheimer Straße* zugeschlagen; die Hausnummern Mannheimer Straße 2–16 wurden zu Bergheimer Straße 140–154. Heute trägt die Mannheimer Straße auf der linken Seite die Hausnummern 1–349 und 401, auf der rechten Seite 2–310; ab Nr. 19 bzw. 192 gehören die Häuser zu Wieblingen, davor zu Bergheim. Ursprünglich fungierte die Mannheimer Straße als Reichs- bzw. Bundesstraße 37. Nach dem Bau der Umgehungsstraße und des Autobahnanschlusses Rittel wurde der nördliche außerörtliche Teil mit der Umgehungsstraße zur Landesstraße 637 zusammengefasst und die B 37 auf die Autobahn Mannheim-Heidelberg (A 656) verlegt. Der innerörtliche Teil ist nun eine Ortsstraße. Die älteste künstlerische Darstellung eines Wieblinger Motivs ist ein Aquarell des Philibert de Graimberg (Sohn des berühmten Charles de Graimberg; vgl. *Graimbergweg*)

Mannheimer Straße

von 1856 mit dem Blick in die Mannheimer Straße nordwärts auf das Helbinghaus (Haus Nr. 248).

Nr. 217: Fröbelschule (seit 2007 nur noch Grundschule; erbaut: Bau I vor 1844, Bau II 1894, Bau III 1913–19, Bau IV 1995; Turnhalle 1958/60). – Nr. 225: evangelischer Kindergarten und Hort, erbaut als evangelisches Pfarrhaus (1751), später (1931) evangelisches Gemeindehaus »Käthe-Luther-Haus«. – Nr. 235: Alte katholische Pfarrkirche St. Bartholomäus (erbaut 1744–46 nach Plänen von Johann Jakob Rischer in dörflichem Barockstil; siehe *Rischerstraße*. 1970ff. um 4,50 m verkürzt.). – Nr. 252: evangelisches Gemeindehaus (erbaut 1977/78). – Nr. 254: evangelische Kreuzkirche (erbaut 1905/06 nach Plänen von Hermann Behaghel im neugotischen Stil). – Nr. 259: altes Rathaus der früheren Gemeinde Wieblingen (erbaut 1818/20); Sitz des Bürgeramtes und des Stadtteilvereins. – Nr. 267: Stadtteil-Seniorenzentrum der Arbeiterwohlfahrt (eröffnet 1992). – Nr. 280: Pflegeheim und »Betreutes Wohnen« des Arbeiter-Samariter-Bundes (erbaut 2007/08).

Mantelgasse   vgl. **Kleine Mantelgasse**, **Große Mantelgasse**

Margarete-Massias-Straße   (Kirchheim-Am Dorf, K 7, zwischen Susanne-Pfisterer-Straße und Am Dorf). 1994 nach Dr. Margarete Günther-Massias (1905–1984) benannt, 1930–38 Lehrerin an der Elisabeth-von-Thadden-Schule. 1953 war sie die erste Oberstudiendirektorin in Heidelberg und leitete bis 1971 das Hölderlin-Gymnasium. 1965–84 war sie Stadträtin der FDP, seit 1980 Fraktionsvorsitzende. Sie hat sich bleibende Verdienste um das Wohl der Stadt Heidelberg und ihrer Bürger erworben.

Marga-Faulstich-Straße   (Bahnstadt, G 7, zwischen Langer Anger und Eppelheimer Straße). Die Glaschemikerin Marga Faulstich (geboren 1915 in Weimar, gestorben 1998 in Mainz) gehörte zu den ersten weiblichen Führungskräften der Wirtschaft. Nach der Ansiedlung des weltweit renommierten Spezialglasherstellers Schott Glas in Mainz im Jahre 1952 war sie maßgeblich am Auf- und Ausbau des Bereiches Forschung und Entwicklung des Industrieunternehmens beteiligt. Insgesamt hat Marga Faulstich an der Entwicklung von über 300 Typen optischer Gläser mitgewirkt, annähernd 40 Patente tragen ihren Namen. Internationale Anerkennung fand die Expertin für optische Gläser durch die Erfindung des Leichtgewicht-Brillenglases. – Der Gemeinderat entschied im Juni 2014 über die Namensgebung.

Maria-Probst-Straße   (Wieblingen, F 7, Wohngebiet Wieblingen-Süd, von der Ludwig-Guttmann-Straße südostwärts; endet im Berufsschulzentrum als Sackgasse). Angelegt und benannt 1973. Dr. Maria Probst (1902–1967) war Lehrerin und Redakteurin sowie Sozialpolitikerin der SPD und als erste Frau Bundestagsvizepräsidentin. Ihr wurde diese Straße gewidmet, weil sie an der Gründung des Berufsförderungswerkes in Wieblingen beteiligt war.

Nr. 6 (bis Jan. 2012: Mannheimer Straße 25): Marie-Baum-Schule (berufliche Schule mit Biotechnologischem Gymnasium; eröffnet 1973). – Nr. 8 (bis Jan. 2012: Mannheimer Straße 23): Carl-Bosch-Schule (berufliche Schule mit Technischem Gymnasium; eröffnet 1969).

Maria-Zimmermann-Straße   (Schlierbach, F 15, bei der Orthopädischen Klinik, zwischen Im Hofert, Gutleuthofweg und Schlierbacher Landstraße). 1989 nach der Heidelberger Stadträtin Maria Zimmermann (1899–1981) benannt. Zimmermann war 1953–71 für die SPD im Gemeinderat. Von ihrem hinterlassenen Vermögen werden noch heute die Martinsmännchen für die Schlierbacher Kinder bezahlt. 1978 erhielt sie »in Anerkennung der um Volk und Staat erworbenen Verdienste« das Bundesverdienstkreuz am Bande verliehen.

Marie-Baum-Straße   (Bahnstadt, G 7, zwischen Langer Anger und Pfaffengrunder Feld). Die Fürsorgerin, Politikerin und Schriftstellerin Marie Baum, 1874 in Danzig geboren, studierte Chemie, Biologie und Mathematik in Zürich. Sie arbeitete zunächst bei der BASF und bei der Agfa Berlin. 1902 wurde sie Gewerbeinspektorin in Karlsruhe, 1907 Leiterin des Vereins für Säuglingsfürsorge und Wohlfahrtspflege Düsseldorf, 1916 leitende Mitarbeiterin an der sozialen Frauenschule Hamburg. Nach dem Weltkrieg Fürsorgerin im badischen Arbeitsministerium, wurde sie in die Weimarer Nationalversammlung gewählt und blieb bis 1921 Mitglied des deutschen Reichstags. 1928 übernahm sie einen Lehrauftrag für soziale Fragen und Sozialpolitik am Institut für Sozial- und Staatswissenschaften der Universität Heidelberg, bis sie 1933 aus »rassischen« Gründen in den Ruhestand versetzt wurde. 1946 erhielt sie wieder einen Lehrauftrag an der Universität Heidelberg, 1949 verlieh man ihr das Ehrenbürgerrecht der Universität. Sie wohnte am Friesenberg 1 und war u. a. befreundet mit Ricarda Huch, Marianne Weber, Gerta von Ubisch, Elisabeth von Thadden und Hermann Maas. 1964 starb sie in Heidelberg und wurde auf dem Bergfriedhof begraben. 1975 benannte man die Hauswirtschaftliche Schule in der Mannheimer Straße 25 nach ihr. – Der Gemeinderat entschied im Juni 2014 über die Namensgebung.

Marienburger Straße   (Kirchheim-Nord, I 7, zwischen Albert-Fritz-Straße und Breslauer Straße). Nach der Stadt Marienburg an der Nogat mit dem gleichnamigen Schloss der Hochmeister des Deutschen Ordens von 1280. 1466 polnisch, 1772 durch die erste Teilung Polens preußisch, 1945 wieder polnisch (Malbork). – 1959 nannte man die Straßen in Kirchheim-Nord nach ehemals deutschen Städten jenseits der Oder-Neiße-Linie (vgl. *Allensteiner Weg*, *Breslauer Straße*, *Danziger Straße*, *Elbinger Straße*, *Glatzer Straße*, *Gleiwitzer Straße*, *Insterburger Weg*, *Königsberger Straße*, *Liegnitzer Straße*, *Oppelner Straße*, *Stettiner Straße*, *Tilsiter Straße*).

Marienhof   (Wieblingen, E 4, einzelner Aussiedlerhof im Gewann »In den Löffeläckern«, östlich an der K 9702 bei der Abzweigung der K 9709, die zum Grenzhof führt). Der Marienhof wurde 1948/49 als erster Aussiedlerhof Wieblingens von Hermann Bühler errichtet, nachdem sein Hof im Ort (Ecke Mannheimer Straße/Grenzhöfer Weg) 1946 durch Feuer zerstört worden war. Der Name wurde gewählt, weil in mehreren aufeinander folgenden Generationen der Familie der Vorname Marie üblich war.

Markgräfler Straße   (Rohrbach, K 9, zwischen Augustastraße und Erbprinzenstraße). 1959 nach dem Markgräfler Land benannt, der Landschaft um Lörrach zwischen Basel und dem Breisgau, Territorium der Markgrafen von Baden. Die Bezeichnung »Markgräfler« erhielt im 15. Jahrhundert zunächst der dort angebaute Wein (Gutedel). Der Dichter Johann Peter Hebel, nach dem in der Weststadt eine Straße benannt ist, stammt aus dem Markgräfler Land (siehe auch *Hebelstraße*, *Ortenauer Straße*).

Marktplatz   (Altstadt, F 11, zwischen Heiliggeistkirche, Hauptstraße und Rathaus). 1374 erstmals erwähnt. Der Marktplatz, der wichtigste Platz der Altstadt, liegt 112 m über NN im Zentrum der Kernaltstadt. Der Markt erstreckte sich ursprünglich vielleicht auch westlich der

Marktplatz   Marktplatz Neuenheim

Heiliggeistkirche. Die Keller mehrerer angrenzender Häuser, vor allem auf der Nordseite, reichen auf den Platz hinaus. Vor dem großen Brand verlief die Häuserfront nicht geradlinig. Zwischen den Häusern im Norden und der Heiliggeistkirche war kein Straßenzug, nur ein schmaler Durchlass für Fußgänger. 1693 wurden die drei Seitenkapellen am Nordrand der Kirche zerstört, was den Platz verbreiterte. An der Südseite des Platzes führt die Hauptstraße vorbei. Im Osten steht das Rathaus (1701/03), im Westen die Heiliggeistkirche, in der Mitte der Herkulesbrunnen von Heinrich Charrasky (1705). Die westliche Fortsetzung des Platzes zwischen Haspelgasse und Steingasse heißt *Fischmarkt*. – Der Marktplatz war auch Gerichtsstätte und Richtplatz. Bis 1740 stand hier eine Linde. 1525 ließ Kurfürst Ludwig V. sieben aufständische Bauern auf dem Marktplatz enthaupten. 1572 wurde hier der reformierte Ladenburger Superintendent Johannes Sylvanus wegen Häresie und Hochverrat hingerichtet. Im Dezember 1600 verwundete Friedrich von Hirschhorn seinen Vetter Hans von Handschuhsheim im Zweikampf auf dem Markt, so dass dieser kurz darauf starb. 1740 wurde der »Triller«, ein drehbarer Käfig für Straftäter, beseitigt, weil er den Platz entstellte. Bei starken Neckarhochwassern, wie dem von 1784, war auch der Marktplatz überschwemmt. 1812 fand hier der Schauprozess gegen vier Mitglieder der »Hölzerlips-Bande« statt (Derwein 1940, Nr. 541, 577; vgl. *Heiliggeiststraße*).
Nr. 10: Rathaus.

Marktplatz Neuenheim   (Neuenheim, E 9, Ecke Lutherstraße und Ladenburger Straße). Mittelpunkt des Dorfes Neuenheim war die St.-Johannis-Kirche mit dem von einer Mauer umgebenen, bis 1856 genutzten Friedhof. 1888 wurde hier als Letzter Dr. Georg Weber (vgl. *Weberstraße*) mit Ausnahmegenehmigung bestattet. 1905/06 brachte man die letzten Grabsteine auf den Friedhof an der Quinckestraße, ebnete den Platz ein und bepflanzte ihn mit Rosskastanien. Als die evangelische Gemeinde 1902 in die neue Johanneskirche umzog, benutzten die Katholiken weiterhin die alte Kirche am Markt, bis sie 1905 mit der St. Raphaelskirche wieder ein eigenes Gotteshaus erhielten. 1908 wurde das aus dem 18. Jahrhundert stammende Kirchenschiff abgerissen, Turm und Altarraum blieben stehen. Bis dahin fand der Neuenheimer Wochenmarkt an der Ecke Bergstraße/Ladenburger Straße statt.

MARK-TWAIN-VILLAGE 1957 zunächst *Mark-Twain-Siedlung* benannt, nach dem Schriftsteller Mark Twain (eigentlich Samuel Langhorne Clemens, 1835–1910) aus Florida/Missouri, der sich 1878 und 1891 in Heidelberg aufhielt und darüber schrieb (»A Tramp Abroad«). Sein berühmtester Ausspruch lautet: »America cannot have an empire abroad and a Republic at home.« – Ab 1949 wurde beiderseits der Römerstraße, teils auf Alt-Rohrbacher Gemarkung, teils in der Südstadt, eine amerikanische Wohnsiedlung errichtet. Hier liegen auch die Campbell Barracks (Römerstraße 166–168, 1938–45 »Großdeutschlandkaserne«), das ehemalige amerikanische Hauptquartier. In der Siedlung befanden sich eine Bibliothek, eine Kirche, die Mark Twain Elementary School und die Heidelberg High School. 2003 wurde das Wohngebiet mit einem 2,5 km langen Beton-Stahl-Zaun umgeben.

Nun wurde der entstandene Raum des ehemaligen Friedhofs zum Marktplatz umgewandelt. 1933 wurde er gepflastert. Am Westrand steht das ehemalige reformierte Schulhaus (Lutherstraße 18). 1904–2012 stand im Hof des Schulhauses das Spritzenhaus der Neuenheimer Feuerwehr. 2013 wurde hier das Bürgerzentrum Neuenheim mit Bürgersaal, Bürgeramt und Spielplatz eröffnet (Jaeger 1988, Nr. 592).

Marktstraße (Pfaffengrund, G–H 6, zwischen Am Markt und Steinhofweg). 1920 benannt. Führt zum 1921 entstandenen Marktplatz (*Am Markt*). Die Straße begrenzte den ältesten Teil des Stadtteils nach Westen. 1989 wurde das Wachhäuschen des 1856 abgerissenen Mannheimer Tores in Heidelberg an die Ecke Schützenstraße/Marktstraße versetzt.
Nr. 43: Marienkirche (katholisch, 1929).

Mark-Twain-Straße (Südstadt, Mark-Twain-Village, H 9, zwischen Elsa-Brändström-Straße und Im Bosseldorn). 1951 benannt (vgl. *Astorstraße*, *Carl-Schurz-Straße*, *Columbusstraße*, *Edisonstraße*, *Elsa-Brändström-Straße*, *Ludwig-Richter-Straße*, *Nansenstraße*, *Roeblingstraße*, *Zengerstraße*).

Marsiliusplatz (Altstadt, F 10–11, zwischen Neuer Universität und Jesuitenkirche). Nach dem ersten Rektor der Universität Heidelberg, Magister Marsilius von Inghen (1335–1396) aus Gelderland benannt. Zuvor mehrfach Rektor der Universität Paris, berief ihn 1386 der Kurfürst von der Pfalz zu seinem »pfaffen« und Rat, vornehmlich aber dazu, »daz er uns ... unsers studium zu Heidelberg ein anheber und regirer und dem furderlich for sin sal«. 1396 beendete er sein in Paris begonnenes Theologiestudium mit dem ersten in Heidelberg erworbenen theologischen Doktorat. Im selben Jahr starb er im Amte des Rektors. Seine Bibliothek ging als Geschenk an die Artistenfakultät. Die Leichenfeier erfolgte im Chor der Heiliggeistkirche, begraben wurde er im Chor vor dem Hochaltar der Peterskirche (Grabmal nicht erhalten). – 2007 wurde das Marsiliuskolleg (zur Förderung der interdisziplinären Forschung) an der Universität Heidelberg gegründet. – 1928–31 wurde der Platz im Zuge des Neubaus der Universität durch Niederlegung der Häuser Augustinergasse 11, 13 und Schulgasse 6 geschaffen und 1931 benannt. Dabei ging das 1878 erstmals erwähnte *Kirchgäßchen* (zwischen Augustinergasse 9 und Schulgasse 4, vor dem Bau der Jesuitenkirche bis zur Heugasse reichend) im Marsiliusplatz auf. Heute ein trostloser Parkplatz (Derwein 1940, Nr. 441f., 583).

Marstallhof (Altstadt, beim Marstall, eigentlich »Zeughaus«. Südlicher Eingang Marstall-straße 11 und westlicher Eingang Schiffgasse 2). Das kurfürstliche Zeughaus entstand um 1510 unter Kurfürst Ludwig V. als wehrhaftes Lagergebäude am Neckarufer. Den Marstall erbaute Pfalzgraf Johann Casimir 1590–93 südlich davon. Beide Gebäude brannten 1689/93 aus. An der Nordwest-Ecke des Zeughauses stand bis zur Anlage des Neckarstaden 1896/97 der Kran zum Be- und Entladen der Neckarschiffe. Südlich des Zeughauses stand von 1806 bis 1963 ein von Friedrich Weinbrenner als Kavalleriekaserne entworfenes Gebäude, zuletzt Kollegienhaus der Universität. Ein neues Kollegiengebäude wurde dort (Nr. 4) 1965–1972 errichtet. Das gesamte Areal wird heute von der Universität genutzt (Derwein 1940, Nr. 480, 584, 759; vgl. *Krahnengasse*).

Nr. 1: Studentenwerk Heidelberg. – Nr. 3: Zeughaus-Mensa (seit 1921; vgl. *Johannes-Hoops-Weg*). – Nr. 4: Seminar für klassische Philologie, Ägyptologisches Institut, Seminar für Alte Geschichte und Epigraphik, Institut für Klassische Archäologie, Institut für Ur- und Frühgeschichte und Vorderasiatische Archäologie. – Nr. 5: Marstallcafé. – Nr. 6: Institut für Byzantinische Archäologie und Kunstgeschichte.

Marstallstraße (Altstadt, F 10, zwischen Heuscheuer/Neckarstaden und Hauptstraße). Setzt die Grabengasse auf dem verfüllten alten Stadtgraben in Richtung Neckar fort. 1770f. erstmals als *Marstall Straß* erwähnt. Ehemalige Zufahrtsstraße zu dem 1590–93 von Pfalzgraf Johann Casimir erbauten und 1689 zerstörten Marstallgebäude. Bis 1780 stand am südlichen Ende der »Marstallbogen«, ein Tor (Derwein 1940, Nr. 584).

Nr. 6: ehemaliger Widderscher Saal (1788), dann Wirtschaft »Zum Prinz Max« (1793), Sendestelle Hei-delberg von Radio Stuttgart (1946), Studio des Süddeutschen Rundfunks (1948–71), heute Institut für Papyrologie, Uruk-Warka-Sammlung. – Nr. 13: Seniorenzentrum Altstadt.

Maulbeerweg (Neuenheim, E 9, zwischen Gerhart-Hauptmann-Straße und Mönchhof-straße). Nach dem Gewann »Maulbeeräcker« westlich des Mönchhofs benannt, 1764 erst-mals erwähnt. Kurfürst Carl Theodor (reg. 1742–99) förderte zur Hebung industrieller Un-ternehmungen in der Pfalz die Zucht von Seidenraupen und ordnete zu ihrer Fütterung die Pflanzung von Maulbeerbäumen an. 1758 überließ er einen Teil der Fläche des Herren-gartens in der Vorstadt dem Fabrikanten Jean Pierre Rigal, der dort eine Seidenfabrik mit Baumschule errichtete (vgl. *Landfriedstraße*). Nach 1789 hieben Bauern die meisten Maul-beerbäume um, 1980 brach der letzte kurfürstliche Maulbeerbaum im Stadtgarten zusam-men. – 1953 wurden die Hausnummern 1–13 in 2–21 geändert, Nr. 12–14 in 16–18 (Jaeger 1988, Nr. 596; vgl. *Baumschulenweg*).

Marstallstraße

Max-Jarecki-Straße 13   Max-Jarecki-Straße

Max-Jarecki-Straße (Bahnstadt, G 8, zwischen Langem Anger und Czernyring). Bis 2010: *Güteramtsstraße*. Nach dem Arzt Dr. Max Jarecki aus Posen (1889–1975) benannt, der 1914 in Heidelberg promovierte und 1938 emigrierte. Sein Sohn, der deutsch-amerikanische Geschäftsmann Dr. Henry Jarecki (New York) ist Gründer der Max-Jarecki-Stiftung, die 60 Millionen Euro für das erste Forschungs- und Laborgebäude in der Bahnstadt (»Skylab«, ab 2010 gebaut) investierte. Das Gebäude bietet innovativen Unternehmen aus den Bereichen Biotechnologie, Informations- und Kommunikationstechnologie, Energie- und Umweltwissenschaften Raum. – Den alten Namen hatte die Straße von dem Güteramt am 1914 eröffneten Güterbahnhof, zu dem sie führte. Die Straße hatte drei Abschnitte, die *westliche* und die *östliche Güteramtsstraße* und den Teil, der von diesen zur Rudolf-Diesel-Straße führte. 1948 wurden mehrere Straßen, die damalige *Czernystraße*, die *Matthisonstraße* sowie die bisherige *westliche* und *östliche Güteramtsstraße* zusammengefasst und in *Czerny-Ring* umbenannt. Lediglich der Abschnitt zur Rudolf-Diesel-Straße behielt den alten Namen. – Nach 1945 entstand nördlich davon das Einkaufszentrum für die in Heidelberg und Umgebung stationierten amerikanischen Soldaten und ihre Familien, der Post Exchange, später: Shopping Center Kaserne (Czernyring 14).

Nr. 2: ehemalige Bundesbahn-Güterabfertigung, jetzt: Halle 02, Zollhofgarten.

Max-Josef-Straße (Rohrbach, I–K 8–9, zwischen Karlsruher Straße und Bürgerstraße). Bis 1929: *Luisenstraße*. Nach Maximilian Joseph von Zweibrücken-Birkenfeld benannt, 1756 als jüngster Sohn des (katholisch gewordenen) Pfalzgrafen Friedrich Michael von Zweibrücken-Birkenfeld im Schloss Schwetzingen geboren. Sein älterer Bruder war Herzog Karl II. August von Zweibrücken-Birkenfeld, der Erbauer des Rohrbacher Schlösschens. Max Joseph verlebte seine Jugend in Mannheim und Zweibrücken. 1777 wurde er Oberst des Regiments Royal-Alsace, das in Landau stationiert war. Von 1770 bis zur französischen Revolution 1789 wohnte er im Zweibrücker Hof (»Hôtel Deux Ponts«) an der Place Broglie in Straßburg, wo heute eine Tafel an den Prince Max de Deux-Ponts erinnert. 1785 heiratete er Wilhelmine Auguste, Tochter des Landgrafen Georg Wilhelm von Hessen-Darmstadt. Sie hatten vier Kinder. Kronprinz Ludwig wurde später König Ludwig I. von Bayern. 1789 kehrte Max Joseph nach Mannheim zurück. 1793 nannte Johann Christoph Widder seine Wirtschaft in der Marstallstraße 6 »Zum Prinz Max« (siehe dort). Prinz Max bezog 1795 das 1770 errichtete Rohrbacher Schlösschen. Im selben Jahr wurde er durch den Tod seines Bruders Karl August regierender Herzog von Pfalz-Zweibrücken. Da sein Herzogtum bis 1814 französisch besetzt war, blieb er in Rohrbach. 1796 starb dort seine Frau mit 31 Jahren an Lungenschwindsucht. Mit seinen Kindern floh er vor den anrückenden französischen Truppen. 1797 heiratete er in Karlsruhe die (evangelische) Prinzessin Karoline Friederike Wilhelmine, Tochter des Erbprinzen Karl Ludwig von Baden und dessen Frau Amalie von Hessen-Darmstadt. Bis 1799 wohnte er mit seiner Familie wieder im Rohrbacher Schlösschen. 1803 schenkte er es seiner Schwiegermutter Amalie. Als Kurfürst Carl Theodor 1799 starb, wurde Maximilian Joseph sein Nachfolger als Kurfürst von Pfalz-Bayern und ging nach München. 1801 schloss er sich Napoleon an, der ihn 1806 zum König von Bayern machte. Unter ihm erfuhr das Land große Gebietserweiterungen. Er leitete wichtige Reformen ein und gab Bayern 1818 eine Verfassung. 1825 starb er im Schloss Nymphenburg. – Da es in Bergheim schon eine Straße dieses Namens gab, wurde die Rohrbacher Luisenstraße nach der Eingemeindung umbenannt (vgl. die nach seiner ersten Frau benannte *Augustastraße*, die nach seiner Schwiegermutter benannte *Amalienstraße* und die nach Erbprinz Ludwig benannte *Erbprinzenstraße*).

Nr. 71: Stadtarchiv (seit 2013).

Max-Planck-Ring (Bahnstadt, G 8, parallel zu Czernyring und Hauptbahnhof). Max Planck (geboren 1858 in Kiel, gestorben 1947 in Göttingen) war ein bedeutender deutscher Physiker auf dem Gebiet der theoretischen Physik. Er gilt als Begründer der Quantenphysik. Für die Entdeckung des Planckschen Wirkungsquantums erhielt er den Nobelpreis für Physik des Jahres 1918, der ihm 1919 verliehen wurde. In Heidelberg gibt es vier Max-Planck-Institute, das MPI für medizinische Forschung (1930), das MPI für ausländisches öffentliches Recht und Völkerrecht (1949), das MPI für Kernphysik (1958) und das MPI für Astronomie (1969). – Der Gemeinderat entschied im Juni 2014 über die Namensgebung.

Max-Reger-Straße (Handschuhsheim, E 9, zwischen Blumenthalstraße und Klausenpfad, Fortsetzung der Quinckestraße). 1930 nach dem Komponisten Prof. Max Reger (1873–1916) aus Brand (Oberpfalz) benannt, der mit der Musikgeschichte Heidelbergs eng verbunden ist. 1898 hatte sich der junge Komponist vergeblich um das Amt eines Kapellmeisters in Heidelberg beworben. Später war Reger häufig in Heidelberg, meist anlässlich von Musikfesten im Bachverein. 1905 wohnte er im Hause des Chirurgen Vincent Czerny, mit dessen Tochter Margarete, einer Pianistin, er in der Stadthalle Beethoven musizierte. Zweifellos als Höhepunkt seines Wirkens in Heidelberg verdankte der Komponist seinem Freund Hermann Poppen das große Bach-Reger-Fest im Juni 1913. Damals wohnte Reger bei Philipp Wolfrum in der Neuenheimer Landstraße 34. Wolfrum hielt auch die Trauerrede für Reger. Zum Gedächtnis führte er am 16. Juli 1916 die ihm gewidmeten Chorwerke Regers in der Peterskirche auf. – 1929 wurde auf Anregung von Hermann Poppen die damalige Wolfrumstraße in *Philipp-Wolfrum-Straße*, die Regerstraße in *Max-Reger-Straße*, der Regerplatz in *Max-Reger-Platz* umbenannt. Der *Regerplatz* lag in Neuenheim, zwischen der damaligen Regerstraße und Friedrich-Ebert-Straße, heute steht dort das St.-Elisabeth-Krankenhaus. – Viele Straßen zwischen Langgewann, Rottmannstraße und Blumenthalstraße tragen die Namen von Musikern (vgl. *Bachstraße*, *Beethovenstraße*, *Furtwänglerstraße*, *Haydnstraße*, *Mozartstraße*, *Philipp-Wolfrum-Weg*, *Richard-Wagner-Straße*, *Schubertstraße*).

Max-Wolf-Straße (Neuenheim, E 9, zwischen Schröderstraße und Mönchhofstraße). Eine von vier Heidelberger Straßen, die ihren Namen einem Astronomen verdanken (Parallelstraße zur *Keplerstraße*; vgl. *Kopernikusstraße*; *Galileistraße*). Nach dem Heidelberger Astronomen und Begründer der Sternwarte auf dem Königstuhl Dr. Max Wolf (1863–1932) benannt. 1885 ließ Wolf in der Märzgasse 16 einen (heute noch erhaltenen) 12 m hohen Turm mit Drehkuppel als Sternwarte errichten und machte dort 1887 erstmals Himmels-Fotografien. 1888 wurde er in Heidelberg promoviert, von 1890 bis zu seinem Tode lehrte er an der Universität Heidelberg, 1893 wurde er Professor und Vorstand des Astrophysikalischen Instituts. 1891 fand Max Wolf als erster Astronom einen Kleinplaneten mit fotografischen Methoden, den er zu Ehren der amerikanischen Wissenschaftsmäzenin Catherine Wolfe Bruce »Brucia« nannte. Sie stiftete 1894 10.000 Dollar für die Anschaffung eines photographischen Refraktors und weiterer Instrumente für die Heidelberger Sternwarte. 1898 wurde die großherzogliche Sternwarte auf dem Königstuhl eingeweiht. 1909 gelang Wolf die Wiederentdeckung des Halleyschen Kometen. 1928 verlieh ihm die Stadt Heidelberg die Ehrenbürgerwürde. Sein Grab ist auf dem Bergfriedhof. Seit 1953 befindet sich zur Erinnerung an den Begründer des Observatoriums auf dem Gelände der Sternwarte Königstuhl ein Gedenkstein mit der Inschrift »Sein Leben war ein unablässiges und erfolgreiches Bemühen, die Geheimnisse des Weltalls zu entschleiern«.

Meisenweg (Pfaffengrund, zwischen Storchenweg und Pfaffengrunder Platte). 1922 benannt. – Eine der 24 nach Vögeln benannten Straßen des Pfaffengrunds.

Memlingstraße (Rohrbach, I 9, ursprünglich zwischen Am Rohrbach und Sickingenstraße). Der südliche Teil der Straße ist ebenso wie der Holbeinring in der ehemaligen Siedlung der US-Armee aufgegangen. Sie wurde 1952 nach dem Maler Hans Memling benannt, der zwischen 1430 und 1440 in Seligenstadt am Main geboren ist, in dessen Nähe der Ort Memlingen liegt. Seit 1465 ist der Künstler in Brügge (Flandern) nachweisbar, wo man heute noch sein Wohnhaus sehen kann. Er schuf vor allem Altar- und Heiligenbilder und wurde dabei beeinflusst von Rogier van der Weyden. Ein beträchtlicher Teil der Werke Memlings ist seit Jahrhunderten im St.-Johannes-Spital zu Brügge, also nicht in einem Museum, vereinigt, wie etwa die »Anbetung der hl. drei Könige« von 1479 und der St. Ursula-Altar von 1489. Auch in der Sammlung der Brüder Boisserée am Heidelberger Karlsplatz befanden sich Werke von Memling, wie »Die sieben Freuden Mariae«, 1827 von König Ludwig I. von Bayern gekauft, heute in der Alten Pinakothek zu München. Werke von Hans Memling besitzt das Kurpfälzische Museum nicht. – *Lucas-Cranach-Straße*, *Dürerstraße*, *Holbeinring*, *Memlingstraße*, *Menzelweg* sind Rohrbacher Straßen, die nach bekannten bildenden Künstlern benannt sind. Ähnliche Namensfelder gibt es in der Südstadt und in Handschuhsheim.

Menzelweg (Rohrbach, I 9, Wohnweg östlich der Lucas-Cranach-Straße, zwischen Lindenweg und Am Rohrbach). Nach Adolph von Menzel (1815–1905) benannt, der vor allem Bilder aus dem Leben Friedrichs des Großen malte (»Tafelrunde«, 1850, »Flötenkonzert von Sanssouci«, 1852), Bilder der zeitgenössischen Geschichte, vom Berliner Hof und realistische Schilderungen aus dem Leben seiner Zeit (»Eisenwalzwerk«, 1875). Von Menzel besitzt das Kurpfälzische Museum Grafiken. – *Lucas-Cranach-Straße*, *Dürerstraße*, *Holbeinring*,

Memlingstraße, Menzelweg sind Rohrbacher Straßen, die nach bekannten bildenden Künstlern benannt sind. Ähnliche Namensfelder gibt es in der Südstadt und in Handschuhsheim.

Merianstraße (Altstadt, F 10–11, zwischen Augustinergasse und Kettengasse). 1937 wurde der westliche, jüngere Teil der *Ingrimstraße* nach dem Basler Kupferstecher Matthaeus Merian (1593–1650) benannt, der hauptsächlich in Frankfurt am Main arbeitete. 1619 widmete er das von ihm gestochene »Emblematum ethico-politicorum centuria« (»Hundert ethisch-politische Embleme«) von Julius Wilhelm Zincgref dem Kurfürsten Friedrich V. von der Pfalz. Es wurde in Heidelberg bei Gotthard Voegelin gedruckt. 1620 stach er die »Scenographia. Hortus Palatinus A Friderico Rege Boemiae Electore Palatino Heidelbergae exstructus« nach Jacques Fouquières, im selben Jahr die »Große Stadtansicht von Heidelberg« in Kupfer. Merian verließ 1620 Heidelberg, ohne je zurückzukehren. Seine späteren Editionen fußen auf seinen Skizzen aus den Jahren bis 1620: 1622 die »Wahre Contrafactur der Churfürstlichen Statt Heidelberg und wie dieselbige von General Tilly belagert und eingenohmen worden«, im selben Jahr den Stadtplan von Heidelberg. In Frankfurt veröffentlichte er namhafte Werke wie die »Merianbibel« (1630), Johann Ludwig Gottfrieds »Weltchronik« und »Theatrum Europaeum« (1629–34), Stadtpläne, Chroniken, naturwissenschaftliche, medizinische und theologische Bücher, 1642–55 die »Topographia Germaniae«, hauptsächlich nach Ortsbeschreibungen von Martin Zeiller konzipiert. 1645 erschien in Frankfurt die »Topographia Palatinatus Rheni et Vicinarum Regionum«. – 1967 entdeckte Georg Kettenmann die Stelle am Hang des Heiligenbergs, von der aus Merian bzw. seine Helfer 1620 die Stadt zeichnerisch aufnahmen, um den Stich der »Großen Stadtansicht« auszuführen. Die »Meriankanzel« zwischen oberem und unterem Brandplattenweg, 279 m über NN, wurde 1988/89 und 2009 restauriert (Derwein 1940, Nr. 369; vgl. *Augustinergasse*).

Nr. 1: Jesuitenkirche (1712/59 erbaut, 1809 Pfarrkirche der katholischen Gemeinde zum Hl. Geist, Turm 1868/70 erbaut). – Nr. 2: Katholisches Pfarramt Heiliggeist, Dekanat, Kirchenbuchamt.

Messplatz (Neuer Messplatz) (Kirchheim, H 8, zwischen Kirchheimer Weg und Hardtstraße) Im 19. Jahrhundert diente der Karlsplatz zur Abhaltung von Jahrmärkten. Nach dem Ersten Weltkrieg entstand westlich der Ernst-Walz-Brücke, zwischen Neckar, Bergheimer Straße und Mittermaierstraße, ein Messplatz. 1953 wurde der Messplatz am Czernyring (Dreibogenbrücke/Speyerer Straße) eröffnet. Seit 1972 findet die Heidelberger Messe (sowie andere Veranstaltungen) auf dem Neuen Messplatz am Kirchheimer Weg statt (Derwein 1940, Nr. 415; vgl. *Alfons-Beil-Platz*).

Matthaeus Merian, Meriankanzel

Meyerhofstraße, EMBL »Advanced Training Centre«

Meyerhofstraße (Rohrbach, I 10–11, zwischen Bierhelderhofweg und dem Europäischen Laboratorium für Molekularbiologie). Nach dem Physiologen und Biochemiker Otto Fritz Meyerhof (1884–1951) aus Hannover benannt, der u. a. in Heidelberg studierte, hier promoviert wurde und Assistent bei Ludolf Krehl war. 1922 erhielt er für die Entdeckung energetisch wichtiger Zyklen in biologischen Reaktionsketten den Nobelpreis für Medizin. Von 1929 bis 1935 war er Professor und Direktor der physiologischen Abteilung am Kaiser-Wilhelm-Institut für medizinische Forschung Heidelberg. Nachdem ihm 1935 aus rassischen Gründen die Lehrbefugnis entzogen worden war, emigrierte er 1938 über Paris nach USA (Philadelphia), wo er an der University of Pennsylvania lehrte und starb. – 2001 wurde im Neuenheimer Feld 350 das Otto-Meyerhof-Zentrum für ambulante Medizin und klinische Forschung eröffnet. Prof. Eberhard Hofmann sagte 2011 über ihn: »Er litt darunter, dass dieselben Leute, die ihn aus Heidelberg vertrieben hatten, nach 1945 in ihren Positionen bleiben konnten. Er wollte ihnen nie wieder begegnen.«

Nr. 1: Europäisches Laboratorium für Molekularbiologie (1978).

Mittelbadgasse (Altstadt, F 11, zwischen Hauptstraße und Zwingerstraße). Als *Metzelgasse* 1407 erstmals erwähnt, Name vom kanalisierten Metzelbach, der vom Königstuhlmassiv kommend beim Metzelhaus (Schlachthaus) an der Alten Brücke in den Neckar

Mittelbadbrunnen

Mittelbadgasse

floss. 1577 erstmals als *Mittelbadgassen* erwähnt. Nach dem ehemaligen Mittelbad benannt (Mittelbadgasse 13 und Zwingerstraße 15a und 17), einer öffentlichen Badstube. Eine »Unterbadgasse« gibt es nicht, das Unterbad lag in der Kettengasse (Derwein 1940, Nr. 595f., 602; Seidenspinner 2007, S. 243; vgl. *Oberbadgasse*).

Nr. 12: Gedenktafel für den Schriftsteller Max Halbe (1865–1944).

Mittelgewannweg (Wieblingen, C 5–6, nördlich des Ortes von der Mannheimer Straße nach Osten abzweigend, dann parallel zu ihr verlaufend und wieder zu ihr zurückführend). Der Weg liegt zwischen den Gewannen »Mittelgewann« und »Auf die Straße«. Daran entstanden das Klärwerk (erbaut 1957–63) und das Müllkompostwerk mit Resteverbrennung (1973), dann – jenseits der Autobahn – das Gewerbegebiet Wieblingen-Nord und die Freie Waldorfschule (erbaut 1984–2004).

Nr. 2: Kläranlage. – Nr. 2a: Abfallentsorgungsanlage (Müllkompostwerk und Recyclinghof; 1973 mit einer Anlage zur Resteverbrennung erbaut, die dann nach Mannheim verlagert wurde). – Nr. 16: Freie Waldorfschule (staatlich anerkannte Gesamtschule).

Mittermaierstraße (Bergheim, F–G 8, zwischen Vangerowstraße, Ernst-Walz-Brücke und Kurfürstenanlage, wo sie in die Lessingstraße übergeht). 1894 nach dem Juristen Karl Joseph Anton Mittermaier (1787–1867) aus München benannt, einem der bedeutenden Gelehrten für Strafrecht des 19. Jahrhunderts, seit 1821 Professor in Heidelberg. 1831–40 und 1846–49 war er Mitglied der Zweiten Badischen Kammer, 1838 wurde er Ehrenbürger von Heidelberg, 1847/48 Mitredakteur der Deutschen Zeitung, 1848 Mitglied des Frankfurter Vorparlaments und 1848/49 Abgeordneter der deutschen Nationalversammlung. Er wohnte von 1821 bis zu seinem Tode in der Karlstraße 8 und ist auf dem Bergfriedhof begraben. (Grabinschrift: »Weithin ward er berühmt / Durch die Kraft seines Geistes / Heller noch strahlet sein Stern / Ob der Güte des Herzens«). – 1873–94 war *Mittermaierstraße* der Name der späteren *Gaswerkstraße* zwischen Alter Eppelheimer Straße (am ehemaligen Gaswerk) und der Bahnlinie. – 1898 wurde die Mittermaierstraße von der Bergheimer Straße zur Vangerowstraße verlängert. Ihre Fortsetzung nach Norden, die *Ernst-Walz-Brücke*, wurde 1928

Karl Joseph Anton Mittermaier, Gedenktafel Karlstraße 8

Karl Joseph Anton Mittermaier, Grabstelle

Mittermaierstraße   Mittlere Kirchgasse

als dritte Brücke über den Neckar bei Heidelberg dem Verkehr übergeben. Bis 1955 endete sie im Süden am Bahngelände (vgl. *Alfons-Beil-Platz*).

Nr. 2: Albertus-Magnus-Kirche (1933–35 von Franz Sales Kuhn erbaut). – Nr. 15: Malteser Hilfsdienst.

Mittlere Kirchgasse   (Handschuhsheim, D 9, zwischen Lindengasse und Dossenheimer Landstraße). Zugang zur St.-Vitus-Kirche. Die Kirchgassen mit ihrer Lage zwischen Kirche und Tiefburg gehören zum ältesten Ortskern Handschuhsheims. Im Gegensatz zur *Oberen* und *Unteren Kirchgasse* wurde die *Mittlere Kirchgasse* erst 1853 quer durch das Helmstätti-sche Gut angelegt, anfänglich als *Neue Gasse* und *Schulgasse* bezeichnet, da sie zum alten Schulhaus (1863–1957, Obere Kirchgasse 3) führte (Derwein 1933, S. 96, 178; Jordan, in: Handschuhsheimer Jahrbuch 1995, S. 74, 77; Frey 1944, Nr. 231f.; vgl. *Untere Kirchgasse*, *Obere Kirchgasse*).

Mittlerer Gaisbergweg   (Weststadt, G 9–10, Sackweg von der Mitte des Hutzelwald-weges nach Norden abzweigend). War bis in die zweite Hälfte des 19. Jahrhunderts ebenso ein Weinbergweg wie die *Gaisbergstraße*, der *Obere Gaisbergweg*, der *Hasenbühler Weg* und der *Hutzelwaldweg*.

Mittlerer Rainweg   (Ziegelhausen, D 13, zwischen Oberem Rainweg und Köpfelweg). Es gibt in Ziegelhausen den *Rainweg*, den *Mittleren Rainweg* und den *Oberen Rainweg*. Im Wald gibt es gleichfalls einen *Rainweg*, der vom Köpfel zur Holdermannseiche zieht. Rain (ahd. rein) bedeutet »Rand, Ackergrenze, Grenzweg«, daher »Anrainer« = »Grundstücks-nachbar«. Der *Rainweg* ist der »Weg an dem Rain oberhalb der Jägerwiese.« (Hoppe 1956, Nr. 252).

Mönchbergsteige   (Neuenheim, E 9–10, zieht von der Bergstraße 44 bergan zum Schweizerweg bzw. Ludolf-Krehl-Straße). 1933 benannt. Führt zum Mönchberg, dem West-hang des Heiligenbergs zwischen Schweizer Weg und Busental. Dort weihte 1907 der Ge-meinnützige Verein auf 252 m über NN die Mönchberghütte ein. Nach H.-M. Mumm (HJG 13 (2009), S. 12) war die Mönchbergsteige ein Teil des Wegs von der Neckarfurt über die

Mönchbergweg, Wegweiser

heutige *Sackgasse* zum Michaelskloster auf dem Heiligenberg (Frey 1944, Nr. 289; Jaeger 1988, Nr. 616f.).

Mönchbergweg (Handschuhsheim, D–E 10, zwischen Mönchberghütte und Waldweg). Um 1910 angelegter Fahrweg. Führt zum Mönchberg, dem Westhang des Heiligenbergs auf Neuenheimer Gemarkung. Haus Nr. 60 ist das ehemalige Luft- und Sonnenbad, 1927 eröffnet, später »Café Sonnenbad« von Paul Kling, 1967 geschlossen (Frey 1944, Nr. 289; Jaeger 1988, Nr. 616f.).

Mönchgasse (Altstadt, F 11, zwischen Oberer Neckar- und Hauptstraße). 1770 erstmals erwähnt. Name aus »Mönchhof-Gasse« entstanden. Nach dem ehemaligen Stadthof des Zisterzienserklosters Schönau (frühere Hirschstraße 17), um 1200 erstmals erwähnt. Die ziemlich enge Gasse wurde auch als *Geygen gessel* (1559) bezeichnet, als *Gigengäßlein* (1767) und *Küchengäßlein* (1773). 1905 wurden *oberes* und *unteres Mönchgässchen* vereint und erhielten den gemeinsamen Namen *Mönchgasse*; der untere Teil wurde bei der Auflassung der Spritzenfabrik von Karl Metz verbreitert. 1960 wurden zwei Häuser an der Hauptstraße abgerissen, um den Durchbruch zur Heiliggeiststraße zu ermöglichen. 1981 wurde der bis dahin provisorische Anschluss der Mönchgasse an die Straße »Am Hackteufel« (Bundesstraße 37) für den Kfz-Verkehr verbreitert. Dafür opferte man zwei weitere Häuser, Obere Neckarstraße 15 und 17 (Derwein 1940, Nr. 236, 242, 607; vgl. *Küchengässchen*).

Mönchhofplatz (Neuenheim, E 9, am Ende der Brückenstraße, zwischen Mönchhofstraße und der Bergstraße). 1890: Mönchhofgarten. Benannt nach dem Mönchhof, einem 1187 erstmals erwähnten eigenständigen Wirtschaftshof des Zisterzienserklosters Schönau bis zur Säkularisierung des Klosters und seines Besitzes 1558. Das Kloster war 1142 im Steinachtal durch Bischof Burkhard von Worms gegründet worden. Schönauer Mönchhöfe gab es im Mittelalter mehrere, dazu zählten auch der *Grenzhof* und der *Bruchhäuser Hof*. Der Neuenheimer Mönchhof lag am Ende des Dorfes zwischen der Frankfurter Straße (heutige *Bergstraße*) und der Mittelgasse (heutige *Lutherstraße*). Die *Brückenstraße* wurde erst 1890 angelegt. Der Hof war mit einer Mauer umgeben, die je ein Tor nach Osten und Süden aufwies. Bis zur Reformation unterstanden der Mönchhof und seine Erbbeständer der Schönauer Gerichtsbarkeit. 1560 übernahm die Geistliche Administration die Verwaltung der Liegenschaften und die grundherrlichen Rechte. 1689 wurde der Mönchhof zerstört und nach 1693 wieder aufgebaut. Im 18. Jahrhundert saßen hier vier Familien (Treiber, Heckmann, Weber, Gerlach) als Erbbeständer. Ein Röhrenbrunnen, der aus dem Busental am

Heiligenberg über Deicheln (Holzröhren) gespeist wurde, sorgte für Wasser. Als 1803 die geistlichen Güter in der ausgehenden Kurpfalz endgültig aufgeteilt wurden, fiel der Mönchhof den Katholiken zu. Er wurde nun von der katholischen Kirchenschaffnei verwaltet, galt aber noch als unabhängige Siedlung. Die Bauern wählten einen Stabhalter, der dem Gericht zu Neuenheim angehörte. 1823 wurde der Mönchhof gegen den Willen der Erbbeständer zu Neuenheim eingemeindet. 1908 verschwand ein Teil der Baulichkeiten durch den Ausbau der Mönchhofstraße, 1933 ein weiterer Teil durch den Bau eines Häuserblockes. 1991 verkaufte die Stadt die Reste (Wohnhaus, Scheune, Torbogen) an einen Großinvestor. – 1894 wurde östlich der Handschuhsheimer Landstraße eine Grünanlage angepflanzt, eingefriedet und mit Bänken versehen. 1945–51 war sie Parkplatz der Besatzungsmacht, danach wurde ein Teil neu bepflanzt (vgl. *Schröderstraße*, vgl. Schmith 1928, S. 111ff.; Jaeger 1988, Nr. 618ff.).

Nr. 1: einziges Haus mit einer Mönchhofplatz-Adresse.

Mönchhofstraße   (Neuenheim, E 8–9, zwischen Mönchhofplatz und Berliner Straße). Ursprünglich ein vom Mönchhof aus nach Westen ins Feld führender Feldweg. Das Feld begann direkt am Mönchhof. Dr. Heinrich Klose, der 1870 das »Englische Knaben-Institut« des Dr. Thomas Gaspey übernommen und 1876 nach Neuenheim verlegt hatte (heute Mönchhofstraße 28 und 12–14), und der Schneider und Stadtrat Franz Anton Keppler betrieben den Ausbau des Mönchhöfer Feldwegs zur Straße, wobei sie die Kosten für die Anlegung von Trottoirs und Aufstellung von Straßenlaternen bis zu ihren Grundstücken selbst übernahmen. 1877 wurde die Straße hergestellt und um 1890 nach dem Mönchhof des Klosters Schönau benannt. 1908 verschwand durch den Ausbau der Mönchhofstraße der namengebende Mönchhof weitgehend (Jaeger 1988, Nr. 618ff.; Fricke 2012; vgl. *Erwin-Rohde-Straße*, *Mönchhofplatz*).

Nr. 12–14: ehemaliges »Englisches Knaben Institut« (1882, später »Neuenheim College«) des Dr. Heinrich Klose (1836–1909), ab 1903 Haus des Germanisten Prof. Max Freiherr von Waldberg (1858–1938), seit 1957 Astronomisches Recheninstitut. – Nr. 15: 1924–33 psychiatrische Praxis von Dr. Frieda Fromm-Reichmann (1889–1957). – Nr. 18: Mönchhofschule (erbaut 1903–05). – Nr. 24: Johannes-Kepler-

Mönchhofstraße 9   Mönchhofstraße 24

Molkenkur, Wandertafel   Molkenkurweg 1

Realschule. – Nr. 28: Pflegeheim St. Hedwig, ehemals zum »Neuenheim College« des Dr. Heinrich Klose gehörig, 1875–77 erbaut, heute stark verändert.

Möwenweg   (Pfaffengrund, G 6, zwischen Eppelheimer Straße und Obere Rödt). 1950 benannt. – Eine der 24 nach Vögeln benannten Straßen des Pfaffengrunds.

Molkenkur   (Altstadt, F 11). Benannt nach der 1853 von dem Porzellanmaler Albrecht Wagner eröffneten Molkenkuranstalt auf dem kleinen Gaisberg, dem Standort der oberen, 1537 durch Blitzschlag zerstörten Burg (293 m über NN). 1845 war die Straße durch den Klingenteich zum kleinen Gaisberg angelegt worden (Derwein 1940 Nr. 213, 810).

Molkenkurweg   (Altstadt, F 11, zwischen Schloss bzw. Schloss-Wolfsbrunnen-Weg und Molkenkur bzw. Klingenteich). Um 1750 als *Neue Kohlhöfer Steige* angelegt. Im 19. Jahrhundert *Schloss-Molkenkur-Weg* genannt. Die einzige Hausnummer ist die Nr. 1 (ehemaliges Schloßparkhotel mit Gedenktafel: »Hier wohnte 1887 Elisabeth Kaiserin von Österreich«) (Derwein 1940 Nr. 213, 810; vgl. *Molkenkur*).

Moltkestraße   (Neuenheim, zwischen Handschuhsheimer Landstraße und Quincke-straße). 1896 nach dem preußischen Generalfeldmarschall Helmuth Karl Bernhard Graf von Moltke, dem »älteren Moltke« (1800–1891), benannt. Moltke hatte als Chef des General-stabes wesentlichen Anteil an den preußisch-deutschen Siegen im Deutsch-Dänischen, im Preußisch-Österreichischen und im Deutsch-Französischen Krieg. Er gilt mit Bismarck zu-sammen als Baumeister des Deutschen Reiches. In seiner Geburtsstadt Parchim ist ihm am Moltkeplatz 1876 ein Denkmal, das erste von vielen in Deutschland, gesetzt worden. In vielen anderen Städten sind Straßen, Plätze und Brücken nach ihm benannt. 1890 veranstaltete der Heidelberger Militärverein anlässlich der Feier von Moltkes 90. Geburtstag ein Festbankett mit Konzert. 1900 veranstaltete die Stadt zu seinem 100. Geburtstag einen Festakt im großen Saal des früheren Museums. An der Ostfassade der Heidelberger Stadthalle von 1903 sieht man u. a. die Köpfe von Bismarck und Moltke in Stein. Am östlichen Philosophenweg steht bei der Küblerwiese auf 270 m über NN die »Moltkehütte«. Noch 1928 gab es in Heidelberg drei Moltkestraßen (Rohrbach, Neuenheim, Kirchheim) (vgl. *Bismarckplatz*, *Blücherstraße*, *Blumenthalstraße*, *Gneisenaustraße*, *Roonstraße*, *Werderstraße*, *Yorckstraße*).

Mombertplatz   (Emmertsgrund, L 10, Zufahrt über Mombertstraße). 1978 nach dem Dichter Alfred Mombert (1872–1942) aus Karlsruhe benannt. Er studierte 1891–95 in Heidelberg Jura, wurde hier 1897 promoviert und eröffnete 1899 in der Hauptstraße 132 eine Anwaltskanzlei. 1906 gab er den Anwaltsberuf auf, um als freier Schriftsteller zu leben. Er wohnte am Friesenberg 1a und seit 1922 in der Klingenteichstraße 6. 1933 wurde er aus rassischen Gründen aus der Preußischen Akademie der Künste ausgeschlossen, am 22. Oktober 1940 ins Lager Gurs (Pyrenäen) deportiert. 1941 gelang ihm die Ausreise in die Schweiz, wo er an den Folgen des Lageraufenthaltes starb. Einige Titel seiner Werke: Tag und Nacht, Die Schöpfung, Der Denker, Der Sonne Geist, Der himmlische Zecher, Der Held der Erde, Atair, Aeon vor Syrakus, Sfaira der Alte. – Aus dem Text der Gedenktafel für Alfred Mombert am Mombertplatz: »Blieb mir von allem das All. / Und vom All mir blieb der Gesang. / Der Gesang zeugt Freude. / Wunder zeugt das ruhende Herz«. – Die 1972 erbaute Wohneigentumsanlage Mombertplatz liegt oberhalb der Weinberge.

Mombertstraße (Emmertsgrund, L 10, zwischen Mombertplatz und Im Emmertsgrund). 1971 benannt (vgl. *Mombertplatz*).

Montpellierbrücke (Weststadt, G 8–9, Brücke über die Gleise des Hauptbahnhofs zwischen Ringstraße und Speyerer Straße). Eingeweiht 1976 und nach Montpellier benannt, der Partnerstadt Heidelbergs seit 1961. Montpellier ist die Hauptstadt des Département Hérault in Südfrankreich. Die dortige Universität wurde 1289, also rund 100 Jahre vor der Heidelberger gegründet. Das hiesige Montpellier-Haus (Kettengasse 19) wurde 1986 eingeweiht. – Die 1914 erbaute Vorgängerbrücke hieß *Ring(straßen)brücke*, eine Stahlbogenbrücke, im Volksmund Dreibogenbrücke genannt. Sie ermöglichte die kreuzungsfreie Querung des 1910 für die Eisenbahn ausgehobenen Grabens zwischen Königstuhltunnel und Ochsenkopf (»Baggerloch«), der erst mit Eröffnung des Hauptbahnhofs 1955 seine volle Funktion erfüllen konnte.

Montpellierplatz (Altstadt, F 10, Grünanlage östlich der Stadthalle). 1965 nach Montpellier, Partnerstadt Heidelbergs seit 1961, benannt. Er bildete wie der *Jubiläumsplatz* bis 1886 einen Teil des 1562 erstmals erwähnten, zwischen Ziegelgasse und Marstall gelegenen »Zimmerplatzes« (von mhd. zimber, zimmer n. = »Bauholz, Gebäude, Wohnung«). Zur 500-Jahr-Feier der Universität errichtete man im Sommer 1886 auf dem östlichen Teil des Zimmerplatzes eine provisorische Festhalle. 1903 wurde dort die Stadthalle eröffnet. Seit 1988 erinnert eine Stele auf dem Platz an die Städtepartnerschaft Heidelberg-Montpellier (Keine Wohnadresse; Derwein 1940, Nr. 384, 520, 1070; vgl. *Jubiläumsplatz*).

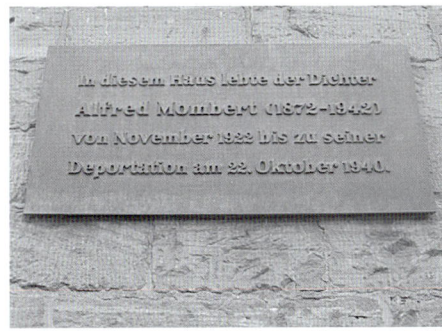 

Alfred Mombert, Gedenktafel Klingenteichstraße 6   Mombertplatz

Montpellierstraße (Bahnstadt, G 8, zwischen Langem Anger und Pfaffengrunder Feld). 2010 nach Montpellier, Partnerstadt Heidelbergs seit 1961, benannt. In Montpellier wurde 1965 eine Straße »Avenue de Heidelberg« genannt (vgl. *Montpellierbrücke, Montpellierplatz, Bautzenstraße, Cambridgestraße, Kumamotostraße, Rehovotstraße, Simferopolstraße*).

Morataplatz (Bahnstadt, G 7, zwischen Eppelheimer Terrasse und Eppelheimer Straße). Die italienische Gräzistin und Dichterin Olympia Fulvia Morata wurde 1526 in Ferrara geboren. Dort wandte sie sich mit ihrem Vater dem Calvinismus zu. Sein Tod und der zunehmende Einfluss der Gegenreformation nötigten sie zum Abschied von ihrer Heimat. 1549 hatte sie den in Ferrara zum Doktor der Medizin promovierten Andreas Grundler aus Schweinfurt geheiratet, der ebenfalls der Reformation anhing. Mit ihm und ihrem acht Jahre alten Bruder Emilio zog sie nach Deutschland, wo Grundler zum Stadtarzt von Schweinfurt ernannt wurde. Die Stadt wurde 1553 von Markgraf Albrecht Alkibiades von Brandenburg-Kulmbach (Stiefsohn des Kurfürsten Ottheinrich) besetzt und von dessen Gegner belagert, erobert und zerstört. Grundler, Olympia und Emilio retteten nur ihr nacktes Leben; Olympias Manuskripte gingen verloren. Sie flohen in die Kurpfalz, wo Andreas Grundler auf den dritten Lehrstuhl der Medizin an der Universität Heidelberg berufen wurde. Der Heidelberger Gräzist Jacobus Micyllus lud Olympia ein, griechischen Privatunterricht zu geben. 1555 starb sie 28jährig (wahrscheinlich an Tuberkulose) und wurde auf dem Friedhof der Peterskirche beerdigt. Ihre Grabtafel hängt seit 2005 in der dortigen Universitätskapelle. – 2002 wurde in der Neuenheimer Landstraße 2 das Olympia-Morata-Haus eingeweiht. – Der Gemeinderat entschied im Juni 2014 über die Namensgebung.

Moselbrunnenweg (Ziegelhausen, E 14–15, beginnt am Friedhofweg und zieht in den Wald). Früher: *Schönauer Weg*, weil er in Verlängerung durch das Moselbrunnental über den Tanzplatz (früher: »Zollstock«) und das Münchel (Gemarkungsgrenze) nach Schönau führt. Als *Schönawer pfadt* 1607 erstmals erwähnt. Vor dem Bau der Münchelstraße ein vielbegangener Weg von Heidelberg nach Schönau. – Benannt nach der Gewannbezeichnung »Moselbrunnen«, so erstmals 1607 erwähnt, mundartlich »Mosselsbrunn«. Die Quelle des Moselbrunnens entspringt östlich des Weges, der den Klingenweg mit dem Moselbrunnen-Waldweg verbindet. Sie wurde 1896 in einer Brunnenstube gefasst. Galt früher als Kleinkinderbrunnen, daher volksetymologisch von Moses, dem Patron solcher Brunnen, abgeleitet (vgl. Numeri 20, 11). Die Nummerierung der Häuser wurde 1971 geändert (Hoppe 1940, S. 33; Hoppe 1956, Nr. 205; vgl. *Im Moselsgrund, Schönauer Abtweg, Schönauer Straße*).

Moselsbuckel (Ziegelhausen, E 14–15, Sackgasse zu Am Bächenbuckel/Im Moselsgrund). (Hoppe 1956, Nr. 205; vgl. *Moselbrunnenweg*).

Moselstraße (Südstadt, I 9, zwischen Karlsruher Straße und Turnerstraße). Hieß 1935–45 *Jakob-Johannes-Weg* und wurde auf Anordnung der Besatzungsmacht in *Moselstraße* umbenannt. Benannt nach dem Eisenbahnschlosser Jakob Johannes (1877–1919), der im Oktober 1919 während des Ausnahmezustandes im Saargebiet von der französischen Besatzungsmacht wegen Waffenbesitzes verhaftet, zum Tode verurteilt und hingerichtet wurde. Er ist in Saarbrücken begraben. Sein Mythos im Dritten Reich lässt sich mit dem von Albert Leo

Mozartstraße 10, Gedenktafel Ernst Moro

Schlageter und Horst Wessel vergleichen. (Vgl. die ebenfalls nach deutsch-französischen Grenzflüssen benannten *Bliesweg*, *Rheinstraße*, *Saarstraße*).

Mozartstraße   (Handschuhsheim, E 9, zwischen Steubenstraße und Max-Reger-Straße). 1906 nach dem Komponisten Wolfgang Amadeus Mozart (1756–1787) benannt. 1763 spielte er als Knabe auf der Orgel der Heiliggeist-Chorkirche. Er wohnte mit Vater Leopold und Schwester Nannerl im Gasthaus »Zu den drei Königen«, Hauptstraße 160. – Viele Straßen zwischen Langgewann, Rottmannstraße und Blumenthalstraße tragen die Namen von Musikern (*Bachstraße*, *Beethovenstraße*, *Furtwänglerstraße*, *Haydnstraße*, *Max-Reger-Straße*, *Philipp-Wolfrum-Weg*, *Richard-Wagner-Straße*, *Schubertstraße*). Deshalb heißt die Gegend im Volksmund auch Musikerviertel.

Nr. 10: Gedenktafel am früheren Wohnhaus von Ernst Moro (1874–1951), ehemaliger Direktor der Universitätskinderklinik, der hier bis 1948 eine Privatpraxis hatte.

Mühldamm   (Ziegelhausen, D 14, zwischen Am Fürstenweiher und Peterstaler Straße). Der erste Damm am Steinbach, ein Querdamm mit Fahrweg, ursprünglich zum Stau des untersten Fürstenweihers erbaut. 1597 als *der untere Fahrweg* erstmals erwähnt, wurde er 1949 auf Vorschlag des Gemeinderats Dr. Otto Clauß »Mühldamm« benannt. Hier zweigt der Mühlbach ab, der (heute verdolt) durch die Neckarhelle zur Stiftsmühle geleitet wird. – Die Nummerierung der Häuser wurde 1969 geändert. (Hoppe 1956, Nr. 49, 85, 206f., 321) (vgl. *Fürstendamm*, *Steinbachdamm*).

Mühlenweg   (Schlierbach, E–F 13, zwischen Wolfsbrunnensteige 8/10 und Wolfsbrunnensteige 16). 1755 erstmals als *der gemeine Mühlweg* erwähnt. Führte von der Chaussee zu den Mühlen Goos, Hefft und Leitz (Knörr 1999, S. 70; Derwein 1940, Nr. 618; nicht zu verwechseln mit dem *Mühlweg* in Ziegelhausen).

Mühlingstraße   (Handschuhsheim, D 8–9, zwischen Dossenheimer Landstraße und Husarenstraße, geht in den Ladenburger Weg über). 1926 als Ortsstraße angelegt und nach dem katholischen Pfarrer Eduard Johann Joseph Mühling (1795–1859) aus Königheim (Tauberfranken) benannt, der 1829–54 in Handschuhsheim wirkte und sich um die geschichtliche Erforschung des Dorfes verdient gemacht hat. Er veröffentlichte 1840 »Historische und topographische Denkwürdigkeiten von Handschuhsheim. Ein Beitrag zu dessen Geschichte von seiner Entstehung bis auf unsere Tage«. Herbert Derwein schreibt im Vorwort seines Handschuhsheim-Buches: »Es ist ein schönes Zeichen für den geschichtlichen

Sinn der Handschuhsheimer, dass in manchen eingesessenen Familien Mühlings ›Historische und topographische Denkwürdigkeiten von Handschuhsheim‹ sich von einer Generation zur anderen vererbten und als sorgsam gehüteter Besitz in Ehren gehalten werden.« (Derwein 1933, S. 9). 1851 ließ Pfarrer Mühling über dem Grab seiner Mutter im neuen Handschuhsheimer Friedhof ein Kruzifix errichten, das noch heute dort steht. – Die Mühlingstraße ist der Anfang des Ladenburger Wegs, erstmals 1627 als *Ladenberger Weeg* erwähnt. 1906–70 war an der Mühlingstraße Ecke Trübnerstraße der Güterbahnhof der Nebenbahn Heidelberg–Handschuhsheim–Dossenheim–Schriesheim in Betrieb. 1930 wurde an der Mühlingstraße die Großmarkthalle eröffnet, die 1945 abbrannte und 1948 den Betrieb wieder aufnahm. 1970 wurde in der Dossenheimer Landstraße 151 die neue Großmarkthalle eröffnet (Frey 1944, Nr. 299).

Nr. 12–22: Siedlung »Blaue Heimat« (1926–27 von der »Gemeinnützigen Gesellschaft für Grund- und Hausbesitz« erbaut; vgl. *Im Stopfelgarten*).

Mühltalstraße (Handschuhsheim, D 9–10, zwischen dem Rathausplatz [heute: Erich-Hübner-Platz] und dem Oberen Bahofweg). 1840 erstmals als *gemeiner Mühlweg* erwähnt. Genannt nach dem Tal des Mühlbaches (früher: Ilvenbach), der am Strangwasenbrunnen entspringt und zwischen Heiligenberg und Hohem Nistler zur Ebene fließt, den Hellenbach aufnimmt und sich mit dem Dossenheimer Bach vereinigt. Der Mühlbach floss um 1700 auf der Ostseite der Mühltalstraße herab, bog am Rathaus nach Westen an der Südseite der Dossenheimer Landstraße bis zum Haus Nr. 11, kreuzte dann wieder auf die Nordseite, um in nördlicher Richtung die Gemarkung zu verlassen. 1967 wurde er in seinem Unterlauf eingedolt. – Die Mühltalstraße ist vermutlich die älteste Straße Handschuhsheims und der bequemste Zugang zum Gebirge. Die Bezeichnungen »Mühltalstraße« und »Siebenmühlental« entstanden erst im 19. Jahrhundert. Zuvor gehörte der untere Teil der Straße vom Rathausplatz bis zur heutigen Straße *Zum Steinberg* zur *Schweizergasse*. Hier hatte das alte Handschuhsheim seinen Siedlungsmittelpunkt. Die untere Mühltalstraße war bis ins 19. Jahrhundert Teil der alten Fernverkehrsverbindung von Heidelberg über Weinheim nach Frankfurt. – Den Talweg auf der Nordseite des Mühlbachs nannte man *Mühlenweg* oder *Mühltalweg* (heute *Talweg Sommerseite*). Im oberen Teil trieb der Bach, der früher mehr Wasser führte als heute, zeitweise bis zu neun Mühlen an. 1906 verzichteten die Müller

Mühltalstraße 38

248

Mühltalstraße 41   Mühltalstraße 81

gegen eine Abfindung zugunsten der Stadt auf die Wasserrechte im Mühltal. 1915 stellte Jakob Hübsch (Haus Nr. 124) als letzter den Mühlenbetrieb ein. Von den neun Mühlen sind noch sechs Gebäude erhalten. – Von der Mühltalstraße gab es Fußpfade zur *Löbingsgasse*, das *Bachwegel/Bachgässel* und das *Brunnegässel*. Dort, wo die *Friedensstraße* und die Straße *Zum Steinberg* in die Mühltalstraße münden, befand sich der im Volksmund so genannte »Schlingelsplatz«. Hier traf sich abends die Handschuhsheimer Dorfjugend (Frey 1944, Nr. 25, 58, 295, 301ff.; Ludwig Haßlinger, Mühltalstraße. Eine Straße im Wandel der Zeit, Heidelberg 1994; ders.: Mühltalstraße. Geschichte einer Straße, Heidelberg 2005).

Nr. 1: Gasthaus »Zum Löwen« (1690 erbaut). – Nr. 4: »Alt Hendesse« (1919, früher: »Zum Goldenen Pflug«). – Nr. 6–8: ehemaliger Zenthof der Domherren von Mainz (1674 zerstört). – Nr. 11: Gasthaus »Roter Ochsen« (eine der ältesten Handschuhsheimer Gastwirtschaften, 16./17. Jahrhundert). – Nr. 13: ehemaliges kaiserliches Postamt (1900–11). – Nr. 18: ehemaliges Schönauer Kelterhaus (1674 zerstört). – Nr. 21: ehemalige evangelische Kleinkinderschule (1864, 1871 in die Obere Kirchgasse 12 verlegt). – Nr. 38: Bachlenz (Hauptgebäude von 1606, 1842 benannt nach der Familie Lenz. 1854–59 Gasthaus und Hotel, 1870 Mälzerei, Brauerei, 1910 Tanzsaal mit Kegelbahn, 1927 Weinhandlung, 1945 Theater, 1952 Kino, dann Discothek, 1964 Heidelberger Judo Club). – Nr. 41: Wirtschaft »Zum Deutschen Kaiser«, 1875 eröffnet. Hausinschrift (Spolie, früher an der unteren Mühle gegenüber, Mühltalstraße 52): »Der Hadt Sich Recht Umb geschaudt / Der sein Haus im Himmel Baudt. / Johann Theobald Baumann / Kunigunda Baumann / A[nn]o 1692«. – Nr. 52: ehemalige Badstube (bis 1689), dann »Mutschler Karl sei Eck«. Hier stand die unterste Mühle des Tals, seit 1888 Metzgerei Karl Mutschler (1964 abgerissen). – Nr. 67: die zweite Mühle, ursprünglich im Besitz der Herren von Handschuhsheim (1902 stillgelegt). – Nr. 68 ehemalige Schmiede Thurecht (1873). – Nr. 81: die dritte Mühle (Ein alter Wappenstein aus dem Jahr 1591 mit dem Müllerzeichen wurde nach Abbruch der Scheune an der Straßenseite des neuen Wohnhauses angebracht). – Nr. 91: Leitzemühl, die vierte Mühle, wahrscheinlich jene, die Erimfried Zapfe (vgl. *Zapfenberg*) im Jahr 1238 dem Kloster Schönau schenkte (1908 stillgelegt). – Nr. 101: Eleonorenhaus (1914 als »Versorgungshaus« eingeweiht, 1936 nach Pfarrer Gilgs Tochter Eleonore genannt, 1986 geschlossen, 2013 teilweise abgerissen). – Nr. 116: Wasserhochbehälter (1929). – Nr. 120: Waldschützenhaus, die fünfte Mühle (1653 erstmals erwähnt). – Nr. 122: die sechste Mühle (1968 abgebrochen). – Nr. 124: die siebte Mühle (1915 stillgelegt). – Nr. 126: Luise-Scheppler-Heim (seit 1945), die achte Mühle (vor dem Ersten Weltkrieg Hotel-Restaurant »Zum Siebenmühlental«). – Nr. 128: die neunte Mühle (ehemalige Walk- und Lohmühle, 1911 stillgelegt, das 4 m hohe Mühlrad wurde 1918 abgebrochen). – Nr. 147: ehemaliges Forsthaus (1933).

Mühlweg   (Ziegelhausen, D–E 14, zwischen Peterstaler Straße und Mühldamm). Verbindungsweg zwischen Peterstaler Straße und ehemaliger Eselsmühle (Mühlweg 5). 1607 als *Weg, der nach dem Fürstenbronnen geht*, erstmals erwähnt. Am Mühldamm zweigt der

Mühlgraben ab, der über den Mühlweg zur Neckarhelle und zur Stiftsmühle geleitet wird (nicht zu verwechseln mit dem *Mühlenweg* in Schlierbach) (Hoppe 1956, Nr. 66, 209, 376).

Nr. 10: evangelisches Gemeindezentrum, Versöhnungskirche (1975). – Nr. 11: katholische Kirche St. Teresa (erbaut 1995–97).

Mümmelmannweg (Schlierbach, E 14, Verbindungsweg zwischen Hermann-Löns-Weg und der Straße Am Aukopf). 1959 nach »Mümmelmann«, einem Buch des Schriftstellers Hermann Löns (1866–1914) benannt (vgl. *Hermann-Löns-Weg*).

Nachtigallenweg   (Pfaffengrund, G 6, zwischen Zeisigweg und Obere Rödt). 1955 benannt. – Eine der 24 nach Vögeln benannten Straßen des Pfaffengrunds.

Nadlerstraße   (Altstadt, F 10, zwischen Plöck und Friedrich-Ebert-Anlage, Verlängerung der Neugasse nach Süden). Die Straße wurde 1862 durch den ehemaligen St. Annen-Kirchhof hindurch angelegt und zunächst *Wilhelmstraße* genannt, wohl nach Prinz Ludwig Wilhelm August von Baden (1829–1897), dem Bruder des Großherzogs Friedrich I. von Baden. Weil es inzwischen auch im Rohrbacher Baubezirk eine Wilhelmstraße gab, wurde sie 1897 nach dem Advokaten und Dichter Karl Gottfried Nadler (1809–1849) umbenannt. Nadler wurde in der Augustinergasse 7 geboren, woran dort eine Gedenktafel erinnert. Nach dem frühen Tod der Eltern wohnte er bei Verwandten in der Ziegelhäuser Landstraße 21 (später »Waldhorn ob der Bruck«, dann »Scheffelhaus«). 1826–31 studierte er Jura in Heidelberg. Seine Tafelrunde tagte im »König von Portugal« (Hauptstraße 146). Gegenüber revolutionären Bestrebungen war er skeptisch. 1830 schrieb er an einen Freund: »Wer weiß, ob wir nicht noch zu den Waffen greifen müssen; ich meine nicht für sondern gegen die Revolutionärs; denn vor einer Pöbelherrschaft soll uns Gott bewahren.« 1847 erschien seine Gedichtsammlung »Fröhlich Palz, Gott erhalt's«. 1849 sollen Anhänger Heckers ein Attentat auf ihn verübt haben. Kurz darauf starb er, erst 40jährig, in seinem Haus am Karlsplatz (heute Hauptstraße 207). Sein Grab ist auf dem Bergfriedhof. 1897 wurde in der »Anlage« beim Stadtgarten, vor dem Hotel Victoria, ein von Prof. Hermann Volz (Karlsruhe) geschaffenes Denkmal für ihn aufgestellt, das 1938 mit neuem Sockel und neuer Inschrift auf den *Krahnenplatz* versetzt wurde. Am Klingentor erinnert der Nadlerbrunnen an sein Gedicht vom »Brand im Hutzelwald«. – 1875–94 hieß die heutige *Karl-Metz-Straße* in Bergheim *Nadlerstraße*. Auch in der Weststadt gab es 1875–94 eine Nadlerstraße, die heutige östliche *Zähringerstraße* (Derwein 1940, Nr. 630, 1034; vgl. *Häusserstraße, Hutzelwaldweg*).

Nansenstraße   (Südstadt, Mark-Twain-Village, H 9, zwischen Römerstraße und Elsa-Brändström-Straße). 1951 nach dem norwegischen Polarforscher Fridtjof Nansen (1861–

Nadlerbrunnen am Klingentor   Karl Gottfried Nadler, Denkmal am Krahnenplatz

1930) benannt. Nach dem Ersten Weltkrieg wirkte dieser für die Heimholung der Gefangenen zwischen Deutschland und Russland. 1922 erhielt er den Friedensnobelpreis. Auch sein Sohn Odd Nansen war nach 1945 in der Flüchtlingshilfe tätig (vgl. *Astorstraße*, *Carl-Schurz-Straße*, *Columbusstraße*, *Edisonstraße*, *Elsa-Brändström-Straße*, *Ludwig-Richter-Straße*, *Mark-Twain-Straße*, *Roeblingstraße*, *Zengerstraße*).

Neckarauer Straße   (Wieblingen, D 6, von der Mannheimer Straße 329 zur Edinger Straße). Angelegt 1956, ursprünglich als Teil der *Feudenheimer Straße*; deren nördlicher Teil (zwischen Mannheimer und Edinger Straße) wurde 1958 umbenannt nach dem Mannheimer Stadtteil Neckarau (vgl. *Edinger*, *Feudenheimer*, *Friedrichsfelder*, *Käfertaler*, *Rheinauer* und *Waldhofer Straße* sowie *Ilvesheimer*, *Sandhofer*, *Schwabenheimer* und *Viernheimer Weg*).

Neckarhamm   (Wieblingen, D 6, führt den am Neckar gelegenen Teil der Wundtstraße weiter, von der Klostergasse am Neckar und am Kerweplatz entlang bis zum Sandhofer Weg). Die Straße ist schon auf dem ältesten Wieblinger Ortsplan (1741/92) vorhanden. Der Ausdruck »die Häuser am Hamme« ist schon für 1784 beim großen Eisgang des Neckars belegt (Deurer 1784, S. 56; siehe *Klappergasse*). »Hamm« bedeutet »befestigtes Flussufer« (Grimm, Jacob und Wilhelm: Deutsches Wörterbuch, 4. Bd., 2. Abtheilung, Leipzig 1877; Frühneuhochdeutsches Wörterbuch, hg. von Ulrich Goebel und Oskar Reichmann, Bd. 7, Lieferung 2, Berlin/New York 2004). Im Volksmund kommt sowohl »der« als auch »das Neckarhamm« vor (vgl. *Hostig*). An der Einmündung der *Maltesergasse* liegt der Kerweplatz, der für die Stadtteilfeste genutzt wird. – Auch in Neuenheim gab es ein Gewann »Neckarhamm« (Jaeger 1988, Nr. 676).

Gegenüber Nr. 19a: Helmreich-Kraftwerk (erbaut 1925/27).

Neckarhangweg   (Ziegelhausen, E 13, Sackgasse westlich des Neuen Wegs). Straße oberhalb des Neckars östlich von Stift Neuburg.

Neckarmünzgasse   (Altstadt F 11, am Neckarmünzplatz zwischen Oberer Neckarstraße und den Bögen des Palais Weimar). 1770f. erstmals erwähnt. Die kurfürstliche Münze wurde nach der Zerstörung um 1700 vom *Burgweg* hierher verlegt und 1743 nach Mannheim. Hinter dem Haus Nr. 6 sollen noch Reste des »Münzturms« stehen (Derwein 1940, Nr. 641; vgl. *Burgweg*, *Karlsstraße*).

Neckarmünzplatz   (Altstadt, F 11, zwischen Leyergasse, Neckarmünzgasse, Am Hackteufel und den Bögen des Palais Weimar). Als man die Straße *Am Hackteufel* anlässlich der Neckarkanalisation 1930 anlegte, wurde das Ufer weiter hinausgerückt. »Der Platz war weit ins 19. Jhdt. hinein teilweise Privatbesitz, teilweise städtisches Erbbestandsstück. Auch waren hier im Neckar bis zu Ende des 19. Jhdts. (...) Badehäuser verankert.« (Derwein). Merians Stadtansicht von 1620 zeigt auf dem heutigen Neckarmünzplatz einen Schiffsbauer bei der Arbeit. Im 19. Jahrhundert war hier der Viehmarkt. Der Platz ist häufig vom Hochwasser des Neckars betroffen. Eine Hochwasser-Marke an einem Haus besagt: »den 27 Februar die Jahrzahl / 1784 wahr / dass Wasser ist gestiegen auf / wer sehen will an diesem Haus / der blicke nur auf diesen Stein / so siecht ers deutlich klar und rein«. Der Platz ist keine Wohnadresse (Derwein 1940, Nr. 641; Jaeger 1988, Nr. 204; vgl. *Leyergasse*, *Neckarmünzgasse*).

Neckarmünzgasse   Neckarstaden

Neckarstaden (Altstadt, F 10–11, Uferstraße am Neckar zwischen Theodor-Heuss-Brücke und Alter Brücke, geht dort in die Straße Am Hackteufel über). Hieß bis 1896 *Uferstraße*. Seitdem bezeichnete der Name Neckarstaden die Strecke von der Alten Brücke bis zum Jubiläumsplatz, ab 1931 die ganze Uferstraße von der Alten Brücke bis zur heutigen Theodor-Heuss-Brücke. In Merians Stadtansicht von 1620 fließt der Neckar direkt an der Uferseite des Zeughauses vorbei. 1880/81 wurde der Bereich zwischen Theodor-Heuss-Brücke und Stadthalle auf das heutige Bebauungsniveau angehoben. 1896/97 baute man die zum Neckar vorgeschobene Straße zwischen Bienenstraße und Alter Brücke. (Für die neue Straße musste das 1587 errichtete Kornhaus, Lauerstraße 15, fallen. Seither endet diese Straße mit der Hausnummer 11). Die damals neu geschaffene Brückenzufahrt zwischen Lauerstraße und Oberer Neckarstraße heißt ebenfalls Neckarstaden. 1899 wurde am Neckarstaden eine Anlandestelle für die Personenschifffahrt auf dem Neckar eingerichtet. 1901–03 folgte die Fortsetzung der Straße zwischen Bienenstraße und »Neuer Brücke«. Die Verlängerung bis zum Karlstor (*Am Hackteufel*) war 1931 vollendet. 1969 wurde im Vollzug des »Schaechterle-Plans« der östliche Teil des Neckarstaden auf drei Fahrspuren verbreitert, gleichzeitig mit dem Abbruch und der Anhebung von zwei mittelalterlichen Bögen der *Alten Brücke* (vgl. Derwein 1940, Nr. 643f., 962; vgl. *Untere Neckarstraße, Am Hackteufel*).

Der Neckarstaden sollte die Hauptstraße vom Wagenverkehr entlasten, aber »nicht nur als Verkehrsstraße dienen, sondern auch den unteren Stadtteilen gegen kleinere und mittlere Hochwasser Schutz gewähren und überdies einen schönen Promenadenweg abgeben« (Chronik der Stadt Heidelberg für das Jahr 1896). – »Die glückliche Verbindung der Schönheit der waldbedeckten Berge mit den Reizen des stattlichen Flusses, wie solche für Heidelberg charakteristisch ist, tritt gerade an den Ufern des Neckars besonders lebendig in die Erscheinung, und es war deshalb seither ein Mangel, dass wir mit unsern Verkehrswegen von diesen Ufern zu einem guten Teil weggedrängt waren.« (Aus der Ansprache von Oberbürgermeister Dr. Wilckens zur Eröffnung des ersten Abschnitts des Neckarstaden am 16. November 1897).

Nr. 2: Kurfürst-Friedrich-Gymnasium (1894). – Nr. 24: Stadthalle (1901–03 erbaut, Architekten: Henkenhaf & Ebert), jetzt Kongresshaus. – Nr. 32: Edith-Stein-Haus der Katholischen Hochschulgemeinde. – Nr. 62: Hier im Vorgängerhaus wohnte der Schweizer Dichter Gottfried Keller, woran eine Tafel erinnert: »Verein Alt-Heidelberg / Schöne Brücke hast mich oft getragen, / wenn mein Herz erwartungsvoll geschlagen, / und mit dir den Strom ich überschritt / Gottfried Keller wohnte hier 1849–1850 / Gestiftet von Lulu Müller-Zorn«. – Nr. 66: Gasthaus Holländer Hof (1. Hälfte 18. Jahrhundert, eines der größten Hotels seiner Zeit beim Brückentor am ehemaligen Stadteingang).

Neckarweg (Ziegelhausen, E 14, zwischen In der Neckarhelle [Umgehungsstraße] und Kleingemünder Straße beim unteren Dorfbrunnen). Bis 1970: *Unterer Neckarweg*, Zugang von der Hauptstraße zum Leinpfad, seit 1975 Unterführung unter der Umgehungsstraße. – Der *obere Neckarweg* war ein Verbindungsweg zwischen Brahmsstraße und Leinpfad. Auch im Feld westlich von Wieblingen gibt es einen Neckarweg (Hoppe 1956, Nr. 223; vgl. *Brahmsstraße*).

Neuenheimer Landstraße (Neuenheim, E–F 10–11, zwischen Karl-Theodor-Brücke und Haus Nr. 80, gegenüber dem »Schwarzen Schiff«). 1902 benannt. Früher: *gemeine Straß* (1469), *Neuenheimer Chaussee*. Straßenverbindung am Nordufer des Neckars zwischen Alt-Heidelberg und Neuenheim. Bis zum Bau der zweiten Neckarbrücke (1877) und dem Bau der *Brückenstraße* (1890) bildete diese Uferstraße mit der *Bergstraße* die Verkehrsverbindung nach Frankfurt (*Frankfurter Landstraße*, *Frankfurter Chaussee*). Sie zog von der Alten Brücke am Nordufer des Neckars (Schlangenweg) zur *Bergstraße*. Noch zu Beginn des 19. Jahrhunderts war sie recht schmal und galt als gefährlichste Passage zwischen Ba-

Neuenheimer Landstraße, Brückenhäuschen

Neuenheimer Landstraße 62

Neuenheimer Landstraße 18a

NEUENHEIM »Wo der Neckar aus seinem Thale in die Ebene tritt, am Fuße des Heiligenbergs, zwischen Wein- und Obstgärten, von Heidelberg durch den Fluss getrennt, am Anfang der Bergstraße« lag das Dorf Neuenheim. So beschreibt es Aloys Schreiber in seinem Buch »Heidelberg und seine Umgebungen« aus dem Jahre 1811. Das Dorf wurde 765 als »Nivvuenheim« erstmals im Lorscher Codex erwähnt. Im Unterschied zu den meisten anderen Orten der Bergstraße liegt es nicht an einem Taleinschnitt mit Bachlauf, sondern eben am Fluss. – Im ersten Jahrhundert n. Chr. war hier eine römische Garnison mit einer Brücke über den Neckar. Im Schutze des Kastells entwickelte sich eine Wohngemeinde mit einer umfangreichen Töpferindustrie. 1838 fand man an der Ecke Bergstraße/Neuenheimer Landstraße ein Mithras-Reliefbild. 1951 entdeckte man im Gartenland des Neuenheimer bzw. Handschuhsheimer Felds das größte römische Gräberfeld Süddeutschlands. Unter Leitung von Berndmark Heukemes wurde bis 1970 fast der gesamte Bestattungsplatz freigelegt. Als die Alamannen um 260 die Römer über den Rhein zurückdrängten, wurde die Siedlung aufgegeben. 1319 kam die Herrschaft Schauenburg (und damit die Dörfer Handschuhsheim, Dossenheim und Neuenheim) unter die Herrschaft des Erzbistums Mainz, 1461 im Gernsheimer Friedensvertrag als Pfand an die Kurpfalz, 1650 im Bergsträßer Rezess endgültig an Kurpfalz. Neuenheims Mittelpunkt war die nach dem Evangelisten benannte St. Johanniskirche, 1137 erbaut, 1689 zerstört und 1729 wieder aufgebaut. 1909 riss man das Kirchenschiff ab, Turm und Chor blieben stehen. Der bis 1856 genutzte Friedhof wurde zum Marktplatz umgewandelt. Der Mönchhof, ein Wirtschaftshof des Klosters Schönau, 1187 erstmals erwähnt, nach der Säkularisierung selbständige Siedlung nördlich des Dorfes, wurde 1823 mit Neuenheim vereinigt. Bis 1776 gehörte Ziegelhausen verwaltungsmäßig zur Gemeinde Neuenheim. »Das gesamte Gebiet von der Bergstraße, den Neckar entlang bis zu den Höhenzügen vor dem Steinachtal zählte ursprünglich zur Gemarkung Neuenheim.« (Hoppe 1940, S. 11). Erst 1835 wurde die Grenze zwischen beiden Gemarkungen festgelegt. Die Villa Charlottenberg (Ziegelhäuser Landstraße 63) war das letzte Haus der Gemeinde Neuenheim, der Haarlass das erste Ziegelhausens. Das Beiselstück, heute Ziegelhäuser Landstraße 65–69, eine Ziegelhäuser Enklave in der Gemarkung Neuenheim, wurde dieser erst 1881

Neuenheim von Süden

Neuenheim, Plan um 1890

einverleibt. – Am Fuße des Heiligenbergs, in der *Hirschgasse*, lag das schon im Mittelalter aufgegebene Dorf Dagersbach. 1837 begann der Ausbau eines Weinbergpfads zur Aussichtspromenade *Philosophenweg*.

Schon im Mittelalter waren Heidelberger Bürger als Grundbesitzer und Gerichtsherren in dem Fischer- und Weinbauerndorf Neuenheim tätig. 1439 sind die Neuenheimer Bürger in der Heidelberger Steuerliste verzeichnet. Neuenheim war bis Mitte des 19. Jahrhunderts »eine Bauerngemeinde, die fast ausschließlich im Ertrag der Felder und Weinberge ihren Unterhalt fand.« (Schmith 1928, S. 267f.). Beachtenswert war schon früh der große Anteil der Stadtbevölkerung am Besitz von Weinbergen auf der Südseite des Heiligenbergs.

Mit der Eröffnung der »Neuen Brücke« über den Neckar 1877 (heute *Theodor-Heuss-Brücke*) begann eine Entwicklung, die Neuenheim zu einem Stadtteil Heidelbergs werden ließ. Die schnelle Verstädterung zerstörte die ursprüngliche Bau- und Sozialstruktur des einstigen Bauern-, Winzer- und Fischerdorfs. Reste alter Dorfstrukturen finden sich nur noch um den *Marktplatz*. Die *Schulzengasse* ist als Dorfstraße weitgehend erhalten. Neuenheim ist der erste Heidelberger Stadtteil, der aus der Eingemeindung eines Nachbarortes (1891) entstand. 1902 wurde die evangelische, nach dem Apostel Johannes benannte Johanneskirche eingeweiht. Die Katholiken benutzten weiterhin die alte Kirche am Markt, bis sie 1905 mit der St. Raphaelskirche wieder ein eigenes Gotteshaus erhielten. 1857–76 befand sich der Neuenheimer Friedhof außerhalb des Ortes, gegenüber der heutigen Einmündung der *Kußmaulstraße* in die *Bergstraße*. Dann wurde der neue Friedhof in der späteren *Quinckestraße* eingeweiht. Vor dem Ersten Weltkrieg wurde die Anlage eines Heidelberger Zentralfriedhofs auf Neuenheimer Gemarkung im Gewann »Neckarfeld« geplant und ausgeführt. Dort wurden die Gefallenen und in Lazaretten Verstorbenen des Krieges bestattet. Stattdessen entstand dort 1932–34 der Tiergarten. Östlich davon, in den Gewannen »Röscher« und »Neusatz«, wurde 1915 der Botanische Garten der Universität eröffnet. – Die kleine Siedlung westlich des Neuenheimer Friedhofs mit *Friedrich-Ebert-Straße* (heute *Wielandtstraße*), *Im Gabelacker* und *Wilckensstraße* firmiert im Adressbuch 1926 als »Siedlung im Gabelacker«. – Die 1928 eröffnete *Ernst-Walz-Brücke* besaß bis Anfang der 1950er Jahre keinen Anschluss nach Norden. Seit dem Ersten Weltkrieg war in Richtung *Bergstraße* eine Straßenverbindung geplant worden. Das erste Teilstück bis zur *Tiergartenstraße* wurde 1955 eröffnet, 1958 die Strecke zwischen Tiergartenstraße und Hans-Thoma-Platz (vgl. *Berliner Straße*).

Die Universität begann sich schon 1912 mit dem Physikalischen Institut am *Philosophenweg* nach Neuenheim auszudehnen. Heute befinden sich in Neuenheim große Teile der Universität und andere Institute (vgl. *Im Neuenheimer Feld*). 2003 eröffnete der Stadtteilverein die Neuenheimer Geschichtsräume in der Lutherstraße 18. Der Stadtteil hat derzeit etwa 13 000 Einwohner (vgl. Jaeger 1988, Nr. 240, 690ff.; Hoppe 1956, Nr. 22).

sel und Frankfurt. Bis 1877 verkehrte hier unterhalb der alten *Bergstraße* beim »Schwarzen Schiff« die Neckarfähre zwischen Heidelberg und Neuenheim (»Neuenheimer Fahr«). 1838 fand man an der Ecke Bergstraße/Neuenheimer Landstraße ein Mithras-Reliefbild. 1926/27 wurde die Straße erheblich verbreitert (Auskragung der Bürgersteige, Bogenmauer zum Neckar). – Die Neuenheimer Landstraße hat als Uferstraße (außer Nr. 3, 5 und 7) fast ausschließlich Häuser mit geraden Hausnummern. – Bis 1903 hieß auch der Handschuhsheimer Teil der jetzigen *Handschuhsheimer Landstraße* Neuenheimer Landstraße (Jaeger 1988, Nr. 298).

Nr. 2: ehemaliges Meesersches Haus, 1882–86 »Neckar-Hotel«, 1887 Stadtsitz von Graf Karl von Oberndorff aus Edingen, k. u. k. Kämmerer und Oberleutnant a. D., 1955 Predigerseminar Petersstift, seit 2002: Evangelisches Studienseminar Morata-Haus. – Nr. 3: Verkehrsverein Heidelberg. – Nr. 4: ehemalige Glockengießerei Speck, dann Wirtschaft »Zum silbernen Anker«. – Nr. 5: Gasthaus »Schwarzes Schiff«. – Nr. 16: Villa Beltrami, jetzt Heidelberg College (Privatschule mit Internat). – Nr. 18: Wirtschaft

Neuenheimer Landstraße,
Gedenktafel für das Mithras-Heiligtum

»Zum Waldhorn« (unter der Bruck, bis 1826). – Nr. 18a: ehemalige Villa Giulini, 1960 von Fritz Breuhaus de Groot gebaut, 2009 abgerissen. – Nr. 20: 1930–45 und 1952–58 Dienstwohnung des ehemaligen Oberbürgermeisters Dr. Carl Neinhaus. – Nr. 26: Haus Rothenbühl (Wohnhaus der Familie Holzberg, Internat). – Nr. 34: ehemaliges Theologisches Studienhaus. – Nr. 36: Villa Schepp (1875 erbaut). – Nr. 38: ehemalige Wirtschaft »Zum Steinbruch« (1836–39); Besitzer 1839: Georg Friedrich Gervinus, 1844: Carl Theodor Welker, 1863: Wilhelm Ihne. Dessen Sohn, der Architekt Ernst Ihne, erbaute an der Stelle des Gasthauses die Villa Felseck. Sie steht auf einer 1622 erstellten Schanzmauer. – Nr. 39: Bootshaus des Heidelberger Ruderklubs. – Nr. 42: Unitas Haus (Studentenverbindungen Unitas Maria Magdalena, Unitas Ruperto Carola). – Nr. 58: Gedenktafel für den indischen Dichter, Philosophen und Politiker Muhammad Iqbal, der 1907 hier wohnte (vgl. *Iqbal-Ufer*).

Neuer Weg   (Ziegelhausen, E 13–14, zwischen Stiftweg und In der Neckarhelle). 1752 erstmals erwähnt. »Das Büchsenackergebiet wurde bei seiner Rodung um 1750 durch eine Zufahrt erschlossen, die im Gegensatz zu den damals bestehenden alten Wegen der ›Neue Weg‹ genannt wurde« (Hoppe 1940, S. 31). 1948 bekam er den Namen *Eichendorffweg*. Bei der Eingemeindung Ziegelhausens wurde er wieder umbenannt, weil es in Rohrbach eine *Eichendorffstraße* gibt (Hoppe 1956, Nr. 60, 364).

Neue Schlossstraße   (Altstadt, F 11, zwischen Bremeneckgasse und westlichem Schlossgarten-Eingang). 1873–75 in Serpentinen durch den historischen Bremeneck-Garten (vgl. *Bremeneckgasse*) angelegt. Zur Finanzierung des Baus trugen u. a. die Mittel der Stiftung des Arztes Dr. Hermann Kleinschmidt (1816–1869) bei. Die Straße entlastete die steile Schlossberg-Straße und stellte eine Verbindung zum wenig später ausgebauten *Schloss-Wolfsbrunnen-Weg* her. Eine Gedenktafel besagt: »Dem Andenken des Freundes / und Wohlthäters der Stadt Heidelberg / Dr. med. Hermann Kleinschmidt / geb. in Heidelberg 1816 gest. daselbst 1869 / welcher durch letzten Willen sein Vermögen / in Verbesserung und Verschönerung seiner Vaterstadt / schenkte, worauf dasselbe in den Jahren 1872–1875 / durch Beschluß des Stadtraths zur Herstellung / dieses Schlosswegs verwendet wurde / widmet diese Tafel die dankbare Bürgerschaft 1876« (Derwein 1940, Nr. 811; vgl. *Kleinschmidtstraße*).

Neue Schlossstraße, Blick vom Schloss   Neue Schlossstraße 41

Neugasse

Nr. 1: Haus Felseck, heute Nachsorgeeinrichtung St. Thomas. – Nr. 2: Korps Vandalia (1882). – Nr. 4: Korps Guestphalia (1886). – Nr. 10/12: Burschenschaft Frankonia (1893).

Neue Stücker   (Ziegelhausen, C–D 13, zwischen Gleisweg und Rainweg). Nach den zwischen 1750 und 1800 gerodeten Bergwiesen oberhalb des Rainwegs benannt. *Förster-Bronn-Weg* und *Neue Stücker* sind durch den *Gleisweg* miteinander verbunden (Hoppe 1940, S. 24; Hoppe 1956, Nr. 228; vgl. *Stückerweg*).

Neugasse   (Altstadt, F 10, zwischen Hauptstraße und Plöck). Anfang des 18. Jahrhunderts angelegt. Hieß ursprünglich *Hospitalgasse*, da sie zum St.-Annen-Spital (Plöck 6, erbaut 1714/15) führte (1724: *in der new Hospital gaßen*, 1742: *in der Neugaß*) (Derwein 1940, Nr. 360, 652).

Neulichweg   (Handschuhsheim, D 9–10, zwischen Bergstraße und Siedlung Im Neulich). Früher auch: *Neulichsweg*. Zugangsweg zur Neulich-Siedlung, ohne Hausnummern. Fortsetzung der *Amselgasse* in Richtung Heiligenberg-Gipfel (vgl. *Im Neulich*).

Neurott Bauernsiedlung   (Kirchheim, L 4–5, westlich der Autobahn). Bäuerliche Neusiedlung, 1938 eingeweihte »Erbhofsiedlung« mit 11 Hofstellen Kirchheimer Bauern auf dem Allmendgrund des einstigen Hegenichwaldes zwischen Autobahn, Leimener Weg und Leimbach (Neuer 1985, S. 34; Körner 2009, S. 79).

Newtonstraße   (Bahnstadt, G 8, zwischen Speyerer Straße und Max-Jarecki-Straße). 2010 nach dem britischen Mathematiker und Physiker Sir Isaac Newton (1643–1727) benannt, der mit seinem Gravitationsgesetz eine Art Weltformel fand und die Grundlagen der modernen Physik legte. Er wurde wegen seiner wissenschaftlichen Leistungen als Vertreter der Universität Cambridge ins englische Parlament gewählt und in den Adelsstand erhoben. »Newton« ist die abgeleitete SI-Einheit der Kraft (vgl. *Cambridgestraße*).

Nightingalestraße   (Bahnstadt, G 8, zwischen Langem Anger und Zollhofgarten). 2010 nach der Engländerin Florence Nightingale (1820–1910) benannt, einer Pionierin der modernen Krankenpflege, bezeichnet als »Engel der Verlassenen«, dargestellt als »Lady with the lamp«. Sie leistete 1854–56 den englischen Verwundeten im Krimkrieg Beistand. Durch ihre Ausbildung in der Diakonissenanstalt Kaiserswerth war sie mit den Grundlagen der Krankenpflege vertraut. Jeweils an ihrem Geburtstag wird ihr zu Ehren der »Internationale Tag der Pflege« begangen.

Noetherstraße   (Bahnstadt, G 8, zwischen Galileistraße und Max-Jarecki-Straße). Die Mathematikerin Emmy Noether (1882–1935) aus Erlangen gehört zu den Begründern der modernen Algebra. Das nach ihr benannte Noether-Theorem wurde zu einer der wichtigsten Grundlagen der Physik. Seit 1909 lehrte sie in Göttingen. 1933 entzog ihr die NS-Regierung die Lehrerlaubnis und sie emigrierte in die USA. Sie verstarb dort an den Komplikationen einer Operation. Nach ihr ist das »Emmy-Noether-Programm« der Deutschen Forschungsgemeinschaft benannt, welches junge Wissenschaftler fördert. – Ihr Vater Max Noether (1844–1921) war ebenfalls Mathematiker. Er studierte ab 1865 in Heidelberg, habilitierte sich hier 1870, wurde 1875 Professor in Erlangen und bewies 1873 den Fundamentalsatz der Theorie der algebraischen Funktionen, der nach ihm benannt ist.

North Gettysburg Avenue   (Patrick-Henry-Village, I 5, zwischen South Gettysburg Avenue und Saratoga Drive). 1863 wurde der Oberkommandierende der konföderierten US-Armee, General Robert E. Lee, in der Schlacht bei Gettysburg zum Rückzug gezwungen, ein Wendepunkt des amerikanischen Bürgerkriegs. Die drei Tage von Gettysburg wurden zum amerikanischen Mythos. Vier Monate später, am 19. November, als der Nationale Soldatenfriedhof auf dem Cemetery Hill eingeweiht wurde, hielt Präsident Abraham Lincoln die berühmte Gettysburg Address, in der er die Nation aufrief, an eine gemeinsame Zukunft der Kriegsparteien zu glauben, damit kein Soldat umsonst gefallen sei. Er fasste darin das demokratische Selbstverständnis der Vereinigten Staaten zusammen. Die Rede gilt als rhetorisches Meisterwerk und ist Teil des historisch-kulturellen Erbes der USA. Der Oberbefehlshaber der Nordstaaten im Bürgerkrieg und spätere amerikanische Präsident, Ulysses Simpson Grant, war 1877 in Heidelberg, wo er sich im Hotel Schrieder mit Richard Wagner unterhielt (vgl. *Richard-Wagner-Straße*, *South Gettysburg Avenue*).

North Lexington Avenue   (Patrick-Henry-Village, I 5, zwischen South Lexington Avenue und San Jacinto Drive). Nach der Stadt Lexington (Massachusetts) benannt, wo es am 19. April 1775 zum bewaffneten Konflikt zwischen amerikanischer Miliz und britischen Truppen kam und damit zum Beginn des amerikanischen Unabhängigkeitskriegs (vgl. *South Lexington Avenue*).

Oberbadgasse (Altstadt, F 11, zwischen Hauptstraße und Zwingerstraße). 1588 als *Ober Badtgaß* erstmals erwähnt. Benannt nach dem ehemaligen Oberbad (heute: Oberbadgasse 10 und Zwingerstraße 19), einer öffentlichen Badstube. Der Brunnen ist noch vorhanden. Eine »Unterbadgasse« gibt es nicht, das Unterbad lag in der Kettengasse (Derwein 1940, Nr. 664; vgl. *Mittelbadgasse*).

Oberdorfstraße (Kirchheim, K 7–8, zwischen Hegenichstraße / evangelischer Kirche und Sandhäuser Straße, setzt sich im Bruchhäuser Weg fort). Früher auch: *Allmendstraße*. Führt durch den oberen (d. h. südlichen) Teil des Dorfes und verbindet Kirchheim mit Bruchhausen. Der Renovationsbericht von 1617 unterscheidet zwischen Anwesen »oben im Dorf«, »unten im Dorf« und »mitten im Dorf«. Eine »Unterdorfstraße« gibt es nicht. (Körner 2009, S. 80; vgl. *Am Dorf*).

Nr. 1: evangelisches Pfarrhaus, Gedenktafel an einen Besuch Goethes 1815.

Obere Büttengasse (Handschuhsheim, D 9, zwischen Unterer Büttengasse und Steckelsgasse). Die Straße war bis 1750 ein unbebauter Weinbergweg. Früher: *in der Büttengassen* (1744), *am Büttenthaler Weeg* (1784). Bei dem Namen denkt man an Bütte, kleines Fass, Tragegefäß, in das Trauben gelesen und zur Kelter getragen werden. Aber auch mhd. bütel m. »Gerichtsbote, Henkersknecht« könnte zugrundeliegen. – Nicht die Obere Büttengasse, wie am 22. September 1915 vom Stadtrat beschlossen, sondern der *Rummerweg* hieß 1926–54 *Am Hahnenberg* (Derwein 1933, S. 179; Frey 1944, Nr. 70f., 151; vgl. *Rummerweg, Untere Büttengasse, Hahnbergweg*).

Friedrich Handrich an den Stadtrat: »Mit Schreiben vom 10. Mai 1915 haben die vier bei der jetzigen planmäßigen Herstellung der oberen Büttengasse in Frage kommenden Grundstückseigentümer u. A. auch um Namensänderung dieser Straße sowohl auch des Kreuzpfades gebeten und vom Stadtrat unterm 21. des gleichen Monats den Bescheid erhalten, dass sich derselbe mit einer Namensänderung

Oberbadgasse   Oberbadgasse 10

nicht befreunden könne und dass dies vor allem für den Kreuzpfad gelte. (...)
doch soll auch hier konstatiert werden, dass verehrl. Stadtrat auch altgewohnte,
lokalhistorische Namen in jüngster Zeit geändert hat und sei hier nur an die Um-
taufung der Seegartenstraße in Wilhelm-Erb-Straße erinnert, wobei man sogar die
alte Bezeichnung beizusetzen sich veranlasst sah. Anders aber verhält es sich mit
der unschönen und nichtssagenden Bezeichnung «Obere Büttengasse», die im pri-
vaten wie im öffentlichen Interesse besser verschwinden würde.« (Heidelberg, 14.
September 1915)

Heidelberg, 22. September 1915: Sitzungsbeschluss »dass wir der Oberen
Büttengasse mit sofortiger Wirkung die Bezeichnung ›Am Hahnenberg‹ beigelegt
haben.«

(Stadtarchiv Heidelberg UA 288/9a)

Obere Kirchgasse (Handschuhsheim, D 9, zwischen Pfarrgasse und Dossenheimer
Landstraße). Zugang zur St.-Vitus-Kirche. Die heutigen drei Kirchgassen mit ihrer Lage zwi-
schen Kirche und Tiefburg gehören zum ältesten Ortskern Handschuhsheims (Frey 1944,
Nr. 231f.; vgl. *Mittlere Kirchgasse, Untere Kirchgasse*).

Nr. 3: altes Schulhaus (1863–1957). – Nr. 4: evangelisches Pfarrhaus. – Nr. 5: ehemaliges Horneck-
sches Gut (1624 an die Herren von Horneck), heute Deutsches Rotes Kreuz, Seniorenzentrum Handschuhsheim (1995). – Nr. 12: ehemalige evangelische Kleinkinderschule (1871 von der Mühltalstraße
21 hierher verlegt). – Nr. 20: ehemalige lutherische Kirche (1784–1821, heute Wohnhaus).

Obere Neckarstraße (Altstadt, F 11, zwischen Karl-Theodor-Brücke und Leyergasse).
Das alte Heidelberg zieht sich südlich des Neckars hin, der in Ost-West-Richtung fließt. Die
Stadtmauer verlief zwischen Bebauung und Flussufer. Die Gegend zwischen Alter Brücke
und Mönchsmühle hieß früher *Froschau*, ein Name, der seit 1468 nachweisbar ist (»zwey hu-
ser off der froschaw gelegen«). »Der weitverbreitete Flurname, eine sumpfige Gegend be-
zeichnend, kam früher auch in Handschuhsheim vor.« (Derwein). Hier, beim »Metzelhaus«
(Schlachthaus), floss der kanalisierte Metzelbach in den Neckar. – Ende des 18. Jahrhunderts war für den östlichen Teil der Name *Mönchmühlgasse* (erstmals erwähnt 1770f.)
üblich. Weil der Name Froschau von Fremden lächerlich gefunden werden und den Wert der

Obere Kirchgasse 20

Obere Neckarstraße 1

Obere Neckarstraße 1, Tränktor

Obere Neckarstraße 5

Obere Neckarstraße 7

Grundstücke mindern könnte, wurde 1854 die Gasse nach dem Flusslauf in *Obere Neckar-straße* umbenannt. In der Mitte des 19. Jahrhunderts hieß die Straße östlich des Brückentors auch *An der Neckarbrücke* (Adressbuch 1843). – Um den provisorischen Anschluss der *Mönchgasse* an die Straße *Am Hackteufel* für den Kfz-Verkehr zu verbreitern, wurden 1981 zwei Häuser, Obere Neckarstraße 15 und 17, geopfert (Derwein 1940, Nr. 204, 609, 640f.; vgl. *Untere Neckarstraße, Froschäckerweg, Mönchgasse*).

Nr. 1: ehemalige Neckarschule (älteste Schule der Stadt, bis 1805) mit dem Tränktor im Sockelgeschoss, auch Fischerpforte genannt, wahrscheinlich Ausfluss eines Entwässerungskanals, heute Durchgang zum Neckarufer. – Hier wohnte der Zeichenlehrer der Universität Friedrich Rottmann (1768–1816), Vater des Malers Carl Rottmann (vgl. *Rottmannstraße*). – Nr. 5: Hier wohnte 1840/41 der niederdeutsche Dichter Fritz Reuter (1810–1874) als Jurastudent (Gedenktafel). – Nr. 7: Hier wohnte 1826 der bulgarische Gelehrte Petar Beron (1800–1871), der in Heidelberg Philosophie studierte. In seiner Heimat ist er als Lehrbuchautor und Aktivist der nationalen Wiedergeburt bekannt (Gedenktafel; vgl. *Karlstraße*).

Obere Rödt   (Pfaffengrund, G 6, zwischen der ehemaligen Schwetzinger Bahnlinie [heute Heinrich-Menger-Weg] und der Autobahn). 1920 nach einem Gewann benannt (»Vorder, Mittler, Hinter Rödt« = gerodetes Land, 1787 erstmals erwähnt, Hinweis auf ehemaliges Waldgebiet) (Derwein 1940, Nr. 731; vgl. *Untere Rödt*).

Obere Rödt, Auferstehungskirche

Nr. 11: evangelische Auferstehungskirche (1949).

Obere Rombach (Schlierbach, F 13, zieht von der Mitte des Jettawegs als Sackweg westlich). 1932 nach dem Rombach benannt, der unterhalb des Königstuhls entspringt und bei der Schlierbacher Landstraße 126 in den Neckar mündete (heute nicht mehr sichtbar). 1518 erstmals als »Rumbach« erwähnt (zu mhd. râm = »Schmutz«). Das dortige Gewann heißt nach dem Bach »Obere« bzw. »Untere Rombach« (Derwein 1940, Nr. 733; vgl. *In der unteren Rombach*, *Rombachweg*, *Rahmengasse*).

Oberer Fauler Pelz (Altstadt, F 11, zwischen dem Amtsgefängnis und der Bremeneckgasse). 1667 erstmals erwähnte Gewannbezeichnung, vielleicht von mhd. belzen = »pflanzen, propfen«? Nach H.-M. Mumm (HJG 15 (2011), S. 183f.) erbaute Pfalzgraf Johann Kasimir (Administrator 1583–91) die Straßen *Unterer* und *Oberer Fauler Pelz* durch den Obstgarten des Vogts (Fauts), um durch Serpentinen die Steigung für den Wagenverkehr zu verringern. Bis 1955, solange die Odenwaldbahn durch die Altstadt fuhr, war die Straße Oberer Fauler Pelz durch einen beschrankten Bahnübergang unterbrochen. In den 1960er Jahren wurde eine Häuserzeile für die »Südtangente« abgerissen. Die Treppenanlage zwischen der Kettengasse und dem Oberen Faulen Pelz wurde 2006 erneuert. – Haus Nr. 1 ist das 1847/48 erbaute Amtsgefängnis, Architekt: Ludwig Lendorff; seit 1985 unter Denkmalschutz). An der Straße steht heute das Denkmal für Karl Metz, den Begründer der freiwilligen Feuerwehr (früherer Standort am Klingentor; vgl. *Karl-Metz-Straße*) (Derwein 1940, Nr. 684).

Oberer Gaisbergweg (Weststadt, G 9–10, zwischen Steigerweg und »Sieben Linden«). Nach dem Gaisberg benannt, dem 375 m hohen Gipfel etwa 2 km westlich des Königstuhlgipfels, 1239 erstmals erwähnt (»Geysberg«). Der Name wird gerne mit den dort einst weidenden Ziegen erklärt, ist aber wohl früheren Ursprungs (Gäuberg?). Der Obere Gaisbergweg war bis in die zweite Hälfte des 19. Jahrhunderts ebenso ein Weinbergweg wie die *Gaisbergstraße*, der *Mittlere Gaisbergweg*, der *Hasenbühler Weg* und der *Hutzelwaldweg* (Derwein 1940, Nr. 212–214; vgl. *Gaisbergstraße*).

Oberer Neuer Weg (Boxberg, I–K 10–11, beginnt an der Straße Zur Forstquelle und führt in den Wald zur Kieselsrank). Zufahrt zum Fernheizwerk (1962). Nicht zu verwechseln mit dem *Neuen Weg* (Ziegelhausen).

Oberer Rainweg (Ziegelhausen, D 13, zwischen Rainweg und Stiftweg). Der Obere Rainweg ist der frühere *Glashütter Weg*, der von Peterstal über das Stift Neuburg nach Hei-

Oberer Gaisbergweg, Abgang Sensenried   Oberer Rainweg, Aufgang

delberg führte. – Es gibt in Ziegelhausen den *Rainweg*, den *Mittleren Rainweg* und den *Oberen Rainweg*. Im Wald gibt es gleichfalls einen *Rainweg*, der vom Köpfel zur Holdermannseiche zieht. Rain (ahd. rein) bedeutet »Rand, Ackergrenze, Grenzweg«, daher »Anrainer« = »Grundstücksnachbar« (vgl. *Rainweg*; Hoppe 1956, Peterstal Nr. 14; Hoppe 1970, S. 25).

Obere Seegasse   (Kirchheim, K 8, zwischen Odenwaldstraße und dem Feld, parallel zur Unteren Seegasse). Alter Allmendweg, benannt nach dem Kirchheimer See, der in einem alten Neckarbett durch den gestauten Rohrbach entstand und heute trocken ist. (Neuer 1967, S. 19; Neuer 1985, S. 64ff.; Körner 2009, S. 28ff., 80; vgl. *Untere Seegasse*, *Bogenstraße*, *Seewiesenweg*).

Oberfeldstraße   (Wieblingen, E 6, von der Mannheimer Straße 177 zur Adlerstraße/Trasse der ehemaligen OEG). Die Straße liegt im ehemaligen Oberfeld, das – ebenso wie Mittel- und Unterfeld – einen Teil der Wieblinger Gemarkung umfasste (siehe auch *Am Taubenfeld*, *Grenzhöfer Weg* und *Maaßstraße*). Angelegt und benannt 1926; danach wurde die gemeinnützige Wohnsiedlung »Blaue Heimat« (siehe *Elisabethstraße* und *Hermann-Treiber-Straße*) bis hierher ausgedehnt. Gleichzeitig baute an der südlichen Ecke zur Mannheimer Straße Georg Retzbach das Wohn- und Gasthaus »Zum Neckartal« (heute »Olympia«) mit einem Saalbau, der jahrzehntelang als Festhalle, Turnhalle und Sonntagskino diente.

Ochsenkopfweg   (Wieblingen, F 6–7, Siedlung Ochsenkopf, vom Wieblinger Weg zur OEG-Trasse). Der Weg entstand – zusammen mit dem *Sechshäuserweg* – als Abzweigung vom *Wieblinger Weg*, als hier 1919–21 die ersten Häuser der »Siedlung Ochsenkopf« gebaut wurden. Benannt nach dem Flurnamen »Großer Ochsenkopf« (Derwein 1940, Nr. 667), der bisher nicht gedeutet wurde.

Odelweg   (Neuenheim, E 11, Treppenweg zwischen Scheffelstraße und Hölderlinweg). Nach dem Gewann »Nadel« (1756 erstmals als »Nodel«, 1788 »in der Odel« erwähnt) am Heiligenberg zwischen Hirschgasse, Werrgasse und Odenwälder Weg benannt. Der Flurname konnte nicht gedeutet werden (Jaeger 1988, Nr. 638, 711, 759f.).

Odenwaldplatz   (Kirchheim, I 8, Kreuzung Odenwaldstraße/Schwetzinger Straße). 2008 wurde dieser Platz im Zuge des Baus der Straßenbahntrasse vom Gemeinderat offiziell so

OCHSENKOPF Das erste Gebäude auf dem Gebiet der heutigen Ochsenkopfsiedlung war die 1911/12 errichtete Ofenfabrik Jean Heinstein (»Heinsteinwerk«), die auch die amtliche Benennung dieses Feldwegs als *Wieblinger Weg* anregte (1913). Die Eisenbahnersiedlung »Wieblinger Weg«, später »Siedlung Ochsenkopf« genannt, entstand durch die 1913 von 60 Beschäftigten der Badischen Staatsbahn gegründete »Gemeinnützige Bezirksbaugenossenschaft Heidelberg eGmbH« nach dem damals beliebten Baukonzept der »Gartenstadt«. Sie hat ihren Namen von dem dortigen Gewann »Großer Ochsenkopf« (Derwein 1940, Nr. 667). Die ersten 43 Häuser wurden 1919–21 am *Ochsenkopfweg*, *Sechshäuserweg* und der dazwischen liegenden Südseite des *Wieblinger Weges* errichtet. 1927/28 und ab 1935 folgten weitere Wohnungen am *Wieblinger Weg*, *Rainbachweg* und *Elsenzweg*. 1934/35 entstanden mit der »Erbbau-Heimstätten-Kleinsiedlung« am *Diebsweg* (später *Gutachweg*) die ersten Eigenheime. Alle diese Häuser lagen auf Heidelberger Gemarkung. Die Siedlung gehörte deshalb auch schulisch zum Stadtteil Bergheim und kirchlich anfangs zu den Weststadtpfarreien. Doch schon immer haben sich die meisten Bewohner als zu Wieblingen gehörig angesehen, ihre Kinder dort in die Schule geschickt und dort den Gottesdienst besucht. Durch den Autobahnbau 1935/36 wurde die noch junge Siedlung so zwischen Eisenbahnlinie und Autobahn eingeschlossen, dass keine Ausdehnungsmöglichkeit in Richtung Wieblingen mehr bestand. Nach dem Zweiten Weltkrieg wurde das Gelände westlich des *Gutachwegs*, am *Dreisamweg* und *Kinzigweg* bebaut. Erst 1955 erhielt die Siedlung eine eigene OEG-Haltestelle. 1976 gründeten die Bewohner die »Siedlungsgemeinschaft Ochsenkopf e.V.«, die als »stadtteilvereinsähnlicher Verein« gilt. Diese baute das frühere Kelterhaus am *Gutachweg* zum Vereinsheim und somit zum Siedlungsmittelpunkt um. Die Stadtverwaltung hat seit der Eingemeindung Wieblingens die offiziellen Stadtteilgrenzen mehrmals verschoben. Seit 2003 gehört die Siedlung Ochsenkopf zu Wieblingen. Am 1. Januar 2013 wurde die Siedlung kirchlich auch der katholischen Pfarrei Wieblingen angegliedert (auf evangelischer Seite schon länger).

benannt, nachdem dieser Name schon allgemein üblich war. Die Adressen der Häuser um den Platz haben sich dadurch nicht geändert (vgl. *Odenwaldstraße*).

Odenwaldstraße (Kirchheim, I 8, zwischen Schwetzinger Straße und Hardtstraße am Bahnhof Kirchheim). Bis 1930: *Rohrbacher Straße*. Ursprünglich setzte sich die Straße bis zur Fuchsschen Waggonfabrik fort. Die Bahnlinie war mit einem Steg überbrückt. 1959 wurde der Teil der Odenwaldstraße, der östlich der Bahnlinie verlief, einschließlich der nördlichen Verlängerung des *Birkenwegs* in *Heinrich-Fuchs-Straße* umbenannt. Die Hausnummern Odenwaldstraße 68–59 wurden in Heinrich-Fuchs-Straße 103–122 geändert. – Benannt nach dem Odenwald. Der Kleine Odenwald, das Mittelgebirge östlich der Rheinebene und südlich des Neckartals bis zum Kraichgau, hat als höchste Erhebung den Königstuhl (566 m). Der Große Odenwald ist das Mittelgebirge zwischen Neckartal und Maintal, höchste Erhebung ist der Katzenbuckel (626 m). – Vgl. auch die Namen *Odelweg* (Neuenheim), die Odel (Vorsprung des Heiligenbergs bei der Hirschgasse), Odelberg (heute: Ölberg) bei Schlierbach (Derwein 1940, Nr. 672; vgl. *Odinspfad*, *Schwarzwaldstraße*).
Nr. 4: Seniorenzentrum Kirchheim (2006).

Odinspfad (Rohrbach, I 9–10, Sackgasse östlich der Panoramastraße). Bis 1936: verlängerte *St. Peterstraße*. Erinnert an die germanische Mythologie. Odin (nordgermanisch) oder Wotan (südgermanisch) ist der Allvater, der Gott der Winde, der Herr in der Schlacht, der Schöpfer der Dichtkunst, der Totengott. Der heidnische Odin und der christliche Petrus in einer Straße! Angeblich auf Wunsch eines Anwohners neu benannt (vgl. *Helaweg*, *Odenwaldstraße*, *St. Peterstraße*).

Ölgasse (Rohrbach, I–K 9–10, zwischen Am Müllenberg und Bierhelderweg). Auch *Oelgasse*. Der Name der kleinen Gasse weist auf eine Ölmühle, die dort stand.

Offenburger Straße (Rohrbach-Hasenleiser, K 8, Sackgasse von der Konstanzer Straße). Offenburg, Stadt an der Kinzig, Hauptort des Ortenaukreises, entstand an einer 1148 zuerst genannten zähringischen Burg, die den Austritt des Flusses aus dem Schwarzwald deckte. 1235 Reichsstadt, 1550/1771 zu Österreich, 1803/05 zu Baden. Im Pfälzischen Erbfolgekrieg wurde die Stadt verbrannt. Der Name bedeutet angeblich »Burg des Offo«, nach dem legendären Gründer, einem angelsächsischen Missionar. Eine von zwölf Straßen im Hasenleiser, die nach südbadischen Städten benannt wurden (vgl. *Zähringer Straße*).

Oftersheimer Weg (Kirchheim, H 7, zwischen Speyerer Straße und Pleikartsförsterhof). Alte Verbindung von Heidelberg zum Nachbarort Oftersheim. Die Trasse ist im Feldwegenetz teilweise noch erkennbar, durch Bebauung, *Speyerer Straße* und Autobahn unterbrochen. Heute Zufahrtsstraße zum *Pleikartsförsterhof*, zum ehemaligen Flugplatz der US-Armee und zum städtischen Lagerplatz bzw. Recyclinghof (Nr. 1).

Oppelner Straße (Kirchheim, I 8, zwischen Glatzer Straße und Breslauer Straße). Nach der Stadt Oppeln an der Oder (Niederschlesien) benannt, heute Opole (Polen). – 1959 nannte man die Straßen in Kirchheim-Nord nach ehemals deutschen Städten jenseits der Oder-Neiße-Linie (vgl. *Allensteiner Weg*, *Breslauer Straße*, *Danziger Straße*, *Elbinger Straße*, *Glatzer Straße*, *Gleiwitzer Straße*, *Insterburger Weg*, *Königsberger Straße*, *Liegnitzer Straße*, *Marienburger Straße*, *Stettiner Straße*, *Tilsiter Straße*).
Nr. 2: Arche, Gemeindezentrum der evangelischen Wicherngemeinde.

Ortenauer Straße (Rohrbach-Hasenleiser, K 9, zwischen Karlsruher Straße und Kolbenzeil). 1958 nach der Ortenau benannt, geschichtliche Landschaft am Oberrhein zwischen Breisgau und Ufgau mit dem Hauptort Offenburg. Die Grafschaft wurde 763 als »Mordunouva« bzw. »Mori-dunum« (keltisch = Sumpf-Festung) erstmals erwähnt. Namensgebend war eine Befestigung auf der vorspringenden, das Kinzigtal bewachenden Erhebung bei Ortenberg, auf der heute das Schloss Ortenberg zu finden ist. Im 11./12. Jahrhundert war die Grafschaft im Besitz der Herzöge von Zähringen, 1525 war sie ein Zentrum des Bauernkriegs, gehörte im 16. Jahrhundert zu Vorderösterreich und kam 1805 an Baden (vgl. *Markgräfler Straße*, *Zähringer Straße*, *Offenburger Straße*).

Otto-Hahn-Platz (Emmertsgrund, L 10, Zufahrt über Otto-Hahn-Straße). Nach dem Chemiker Otto Hahn (1879–1968) benannt. Er entdeckte 1918 in Berlin zusammen mit Lise Meitner (1878–1968) das Element Protactinium. 1939 lieferte Meitner die erste theoretische Deutung der Kernspaltung, die Hahn und Fritz Straßmann 1938 beobachtet hatten, aber nicht

Oppelner Straße, kirchl. Gemeindezentrum   Otto-Hahn-Platz

verstehen konnten. Nicht sie, sondern Otto Hahn allein erhielt 1944 für die Entdeckungen zur Kernspaltung den Nobelpreis für Chemie (vgl. *Lise-Meitner-Straße*).

Otto-Hahn-Straße   (Emmertsgrund, L 10, parallel zu Im Emmertsgrund). 1971 benannt (vgl. *Otto-Hahn-Platz*).

Nr. 15–17: Tennisklub Heidelberg-Emmertsgrund e.V.

Panoramastraße   (Rohrbach, Südstadt, H–I 9–10, östlich der Von-der-Tann-Straße/Görresstraße, zieht zum Bergfriedhof). Nach der Aussicht auf die Rheinebene benannt. Die Straße bildet die Fortsetzung der *Winzerstraße* nach Norden und hieß auf Rohrbacher Gemarkung *Bergstraße*. Von 1903 an wurde zwischen Panoramastraße (damals *Bergstraße*) und *Rohrbacher Straße* (damals *Landstraße*) von Rohrbach her bis etwa zur »Markscheide« (Gemarkungsgrenze) ein Villengebiet erschlossen. »Der Gemeinde erstand dadurch eine Reihe kapitalkräftiger Steuerzahler, welche dem Gemeindesäckel nicht unwesentliche Einnahmen brachten.« (Menzer 1926, S. 116). Als eines der ersten Häuser der neuen »Villenkolonie« wurde die Villa Hilda am 17. Mai 1903 in der damaligen Bergstraße 7 (heute Panoramastraße 95) bezugsfertig. In den Heidelberger Adressbüchern taucht die Panoramastraße erstmals 1922 auf. Sie existiert hier nur auf Rohrbacher Gemarkung. 1938 wurde sie als *Südliche Panoramastraße* über die ehemalige Gemarkungsgrenze bis zum Bergfriedhof verlängert. Die Bebauung des nördlichen Teils (der heute zur Südstadt gehört) erfolgte nach dem Zweiten Weltkrieg (vgl. *Höhenstraße*).

Pariser Weg   (Wieblingen, E 6, ein Feldweg zwischen Umgehungsstraße L 637 und Autobahn A 656). Der Name taucht auf den Heidelberger Stadtplänen erstmals 1939 auf und ist bisher nicht erklärbar.

Nr. 2: Anlage des Kleintierzuchtvereins C78 Heidelberg-Wieblingen 1900 e.V. mit der Gaststätte »Flammkuchenhof«.

Parkstraße   (Rohrbach, I–K 9, zwischen Karlsruher Straße und Amalienstraße). 1929 nach dem früher hier gelegenen Garten benannt, der das Landhaus des Herzogs Karl II. August von Pfalz-Zweibrücken, das Rohrbacher Schlösschen, umgab. Er befand sich zwischen der heutigen Parkstraße, Burnhofweg, Karlsruher Straße und Leimer Straße und wurde 1774 von dem Gartenarchitekten Friedrich Ludwig Sckell (1750–1823) angelegt. An seiner Nordwestecke legte man 1780 einen »Spiegelweiher« an. Durch die Anlage von Schloss und Garten verschwand ein Teil des alten Dorfes. Die Parkstraße hieß bis zur Eingemeindung *Friedrichstraße*.

Peterhofweg   (Ziegelhausen, C 13, zwischen Kreuzgrundweg und Peterhof). Der Weg heißt seit der Eingemeindung Ziegelhausens nach dem Peterhof unterhalb des Apfelkopfs, einer 448 m hohen bewaldeten Bergkuppe zwischen Kreuzgrund und Peterstal. Früher hieß

Panoramastraße 39

PATRICK-HENRY-VILLAGE Amerikanische Siedlung für etwa 3500 Menschen beim *Hegenichhof*, 1953–56 auf dem Allmendgrund des einstigen Hegenichwaldes, in den Gewannen »Scheibenloch« und »Kuhwaid« gebaut, anfangs »Hegenich-Siedlung« genannt. 1954 nach dem amerikanischen Staatsmann und Redner Patrick Henry (1736–1799) benannt. Dieser trat 1763 als Rechtsanwalt in einem Prozess um die Tabaksteuer auf, dessen Ausgang als Ermunterung für die Unabhängigkeitsbewegung verstanden wurde. 1775 hielt er vor der Virginia Convention in Richmond eine Rede, deren letzter Satz, »I know not what course others may take; but as for me, give me Liberty, or give me Death!«, in den amerikanischen Mythos einging. 1776–79 und 1784–86 war Henry Gouverneur von Virginia. Als Antiföderalist war er ein erklärter Gegner der Verfassung der Vereinigten Staaten. Er befürchtete, dass die Bundesregierung die Sklaverei abschaffen könnte. Wohl verdammte er diese als Übel, welches aber auf unabsehbare Zeit notwendig sei. 1795 lehnte er das Angebot George Washingtons ab, Außenminister zu werden. – Die Siedlung hat Wohnblocks, Junggesellenheime, Kasino, Theater, Klinik, Kindergarten, Einkaufszentrum. Die Einfamilienhäuser der Offiziere liegen im Norden. Die Straßennamen sind der US-amerikanischen Kriegsgeschichte (Unabhängigkeitskrieg, Mexikanisch-Amerikanischer Krieg, Bürgerkrieg, Spanisch-Amerikanischer Krieg, Krieg gegen die Ureinwohner) entnommen und tragen meist die Namen von Schlachten.

Patrick-Henry-Village
von Westen

die Adresse einfach »Apfelkopf«. Das Hauptgebäude des Gutshofes (Peterhofweg 3) besteht seit 1776. Der Name kommt von dem Besitzer 1917–22, Hauptmann a. D. Bernhard Petersen. Im Volk wird die Gegend auch »Reppebuckel« (nach dem Besitzer 1904–17, Wilhelm Repp aus Kritzmow bei Rostock) genannt. 1925 kam das Gebäude in den Besitz der Familie Göler von Ravensburg (Hoppe 1970, S. 21; Hoppe 1956, Nr. 9, 240, 259; Gheorghe Stanomir, HJG 18 (2014); vgl. *Apfelskopfweg*).

Peterstaler Straße (Ziegelhausen, C–E 13–14, zwischen der Kreuzung In der Neckarhelle/Kleingemünder Straße und der früheren Grenze zwischen Ziegelhausen und Peterstal). 1710 gestattete Kurfürst Johann Wilhelm dem Glasmacher Johann Peter Wenzel († 1743) aus Isenburg den Bau einer Glashütte im Steinbachtal, die bis 1768 bestand. Daraus ent-

Peterhofweg 3   Peterstaler Straße

wickelte sich eine Siedlung, die man 1739 erstmals (nach der 1737 erbauten Peters-Kapelle) »Petersthal« nannte. »Der ursprünglich nur für das Schönauer Tal (. . .) geltende Name ging nach 1750 auf die gesamte Ansiedlung über.« (Hoppe 1956, Peterstal Nr. 36). 1936 wurde die Gemeinde Peterstal zu Ziegelhausen, 1975 jenes zu Heidelberg eingemeindet. – Die Hausnummern wurden 1969 geändert. – Der Platz, an dem die Peterstaler Straße auf die *Kleingemünder Straße* und auf die Straße *In der Neckarhelle* trifft, heißt nicht-amtlich *Ebertplatz*. Er wurde 1999/2000 neu gestaltet (Hoppe 1956, Peterstal Nr. 14, 36; vgl. *Peter-Wenzel-Weg*).
Nr. 1/3: »Hosefelderei«, 1709 von Johann Nikolaus Faber als Mühle erbaut, dann Apotheke, zuletzt Eigentum der Familie Hosefelder, seit 1978 Verkehrsverein Ziegelhausen. – Nr. 15: Neckarschule. – Nr. 154: Steinbachschule.

Peter-Wenzel-Weg (Ziegelhausen-Peterstal, B 14, zwischen Peterstaler Straße und Heidebuckelweg). Bis 1948: *Friedhofweg*, nach dem Friedhof benannt, der ursprünglich um die Peterskapelle lag. Nach dem Glasmacher Johann Peter Wenzel († 1743) aus Isenburg umbenannt. Dieser erbaute 1710 eine Glashütte im Steinbachtal, gegenüber dem Gasthaus »Zum Löwen«. 1734 trat Wenzel mit seiner Familie zum katholischen Glauben über und stiftete 1737 eine Kapelle, die 1739 den hll. Peter und Paul geweiht wurde. Er und seine Frau sind in der Kapelle begraben. Sie gab der Siedlung den Namen und wurde um 1900 abgerissen. Eine Tafel in der *Wilhelmsfelder Straße* bei der Abzweigung Peter-Wenzel-Weg besagt: »Hier gründete / Johann Peter Wenzel / im Jahre 1710 unter Kurfürst / Johann Wilhelm eine Glashütte. / Aus ihr entwickelte sich die / Siedlung Peterstal«. – Der wichtigste Rohstoff für die Glasmacher war das Holz, das man nicht nur als Brennmaterial benötigte. Als Flussmittel wurde beim Glasmachen Holzasche verwendet. In der Nähe wurde Quarz gemahlen. Glaser siedelten in abgelegenen Waldtälern, wo der Rohstoff zur Verfügung stand. Glasmacherei war, ähnlich wie die Ziegelherstellung, eine radikale Form der Waldnutzung. War der nutzbare Wald um die Hütte erschöpft, verlegte man sie in ein anderes Gebiet. Das war in Peterstal 1768 der Fall. Deshalb gibt es heute keine Spuren der Glasmacherei mehr, nur Flurnamen wie »Glashütter Berg, Glashütter Tal, Glaskopf, Hüttenberg, Pottaschenloch« erinnern daran (Hoppe 1956, Ziegelhausen Nr. 92, Peterstal Nr. 11, 14, 18, 54).
Nr. 29: Tafel in der Hauswand eingelassen: »Erbaut 1800. 1. Schulhaus von Peterstal«.

Pfälzer Straße (Wieblingen, E 6, in Fortsetzung der Wallstraße zur Liselottestraße). Die Straße ist schon auf dem ältesten Wieblinger Ortsplan (1741/92) vorhanden. Benannt nach

Pfaffengasse, Hochwassermarken

der linksrheinischen »Rheinpfalz« oder dem ehemaligen Territorium »Kurpfalz«. Vor 1930: *Kirchheimer Weg*, da er ursprünglich bis zur »Spinne« in Kirchheim führte; er war somit Teil des alten *Diebswegs* (siehe dort). Umbenennung wegen des *Kirchheimer Wegs* in Kirchheim.

Pfaffengasse   (Altstadt, F 10–11, zwischen Neckarstaden und Unterer Straße). 1344 erstmals als *in der pfaffen gaßen* erwähnt. Benannt nach der ehemaligen Dienstwohnung von Geistlichen der Heiliggeistkirche im Eckhaus Untere Straße 31/Pfaffengasse. Ahd. pfaffo, mhd. pfaffe stammt aus der griechischen Kirche (papās »clericus minor«) und war die gewöhnliche Bezeichnung für einen Geistlichen. Bis zur Stadtzerstörung befand sich zwischen Pfaffengasse und Haspelgasse das 1414 erstmals erwähnte »Kaufhaus«, das auch als Rathaus und Tanzhaus für Festlichkeiten diente (heute: Haspelgasse 12) (Derwein 1940, Nr. 688).
Nr. 18: Geburtshaus von Friedrich Ebert (1871), Friedrich-Ebert-Gedenkstätte (1989).

Pfaffengrunder Platte   (Pfaffengrund, G 6, freier Platz bei der Eppelheimer Straße an der Nordgrenze der Siedlung zwischen Storchenweg und Möwenweg). 1922 nach dem Flurnamen »Pfaffengründer Platte« benannt. Eine »Platte« ist eine abgeholzte oder durch Brand zerstörte Stelle im Wald. Auch andere Flurnamen in der Gegend deuten auf Wald hin.

Pfaffengrunder Terrasse   (Bahnstadt, G 7, zwischen Langem Anger, Bautzenstraße und dem Pfaffengrunder Feld). Wohngebiet im Nordwesten der Bahnstadt mit Blick auf den Stadtteil Pfaffengrund. (Zur Bedeutung siehe *Pfaffengrund*).

Pfaffengrundstraße   (Pfaffengrund, G 6, zwischen Eppelheimer Straße und Schützenstraße). 1920 benannt. Liegt im zuerst bebauten Gebiet der Siedlung. (Zur Bedeutung siehe *Pfaffengrund*).

Pfarrgasse   (Handschuhsheim, D 9, zwischen Handschuhsheimer Landstraße und Zeppelinstraße). Der Name ist offensichtlich eine Klammerform aus *Pfarr-Haus-Gasse*, nach dem katholischen Pfarrhaus (Nr. 5) benannt, 1875 erstmals erwähnt. 1923 wurde die Straße westlich der *Steubenstraße* fortgesetzt (Frey 1944, Nr. 325).

PFAFFENGRUND Die Wohnsiedlung Pfaffengrund gehört zu den jüngeren Stadtteilen Heidelbergs und entstand nach dem Ersten Weltkrieg am westlichen Rand der Heidelberger Gemarkung. Die Gegend wurde bis 1920 (und teilweise darüber hinaus) als Ackerland genutzt. Am 6. Mai 1919 schloss die 1918 gegründete »Gemeinnützige Baugenossenschaft für Volks- und Kriegerheimstätten Heidelberg eGmbH« (ab 1927: »Gemeinnützige Baugenossenschaft Neu-Heidelberg«) mit der Stadt Heidelberg einen Erbbauvertrag ab, der als die Geburtsstunde des Stadtteils gilt. Die Siedlung, geplant von Oberbaurat Ludwig Schmieder, entstand in Anlehnung an das Baukonzept der »Gartenstadt«. Zu jeder Wohnung sollten ein Stück Gartenland und ein Kleintierstall gehören. 1920 wurden die ersten Häuser bezogen und die Siedlung offiziell eingeweiht. Sie war ausgestattet mit Polizeiposten, Feuerlöschstation, katholischer Notkirche (1922), evangelischem Gemeindehaus, Schule, Gesellschaftshaus, Handwerksbetrieben und kleinen Läden. Der Marktplatz entstand 1921. Der älteste Teil des Stadtteils befindet sich zwischen Marktstraße, Oberer Rödt, Eppelheimer Straße und Schwetzinger Bahnlinie. Um Wohnraum für kinderreiche Familien zu schaffen, entstanden 1932–34 südlich der »Siedlung Pfaffengrund« durch Eigeninitiative der Betroffenen Siedlungshäuser im *Kranichweg*, *Im Schaffner*, *Lerchenweg*, *Krähenweg*, *Schützenstraße* und *Schwalbenweg* als »Stadtrandsiedlung«. Noch 1949 wurde zwischen der »Siedlung Pfaffengrund« und der »Stadtrandsiedlung beim Pfaffengrund« unterschieden. Seit 1998 ist der Pfaffengrund in seiner historischen Anlage ein Kulturdenkmal. 1929 baute man in der Marktstraße 43 die katholische Marienkirche.

Beim »Staatsbahnhof Wieblingen« entstanden 1934/35 am *Asternweg*, *Tulpenweg* und im *Ochsenkopf* weitere Einfamilienhäuser für Arbeiter, unterstützt von den Firmen Schnellpresse und IG Farben. Mit der Verlagerung der Fa. Stotz Kontakt von Mannheim nach Heidelberg wurden 1943 Behelfswohnungen in der *Hans-Bunte-Straße*, im *Schwalbenweg* und im *Kurpfalzring* gebaut. 1947 baute das Evangelische Hilfswerk im Pfaffengrund die erste Nachkriegssiedlung Heidelbergs. 1949 wurde in der *Oberen Rödt* die bereits 1939 geplante evangelische Auferstehungskirche errichtet.

1910–67 führte die Trasse der Schwetzinger Bahnlinie im Osten und Süden um den Pfaffengrund herum, welche bis heute mit der Autobahn und der *Eppelheimer Straße* den Umriss der Siedlung bestimmt (vgl. *Heinrich-Menger-Weg, Steinhofweg, An der Bahn, Baumschulenweg*). Nach 1945 legten die Amerikaner zwischen *Pleikartsförster Hof* und Pfaffengrund einen Militärflugplatz an.

Bei der Wahl des Namens der Siedlung griff man auf Flurnamen zurück, die auf dem Ackerland zwischen Eppelheim und Heidelberg beiderseits der *Eppelheimer Straße*, westlich des *Diebswegs*, geläufig waren. Aus Gewannbezeichnungen wie »Pfaffengründer Platte«, »Niederer Pfaffengrund«, »Hinterer Pfaffengrund« und »Pfaffengründer Winkel« wurde der Oberbegriff »Pfaffengrund« gebildet. Das diesbezüglich älteste bekannte Dokument stammt aus dem Jahr 1487 (»im loche in den pfaffengruben«). Der Name Pfaffengrund bedeutet etwa »Grundstück der Geistlichen, Kirchengut«. Ahd. pfaffo, mhd. pfaffe (»Geistlicher«) stammt aus der griechischen Kirche (papās = »clericus minor«) und war die gewöhnliche Bezeichnung für einen Geistlichen (vgl. *Pfaffengasse*; in Handschuhsheim gibt es den Flurnamen »Pfaffental«, Frey 1944, Nr. 322).

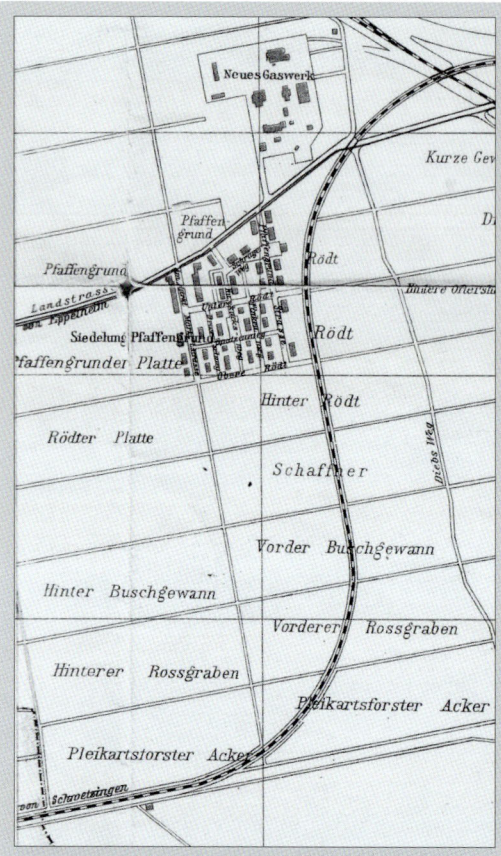

Pfaffengrund 1921

Der heutige Stadtteil Pfaffengrund umfasst nicht nur das Gewann »Pfaffengrund«, son-
dern auch noch eine Reihe weiterer Gewanne, deren Namen zum Teil in Straßenbezeich-
nungen auftauchen (*Im Roßgraben*, *Im Winkel*, *Im Heimgarten*, *Im Entenlach* usw.).
Der größere Teil der Rheinebene war bis ins 18. Jahrhundert bewaldet. Viele Flur- und
Straßennamen (*Pfaffengründer Platte*, *Rödt*, *Buschgewann*, *Schnepfengrund*, *Fuchsloch*,
Dornbusch, *Dörning*) bezeugen, dass dort, wo heute Menschen siedeln, früher Wald war.

Im Pfaffengrund gibt es die Stauffenbergschule (1926, heute Schule für Sprachbehin-
derte), die Graf-von-Galen-Schule für Geistigbehinderte (1961) und die Staatliche Lehr-
und Versuchsanstalt für Gartenbau (1952). 1998 wurde im Gewann »Ohrläppchen« der
Friedhof Pfaffengrund eröffnet. Im Pfaffengründer Mittelfeld liegen Aussiedlerhöfe, der
Tierschutzverein (1975) und eine Tierklinik. 1996 wurde das neue Gesellschaftshaus im
Schwalbenweg eingeweiht.

Der Stadtteil teilt sich in ein nördlich gelegenes Industriegebiet und ein Wohngebiet im Süden, getrennt durch die *Eppelheimer Straße*. Schon 1914 hatte der Bürgerausschuss beschlossen, im Pfaffengrund ein Gewerbegebiet (»Industriegebiet Fuchsloch«) auszuweisen. Dessen Keimzelle wurde 1915 das ehemalige städtische Gaswerk
am *Diebsweg*. 1951 wurde es ergänzt durch einen 70 m hohen Gashochbehälter an der

Kreuzung Diebsweg/Eppelheimer Straße, Identifikationssymbol des Stadtteils, welches 1985 abgebrochen wurde. Bekannte Firmen im Pfaffengrund sind: Stotz-Kontakt, ein elektrotechnischer Betrieb, heute zum ABB-Konzern gehörend; Teroson, ein chemischer Betrieb, heute zum Henkel-Konzern gehörend; 1999 zog die Heidelberger Brauerei (früher: »Schloßquell«) von Bergheim in den Pfaffengrund.

Der Pfaffengrund hat heute etwa 8000 Einwohner (zu den Flurnamen siehe Derwein 1940, Nr. 689).

Nr. 3 Gasthof »Zum Goldenen Lamm« (1729 erbaut, Gasthof seit 1738). – Nr. 5a: Katholische Sozialstation Nord.

Pfauenweg (Pfaffengrund, G 6, zwischen Schützenstraße und Obere Rödt). 1949 benannt. – Eine der 24 nach Vögeln benannten Straßen des Pfaffengrunds.

Philipp-Otto-Runge-Straße (Südstadt, H 9, zwischen Feuerbachstraße und Liebermannstraße). 1952 *Otto-Runge-Weg* benannt. Benannt nach Philipp Otto Runge (1777–1810) aus Wolgast, neben Caspar David Friedrich der bedeutendste deutsche Maler der Frühromantik. Als Kunsttheoretiker äußerte er für die damalige Zeit revolutionäre Gedanken. So schuf er das erste drei-dimensionale Farbsystem. Runge war mit Ludwig Tieck, Clemens Brentano und Goethe befreundet. Er schickte Johann Georg Zimmer, dem Verleger von »Des Knaben Wunderhorn«, 1806 die Märchen »Van den Machandelboom« und »Van den Fischer

Pfaffengrunder Terrasse

Pfaffengrundstraße

Pfarrgasse

und siine Fru«. Beide sollten in Grimms »Märchen« eingehen. Fast das gesamte erhaltene Werk Runges befindet sich heute in der Hamburger Kunsthalle.

Philipp-Reis-Straße (Weststadt, G–H 9, von der Hebelstraße südlich, der Bahnlinie entlang ziehend). 1950 nach dem Physiker und Lehrer Philipp Reis (1834–1874) aus Gelnhausen benannt, dem es als erstem Menschen gelang, eine funktionierende elektrische Fernsprechverbindung aufzubauen. Im Zuge seiner Erfindung entwickelte er auch das Kontaktmikrophon und führte das Wort »Telephon« ein. – Die erste öffentliche Telefonleitung in Heidelberg wurde 1885 in Betrieb genommen. Angeschlossen waren 50 Teilnehmer, die Zentrale war im ein Jahr davor eröffneten Reichspostamt. Das Rathaus hatte Verbindung mit der Pumpstation Schlierbach, der Gasfabrik in der Eppelheimer Straße, der Polizeistation in der Bergheimer Straße/Bismarckplatz und dem Hochwächter auf dem Turm der Heiliggeistkirche. – Unter dieser Adresse befindet sich die Wohnanlage »Alte Stadtgärtnerei«.

Philipp-Wolfrum-Weg (Handschuhsheim, D 9, zwischen Richard-Wagner-Straße und Berliner Straße). Bis 1930: *Wolfrumstraße*. Nach dem Komponisten und General-Musikdirektor Prof. Dr. Philipp Wolfrum (1854–1919) aus Schwarzenbach am Wald (Frankenwald, Bayern) benannt, Organisator des Heidelberger Musiklebens und erster Dirigent des 1885 gegründeten Bachvereins. Auf Anregung von Hermann Poppen wurde 1929 die damalige *Wolfrumstraße* in *Philipp-Wolfrum-Straße* benannt. – Viele Straßen zwischen Langgewann, Rottmannstraße und Blumenthalstraße tragen die Namen von Musikern (*Bachstraße*, *Beethovenstraße*, *Furtwänglerstraße*, *Haydnstraße*, *Max-Reger-Straße*, *Mozartstraße*, *Richard-Wagner-Straße*, *Schubertstraße*).

Philosophenweg (Neuenheim, E 9–12, zieht von der Bergstraße bergan über Eichendorffanlage, Liselotteplatz, Hölderlin-Anlage, durch die Gewanne »Linsenbühl, Rothenbühl, Judenhütte, Engelswiese, Untere Kühruh, Küblerwiese, Dachsbau« zum Mausbachtal). Ursprünglich ein Feldweg, der als Zugang zu den Weinbergen am Heiligenberg und zum Steinbruch im Gewann »Kutzelhecke« diente. 1705 erstmals als *Linsenbühlerweg* erwähnt (nach dem Gewann »Linsenbühl« oberhalb des Weges zwischen Bergstraße und Hirschgasse). Das Gewann unterhalb des Weges heißt »Rothenbühl« und galt bis ins 19. Jahr-

Philipp Wolfrum, Epitaph in der Peterskirche

hundert als bestes Weinbaugebiet. Die in den 1880er Jahren auftretenden Rebkrankheiten veranlassten die Besitzer, das Gelände anderweitig zu nutzen. Der Weg hat von der Stadt aus vier Zugänge: *Bergstraße*, *Albert-Ueberle-Weg*, *Schlangenweg* und *Hirschgasse*. Nach Norden zum Mönchberg hin zweigt der *Schweizerweg* ab. – Wegen des herrlichen Blicks auf Stadt und Fluss und seiner beschaulichen Ruhe war der Weg im frühen 19. Jahrhundert ein gern besuchter Spazierweg der Studenten und Professoren, so dass der Name »Philosophenweg« aufkam. Hans-Georg Gadamer sagte dazu: »Freilich sollte man sich auch erinnern, dass der Philosophenweg nichts mit Philosophie zu tun hat, sondern ein Altertumsrest ist, der einsame Spaziergänger für verrückt hält.« (Stadtblatt, 6, 9.2.2000, S. 1). – Im 19. Jahrhundert sollte der Feldweg zum Fahrweg ausgebaut werden, woran die Neuenheimer wenig Interesse hatten. Auch beim Oberamt Heidelberg kam man zu der Erkenntnis, »dass eine arme, kleine Bauerngemeinde nicht gezwungen werden könne, auf ihre Kosten für die Heidelberger und auswärtige Besucher der Stadt einen Spazierweg herzustellen.« (Heinrich Schmith). Man sammelte deshalb in Heidelberg und in Neuenheim Geld und begann 1837, ihn zum Fahrweg auszubauen. Dennoch musste die Gemeinde Neuenheim den Hauptteil der Kosten tragen. »Der Weg wurde, so lange der Steinbruch am Heiligenberg in Betrieb war, durch die schweren Fuhrwerke stark mitgenommen und erforderte einen hohen Aufwand an Unterhaltskosten.« (Heinrich Schmith). Erst nach der Eingemeindung Neuen-

Philosophengärtchen

Philosophenweg

Philosophenweg, Eichendorffdenkmal

heims erhielt er seine heutige Gestalt. – 1903 wurde oberhalb des Wegs die Bismarcksäule (Bauplan: Wilhelm Kreis, vgl. *Bismarckplatz*) eingeweiht, 1908 der Liselotteplatz mit einem Gedenkstein für Pfalzgräfin Elisabeth Charlotte, Herzogin von Orléans (1652–1722) durch den Gemeinnützigen Verein (vgl. *Liselottestraße*). Unterhalb der Bismarcksäule wurde um 1929 das erste öffentliche Gärtchen angelegt, 1951 der neugestaltete Philosophengarten und oberhalb davon die Eichendorff-Anlage (vgl. *Eichendorffplatz*, *Eichendorffstraße*). Wegen der geschützten Südhanglage wachsen hier auch Mittelmeerpflanzen. Die Mandelbäume, für deren Blüte der Weg einst berühmt war, sind noch in Restexemplaren zu besichtigen. – 1993 ließ die Schutzgemeinschaft Heiligenberg in der Hölderlin-Anlage einen Gedenkstein für das aufgegebene mittelalterliche Dorf Dagersbach setzen. Im selben Jahr wies das Landschaftsamt der Stadt darauf hin, dass der Philosophenweg kein Radweg sei: »Heidelbergs traditionsreicher Spazierweg (...) ist ausschließlich für Fußgänger angelegt.« – 2009 wurde die Villa Philosophenweg 1a abgerissen und durch sechs Eigentumswohnungen ersetzt. (Jaeger 1988, Nr. 96, 365, 563f., 788f.; Schmith 1928, S. 301–303; Franz Weckesser, Der Philosophenweg in früherer Zeit, in: HNN, 2. 5. 1936; Günter Heinemann: Der Philosophenweg in Heidelberg. Ein Führer durch Geschichte und Gegenwart, Heidelberg 1991).

Nr. 12: Physikalisches Institut (1913 als »Physikalisch-Radiologisches Institut« eingeweiht. Architekt: Friedrich Ostendorf). – Nr. 16 und 19: Institut für Theoretische Physik. – Nr. 18: ehemaliges Restaurant »Philosophenhöhe« (1883–1982).

Pirschweg (Ziegelhausen, E 12, zwischen Ziegelhäuser Landstraße und Wald, östlich des Russensteins). Bis Ende des 19. Jahrhunderts *Harengasse*, *Hurengasse* (1716 erstmals erwähnt, von ahd. horo, mhd. hor »Kot, Sumpf, Schlamm«). Gegenüber auf der anderen Neckarseite liegt der »Hurenbrunnen«, der die gleiche Wortherkunft aufweist. – Nach dem Gerbermeister Karl Pirsch (1829–1899) aus Heppenheim benannt, Mitglied des Heidelberger Bürgerausschusses und des altkatholischen Kirchengemeinderats, Vorsitzender der Handelskammer, seit 1884 Eigentümer des Haarlass. Hierher verlegte er 1895 seine Gerberei (vgl. Jaeger 1988, Nr. 349, 422; Hoppe 1940, S. 34, Hoppe 1956, Nr. 106, 246, 365).

Plankengasse (Altstadt, H–I–K 7, zwischen Hauptstraße und Karlstraße). 1770f. erstmals erwähnt. Auf ihrer Höhe lag das Obere Tor in der Hauptstraße. Angeblich nach dem ehemaligen Palisadenzaun vor der hier bestandenen Stadtmauer benannt. »Planke« bedeutet allerdings »hölzerner Wehrgang auf der steinernen Wehrmauer«. Nach Albert Mays und Karl Christ (Neues Archiv II/1893, S. 94) kommt der Name von dem Rüstmeister Lorenz Plankh, der um 1600 im oberen Kaltenthal Nr. 223 wohnte. Ursprünglich hieß die Gasse *Eselspfad* und reichte bis zum *Burgweg* hinauf (vgl. Derwein 1940, Nr. 472, 700, vgl. Derwein 1939, S. 160; vgl. *Eselspfad*).

Nr. 1–3: Ökumenisches Studentenwohnheim, Ökumenisches Institut.

Pleikartsförster Hof (Kirchheim, H 6–7, zwischen Kirchheim und Eppelheim). Nach der Gewannbezeichnung »Pleikartsforst« (»Bliggersforst«, 1145 erstmals erwähnt) benannt, einem ehemaligen Waldgrundstück bei Kirchheim. Das Pleikartsförster Feld war wahrscheinlich das erste Stück, das man aus dem Hegenichwald rodete. 1142 ist der Hof erstmals als Besitz der Landschaden von Steinach erwähnt, eines Adelsgeschlechtes mit Stammsitz in Steinach und dem Leitnamen Bligger, im 12. Jahrhundert erstmals erwähnt, 1653 im Mannes-

Pleikartsförster Hof   Pleikartsförster Straße

stamm erloschen. Um 1145 wurde der Hof vom Martinsstift zu Worms dem Kloster Schönau verliehen. Die Edelfreien von Steinach waren Verwandte der Herren von Kirchheim, die dort die Vogtei ausübten. – 1934/35 wurde die Ackerbaufläche durch den Bau der Autobahn und nach 1945 durch den Bau des amerikanischen Flugplatzes erheblich beschnitten (Derwein 1940, Nr. 3, 135; Körner 2009, S. 11f.).

Pleikartsförster Straße   (Kirchheim, H–K 7, beginnt an der Schwetzinger Straße (»Spinne«) und zieht nordwärts Richtung Pleikartsförster Hof bzw. Wieblingen. Geht an der Speyerer Straße in den Diebsweg über). Bis 1930: *Wieblinger Straße*, da sie als Verlängerung des *Diebswegs* nach Wieblingen führte. – Zur Pleikartsförster Straße gehört seit 2009 auch die ehemalige *Carl-Diem-Straße*, eine kurze, abzweigende Stichstraße zum Sportzentrum Süd, die 1980 so benannt wurde. Den Anliegergrundstücken wurden neue Hausnummern zugeordnet. – Auch von Eppelheim zum *Pleikartsförster Hof* gab es einst einen *Pleikartsförster Weg* (heute *Attichweg*), dessen Trasse infolge Bebauung bzw. Flurbereinigung verschwunden ist (Körner 2009, S. 80).

Nr. 95: Sportplatz des Freien Turn-und Sportvereins Kirchheim. – Nr. 99/1: Feuerwehr Heidelberg, Abteilung Kirchheim. – Nr. 114: Verkehrswacht Rhein-Neckar e.V., Verkehrsübungsplatz mit Jugendverkehrsschule. – Nr. 116: ADAC Nordbaden. – Nr. 130: Sportplatz der Sportgemeinschaft Heidelberg-Kirchheim e.V.

Plöck   (Altstadt, F 9–10, zwischen Rohrbacher Straße und Peterskirche). 1344 als Flurname (»in der öbern pflecke«), 1510 als Straßenname erwähnt. Verwandt mit »Placken«,

Plöck 66   »Plöckstras«

Plöck 68   Plöck, Hölderlin-Gymnasium

bezeichnet es die ebene Fläche zwischen der heutigen Sofienstraße, Grabengasse bzw. Klingenteichbach, dem Gebirgsrand und dem Neckar. Am Ostende erklimmt sie den Klingenbach-Schwemmfächer. Der Name bedeutet soviel wie »Fläche« oder »Ackerstück« (zu mhd. placke »Fleck, Gegend, Flicklappen, Lumpen«, vgl. meißnisch »an der Blöke liegen« = »offen daliegen«). Der Flurname »Plöck« ist in unserer Gegend häufig anzutreffen (vgl. *Wallstraße*). Ursprünglich zur Bergheimer Gemarkung gehörend, wurde das Gelände zur Feldflur der Peterskirchen-Siedlung. 1392 siedelte Kurfürst Ruprecht II. die Bewohner des Dorfes Bergheim hierher um. Bis in die 1950er Jahre wohnten in der Plöck Bauern. Im 19. Jahrhundert hieß sie auch *Plöckstraße*. 1907 wurde sie asphaltiert und 1914/15 in *Plöck* umbenannt. Um 1880 wurde sie über die *Sofienstraße* hinaus zur *Rohrbacher Straße* verlängert. Südlich davon stand 1884–1970 das Reichspostamt. Für diesen Abschnitt hat sich der Ausdruck »kleine Plöck« eingebürgert. – Seit 1993 ist die Plöck zwischen Friedrich-Ebert-Platz und Märzgasse sowie zwischen Schießtorstraße und Sandgasse Fahrradstraße. Die Bürgersteige wurden durch Markierungen auf der Fahrbahn optisch verbreitert (Derwein 1940, Nr. 705; Jaeger 1988, Nr. 227, Nr. 321, 783; Ernst Christmann, in: Rheinisches Jahrbuch für Volkskunde, 2. Jg., Bonn 1951, S. 32–38).

Nr. 6: St. Anna, ehemaliges Hospital mit Kapelle (1714/15 erbaut), dann Frauen-Armenhaus (»Pfründnerhaus II«), jetzt Pflegeheim. – Nr. 18: Manna (Einrichtung der evangelischen Kapellengemeinde). – Nr. 24: ehemaliges reformiertes Spital (1751–56 erbaut), dann Männer-Armenhaus (»Pfründnerhaus I«). – Nr. 36: ehemaliges lutherisches Spital (1755 erbaut, 1804–22 »Schwarzisches Erziehungs-Institut für Knaben«, 1876 beim Durchbruch der *Märzgasse* abgerissen). – Nr. 40: Gedenktafel für den Arzt Adolf Kußmaul (vgl. *Kußmaulstraße*). – Nr. 40–42: Hölderlingymnasium (bis 1937: »Mädchen-Oberschule«). – Nr. 44: Erlöserkirche, ehemaliges Dominikanerinnenkloster (1723/24 erbaut, 1847–1914 anglikanische Kirche, seit 1936 alt-katholische Kirche). – Nr. 45–49: Wilhelm-Frommel-Haus (1958, ehemaliges Diakonissenhaus), Kirche der evangelischen Kapellengemeinde (1876 erbaut). – Nr. 54: Gedenktafel für den Chemiker Leopold Gmelin (1788–1853). – Nr. 55: ehemaliges Chemisches Laboratorium (1855 erbaut). – Nr. 57a: ehemaliger Viktor-Meyer-Bau für organische Chemie (1892). – Nr. 65: Gedenktafel für den Theologen David Friedrich Strauß (1808–1874). – Nr. 66: Jaspershaus (Karl Jaspers wohnte hier 1923–48 mit seiner Frau; vgl. *Jaspersstraße*). – Nr. 68: Haus von Johann Kaspar Bluntschli (1808–1881, Gedenktafel), jetzt Verein Deutscher Studenten (vgl. *Bluntschlistraße*). – Nr. 70: Gedenktafel für den Chemiker Hermann Kopp (1817–1892). – Nr. 107–109: Universitätsbibliothek (1905).

Ernst Posselt, Grabstelle   Ernst Posselt

Posseltstraße   (Neuenheim, F 8–9, zwischen Uferstraße und Jahnstraße). 1706 erstmals als Weinbergweg mit dem Namen *Schafpfad* erwähnt. 1929 nach dem Textil-Industriellen und Kunstsammler Ernst Carl Louis Posselt (1838–1907) benannt, einem Neffen des Pharmazie-Professors Louis Posselt (1817–1880; vgl. *Kohlhof*). Er ist im Familiengrab auf dem Bergfriedhof begraben. 1907 erhielt die Stadt aus Posselts Nachlass als Stiftung seiner Söhne 148 Gemälde meist holländischer Meister aus dem 17. Jahrhundert (»Sammlung Posselt«, heute im Kurpfälzischen Museum). Damals wurde die Bedingung gestellt, »dass eine Straße der Stadt von Belang den Namen Posselt tragen soll«. Der Stadtrat beschloss 1913, »einer der neu zu benennenden Straßen die Bezeichnung »Posseltstraße« beizulegen«. Aber erst nachdem Jahre später Anwohner den Oberbürgermeister brieflich baten, den *Schafpfad* umzubenennen, beschloss der Stadtrat 1929 die Neubenennung (Derwein 1940, Nr. 706; Jaeger 867; vgl. *Jahnstraße*).
Nr. 1: Villa »Freudenberg« (1927–29, im Bauhausstil, Architekten: Heinrich Tessenow, Alfred Roth). Ab 1940 Postschule der Oberpostdirektion Karlsruhe und Lehrstätte des posttechnischen Zentralamts Darmstadt.

Poststraße   (Bergheim, F 9, zwischen Rohrbacher Straße und Alter Bergheimer Straße). Auf dem Gelände des ehemaligen Hauptbahnhofs angelegt und 1960 nach Auflassung des Bahnhofgeländes nach dem ehemaligen Hauptpostamt in der Rohrbacher Straße benannt. Dieses wurde als Reichspostamt 1884 von Johann Remler erbaut und 1974 abgebrochen. Wie die *Bahnhofstraße* ohne Bahnhof, die *Bauamtsgasse* ohne Bauamt, die *Krahnengasse* ohne Kran, ist die Poststraße ohne Post.
Nr. 15: Stadtbücherei-Hauptstelle (1966, zugleich Kurfürstenanlage 18).

Promenadenweg   (Südstadt, H 10, zwischen dem Ehrenfriedhof am Ameisenbuckel und dem unteren Grenzweg). Früher ein Waldweg, seit 1919 Grenzweg des Bierhelderhofgutes gegen den Wald. Zufahrtsweg zum Ehrenfriedhof für die Gefallenen des Ersten Weltkriegs, 1933–35 erbaut. 1953 wurde die Erweiterung für die Opfer des Zweiten Weltkriegs eingeweiht (Derwein 1940, Nr. 710).

Promenadenweg 1

Nr. 1: Camp der Deutschen Kinderkrebsstiftung (2002; seit 1927 Gelände der Arbeiterwohlfahrt zur Kindertageserholung, 1975 nach Bundesfinanzminister a. D. Alex Möller »Alex-Möller-Waldheim« benannt).

Punkerstraße (Rohrbach, I 9, zwischen Karlsruher Straße und Römerstraße). Bis 1930: *Bismarckstraße*. Der »Hexenhammer« der päpstlichen Inquisition von 1489 berichtet, Anfang des 15. Jahrhunderts habe ein Pfalzgraf bei Rhein das Schloss Lindenbrunnen (Lindelbrunn) in den Pfälzer Bergen belagert. In seinem Heer war ein Treffschütze namens Punker von Rohrbach, der bei jener Belagerung fast alle Gegner weggeschossen habe. Später soll sich der Pfalzgraf selbst vor der Treffsicherheit seines Schützen gefürchtet haben. Eines Tages legte er Punkers Sohn eine Münze aufs Barett und zwang den Vater, sie herunterzuschießen, was diesem gelang. Punker, vom Pfalzgrafen zum Vogt gemacht, soll um 1420 von den Bauern, die er schwer bedrückte, erschlagen worden sein. Es ist keineswegs erwiesen, dass es sich bei der Legende um unser Rohrbach handelt. – Die elektronische Stadtteilzeitung in Rohrbach und ihr Verein nennen sich dennoch »Der Punker«.

Quartier am Turm (Rohrbach, I 8–9, zwischen Heinrich-Fuchs-Straße, Felix-Wankel-Straße, Fabrikstraße und Konrad-Zuse-Straße). Auf dem Areal der ehemaligen Waggonfabrik Fuchs in Heidelberg-Rohrbach entstand ein neues Wohnviertel, das sich nach dem stählernen Fuchsschen Wasserturm »Quartier am Turm« nennt. Von 1862 bis 1957 stellte die Waggonfabrik Fuchs in Heidelberg u. a. Eisenbahnwaggons und Straßenbahnen her, zunächst in der Weststadt, seit 1902 in Rohrbach. 1957 wurde die Fabrik an die »International Harvester Company« verkauft, die hier bis 1983 Land- und Baumaschinen fertigte. Zuletzt gehörte die Fabrik dem japanischen Baumaschinenkonzern »Furukawa«, der 1995 die Produktion einstellte. Die Werksanlagen waren noch beinahe vollständig erhalten, als 2001 Räumung und Abriss begannen. Heute sind vom alten Baubestand nur ein Gebäude und einige Fassaden erhalten. Die neuen Straßen im ehemaligen Werksgelände wurden nach Erfindern und Technikern benannt. So wird Georg Mechtersheimer, Designer bei Fuchs Waggon und Konstrukteur des »Gläsernen Zuges«, mit einem Straßennamen geehrt. In der Heidelberger Weststadt erinnert noch die Villa Fuchs an den ursprünglichen Standort des Werkes (vgl. *Heinrich-Fuchs-Straße*).

Quellenweg (Ziegelhausen, A 14, im nördlichen Peterstal, parallel zur Wilhelmsfelder Straße) Heidelbergs nördlichste Wohnstraße liegt im Quellgebiet des Peterstaler Bachs.

Quinckestraße (Neuenheim, E–F 9, zwischen Uferstraße und Blumenthalstraße). 1913 nach dem Physiker Georg Hermann Quincke (1834–1924) aus Frankfurt/Oder benannt. Quincke war 1875–1907 als Nachfolger von Gustav Kirchhoff Ordinarius an der Universität Heidelberg. Er beschäftigte sich insbesondere mit der Kapillarität, der Akustik, der Optik, der Elektrizität (»Quincke-Rotation«) und dem Magnetismus. 1866 konstruierte er das nach ihm benannte Interferenzrohr zur Messung akustischer Wellenlängen. Er ist auf dem Bergfriedhof begraben. – Der Gemeinderat beschloss die Straßenbenennung am Tag vor der goldenen Hochzeit des Geheimrats Quincke und seiner Frau Rebecca, geb. Rieß am 27. Mai 1913. – Der südliche Teil der *Quinckestraße* (zwischen Uferstraße und Jahnstraße) heißt noch im Adressbuch 1967 *Furchgasse*. Im Neuenheimer *Langgewann*, an der späteren *Quinckestraße*, wurde 1876 der Friedhof Neuenheim eröffnet. Danach nannte der Volksmund die Straße *Kirchhofweg* (Jaeger 1988, Nr. 252).
Nr. 69: ehemalige Großherzogliche Taubstummenanstalt (1916 eröffnet).

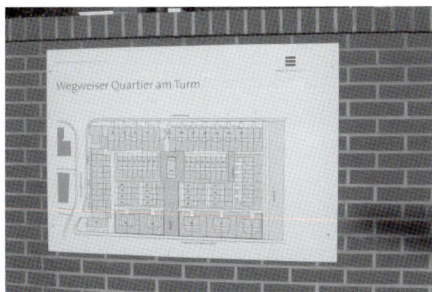

Quartier am Turm, Plan

Quinckestraße 18, Gedenktafel Ludwig Merz

Rachel-Straus-Weg (Kirchheim-Am Dorf, K 7, zwischen Cuzaring und Gertrude-von-Ubisch-Straße). 1994 nach der Ärztin Rahel Straus geb. Goitein (1880–1963) aus Karlsruhe benannt. Als Tochter eines orthodoxen Rabbiners gehörte Straus zu den ersten Schülerinnen der 1893 in Karlsruhe eröffneten höheren Mädchenschule, des ersten deutschen Mädchengymnasiums. 1900–05 studierte sie als eine der ersten Frauen Medizin an der Universität Heidelberg. 1905 heiratete sie den Juristen Elias Straus. 1907 promovierte sie, und im Jahr darauf eröffnete sie in München eine gynäkologische Praxis. Damit war sie die erste niedergelassene Ärztin, die an einer deutschen Universität ausgebildet worden war. Sie engagierte sich als Sozialarbeiterin, Frauenrechtlerin und Zionistin. 1933 starb ihr Mann, und sie ging mit ihren Kindern nach Palästina. Ihre Autobiographie kam 1961 unter dem Titel »Wir lebten in Deutschland. Erinnerungen einer deutschen Jüdin, 1880–1933« heraus. Rahel Straus ist in Jerusalem begraben. – Auch in ihrer Geburtsstadt gibt es eine nach ihr benannte Straße, dort wird ihr Vorname korrekt geschrieben.

Rahmengasse (Neuenheim, E 9, zwischen Bergstraße und Lutherstraße). Nach Heinrich Schmith (1928) gab es zwei Gassen dieses Namens, die *große* und die *kleine Rahmengasse* (»Rahmengäßchen«), die beide von der alten Kirche und dem Friedhof zur *Bergstraße* führten. Dort befand sich ein Tor, das zu den Weingärten am Heiligenberg führte. Beide hießen deshalb auch *Kirchgasse*. 1752 ist *die große Rahmengaß* erstmals belegt. Schmith schreibt: »Die *Rahmengasse*, früher im Gegensatz zum *Rahmengäßchen* auch *Große Rahmengasse* genannt, gehörte gleichfalls zu den alten Straßen ... Die nördlich der Rahmengasse gelegenen Straßen und Gebäude, ausgenommen der Mönchhof, sind erst in neuerer Zeit größtenteils nach der Eingemeindung Neuenheims entstanden.« (Schmith, Neuenheim, 1928, S. 294). Der Name ist schwierig zu deuten. Otto Jaeger (1988) hält den Begriff »Rahmen« für eine Bezeichnung der Grenze zwischen Neuenheim und dem bis 1823 selbständigen Mönchhof. Allerdings verlief diese Grenze nicht hier, sondern nördlich der *Schröderstraße*. Eine andere Erklärung beruht auf dem mhd. Wort râm = »Schmutz« (vgl. *Rombach*). In Handschuhsheim wird 1592 erstmals eine *Rameßgassen* genannt. Dort gab es auch eine *Dreckgasse* (Jaeger 1988, Nr. 464, 468, 476, 799f., 804; Frey 1944, Nr. 229, 332; vgl. *Obere Rombach, In der unteren Rombach, Rombachweg*).

Aus einem Brief, der im Stadtarchiv aufbewahrt wird: »Heidelberg, 4. Januar 1907 (an den Stadtrat). Seit langer Zeit empfinden es die Hausbesitzer der Rahmengasse unangenehm, dass die Strasse den Namen »Rahmengasse« führt. Wie verehrl. Stadtrat bekannt ist, sind in dieser Strasse im vergangen Jahr 6 neue Villen entstanden, ein Haus ist umgebaut worden und weitere Baugesuche werden im Laufe dieses Jahres und der kommenden Jahre eingereicht werden, so dass die Strasse allmählich das unmoderne Aussehen verliert. Auch der verehrl. Stadtrat hat sein Interesse an der Aenderung des jetzigen Aussehens der Strasse dadurch bewiesen, dass im letzten Jahre an drei Stellen der Strasse seitens der Stadtgemeinde Ankäufe zum Zwecke der Verbreiterung der Strasse vorgenommen wurden, wofür die unterzeichneten Hausbesitzer hiermit ihren verbindlichsten Dank aussprechen. Zu dieser entstehenden modernen Strasse passt nun der Name »Rahmengasse«

sehr wenig und die Unterzeichneten glauben, dass schon durch diesen merkwürdi-
gen Namen Kauf- und Mietliebhaber abgeschreckt werden. Dieselben stellen des-
halb an verehrl. Stadtrat die ergebene Bitte: Verehrl. Stadtrat wolle der Rahmen-
gasse mit baldiger Wirkung einen anderen Namen, vielleicht den Namen Jahn-
straße beilegen.« (es folgen 21 Unterschriften). – Am 21. Februar 1907 antwortete
Oberbürgermeister Walz: »An Herrn C. W. Kratzert dahier. Mit Bezug auf die Zu-
schrift vom 4. d. Mts. teilen wir Ihnen zugleich mit der Bitte um Bekanntgabe an
die Mitunterzeichner derselben ergebenst mit, dass wir es bisher grundsätzlich
abgelehnt haben, alte überkommene Straßennamen zu ändern. Wir vermögen des-
halb auf den Ihrerseits geäußerten Wunsche um Änderung der Bezeichnung der
Rahmengasse nicht zu entsprechen. W.« (Stadtarchiv Heidelberg UA 288/9a).

Rainbachweg   (Wieblingen, F 7, Siedlung Ochsenkopf, vom Wieblinger Weg zum Elsenzweg). Erstmals auf dem Stadtplan von 1937. Rainbach ist ein Ortsteil von Dilsberg (heute zur Stadt Neckargemünd gehörig) und liegt an der Mündung des Herrbaches in den Neckar.

Rainweg   (Ziegelhausen, D 13, zwischen Peterstaler Straße und Köpfelweg). 1752 als *der Weg an der Jäger Wiesen* erstmals erwähnt. Es gibt in Ziegelhausen den *Rainweg*, den *Mittleren Rainweg* und den *Oberen Rainweg*. Im Wald gibt es gleichfalls einen *Rainweg*, der vom Köpfel zur Holdermannseiche zieht. Rain (ahd. rein) bedeutet »Rand, Ackergrenze, Grenzweg«, daher »Anrainer« = »Grundstücksnachbar«. – Der Rainweg ist der »Weg an dem Rain oberhalb der Jägerwiese.« Die Nummerierung der Häuser wurde 1969 geändert (Hoppe 1956, Nr. 252).

Rastatter Straße   (Rohrbach-Hasenleiser, K 8, zwischen Erlenweg und Emmendinger Weg). Eine von zwölf Straßen im Hasenleiser, die nach südbadischen Städten benannt wurden. Das Dorf Rastatt an der Murg kam im 13. Jahrhundert an die Markgrafen von Baden, die es 1404 zum Marktflecken erhoben. Ludwig Wilhelm, der Türkenlouis, legte Rastatt 1705 als Festungsstadt mit gitterförmigem Straßennetz neu an und erbaute das Schloss, das bis 1771 Residenz der Markgrafen von Baden-Baden war. Der Rastatter Friede von 1714 beendete den Spanischen Erbfolgekrieg. Der Rastatter Kongress von 1797 verhandelte über die Entschädigung der deutschen Fürsten für die Abtretung des linken Rheinufers an Frankreich. Die nach

Rainweg

Rainweg

1840 angelegte Bundesfestung wurde 1892 geschleift. Der Name (1177 »in Rasteten«) gilt als Zusammensetzung aus mhd. rast »Ruhe« und stete »Platz, Stelle« und würde sich damit auf die Lage des Ortes an der Fernstraße beziehen (vgl. *Baden-Badener Straße*).

Rathausstraße   (Rohrbach, I 9, zwischen Karlsruher Straße / Rohrbach Markt und der Abzweigung des Bierhelderwegs, der Leimer Straße und der Weingasse). Die Rathausstraße war die *Hauptstraße* des Dorfes Rohrbach und hieß vor der Eingemeindung zusammen mit dem untersten Stück des *Bierhelderwegs* auch so. Sie wurde 1929 nach dem Rohrbacher Rathaus von 1813 benannt, das mit der Eingemeindung seine Funktion verlor und 1971–94 das Heimatmuseum Rohrbach beherbergte. 1995 wurde hier das Bürgeramt eröffnet, 1996 bekam das Heimatmuseum in der Rathausstraße 76 ein neues Domizil. Die Hauptstraße war seit 1771 von der Landstraße bis zum damaligen Rathaus in der Amalienstraße 4 gepflastert, damit Herzog Karl II. August von Pfalz-Zweibrücken bequem zu seinem neuen Besitz, dem »Schlösschen«, gelangen konnte. – Im unteren Teil der Straße lagen seit 1847 die Synagoge (Nr. 37, am 9./10. November 1938 zerstört) und die katholische Kirche, die 1965 in ein Gemeindehaus umgewandelt wurde (Nr. 28). – Am 20. Januar 1789 wurde Katharina Barbara Förster als 6. Kind des Küfermeisters Johann Georg Förster und seiner Ehefrau Maria Barbara geb. Astor in Rohrbach geboren. Als Geburtshaus wird das Haus in der heutigen Rathausstraße Nr. 72 genannt, nach anderen Quellen sei es das Haus Nr. 66 gewesen. Kätchen Förster soll 1807 Joseph von Eichendorff zu seinem Gedicht vom zerbrochenen Ringlein motiviert haben (vgl. *Eichendorffstraße*, *Kätchen-Förster-Weg*).

Nr. 28: ehemalige katholische Kirche, seit 1966 Gemeindehaus. – Nr. 30: ehemaliges katholisches Schulhaus. – Nr. 32: ehemaliges katholisches Pfarrhaus. – Nr. 35–37: ehemalige Synagoge. – Nr. 43: ehemaliges Rathaus (1813), seit 1995 Bürgeramt Rohrbach. – Nr. 45: Gasthaus »Zum Hirsch« (1865). – Nr. 57–59: Schäfersches Haus (entstanden um 1530/1600, Jahreszahl 1617 auf dem Türsturz, eines der ältesten erhaltenen Wohnhäuser der Stadt). – Nr. 76: ehemaliges Café »Berg« mit Bäckerei Gröschl, seit 1996 Heimatmuseum Rohrbach.

Redtenbacherstraße   (Rohrbach-Süd, Gewerbegebiet, L 9, zwischen Haberstraße und Hatschekstraße). 1970 nach Ferdinand Redtenbacher, dem Begründer des wissenschaftli-

Rathausstraße 59   Rathausstraße, Gedenktafel Joseph von Eichendorff

Rathausstraße, Gedenkstein Synagoge

chen Maschinenbaus, benannt. Er wurde 1809 in Steyr (Oberösterreich) geboren und besuchte das Polytechnikum in Wien. 1841 nahm er einen Ruf an die Polytechnische Schule in Karlsruhe an. Hier wirkte er bis zu seinem Tode als Lehrer der Mechanik und Maschinenlehre und seit 1857 als Direktor. Mit seinem Werk »Die Prinzipien der Mechanik und des Maschinenbaus« (1852) begründete er den wissenschaftlichen Maschinenbau in Deutschland. »In der Anwendung der Naturkräfte hat man in der Tat bereits eine große Virtuosität erlangt, aber an der humanen Entwicklung des industriellen Publikums fehlt es noch sehr«. Dieser Satz von ihm gilt wohl noch immer. 1863 starb er in Karlsruhe. Im Ehrenhof der Universität Karlsruhe erinnert eine Büste an ihn.

Rehovotstraße (Bahnstadt, G 7–8, zwischen Langem Anger und Pfaffengrunder Feld). 2010 nach Rehovot, der Partnerstadt Heidelbergs (seit 1983) in Israel, südlich von Tel Aviv, benannt. Die Stadt wurde 1890 von Warschauer Juden gegründet, der hebräische Name bedeutet »weiter Raum« (vgl. *Bautzenstraße, Cambridgestraße, Kumamotostraße, Montpellierstraße, Simferopolstraße*).

Reiherstraße (Pfaffengrund, G 6, zwischen Eppelheimer Straße und Obere Rödt). 1922 benannt. – Eine der 24 nach Vögeln benannten Straßen des Pfaffengrunds.

Reinhard-Hoppe-Straße (Ziegelhausen, E 14, zwischen Moselbrunnenweg und Kleingemünder Straße). 1933–37 im Gewann »Spelzenacker« erbaut, 1933–45 *Robert-Wagner-Straße*, 1945–74 *Goethestraße*. 1974 nach dem Lehrer und Heimatforscher Reinhard Hoppe (1898–1974) aus Heidelberg benannt, Ehrenbürger Ziegelhausens, Verfasser des »Dorfbuchs der Gemeinde Ziegelhausen mit Ortsteil Peterstal« (1940), von »Die Flurnamen von Ziegelhausen« (1956) und von »750 Jahre Ziegelhausen 1220–1970« (1970). Diese Bücher wurden auch für die vorliegende Arbeit verwendet. – Robert Wagner, Gauleiter Baden der NSDAP, übernahm 1933 durch Staatsstreich als »Reichsstatthalter« die badi-

Rehovotstraße

sche Regierung. Er gab den »badischen Judenerlaß« heraus (Beurlaubung aller Juden aus dem öffentlichen Dienst). Er war häufig in Heidelberg, so bei der Grundsteinlegung der Thingstätte, bei der Einweihung des Ehrenfriedhofs oder bei der Eröffnung der Reichsautobahn Heidelberg-Bruchsal. 1940 wurde er Gauleiter des Gaus Baden-Elsass. Im Dezember 1936 fand anlässlich einer Bürgermeister-Versammlung in Ziegelhausen eine »gemeinsame Besichtigung der neu entstandenen Robert-Wagner-Straße [statt], die unter der heutigen nationalsozialistischen Gemeindeführung zu einem der schönsten Baugebiete der Gemeinde Ziegelhausen erschlossen wurde . . .« (HNN, 12. Dezember 1936) (Hoppe 1940, S. 33; Hoppe 1956, Nr. 94).

Remlerstraße   (Neuenheim, E 9, zwischen Quinckestraße und Wielandtstraße). 1929 nach dem früheren Besitzer der dortigen Grundstücke, Maurermeister Johann Remler (1847–1907), benannt, der ab 1872 ein eigenes Baugeschäft in der *Hauptstraße* (heutige Nr. 88) hatte. 1884 baute er das (1974 abgerissene) Reichspostamt und 1894 das Gymnasium (heute Kurfürst-Friedrich-Gymnasium). Sein eigenes Wohnhaus in der Neuen Schlossstraße 38 gestaltete er im Stil der Schloss-Renaissance. Er ist auf dem Bergfriedhof begraben.

Renettenweg   (Kirchheim, Im Bieth, I 7, zweigt von der Straße Im Hüttenbühl ab). 2008 nach der Reinette benannt, einer edlen Apfelsorte mit saftigem, würzigem, festem Fleisch (vgl. *Schlosskirschenweg, Weinbirnenweg*).

Rheinauer Straße   (Wieblingen, D 6, vom Schwabenheimer Weg mit Biegung zur Käfertaler Straße). Angelegt und benannt 1959, nach dem Mannheimer Stadtteil Rheinau (vgl. *Edinger, Feudenheimer, Friedrichsfelder, Käfertaler, Neckarauer* und *Waldhofer Straße* sowie *Ilvesheimer, Sandhofer, Schwabenheimer* und *Viernheimer Weg*).

Rheinstraße   (Südstadt, H 9, zwischen Zengerstraße und Rohrbacher Straße). Der Rhein, eine der verkehrsreichsten Wasserstraßen der Welt, entspringt in den Alpen und mündet in den Niederlanden in die Nordsee. Zu den größten Flüssen seines Systems gehört der Neckar, der ca. 20 km von Heidelberg entfernt bei Mannheim in den Rhein mündet. Den beiden Flüssen hat Heidelberg seine verkehrsgünstige Lage zu verdanken. Der Rhein spielt in Mythologie und Poesie eine große Rolle (Vgl. den »Neptunsbrunnen«, das Wasserbassin im Schloßgarten, dessen zentrale Figur als »Vater Rhein« bekannt ist, oder die Zeile aus Scheffels Lied »Alt Heidelberg du Feine«: ». . . am Neckar und am Rheine, kein' andre kommt dir gleich«). – Die Rheinstraße hieß von 1937 bis 1945 *Langemarckstraße* und wurde auf Anordnung der Besatzungsmacht am 11. 9. 1945 umbenannt. Auch der *Universitätsplatz* hieß ab 1937 *Langemarckplatz*. Die Gemeinde Langhemarcq in Westflandern wurde im November 1914 in der Schlacht an der Yser durch deutsche Truppen gegen englische Angriffe gehalten (vgl. die ebenfalls nach deutsch-französischen Grenzflüssen benannten *Moselstraße, Saarstraße, Bliesweg*).

Nr. 14: Englisches Institut (Privatschule, 1945 von Gladys Fischer und Dr. Karl Friedrich Fischer in der Handschuhsheimer Landstraße 9 als Sprachschule eröffnet, seit 1954 in der Rheinstraße)

Richard-Drach-Straße   (Pfaffengrund, G 6, zwischen Pfaffengrundstraße und Schulplatz). Nach Dr. Ing. Richard Drach (1873–1924) benannt, Regierungsbaumeister aus Karlsruhe, 1914–25 Zweiter Bürgermeister von Heidelberg. Unter ihm wurde die Erweiterung der

Richard Drach　　　　　　　　　　Richard-Hauser-Platz, katholisches Pfarrhaus

Stadt nach Westen geplant. Bei der Revolution 1918 war er Kommandeur der Volkswehr, dann Mitglied der Deutschen Demokratischen Partei, 1924 Erster Vorsitzender des Heidelberger Reichsbanners.

Nr. 2: Kinderhaus Panama.

Richard-Hauser-Platz　　(Altstadt, F 10–11, Platz vor der Jesuitenkirche an der Merianstraße/Heugasse). 1982 benannt nach dem katholischen Pfarrer Franz Josef Richard Hauser (1903–1980), Caritas-Rektor, Dekan, 1929–57 Studentenpfarrer, 1943–80 Pfarrer der katholischen Gemeinde Heilig Geist (Jesuitenkirche), Mitglied des Altstadtbeirats. Er erhielt 1973 das Bundesverdienstkreuz und 1974 die Bürgermedaille der Stadt Heidelberg. Hauser ist in der Krypta der Jesuitenkirche begraben. 1986 wurde »als Dank und Anerkennung seiner Seelenarbeit für die Heiliggeistgemeinde, seiner wissenschaftlichen Arbeit an der Universität und seines Wirkens für die Stadt« auf dem Platz eine Gedenktafel angebracht. Der Platz hatte vor 1982 keinen amtlichen Namen, wurde gelegentlich *Lindenplatz* genannt.

Richard-Kuhn-Straße　　(Wieblingen, E 6–7, Wohngebiet Wieblingen-Süd, von der Mannheimer Straße zur Trasse der ehemaligen OEG). Angelegt und benannt 1978. Prof. Dr. Richard Kuhn (1900–1967) war Biochemiker. Nach einer Professur in Zürich kam er 1929 auf Betreiben von Ludolf Krehl an die chemische Abteilung der von Krehl gegründeten Medizinischen Forschungsanstalt nach Heidelberg, die dann zum Kaiser-Wilhelm-Institut für medizinische Forschung wurde und Weltruf erlangte (vgl. *Ludolf-Krehl-Straße*). Dort arbeitete er auf dem Gebiet der Chromatografie. 1937 zum Direktor des Instituts ernannt, synthetisierte er 1938 das Vitamin B 6. Im selben Jahr erhielt er den Nobelpreis für Chemie für seine Arbeiten über Carotinoide und Vitamine. Er konnte den Preis erst 1948 entgegennehmen. Richard Kuhn – wenn auch nie Parteimitglied – stand dem NS-Regime nahe. Er beteiligte sich aktiv an der Entwicklung chemischer Waffen, bes. des Nervengifts Soman. Er denunzierte u. a. seinen jüdischen Institutskollegen Otto Meyerhof (Nobelpreis für Medizin 1922), der 1938 Heidelberg verlassen musste (vgl. *Meyerhofstraße*). Nach 1945 lehrte Kuhn zunächst in den USA, wurde wieder Direktor am Heidelberger Max-Planck-Institut für medizinische Forschung und mit mehreren hohen Preisen und Auszeichnungen geehrt. Er ist auf dem

Bergfriedhof begraben. – 1968 stiftete die BASF die Richard-Kuhn-Medaille, die alle zwei Jahre von der Gesellschaft Deutscher Chemiker, deren Präsident Kuhn 1964/65 war, für Leistungen auf dem Gebiet der Biochemie verliehen wurde. Seit 2005 wird diese Medaille wegen Kuhns Verhalten im Nationalsozialismus nicht mehr verliehen. (Lothar Jaenicke, Richard Kuhn, 3. 12. 1900 (Wien) – 1. 8. 1967 (Heidelberg), in: Nachrichten aus der Chemie, Band 54, Nr. 5, Frankfurt 2006, S. 510–515)

Richard-Wagner-Straße (Handschuhsheim, D 9, zwischen Ecke Rottmann-/Steuben-straße und Eckenerstraße). 1912 nach dem Komponisten Richard Wagner (1813–1883) benannt. Wagner war wiederholt in Heidelberg, 1877 brachten Heidelberger Sänger ihm ein Fackelständchen. Im Hotel Schrieder traf er mit dem amerikanischen Ex-Präsidenten Ulysses Simpson Grant zusammen. Henry Thode (1857–1920), Professor für Kunstgeschichte in Heidelberg, heiratete 1886 die älteste Tochter Cosima Wagners, Daniela Senta von Bülow (1860–1940). 1895 wurde Wagners Festmarsch zur Hundertjahrfeier der amerikanischen Unabhängigkeit erstmals durch das städtische Orchester unter Philipp Wolfrum in Heidelberg aufgeführt. – Viele Straßen zwischen Langgewann, Rottmannstraße und Blumenthalstraße tragen die Namen von Musikern (*Bachstraße*, *Beethovenstraße*, *Furtwänglerstraße*, *Haydnstraße*, *Max-Reger-Straße*, *Mozartstraße*, *Philipp-Wolfrum-Weg*, *Schubertstraße*).

Ringstraße (Weststadt, G 8–9, zwischen Römerstraße und Montpellierbrücke). 1892 erstmals im Adressbuch verzeichnet. Damals wohnten hier hauptsächlich Eisenbahner. Ursprünglich sollte die Ringstraße in Fortsetzung der Bahnhofstraße als Ausfallstraße parallel zur Karlsruher Bahnline laufen, dann mit der Lessingstraße und der Alleestraße (heute Franz-Knauff-Straße) einen Dreiviertel-Ring um die Weststadt bilden. Dieser kam nicht zustande, so beschreibt die Ringstraße heute keinen Ring, sondern nur einen Kreisabschnitt. Nach ihr war die 1914 erbaute eiserne Ringstraßenbrücke benannt, die über das »Baggerloch« zur Speyerer Straße führte, im Volksmund »Dreibogenbrücke«, 1976 durch die Montpellierbrücke ersetzt. Bis 1955 fuhr die Eisenbahn vom alten Hauptbahnhof durch die Ringstraße nach Karlsruhe, seit 2006 fährt hier die Straßenbahn vom Römerkreis über die Montpellierbrücke nach Kirchheim. Seit der Herausnahme der Eisenbahn ist die Ringstraße am Römerkreis mit der Römerstraße, der Bahnhofstraße und der Kurfürstenanlage verknüpft (vgl. *Speyerer Straße*).

Rischerstraße (Wieblingen, D 5–6, im Gewerbegebiet, vom Ring »Am Taubenfeld« abzweigend; Sackgasse). Angelegt bald nach 1980. Johann Jakob Rischer (1662–1755) aus Schwarzenberg (Vorarlberg) war einer der in Heidelberg und im kurpfälzischen Raum täti-

Ringstraße

gen Barockbaumeister, die nach den Zerstörungen des Pfälzischen Erbfolgekriegs die Stadt und das Land im barocken Stil der Zeit wieder aufbauten. Als Werkmeister der Geistlichen Administration (seit 1705) hat er mitgewirkt am St.-Anna-Hospital, am Turm der Providenzkirche sowie an den Kirchen von Wieblingen und Ziegelhausen, außerdem arbeitete er an der Domus Wilhelmiana (Alte Universität) und am Mitteltorturm der Heidelberger Stadtbefestigung. Sein stattliches Wohnhaus ist das »Palais Rischer« in der Unteren Straße/Ecke Bussemergasse.

Rizal-Ufer   (Wieblingen, E 6–7, Fußweg am Neckarufer, parallel zur Mannheimer Straße östlich von Wieblingen-Süd). 1980 nach dem philippinischen Schriftsteller und Freiheitshelden José Protasio Rizal Mercado y Alonso (1861–1896) benannt, der 1886 in der Heidelberger Augenklinik als Augenarzt arbeitete und in Wilhelmsfeld wohnte. Er wurde als Vorkämpfer der Unabhängigkeit seines Vaterlandes von den Spaniern in Manila hingerichtet. Die Inschrift auf einer Tafel am Haus Grabengasse 12 besagt: »Dr. Jose Rizal 1861–1896 / Philippinischer Nationalheld / In diesem Gebäude, früher Ludwigsplatz 12, / wohnte Rizal vom 18. Februar bis zum Juni 1886, / sein Gedicht ›An die Blumen von Heidelberg‹ / wurde hier am 22. Februar 1886 verfasst«. Die Inschrift auf einer Tafel in der Bergheimer Straße 20 lautet: »Dr. José Rizal / 1861–1896 / Philippinischer Nationalheld / Hier, Bergheimerstrasse 20, / praktizierte Rizal Augenheilkunde / von Februar bis August 1886 / unter Prof. Dr. Otto Becker Direktor / der Universitäts-Augenklinik / Philippinische Botschaft 19. 6. 1960«. Neuer Gedenkstein am Rizal-Ufer (Juli 2014).

Robert-Bollschweiler-Straße   (Ziegelhausen, E 14, Sackgasse vom Friedhofweg). Früher: *Schützenstraße*. Nach Robert Bollschweiler (1883–1933) aus Ziegelhausen benannt, 1920–33 Bürgermeister der Gemeinde Ziegelhausen.

Robert-Koch-Straße   (Bahnstadt, G 8, zwischen Langem Anger und Zollhofgarten). 2010 nach dem Bakteriologen Robert Koch (1843–1910) benannt. Er entdeckte 1882 das Tuberkulosebakterium und 1883 den Choleraerreger. 1905 erhielt er den Nobelpreis für Medizin.

Roeblingstraße   (Südstadt, Mark-Twain-Village, H 9, zwischen Mark-Twain-Straße und Edisonstraße). 1951 nach dem deutsch-amerikanischen Ingenieur und Brückenbauer Johann August Röbling (John A. Roebling) aus Mühlhausen (Thüringen) benannt (1806–1869),

José Rizal, Gedenktafel Bergheimer Straße 20

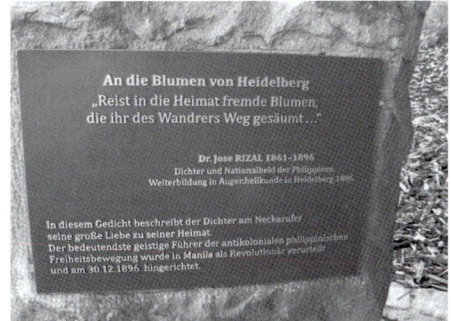

José Rizal, Gedenkstein Rizal-Ufer

Robert-Bollschweiler-Straße 20   Robert-Bollschweiler-Straße

dem Konstrukteur der Brooklyn Bridge über den East River in New York (1865–83, Spannweite 486 m). Dieser starb während des Baus, sein Sohn und seine Frau setzten ihn fort.

Römerkreis (Weststadt-Bergheim, F 9, Kreuzung Römerstraße/Kurfürstenanlage). Bis 1955: *Römerübergang*, schienengleiche, mit mehreren Schranken versehene Kreuzung der Römerstraße mit den Gleisen des alten Hauptbahnhofs. Für die Fußgänger diente 1890–1955 ein eiserner Steg. Heute ein Verkehrsknoten, an dem Ringstraße, Römerstraße, Kurfürstenanlage und Bahnhofstraße aufeinandertreffen. In der Mitte des Kreisels verlaufen die Gleise der Straßenbahn in vier Richtungen. Um den Römerkreis herum gibt es drei Haltestellen für Bus und Straßenbahn.

Römerplatz (Bergheim, F 9, Kreuzung Bergheimer Straße-Römerstraße-Alte Eppelheimer Straße-Alte Bergheimer Straße). Vor der ehemaligen Ludolf-Krehl-Klinik (heute »Campus Bergheim«), unweit von der ehemaligen römischen Neckarbrücke, mündeten einst drei römische Fernstraßen: Richtung Speyer, Richtung Leimen und Richtung Neckarburken. Um 100 n. Chr. lag zwischen Römerplatz und Neckar eine römische Brückenkopf-Siedlung.

Römerstraße (Bergheim-Weststadt-Südstadt-Rohrbach, G–I 9, zwischen Bergheimer Straße/Römerplatz und Rohrbach Markt). Die Straße befindet sich auf der Trasse einer alten Römerstraße, Fortsetzung der von den Römern erbauten ersten Neckarbrücke nach Süden. Der nördliche Teil des Wegs wird 1294 erstmals als *Galgenweg* erwähnt. Damit handelt es sich wohl um den ältesten Straßennamen auf heutigem Heidelberger Gebiet, für den wir

Römerkreis

Römerstraße 34   Römerstraße 20

einen Beleg haben. Der Galgen stand an der jetzigen Kreuzung Franz-Knauff-Straße/Römerstraße. Die Gewannbezeichnung »Galgengrund« erscheint hier erstmals 1407. Das Gewann südlich der heutigen Franz-Knauff-Straße hieß noch 1870f. »Galgengewann«. Noch der amtliche Stadtplan von 1921 nennt den Straßenabschnitt zwischen Weststadt und Rohrbach *Galgenweg*. Zeitweise (1546/1830) hieß der Weg auch *Bergheimer Weg*, weil er von Rohrbach nach Bergheim führte. Erst 1873 erhielt der nördliche Abschnitt der Straße den Namen *Römerstraße*. – Zwischen 1840 und 1955 zerschnitt die Eisenbahnstrecke Heidelberg-Mannheim die Römerstraße. 1890–1955 war hier ein Fußgängerübergang (»Eiserner Steg«). – Ab 1949 wurde beiderseits der Römerstraße, teils auf Alt-Rohrbacher Gemarkung, teils in der Südstadt, die amerikanische Wohnsiedlung *Mark-Twain-Village* errichtet. Hier liegen auch die ehemaligen Campbell Barracks (Römerstraße 166–168). – 1982 wurde die Einbahnrichtung der Römerstraße zwischen Kaiserstraße und Römerkreis umgekehrt. Dadurch verlor sie ihre Funktion als Durchgangsstraße durch die Weststadt. Zwischen dem Römerkreis und der Zähringerstraße benutzt die Straßenbahn die Römerstraße in Richtung Rohrbach (Derwein 1940, Nr. 217f., 734, 1003; vgl. *Römerkreis*, *Römerplatz*).

Nr. 2–4: Polizeirevier Mitte. – Nr. 20: ehemalige Schmiede von Philipp Maßholder, dann Heinrich Maßholder. – Nr. 77: Willy-Hellpach-Schule (Wirtschaftsgymnasium, bis 1973: Handelslehranstalt I). – Nr. 87: Haus der Jugend (1952). – Nr. 117: MTV-Chapel (amerikanische Soldatenkirche in Mark-Twain-Village, 1951 erbaut, 2013 aufgegeben). – Nr. 122–160: ehemalige Wohnblocks der US-Armee. – Nr. 166–168: Campbell Barracks, 1937 erbaut, 1938 Großdeutschlandkaserne genannt, 1948 zur Erinnerung an den gefallenen Staff Sergeant Charles L. Campbell in Campbell-Kaserne umbenannt, ehemaliges Hauptquartier der US-Armee.

Röntgenstraße (Rohrbach, K 9, zwischen Schelkly- und Weinbrennerstraße, biegt nach Süden ab). 1978 nach dem Physiker Wilhelm Conrad Roentgen (1845–1923) aus Lennep benannt, der 1895 in Würzburg eine neue Art von Strahlen entdeckte, die er X-Strahlen nannte und die bis heute in Medizin und Technik eine große Rolle spielen. 1901 bekam er dafür den ersten Nobelpreis für Physik. Diese bahnbrechende Entdeckung trug dazu bei, die klassische Physik des 19. Jahrhunderts zur modernen Physik umzubilden. Bis 1977 war das »Röntgen« die Einheit der Ionendosis einer ionisierenden Strahlung. Der Familienname

Röntgen ist als Tätigkeitswort für »durchleuchten« in die deutsche Sprache eingegangen. – Die Straße verläuft südlich des Krankenhauses Rohrbach und teilt mit der *Curiestraße* und der *Albert-Fraenkel-Straße* einen inhaltlichen Bezug.

Rohrbacher Straße (Bergheim-Weststadt-Südstadt, F–H 9, zwischen Bergheimer Straße und An der Markscheide (ehemalige Gemarkungsgrenze zwischen Bergheim und Rohrbach). Hieß bis ins 19. Jahrhundert: *Rohrbacher Weg, Rohrbacher Chaussee, Rohrbacher Landstraße, Carlsruher Chaussee.* 1407 erstmals als *obwendig der strassen gein Rorbach* erwähnt. Entlang der Rohrbacher Straße gab es bereits im 18. Jahrhundert Industrie: Etwa in der Höhe der Kaiserstraße (Rohrbacher Straße 57) stand seit etwa 1700 eine Ziegelhütte. 1784–1835 betrieb der Bankier Christian Adam Fries dort eine Krappfabrik. Deren Nachfolgerin, eine Ultramarinfabrik, wurde 1875 nach Schweinfurt verlegt. – Das Empfangsgebäude des früheren Hauptbahnhofs lag von 1840 bis 1955 an der Rohrbacher Straße, etwa an der Stelle des heutigen Menglerbaus. Mit dem Bau der Odenwaldbahn 1862 erhielt die Straße einen beschrankten Bahnübergang zwischen Bahnhof und Neptungarten, was den Verkehrsfluss häufig unterbrach. 1893 wurde hier eine Fußgängerunterführung gebaut. – Bis 1878 reichten die Gartengrundstücke der *Gaisbergstraße* an die Rohrbacher Straße, die ihre heutige Form 1882 erhielt. 1886 wurde die (1902 elektrifizierte) Pferdebahnlinie Hauptbahnhof-Rohrbacher Straße-Steigerweg eröffnet. 1901–73 verkehrte auf dem heute schienenfreien Teil zwischen Kurfürstenanlage und Franz-Knauff-Straße die Straßenbahn nach Rohrbach. Zwischen der Rohrbacher Straße und dem Steigerweg liegt seit 1844 der Bergfriedhof. Der Königstuhltunnel, dessen Zufahrt die Rohrbacher Straße unterquert, entstand 1910–12 (Derwein 1940, Nr. 54, 911, 915).

Nr. 2: Hotel »Bayerischer Hof« (1886 erbaut). – Nr. 3: ehemaliges Hauptpostamt (1884–1974). – Nr. 4: Café »Rossi« (ehemalige Kutschenstation, 1906: Wirtschaft »Zum Stall«). – Nr. 5–7: Commerzbank (1887 als Wohnhaus erbaut, dann Dresdner Bank). – Nr. 6–8: »Menglerbau«, erstes Wohnhochhaus in Heidelberg, benannt nach seinem Erbauer Jakob Wilhelm Mengler (1961). – Nr. 11: Verkehrspolizei Heidelberg. – Nr. 57: verschollene Tafel mit Inschrift: »Zur Erinnerung / an die Heidelberger / Maler Ernst Fries 1801–1833 / Bernh. Fries 1820–1879« (vgl. *Friesenweg*). – Nr. 71: ehemaliges Kino »Studio Europa« (1955–2011). – Nr. 96: S-Bahnhof Weststadt/Südstadt, Julius-Springer-Schule, Pestalozzischule (1965). – Nr. 100: ehemalige Hotelfachschule (1959–89). – Nr. 102: Helmholtz-Gymnasium (1969). – Nr. 110: Studentenwohnheim des Studentenwerks. – Nr. 128: Fachschule für Sozialwesen. – Nr. 149: Bethanien-Krankenhaus (1931, früher: »Badisches Landeskrüppelheim«).

Rohrbach Markt (Rohrbach, I 9, Kreuzung Römerstraße, Karlsruher Straße, Rathausstraße, Heinrich-Fuchs-Straße, Lindenweg). Früherer Marktplatz westlich des alten Orts-

Rohrbacher Straße 30

ROHRBACH Ehemaliges Dorf am Westhang des Königstuhls am Talausgang des Rohrbachs, 766 erstmals als »Rorbach« im Lorscher Codex erwähnt, 1927 zu Heidelberg eingemeindet. Der Ortsname geht auf eine Siedlung am gleichnamigen Bach zurück, er bedeutet »von Schilfrohr umgebener Bach«, deutet also auf Sumpf und Bruchland. Das zeigt sich seit dem 16. Jahrhundert auch im Ortswappen, welches auf einem Halbschild fünf Wellenzüge im blauen Feld und darüber auf Goldgrund das Wort ROR zeigt. Der Abfluss des Baches wurde mehrfach verändert. Ursprünglich floss er in den Neckar, seit dem 18. Jahrhundert bis 1855 unverdolt in den Kirchheimer See, 1927 wurde er bei der Fuchsschen Fabrik abgefangen und durch einen Kanal in den Neckar geleitet. Der Rohrbach, der einst sieben Mühlen antrieb, wurde 1963 vollständig eingedolt. Das Dorf gehörte anfänglich zum Kirchheimer Herrschaftsgebiet. Eine abgegangene Burg am Hang im Gewann »Burg« war wohl Sitz der Herren von Kirchheim. Von 1234 an ist die Herrschaft der Pfalzgrafen über Rohrbach bezeugt. Wie die übrigen Ortschaften litt auch Rohrbach unter den Brandschatzungen und Zerstörungen der Kriege des 17. Jahrhunderts. 1689 äscherten die Franzosen den Ort ein. Ein Wiederaufbau war nur möglich, weil sich Familien aus der Schweiz ansiedelten. 1770 ließ Herzog Karl II. August von Pfalz-Zweibrücken in Rohrbach ein Jagdschlösschen errichten. 1774 beauftragte er den Gartenarchitekten Friedrich Ludwig Sckell mit der Anlage eines Parks. Das Schloss diente später seinem Bruder Herzog Max IV. Joseph von Pfalz-Zweibrücken und seiner Familie als Wohnsitz. 1799 verließ der spätere bayerische König Max I. Joseph Rohrbach, um die Nachfolge des verstorbenen Kurfürsten Carl Theodor in München anzutreten. 1803 schenkte er den Landsitz seiner Schwiegermutter Markgräfin Amalie von Baden. Nach deren Tod wurde das Gebäude an Privatleute, Ende des 19. Jahrhunderts an den »Verein für Genesungsfürsorge« verkauft. Heute dient das Gebäude für Verwaltungs- und Schulungszwecke der Thoraxklinik der Landesversicherungsanstalt Baden. Ende des 19. Jahrhunderts und vor allem im 20. Jahrhundert entwickelte sich der Ort nach Westen und Südwesten. 1899 wurde die Fuchssche Waggonfabrik von der Weststadt nach Rohrbach

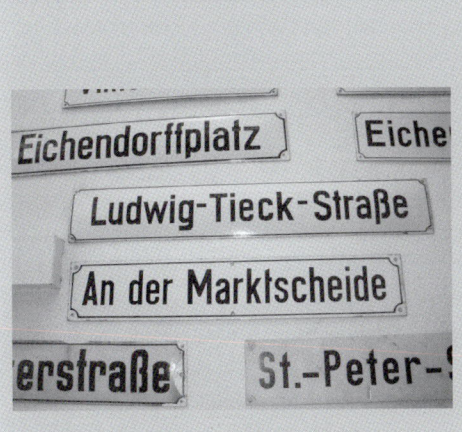

Rohrbach, Straßenschilder im Heimatmuseum   Rohrbach, Wappen

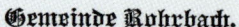

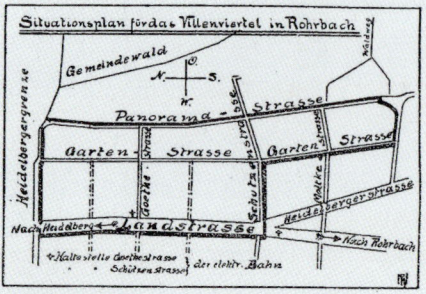

Gemeinde Rohrbach.

Villenviertel und angrenzendes Gebiet. (Briefporto 10 Pfg.)
Auskunftstelle für Ansiedelung: Gartenstr. 14.

Situationsplan für das Villenviertel in Rohrbach

Rohrbach Adressbuch 1910

Nr.	Landstraße.
6	Jacobi Hedwig Frl. Rock Aug., Registrator. Altenbach Joseph, Maler
8	Singer Johann und Häfele Adolf, Straßenbahnschaffner
10	Batt Martin, Gärtnerei
16	Künkler August, Chemiker. Herber Sophie Witwe
18	Bauer J. Witwe
20	Kahn Samuel, Agent
30	Meißner Jakob Friedrich, Verlagsbuchhändler
40	Eitel Christ., Oberlehrer a. D. Lichtweiß Aug., Musikdirektor und Konzertsänger
42	*Roser Phil. Dr., Reallehrer. Wiedfeld Karl, Pfarrer a. D.
54	Spengel Louis, Priv.
55	Ahrle Anna Frl. Priv. Sauer Otto, Priv. Bohne A. Witwe. Suhr Ernst, Eisengießer
71	Waibel Friedr., Bäckerei. Bälz Jak., Weinhandlung und Weinwirtschaft zum Perkeo. Brauer Adolf, Priv. Böttcher Rob., Buchhalter. Kuhnt Ed., Schreiner
72	Ludwig Karl, Tiefbrunnenbauer. Tschirner Rich., kfm. Hollmann Marie Witwe

Gartenstraße.

4	Lux Theodor, Buchhalter. Keim Wilhelm, Direktor

Nr.	
5	Finck Hermann, Prokurist
6	Stolz Eugen, Betriebs = Sekretär. Mäding Franz, Musikalienhändler
7	*Würtz Philipp, Steuerkommissär (in Neckarbischofsheim). Devitz Martha, Prof. Wtw. u. Johanna Frl., Lehrerin
8	Kölmel Herm., Architekt. Lebkuchen H., Hauptlehrer. Sell Gust., Reisender
14	Nattermüller Arthur, Architekt. Auskunftstelle für Ansiedelung des Vereins Rohrbach. v. Schenk Benno, Oberleutnant a. D., stud. med.
15	*Kaltschmitt Ludwig. Lücke Paul Dr., Schriftsteller (bis 1. April)
16	*Ziegler Ludwig, Malermstr. Hartmann Karl und Schuhmann Richard, Ingenieure
17	Hochstein Karl, Musikalienhändler
18	Baethgen Molly, Professor Witwe u. Luise Frl., Klavierlehrerin. Sarter Heinrich, Priv.
19	Roser Phil. Dr., Reallehrer
20	Blas Max Dr., prakt. Arzt
21	Rohrb. Baugesellschaft m. b. H. Andrée Paul, Frachtenagent für Süddeutschland des Nordd. Lloyd in Bremen
22	Jochim Max, Architekt. Bachmann Gustav, Prokurist. Wachsmuth Franz, Kaufmann
23	Guthmann Ferd., Hauptmann z. D.
40	Rück Mich., kfm. Schäfer Wilhelm, Werkmeister

ins Gelände beim Bahnhof Kirchheim verlegt. Seit 1901 ist Rohrbach an die elektrische Straßenbahn Heidelberg-Wiesloch angeschlossen. Von 1903 an wurde zwischen Panoramastraße und Landstraße ein »Villengebiet« erschlossen, in dem vor allem wohlhabende Heidelberger wohnten, welche als kapitalkräftige Steuerzahler der Gemeinde Rohrbach willkommen waren.

Anfang der 1960er Jahre wurden der Boxberg und ein Jahrzehnt später der Emmertsgrund als eigenständige Stadtteile aus der Rohrbacher Gemarkung herausgelöst. 1968–73 erweiterte sich die Wohnbebauung nach Süden (*Hasenleiser*). An der Grenze zu Leimen wurde ein Gewerbegebiet (*Rohrbach-Süd*) eingerichtet. – Nach dem Plan »1984 Stadtteilgliederung Heidelbergs« aus dem Stadtatlas Heidelberg (1986) verläuft die Grenze zwischen den Stadtteilen Rohrbach und Südstadt auf der Linie Sickingenstraße-Eichendorffstraße. Die »Markscheide« bildet also keine Grenze mehr. Das Gebiet zwischen Sickingenstraße, Eichendorffstraße, An der Markscheide und Saarstraße, das jahrhundertelang zur Gemarkung Rohrbach gehörte, ist heute Südstadt. – Der heutige Stadtteil setzt sich aus mehreren Ortsteilen wie *Gewann See*, *Hasenleiser* und *Rohrbach-Süd* (Gewerbegebiet) zusammen. Ebenfalls zu Rohrbach gehörte ursprünglich das abgelegene, bewaldete und landwirtschaftlich genutzte Gebiet um den *Bierhelder Hof* (heute Altstadt). Der ehemals dörfliche Charakter Rohrbachs wird durch einige landwirtschaftliche Betriebe sichtbar. Es ist der einzige Stadtteil, der mit den Höfen *Dormenacker* und *Dachsbuckel* noch im Vollerwerb wirtschaftende Weingüter besitzt. Rohrbach hat seit 1971 ein Heimatmuseum. Der Stadtteil hat heute ca. 14 000 Einwohner.

kerns, am Schnittpunkt der einstigen Kirchheimer Straße, Pleikartsförster Straße, Römerstraße, Landstraße, Hauptstraße, 1962 und danach mehrmals umgestaltet. »Rohrbach Markt« ist heute ein stark genutzter Verkehrsknotenpunkt, kein Markt und keine Wohnadresse. Von 1910–72 bog hier die Straßenbahn nach Kirchheim in die *Heinrich-Fuchs-Straße* ab.

Rollossweg   (Handschuhsheim, D 9, zwischen Handschuhsheimer Landstraße und Heiligenbergstraße). Vor 1932: *Rohloch*, *Rohlochsweg*, *Rohlochsgasse*, nach der Gewannbezeichnung »Rohloch« (1609 erstmals erwähnt). Ein Flurname, dessen Bedeutung unklar ist, aber mit dem Begriff »Rolloß« nichts zu tun hat. 1932 wurde der Weg ohne sachliche Grundlage in *Rolloßweg* umbenannt. Der obere Teil (zwischen Bergstraße und Heiligenbergstraße) wurde erst 1925 angelegt und 1949 so benannt. – Die Bezeichnung des 5. Sonntags nach Ostern »Rogate« als »Roloss« leitet sich her von der Bittprozession, die in der alten Kirche für den Markustag (25. April) angeordnet wurde. Die unter Papst Gregor dem Großen neubelebte Flurprozession sah das Singen der Allerheiligenlitanei vor. Im 5. Jahrhundert führte man drei Sühnetage vor Christi Himmelfahrt ein, an denen die Gläubigen Buße tun und Werke der Nächstenliebe verrichten sollten. Im 8. Jahrhundert übernahm die ganze lateinische Kirche diesen Brauch (»Bittwoche«). Die Bitttage waren dazu da, Gott um Gnade zu bitten, um Fruchtbarkeit für Feld und Flur, um Verhütung von Hagel, Frost und anderem Unwetter. Schon im Mittelalter hatten die Prozessionen oft ihren eigentlichen Sinn verloren. Auch in Handschuhsheim sollen jeweils am 5. Sonntag nach Ostern die Gläubigen vom Dorf aus in einer Bußprozession zu den Klöstern auf dem Heiligenberg gezogen sein. 1432 und öfter verbot die Universität Heidelberg ihren Angehörigen, ohne Erlaubnis des Rektors in der Bittwoche den »Rolloß« zu besuchen. Es gibt keinen Beleg dafür, dass jene Prozessionen gerade diesen Weg nahmen. Der heutige Rollossweg wurde vom 16. bis zum 19. Jahrhundert

Rollossweg

auch *Im Creutzmannsgarten* oder *Creutzmannsgasse* genannt (Derwein 1933, S. 178; Frey 1944, Nr. 75, 340f.).

Rombachweg (Schlierbach, E–F 13, zwischen Schlierbacher Landstraße und Klingelhüttenweg). Nach dem dort einst offen fließenden Rombach, 1518 erstmals als Rumbach erwähnt (zu mhd. râm = »Schmutz«). Er mündete bei der Schlierbacher Landstraße 126 in den Neckar. An der Stelle der siebten Schlierbacher Mühle stand bis 1971 ein großes Barockhaus (Kolonialwarenhandlung Friedrich Dewald). Oberhalb des Klingelhüttenwegs setzt sich der Rombachweg als Waldweg zu den Rombachquellen beim Schlossvereinsweg fort. Die Quellen dienten früher der Wasserversorgung des Schlosses, dann zunächst der zusätzlichen Versorgung der Forellenteiche am Wolfsbrunnen und der Wasserzuführung zu den Mühlen am Schlierbach. Ab 1870 dienten sie der Wasserversorgung Heidelbergs. Das dortige Gewann heißt nach dem Bach »Obere« bzw. »Untere Rombach« (Derwein 1940, Nr. 325, 453, 733; vgl. *Obere Rombach*, *In der unteren Rombach*, *Rahmengasse*).

Roonstraße (Neuenheim, E 9, zwischen Handschuhsheimer Landstraße und Werderstraße). 1900 angelegt und nach dem preußischen Kriegsminister Generalfeldmarschall Albrecht Theodor Emil Graf von Roon (1803–79) aus Pleushagen bei Kolberg benannt. Er machte 1849 den badischen Feldzug der Preußen mit, um die Revolution niederzuschlagen. In der Zeit der Reichsgründung von 1871 war er Mitarbeiter Bismarcks. Die Stadt Görlitz ließ 1902 durch den Bildhauer Harro Magnussen in der Ruhmeshalle eine Statue Roons errichten. Ein größeres Roon-Denkmal schuf Magnussen 1904 für das Ensemble auf dem Königsplatz in Berlin. Es steht seit 1938 am Großen Stern (vgl. *Blücherstraße*, *Blumenthalstraße*, *Gneisenaustraße*, *Moltkestraße*, *Werderstraße*, *Yorckstraße*).
Nr. 1–5: St. Raphael-Gymnasium und Realschule (Freie Katholische Schule, 1930 gegründet).

Rosenbergweg (Handschuhsheim, D 9, zwischen Handschuhsheimer Landstraße und Bergstraße, nahe dem Rosenpfad). 1896 erstellt und 1905 nach einer Gewannbezeichnung (erstmals 1223 als »Rossemarkit« erwähnt) benannt (vorher: *Eselspfad*). Der Name hat nichts mit Rosen zu tun. Mögliche Deutungen: 1. beschönigende Bezeichnung für Richtplatz, Abdeckerei, Platz, an dem Seuchenkranke beerdigt wurden; 2. »Rossenberg«, Verwendung des Platzes als Pferdeweide oder Rossmarkt (Frey 1944, Nr. 97, 346; vgl. *Am Rosenbusch*, *Im Roßgraben*, *Rosenpfad*).

Rosenpfad (Handschuhsheim, D 9, zwischen Bergstraße und Leimengrube). Fußweg südlich des *Rosenbergwegs*, nach einer Gewannbezeichnung benannt, 1874 erstmals erwähnt (Frey 1944, Nr. 349).

Rosensteige (Ziegelhausen, E 14, zwischen In der Neckarhelle und Büchsenackerhang) Steil ansteigender Pfad von der Mündung des Steinbachs zum Büchsenacker, der mit Allmend-Grenzsteinen gekennzeichnet ist. Bis 1954: *Büchsenackerpfad*. Nach dem Gasthaus zur Rose (ehemalige Heidelberger Landstraße 68, jetzt In der Neckarhelle 1/1) umbenannt (Hoppe 1956, Nr. 267).

Roter Buckel (Rohrbach, K 10, zwischen Kühlem Grund und Berghalde, im oberen Teil Fußweg). Kürzeste Verbindung von Rohrbach zum Boxberg. 1927 wohl nach dem dort vorgefundenen Buntsandstein benannt.

Rottmannstraße (Handschuhsheim, D 9, zwischen Steubenstraße und Hans-Thoma-Platz). Die Rottmannstraße war ursprünglich ein Bahndamm, auf dem die Züge der OEG durch das unbebaute Handschuhsheimer Feld verkehrten. Ab 1912 wurde dieser zur Umgehungsstraße ausgebaut, womit sich die Hauptverkehrsachse von der *Handschuhsheimer Landstraße* nach Westen verlagerte. 1913 benannte man diese nach dem Handschuhsheimer Maler Carl Rottmann (1797–1850). Er soll im ehemaligen Atzelhof geboren sein, wo sein Großvater Karl Franz Joseph Rottmann Schaffner (Verwalter) des kurpfälzischen Landeswaisenhauses war. 1805 zog die Familie nach Heidelberg, wo sein Vater Friedrich Rottmann eine Stelle als Zeichenlehrer am Jesuitengymnasium erhielt. Später lebte Carl Rottmann, vom bayerischen König Ludwig I. gefördert, als Hofmaler vorzugsweise in München, wo er auch begraben liegt. 1853 erhielt er in der Neuen Pinakothek einen eigenen Saal, der ausschließlich seinem Griechenlandzyklus gewidmet ist. Ein bekanntes Gemälde ist: »Das Heidelberger Schloss bei Sonnenuntergang mit Halbmond« (1820, Kurpfälzisches Museum). – Die heutige Heiligenbergschule hieß zwischen 1957 und 1967 Rottmannschule. Das 1985 an der Stelle der »Orangerie« des Handschuhsheimer Schlösschens errichtete Gebäude heißt Carl-Rottmann-Saal. Im Hof steht seit 1987 ein Gedenkstein mit der Inschrift: »Zur Erinnerung an Carl Rottmann / * 11. 1. 1797 in Handschuhsheim / † 7. 7. 1850 in München / kgl. bayerischer Hofmaler und bedeutender Künstler der romantischen Landschaftsmalerei. / Stadtteilverein Handschuhsheim«. – 1920–28 baute die »Gemeinnützige Siedelungsgesellschaft Atzelhof« zwischen Rottmannstraße und Steubenstraße die Wohnanlage »Atzelhof«. 1929 ließ in Nr. 1–9 die »Gemeinnützige Aktiengesellschaft für Angestelltenheimstätten« (GagfaH) durch Franz Sales Kuhn Mietshäuser erbauen (Frey 1944, Nr. 354; vgl. *Carl-Philipp-Fohr-Straße*, *Lorscher Hof*).

Rudolf-Diesel-Straße (Weststadt, H 8–9, zwischen Carl-Bosch-Straße und Speyerer Straße). 1950 nach dem Maschineningenieur Rudolf Diesel (1858–1923) aus Paris benannt. Er entwickelte 1893–97 den Dieselmotor. Der westlich der Speyerer Straße gelegene Teil der Rudolf-Diesel-Straße (Bahnstadt) wurde 2010 in *Langer Anger* umbenannt.
Nr. 28: Deutsches Rotes Kreuz.

Rudolf-Hell-Straße (Rohrbach, Quartier am Turm, I 8, zwischen Heinrich-Fuchs-Straße und Georg-Mechtersheimer-Straße). 2003 nach Dr.-Ing. Rudolf Hell (1901–2002) aus Eggmühl (Bayern) benannt, Elektroingenieur, Erfinder des Faxgeräts (»Hell-Schreiber«), des Chromagraphen (Scanner) und vieler anderer Maschinen. 1929 gründete er seine eigene Firma in Neubabelsberg. 1996 übernahm die Heidelberger Druckmaschinen AG seine Firma Linotype-Hell AG in Kiel. 1981 wurde er Ehrenbürger der Stadt Kiel, wo er auch starb. – Die Straßen im ehemaligen Fuchsschen Werksgelände (*Quartier am Turm*) sind nach Erfindern und Technikern benannt.

Rudolph-Stratz-Weg (Ziegelhausen, E 14, zieht von der Reinhard-Hoppe-Straße nach Norden, Sackgasse). 1928 nach dem Heidelberger Schriftsteller Rudolph Stratz (1864–1936) benannt. Er stand als Offizier im hessischen Militärdienst und ließ sich nach Reisen durch Europa und Afrika 1890 als freier Schriftsteller in Berlin nieder. Mit seinen stark national gefärbten, am Zeitgeschmack orientierten Romanen zählte er um 1900 zu den beliebtesten deutschen Unterhaltungsschriftstellern (»Alt-Heidelberg, du feine«, 1902, »Seine englische

Rudolph-Stratz-Weg   Rummerweg (Ill. Ludwig Haßlinger)

Frau«, 1913, »Frauenlob. Der Roman eines jungen Mannes«, 1926). Zwischen 1890 und 1900 nahm er häufig seinen Sommer-Aufenthalt im heute noch erhaltenen »Stratz-Häuschen« am Hahnberg in Ziegelhausen. Er starb auf seinem Gut Lambelhof in Bernau am Chiemsee. – Der *Rudolph-Stratz-Weg* in Neuenheim, ebenfalls 1928 benannt, wurde 1974 in *Seitz-straße* umbenannt. – 1953 wurden die Hausnummern 12–22a in 26–36 geändert (Hoppe 1956, Nr. 342).

Rufinusplatz   (Neuenheim, E 8, zwischen Schröderstraße, Kastellweg und Humboldt-straße, beim Bunsengymnasium). 1963 angelegt und auf Vorschlag des Stadtrats Prof. Dr. Hermann Hoepke nach dem römischen Ziegelfabrikanten Publius Attius Rufinus aus dem 2. Jahrhundert n. Chr. benannt, welcher uns lediglich durch seinen Namensstempel auf Zie-geln bekannt ist. Seine Villa soll bei der Ernst-Walz-Brücke gelegen haben. Der Rufinusplatz ist heute Parkplatz mit Begleitgrün.

Rummerweg   (Handschuhsheim, D 9, zwischen Kapellenweg und Unterer Büttengasse). Auf dem Stadtplan von 1906 hieß er *Bergstraße*, von 1926 bis 1954 *Am Hahnenberg*, nach einer 1729 erstmals erwähnten Gewannbezeichnung. Nach dem Handschuhsheimer Ebeni-sten (Intarsienkünstler) Johann Michael Rummer (1747–1821) benannt. Er erlernte 1761/67 bei den berühmten Kunstschreinern Abraham und David Roentgen in Neuwied die Einle-gekunst. Nach Aufenthalten in England und Polen kehrte er in sein Heimatdorf zurück. Er heiratete 1786 Wilhelmine Effers und zog nach Schwetzingen, wo er auch starb (Frey 1944, Nr. 151; vgl. *Obere Büttengasse*).

Rutlindisweg   (Wieblingen, E 6, Fußgängerweg, von der Maaßstraße in mehreren Ver-schwenkungen zum Karolingerweg). Angelegt 1965, benannt 1970 (vorher »Zick-Zack-Weg« genannt). Frau Rutlindis schenkte am 27. Februar 767 ihr Eigentum in Wieblingen an das Kloster Lorsch (Lorscher Codex, Urkunde 697). Dies ist die erste schriftliche Erwähnung Wieblingens; aufgrund dessen wurde 1967 die 1200-Jahr-Feier begangen. (Keine Wohn-adresse).

Saarstraße (Südstadt, I 9, Verlängerung der Straße An der Markscheide westlich der Karlsruher Straße, zwischen dieser und der Römerstraße, führt auf das ehemalige amerikanische Hauptquartier zu). 1934 nach der Saar benannt, einem Nebenfluss der Mosel, aber möglicherweise auch nach dem Saargebiet, das 1919 durch den Versailler Vertrag auf 15 Jahre dem Völkerbund unterstellt wurde. Das Eigentum an den Kohlegruben und deren Ausbeutung wurden dem französischen Staat zugesprochen. Am 6. Januar 1935 weihte Oberbürgermeister Dr. Carl Neinhaus das »Saar-Mahnmal« am Heidelberger Rathaus ein. Am 14. Januar 1935 sprachen sich in einer Volksabstimmung 90% der Saarländer für eine Rückkehr zum Deutschen Reich aus. Die »Heimkehr der Saar« feierten die Deutschen als den bis dahin größten Erfolg Hitlers (vgl. die ebenfalls nach deutsch-französischen Grenzflüssen benannten *Moselstraße, Bliesweg, Rheinstraße*).

Sackgasse (Neuenheim, E–F 9, beginnt an der Brückenkopfstraße und zieht nördlich). Es gibt viele Sackgassen in Heidelberg. Dies ist die einzige, die offiziell so heißt. Nach H.-M. Mumm (HJG 13 (2009), S. 12) war sie ein Teil des Wegs von der Neckarfurt über die *Mönchbergsteige* zu den Klöstern auf dem Heiligenberg.

Sandgasse (Altstadt, F 10, zwischen Hauptstraße und Plöck). 1369 erstmals als *Sant gaßen* erwähnt. Der Name kommt wahrscheinlich daher, dass die Gasse vor der Stadtgründung von der Peterskirchen-Siedlung zum »Sand«, d. h. zum Neckarufer und Anleger führte. Lange Zeit wurden Sandgasse (1391: *kleine Sandgasse*) und *Schiffgasse* (1698: *große Sandgasse*) als ein zusammenhängender Straßenzug empfunden. Zwischen beiden bestand schon immer ein Knick, der durch ein Stück der Hauptstraße gebildet wird. Diese Straßenverbindung könnte zu den ältesten Trassen der Siedlung gehören. Bis 1868 bildete die *Kirchhofgasse* die Fortsetzung der Sandgasse zur Leopoldstraße (heute: Friedrich-Ebert-Anlage) zwischen dem evangelischen Friedhof der Peterskirche und dem katholischen »kleinen Sanktpeterskirchhof«. An ihrer Stelle wurde eine Treppe zu der wegen des

Sandgasse

Sandgasse

Sandgasse, Treppe vor der Peterskirche

Baus der Odenwaldbahn höher gelegten Leopoldstraße angelegt (Derwein 1940, Nr. 748; Derwein 1939, S. 160; Hoepke 1947, S. 50f.; H.-M. Mumm, HJG 15 (2011), S. 189) (vgl. *Schiffgasse*, *Ziegelgasse*).

Nr. 14: Neues Schulhaus (1867/78 erbaut, in den 1920er Jahren Friedrich-Ebert-Schule benannt).

Sandhäuser Straße   (Kirchheim, K–L–M 7, beginnt am ehemaligen Marktplatz (»Spinne«) und zieht südwärts nach Sandhausen). Alte Landstraße von Kirchheim nach Sandhausen. An der Kreuzung mit der Judenchaussee im Gewann »Heuscheuer« stand einst die St.-Wolfgang-Kapelle (vgl. *Wolfgangstraße*).

Sandhofer Weg   (Wieblingen, C–D 6, am Ortsende von der Mannheimer Straße zunächst als Fußweg, dann als Straße zum Neckarhamm; derzeit nördliches Ende der Wieblinger Wohnbebauung). Ursprünglich ein Feldweg namens *Der grüne Weg*, bebaut ab 1961. Benannt nach dem Mannheimer Stadtteil Sandhofen (vgl. *Edinger*, *Feudenheimer*, *Friedrichsfelder*, *Käfertaler*, *Neckarauer*, *Rheinauer* und *Waldhofer Straße* sowie *Ilvesheimer*, *Schwabenheimer* und *Viernheimer Weg*).

Sandwingert   (Wieblingen, E 6, vom Wibiloweg im Bogen zur Maaßstraße). Benannt 1965, ausgebaut 1966. Der Gewannname bedeutet wohl »Weingarten auf sandigem Boden« (Streitberg 1938, S. 8).

Nr. 103: Neuapostolische Kirche mit Gemeindehaus (erbaut 1967/68)

San Jacinto Drive   (Patrick-Henry-Village, I 5, Ringstraße zwischen North Lexington Avenue und Saratoga Drive). San Jacinto ist ein Fluss im Harris County (Texas). Hier führte General Sam Houston 1836 im texanischen Unabhängigkeitskrieg die Armee von Texas zum Sieg gegen den mexikanischen General Antonio López de Santa Ana. Der Krieg endete mit der Unabhängigkeit der Republik Texas von Mexiko, die von der mexikanischen Regierung nie anerkannt und 1845 von den USA annektiert wurde. Sam Houston wurde zum ersten Präsidenten der Republik Texas gewählt. 1836 wurde auch die Stadt Houston gegründet, die nach ihm benannt ist und als Hauptstadt der Republik diente. Der Name des Flusses kommt davon, dass Europäer die Flussmündung am Tag des hl. Hyazinth entdeckten (vgl. *Alamo Circle*, *Buena Vista Road*).

San Juan Hill Street (Patrick-Henry-Village, K 5, zwischen South Lexington Avenue und South Gettysburg Avenue). Benannt nach der Schlacht bei San Juan Hill (Cuba) am 1. Juli 1898 im Spanisch-Amerikanischen Krieg, bei der sich der spätere Präsident Theodore Roosevelt als Kommandeur der »Rough Riders« auszeichnete. Die Amerikaner hatten dem Ort den Namen San Juan Hill (»Hügel des hl. Johannes«) gegeben.

Santiago Drive (Patrick-Henry-Village, I 5, zwischen North Lexington Avenue und Gettysburg Avenue). Der Apostel Jakobus der Ältere, spanisch Santiago, half einer Legende zufolge den spanischen Christen, die Mauren zu besiegen. Unter seinem Banner gewannen sie die iberische Halbinsel zurück. Er wurde zum Schutzpatron Spaniens und dann auch der Konquistadoren in Amerika, die mit dem Kampfschrei »Santiago« in die Schlacht zogen. 1898 endete die Seeschlacht vor Santiago de Cuba während des Spanisch-Amerikanischen Kriegs mit der Vernichtung der Spanier. Wenig später fiel Cuba in US-amerikanische Hände (vgl. *Jakobsgasse, San Juan Hill Street*).

Saratoga Drive (Patrick-Henry-Village, I 5, zwischen North Gettysburg Avenue und North Lexington Avenue). Bei Saratoga, einem Dorf am Westufer des Hudson, ergab sich 1777 der britische General John Burgoyne den US-Amerikanern unter General Horatio Gates. Daraufhin erkannte Frankreich die Unabhängigkeit der Vereinigten Staaten an und sandte militärische Hilfe, welche entscheidend zum Sieg der Amerikaner beitrug.

Saulauf (Rohrbach, I 9, zwischen Herrenwiesenstraße und Rathausstraße). Fußweg über dem früher offenen Rohrbach. Das Gewann »Saulauf« lag beiderseits des Rohrbachs in dem Dreieck zwischen heutiger Kirchheimer Straße, Rathausstraße und Heidelberger Straße. 1963 wurde der obere Bach eingerohrt und zugeschüttet.

Saupfercheckweg (Boxberg, H 10–11, beim Bierhelderhof, zwischen Speyererhofweg und Unterem St.-Nikolaus-Weg). Nach einem 1791 erstmals erwähnten Pferch zur Übernachtung der Schweine bei der Eichen- und Buchenmast (etwa heutiger Speyererhofpark) benannt. Name als Flurweg seit etwa 1881 bekannt, in den 1960er Jahren zum Straßennamen erhoben. Bald darauf ergingen Bitten an den Gemeinderat, den Weg umzubenennen. Die Mitarbeiter des dortigen Max-Planck-Instituts für Kernphysik (1958 gegründet) setzten sich

Saulauf (um 1960)

Saupfercheckweg

Schäfergasse, Inschrift Schwetzinger Straße 27

aber dafür ein, dass der alte Name beibehalten wurde (Derwein 1940, Nr. 765; Brecht 1968, S. 37; vgl. *Am Pferchelhang*).

Schaafrippel (Kirchheim-West, I 7, südlich der Schwarzwaldstraße, bildet mit der Straße Glockenzehnten einen Ring). Nach dem Gewann »Schaafrippel« am früheren *Stückerweg*. »Schafrippe« bezeichnet die Schafgarbe (Achillea millefolium) (Körner 2009, S. 81; vgl. *Gewann Schafwedel, Glockenzehnten*).

Schäfergasse (Kirchheim, I 8, zwischen Schwetzinger Straße und Albert-Fritz-Straße, wird von der Königsberger Straße fortgesetzt). Bis 1929: *Schulgasse* bzw. *Schulstraße*. Der Name der Schäfergasse erinnert an die ausgedehnte Kirchheimer Schäferei. Diese bestand aus der Dorfschäferei und der kurfürstlichen Herrenschäferei. Die Herrenschäfer hatten das Weiderecht in Rohrbach, Kirchheim, Leimen, Sandhausen, St. Ilgen, Bruchhausen, Eppelheim, Wieblingen, den Kollerwiesen bei Brühl, der Ketschau und den Hockenheimer Wiesen. Die Herrenschäferei wurde alle sechs Jahre versteigert, und die Schafpächter mussten sich an die überlieferten Weidegesetze halten. Es wurden bis zu 1600 Schafe gehalten, ihre Zahl war abhängig vom Fleisch- und Wollpreis. Die Bauern profitierten von der Schäferei durch die mit der Pferchung verbundene Düngung der Äcker. Als im 18. Jahrhundert mit der Dreifelderwirtschaft auch die Brache verschwand, kam der Niedergang für die Schäferei. 1802 wurde die Herrenschäferei aufgelöst, die Weiderechte gingen auf die einzelnen Dorfschäfereien über, das Gelände wurde verkauft. 1816/17 wurde mitten durch den Schafhof die heutige Schäfergasse gebaut. Auf einem Teil des Geländes (Schwetzinger Straße 49) bauten die Katholiken 1830 ein Schulhaus. Die Reformierten errichteten 1807 ihre Schule in der jetzigen Schäfergasse 2. 1888 baute man in der Schäfergasse 18 eine konfessionelle Gemeinschaftsschule. Haus Nr. 5 ist seit 1982 Heimatmuseum. Ein viereckiger Stein über dem früheren Torbogen des Hauses Schwetzinger Straße 27 (ehemaliger »Badischer Hof«) erinnert an den letzten Pächter der Dorfschäferei und der Herrenschäferei, Johann Jakob Körner. Inschrift: »1784«, darunter »J. K.«, darunter die Abbildung eines Schafes (Körner 2009, S. 31ff., 81).

Nr. 2: ehemaliges Schafhaus (ab 1817 Schulhaus der reformierten Gemeinde). – Nr. 5: ehemaliges Wohnhaus (1827–68), später Schule, seit 1982 Heimatmuseum. – Nr. 8: sog. Kurpfalzscheuer, 1841 erbaut, seit 1987 Heimatmuseum. – Nr. 18: Volksschule Kirchheim, später Kurpfalzschule, ab 1888 entstanden.

Victor von Scheffel, Denkmal auf der Scheffelterrasse

Scheffelstraße   (Neuenheim, E 11, zwischen Ziegelhäuser Landstraße und Hölderlin-weg/Odelweg). Bis 1898: *Neuer Odelsweg*. Der Jurist und Schriftsteller Joseph Victor von Scheffel (1826–1886) aus Karlsruhe war Mitglied des 1846 von Prof. Ludwig Häusser (vgl. *Häusserstraße*) gegründeten »Engeren Ausschusses«, einer Tafelrunde, die sich mittwochs im »Waldhorn ob der Bruck« (»Scheffelhaus«, Ziegelhäuser Landstraße 21, 1965 zugunsten eines Parkplatzes abgebrochen) trafen. 1854 veröffentlichte Scheffel die Verserzählung »Der Trompeter von Säckingen«, darin das Gedicht »Alt Heidelberg, du Feine«. Vertont von Simon Anton Zimmermann, wurde es vom Studentenlied zur Heidelberger Hymne. Nach 1871 war Scheffel einer der populärsten deutschen Schriftsteller. 1885 verlieh man ihm in Heidelberg das Ehrenbürgerrecht. Sein letztes Gedicht war ein Festlied für die 500-Jahr-Feier der Universität Heidelberg, die er nicht mehr erlebte. 1891 wurde auf der Schlossterrasse, die seitdem Scheffelterrasse heißt, seine Bronzestatue enthüllt. Als Ersatz für die 1942 eingeschmolzene Statue stiftete die Burschenschaft Frankonia ihrem Bundesbruder 1976 daselbst einen Gedenkstein mit Bronze-Medaillon. Scheffel wohnte 1844–47 in der Friedrichstraße 8. Er ist auf dem Hauptfriedhof in Karlsruhe begraben.

Nr. 4: hier wohnte der Philosophieprofessor Heinrich Rickert (1863–1936). – Nr. 16: Turnerschaft »Rhenopalatia«.

Schelklystraße   (Rohrbach, I–K 9, zwischen Parkstraße und Burnhofweg). Der Schweizer Johann Ulrich Schelkly (1817–1874), Gärtner und Verwalter des Rohrbacher Schlösschens, heiratete 1847 die damalige Besitzerin, Elisabetha Brown von Stulz, Witwe von Johann Georg Stulz, und wurde so selbst Schlossherr. Er ist auf dem Rohrbacher Friedhof begraben. 1898 verkauften Schelklys Erben das Anwesen an den »Verein für Genesungsfürsorge« in Karlsruhe. Im Ersten Weltkrieg wurde das Schlösschen als Lazarett genutzt. 1928 erwarb die Landesversicherungsanstalt Baden das Grundstück zur Begründung eines Tuberkulose-Krankenhauses. Weil die Familie Schelkly der Gemeinde Rohrbach viel Gutes getan hatte, nannte man die Straße, die am früheren Schlosspark entlang führte, nach ihr. Sie ist erstmals 1927 im Adressbuch erwähnt und im Stadtplan verzeichnet (vgl. *Bierhelderhof*)

Schießtorstraße   (Altstadt, F 10, zwischen Plöck und Friedrich-Ebert-Anlage). 1611 als *Schießgaß*, 1770f. als *Schieß Thor Gaß* erwähnt. Das um 1607 erbaute »Schießtor« (»das

Schießtorstraße, Gedenkstein »Schießtor«

new Thor am Newen schießhauß«), 1689/93 zerstört, um 1700 wieder hergestellt, 1803 wegen Baufälligkeit niedergerissen und neu erbaut, 1840 endgültig niedergelegt, ist nach dem 1607 erbauten und 1689/93 zerstörten »Schießhaus« (Schützenhaus) an der südlichen Stadtbefestigung benannt. – Der 1770f. erstmals erwähnte *schieß thor Weeg* verlief längs der Stadtmauer im Zug der heutigen *Friedrich-Ebert-Anlage* (siehe dort) zwischen Klingentor und Rohrbacher Straße. Beim Hotel Victoria (heute Juristisches Seminar) bog er nach Süden ab zur Bahnhofstraße. – Die 1724 vollendete Kirche des Dominikanerinnenklosters in der Plöck, die in die Schießtorstraße hineinragte und diese verengte, wurde 1861 abgerissen und aus dem Schulraum des Klosters die »Englische Kirche« (heute »Erlöserkirche«) gemacht. Die Inschrift einer Tafel am Hause Friedrich-Ebert-Anlage 49 besagt: »Hier stand das / Schießtor / der jüngeren Stadtbefestigung / genannt nach dem / davor liegenden steinernen Schießhaus / erbaut um 1600 / zerstört 1689–1693«. (Derwein 1940, Nr. 782ff., 786ff.; Seidenspinner 2007, S. 201; vgl. Merians Stadtansicht von 1620).

Schiffgasse　(Altstadt, F 10, zwischen dem westlichen Eingang des Marstallhofes und der Hauptstraße). 1677 erstmals erwähnt. Nach dem Wirtshaus »Zum Schwarzen Schiff«, Schiffgasse 11, benannt. Im Pfälzischen Erbfolgekrieg zerstört, wurde es 1698 wiederaufgebaut. Seit 1927 Gasthaus »Zur Backmulde«. Lange Zeit hat man *Sandgasse* (1391: »kleine Sandgasse«) und *Schiffgasse* (1698 »große Sandgasse«) als zusammenhängenden Straßenzug empfunden. Zwischen beiden bestand schon immer ein Knick, der durch ein Stück der Hauptstraße gebildet wird (Derwein 1940, Nr. 790; vgl. *Sandgasse*).

Nr. 2: ehemaliges christliches Hospiz »Wartburg« (1930). – Nr. 4: ehemalige Schlosserei Raquet (1899). – Nr. 11: Gasthaus »Backmulde«, ehemaliges »Schwarzes Schiff«.

Schillerstraße　(Weststadt, G 9, zwischen Zähringerstraße und Rohrbacher Straße). 1891 *Östliche Diagonalstraße* genannt (die *Westliche Diagonalstraße* war die heutige *Endemannstraße*). 1905, im 100. Todesjahr von Friedrich Schiller (1759–1805), erhielt sie den jetzigen Namen und wurde bebaut. 1909 ließ Glasermeister Karl Braun an der Zähringerstraße 47–51, zwischen Schillerstraße und Römerstraße, das dreigliedrige »Schillerhaus« in Stahlskelettbauweise errichten. Es hat seinen Namen von dem Porträt des Dichters am Gie-

Schillerstraße

bel der Nordfront. – Friedrich Schiller war 1784 und öfters in Heidelberg. (Patrick Heinstein, HJG 14 (2010), 15 (2011) und 16 (2012)).

Schlautersteig (Emmertsgrund-Boxberg, K–L 10–11, führt von der Siegelsmauer am südlichen Rand des Boxbergs vorbei in den Wald nördlich des Emmertsgrunds). Mögliche Bedeutung: »allmählich ansteigender Weg«. Die Straße bildet teilweise die Grenze zwischen den Stadtteilen Boxberg und Emmertsgrund. Keine Wohnadresse.

Schleifengrundweg (Ziegelhausen, D 14, zwischen Höhenstraße und Hirtenaue). 1971 benannt nach einer Gewannbezeichnung, erstmals 1790 als »Im Schleifengrund« erwähnt. Diese kommt vielleicht von einem Hohlweg am Hang, der zum Herabziehen (»Schleifen, Schleppen«) des Holzes diente. Nach Hoppe besteht ein Zusammenhang mit der alten Schleifmühle (heute Peterstaler Straße 40) (Hoppe 1956, Nr. 286; vgl. *Im Lindenried, Schleifweg, Sensenried*).

Schleifweg (Rohrbach, Gewann See, K 9, zwischen Christian-Bitter-Straße und Leimer Straße). 1978 nach einer Gewannbezeichnung benannt. Schleif- oder Schlittweg bezeichnet einen unbefestigten, ursprünglich nur während der Feldbestellung und zur Erntezeit benutzten Feldweg, auf dem zum Transport des Getreides ein Pflugschlitten eingesetzt wurde. – Nach der Sage soll in der Gegend des Schleifwegs ein ungetreuer Feldmesser umgehen, der die Gemarkungsgrenze zugunsten Rohrbachs tief in das Feld und den Wald von Leimen versetzt hatte (vgl. *Schleifengrundweg*).

Schlierbacher Landstraße (Altstadt, Schlierbach, E–G 11–15, zwischen Karlstor und der Gemarkungsgrenze zu Neckargemünd). Verbindet Heidelberg mit Schlierbach und dieses mit Neckargemünd. 1904 benannt, ist sie mit sechs Kilometern eine der längsten Straßen Heidelbergs. Die Gründung des Gutleuthauses im Jahre 1430 beim heutigen Bahnhof Schlierbach lässt vermuten, dass schon im Spätmittelalter eine gut frequentierte Straße am Neckar verlief. 1611 wird erstmals eine *Landtstraß* erwähnt. Sie wies viele Kurven, Steigungen und Gefälle auf und wurde häufig vom Hochwasser weggeschwemmt. Ab 1748 wurde sie als Chaussee (1749 *Neckargemünder Landstraße*) bis Mosbach ausgebaut, 1930–36 im Zuge der Neckarkanalisierung begradigt und verbreitert. 1858–62 baute

SCHLIERBACH Schlierbach ist mit rund 3400 Einwohnern der bevölkerungsmäßig kleinste Stadtteil Heidelbergs. Die mittelalterliche Fischer- und Mühlensiedlung entwickelte sich auf der ursprünglichen Gemarkung des Dorfes Bergheim in drei Einbuchtungen (Hausacker, Alt-Schlierbach/Wolfsbrunnen, Gutleuthof/Aue) auf dem südlichen Hochufer des Neckars am steil abfallenden Nordhang des Königstuhls. »Durch die an den Fluß tretenden Felsen und Berge von der Stadt scharf abgegrenzt, mag die Siedlung sich zunächst selbständig entwickelt haben, um allmählich immer stärker von der Stadt abhängig zu werden« (Derwein 1940, S. 97). Als Siedlungskern werden Tal und Mündungstrichter des Schlierbachs angenommen. Später kam ein Siedlungsansatz am »Hausacker« hinzu. Die Dorfgemarkung reichte vom heutigen Karlstor bis zum Kümmelbach. Der Kümmelbacher Hof wurde 1976 von der Stadt Heidelberg an Neckargemünd verkauft und damit die Gemarkungsgrenze nach Westen verschoben. Die Nennung eines »Hugo de Slierbach« als Zeuge in einer Urkunde des Klosters Schönau von 1245 wird als Ersterwähnung des Dorfes Schlierbach angesehen (obwohl es bei Lindenfels noch ein anderes Schlierbach gibt). 1430 stiftete Kurfürst Ludwig III. »in der Aue« eine dem hl. Laurentius, dem Patron der Armen und Pestkranken, geweihte Kapelle. An sie war das »Siechenhaus« (»Gutleuthaus«) angebaut. Die »Aue« (»Gutleuthoferfeld«) wurde »zum Kristallisationspunkt einer weiteren Siedlung« (Derwein). Die Schlierbacher waren in die Kirche des Barfüßerklosters eingepfarrt. Seit etwa 1600 rechnet man Schlierbach zum 4. Quartier der Stadt Heidelberg. Das um diese Zeit errichtete sog. »Forellenhaus«, eine burgähnliche Anlage am Neckarufer in Höhe des heutigen Jägerhauses, ist spurlos verschwunden. 1550 legte Kurfürst Friedrich II. am Wolfsbrunnen einen Forellenweiher an. Das dortige Lusthäuschen, Ausgangspunkt von Jagden und Ausflugsziel der Schloss- und Stadtbewohner, wurde 1822 im Weinbrennerstil als Gasthaus umgebaut. 1870 gingen Wirtshaus und Quellen in den Besitz der Stadt über. 1873 eröffnete die Stadt eine Quellwasserleitung vom Wolfsbrunnen zur Altstadt. Der Wasserversorgung Heidelbergs dienten seit 1870 die Wolfsbrunnen- und Rombachquellen, dann auch Pumpwerke im »Gutleuthofer Feld«. Dies bedeutete das Ende für die Schlierbacher Mühlen.

Der Bau der Eisenbahnlinie Heidelberg-Neckargemünd 1858–62 zerstörte einen Teil des Schlierbacher Friedhofs an der Laurentiuskapelle. 1910 fuhr die erste elektrische Straßenbahn vom Karlstor nach Schlierbach, ab 1914 weiter nach Neckargemünd. Im selben Jahr wurde die Neckarbrücke zwischen Schlierbach und Ziegelhausen dem Ver-

Bahnhof Schlierbach

kehr übergeben. 1922 eröffnete im Gutleuthofer Feld die Orthopädische Anstalt der Universität. – Schlierbach ist heute ein Villenvorort mit hoher Eigentümerquote, geprägt von Ein- und Zweifamilienhäusern. – Der Schlierbach, der am Wolfsbrunnen entspringt und der Siedlung den Namen gab, wird gewöhnlich Mühlbach genannt. Sein Name kommt von mhd. slier m. = »Lehm, Schlamm« (vgl. *Rombach*). Zwischen Wolfsbrunnen und Jägerhaus trieb der Bach fünf Mühlen an. Am frühesten erwähnt ist die Obere Mühle (1344, wahrscheinlich die »Leitzmühle«). Von den Schlierbacher Mühlen haben sich die Gebäude der Goosschen (Jägerpfad 11), der Leitzschen und eine Mauer der Hefftschen Mühle erhalten. – Als »Oberdorf« werden die Häuser an der Mündung des Schlierbachs (nördlich des Wolfsbrunnens) bezeichnet, als »Unterdorf« die Häuser an der Mündung des Rombachs (vom »Kreuz« bis zur Teufelskanzel) (Derwein 1940, S. 96ff.; Nr. 614, 804, 665, 927, 965).

man neben der Straße die Eisenbahnlinie Heidelberg-Neckargemünd, wobei ein Teil des Schlierbacher Friedhofs zerstört wurde. 1933/34 verlegte man die Eisenbahnstrecke zwischen Karlstor und Hausacker/Rosenbusch von der Flussseite auf die Bergseite, wodurch der Bahnübergang am Karlstor und der »Weiße Übergang« entfielen. Etliche Häuser wurden abgerissen, was den übergangsfreien Betrieb der Neckartal-Straßenbahn emöglichte,

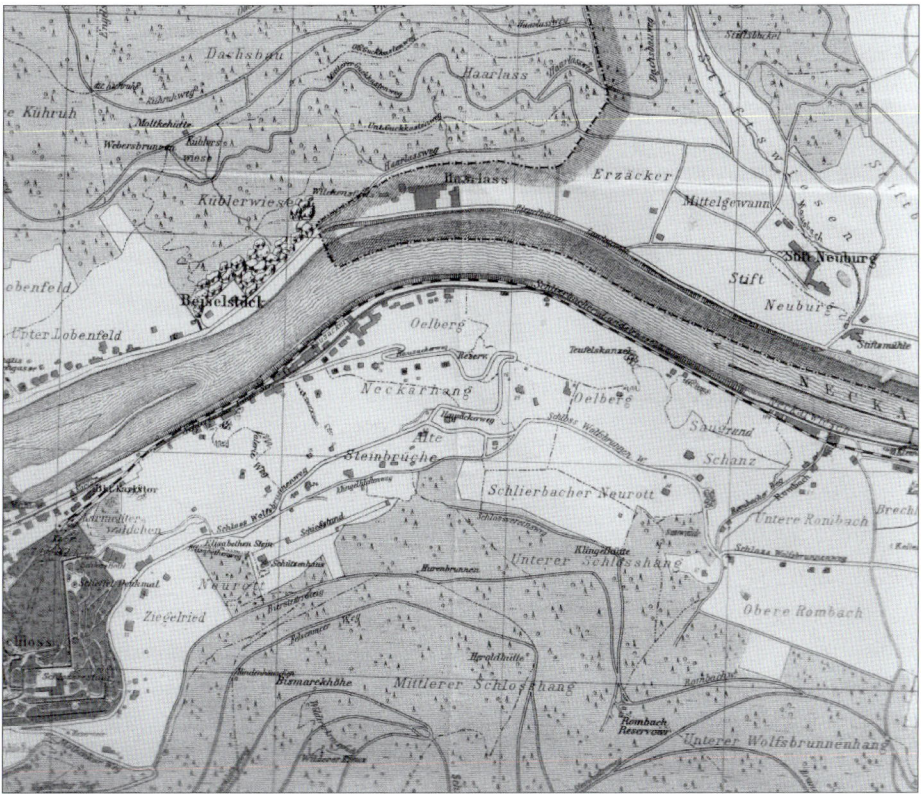

Schlierbacher Landstraße 1921

die seit 1910 bis Schlierbach fuhr, ab 1914 auch bis Neckargemünd, seit 1935 zweigleisig. Nach Ersetzung der Straßenbahn durch Busse 1962 baute man die Straße zur vierspurigen Bundesstraße aus (Derwein 1940, Nr. 510, 961; Knörr 1999).

Nr. 1: Schleuse Karlstor (1929). – Nr. 2: Bahnhof Karlstor (1938). – Nr. 3: ehemaliges Prestinarisches Haus (1910 abgerissen). – Nr. 13: ehemaliges Filmstudio (»Glashaus am Neckar«, 1912–25). – Nr. 15: ehemaliges Café »Humbert«, ehemaliges Postamt Schlierbach. – Nr. 21: ehemalige Polizeiwache Schlierbach. – Nr. 23: ehemalige Volksschule Schlierbach. – Nr. 77: Jägerhaus, ehemaliges Wirtshaus »Zur Krone« (vgl. *Kronenweg*). – Nr. 130: ehemaliger Kindergarten, jetzt Bürgerhaus Schlierbach. – Nr. 136: ehemaliger Gasthof »Jägerhaus«, später Altersheim. – Nr. 172: Gutleuthofkapelle (Laurentiuskapelle, 1430 erbaut). – Nr. 200a: Orthopädische Klinik (1922 eröffnet). – Nr. 214: »Kümmelbacher Hof« (seit 1976 zu Neckargemünd).

Schloss und Schlossgarten   (Altstadt, F 11). Aus der Vita Eberardi de Commeda (um 1220) ist für die Jahre 1170/82 auf die Existenz einer Burg des Pfalzgrafen Konrad von Staufen bei Heidelberg zu schließen. 1303 werden zwei Burgen erwähnt, nämlich auf der Granitterrasse des »Jettenbühl« (195 m über NN) und auf dem »Kleinen Gaisberg« (287 m über NN, wohl die ältere Burg, 1538 durch Pulverexplosion zerstört). Eine der Burgen diente nach der Übernahme der Pfalzgrafschaft durch das Haus Wittelsbach 1214 als Nebenresidenz. Sie kam in den Besitz Herzog Ludwigs von Bayern, als dieser 1225 mit der Pfalzgrafschaft belehnt wurde. Bis zum Dreißigjährigen Krieg residierte hier einer der glänzendsten deutschen Höfe. Durch die rege Bautätigkeit der Pfalzgrafen entstand ein Ensemble repräsentativer Schloss- und Gartenbaukunst mit künstlerischen Leistungen im Stil der Renaissance. Im Gegensatz zu anderen Residenzen wurde in Heidelberg kein umfassendes einheitliches Schlossprojekt verwirklicht, die Kurfürsten fügten jeweils weitere Einzelpaläste hinzu. Unter Kurfürst Friedrich V. (reg. 1610–32) entstanden der Schlossgarten (»Hortus Palatinus«), der Englische Bau und das Elisabethentor. Im Dreißigjährigen Krieg eroberte General Tilly 1622 Stadt und Schloss. Die endgültige Zerstörung erfolgte durch französische Truppen 1689 und 1693 während des Pfälzischen Erbfolgekriegs. Das Schloss wurde geplündert, in Brand gesteckt und die Befestigungsanlagen gesprengt. Nie mehr völlig aufgebaut, zerstörte es 1764 ein Blitzschlag gänzlich. Seit der Romantik erlebte es eine zweite Blüte. Durch das Engagement des französischen Emigranten Charles Graf von Graimberg ist das Schloss als Ruine erhalten geblieben. Teile davon wurden restauriert (vgl. *Graimbergweg*, *Schlossberg*, *Neue Schlossstraße*, *Kurzer Buckel*, *Burgweg*, *Schloss-Wolfsbrunnen-Weg*).

Schlossberg   (Altstadt, F 10–11, zwischen dem Klingentor und dem westlichen Schlosseingang). »Schlossberg« meint nicht den Berg, auf dem das Schloss steht, sondern das Gebiet zwischen Klingenteich und Schloss, zwischen Faulem Pelz und »Schanz«, bzw. die Straße, die zum Schloss führt. 1359 wurde »ein husz gelegen vor deme berge«, 1592 der *Schlossberg* erwähnt. Am Weg zum Schloss bildete sich im Mittelalter eine Sondergemeinde, bis 1743 mit eigenen Privilegien und Rechten ausgestattet und von herrschaftlichen Bediensteten bewohnt. Das Rathaus des Schlossbergs (erbaut im 17. Jahrhundert, Neubau 1751) wurde 1890 dem Bau der Bergbahn geopfert. Im 19. bis weit ins 20. Jahrhundert lebten hier die ärmsten Heidelberger. Die Häuser auf der Nordseite stammen aus dem 19./20. Jahrhundert, die Mauer auf der Südseite ist in Resten noch mittelalterlich. Die Straße hieß früher auch: *Hofstraße* (1598, 1710), *Burgstraße* (1599, 1720) oder *Schlossstraße* (1806). Seit 1986

Schlossberg   Schlossberg, Gedenkstein »Keltertor«

Schlossberg, Keltertor   Schlossberg 2

ist die Straße ab Nr. 11 hangaufwärts Fußgängerbereich, seit 1988 verkehrsberuhigt (Derwein 1940, S. 64f., Nr. 101, 340, 807; Seidenspinner 2007, S. 221).

Nr. 1: Polizeirevier Mitte. An der Mauer gegenüber eine Gedenktafel des Vereins Alt Heidelberg mit der Abbildung des 1877 abgerissenen Keltertors, das den Eingang zur Bergstadt bildete (»Hier stand bis zum Jahr 1877 / ein Tor mit Überbau, / das Keltertor / Verein Alt-Heidelberg«). – Nr. 2: Breitwiesersches Haus. Ab 1718 als Haus des Geheimrats Joseph Benedikt von Jungwirth erbaut, größtes barockes Wohnhaus der Stadt. Ab 1730 Jesuitenseminar (»Karlsches Konvikt«). 1728 erhielt das angrenzende Klingentor einen zweistöckigen Aufbau, der eine Kapelle für das angrenzende Gebäude enthielt. 1764–1787 kurfürstliche Papiertapetenfabrik (»Savonnerie«). 1818 Besitz des Möbelfabrikanten Breitwieser. – Nr. 3/3a: ehemalige Hofkellerei (1555 erbaut, 1877 abgerissen). – Nr. 9: ehemaliges Gasthaus »Alte Diemerei«, seit 1919 Haus der »Landsmannschaft Zaringia«. – Nr. 16: hier wohnte 1926–28 Hannah Arendt (1906–1975), heute Parkplatz. – Nr. 23–29: Verbindung »Rupertia« (1896). – zwischen Nr. 37 und 39: Liselottebrunnen (1996 benannt). – Nr. 49: ehemalige Pension »Neuer« (hier wohnten häufig Mitglieder des George-Kreises, darunter Stefan George und Friedrich Gundolf). – Nr. 55: Villa »Lobstein«, 1887 erbaut, seit 1960 »Alte Leipziger Landsmannschaft Afrania« (hier traf sich um 1919 der engere Georgekreis).

Schlosserstraße   (Weststadt, G 9, zwischen Rohrbacher Straße und Gaisbergstraße). 1873 nach dem Historiker Friedrich Christoph Schlosser (1776–1861) aus Jever benannt, seit 1817 Professor in Heidelberg und Direktor der Universitätsbibliothek. Er legte 1825 die

Friedrich Christoph Schlosser,
Gedenktafel Grabengasse 9

Leitung nieder, weil er den Ankauf der Bibliothek des Klosters Salem ablehnte. 1852 machten ihn die Heidelberger zu ihrem Ehrenbürger. Er wohnte 1819–53 im eigenen Haus, damals Klingenthorstraße Litera C 267, heute Grabengasse 9. Dort besagt eine Tafel: »Der Geschichtsschreiber / und Lehrer an der Hochschule zu Heidelberg / Fried. Christof Schlosser / bewohnte dieses Haus als Eigenthümer / vom Jahr 1819–1853«. Er ist auf dem Bergfriedhof begraben. – Nach dem Stadtplan von 1878, gezeichnet von Friedrich Lay, gab es in Fortsetzung der Kaiserstraße zwischen Rohrbacher Straße und Gaisbergstraße einen Durchstich namens Schlosserstraße. (Noch auf späteren Stadtplänen ist hier eine Baulücke verzeichnet.) Auch der heutige Verlauf der Schlosserstraße ist 1878 eingetragen. An der Schlosserstraße stand zwischen 1860 und 1900 die Eisengießerei und Maschinenfabrik von Valentin Hefft (vgl. *Häusserstraße*).

Schlosskirschenweg (Kirchheim, Im Bieth, I 7, zwischen Speyerer Straße und Pleikartsförster Straße). 2008 nach der »Heidelberger Schlosskirsche« benannt, eine frühe Süßkirsche, dunkelrot, groß, fest saftig, wärmeliebend (vgl. *Renettenweg*, *Weinbirnenweg*).

Schloss-Wolfsbrunnen-Weg (Altstadt, Schlierbach, E–F 11–13, beginnt am oberen Teil der Neuen Schlossstraße und zieht oberhalb des Neckars gegen den Wolfsbrunnen in Schlierbach). Die weitgehend auf einer Höhenstufe (ca. 210 m über NN) verlaufende Trasse wurde vermutlich von Anbeginn der Besiedlung genutzt. Der Weg bildet, wie der Name sagt, einen Zugang zum Heidelberger Schloss von Osten, vom Wolfsbrunnen her. Daher wurde er zu Beginn des Dreißigjährigen Kriegs mit Schanzen gesichert, deren Namen sich zum Teil erhalten haben (Studentenschanze unterhalb des Weges, Graf-Johannes-Schanze oberhalb). Noch im 18. Jahrhundert kam ihm als Verkehrsweg Bedeutung zu, da sich damals am Neckarufer nur ein schmaler, hochwasserbedrohter Saumpfad befand und man Lasten auf Höhenwegen transportieren musste. Der 1755 erstmals erwähnte *Wolffs brunnen Weeg* wurde 1875/76 zur Straße ausgebaut und 1902 *Schloss-Wolfsbrunnen-Weg* benannt. Zu den ersten Gebäuden zählten das Schlosshotel (1875) und das 1886 zunächst als Sanatorium errichtete, 1919 abgebrannte Hotel Bellevue. Die waldreiche Lage am Hang des Neckartals zog schon im 19. Jahrhundert Wohlhabende an, die hier Villen errichteten oder kauften. Der Biologe Otto Schmeil gehörte 1908 zu den ersten, die Obst- und Weingärten erwarben und zu einem Baugrundstück vereinten (vgl. *Schmeilweg*). Ihm folgten Carl Bosch, Albert Friedrich Speer, Wilhelm und Anna Blum, Wolfgang Fortner, Wilhelm Salomon-Calvi, Rudolf Engelhorn, Gustav Hartlaub, viele leitende Mitarbeiter der BASF. Der Weg, einst eine der

Schloss-Wolfsbrunnen-Weg,
ehemaliges Schlosshotel

schönsten Straßen Heidelbergs, folgt den Biegungen des Hanges und eröffnete früher immer neue reizvolle Blicke zu den Abhängen des Heiligenbergs und ins Neckartal. Heute sind die meisten Aussichten verbaut. Am Schloss-Wolfsbrunnen-Weg befinden sich u. a. die Klaus Tschira Stiftung (Villa Bosch), das Carl-Bosch-Museum sowie das »Museum am Ginkgo«. – Früher gab es auch einen *Schlierbacher Wolfsbrunnenweg* (zwischen Schlierbacher Landstraße 46 und dem Wolfsbrunnen), 1902 benannt, 1950 umbenannt in *Wolfsbrunnensteige* und *Am Schlierbachhang*. – Der Wolfsbrunnen hat seinen Namen von den ehemaligen Wolfsgruben zum Fangen der Wölfe, welche die hier zur Tränke kommenden Schafe rissen. Er wurde mehrfach besungen, zuerst von dem Humanisten Jakob Micyllus. Hier entspringt der Schlierbach, der dem Dorf und jetzigen Stadtteil den Namen gab (Derwein 1940, Nr. 771, 813, 1040ff.; Knörr 1999, S. 22–43; Oliver Fink, Magische, dunkle Stille. Der Wolfsbrunnen bei Heidelberg als literarischer Ort, Marbach 2007; vgl. *Jettaweg*).

Nr. 1: ehemaliges Schlosshotel (1873–1964), danach Nutzung durch die Universität, 2007 Abriss und Neubau als Wohnanlage. – Nr. 6: »Blümli-Alp«, Haus von Wilhelm und Anna Blum. Die Witwe Blum verfügte 1906 testamentarisch, dass nach ihrem Tode ihr Wohnhaus Theaterstraße 10 als Altenheim für weibliche Dienstboten eingerichtet werden und ihr Haus am Schloss-Wolfsbrunnen-Weg der Erholung von Frauen und Kindern dienen sollte. 1981 hob der Gemeinderat die Blumsche Stiftung auf (vgl. *Wilhelm-Blum-Straße*). – Nr. 29: Villa »Schmeil« (hier wohnte der Biologe, Lehrer und Verfasser von Unterrichtswerken für Botanik und Zoologie Otto Schmeil, vgl. *Schmeilweg*). 1953–99 Verlag Quelle & Meyer. – Nr. 31: Villa »Bosch« (1922 für den Chemiker Carl Bosch erbaut, vgl. *Carl-Bosch-Straße*, 1967–88 Sitz des Süddeutschen Rundfunks, jetzt: Klaus-Tschira-Stiftung). – Nr. 32: ehemaliges Bergcafé. – Nr. 46: Carl-Bosch-Museum (1998), »Museum am Ginkgo« (2007). – Nr. 50: Villa »Speer« (1905 von dem Architekten Albert Friedrich Speer (1863–1947) erbaut).

Schmeilweg (Schlierbach, E–F 12, zwischen Schloss-Wolfsbrunnen-Weg und Schlossvereinsweg). Bis 1955: *Westlicher Klingelhüttenweg*. Nach dem Biologen, Lehrer und Verfasser von Unterrichtswerken für Botanik und Zoologie Prof. Dr. Otto Schmeil (1860–1943) aus Großkugel (Saalkreis) benannt, der seit 1908 am Schloss-Wolfsbrunnen-Weg 29 wohnte. Sein Sohn Werner Schmeil (1896–1968), seit 1934 in der Leitung des 1906 in Leipzig gegründeten Verlages Quelle & Meyer tätig, verlegte den Firmensitz 1953 in die Villa Schmeil, wo er bis 1999 blieb.

Schmitthennerstraße (Kirchheim, I 7–8, zwischen Pleikartsförster Straße und Schwetzinger Straße). Nach Johann Heinrich August Schmitthenner (1818–1893) benannt. Er war bis 1872 evangelischer Pfarrer in Neckarbischofsheim, dann bis zu seinem Tode in Kirchheim. 1877 begründete er den »Vorschußverein« mit, aus dem die Kirchheimer Volksbank hervorging. Auch die Gründung der Kleinkinderschule und des Frauenvereins geht auf ihn zurück. Er war Mitglied der Generalsynode, Kirchenrat und seit 1881 Dekan. Er ist auf dem Kirchheimer Friedhof begraben. Einer seiner Söhne war der Pfarrer und Schriftsteller Adolf Schmitthenner (1854–1907; vgl. *Schmitthenner-Haus*, Heiliggeiststraße 17) (Körner 2009, S. 81).

Schneegasse (Kirchheim, K 8, beginnt an der Oberdorfstraße und bildet eine Sackgasse). Angeblich hielt sich hier der Schnee besonders lange.

Schneidmühlstraße (Bergheim, F 9, zwischen Bergheimer Straße und Schurmanstraße). Im Volksmund *Nasegass* genannt, um 1850 als Privatweg angelegt, 1870 nach einer etwa zwischen 1839 und 1870 dort (Neckarstraße B 133, dann Unterneckarstraße 5) gelegenen Holzhandlung und Sägerei der Gebrüder Christian und Friedrich Ottinel benannt (Derwein 1940, Nr. 632).

Schönauer Abtweg (Ziegelhausen, E 14–15, zwischen Friedhof und Moselbrunnweg im Wald). Alter Hauptverkehrsweg von Heidelberg bzw. von der Anlegestelle beim Kornhaus in Ziegelhausen (bei der ehemaligen evangelischen Kirche) zum Kloster Schönau. Beginnt am unteren Dorfbrunnen (bzw. am Wegkreuz von 1478) und führt über Hahnberg, Tanzplatz und Münchel nach Schönau. Erstmals 1549 als *Abtenweg* erwähnt. Vom Moselbrunnenweg bis zum Friedhof *Hohl* oder *Kreuzweg*, zwischen Siedlung und Lehmgrube *Roter Weg* genannt (Hoppe 1956, Nr. 2, 123, 158, 365; vgl. *Schönauer Straße*, *Moselbrunnenweg*, *Hahnbergweg*).

Schönauer Straße (Ziegelhausen, E 14–15, zwischen Kleingemünder Straße und Wald, geht dort in die Münchelstraße über). Als *Schönawer weg* 1607 erstmals erwähnt. Benannt nach dem Zisterzienserkloster Schönau im Steinachtal, wenige Kilometer östlich von Ziegelhausen, 1142 durch Bischof Burkhard von Worms gegründet. An die Stelle der kaiserlichen Schutzherrschaft trat im 12. Jahrhundert die Schirmherrschaft der Pfalzgrafen bei Rhein, deren Hauskloster, beliebter Aufenthaltsort und Grablege es wurde. Der Abt von Schönau hatte die Aufsicht über das St. Jakobs-Kollegium in der Heidelberger Vorstadt, welches alle süddeutschen Zisterzienser-Studenten besuchten (vgl. *Jakobsgasse*). Das Kloster besaß Niederlassungen in Heidelberg und anderen Orten. Im Zuge der Reformation wurde das Kloster 1558 aufgehoben. Durch die nachfolgende Besiedlung mit wallonischen Flüchtlingen entwickelte sich Schönau bis 1600 zur Stadt. – Die einzige Fahrstraße von Heidelberg zu den Orten des Landamtes Heidelberg im Steinachtal (Schönau, Heiligkreuzsteinach, Eiter-

Schönauer Straße

Schrebergartenweg

bach etc.) ging über die Alte Brücke, Ziegelhausen, Tanzplatz und Münchel nach Schönau. Die bequemere Route über Kleingemünd und Neckarsteinach ins Steinachtal führte durch »Ausland«. Erst mit dem Beitritt Badens zum deutschen Zollverein 1835 änderte sich das. Um 1760 wurde in Verlängerung der Schönauer Straße die *Münchelstraße* als Fahrweg über das Münchel nach Schönau angelegt (Hoppe 1956, Nr. 45, 211, 292; vgl. *Mönchgasse, Mönch-hofstraße, Moselbrunnenweg, Schönauer Abtweg*).

Schräger Weg   (Pfaffengrund, G 6, zwischen Pfaffengrundstraße und Kuckucksweg). Name vermutlich Volksmund (Die Endemannstraße in der Weststadt nannte man noch in den 1950er Jahren »Schiefer Weg«). 1920 wegen seiner parallel zur Eppelheimer Straße, aber schräg zu den übrigen Straßen der Siedlung Pfaffengrund führenden Laufrichtung be-nannt.

Schrebergartenweg   (Südstadt, H 8, westliche Begrenzung des »Kirchheimer Lochs«). Im Jahre 1993 wurde das Kleingartengelände in Schrebergartenweg umbenannt. Der Arzt und Orthopäde Daniel Gottlob Moritz Schreber (1808–1861) aus Leipzig förderte die gymna-stische Erziehung und Errichtung öffentlicher Spielplätze. Er war jedoch nicht der Erfinder der Schrebergartenbewegung, sondern nur der Namensgeber. Den ersten Schreber-Verein und Schrebergarten gründete 1865 der Leipziger Schuldirektor Ernst Innozenz Hauschild. – Das Gewann »Kirchheimer Loch«, das schon durch den Eisenbahnbau im 19. Jahrhundert ein Stück nach Norden verschoben worden war, hieß mindestens seit 1570 so (1487 »im Loch«, 1570 »vf dem Kirchheimer Loch vf dem Sandt«) und war die tiefste Stelle des um-liegenden Geländes. Hier wurde seit etwa 1750 Kies gegraben und ab 1855 der Rohrbach eingeleitet (Derwein 1940, Nr. 439, 552f., vgl. *Am Rohrbach*).

Schröderstraße   (Neuenheim, E 8–9, zwischen Bergstraße und Rufinusplatz/Humboldt-straße). Hieß bis 1891 *Gartenstraße*, nach den Jesuitengärten des Klosters Neuburg, die etwa zwischen der heutigen Schröderstraße, Lutherstraße, Ladenburger Straße und Werder-straße lagen. Weil es in Bergheim bereits eine Gartenstraße gab, wurde diese Straße nach der Eingemeindung in Schröderstraße umbenannt und 1904 asphaltiert. – Der aus einer Handschuhsheimer Familie stammende Landwirt Johann Georg Schröder (1840–1902), der einen großen Teil des Neuenheimer Mönchhofs von seinen Eltern Johann Jakob Schröder (1813–1863) und Katharina Margarete geb. Heß (1814–8856) geerbt hatte, war durch den Verkauf von Bauland reich geworden und hatte sich durch zahlreiche Stiftungen (Erweite-

Schröderstraße   Johann Georg Schröder, Grabstelle

rung des Neuenheimer Friedhofs 1896, Bau der Johanneskirche 1902, Armenpflege) um die Allgemeinheit verdient gemacht. 1874 verkauften Johann Georg Schröder und seine Ehefrau Anna Marie geb. Pfisterer (1843–1901) der Gemeinde einen Acker im Neuenheimer »Langgewann« für den neuen Friedhof, der 1876 eingeweiht wurde. Er lag damals weit außerhalb des Dorfes mitten im Acker- und Gartenland, heute an der Quinckestraße. 1896 schenkten die kinderlosen Eheleute der Stadtgemeinde Heidelberg 36 Ar Ackerland neben dem Friedhof, kurz darauf verkaufte Schröder seinen letzten Besitz im »Langgewann«, woraufhin der Friedhof zu seiner jetzigen Größe erweitert werden konnte. Hier liegen die Eheleute Schröder auch begraben. – In Handschuhsheim gab es zwischen 1874 und 1902 ebenfalls eine Schröderstraße, welche nach dem Müllermeister Johann Friedrich Schröder (1835–1896) benannt war, 1873–93 Bürgermeister von Handschuhsheim und Besitzer des Atzelhofs (jetzt *Steubenstraße*) (Frey 1944, Nr. 394; Jaeger 1988, Nr. 272, 428; Schmith 1928, S. 124f.).

Schubertstraße   (Handschuhsheim, D–E 9, zwischen Richard-Wagner-Straße und Berliner Straße). 1939 nach dem Komponisten Franz Schubert (1797–1828) benannt. – Seit der Bebauung des »Langgewanns« bildet der nördliche Teil der *Eckenerstraße* zwischen Bachstraße und Richard-Wagner-Straße einen Fußweg. Die Fortsetzung nach Norden bildet die Schubertstraße. – Viele Straßen zwischen Langgewann, Rottmannstraße und Blumenthalstraße tragen die Namen von Musikern (*Bachstraße, Beethovenstraße, Furtwänglerstraße, Haydnstraße, Max-Reger-Straße, Mozartstraße, Philipp-Wolfrum-Weg, Richard-Wagner-Straße*).

Schützenstraße   (Pfaffengrund, G 6–7, zwischen Autobahn und Heinrich-Menger-Weg/ Diebsweg). 1922 benannt. Ziemlich weit von der Straße, am Baumschulenweg, finden wir das 1770f. erstmals erwähnte Gewann »Schützenhütte«. Vielleicht stand hier das Wachthäuschen des 1856 abgerissenen Mannheimer Tores in Heidelberg, welches im Gewann »Pfaffengrund« als Unterstand für den Feldhüter aufgestellt war und 1989 an die Ecke Schützenstraße/Marktstraße versetzt wurde (Derwein 1940, Nr. 826, 934).

Schützenstraße, Wachthäuschen

Schulbergweg (Ziegelhausen, E 14–15, zwischen Friedhofweg und Schönauer Straße). 1924 am Schulberg erbaut, einem 1689 erstmals erwähnten Berghang an der »Brechhohl«, dem früheren Schulgut (Gemeindebesitz, dessen Ertrag dem Lehrer zugute kam). 1928 und 1933 wurde vorgeschlagen, den Schulbergweg nach dem Heimatforscher Karl Christ umzubenennen, was abgelehnt wurde (Hoppe 1940, S. 32; Hoppe 1956, Nr. 46, 101, 295, vgl. *Karl-Christ-Straße*).

Schulgasse (Altstadt, F 10–11, zwischen Jesuitenkirche und Seminarstraße). Anfang des 18. Jahrhunderts angelegt, 1715 *die neue gaß bey der Kirch*, 1749 *Jesuiter Gaß*, 1772 *die studenten schuhl gaß*. Benannt nach dem früheren katholischen Gymnasium, das die Jesuiten 1715–17 erbauen ließen (Baumeister Johann Adam Breunig), auch Studentenschulhaus genannt. Hier fand der Unterricht für die 12- bis 14jährigen Schüler statt. Heutige Adresse: Augustinergasse 15/Schulgasse 6. 1793 erwarb der Ingenieur-Offizier und Professor Johann Andreas von Traitteur (1752–1825, vgl. *Traitteurweg*) das Gebäude. 1827–1905 war hier die Universitätsbibliothek untergebracht. Heute befinden sich darin das Philosophische Seminar und das Slavische Institut der Universität (Derwein 1940, Nr. 378, 825; vgl. *Ingrimstraße*). Nr. 2: Seminar für Sprachen und Kulturen des Vorderen Orients.

Schulplatz (Pfaffengrund G 6, Platz vor der Schule zwischen Oberer Rödt und Schützenstraße). Bereits 1922 nach dem erst 1926 eingeweihten Schulhaus benannt, heute Stauffenbergschule (Schule für Sprachbehinderte).

Schulzengasse (Neuenheim, E–F 9, zwischen Uferstraße und Rahmengasse). 1770 als *Vordere Gaß* erstmals erwähnt, 1882 als *Rathausstraße*. 1845 wurde die 1838 in Heidelberg gegründete Tapetenfabrik Gebr. Scherer hierher (heute Brückenkopfstraße 6) verlegt, 1863 nach Bammental. Weil das Rathaus nach der Eingemeindung als solches ausgedient hatte, wurde 1891 die Gasse nach dem Schulzenamt benannt, das auf der östlichen Seite der Gasse zwischen Ladenburger Straße und Brückenkopfstraße (früher: Rathausstraße 188, heute Schulzengasse 10) stand. Das ehemalige Rathaus diente dann u. a. als Polizeiwache und Spritzenhaus, bis es 1904 abgebrochen wurde. Die Schulzengasse, früher im Ortsmittelpunkt, ist als Dorfstraße aus der Mitte des 19. Jahrhunderts weitgehend erhalten (Schmith 1928, S. 294; Jaeger 1988, Nr. 805ff., 919, 990, 1058; H.-M. Mumm, HJG 13 (2009), S. 11ff.).

Schulplatz   Schulzengasse

Schurmanstraße (Bergheim, F 9, am Neckarufer zwischen Theodor-Heuss-Brücke und Fehrentzstraße, geht dort ins Iqbal-Ufer über). Bis 1891: *Uferstraße*, dann *Untere Neckarstraße*. 1931 nach dem in Kanada geborenen früheren Botschafter der USA in Berlin, Jacob Gould Schurman (1854–1942) benannt, auf dessen Anregung die Stiftung der Mittel für die Erbauung des Neuen Universitätsgebäudes erfolgte. Als Motiv nannte Schurman die Dankbarkeit seiner Landsleute für die Ausbildung amerikanischer Studenten in einer Zeit, als die USA selbst noch keine Universitäten besessen hatten. 1927 verlieh ihm die Philosophische Fakultät der Universität Heidelberg den Ehrendoktor, 1928 wurde er Ehrenbürger der Stadt. Im Sommer 1936 besuchte er mit seiner Familie Heidelberg. »Wir Heidelberger freuen uns über den Besuch unseres Ehrenbürgers und wünschen herzlich, dass er einige recht schöne und frohe Tage in unserem, in seinem alten Heidelberg verleben möge«, schrieb der Heidelberger Beobachter am 19. August 1936. – 1962 wurde in Heidelberg die Schurman-Gesellschaft als Träger des Amerika-Hauses (später: Deutsch-Amerikanisches Institut) gegründet. Der Schurmann-Verein dient der Förderung der »Schurman-Bibliothek für Amerikanische Geschichte« am Historischen Seminar der Universität Heidelberg. 1992 inaugurierte er die »Schurman-Lecture« (Derwein 1940, Nr. 643f., 962; vgl. *Untere Neckarstraße*).

Nr. 1: 1896–1931: »Blumsches Freibad«, 1963: Motor-Boot-Club Heidelberg e.V. und Motor-Yacht-Club Heidelberg e.V. – Nr. 2: ehemaliges Turbinenhaus des Zementwerks, seit 1932 Bootshaus der Heidelberger Rudergesellschaft.

Schusterstraße (Wieblingen, D 6, von der Falkengasse 14 zum Neckarhamm). Die Straße ist schon auf dem ältesten Wieblinger Ortsplan (1741/92) vorhanden. Angeblich betrieben hier früher mehrere Schuhmacher ihr Handwerk. Früher: *Schustergasse*. – Eine kleine Seitengasse der Schusterstraße nach Süden trug früher, auch offiziell, den Namen *Pfeifersgasse* (noch 1963); die Häuser hatten aber Hausnummern der Schusterstraße. Die Namensgebung beruht wohl auf einem ehemaligen Bewohner namens Pfeifer (*Pfeifersgessl*; vgl. *Geiersgessl* bei der Wundstraße).

Schwabenheimer Weg   (Wieblingen, D 6, von der Maltesergasse zur Käfertaler Straße). Ursprünglich ein Feldweg, 1961 als Straße angelegt und bebaut. Der zu Dossenheim gehörige Weiler Schwabenheim (auch Schwabenheimer Hof) liegt am Neckar gegenüber Edingen. Vor 1930: *Haspelgasse*; sie führte ins »Haspelgewann«. Der Flurname könnte auf Flachsanbau hinweisen (Haspel ist eine Garnwinde bei der Flachsverarbeitung; durch das Haspeln wird der Faden gleichmäßig gespannt), oder es stand hier eine Haspel, d. h. ein Drehkreuz, das den Austritt des Viehs ins Feld verhindern sollte (Streitberg 1938, S. 8). Umbenennung wegen der *Haspelgasse* (siehe dort) in der Altstadt. (vgl. *Edinger, Feudenheimer, Friedrichsfelder, Käfertaler, Neckarauer, Rheinauer* und *Waldhofer Straße* sowie *Ilvesheimer, Sandhofer* und *Viernheimer Weg*.)

Schwalbenweg   (Pfaffengrund, G 6–7, zwischen Diebsweg und Autobahn). Eine der 24 nach Vögeln benannten Straßen des Pfaffengrunds. 1957 wurden die Hausnummern 2–32 in 78–108 geändert.
Nr. 1b: Graf-von-Galen-Schule für Geistigbehinderte (1961).

Schwanenweg   (Pfaffengrund, G 6, zwischen Oberer Rödt und Schützenstraße). 1952 benannt. – Eine der 24 nach Vögeln benannten Straßen des Pfaffengrunds.
Nr. 3: Albert-Schweitzer-Schule (Grundschule, Werkrealschule).

Schwarzwaldstraße   (Kirchheim-West, I–K 7, zwischen Pleikartsförster Straße und Heuauer Weg). Nach dem Schwarzwald benannt (vgl. *Odenwaldstraße*).
Nr. 22: Mathilde-Vogt-Haus (Alten- und Pflegeheim, 1971). – Nr. 29–31: Logenhaus der Freimaurerloge »Ruprecht zu den fünf Rosen«.

Schweizertalstraße   (Ziegelhausen-Peterstal, B 14, zwischen Wilhelmsfelder Straße und Peter-Wenzel-Weg). Seit dem Ersten Weltkrieg nach dem »Schweizertal« benannt, einem Seitental des Peterstaler Bachs, 1768 erstmals als »das schweizerthal« genannt. Nach Karl Christ sollen hier Schweizer Kühe geweidet haben. Wahrscheinlicher ist, dass hier früher die »Schweizer«, also die Kuhmelker wohnten. Die heutige Schweizertalstraße bildete vor dem Bau des neuen Teilstücks der Wilhelmsfelder Straße den Weg nach Wilhelmsfeld und hieß bis zum Ersten Weltkrieg *Alte Wilhelmsfelder Straße* (Hoppe 1940, S. 34; Hoppe 1956, Nr. Peterstal 42, 47; vgl. *Schweizerweg*).

Schweizerweg   (Neuenheim, E 9–10, beginnt am Philosophenweg und zieht bergan durch das Gewann »Mönchberg« zur Mönchbergsteige und Ludolf-Krehl-Straße). 1798 als

Schwarzwaldstraße 22

Schweizer Weeg erstmals erwähnt, 1930 erstmals als *Schweizerweg* im Adressbuch verzeichnet. Grimms Deutsches Wörterbuch (Bd. 15. Sp. 2472, 47) besagt: »personen, die viehzucht und molkerei nach Schweizerart zu treiben verstehen nennt man Schweizer, auch wenn sie nicht aus der Schweiz sind«. (Die Mühltalstraße hieß zeitweise *Schweizergasse*, die Handschuhsheimer Landstraße *Schweitzer Straße*.) – Der Schweizerweg endete ursprünglich ohne Anschluss an der Gemarkungsgrenze zu Handschuhsheim. Seit 1924 plante man, die Ludolf-Krehl-Straße mit dem Schweizerweg als Höhenstraße am Hang des Heiligenbergs bis zum Philosophenweg fortzuführen. Erst 1966 wurde der Plan endgültig ad acta gelegt (Jaeger 1988, Nr. 926; Derwein 1940, Nr. 831; vgl. *Schweizertalstraße*).

Schwetzinger Straße (Kirchheim, I–K 7–8, beginnt an der »Spinne« (früher: Marktplatz) und geht an der Straße Im Franzosengewann in den Kirchheimer Weg über). Bis 1930: *Hauptstraße*. Hauptachse des ehemaligen Dorfes. Über diese Straße und den Heuauer Weg kommt man nach Schwetzingen. An ihr (Nr. 20) liegt das Alte Rathaus, seit 1994 Bürgeramt Kirchheim. (Der östliche *Heuauerweg* hieß bis 1930 *Schwetzinger Straße*.) Seit 2006 fährt die Straßenbahn über die Schwetzinger Straße und den Heuauer Weg zum Friedhof.

Nr. 20: bis 1920 Rathaus, heute Bürgeramt, 1822–24 erbaut. – Nr. 27: ehemaliges Gasthaus »Badischer Hof«.

Schwetzinger Terrasse (Bahnstadt, G 8, zwischen Langem Anger, Max-Jarecki-Straße, Einsteinstraße und dem Pfaffengrunder Feld). 2010 benannt. Erstes Wohnquartier im neuen Stadtteil, Gebäude seit 2012 bezugsfertig. Seit 2012 ist hier eine städtische Kindertagesstätte eröffnet.

Schwindstraße (Südstadt, H 9, zwischen Feuerbachstraße und der ehemaligen Güterbahnlinie, westlich der Römerstraße). 1952 nach dem Maler Moritz von Schwind (1804–1871) aus Wien, dem Hauptmeister der süddeutschen Romantik, benannt.

Nr. 9: Tennis-Sporthalle.

Sechshäuserweg (Wieblingen, F 7, Siedlung Ochsenkopf, vom Wieblinger Weg zur OEG-Trasse). Der Weg entstand – zusammen mit dem *Ochsenkopfweg* – als Abzweigung vom *Wieblinger Weg*, als hier 1919–21 die ersten Häuser der Siedlung Ochsenkopf gebaut wurden; sechs davon standen im Sechshäuserweg.

Schwetzinger Straße 20, ehemaliges Rathaus

Schwetzinger Straße 27

Seckenheimer Gässchen   (Rohrbach, I 9, Sackgasse hinter dem ehemaligen Rathaus). 1927 benannt, angeblich nach dem 766 erstmals erwähnten heutigen Mannheimer Stadtteil Seckenheim. Wahrscheinlich liegt hier eine Verballhornung des Namens *Sickingen* vor, der auch im *Sickingenplatz* und in der *Sickingenstraße* verewigt ist. Die Herren von Sickingen waren ein altes pfälzisches Adelsgeschlecht, ursprünglich aus dem Kraichgau, das in Heidelberg und in Rohrbach begütert war und im Jahr 1932 erlosch. Ihr Hofhaus lag am Ende der Seckenheimer Gasse. – Allerdings haben Seckenheim und Sickingen etwas gemeinsam: Beides sind Ortsnamen, die wahrscheinlich von demselben männlichen fränkischen Personennamen Siggo (Sicco) herrühren. Der Name steht für das Sippenhaupt, den Gründer, Dorfvorsteher oder Grundherrn (vgl. *Sickingenstraße*).
Nr. 1: Bürgeramt Rohrbach.

Seewiesenweg   (Kirchheim, I 8, zwischen Odenwaldstraße und Freiheitsplatz). Nach dem Gewann »Seewiesen« nördlich des ehemaligen Kirchheimer Sees, der ab 1925 verfüllt wurde (Körner 2009, S. 81; vgl. *Untere Seegasse*, *Obere Seegasse*, *Bogenstraße*).

Seitzstraße   (Neuenheim, E 8–9, zwischen Quinckestraße und Gundolfstraße). Gehört mit der *Fehrentzstraße* und der *Albert-Fritz-Straße* zu den drei Straßen in Heidelberg, die nach hingerichteten Widerstandskämpfern benannt wurden. Sie war 1928 *Rudolph-Stratz-Weg* benannt worden. 1974 wurde sie nach Alfred Seitz (1903–1942) und Käthe Seitz geb. Brunnemer (1894–1942) umbenannt. Der Schriftsetzer Georg Lechleiter aus Mannheim sammelte 1941 um sich eine Widerstandsgruppe, die die Zeitung »Der Vorbote. Informations- und Kampforgan gegen den Hitler-Faschismus« herstellte und verteilte. Verrat führte 1942 zu Lechleiters Verhaftung und Hinrichtung in Stuttgart. Käthe Seitz tippte in Rohrbach die Matrizen für den »Vorboten«. Nachdem eine Nachbarin sie verraten hatte, wurden Alfred und Käthe Seitz mit zwölf weiteren Widerstandskämpfern verhaftet, verurteilt und hingerichtet. 1950 setzte man die Hingerichteten, deren Leichen der Anatomie der Universität Heidelberg zur Verfügung gestellt worden waren, in einem Gemeinschaftsgrab im Bergfriedhof bei. 1951 stellte man dort eine Gedenktafel auf, 2006 ein Mahnmal. 2011 wurde ein Stolperstein für Käthe und Alfred Seitz vor ihrer Wohnung in der Karlsruher Straße 46 verlegt (vgl. *Albert-Fritz-Straße*, *Fehrentzstraße*).

Seminarstraße   (Altstadt, F 10–11, zwischen Grabengasse und Kettengasse). 1770f. erstmals als *Seminarii gaß* erwähnt, beim Wiederaufbau der Stadt auf dem Graben längs der südlichen Stadtmauer angelegt. Nach dem ehemaligen Seminarium Carolinum der Jesuiten benannt (Nr. 2, Baumeister: Franz Wilhelm Rabaliatti), 1765 erbaut, 1826–42 Irrenanstalt, nach 1881 Hundertzehner-Kaserne, 1945–78 selbstverwaltetes Studentenheim »Collegium Academicum«, jetzt Zentrale Universitätsverwaltung. Der Garten des Seminars lag südlich davon am Schlossberg, durch Eisenbahn- und Straßenbau weitgehend zerstört. – Haus Nr. 3, bis 1968 Amtsgericht, wurde 1847–49 erbaut (Architekten: Ludwig Lendorff, Friedrich T. Fischer). Heute ist hier das Romanische Seminar (Derwein 1940, Nr. 841).

Semmelsgasse   (Altstadt, F 11, zwischen Oberer Neckarstraße und Heiliggeiststraße). 1406 erstmals als *in Symelins gaßen* erwähnt. Name wahrscheinlich nach einem früheren Bewohner dieser Gasse, vielleicht einem Juden namens Simon. Oben an der Gasse lag der Symelinsbrunnen. Eine andere Erklärung wäre die Herkunft von mhd. semeler

Seminarstraße

»Weißbrotbäcker« (von lat. simila »feines Weizenmehl, -brot«). – In Bergheim gab es eine *Simlsgasen* (1559). – Auch bei der *Ingrimstraße*, der *Floringasse* und möglicherweise bei der *Bussemergasse* liegen Eigennamen dem Straßennamen zugrunde (Derwein 1940, Nr. 842, 847, 923).

Sensenried (Weststadt, F–G 10, zieht von der Gaisbergstraße 7 in Verlängerung der ehemaligen Riedstraße, jetzt Hans-Böckler-Straße, bergan). Gewannbezeichnung, 1348 als *an deme Sentzen riede* erstmals genannt. Alter Zugangsweg vom Dorf Bergheim ins Gebirge, der sich über den Hutzelwaldpfad zur Sprunghöhe fortsetzt. Oberhalb davon ließ Kurfürst Friedrich I. 1462 den »Trutzkaiser« erbauen. – Der Name Sensenried gibt Rätsel auf. Der erste Wortbestandteil könnte von galloromanisch senta »Bergpfad« (aus lat. semita »Pfad, Fußweg, Bahn«) kommen. Wahrscheinlich stammt der zweite Wortbestandteil von Ried, Riet, Ries (Plural: Rieder), was ein trockenes Tal oder einen Hohlweg am Hang bezeichnet, durch den das geschlagene Holz »geriest« = geschleift wird. Heute dient das Sensenried als Verbindung zwischen Gaisbergstraße und Oberem Gaisbergweg (Derwein 1940, Nr. 721, 843; Wolfgang von Moers-Messmer, in: Kraichgau 11 (1989), S. 70ff.; H.-M. Mumm, HJG 9 (2004/2005), S. 79–101; vgl. *Hans-Böckler-Straße*, *Im Lindenried*, *Schleifengrundweg*).

Sickingenplatz (Südstadt/Mark-Twain-Village, I 9, früher zu Rohrbach). 1953 benannt (vgl. *Sickingenstraße*).

Sickingenstraße (Rohrbach, I 9, zwischen Karlsruher Straße und Im Bosseldorn, bildet die Grenze zwischen Südstadt und Rohrbach). Die Herren von Sickingen waren ein altes pfälzisches Adelsgeschlecht, ursprünglich aus dem Kraichgau, das in Heidelberg und in Rohrbach begütert war und im Jahr 1932 erlosch. Der bekannteste Vertreter der Familie, Franz von Sickingen (* 1481), verband sich 1521 mit Ulrich von Hutten zum Reichsritteraufstand und fiel 1523 in der Fehde gegen die Fürsten von Trier, Kurpfalz und Hessen auf Burg Nanstein bei Landstuhl. Im ersten Akt von Goethes Drama erwähnt Götz von Berlichingen die Begegnung mit Franz von Sickingen im »Hirschen« zu Heidelberg. Sein Vorfahr Swicker (Schweicker) von Sickingen († 1417) war Oberhofmeister König Ruprechts. Sein und seiner Frau Grabstein mit Wappen (fünf silberne Kugeln in Schwarz) ist, stark verwittert, an der inneren Südwand der Heiliggeistkirche zu sehen. Die Familie Sickingen erbaute

1703–07 das Gebäude in der Heidelberger Hauptstraße 207–209, heute Palais Boisserée genannt. In Rohrbach besaßen die Sickingen einen Gutshof an der »Sickinger« (Seckenheimer) Gasse. Auch der *Sickingenplatz* in der Südstadt erinnert an das Geschlecht. Die Sickingenstraße hieß früher *Kaiserstraße* und wurde 1929 in Sickingerstraße umbenannt, weil dies nach dem damaligen Oberbürgermeister Dr. Carl Neinhaus »der heimatlichen Sprachweise entspricht«. – Planungen in der zweiten Hälfte des 20. Jahrhunderts sahen vor, die Sickingenstraße mittels einer »Sickingenbrücke« über die Bahnlinie und Stettiner Straße bis zur Pleikartsförster Straße fortzusetzen (vgl. *Kurpfalzring*). – Auf dem Gelände des ehemaligen Nanz-Warenlagers an der Ecke Fabrikstraße wurde 2002 die Wohnanlage »Eichendorff-Forum« mit »Eichendorff-Turm« eingeweiht (vgl. *Seckenheimer Gässchen*).

Siegelsmauer   (Rohrbach, K 10, beginnt hinter der evangelischen Kirche und zieht zum Boxberg). Der steile, durch Mauern gestützte Feldweg zwischen den Gewannen »Blöckert« und »Burg« in Richtung Emmertsgrund wurde 1927 so benannt. Er war wohl der Zugang zur abgegangenen mittelalterlichen Burg im Gewann »Burg« südlich des »Schneckenpfad«, heute Fußweg zum Boxberg und zum Emmertsgrund. Kommt der Name »Siegelsmauer« von der Abschlussmauer der alten Burg? – Früher beliebte Schlittenabfahrt der Rohrbacher Kinder.

Siemensstraße   (Pfaffengrund-Gewerbegebiet, F–G 6, beiderseits der Hans-Bunte-Straße, in beide Richtungen Sackgasse). Nach dem Industriellen und Ingenieur Werner von Siemens (1816–1892), einem der Begründer der Elektrotechnik, benannt, der 1866 die Dynamomaschine erfand und 1882 das erste Elektromobil der Welt vorführte. 1886 erhielt er von der Universität Heidelberg anlässlich ihres Jubiläums den Ehrendoktor. »Siemens« ist die abgeleitete SI-Einheit für den elektrischen Leitwert.

Simferopolstraße   (Bahnstadt, G 7, zwischen Langem Anger und Pfaffengrunder Feld). 2010 nach Simferopol benannt, seit 1991 Partnerstadt Heidelbergs, seit 1995 Hauptstadt der Autonomen Republik Krim. Zarin Katharina die Große ließ die Stadt 1784 nach der Eroberung der Krim anlegen. 1941 besetzten deutsche Truppen die Stadt. Im Dezember 1941 ermordeten hier SS-Leute annähernd 14 000 Juden. 1944 wurde die Stadt befreit. Seit 2000 gibt es hier das Heidelberg-Haus, aus Spenden der Manfred-Lautenschläger-Stiftung erbaut, in dem ehemalige Zwangsarbeiter(innen) betreut werden (vgl. *Bautzenstraße*, *Cambridgestraße*, *Kumamotostraße*, *Montpellierstraße*, *Rehovotstraße*).

Sitzbuchweg   (Ziegelhausen, C–D 14, beginnt an der Peterstaler Straße, verläuft parallel dazu und verzweigt sich zu einer Sackgasse und zum Waldweg). Der 1790 erstmals erwähnte Waldweg führt zur »Sitzbuche« (440 m über NN) unterhalb des Glaskopfs. Hier stand bis 1870 eine Riesenbuche mit Bänken. Der untere Teil des Weges wurde nach 1945 zur Straße ausgebaut und diese nach ihm benannt (Hoppe 1956, Nr. 307, Peterstal Nr. 44).

Slevogtstraße   (Südstadt, H 9, nördlich der Feuerbachstraße). Nach dem Maler, Grafiker, Illustrator und Bühnenbildner des Impressionismus Franz Theodor Max Slevogt (1868–1932) aus Landshut benannt. Die Straße ging ursprünglich bis zur ehemaligen Güterbahnlinie. Heute ist sie eine kurze Sackgase, die auf ein Privatgrundstück mündet. Gegenüber der Slevogtstraße führt eine Fußweg-Verbindung von der Feuerbachstraße zur Turnerstraße.

Sofienstraße (Altstadt, F 9–10, zwischen Theodor-Heuss-Brücke und Friedrich-Ebert-Anlage, bildet die Grenze zwischen Bergheim und Altstadt). 1830 nach Großherzogin Sophie von Baden (1801–1865) benannt, geborene Prinzessin von Schweden, Tochter von König Gustav IV. Adolf und Friederike Dorothea von Baden, Enkelin von Großherzog Karl Friedrich von Baden, welche 1819 Erbprinz Leopold von Baden (reg. 1830–52) heiratete. Sie ist eine der Straßen, die nach weiblichen (meist angeheirateten) Angehörigen des in Baden regierenden Hauses Zähringen benannt sind (wie *Amalienstraße, Luisenstraße, Hildastraße, Viktoriastraße*). Bis 1945 stieß die Sofienstraße an die *Leopoldstraße*, die nach Sophies Ehemann genannt war (heute *Friedrich-Ebert-Anlage*). Zeitweise hieß sie *Hafengasse*, wie auch die Bismarckstraße, nach dem an der Stelle des heutigen Bismarckplatzes 1847 angelegten Winterhafen, der 1867/74 wieder zugeschüttet wurde. – Der Zug der Sofienstraße bezeichnet etwa die Grenze zwischen Heidelberger und Bergheimer Gemarkung. 1830 wurde die Straße westlich der ehemaligen Stadtmauer angelegt. Sie lag erheblich tiefer als die Vorstadt. Wer von der Sofienstraße in die Plöck fuhr, hatte einen Höhenunterschied, das »Bückele«, zu überwinden. Dieser wurde Ende des 19. Jahrhunderts fast ausgeglichen. In der Mitte der St.-Anna-Gasse ist die alte Höhe noch erkennbar. – An der Ecke zum Neckarstaden stand der »Rote Turm« der Stadtbefestigung, an der Ecke zur Hauptstraße das »Speyerer Tor«, am Stadtgarten der »Blaue Turm«. 1954 wurde die Sofienstraße zwischen Friedrich-Ebert-Anlage und Bismarckplatz durch Wegnahme der Vorgärten verbreitert. – Inschrift einer Tafel Ecke Sofienstraße/Hauptstraße am Darmstädter Hof: »Hier stand das Speyerer Tor / der mittelalterlichen / Stadtbefestigung / erbaut im 15. Jahrhundert / abgetragen 1752, / ersetzt durch / das weiter westlich gelegene / Mannheimer Tor 1752 / dieses wieder abgerissen 1856« (Derwein 1940, Nr. 258, 275, 848).

Nr. 2: ehemalige Villa »Busch« (1959 abgerissen). – Nr. 6: ehemaliges Zoologisches Institut und Museum (1959 abgerissen). – Nr. 12: Villa des Medizinprofessors Nikolaus Friedreich (1879 erbaut, 1950: »Amerikahaus«, heute »Deutsch-Amerikanisches Institut«).

South Gettysburg Avenue (Patrick-Henry-Village, K 5, zwischen South Lexington Avenue und Grasweg). (vgl. *North Gettysburg Avenue*).

Sofienstraße

Sofienstraße, Gedenkstein »Roter Turm«

South Lexington Avenue   (Patrick-Henry-Village, K 5, zwischen South Gettysburg Avenue und North Lexington Avenue). (vgl. *North Lexington Avenue*).

Spatzenweg   (Pfaffengrund, G 6, zwischen Pfaffengrundstraße und Storchenweg). 1920 benannt. – Eine der 24 nach Vögeln benannten Straßen des Pfaffengrunds.

Sperberweg   (Pfaffengrund, G 6, zwischen Zeisigweg und Schützenstraße). 1949 benannt, 1950 hergestellt, 1955 nach Süden verlängert. – Eine der 24 nach Vögeln benannten Straßen des Pfaffengrunds.

Speyererhof   (Altstadt, H 11, Enklave im Stadtwald, in einer Senke zwischen Ameisenbuckel und Königstuhl, beim Kühruhweg/Johannes-Hoops-Weg). Krankenhaus Speyererhof, früher mit »Höhen-Café«, Wachhaus und Forsthaus. Um eine landwirtschaftliche Kolonie für die Stadt zu schaffen, baute man 1853 am Westhang des Gaisbergs einen Bauernhof mit Gastwirtschaft (»Neuhof«, 294 m über NN). Die Zufahrt von der Stadt erfolgte über den Klingenteich und den 1851/52 ausgebauten *Speyererhofweg* (jetzt *Johannes-Hoops-Weg*). 1924 wurde der Bauernhof abgerissen, um ein Mittelstandssanatorium zu bauen, das 1927 in Betrieb genommen wurde. 2001 wurde hier eine Einrichtung der Kliniken Schmieder eröffnet. In der Nähe befindet sich der Exotenwald (früher Speyererhofpark, jetzt »Arboretum II«). – Der Name erinnert an Jakob Wilhelm Speyerer (1789–1866), Besitzer der Gerberei auf dem Haarlass. Er war 1822 Abgeordneter des badischen Landtags, 1831 Zweiter Bürgermeister, 1832–40 und 1849–51 Erster Bürgermeister von Heidelberg. Unter ihm wurden die höhere Bürgerschule und die Gewerbeschule gegründet (Martin Krauß, HJG 7 (2002), S. 131–141; Derwein 1940, Nr. 852ff.).

Speyerer Schnauz   (Kirchheim, G–H 8, zwischen Speyerer Straße und Bahnstadt). 1957 nach einer Gewannbezeichnung (»die Speyerer Schnautz Gewann«, 1770f.) benannt und mit Hausnummern versehen. Schnittpunkt zwischen *Speyerer Straße* und der *Maulbeerbaumallee* (1720/34 von Kurfürst Karl Philipp auf der geomantischen Achse vom Gipfel des Kalmit zu dem des Königstuhls angelegt, 1771 von Kurfürst Carl Theodor als Chaussee vollendet). Hier bog 1873–1910 die Schwetzinger Bahnlinie von der Speyerer Straße nach Westen in Richtung Eppelheim ab. Von der Speyerer Straße aus besteht keine Zufahrt (Derwein 1940, Nr. 816; vgl. *Baumschulenweg*).
Nr. 1: Stadtgärtnerei. – Nr. 3: Tierschutzverein (seit 1966). – Nr. 8: Fa. Jochum Garten- und Landschaftsbau.

Speyererhof

Speyerer Straße (Weststadt, Kirchheim, G–H–K 6–8, zwischen Montpellierbrücke und Autobahn). 1407 als *am Spirer wege* erstmals erwähnt, dann auch *Speyerer Landstraße*, *Speyerer Weg*, 1940 *Speyerer Straße* benannt. Sie liegt auf der Trasse einer alten Römerstraße, die vom *Römerplatz* fast schnurgerade über Hockenheim nach Speyer führte, bis ins 18. Jahrhundert mitten durch den Hegenichwald. Am Schnittpunkt mit dem Diebsweg stand der Galgen der Kirchheimer Zent. Der nördliche Teil wurde um 1910 durch den Bau des »Baggerlochs« für den neuen Bahnhof abgetrennt (vgl. *Belfortstraße*, *Alte Eppelheimer Straße*). Dabei wurde die römische Straße archäologisch nachgewiesen. Die 1914 gebaute Brücke über das Baggerloch (*Ringbrücke*, 1976: *Montpellierbrücke*) und das südlich anschließende Straßenstück bis zum Baumschulenweg weichen von der ursprünglichen Trasse nach Südosten ab. Nach Norden zielt die Speyerer Straße auf die ehemalige Römerbrücke und auf die Hinterkuppe des Heiligenbergs. Bis zur Eröffnung der Reichsautobahn Heidelberg-Bruchsal 1936, deren Zubringer sie wurde, gab es hier wenig Verkehr. An ihrer Einmündung in die Autobahn traf sie mit der neuen Kreisstraße von Schwetzingen zusammen, wodurch eine Umfahrung der Ortsdurchfahrten in Eppelheim und Plankstadt entstand. – Nach Südwesten setzt sich die *Alte Speyerer Straße* als befestigter Feldweg etwa auf der Trasse der alten Römerstraße fort (Gewannname »An der alten Speyerer Straße«). – Dort, wo die heutige Straße nach Westen abbiegt, auf dem Platz, wo einst ein Bildstock aus dem Jahre 1224 stand (Gewann »Waldspitzen«), ließ 1953 das Kirchheimer Ehepaar Rosa und Alfons Eller ein Friedenskreuz errichten. Das Mahnmal für Frieden und Versöhnung trägt in vier Sprachen ein Wort aus dem Johannes-Evangelium: »Liebet einander, wie ich euch geliebt habe.« (vgl. *Alfons-Beil-Platz*). – 1953–72 befand sich der Heidelberger Messplatz an der Speyerer Straße/Ecke Czernyring. – 1994 fanden Archäologen an der Speyerer Straße beim Autobahnanschluss Heidelberg-Schwetzingen eine Siedlung der Neckarsueben aus dem 1. Jahrhundert n. Chr. – Auch die Heidelberger Hauptstraße und die östliche Bergheimer Straße hießen zeitweise *Speyerer Straße*. – Speyer ist eine der ältesten Städte Deutschlands. Von den Römern »Noviomagus«, oder »Civitas Nemetum« genannt, wurde sie als »Spira« um 600 Zentrum des Speyergaues. Im Mittelalter war Speyer als freie Reichsstadt

Speyerer Straße

Spitzwegstraße

Stadtgarten

Stadtgarten, Gedenkstein Johann Metzger

einer der bedeutendsten Orte des Reiches. Als eine der drei sogenannten SCHUM-Städte (mit Worms und Mainz) spielte sie eine bedeutende Rolle im aschkenasischen Judentum. Aus der jüdischen Gemeinde Speyers gingen viele Gelehrte hervor, jüdische Familien nahmen den Namen Spira in vielen Abwandlungen und Schreibarten an oder fügten ihn ihrem Namen bei. Zwischen 1816 und 1945 war Speyer Sitz der bayrischen Verwaltung der Pfalz (Derwein 1940, Nr. 511, 916, 1016).

Nr. 6: Konfuzius-Institut der Universität Heidelberg. – Nr. 15: Fußballgesellschaft Union. – Nr. 23: Heidelberger Ruderclub.

Spitzwegstraße   (Südstadt, H 9, zwischen Turnerstraße und Kirschgartenstraße). 1952 nach dem Maler und Zeichner Carl Spitzweg (1808–1885) benannt, der in seinem Werk das behagliche Leben von Kleinbürgern und Sonderlingen der Biedermeierzeit schilderte.

Stadtgarten   (Altstadt, F 10, zwischen Gaisbergstraße und Friedrich-Ebert-Anlage). Auf dem Boden von Stadtgarten und Neptungarten, wo einst Festungswerke von 1621/22 standen, schuf Gartendirektor Metzger um 1830 den Versuchsgarten des Landwirtschaftlichen Vereins. Der Stadtgarten wurde 1885 unter Einbeziehung des um 1790 angelegten *Pariser Wegs* angelegt. Ende des 19. Jahrhunderts führte man die Gaisbergstraße bis zur Sofienstraße durch. Sie trennte also Stadtgarten und Neptungarten deutlich voneinander. 1936 eröffnete Carl Fass das Stadtgarten-Kasino. 1951–64 stand hier ein Trinkpavillon des Radium-Solbads. Seit 1976 zählt das Gelände zum *Adenauerplatz*. 1985 wurden an der Nordwestecke die Fundamente des mittelalterlichen »Blauen Turms« ausgegraben (Derwein 1940 Nr. 868, *Friedrich-Ebert-Anlage*).

St.-Anna-Gasse   (Altstadt, F 9–10, zwischen Hauptstraße und Plöck). Die hl. Anna war nach den apokryphen Evangelien die Frau des Joachim und Mutter der Maria. Sie gilt als Patronin der Bergleute. – Die Gasse wird 1719 als *in der St. Annae Gaß* erstmals erwähnt. Sie hatte ursprünglich nur auf der Ostseite Häuser, auf der Westseite war die Stadtmauer. Die 1830 angelegte Sofienstraße lag erheblich tiefer als die Vorstadt. Wer von der Sofienstraße in die Plöck fuhr, hatte einen Höhenunterschied, das »Bückele«, zu überwinden. Dieser wurde Ende des 19. Jahrhunderts fast ausgeglichen. In der Mitte der St.-Anna-Gasse ist die alte

Höhe noch erkennbar. – Im 16. Jahrhundert stiftete Anna, Landgräfin von Hessen (1529–1591), Ehefrau des Pfalzgrafen Wolfgang von Neuburg, an der Südwestecke der Vorstadt einen Friedhof. Auf diesen Kirchhof führte die Gasse zu. Die zugehörige St.-Anna-Kapelle, die ungefähr auf dem Grundstück Plöck 2/Sofienstraße 21 stand, verfiel im 18. Jahrhundert. Im 18./19. Jahrhundert galt der Annafriedhof als Fremden- und Armenfriedhof und war allen drei christlichen Konfessionen gemeinsam. Hier wurden u. a. begraben: 1596 der an der Pest gestorbene Theologe Jakob Kimedoncius mit Frau und Sohn, 1806 Sophie Mereau, Ehefrau von Clemens Brentano, mit ihrem totgeborenen Kind, 1826 Johann Heinrich Voß, 1840 Anton Friedrich Justus Thibaut (Seidenspinner 2007, S. 232; Derwein 1940, Nr. 21, 95, 355).

Starenweg   (Pfaffengrund, G 6, zwischen Eppelheimer Straße und Schützenstraße). 1922 benannt. – Eine der 24 nach Vögeln benannten Straßen des Pfaffengrunds.

Steckelsgasse   (Handschuhsheim, D 9, zwischen Handschuhsheimer Landstraße und Bergstraße. Heißt von dort bis zum Mönchbergweg Steckelweg). Nach einer Gewannbezeichnung, 1376 erstmals als »Wingert an dem Steckelberg« erwähnt. Die östliche Fortsetzung heißt *Steckelweg* (Derwein 1933, S. 178; Frey 1944, Nr. 417; vgl. *Stickelsgasse*).

Steigerweg   (Weststadt, G–H 9–10, beginnt an der Rohrbacher Straße und endet im Stadtwald). Früher auch: die *Bergheimer Steige am Hasenbühl*, 1348 erstmals als *in Bergeheymer Steyge* erwähnt. Alter Verbindungsweg zwischen dem Dorf Bergheim und dem Gebirge. Als Viehtriebsweg folgte er dem Taleinschnitt des namenlosen, beim Speyererhof entspringenden Baches. Die *Bergheimer Steige*, im 18. Jahrhundert einfach *in der Steig* genannt, verlief durch Weingärten und setzte sich in der *Bierhelder Steige* fort. Diese, 1712 als *am beerheller weeg* erstmals erwähnt, führt an den »drei Trögen« vorbei zum Bierhelderhof. 1842–44 legte die Stadt an der *Bergheimer Steige* im Gewann »Eisengrein« den Bergfriedhof an, der mehrfach erweitert wurde. Die heutige Straße zum Bierhelderhof wurde nach 1850 gebaut (Derwein 1940, Nr. 361, 872f., 948; vgl. *Bierhelderhof, Hasenbühler Weg*).

Steinbachdamm   (Ziegelhausen, D 13–14, zwischen Am Fürstenweiher und Peterstaler Straße) Bezeichnung für den dritten (oberen) Damm am Steinbach. Der Bach, erstmals 850

Steckelsgasse 26

Steckelsgasse (Ill. Ludwig Haßlinger)

Steigerweg 55

im Lorscher Codex erwähnt, entspringt unterhalb des Weißen Steins, vereinigt sich mit dem Peterstaler Bach und mündet (meist verdolt) in den Neckar. Die Kurfürsten von der Pfalz legten im Talgrund drei Fischweiher (»Fürstenweiher«) an, die um 1800 wieder trockengelegt wurden. – Die Nummerierung der Häuser wurde 1969 geändert (Hoppe 1956, Nr. 321; vgl. *Fürstendamm*, *Mühldamm*, *Steinbachweg*).

Steinbachweg (Ziegelhausen, E 14, zwischen In der Neckarhelle und Mühlweg, diesen nach Süden entlang des Steinbachs fortsetzend). 1951 im unteren Teil als Straße ausgebaut. Früher: *Bachweg*, *Bachstraße*. Führt beim »Wetzelshof« über privates Gelände (Hoppe 1956, Nr. 321; vgl *Steinbachdamm*).

Steingartenweg (Ziegelhausen, D 13–14, Sackgasse, zweigt vom Mühlweg in Höhe der evangelischen Kirche nach Westen ab). Benennungsjahr, Herkunft und Bedeutung des Namens unbekannt.

Steingasse (Altstadt, F 11, zwischen Karl-Theodor-Brücke und Fischmarkt/Heiliggeistkirche). 1381 als *in der Steingaßen* erstmals erwähnt. Sie führt von der Heiliggeistkirche auf das Brückentor zu, ihre Flucht ist etwa zweieinhalb Meter gegen die Brücke flussabwärts verschoben. Die Steingasse wurde offenbar erst mit dem Bau der ersten Brücke am Ende des 13. Jahrhunderts in den Stadtgrundriss eingefügt. Der Name der Gasse wird gerne aus dem schon früh vorhandenen Steinpflaster erklärt. Allerdings waren andere wichtige Straßen ebenfalls gepflastert. Mhd. *stein* bedeutet nicht »steinernes Straßenpflaster«, sondern »Fels(en)« (wie bei *Auerstein*, *Höllenstein*, *Hühnerstein*, *König(stuhl)stein*, *Rabenstein*, *Riesenstein*, *Weißer Stein*, *Zollstein* etc.), oder auch »Bergfeste« (wie bei *Affenstein*). Die der Steingasse gegenüberliegende *Apothekergasse* hieß 1493 auch *Braite Stein gaß* und im Einwohnerverzeichnis von 1588 *Breidenstein*. Möglicherweise kommt der Name von den Steinbauten des Adels (»Schoneck«, Steingasse 11) – Am südlichen Aufgang zur Brücke mündet die Gasse in einen Platz (*Am Brückentor*) (Derwein 1940, Nr. 73, 882; vgl. *Apothekergasse*, *Kisselgasse*, *Haspelgasse*).

Steinhofweg (Pfaffengrund, G–H 6, zwischen Schwalbenweg und Kranichweg). Bis Ende der 1950er Jahre: *In der neuen Heimat*. Nach dem Gewann »Steinhof« (beim Diebsweg, 1770 erstmals erwähnt) benannt. Hier soll ein Hof gelegen haben, der Ende des 17. Jahrhunderts zerstört worden sei. Ursprünglich lag das »Steinhofgewann« zwischen Eppelheimer und Wieblinger Weg (Derwein 1940, Nr. 887).

Steinhofweg

Steinzeitweg   (Bergheim, F 7, zwischen Mannheimer Straße und Wieblinger Weg). Hier im Bereich des städtischen Grubenhofs legte der Lehrer Karl Pfaff 1904 eine bandkeramische Siedlung (um 3000 v. Chr.) frei.

Stephanie-Pellissier-Straße   (Kirchheim-Am Dorf, K 7, zwischen Hedwig-Jochmus-Straße und Gertrude-von-Ubisch-Straße). 1994 nach der Pianistin, Organistin und Chorleiterin Stephanie Pellissier (1893–1982) benannt. Sie gründete 1929 die Heidelberger Gruppe der GEDOK (»Gemeinschaft deutscher und oesterreichischer Künstlerinnen«). 1973 erhielt sie für ihre Leistungen in Kunst und öffentlichem Leben als erste Frau die Heidelberger Bürgermedaille.

Stettiner Straße   (Kirchheim-Nord, I 7–8, zwischen Pleikartsförster Straße und Schwetzinger Straße). Nicht ausgebaute Straße, nach der früheren deutschen Hansestadt Stettin an der Oder (Pommern), heute Szczecin, benannt. – 1959 nannte man die Straßen in Kirchheim-Nord nach ehemals deutschen Städten jenseits der Oder-Neiße-Linie (vgl. *Allensteiner Weg*, *Breslauer Straße*, *Danziger Straße*, *Elbinger Straße*, *Glatzer Straße*, *Gleiwitzer Straße*, *Insterburger Weg*, *Königsberger Straße*, *Liegnitzer Straße*, *Marienburger Straße*, *Oppelner Straße*, *Tilsiter Straße*). Planungen in der zweiten Hälfte des 20. Jahrhunderts sahen vor, die Sickingenstraße in Rohrbach mittels der »Sickingenbrücke« über Bahnlinie und Stettiner Straße bis zur Pleikartsförster Straße fortzusetzen (vgl. *Kurpfalzring*).

Steubenstraße   (Handschuhsheim, D 9, zwischen Blumenthal- und Dossenheimer Landstraße). 1854 als *Schlossstraße* zwischen Tiefburg und Atzelhof erbaut, 1874–1902 *Schröderstraße* (nach Johann Friedrich Schröder, 1835–1896, Müllermeister und Besitzer des Atzelhofs, 1873–93 Bürgermeister von Handschuhsheim). 1906–09 nach Abriss des Atzelhofs als *Mittelstraße* bis zur Handschuhsheimer Landstraße verlängert. Dabei wurde das Hauptgebäude des historischen Atzelhofs abgerissen. 1912 verlegte man die Straßenbahn von der Handschuhsheimer Landstraße in die Mittelstraße, sie umfuhr seitdem die Tiefburg linksseitig bis zur Biethsstraße. Dafür wurden Teile der Außenburg und des Helmstattschen Gartens geopfert. 1920–28 baute die »Gemeinnützige Siedelungsgesellschaft Atzelhof« zwischen Rottmann- und Steubenstraße die Wohnanlage »Atzelhof«. Im Zuge dessen wurde 1923 die »Tannenburg«, das letzte Gebäude des alten Atzelhofs, abgerissen. – 1932 bekam die Mittelstraße aufgrund einer reichsweiten Kampagne den Namen des preußischen Offiziers Friedrich Wilhelm von Steuben (1730–1794) aus Magdeburg. Steuben war 1777 nach Amerika gegangen und hatte am Kampf der Kolonien gegen England teilgenommen. 1778

Steubenstraße, »Atzelhof«   Steubenstraße, Grahampark mit Schlösschen

von Washington zum Generalinspekteur ernannt, organisierte er die amerikanische Infanterie. 1919 gründete sich in New York die Steuben-Gesellschaft, die die kulturellen Belange der Deutschamerikaner fördert. Bei einem Essen dieser Gesellschaft in New York 1928 teilte der amerikanische Botschafter Jacob G. Schurman mit, dass er Geld zum Bau eines Hörsaalgebäudes der Heidelberger Universität sammle. Jedes Jahr im September findet auf der 5th Avenue in New York die Steuben-Parade statt (Derwein 1933, S. 177f.; Frey 1944, Nr. 382, 394, 429; Jordan 1900, Nr. 3633; vgl. *Concord Street*, *Carl-Schurz-Straße*, *Pfarrgasse*, *Schurmanstraße*).

Nr. 61: Wohnhaus des letzten Handschuhsheimer Bürgermeisters Johann Fischer (1852–1921). – Nr. 65: ehemaliges Verwalterhaus des Schlösschens. – Nr. 70: katholische Kirche St. Vitus und St. Georg mit Kirchhof (1053–57 errichtet, um 1200 erweitert, 1483 umgebaut, 1933/34 durch Franz Sales Kuhn erweitert).

Stiftweg   (Ziegelhausen, E 13, zwischen In der Neckarhelle und dem Sportzentrum Köpfel, wird dort zum Waldweg). Früher: *des Closters Fahrweeg* (1535), *Stiftshohl*, *Stiftsweg* (1831), ab 1967 *Klosterstraße*, 1970 (auf Wunsch des Abtes) wieder in *Stiftweg* benannt. Die Straße ist Zufahrt zur Abtei Stift Neuburg und zum »Büchsenacker«. – 1130 gründete ein Anselm auf einem Bergsporn bei der Mündung des Mausbachs in den Neckar in einer alten Burg ein Männerkloster, die »Cella Niwenburg« als Lorscher Propstei. Eine Kirche zu Ehren des hl. Bartholomäus wurde gebaut und 1144 vom Papst anerkannt. 1195 errichtete der Lorscher Abt Sieghard von Schauenburg dort einen Nonnenkonvent nach der Benediktinerregel. 1303 wurden die Nonnen erstmals als Zisterzienserinnen bezeich-

Stiftweg, Marienstatue mit »Ruhe«   Stiftweg 3

Stiftweg

Stiftweg, Grenzstein

net. 1460 veranlasste Kurfürst Friedrich I. die Rückkehr des Konvents zur benediktinischen Observanz. 1562 Auflösung des Klosters. 1672–81 war es (evangelisches) »Fürst- Gräff- und Adeliches Fräulein und Jungfern Stifft«. Danach trägt es heute noch seinen Namen Stift Neuburg. 1706 übergab es Kurfürst Johann Wilhelm den Jesuiten. Seit 1799 in Privatbesitz, erwarb es 1825 der Frankfurter Advokat Johann Friedrich Heinrich Schlosser, der das Anwesen zu einem Treffpunkt für Literaten, Musiker und Kunstfreunde machte. 1908 erwarb es Alexander von Bernus. 1926 zogen wieder Benediktinermönche ins Kloster ein. – 1747 errichteten die Jesuiten am Weg vor der Klosterpforte ein Muttergottesbild, welches 1858 durch Frau Schlosser und 1930 durch die Benediktiner erneuert wurde. Daneben eine steinerne »Ruhe«. – 1835 wurde die politische Grenze zwischen Ziegelhausen und Neuenheim beim Stiftweg festgelegt (Hoppe 1940, S. 34; Hoppe 1956, Nr. 334; Jaeger 1988, Nr. 975).

Nr. 1: Villa »Heimann«, 1925 Sommersitz von Johann-Maria Heimann, Inhaber der Firma Farina Kölnisch Wasser; 1937–45: Langemarckhaus, 1945: Macogen-Club der US-Armee, 1957–2007: St. Paulusheim. – Nr. 2: Benediktiner-Abtei Neuburg. – Nr. 3: ehemaliges Haus des Kunstmalers Will Sohl (1906–1966). – Nr. 4: Brauerei zum Klosterhof. – Nr. 32: Sportanlage Köpfel, Hallenbad.

St.-Michaels-Gasse (Handschuhsheim, D 8–9, zwischen St.-Vitus-Gasse und Wethgasse). Nach dem Erzengel Michael benannt, einem der Schutzheiligen des Heiligen Römischen Reiches, Handschuhsheims und des Heiligenbergs. Er ist der in der christlichen Kunst häufig dargestellte Drachentöter und Seelengeleiter. Seine Posaune erweckt beim Jüngsten Gericht die Toten aus den Gräbern. Er trat an die Stelle des germanischen Wotan und wird meist auf Bergen verehrt. Der vordere Gipfel des Heiligenbergs heißt »Michelsberg«. Auf der nördlichen Kuppe wurde im 9. Jahrhundert die St. Michaelskirche erbaut, dann das Michaelskloster. Bis zum Bau der Thingstätte gab es auf dem Heiligenberg einen *St. Michaelsweg*, der von der Kreuzung Heiligenbergweg/Klosterweg nordwärts zur Michaelsbasilika zog (vgl. *St. Vitusgasse, St. Stephansweg, Große Michelsgasse*).

Storchenweg (Pfaffengrund, G 6, zwischen Pfaffengrunder Platte und Oberer Rödt). 1922 benannt. – Eine der 24 nach Vögeln benannten Straßen des Pfaffengrunds.

Nr. 2: Wohnanlage Christian Stock (Betreutes Wohnen/Seniorenzentrum, 1998).

St. Peterstraße   (Rohrbach, I 9, zwischen Karlsruher Straße und Panoramastraße). Nach dem hl. Petrus benannt. Dieser, ein Fischer, eigentlich Simon mit Namen, wurde Apostel Jesu und erlitt nach der Legende in Rom den Märtyrertod. In der christlichen Tradition erscheint er oft als »Himmelspförtner«. Ihm sind außer dieser Straße die älteste Kirchheimer Kirche und die älteste Kirche Alt-Heidelbergs geweiht (vgl. *Odinspfad*).

Struvestraße   (Kirchheim-West, I–K 7, Sackgasse südlich der Schwarzwaldstraße). Nach dem radikaldemokratischen Rechtsanwalt Gustav (von) Struve (1805–1870) aus München benannt. Er studierte in Göttingen und Heidelberg. Seit 1825 gehörte er der »Alten Heidelberger Burschenschaft« an. Laut Inschrift am Gebäude Hauptstraße 133 war Struve unter den 51 »fortschrittlichen« Politikern im »Badischen Hof«, die am 5. März 1848 die Einberufung einer deutschen Nationalversammlung beschlossen. Am 12. April 1848 rief er mit Friedrich Hecker in Konstanz die »Republik Baden« aus. Am 20. April 1848 wurden die Aufständischen bei Kandern von regulären Truppen zerrieben. Struve ging 1852 in die USA und beteiligte sich am Kampf zur Aufhebung der Sklaverei. 1860 unterstützte er den republikanischen Präsidentschaftskandidaten Abraham Lincoln. Nach dem Wahlsieg Lincolns nahm Struve auf Seiten der Union am Bürgerkrieg teil, unter anderem an der Schlacht von Bull Run (1861). 1863 kehrte er nach Deutschland zurück (Körner 2009, S. 83; vgl. *Bull Run Court*, *Heckerstraße*;).

St. Stephansweg   (Handschuhsheim, D 8–9, zwischen Gugenmusweg und Klausenpfad). 1951 nach dem hl. Stephan benannt, dem ersten christlichen Märtyrer. Er ist einer der Schutzheiligen Handschuhsheims und des Heiligenbergs. 1094 erbaute das Kloster Lorsch auf der südlichen Kuppe des Heiligenbergs ein Klausurgebäude zu Ehren der hll. Stephan und Laurentius. Auch auf dem Heiligenberg gibt es einen *St. Stephansweg*, der vom Zollstockweg zum Stephanskloster führt (vgl. *St. Michaelsgasse*, *St. Vitusgasse*).

St. Vitusgasse   (Handschuhsheim, D 8–9, zwischen Zeppelinstraße und Andreas-Hofer-Weg). 1922 erstellt. Nach dem hl. Vitus benannt, einem der Schutzheiligen Handschuhsheims, der im 13. Jahrhundert nach dem Niedergang Lorschs das Nazarius-Patrozinium ablöste. Die erste Erwähnung des Vitus erfolgte 1256 anlässlich der Schenkung von Weingärten »zu sant Viten«. – Der in Sizilien geborene St. Veit (lat. Vitus) gehört zu den volkstümlichsten Heiligen der katholischen Kirche. Er starb als Märtyrer unter Kaiser Diokletian. Seit er in den Kreis der vierzehn Nothelfer aufgenommen wurde, ist er Träger zahlloser Patronate. So gilt er u. a. als Schutzheiliger der Winzer. Viele Kirchen tragen den Namen des Märtyrers, zahlreiche Länder und Orte stehen unter seinem Schutz. Über 150 Orte behaupten, im Besitz seiner Reliquien zu sein, viele sind nach ihm benannt, wie San Vito, St. Vith, Veitsbronn, Veitshöchheim, Voitsberg, vielleicht auch Mannheim-Feudenheim. Er ist Patron des ältesten christlichen Gotteshauses im heutigen Heidelberg. Die schon 774 erwähnte Handschuhsheimer Kirche mit den Grabdenkmalen und dem Freskenzyklus aus dem 15. Jahrhundert war 1650–1910 Simultankirche für Katholiken und für reformierte (ab 1821 protestantisch-unierte) Christen. Seitdem ist sie katholische Pfarrkirche. – Die St. Vitusgasse gehört zu der Gartensiedlung »Pfädelsäcker«, die die »Gemeinnützige Baugenossenschaft Neu-Heidelberg« 1921–23 westlich des alten Handschuhsheim baute. Bei Not-

SÜDSTADT   Die Südstadt entwickelte sich in den 1930er Jahren in Folge der Erweiterung der Weststadt nach Süden und von Rohrbach nach Norden. Inzwischen gehen die drei Stadtteile nahezu nahtlos ineinander über. Die Hauptverkehrsadern *Römerstraße* und *Rohrbacher Straße* teilen den Stadtteil in drei Streifen. Bis 2013 wurde etwa ein Drittel der bebauten Fläche der Südstadt von militärischen Einrichtungen in Anspruch genommen. Im Nordwestbereich liegt das Kleingartengebiet »Kirchheimer Loch«. Mit Ausnahme des Bergfriedhofs, des Gewerbegebiets »Im Bosseldorn« und der schulisch oder militärisch genutzten Flächen ist die Südstadt nahezu reines Wohngebiet. – Die Straße *An der Markscheide* markiert die ehemalige Gemarkungsgrenze zwischen Bergheim und Rohrbach. Daher endet hier die Rohrbacher Straße. Heute verläuft die Grenze zwischen den Stadtteilen Rohrbach und Südstadt auf der Linie Sickingenstraße-Eichendorffstraße. Das Gebiet zwischen Sickingenstraße-Eichendorffstraße und Markscheide-Saarstraße, das jahrhundertelang zur Gemarkung Rohrbach gehörte, ist heute Südstadt (Derwein 1940, Nr. 576).

grabungen entdeckte der Prähistoriker Ernst Wahle hier zahlreiche merowingische Gräber (Frey 1944, Nr. 472f.; vgl. *St. Michaelsgasse*, *St. Stephansweg*).

Stückerweg   (Kirchheim, I 6–7, verlief früher zwischen Pleikartsförster Straße und Eppelheim. Heute beginnt er an der Schwarzwaldstraße, verläuft zwischen Cuzaring und Speyerer Straße als Feldweg und führt dann als Straße nördlich von Patrick-Henry-Village auf die Gemarkung Eppelheim). Bis 1930: *Eppelheimer Straße*. Name wahrscheinlich von dem Gewann »Stöckig« (»gerodeter Wald«) oder von »Stück« im Sinne von »Acker, Feld, Grundstück« (Körner 2009, S. 83; vgl. *Neue Stücker*).

Susanne-Pfisterer-Straße   (Kirchheim-Am Dorf, K 7, zweigt von der Ernst-Rehm-Straße nach Westen ab). 1994 nach Susanne Pfisterer (1893–1984) aus Kirchheim benannt, Zigarrenmacherin und Betriebsrätin bei der Tabakfabrik Flegenheimer, später Kinderbetreuerin im Alex-Möller-Waldheim der Arbeiterwohlfahrt. Seit 1920 Mitglied der SPD, wurde sie bei der letzten demokratischen Kommunalwahl im November 1930 zur Stadtverordneten gewählt. Nach 1945 setzte sie ihr Engagement in Gewerkschaft, SPD und Arbeiterwohlfahrt fort (Körner 2009, S. 83).

Teufelskanzelweg   (Schlierbach, E 12, Stichstraße vom Hausackerweg) Zufahrt zum Fußweg, der auf die Teufelskanzel führt, eine Granitklippe, welche früher in den Neckar hineinragte und später teilweise gesprengt wurde, 1836 als »im Oehlberg an der Kanzel« erstmals erwähnt, um 1880 zugänglich gemacht, jetzt »Naturdenkmal«. Der eigentliche Zugang zur Kanzel wurde in den 1990er Jahren entwidmet und das Geländer auf der Felsspitze demontiert. Nach einer noch recht jungen Sage soll hier, gegenüber Stift Neuburg, der Teufel den Menschen gepredigt haben (Derwein 1940, Nr. 927).

Theaterstraße   (Altstadt, F 10, zwischen Hauptstraße und Plöck). Die Theaterstraße wurde 1853 als eine der letzten Straßen der Altstadt gleichzeitig mit dem namengebenden Stadttheater (Nr. 4–8) angelegt. 1853 wurde der Kern des heutigen Theatergebäudes als Privattheater errichtet und die gleichnamige Straße benannt. 1874 ging das Stadttheater in städtisches Eigentum über (Hans-Martin Mumm, Theater auf Aktien. Die Gründung des Stadttheaters 1853, HJG 6 (2001), S. 21–36). An der Stelle, wo die Straße in die Hauptstraße mündet, stand bis 1852 ein ansehnliches Haus, das dem Dr. med. H. Steinhäuser bzw. seiner Witwe gehörte. Es wurde dem Bau der Theaterstraße geopfert. – 1344 ist erstmals ein jüdischer Friedhof in Heidelberg erwähnt. Er soll sich über die heutigen Grundstücke Theaterstraße 7–11 und Plöck 101 erstreckt haben. Etwa zwischen Märzgasse, Plöck und Theaterstraße lag seit Mitte des 16. Jahrhunderts der von Pfalzgraf Ottheinrich geschaffene »Herrengarten«. In seinem nordöstlichen Eck bauten ab 1688 die Kapuziner ein Kloster mit Kirche. Es überstand den Pfälzischen Erbfolgekrieg unversehrt, wurde 1802 aufgehoben und bis 1810 abgerissen. Bis ins 20. Jahrhundert gab es hier zahlreiche Gärten, die an die neue Straße grenzten. Der größte war der Garten der »Harmonie«, der die Hausnummern 3–5 umfasste, heute »Theaterplatz« genannt. – Drei Ehrenbürger der Stadt Heidelberg wohnten in der Theaterstraße: Dr. Wilhelm Blum, seine Frau Anna Blum (Nr. 10) und Dr. Karl Mittermaier (Nr. 8). Anna Blum verfügte 1906 testamentarisch, dass nach ihrem Tode ihr Wohnhaus Theaterstraße 10 (»Blum's Hof«) als Altenheim für weibliche Dienstboten eingerichtet werden sollte. 1981 hob der Gemeinderat die Blumsche Stiftung auf. 2005 beschloss er die Einrichtung eines Spielplatzes beim Anna-Blum-Haus. Der erste Bauabschnitt erfolgte im Jahre 2006. Die Theatersanierung führte zum Abbau der schon genutzten Spielfläche. Nach Fertigstellung des Theaters (24. November 2012) sollte die Spielfläche wieder eingerichtet und der zweite Abschnitt gebaut werden (Derwein 1940, Nr. 930; vgl. *Wilhelm-Blum-Straße*).

Theodor-Heuss-Brücke   (Bergheim-Neuenheim, F 9, Brücke über den Neckar zwischen Sofienstraße und Brückenstraße). Die zweite Neckarbrücke zwischen Heidelberg und Neuenheim wurde vom badischen Staat errichtet und 1877 eingeweiht. Man nannte sie »Neue Brücke«, im Unterschied zur 1200 m flussaufwärts liegenden »Alten Brücke«. Sie hatte fünf eiserne Bögen auf Steinpfeilern, war 10 m breit und besaß anfangs noch keine direkte Anbindung für den fahrenden Verkehr nach Norden. Ihr Bau war notwendig geworden, weil die Neuenheimer Fähre dem Verkehr nicht mehr genügte und weil der Weg über die Alte Brücke zu umständlich war. Die Brücke schuf die Voraussetzung für die Eingemeindung von Neuenheim (1891) und Handschuhsheim (1903). Seit 1890 fuhr die Nebenbahn Heidelberg-Schriesheim über die Brücke. Ihre Maße erwiesen sich bald als zu gering. Großherzog

Friedrich I. und Großherzogin Luise von Baden weihten 1906 die um 6 m verbreiterte und jetzt nach dem Großherzog benannte *Friedrichsbrücke* ein. Im März 1945 sprengten deutsche Truppen die Heidelberger Neckarbrücken. Amerikanische Soldaten bauten westlich der Friedrichsbrücke eine Pontonbrücke über den Neckar. Im November 1945 wurde der »Hölzerne Friedrich«, Ersatz für die zerstörte Friedrichsbrücke, eröffnet. 1949 weihte Bundespräsident Theodor Heuss (1884–1963) aus Brackenheim die wieder aufgebaute, nun 24 m breite Brücke ein. Er sagte: »Von der Friedrichsbrücke hat man wohl den schönsten Blick, den es in Deutschland gibt; von hier aus kann man dem Neckar Liebeserklärungen machen.« 1964 wurde sie in Theodor-Heuss-Brücke umbenannt (Schmith 1928, S. 290, 320; Jaeger 1988, Nr. 92; vgl. *Brückenstraße, Brückenkopfstraße*).

Theodor-Körner-Straße   (Bergheim, F 8, zwischen Gneisenaustraße und Emil-Maier-Straße). 1913, zum 100-jährigen Jubiläum der »Völkerschlacht« bei Leipzig, wurde die heutige *Emil-Maier-Straße* (zwischen Vangerowstraße und Alter Eppelheimer Straße) nach dem Dichter Carl Theodor Körner (1791–1813) aus Dresden benannt. Er war berühmt durch seine Dramen für das Wiener Burgtheater wie durch seine Lieder im Freiheitskampf gegen die napoleonische Herrschaft. Unter dem Titel »Lied von der Rache« dichtete er Verse wie diese: »Und wenn sie winselnd auf den Knien liegen / Und zitternd Gnade schrein, / Laßt nicht des Mitleids feige Stimme siegen, / stoßt ohn' Erbarmen drein!«. Nachdem der »Dichter von Leier und Schwert« als »Sänger und Held« einen Monat vor seinem 22. Geburtstag im Lützowschen Freikorps fiel, wurde er zur patriotischen Identifikationsfigur. Für die preußische Staatsführung war die Körner-Verehrung und die Glorifizierung des Lützowschen Freikorps allerdings eine Provokation.– 1946 nannte man die bisherige Theodor-Körner-Straße in *Emil-Maier-Straße* um. 1951 wurde die bisher namenlose, südlich der Bergheimer Straße parallel zu dieser ziehende Straße Theodor-Körner-Straße benannt. Der Block zwischen Theodor-Körner-Straße und Blücherstraße besteht aus Wohnungen der »Gesellschaft für Grund- und Hausbesitz« (vgl. *Blücherstraße, Gneisenaustraße, Yorckstraße*).

Thibautstraße   (Bergheim, F 9, zwischen Schurmanstraße und Bergheimer Straße). 1875 nach dem Rechtsgelehrten Anton Friedrich Justus Thibaut (1772–1840) aus Hameln benannt, einem der bedeutendsten deutschen Juristen seiner Zeit. Er war von 1805 bis 1840 Professor an der Universität Heidelberg, ab 1819 Abgeordneter der Universität in der Ersten Badischen Kammer und wurde 1829 Ehrenbürger von Heidelberg. Hauptgegenstand seiner Tätigkeit waren die »Pandekten« (Schriften der römischen Juristen), die er zu einem wissenschaftlichen System fortentwickelte (»System des Pandektenrechts«, 1803). Er setzte sich dafür ein, das Zivilrecht in Deutschland in einem Gesetzbuch zusammenzufassen und zu regeln. Gegen diesen Plan wandte sich F. C. von Savigny und führte so den langen Streit zwischen der historischen und der rechtsphilosophischen Rechtsschule. Thibaut wohnte im »Kalten Thal« (Karlstraße 16, 1961 abgerissen). Berühmt waren die »Singabende«, die er seit 1820 dort veranstaltete, und sein Werk »Über Reinheit der Tonkunst« (1825). Er wurde auf dem St.-Anna-Kirchhof begraben. 1875 überführte man seine Gebeine auf den Bergfriedhof. Dort wurde das Grabmal mehrmals versetzt. – Die Thibautstraße ist seit 1996 Hauptzufahrt zum Altklinikum von der Schurmanstraße her (vgl. *Vangerowstraße*).

Thibautstraße, Ausgrabung   Anton Friedrich Justus Thibaut, Grabstelle

Nr. 3: ehemalige Ambulanz der Hautklinik (1919 erbaut). – Nr. 4: ehemaliges Hygiene-Institut (1889/91 nach Entwürfen von Josef Durm erbaut).

Tiergartenstraße   (Neuenheim, E 7, zwischen Tiergarten und Allmendpfad). Bis 1935: *verlängerte Mönchhofstraße*. 1934 wurde der Kurpfälzische Tiergarten mit Vogelwarte auf dem Gelände des aufgegebenen Zentralfriedhofs am Neckar eröffnet. Mitbegründer und Finanzier war Carl Bosch (vgl. *Carl-Bosch-Straße*). Am 22. März 1945 wurde der Tiergarten durch Fliegerbomben weitgehend zerstört. – Die Straße begann am Gewann »Luftenacker« (jetzt Berliner Straße) und endete am Klausenpfad. Heute geht sie beim Mittelfeldweg in die Straße *Fennenbergerhöfe* über. 1970 wurde die östliche Tiergartenstraße gesperrt, die Zufahrt führt jetzt über die Straße Im Neuenheimer Feld. 1970 änderten sich folgende Hausnummern: Chemisches Institut (Tiergartenstraße 14 zu Im Neuenheimer Feld 7), Mathematisches Institut (Tiergartenstraße 16 zu Im Neuenheimer Feld 9, Südasien-Institut (Tiergartenstraße 20 zu Im Neuenheimer Feld 13).

Nr. 3: Tiergarten (1934). – Nr. 5: Jugendherberge (1956). – Nr. 7a: Rugbyfeld TSV Handschuhsheim, Rugbymuseum. – Nr. 9: Sportplätze TSG 78, Sportclub Neuenheim. – Nr. 13: Schwimmbad (1955). – Nr. 55: Abwasserzweckverband Heidelberg, Klärwerk Nord. – Nr. 124: Sportplatz DJK Handschuhsheim. – Nr. 126: Sportzentrum Nord TSV Handschuhsheim.

Tilsiter Straße   (Kirchheim, I 7, zwischen Pleikartsförster Straße und Marienburger Straße). Nach der Stadt Tilsit an der Memel (Ostpreußen) benannt, um eine 1406/09 erbaute Deutschordensburg entstanden, seit 1945 Sowjetsk (russische Oblast Kaliningrad). – 1959 nannte man die Straßen in Kirchheim-Nord nach ehemals deutschen Städten jenseits der Oder-Neiße-Linie (vgl. *Allensteiner Weg*, *Breslauer Straße*, *Danziger Straße*, *Elbinger Straße*, *Glatzer Straße*, *Gleiwitzer Straße*, *Insterburger Weg*, *Königsberger Straße*, *Liegnitzer Straße*, *Marienburger Straße*, *Oppelner Straße*, *Stettiner Straße*).

Tischbeinstraße   (Handschuhsheim-Nord, C 8–9, zwischen Dossenheimer Landstraße und Trübnerstraße). 1950 *Johann-Tischbein-Straße* benannt, 1955 in Tischbeinstraße geändert. Nach dem Maler Johann Friedrich August Tischbein (1750–1812) aus Maastricht, genannt der »Leipziger Tischbein«, weil er dort ab 1800 Direktor der Kunstakademie war. Er

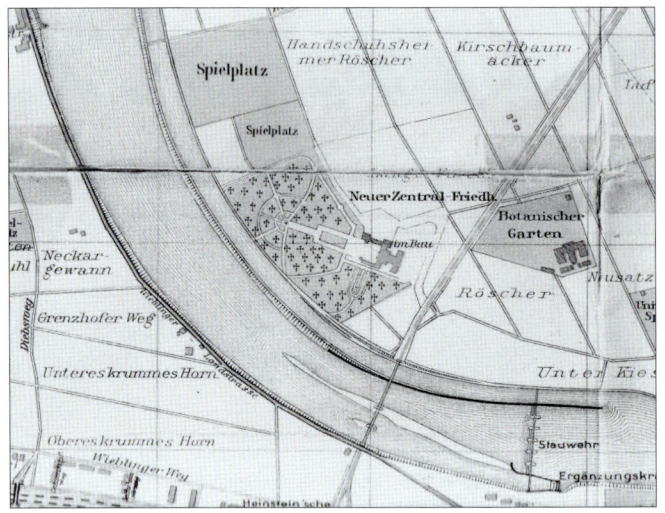

Tiergartenstraße,
»Neuer Zentral-Friedhof«
1921

starb in Heidelberg, als er seine Tochter besuchte, und wurde auf dem Peterskirchhof begraben. Die Malerin und Zeichnerin Caroline Tischbein (1783–1843) hatte 1806 den Historiker, Bibliothekar und Prorektor der Universität Heidelberg Friedrich Wilken geheiratet. Johann Tischbein ist vor allem durch Familienporträts bekannt. So malte er Johann Heinrich und Ernestine Voß (vgl. *Voßstraße*). Dieses Porträt ist im Kurpfälzischen Museum nicht vorhanden, wohl aber andere seiner Werke.

Nr. 66: Kindergarten und evangelisches Pfarrhaus Handschuhsheim-West (1968).

Trackertweg   (Kirchheim, I–K 7, Parallelstraße zu Adolf-Engelhardt-Straße). In der Rodung des Hegenichwalds legte der Heidelberger Kaufmann Carl Theodor Trackert 1808 einen Hof (»Trackertshof«) an. Später richtete er dort eine Branntweinbrennerei und eine Ölmühle ein, 1838 wurde eine Schankerlaubnis erteilt. Der Hof, jetzt »Hegenichhof« (siehe dort) genannt, wechselte mehrmals den Besitzer und wurde 1974 abgerissen (Körner 2009, S. 84).

Traitteurweg   (Rohrbach, Gewann See, K 9, führt vom Schleifweg ins Feld). 1978 nach dem Ingenieur und Offizier Johann Andreas von Traitteur (1752–1825) aus Philippsburg benannt. Er wurde 1781 von Kurfürst Carl Theodor zum Geistlichen Administrationsrat und Baukommissar ernannt. 1784 ließ er mehrere unbemannte Heißluftballons in den kurpfälzischen Himmel aufsteigen. Im selben Jahr ernannte man ihn zum Professor der »Civil- und Militärbaukunst sowie der praktischen Geometrie« an der Universität Heidelberg. Zweimal war er Dekan der Philosophischen Fakultät, 1790/91 Prorektor der Universität, 1803 gab er den Lehrstuhl auf. 1787 baute er sich das Barockhaus an der Ecke Haspelgasse/Fischmarkt im Louis-Seize-Stil um. Sechs Jahre später erwarb er das Gebäude des ehemaligen Jesuitengymnasiums in der Schulgasse/Augustinergasse (heute Seminarienhaus, vgl. *Schulgasse*). 1790 begann er das, was sein Lebenswerk hätte werden können: eine Wasserleitung von Rohrbach nach Mannheim. Mannheim hatte damals nur schlechtes Trinkwasser aus Schöpfbrunnen. Nach Traitteurs Plan sollte das gute Rohrbacher Quellwasser über Viadukte, Ton- und Holzröhren nach Mannheim geleitet werden. Der geplante Streckenverlauf war etwa

Traitteursche Wasserleitung auf Gemarkung Eppelheim

Treiberhof, Gedenkstein Flurbereinigung

Rohrbach – Pleikartsförsterhof – Eppelheim – Friedrichsfeld – Seckenheim – Mannheim. Im Rohrbacher Wald wurden die Quellen gefasst und mit Brunnenhäuschen versehen. Dieses Projekt brachte Traitteur Händel mit den Rohrbacher Müllern ein, die sich in ihrer Erwerbstätigkeit behindert fühlten. 1797 wurden die Arbeiten an der Wasserleitung vor allem aus finanziellen Gründen abgebrochen. Sie waren bis in die Höhe von Friedrichsfeld gediehen. In der »Vorrede an die Bürger von Mannheim« zu »Die Wasserleitungen von Mannheim …« (1798) erklärt Traitteur, warum die Wasserleitung auf halbem Wege steckenblieb. 1803 verkaufte er seine Heidelberger Häuser und zog mit der Familie nach Bruchsal, wo er starb und begraben ist. Im Heimatmuseum Rohrbach befinden sich Tonröhren (»Trätterröhren«), die an Traitteurs Werk erinnern. 2014 wurde in Eppelheim ein Abschnitt dieser Wasserleitung gefunden (vgl. *Zur Forstquelle*, *Schulgasse*).

Traubenweg (Weststadt, beginnt am Hasenbühler Weg und zieht südwärts). 1702 erstmals als *die Johannes Traubengaß* erwähnt. 1935 wurde das unterste Stück des *Hasenbühler Wegs*, welches vor dem Bau des Königstuhltunnels anders verlief, *Traubengasse* benannt. Also nicht nach den Weintrauben, die hier wuchsen, sondern nach den »Ghannsdrauwe«, wie bei uns die Johannisbeeren (Ribes nigrum bzw. rubrum) heißen, die um St. Johannis reif werden (Derwein 1940, Nr. 945).

Treiberhof (Wieblingen, D 4–5, Aussiedlerhof im Gewann »Treiberhof« zwischen Eichbaumweg und Autobahn A 656). Der Aussiedlerhof wurde 1962/63 von Hermann Treiber (vorher in der Falkengasse 9 ansässig) angelegt; heute noch landwirtschaftlicher Betrieb.

Trübnerstraße (Handschuhsheim-Nord, G–D 8, zieht von der Mühlingstraße längs der ehemaligen Güterbahnlinie nördlich). Der Stadtrat hatte schon 1918 beschlossen, eine Straße nach dem Heidelberger Maler Wilhelm Trübner (1851–1917) zu nennen. Aber erst 1926 wurde die *Wilhelm-Trübner-Straße* benannt und 1955 in Trübnerstraße umbenannt. – Trübner wurde in der Hauptstraße 139 als Sohn eines Goldschmieds geboren und begann eine Ausbildung in diesem Handwerk. 1867 lernte er Anselm Feuerbach (vgl. *Feuer-*

bachstraße) kennen, der ihn ermutigte, eine Karriere als bildender Künstler anzustreben. Im Münchener Leibl-Kreis lernte er auch Hans Thoma kennen (vgl. *Hans-Thoma-Platz*, *Leiblweg*). Trübner war einer der führenden deutschen Impressionisten. 1903 wurde er Akademieprofessor in Karlsruhe. Oft hielt er sich in Stift Neuburg auf. Er porträtierte u. a. den Heidelberger Bürgermeister Wilhelm Hoffmeister (1872) und Robert Bunsen (1908) (vgl. *Bunsenstraße*). Das Kurpfälzische Museum besitzt viele Werke Trübners, wie etwa die Selbstporträts von 1875 und 1902. Den Kammermusiksaal der Stadthalle stattete er mit zwei Gemälden aus. Eine Tafel an der Hauptstraße 139 besagt: »Der Maler / Wilhelm Trübner / wurde in diesem Hause / am 3. Febr. 1851 / geboren«. Trübner starb in Karlsruhe, wo er auf dem Hauptfriedhof begraben liegt.

Türmergasse (Kirchheim, I–K 8, zwischen Schwetzinger Straße und Hegenichstraße, westlich der evangelischen Kirche). Bis 1930: *Untere Kirchgasse*. Name angeblich nach dem Wappen des Dorfes, das eine Kirche mit zwei Türmen zeigt (vgl. *Hegenichstraße*).

Tullastraße (Rohrbach-Süd, Gewerbegebiet, L 8–9, zwischen Engler- und Hatschekstraße). 1970 nach dem Bauingenieur Johann Gottfried Tulla aus Nöttingen bei Pforzheim (1770–1828) benannt. Markgraf Karl Friedrich von Baden sandte ihn 1792 zwecks Ausbildung in Mathematik und Mechanik nach Gerabronn zu dem (ab 1806 in Heidelberg tätigen) Mathematiker Carl Christian von Langsdorff. Nach bestandener Geometerprüfung wurde er 1797 als Rechnungsratadjunkt für die markgräflich baden-badischen Landesteile angestellt. Hier hatte er Gelegenheit, die Zustände an den Wasserläufen, vor allem am Rhein, kennenzulernen. Dieser war damals ein unbändiger Wildfluss; Überschwemmungen, Verwüstungen von Feldern, Wegen und Dörfern, Versumpfungen waren die Regel. Hier fand Tulla sein Lebensziel. Er gründete 1807 in Karlsruhe eine Ingenieurschule, aus der später, zusammen mit der von Friedrich Weinbrenner errichteten Bauschule, die Technische Hochschule hervorging. 1803 wurde Tulla Oberingenieur im Ingenieurdepartement des Kurfürstentums Baden und erhielt die Leitung über den Fluss- und Rheinbau. Er arbeitete Pläne für die Rektifikation des Rheins von Hüningen bis Mannheim aus. 1813 trat Major Tulla an die Spitze der Wasser- und Straßendirektion im Großherzogtum Baden. Er überzeugte die französischen Mitglieder der badisch-französischen Grenzberichtigungskommission von der Notwendigkeit, den Rhein nach gemeinschaftlichen Grundsätzen zu behandeln. 1817 einigten sich Baden und Bayern in einem Staatsvertrag über die Begradigung des Stromes. Das Ende der Arbeiten hat er nicht mehr erlebt. Er starb 1828 in Paris an Malaria und wurde auf dem Friedhof Montmartre beigesetzt. Geldmangel, der Widerstand der Bewohner des Rheintals und der Einspruch Preußens hemmten Tullas Werk. Die Rheinkorrektur hatte erhebliche Veränderungen des Ökologiesystems zur Folge. – In Baden sind zahlreiche Straßen nach Tulla benannt. (vgl. auch *Friedrich-Weinbrenner-Straße*, *Redtenbacherstraße*, *Englerstraße*).

Tulpenweg (Pfaffengrund, E–F 5–6, Siedlung Staatsbahnhof, zwischen Asternweg und Dischingerstraße). Nach der südeuropäischen Tulpe (Tulipa silvestris), im 16. Jahrhundert nach Europa eingeführt, aus Schloss- und Klostergärten verwildert. Seit dem 17. Jahrhundert ist die Tulpenzucht in Holland berühmt. – 1934/35 entstanden am Asternweg, Tulpenweg und im Ochsenkopf Einfamilienhäuser für Arbeiter, finanziell unterstützt von den Firmen Schnellpresse und IG Farben (vgl. *Asternweg*).

Tulpenweg

Turnerstraße   (Südstadt, Rohrbach, H–I 9, zwischen Spitzwegstraße und Römerstraße). »Der englische Maler William Turner (1775–1851) weilte 1836–38 in Heidelberg«, sagt das Heidelberger Adressbuch. In der Tat, Joseph Mallord William Turner war zwischen 1833 und 1844 mehrmals in Heidelberg. Damals entstand sein Gemälde »Heidelberg Castle from the Neckar«. Das bekannteste Blatt ist wohl »Heidelberg mit dem Regenbogen« (1846), 2001 bei Sotheby's vom Londoner Kunsthaus Agnew & Son für umgerechnet 6,5 Millionen DM ersteigert. Mit unserer Straße hat Turner wahrscheinlich nichts zu tun, obwohl sie zwischen zwei Straßenfeldern mit Malernamen verläuft. Die damalige Rohrbacher Werderstraße sollte 1929 einen neuen Namen bekommen, weil es in Neuenheim schon eine Werderstraße gab. (Der südliche Teil der heutigen Turnerstraße hieß 1921 noch *Erbprinzenstraße*.) Man kam auf die Bezeichnung Turnerstraße, weil auf ihr die Turner des Rohrbacher Turnvereins 1889 (heute »TSG Rohrbach«) bei festlichen Veranstaltungen zum Sportplatz zwischen der heutigen Sickingen-, Kirschgarten-, Grünewald- und Turnerstraße marschierten. Daraufhin erhoben 14 Hausbesitzer aus jener Straße Einspruch gegen die Umbenennung. Erstens sei die Bezeichnung »sinnwidrig«, da Festzüge der Turner über die Sickingerstraße zum Sportplatz geleitet würden. Zweitens läge der Platz über kurz oder lang im baureifen Gelände. Drittens sei die Straße mit schönen Villen und schmucken Häusern bebaut, in denen gewöhnlich keine Turner hausen. Der neue Name liefe »dem ästhetischen Gefühl zuwider«, so die Hausbesitzer. Dazu eine Notiz des Oberbürgermeisters Dr. Carl Neinhaus vom 8. Januar 1930: »Die Bezeichnung Turnerstraße ist in vielen anderen deutschen Städten zu finden und kann nicht als sinnwidrig bezeichnet werden ... Wenn der Turnplatz im Laufe der Zeit verlegt wird, dürfte eine Änderung der Straßenbezeichnung sich vielleicht ermöglichen lassen«. Was freilich nie geschah. – Durch die bauliche Erschließung des Geländes zwischen Feuerbachstraße und Saarstraße wurden 1951 die Hausnummern geändert. Die Nummern 1 bis 84 wurden zu 101 bis 150.

Uferstraße   (Neuenheim, F 9–10, nördlich des Neckarvorlands zwischen der Neuenheimer Landstraße beim Steinkreuz/Alte Krone und der Ernst-Walz-Brücke). Bis 1882: *Neckargaß*, *Neckarstraße*. – Beim Ausbau der Uferstraße ab 1894 stieß man vor Haus Nr. 36 auf das Fundament des Landpfeilers der Römerbrücke. An sie erinnert ein Naturstein mit Inschrift am Ufer zwischen Werder- und Keplerstraße (vgl. *Iqbalufer*). – Das Neckarvorland liegt nur wenig höher als der Normal-Wasserspiegel des Neckars, ist deshalb bei Hochwasser rasch überschwemmt. Der jetzige Leinpfad wurde erst Ende des 19. Jahrhunderts angelegt, der Zwischenraum mit Schutt aufgefüllt. Seitdem diente der Teil der Neckarwiese westlich der Keplerstraße im Winter als Schlittschuhbahn. Der von Bäumen begleitete Weg zwischen Straße und Wiese hieß früher *Promenadenweg* (Stadtplan 1906). 1951 entstand am Neckarvorland ein »Neckar-Park« (Rasenflächen, Spielplätze, Plantschbecken, Ruheplätze, Liegeterrassen). – Bis 1897 hieß auch der *Neckarstaden*, bis 1931 die *Schurmanstraße* »Uferstraße« (Jaeger 1988, Nr. 655, 661, 666, 669, 1007).

Nr. 17: DLRG-Rettungswache mit Kiosk »Ku 17«. – Nr. 36: Haus »Römerbrücke«.

Ulmenweg   (Kirchheim, Siedlung Höllenstein, K 8, zwischen Erlenweg und Birkenweg). Die 1929 östlich der Bahnlinie erbaute Siedlung »Im Höllenstein« gehört zu Kirchheim, ist aber mit Rohrbach verbunden. Die Straßen sind nach heimischen Baumarten benannt (vgl. *Ahornweg*, *Birkenweg*, *Buchenweg*, *Erlenweg*).

Universitätsplatz   (Altstadt, F 10, zwischen Hauptstraße, Grabengasse und Augustinergasse. Die hier liegenden Gebäude haben die Adressen Grabengasse oder Augustinergasse). Der Platz gehört nicht zu den alten Heidelberger Plätzen wie Marktplatz, Heumarkt oder Fischmarkt. Heute ist er der zentrale Platz der Altstadt und erstreckt sich winkelförmig westlich und südlich der Alten Universität. Im Westen wird er von der Grabengasse begrenzt, im Norden stößt er an die Hauptstraße. Die Grabengasse verläuft längs der ehemaligen Stadtbefestigung und markiert die Grenze zwischen Kernaltstadt und Voraltstadt. Ursprünglich befand sich an dieser Stelle das Augustinerkloster, welches nach der Zerstörung 1689/93 nicht wieder aufgebaut wurde und dessen Grundmauern man 1913 ausgrub. 1753

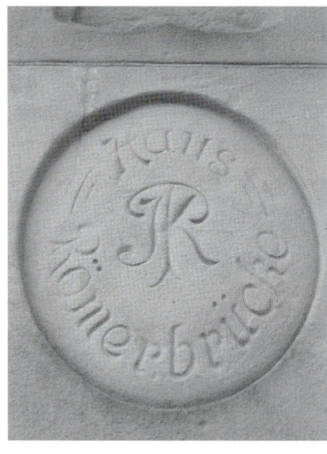

Uferstraße 36

Universitätsplatz

kaufte Kurfürst Carl Theodor den in kirchlichem Besitz befindlichen Teil des Platzes zwischen Mitteltorturm, Grabengasse und Hexenturm, welcher »zum Exercitium für das in Heidelberg sich aufhaltende Militair gewiedmet« und *Paradeplatz* genannt wurde. Nach Großherzog Ludwig I. von Baden (reg. 1818–30) wurde er *Ludwigsplatz* genannt, seit 1928 *Universitätsplatz*. 1937 nannte man ihn auf Antrag des Reichsstudentenführers in *Langemarckplatz* um. (Deutsche Truppen hatten im November 1914 in der Schlacht an der Yser die Gemeinde Langhemarcq in Westflandern gegen englische Angriffe gehalten; vgl. *Rheinstraße*.) Im September 1945 wurde der Platz auf Anordnung der Besatzungsmacht wieder *Universitätsplatz* genannt. – Zwischen Hauptstraße 126 und 135 stand bis 1827 das Mitteltor mit Turm, 1715 nach der Zerstörung wieder aufgebaut. Südwestlich davon war die Hauptwache. 1717 errichtete man an der Hauptstraße einen Brunnen mit einem Löwen, der Schwert und Reichsapfel hält. Der Brunnen wurde 1918 etwas weiter nach Süden vor die Alte Universität versetzt. An der Stelle der heutigen Alten Universität stand seit 1396 das Collegium Pauperum bzw. Dionysianum, 1591–1693 das Collegium Casimirianum der Universität. 1712–28 baute Johann Adam Breunig hier die Domus Wilhelmiana. Am Südrand des Platzes, an der Stelle des Gebäudes der Museumsgesellschaft (1828), später Kollegiengebäude, steht seit 1930 die Neue Universität (Derwein 1940, Nr. 513, 562, 679).

Unter der Schanz   (Altstadt, F 11, Stichstraße von der oberen Klingenteichstraße, unterhalb der Molkenkur). Ursprünglich Zufahrt zum Steinbruch unterhalb der Molkenkur, dann

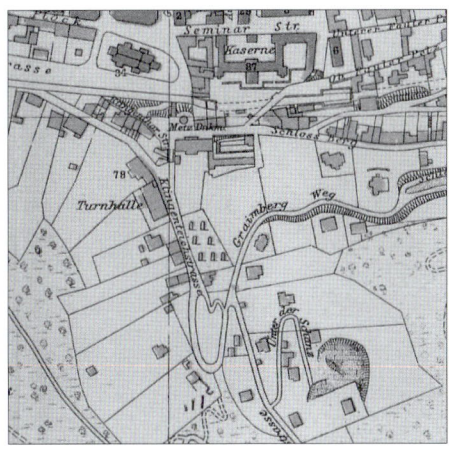

Unter der Schanz, Stadtplan 1921

Privatstraße in der »Villenkolonie Klingenteich«. 1904/05 befestigt, 1905 auf Vorschlag der Architekten Kump und Wolf nach einer Gewannbezeichnung (»die Schanz auff dem alten Schloss«, 1629) benannt. Das Alte Schloss war die 1537 durch Blitzschlag zerstörte obere Burg auf dem kleinen Gaisberg. Die Schanze wurde zu Beginn des Dreißigjährigen Kriegs angelegt. – 1964 erwarb das Ehepaar Poensgen von Dipl. Ing. Franz Kruckenberg (vgl. *Franz-Kruckenberg-Straße*) die 1906 erbaute Villa Jaffé, Unter der Schanz 1. Georg Poensgen war 1948–64 Direktor des Kurpfälzischen Museums Heidelberg. Testamentarisch vermachte das kinderlose Ehepaar die Villa der Universität Heidelberg (Derwein 1940, Nr. 770).

Untere Büttengasse   (Handschuhsheim, D 9, zwischen Handschuhsheimer Landstraße und Oberer Büttengasse). Einst ein Weg in die Weinberge, bis 1750 unbebaut. Früher: *in der Büttengassen* (1744), *am Büttenthaler Weeg* (1784) (Frey 1944, Nr. 70f., 151; vgl. *Obere Büttengasse*).

Untere Kirchgasse   (Handschuhsheim, D 9, zwischen Lindengasse und Steubenstraße). Früher: *Tränkgasse* (1475 *an der trenkgassen*), im Volk auch *Dreckgaß* genannt. Sie bildete die Verbindung von der Tiefburg zum Horneckschen Hof und zur St. Vituskirche. – Die Kirchgassen mit ihrer Lage zwischen Kirche und Tiefburg gehören zum ältesten Ortskern Handschuhsheims (Frey 1944, Nr. 89, 231f., 465; vgl. *Mittlere Kirchgasse*, *Obere Kirchgasse*).

Untere Neckarstraße   (Altstadt, F 10, zwischen Neckarstaden und Schiffgasse). Bis 1892 *Uferstraße* (Bezeichnung der gesamten Strecke am südlichen Neckarufer zwischen Zementwerk und Alter Brücke), dann (nach dem Lauf des Neckars) *Unterneckarstraße* genannt, 1898 nach Westen verlängert. Heute ist Untere Neckarstraße die Bezeichnung für die Strecke zwischen Marstall und Neckarstaden, die nicht direkt am Flussufer verläuft (Derwein 1940, Nr. 643f., 962; vgl. *Bleichstraße*, *Maltesergasse*, *Neckarstaden*, *Schurmanstraße*, *Vangerowstraße*).

Nr. 21: Haus »Wartburg« (Akademisch-Theologische Verbindung Wartburg). – Nr. 30: Gedenktafel: »In diesem Hause wohnte / von 1839 bis 1851 / der Maler Christian Philipp Koester / geb. zu Friedelsheim 13. 2. 1784 / gest. hier 27. 11. 1851«. – Nr. 70: Freiwillige Feuerwehr Altstadt.

Unterer Fauler Pelz   (Altstadt, F 11, zwischen Kettengasse und Bremeneckgasse). Früher: *Im Premer gäßlein* (1604), *Bremer gaß* (1730), 1772 erstmals als *untere faule Beltz* erwähnt. Der Untere Faule-Pelz-Weg war die Grenze zwischen Altstadt und Bergstadt. Der

Untere Büttengasse   Untere Kirchgasse (Ill. Ludwig Haßlinger)

Untere Neckarstraße Unterer Fauler Pelz 4

größere Teil des Faulen Pelzes gehörte zur Bergstadt (Derwein 1940, Nr. 76, 339, 684; H.-M. Mumm, HJG 15 (2011), S. 183f.; vgl. *Oberer Fauler Pelz*).

Untere Rödt (Pfaffengrund, G 6, beginnt an der ehemaligen Schwetzinger Bahnlinie (Heinrich-Menger-Weg) und zieht westwärts). 1920 nach einem Gewann benannt (»Vorder«, »Mittler«, »Hinter Rödt« = »gerodetes Land«, 1787 erstmals erwähnt) (Derwein 1940, Nr. 731; vgl. *Obere Rödt*)

Untere Seegasse (Kirchheim, K 8, zwischen Odenwaldstraße und dem Feld, parallel zur Oberen Seegasse). Alter Allmendweg, benannt nach dem Kirchheimer See, der in einem alten Neckarbett durch den gestauten Rohrbach entstand und heute trocken ist (Neuer 1967, S. 19; Neuer 1985, S. 64ff.; Körner 2009, S. 28ff., 84) (vgl. *Obere Seegasse, Bogenstraße, Seewiesenweg*).

Untere Straße (Altstadt, F 10–11, zwischen Heumarkt und Fischmarkt). 1300 als *in der under gaßen* erstmals erwähnt. Damit handelt es sich um einen der ältesten heute noch

Untere Straße Untere Straße 4

Untere Straße / Heumarkt »Gustav-Radbruch-Haus«

geltenden Heidelberger Straßennamen. An den Querstraßen und Hinterhöfen kann man erkennen, um wieviel tiefer die Untere Straße zur Hauptstraße liegt. Die frühere *Hirschstraße* (jetzt *Heiliggeiststraße*) wurde oft als Einheit mit der Unteren Straße empfunden. »Untere Gasse/Straße« steht im Gegensatz zur »Oberen Gasse/Straße«, der jetzigen *Hauptstraße*. Die »unterste Straße« war die *Lauerstraße* (Derwein 1940, Nr. 917).

Nr. 1: Tafel mit Inschrift: »Däglicher / Erinnerung des / 1784. Jahrs des 27. / Februarius Wasser-Höche«. – Nr. 11: Verbindung »Stauffia«. – Nr. 16: Inschrift: »In diesem Hause hat / der Dichter / Christian Friedrich Hebbel / im S.S. 1836 als stud. jur. / der Ruperto-Carola / von April-September gewohnt«. – Nr. 27: Café »Burkardt«. – Nr. 35: Wirtschaft »Zum Reichsapfel« (seit 1716), Studentenverbindung »Ripuaria«.

Valentin-Winter-Straße (Rohrbach, K 9, zwischen Karlsruher Straße und Schelkly-straße). Benannt nach Valentin Winter (1838–1904), Rohrbacher Bürgermeister von 1891 bis 1904. Auch die *Christian-Bitter-Straße* und die *Heinrich-Kaltschmidt-Straße* sind nach Rohrbacher Bürgermeistern benannt. Die Bilder der letzten sechs Bürgermeister sind im Heimatmuseum Rohrbach zu sehen.

Valerieweg (Schlierbach, E 12, zwischen Schlierbacher Landstraße und Schloss-Wolfs-brunnen-Weg, erreichbar durch einen Steg über die Bahngeleise). 1885 als Spazierweg angelegt und nach der mehrfach im Schloss-Hotel wohnenden Erzherzogin Valerie von Österreich (1868–1924) benannt, Tochter der Kaiserin Elisabeth von Österreich (vgl. *Eli-sabethenweg*). 1909 wurde der Weg instandgesetzt, 1996 auf Initiative von Dr. Dietrich Bahls von Bürgerinnen und Bürgern, insbesondere Alexander Hengstler, Klaus Heyer, Gerhard Hornung und Klaus Görttler, in freiwilliger Arbeit wieder begehbar gemacht. 1997 in Anwe-senheit von Valerie von Österreich, Frau des Markgrafen von Baden und Enkeltochter der Namensgeberin, eingeweiht. Seither von der Stadt als »beschränkt öffentlicher Wald- und Bergpfad« dem Fußgängerverkehr gewidmet (»Begehen aus Sicherheitsgründen auf die Zeit zwischen 1. März bis 31. Oktober beschränkt«). Bis 1934 mündete der Valerieweg direkt in die Schlierbacher Landstraße, dann baute man einen Fußgängersteg als Verbindung über die Bahnlinie (Derwein 1940, Nr. 966; vgl. *Schlierbacher Landstraße*).

Vangerowstraße (Bergheim, F 7–9, zwischen Fehrentzstraße und Mannheimer Straße). Die Straße führte von Westen nach Osten durch das ehemalige Portland-Cementwerk, wel-ches 1875–95 hier stand. 1896 wurde die Straße nach dem Pandektisten und Rechtsleh-rer Geheimrat Carl Adolph von Vangerow (1808–1870) aus Schiffelbach bei Marburg be-nannt. 1840 kam er als Nachfolger von Thibaut nach Heidelberg. Er erwarb sich vor al-lem durch die Erforschung des Ortsrechts Verdienste. 1852 wurde er zum Ehrenbürger ernannt. Er ist auf dem Bergfriedhof begraben. – 1899–1901 grub der Lehrer Karl Pfaff hier in Höhe der Kirchstraße die Grundmauern der mittelalterlichen Bergheimer Kirche aus. Da-

Valerieweg

Valerieweg, Blick nach Westen

Vangerowstraße 4 Vangerowstraße 12

bei fand man ein römisches Grabdenkmal, das als Deckplatte eines christlichen Grabes auf dem alten Kirchhof diente (heute im Kurpfälzischen Museum). 1906 wurde das neue Schulhaus (Mittelbau mit Ostflügel, Knabenschule), seit 1916 »Wilckensschule«, gebaut, der Westflügel (Mädchenschule, ebenfalls »Wilckensschule«, seit 1962 »Käthe-Kollwitz-Schule«) folgte 1909. 1931 entstand an der Vangerowstraße westlich der Ernst-Walz-Brücke der »Heidelberger Hafen«. Nach dem Ersten Weltkrieg bestand am Flussufer zwischen Kirch-, Bluntschli- und Vangerowstraße eine Barackensiedlung, genannt »Neckarhof«. 1933–45 hieß dieser Platz *Schlageterplatz* (vgl. *Bluntschlistraße, Mittermaierstraße, Thibautstraße*).

Nr. 2: Radium-Solbad (1924 Grundsteinlegung, 1928 vollendet, 1956 Einstellung des Badebetriebs, bis 1995 Amt für öffentliche Ordnung, 2002 Wohn- und Geschäftshaus). Ehemaliges Turbinenhaus des Zementwerks, seit 1932 Bootshaus der Heidelberger Rudergesellschaft. – Nr. 4: Thermalbad (1939). – Nr. 9: Wilckensschule (Grundschule), Käthe-Kollwitz-Schule (Förderschule). – Nr. 10: Wasserschutzpolizeistation (1994). – Nr. 11: ehemalige Kleinkinderanstalt (1906, »Weststadt-Kindergarten«). – Nr. 12: Wasser- und Schiffahrtsamt. – Nr. 18: Notariat, Grundbuchamt. – Nr. 20: Arbeitsgericht Mannheim, Kammer Heidelberg.

Carl Adolph von Vangerow, Grabstelle

Veit-Stoß-Straße (Südstadt, H 9, zwischen Turner- und Kirschgartenstraße). 1952 nach Veit Stoß benannt (um 1447–1533) aus Horb am Neckar, einem der bedeutendsten Bildschnitzer der Spätgotik. Er war vor allem in Krakau und Nürnberg tätig. Mit dem Hochaltar für die Krakauer Marienkirche schuf er den größten geschnitzten Flügelaltar der deutschen Gotik. Das steinerne Kruzifix im rechten Seitenschiff gilt als ausdrucksstärkste Figur des Künstlers.

Veltenhofer Straße (Wieblingen, E 6, Wohngebiet Wieblingen-Süd, ringförmig nördlich von und zur Richard-Kuhn-Straße verlaufend). Angelegt und benannt 1978. 1750 siedelten Kurpfälzer Bauern, darunter auch Wieblinger, nach *Veltenhof* bei Braunschweig um. 1974 nahm Veltenhof wieder Verbindung zu Wieblingen auf; es erfolgten mehrere gegenseitige Besuche und die Bildung eines Freundeskreises. An der Eröffnung der Straße nahm auch eine Delegation aus Veltenhof teil.

Viernheimer Weg (Wieblingen, D 6, ringförmig von und zur Edinger Straße verlaufend). Angelegt nach 1958. Benannt nach der hessischen Gemeinde Viernheim (vgl. *Edinger, Feudenheimer, Friedrichsfelder, Käfertaler, Neckarauer, Rheinauer* und *Waldhofer Straße* sowie *Ilvesheimer, Sandhofer* und *Schwabenheimer Weg*). Hinter dem anschließenden Parkplatz liegt der seit 1965/66 angelegte neue Friedhof.
Nr. 4: Evangelischer Kindergarten (erbaut 1964/65). – Ohne Nr.: Neuer Friedhof (seit 1966).

Viktoriastraße (Rohrbach, I 9, zwischen Karlsruher Straße und Im Hasenleiser). Wohl nicht nach der Tochter von Queen Victoria, der Gemahlin Kaiser Friedrichs III., benannt, sondern nach Prinzessin Sophie Marie Victoria von Baden (1862–1930), Tochter von Großherzog Friedrich I. von Baden und seiner Gattin Luise; nachmalige Königin von Schweden. Sie heiratete 1881 Kronprinz Gustav von Schweden und Norwegen, als Gustav V. Adolf 1907–50 schwedischer König. Als ihr Bruder, Großherzog Friedrich II. von Baden, 1928 starb, ging der Besitz der Insel Mainau an Königin Viktoria von Schweden und damit an das dortige Königshaus über. – Eine der Straßen, die nach weiblichen (meist angeheirateten) Angehörigen des in Baden regierenden Hauses Zähringen benannt sind (wie *Sofienstraße, Luisenstraße, Hildastraße*).

Von-der-Tann-Straße (Südstadt-Rohrbach, I 9, zwischen An der Markscheide und Heidelberger Straße). Bis 1930 *Gartenstraße*. Nach den Reichsfreiherren von der Tann genannt, die dort einen Hof besaßen. Tann (Thann) ist der Name eines fränkischen Adelsgeschlechts, dessen Stammsitz seit dem 12. Jahrhundert das Schloss Tann in der gleichnamigen Kleinstadt bei Fulda ist. Die Gartenstraße sollte zuerst in »Sickinger-Straße« umbenannt werden, nach dem alten, in Rohrbach begütert gewesenen Adelsgeschlecht. Wegen der Umbenennung dieser Straße gab es Auseinandersetzungen, da in der Heidelberger *Gartenstraße* (Bergheim) nur vier Häuser mit acht Bewohnern standen, in der Rohrbacher Gartenstraße dagegen 40 Häuser mit mindestens 60 Bewohnern. Eigentlich wäre die Heidelberger Gartenstraße umzubenennen gewesen. Aber der Gemeinderat entschied anders (vgl. *Junkergasse, Heidelberger Straße, Weingasse*).

Voßstraße (Bergheim, F 9, zwischen Hospitalstraße und Gartenstraße). 1875 nach dem Dichter und Altphilologen Johann Heinrich Voß (1751–1826) benannt, bekannt als Überset-

Johann Heinrich Voß, Grabstelle   Voßstraße, Ecke Thibautstraße

zer der Odyssee und der Ilias. 1772 Mitbegründer des »Göttinger Hains«; 1775 Herausgeber des »Göttinger Musenalmanachs« in Wandsbek, wo er 1777 Ernestine Boie heiratete. Mit seinen Nachdichtungen von Homer, Ovid, Vergil, Horaz, Hesiod und Aristophanes erschloss er seiner Zeit ein neues Verhältnis zur Antike. 1792 schrieb er, begeistert von der französischen Revolution, nach der Melodie der Marseillaise den »Gesang der Neufranken für Gesetz und König« (»Mit Waffen in den Kampf, Für Freiheit und Gesetz! Naht, Bürger, naht! Bebt, Mietlingsschwarm! Entfliehet oder sterbt!«). 1805 berief Kurfürst Karl Friedrich von Baden Voß mit einem Ehrensold ohne Lehrverpflichtung an die Universität Heidelberg. Dies bedeutete für die Universität und für das Land einen enormen Prestigezuwachs. 1807 kaufte Voß die »alte Anatomie« an der Plöck gegenüber der Peterskirche als Wohnhaus. Im Gedächtnis Heidelbergs lebt er vor allem als streitbarer alter Mann weiter. Voß bezichtigte Clemens Brentano und Achim von Arnim der Unredlichkeit bei der Herausgabe der Liedersammlung »Des Knaben Wunderhorn«, der Fälschung und Neudichtung einzelner Lieder (vgl. *Brentanoweg, Achim-von-Arnim-Straße*). Er wurde auf dem St.-Anna-Kirchhof begraben und 1875 auf den Bergfriedhof umgebettet. Sein Sohn Heinrich Voß (1779–1822) war ab 1807 Professor für klassische Philologie an der Universität Heidelberg. – 2003 brachte die Stadt Heidelberg auf dem Schulhof der Friedrich-Ebert-Grundschule, wo bis 1903 Vossens Wohnhaus stand, eine Gedenktafel an.

Nr. 2: ehemaliges Akademisches Krankenhaus, ehemalige Neue Medizinische Klinik. Heute: Karl Jaspers Zentrum für Transkulturelle Forschung (seit 2008), Sammlung Prinzhorn (seit 2001). – Nr. 3: ehemalige Strahlenklinik Samariterhaus (1905/06), 1944: Czerny-Klinik, 2008: Wohngebäude). – Nr. 4: Klinik für Allgemeine Psychiatrie (1875–78 erbaut). – Nr. 5/7: ehemalige Ohrenklinik (1900–03 erbaut). – Nr. 6: Privatklinik Ethianum (2010). – Nr. 9: ehemalige Universitäts-Frauenklinik (1884–2013).

Waldgrenzweg (Ziegelhausen, E 15, zwischen Moselbrunnenweg und Schönauer Straße). Der Weg führt als Straße am Waldrand unterhalb des Hahnbergs in nördlicher Richtung (nach ca. 300 m als Waldweg) zur Schimmelsteighütte.

Waldhofer Straße (Wieblingen, D 6, von der westlichen Adlerstraße/ Trasse der ehemaligen OEG im Bogen zur Straße Am Taubenfeld). Bis 1959 ein Feldweg, dann der nördliche Teil als Straße angelegt, 1967 südlich des Grenzhöfer Weges verlängert. Sie hieß zunächst nach dem dortigen Gewann »Im Halbbatzenacker« (vielleicht zahlte man als Pachtgebühr einen halben »Batzen« – 1 Batzen = 4 Kreuzer –, Streitberg 1938, S. 8). 1963 auf Wunsch der Anlieger und des Stadtteilvereins umbenannt in *Waldhofer Straße* nach dem Mannheimer Stadtteil Waldhof (vgl. *Edinger*, *Feudenheimer*, *Friedrichsfelder*, *Käfertaler*, *Neckarauer* und *Rheinauer Straße* sowie *Ilvesheimer*, *Sandhofer*, *Schwabenheimer* und *Viernheimer Weg*).

Waldshuter Weg (Rohrbach-Hasenleiser, K 9, zwischen Konstanzer Straße und dem Feld). Nach der Stadt Waldshut im Klettgau benannt, 1240 von den Grafen von Habsburg gegründet. Der Name (1259: »Waldishute«) soll symbolisch gemeint sein (von der Bewachung des Waldes). Bis 1803 österreichisch, kam Waldshut 1806 zu Baden. – Verkehrsberuhigter Bereich, Zugang zu den Hangäckerhöfen. Eine von zwölf Straßen im Hasenleiser, die nach südbadischen Städten benannt wurden.

Waldweg (Handschuhsheim, D 9–10, beginnt an der Mühltalstraße 110 und führt in den Wald). Als *der gemeine Waldt Weeg* 1724 erstmals erwähnt. Dient bis zum Chaisenweg als Ortsstraße, dann als Fußweg zum Stickelsplatz. Der untere Waldweg wurde 1921 als Waldstraße ausgebaut. 1929 mussten die Häuser Waldweg 1 und 4 dem Ausbau der Bergstraße weichen (vgl. Frey 1944, Nr. 477).

Wallstraße (Wieblingen, D–E 6, vom Elisabeth-von-Thadden-Platz ab Maaßstraße südwärts bis zur Verzweigung in Dammweg und Pfälzer Straße). Die Straße ist schon auf dem ältesten Wieblinger Ortsplan (1741/92) vorhanden. Von der Alten katholischen Kirche Wieblingens verlief ein durchgehender Weg nach Kirchheim bis zur dortigen »Spinne«, in alten Schriftstücken innerhalb des Ortes *Kirchheimer Weg*, außerhalb *Diebsweg* (siehe dort) genannt (vgl. *Pfälzer Straße*). Vor 1930: *Plöck* oder *Plöckstraße*; wegen der Plöck in der Alt-

Waldshuter Weg

Wallstraße

stadt in Wallstraße umbenannt (zur Namensdeutung siehe dort). Angeblich befand sich hier früher ein Wall mit Graben (so das Vermessungsamt 1929); dies konnte jedoch bisher nicht verifiziert werden. Heute verkehrsberuhigte Straße.

Nr. 27 und 27/1: katholisches Pfarrhaus (erbaut 1939/40). – Nr. 27/2: katholischer Kindergarten (erbaut 2007/08). – Nr. 27/3: katholisches Gemeindehaus (erbaut 1968/69). – Nr. 29: katholische Pfarrkirche St. Bartholomäus (erbaut 1955/56). – Nr.31: Alter Friedhof (eröffnet ca. 1810).

Weberstraße (Neuenheim, E 9, zwischen Lutherstraße und Werderstraße). Ursprünglich ein Feldweg, dann als »Kloses Privatstraße« von Dr. Heinrich Klose (1836–1909) angelegt, dem Besitzer und Bauherrn vieler Grundstücke hier. 1891 nach dem Historiker und Lehrer Geh. Hofrat Prof. Georg Weber (1808–88) benannt, von 1848 bis 1872 Rektor der Höheren Bürgerschule Heidelberg, Verfasser einer seinerzeit beliebten 15-bändigen »Weltgeschichte« (1875–80) und der »Heidelberger Erinnerungen. Am Vorabend der fünften Säkularfeier der Universität« (1886). 1888 verlieh der Stadtrat »dem langjährigen und hochverdienten früheren Leiter der hiesigen Bürgerschule, dem weit über die Grenzen unseres Vaterlandes hinaus berühmten und hoch geschätzten Geschichtsschreiber sowie dem treuen Freunde Heidelberg's« die Ehrenbürgerschaft. Weber wurde als Letzter auf dem alten Neuenheimer Friedhof, am Chor der alten Kirche, bestattet. Der Grabstein wurde 1925 auf den Bergfriedhof verbracht. – 1896 wurde die Quelle an der Küblerschen Wiese im Wald am

Weberstraße

Webersbrunnen

östlichen Philosophenweg gefasst und Webersbrunnen genannt (vgl. *Erwin-Rohde-Straße*). Nr. 2 (Handschuhsheimer Landstraße 7): ehemaliges Postamt Neuenheim. – Nr. 7: Städtisches Landschafts- und Forstamt.

Weidweg (Wieblingen, D 6, von der Mannheimer Straße 294 zum Neckarhamm). Angelegt kurz vor 1870. Am Neckar entlang, vom Kerweplatz bis zur Gemarkungsgrenze Edingen, erstreckte sich das Gewann »Weidestücke« (Streitberg 1938, S. 7). Vor 1930: *Wilhelmstraße*, wohl nach Kaiser Wilhelm I., reg. 1871–88. Umbenennung wegen der Wilhelmstraße in der Weststadt. Der geplante Name »Triftweg/Driftweg« (Trift = Weide) wurde von den Anwohnern in einer Eingabe abgelehnt.

Weinbirnenweg (Kirchheim, Im Bieth, I 7, Sackgasse vom Renettenweg). 2008 nach der »Heidelberger Champagner-Weinbirne« benannt (vgl. *Schlosskirschenweg*, *Renettenweg*).

Weingasse (Rohrbach, I–K 9, zwischen Rathausstraße und Leimer Straße). Hieß bis 1921 *Judengasse*, dann bis 1927 *Blumenstraße*. Nach der Eingemeindung sollte sie nach Lupfried von Waibstadt, der als Ahnherr der Familie von Venningen gilt, »Lupfriedgasse« genannt werden. Die Venningen sind ein altes Kraichgauer Rittergeschlecht, das die Herrschaft über zahlreiche Dörfer ausübte und als Familie bis heute im Kraichgau ansässig ist. Lupfried von Waibstadt erhielt 1218 vom Wormser Andreasstift die Neckarfähre bei Heidelberg zu Lehen, welche er an das Kloster Schönau weiter veräußerte. Zum Entgelt dafür trat er den Wormsern sein Landgut in Rohrbach ab und erhielt dasselbe von der Wormser Kirche als Lehen zurück. Aus dem Geschlecht der von Venningen ging seit dem 14. Jahrhundert eine große Anzahl hoher kurpfälzischer Beamter hervor (vgl. *Junkergasse*). – Auf den Protest der Anwohner hin verzichtete man auf diese Namensgebung. Weil mehrere begüterte Weinbauern in dieser Straße wohnten, wurde sie schließlich *Weingasse* geheißen. – An der Ecke Rathausstraße/Weingasse lag das erstmals 1464 genannte *Sinsheimer Hofgut*, von dem Teile erhalten sind.

Werderplatz (Neuenheim, E 9, zwischen Moltke- und Blumenthalstraße). 1912 benannt, Wohnadresse (zur Namensbedeutung siehe *Werderstraße*)

Werderstraße (Neuenheim, E–F 9, zwischen Uferstraße und Moltkestraße/Werderplatz). 1887–1905 angelegt. Nach dem preußischen General der Infanterie August Graf von Werder (1808–1887) aus Ostpreußen benannt. Werder war Oberbefehlshaber bei der Belagerung Straßburgs 1870, bei der das Museum der Schönen Künste und die Stadtbibliothek mit ihrer einzigartigen Sammlung mittelalterlicher Manuskripte sowie 500 Häuser vollständig zerstört wurden. Am Münster wurde der Dachstuhl beschädigt und eines der kunstvollen Fenster zerstört. Werders Waffentaten (siehe auch *Belfortstraße*) machten ihn hauptsächlich in Süddeutschland populär. In Freiburg wurde ihm zu Ehren das Siegesdenkmal errichtet und die Ehrendoktorwürde der Universität verliehen. In vielen badischen Städten wurden Straßen nach ihm benannt. Nach dem Frieden bekam er das Kommando des badischen XIV. Armeekorps in Karlsruhe. 1875 feierte er unter großen Ovationen sein 50jähriges Dienstjubiläum und erhielt 1879 unter Erhebung in den Grafenstand den Abschied. – Um 1900 lag zwischen Werderstraße, Keplerstraße, Schröderstraße und Mönchhofstraße ein Lawn Tennis Platz. 1906 wurde an der Ecke Werderstraße/Im Gabelacker ein privates Luft- und Sonnen-

Werderplatz

Werderstraße 68, Taufbecken aus der
St.-Raphaelskirche

bad eröffnet. Noch 1928 gab es in Heidelberg drei Werderstraßen (Rohrbach, Neuenheim, Kirchheim) (Jaeger 1988, Nr. 1096; vgl. *Blücherstraße*, *Blumenthalstraße*, *Gneisenaustraße*, *Moltkestraße*, *Roonstraße*, *Yorckstraße*).

Werrgasse (Neuenheim, E 11, zwischen Ziegelhäuser Landstraße und ehemaliger Wingolfkneipe). 1891 nach einer Gewannbezeichnung benannt. Das *Werrengäßel* ist 1715 erstmals erwähnt und war einst eine in Serpentinen verlaufende Verbindung zwischen der Landstraße nach Ziegelhausen (Alte Brücke) und dem später so genannten Philosophenweg in Richtung Hirschgasse. Professor Friedrich von Duhn (1851–1930), Direktor des Archäologischen Instituts, ließ eine Straße zu seinem Grundstück Werrgasse 5 bauen. Er war der Großvater der Kunsthistorikerin und Schriftstellerin Lili Fehrle-Burger (1907–91), die ebenfalls hier wohnte. Der obere Teil des Weges verläuft jetzt auf Privatgelände. – Nach Jaeger 1988, Nr. 1101, kommt der Name der Gasse von mhd. werre »Gatter, Falltor: Vorrichtung zum Absperren, Bezeichnung liegt nahe, da vor dem Tor der Alten Brücke gelegen«. Mhd. werre bedeutet auch »Krieg, Verwirrung«. Vielleicht ein »Kriegsweg« wie der im Handschuhshei-

Werrgasse, Zugang vom Schlangenweg aus

WESTSTADT Die Weststadt ist ein südwestlich der Altstadt planmäßig angelegtes Wohngebiet der Gründerzeit. Bis weit in jenes Jahrhundert war das Gelände, ursprünglich zur Gemarkung Bergheim gehörend, siedlungsfreies Garten- und Ackerland. Es war einst durchflossen von dem namenlosen, beim Speyererhof entspringenden Bach, der seinen Weg durch die Bierhelder Steige nimmt und vor dem Bergfriedhof in der Kanalisation verschwindet. An Straßen durchzog das Gebiet der *Galgenweg*, der *Ziegelhütter Weg*, der *Kirchheimer Weg* und der *Rohrbacher Weg*. Das einzige Gebäude war die Ziegelhütte, die um 1700 auf dem Grund der heutigen Rohrbacher Straße 57 erbaut wurde und der 1784–1835 die Krappfabrik von Christian Adam Fries nachfolgte. Mit dem Bau der Eisenbahn Mannheim-Heidelberg 1840 dehnte sich die Stadt auf die Ebene vor den Toren aus. Schon zwei Jahre vor Eröffnung des Bahnhofs am Rohrbacher Weg (im Gewann »mittlere Schlechte«) war 1838 das erste Vorstadthotel Heidelbergs (Hotel »Ernst«, ab 1845 »Schrieder«) entstanden. 1843 folgte die Eröffnung der Bahnlinie nach Karlsruhe. Damit war das zu erschließende Gebiet westlich der Altstadt baulich in drei Teile geteilt: 1. der Bergheimer Baubezirk nördlich der Mannheimer Bahnline, 2. der Speyerer Baubezirk zwischen Mannheimer Bahnline, »Kriegskurve« und Karlsruher Bahnlinie, und 3. der Rohrbacher Baubezirk südlich des Bahnhofs, zwischen Karlsruher Bahnlinie und Gaisberg. Auf drei Seiten markierten Bahntrassen die Grenzen dieses Viertels. Als Geburtsjahr des Stadtteils wird 1861 angesehen, als der Gemeinderat die Erschließung der drei genannten Baubezirke als Wohngebiete beschloss. 1872 folgte ein Ortsbauplan für den Rohrbacher Baubezirk. So entstand ein gründerzeitliches Vorstadtviertel, vor allem Wohnhäuser mit Handwerksbetrieben und Ladengeschäften. Viele Gebäude stehen heute unter Denkmalschutz. 1891 legte ein weiterer Bebauungsplan die Straßenführung im südlichen Teil der Weststadt unter Berücksichtigung der ursprünglichen Feldeinteilung mit »offener Bauweise im Landhausstil« fest. Ab 1900 war auch geschlossene Bauweise mit Reihen- und Zeilenhäusern zugelassen. Der zweite Baubezirk ging im dritten auf. Den Stadtteilmittelpunkt bildet der Wilhelmsplatz.

Am Kreuzungspunkt der *Römerstraße* mit der heutigen *Franz-Knauff-Straße* stand im Mittelalter der Heidelberger Galgen. Wichtiger als der *Galgenweg* (heute etwa Römerstraße) waren der *Rohrbacher Weg* (heute etwa Rohrbacher Straße) und der *Kirchheimer Weg*, der am Seegarten begann und quer durch das heute bebaute Gebiet zog.

1862 nahm der Kutschenfabrikant Heinrich Fuchs im Rohrbacher Baubezirk, südlich des Bahnhofs, die Fertigung von Waggons auf. 1900 wurde die Fabrik nach Rohrbach verlegt. Der Wegzug machte den gesamten Wohnbereich der Weststadt frei von Industrieanlagen. »Die älteste Industrieachse im Westen verlief entlang der Rohrbacher Straße. Die Ultramarinfabrik, Nachfolgerin der alten Krappfabrik aus der Carl-Theodor-Zeit, war schon 1875 nach Schweinfurt verlegt worden. Südlich davon stand an der Schlosserstraße die Eisengießerei und Maschinenfabrik Hefft. Etwa 1860 aus der Hauptstraße 21 hierher verlegt, wurde sie kurz vor 1900 geschlossen oder erneut verlegt. Dahinter, im Bereich der Zähringerstraße 1, lag die Farbmühle und chemische Fabrikation Keller und Cie, die nach einem Brand im März 1900 der heutigen Wohnbebauung weichen musste« (H.-M. Mumm, HJG 1 (1996), S. 39). 1875 eröffneten in der Rohrbacher Straße das Hotel

Weststadt 1893
mit
»Kriegskurve«

Lang und 1877 das Grand-Hotel. 1892 gründete sich der Verein »West-Heidelberg«, der sich die Aufgabe stellt, die Interessen des Stadtteils zu fördern.

Kurz vor dem Ersten Weltkrieg war die Flächenausdehnung der Weststadt weitgehend abgeschlossen. Zu diesem Zeitpunkt besaß das Viertel die für sein Erscheinungsbild wesentlichen Großbauten: Landhausschule (1886), St.-Josefs-Krankenhaus (1890), katholische St.-Bonifatius-Kirche (1903), evangelische Christuskirche (1904). Erst nach dem Krieg wurde der Begriff »Weststadt« gebräuchlich.

In Folge der Erweiterung der Stadtteile Weststadt nach Süden und Rohrbach nach Norden entwickelte sich in den 1930er Jahren die Südstadt. Die Grenze zwischen Weststadt und Südstadt bildet die ehemalige Güterzug-Strecke vom Königstuhl-Tunnel zum Rangierbahnhof (1914), die im 21. Jahrhundert renaturiert wurde. Der Bergfriedhof, ursprünglich zur Weststadt gerechnet, gehört heute zur Südstadt. Inzwischen gehen die drei Stadtteile Bergheim, Weststadt und Südstadt nahezu nahtlos ineinander über. 1955 erfolgte die lange vorbereitete Verlegung des Hauptbahnhofs um zwei Kilometer nach Westen. Zunächst blieb eine breite Schneise zwischen Weststadt und Bergheim, deren Südseite mit Behördengebäuden (Zollamt, Justiz, bis 2006 Finanzamt) und einer vielspurigen Autostraße (1959: *Kurfürstenanlage*) besetzt wurde. Der westliche Teil der Weststadt, in der Vergangenheit überwiegend Eisenbahngelände, wurde Teil des neuen Stadtteils Bahnstadt.

Weststadt, Bonifatiuskirche

An der Grenze zur Südstadt liegt ein Schulzentrum (Pestalozzi-Grundschule, Willy-Hellpach-Wirtschaftsgymnasium, Julius-Springer-Schule, Helmholtz-Gymnasium) und das Haus der Jugend. Seit 1982 ist der innere Teil der Weststadt verkehrsberuhigt. 1994 wurden in der Häusserstraße 10–12 das jüdische Gemeindezentrum und die Synagoge eingeweiht. Zur Zeit wohnen etwa 12 000 Menschen in der Weststadt.

mer Wald? »Werre« ist auch ein Name für die Maulwurfsgrille (Gryllotalpa gryllotalpa), die sich häufig am Rand von Gewässern und in Gärten findet. Sie ernährt sich hauptsächlich von Insekten, aber auch von Pflanzenwurzeln, weswegen sie in Gärten Schäden anrichten kann. Weil sie häufig stark bekämpft wurde, ist sie selten geworden bzw. schon ausgerottet. Es ist wenig wahrscheinlich, dass man eine Gasse nach einem Schädling benennt (Jaeger 1988, Nr. 1098, 1100ff., 1122; vgl. *Hölderlinweg*).

Nr. 4: ehemalige Wingolfkneipe (studentische Vereinigung Heidelberger Wingolf, seit 1889).

Wethgasse   (Handschuhsheim, D 8–9, zwischen Hans-Thoma-Platz und Andreas-Hofer-Weg). Nach der Weth, einem Teil des Dorfgrabens, der allerdings nicht hier, sondern weiter südlich verlief, ins »Rohrloch« mündete und später zugeschüttet wurde. (Die Bezeichnung dieser Straße ist topographisch ebenso irreführend wie der Straßenname *Lorscher Hof*.) Der Name (nicht der Weg) wurde 1571 erstmals als »feld bey der wödt« erwähnt. »Weth«, verwandt mit »waten« und »Watt«, bezeichnet eine feuchte Stelle. – Die eigentliche Weth-gasse (1571 erstmals erwähnt) war bis 1903 der *Klausenpfad* (Derwein 1933, S. 179; Jaeger 1988, Nr. 137; Frey 1944, Nr. 84, 342, 499f.).

Wibiloweg   (Wieblingen, E 6, vom Sandwingert entlang der Trasse der ehemaligen OEG zum Erlebaltweg). Angelegt 2007. Man nimmt an, dass die Ortsnamen auf -ingen aus alamannisch-fränkischer Zeit jeweils die Angehörigen des Ortsgründers wiedergeben. Somit wäre Wibilo der wahrscheinliche Name des – historisch nicht belegten – Anführers der fränkischen Sippe, die im 6. Jahrhundert n. Chr. den Ort Wieblingen gründete.

Wieblinger Rathausplatz   (Wieblingen, D 6, an der Nordseite des Wieblinger Alten Rathauses, zwischen Mannheimer Straße und Bühlerscher Wiese). Der Platz wurde 1998/99 als Wieblinger Stadtteilmittelpunkt angelegt. Er war zuvor jahrzehntelang Spielplatz und vorher ein zum gegenüberliegenden Helbinghaus gehöriger Garten (»Bühlerscher Garten«). Der »Gänsebrunnen«, den die Wieblinger Bevölkerung selbst finanziert hat, soll an die früheren zahlreichen Gänse und Enten im Ort und am Neckar erinnern. 1999 wurde hier vom Bund der Selbständigen erstmals ein Maibaum aufgestellt. Am 30. April 2000 fand die offizielle Eröffnung des neuen Rathausplatzes statt, verbunden mit dem ersten Maiansingen. Im Advent desselben Jahres stand der traditionelle Weihnachtsbaum erstmals an seinem neuen Platz; und im Dezember 2000 veranstaltete man hier zum ersten Mal den Weihnachtsmarkt. Das ursprüngliche Wieblinger Rathaus stand in der Klostergasse/Ecke Hostig, etwa dort, wo heute das sog. Hampehaus der Thaddenschule steht. Als im Pfälzischen Erbfolgekrieg (1688–97) Wieblingen fast ganz zerstört wurde, ging auch das Rathaus in Flammen auf. Durch die Armut der Gemeinde konnte lange kein neues Rathaus gebaut werden. Die Sitzungen des Gemeinderates fanden deshalb in den Wieblinger Wirtshäusern statt. Erst im Jahre 1816 beschloss man einen Neubau. Auf einer Tafel, die der Stadtteilverein am Rathaus angebracht hat, ist zu lesen, dass der Bau 1819/20 »nach Plänen des Großherzoglichen Bauinspektors Friedrich Haller aus der Schule Friedrich Weinbrenners« erfolgte. Weinbrenner war der damals stilgebende Architekt Badens und hat besonders der Residenzstadt Karlsruhe seinen Stempel aufgedrückt. Sein Schüler Friedrich Haller war in Heidelberg auch als Universitätsbaumeister tätig. Seit 1979 ist das Alte Rathaus Domizil des Stadtteilvereins; 1993 wurde hier auch das Bürgeramt eingerichtet, wodurch das Rathaus seine alte Funktion teilweise wieder zurückerhielt.

Wieblinger Weg   (Bergheim und Wieblingen, F 6–7, Siedlung Ochsenkopf, aus dem spitzen Winkel zwischen Beginn der Mannheimer Straße und Autobahneinfahrt westwärts, überquert die Autobahn, ist dann Hauptstraße der Siedlung Ochsenkopf bis zur Brücke des Kurpfalzrings über die Eisenbahntrasse, Fortsetzung siehe *In der Gabel*). Am 11. April 1913 bat die 1911/12 erbaute Ofenfabrik Jean Heinstein den Stadtrat, »dem Weg, der nach unserer Fabrikanlage im Gewann Großer Ochsenkopf führt, einen Namen geben zu wollen, denn es ist heute noch immer nicht möglich zu sagen, wo unser Anwesen liegt« (Stadtarchiv UA 288/9a). Schon am 21. April 1913 beschloss der Stadtrat, »dem von der Wieblinger Landstraße in westlicher Richtung nach dem Diebsweg am städtischen Grubenhof vorbeiziehenden Feldweg« den Namen *Wieblinger Weg* zu geben (ebenda; Derwein 1940 Nr. 1017). Bis zum Bau der Autobahn 1935/36 verlief der Wieblinger Weg als unmittelbare Fortführung der Bergheimer Straße geradlinig nach Westen in die Wieblinger Gemarkung hinein. Die Sanitäranlagen-Fabrik Heinsteinwerk wurde 1978 von der Fa. Duravit aufgekauft und bis 1995 betrieben. Dann wurde das umfangreiche Betriebsgelände von der Fa. Immobilien-Kraus er-

Wieblinger Rathausplatz   Wieblinger Weg

WIEBLINGEN   Die alte Wieblinger Gemarkung stößt im Osten an den Neckar, im Nordwesten an die Edinger, im Westen an die Friedrichsfelder und im Süden an die Plankstädter, Eppelheimer sowie die alte Heidelberger Gemarkung. Durch einen Reihengräberfriedhof nordwestlich des alten Ortskerns ist das Bestehen Wieblingens (»Siedlung der Leute des Wibilo«) für das 6. Jahrhundert n. Chr. belegt. Der ersten schriftlichen Erwähnung im Lorscher Codex für das Jahr 767 folgten zahlreiche weitere, so dass der Ort wohl zum größten Teil in Lorscher Besitz war. Der Lorscher Klosterhof fiel 1147 zunächst an König Konrad III. Die Ortsherrschaft lag bei der Familie Ingram (siehe *Bergheim* und *Handschuhsheim*). Die schon früh vom Pfalzgrafen ausgeübte Oberhoheit führte im 14. Jahrhundert zur pfälzischen Herrschaftsbildung. Der Ort gehörte immer zur Kirchheimer Zent und zum (Ober-)Amt Heidelberg. Im Dreißigjährigen Krieg wurde Wieblingen mehrfach geplündert und verwüstet, im Pfälzischen Erbfolgekrieg 1689 völlig niedergebrannt. Mit der rechtsrheinischen Kurpfalz fiel der Ort 1802/03 an Baden. Der alte Ortskern liegt zwischen Neckar, Mannheimer Straße, Wundtstraße und Maltesergasse. Bedeutendste Einrichtungen waren die auf den Lorscher Klosterhof zurückgehenden Adelsgüter (heute Gelände der Elisabeth-von-Thadden-Schule) und die seit karolingischer Zeit bestehende Mühle (im Betrieb bis 1990!). Von der spätmittelalterlichen Pfarrkirche aus dem 15. Jh., um die der ursprüngliche Friedhof lag, sind noch Chor, Turm und Sakristei erhalten (»Schlosskapelle« oder »Thaddenkapelle« genannt). Der um 1800 außerhalb des Ortes angelegte (Alte) Friedhof liegt heute mitten im Ort; der Neue Friedhof wurde 1966 am nördlichen Ortsende eröffnet. Das Industriezeitalter begann mit der Nagelfabrik Helmreich 1840 neben der Mühle. Im 19. Jahrhundert dehnte sich Wieblingen in Richtung Heidelberg aus (»Oberdorf«); dort entstand nach der Eingemeindung auch die Wohnsiedlung »Blaue Heimat« (2009ff. völlig erneuert). Um 1960 verlor der Ort durch Aussiedlung der Bauern seinen landwirtschaftlichen Charakter; gleichzeitig entstand im Westen ein großes Gewerbegebiet und in Richtung Edingen das Wohngebiet Wieblingen-Nord. Die Wohngebiete »Hauhecke« (1960er Jahre) und »Wieblingen-Süd« (1970er Jahre) vergrößerten den Ort erheblich.

Die Gemarkung wurde 1839/40 durch die Eisenbahntrasse und 1935 durch die Autobahn durchschnitten. Durch den Bau der Bergstraßen-Autobahn (1966/68) wurde der Ort von seiner weiten Feldgemarkung fast völlig abgetrennt.

Am 1. Januar 1920 erfolgte die Eingemeindung Wieblingens nach Heidelberg. 1926 wurde die Straßenbahnverbindung mit Heidelberg hergestellt, die 1967 auf Busverkehr umgestellt wurde. Die heutigen offiziellen Stadtteilgrenzen sind nicht identisch mit den historischen Gemarkungsgrenzen. Nach der letzten Neufestlegung der Stadtteilgrenzen durch den Heidelberger Gemeinderat im Oktober 2003 gehört der ehemalige Gemarkungsteil südlich der Eisenbahntrasse (»Staatsbahnsiedlung« mit Asternweg, Tulpenweg, Im Wellengewann) jetzt zum Pfaffengrund, dagegen die historisch zu Heidelberg (Bergheim) gehörigen Gebiete der Siedlung Ochsenkopf (entstanden seit 1919), des SRH-Geländes und des Berufschulzentrums (beides seit den 1960er Jahren entstanden) jetzt zu Wieblingen. Der Weiler Grenzhof gehört ebenfalls zu Wieblingen (Genaueres siehe dort). Wieblingen ist mit 1444 ha flächenmäßig der viertgrößte Stadtteil und nimmt mit knapp 10 000 Einwohnern genau die Mitte ein.

worben, weitgehend neu gestaltet und bebaut (s.u.). – Seit 2003 gehören die Hausnummern ab Nr. 9 bzw. 26 zu Wieblingen, die davor zu Bergheim. 2010 beschloss der Gemeinderat, den westlich des Kurpfalzrings liegenden Teil des Wieblinger Wegs zum 2. Juli 2010 zu *In der Gabel* umzubenennen.

Nr. 9: ehemalige Villa Heinstein (1912), 1991–2001 und seit 2011 Französischer Kindergarten, Schule und Hort; 2002–2011 Heidelberg International School (dann in den Neubau Wieblinger Weg 7). – Nr. 11: Kirche und Gemeindezentrum der Mormonen (2004/05). – Nr. 17: Bürogebäude H+ (Heinstein plus). – Nr. 19–21: ehemaliges Fabrik-Hauptgebäude (1911/12), seit 2005 »Akademie für Gesundheitsberufe« und Technologiepark. – Nr. 23–27: neue Reihenhaussiedlung (2002). – Nr. 24/7 (bis Jan. 2012: Mannheimer Straße 21): Johannes-Gutenberg-Schule (berufliche Schule; eröffnet 1962). – Nr. 81/1: ehemaliges Bahnbetriebswerk mit Wasserturm (1927–1989).

Wielandtstraße   (Neuenheim, E–F 9, zwischen Jahnstraße und Blumenthalstraße). Zunächst nur zwischen Mönchhofstraße und Im Gabelacker ausgeführt, hieß die Straße 1927–33 *Friedrich-Ebert-Straße*, ab 1933 *Dietrich-Eckart-Straße*. Auf Anordnung der Besatzungsmacht wurde sie am 12. Juli 1945 wieder in *Friedrich-Ebert-Straße* umbenannt, 1947 in *Friedrich-Wielandt-Straße*, 1955 in *Wielandtstraße*. – Dietrich Eckart (1868–1923) war ab 1921 Hauptschriftleiter des »Völkischen Beobachter«, des Hauptparteiblatts der NSDAP, und kam wegen Beteiligung am Hitlerputsch 1923 in Haft. Von ihm stammen der Begriff »Drittes Reich« und der Kampfruf »Deutschland erwache!«. Stücke von ihm wurden 1933/34 im Heidelberger Stadttheater gespielt. – Friedrich Karl Wielandt (1871–1946) aus Karlsruhe wurde 1901 zum Zweiten Bürgermeister, 1914 zum Ersten Bürgermeister der Stadt Heidelberg gewählt. Am 31. Mai 1933 schied er aus dem Amt. – Im Adressbuch 1926 firmiert die Häusergruppe im Feld westlich des Neuenheimer Friedhofs mit Friedrich-Ebert-Straße, Im Gabelacker und Wilckensstraße als »Siedlung im Gabelacker«.

Wiesenweg   (Handschuhsheim, C–D 8, zwischen Mühlingstraße und Gemarkungsgrenze zu Dossenheim). Weg an den Wiesen entlang des Mühlbachs. Von 1906 bis 1970 fuhr die OEG-Güterbahnlinie von Wieblingen durch das Handschuhsheimer Feld zwischen Trübnerstraße und Wiesenweg nach Dossenheim. 1994 kam durch einen Grundstückstausch zwischen Heidelberg und Dossenheim der bisher zum Nachbarort gehörende Teil des Wiesenwegs im Bereich des Händlergroßmarkts zur Heidelberger Gemarkung (Frey 1944, Nr. 509; vgl. *Gewann Wiesenäcker*).

Wilckensstraße   (Neuenheim, E 8–9, zwischen Gerhart-Hauptmann-Straße und Blumenthalstraße). 1925 nach dem Heidelberger Oberbürgermeister (1851–1914) Karl Wilckens (amtierte 1885–1913) benannt. Er gilt als der bedeutendste und erfolgreichste Oberbürgermeister Heidelbergs. Er vertrat Heidelberg im 500. Jubeljahr der Universität Heidelberg, war Mitglied der Nationalliberalen Partei und der badischen Ständeversammlung, 1906 Landtagspräsident, 1913 Ehrenbürger von Heidelberg. Er ist auf dem Bergfriedhof begraben. Die Wilckensschule in Bergheim (1906/09) und der Wilckensfels in der »Neuenheimer Schweiz« (1895) sind nach ihm benannt. 1953 wurden die Hausnummern 2–23 in 27–41 geändert, Nr. 2–8 in 18–24. – Im Adressbuch 1926 firmiert die kleine Siedlung westlich des Neuenheimer Friedhofs mit Friedrich-Ebert-Straße (heute Wielandtstraße), Im Gabelacker und Wilckensstraße als »Siedlung im Gabelacker«.

Wilckensfels   Karl Wilckens, Grabstelle

Wildstraße   (Wieblingen, E 6, von der Mannheimer Straße 209 zur Pfälzer Straße). Erstmals auf dem Katasterplan 1864/67 (noch nicht 1841/48) eingetragen. Vor 1930: *Hirschstraße*; umbenannt wegen der Hirschstraße in der Altstadt (heute *Heiliggeiststraße*; siehe dort). Der Hirsch gehört zum (Rot-) Wild. Der Grund für den Namen Hirschstraße bleibt unklar. Pfarrer Heinrich Neu schrieb 1929 in einem Brief an den Stadtrat: »Mir erzählte unser 90jähriger Merdes, dass er von den Alten gehört habe, dass dort in einem Park Wild gehalten worden sei. An den Park erinnert er sich noch.« Dies konnte bisher nicht verifiziert werden.

Wilhelm-Blum-Straße   (Neuenheim, E–F 9, zwischen Ladenburger Straße und Happelstraße). 1911 nach dem Wohltäter der Stadt, dem praktischen Arzt Dr. Wilhelm Blum (1831–1904) aus Dorpat (heute Tartu, Estland) benannt, Ehrenbürger von Heidelberg (1901), Mitglied in Stadtrat und Bürgerausschuss, Abgeordneter der Zweiten Badischen Kammer, Reichstagsabgeordneter und Vorsitzender des Volksbildungsvereins. Er stiftete 1896 mit seiner Frau Anna Blum 30.000 Goldmark für die Errichtung eines Neckarbads (»Blumsches Freibad«, 1931 durch Hochwasser vernichtet). Beide sind auf dem Bergfriedhof begraben. Anna Blum verfügte 1906 testamentarisch, dass nach ihrem Tode ihr Wohnhaus Theaterstraße 10 (»Blum's Hof«) als Altenheim für weibliche Dienstboten eingerichtet werden sollte. Ihr Haus Schloss-Wolfsbrunnen-Weg 6 (»Blümli-Alp«) sollte der Erholung von Frauen und

Wilhelm Blum, Grabstelle

Kindern dienen. 1913 wurde ihr als erster Frau das Ehrenbürgerrecht der Stadt Heidelberg verliehen. 1981 hob der Gemeinderat die Blumsche Stiftung von 1906 auf.

Wilhelm-Busch-Straße (Handschuhsheim, C–D 8–9, zwischen Hans-Thoma-Straße und Trübnerstraße). 1950 nach dem Zeichner und Dichter Wilhelm Busch (1832–1908) aus Wiedensahl benannt. 1865 erschien »Max und Moritz«, mit denen Busch der künstlerisch bedeutendste deutsche Humorist wurde. Alle Bildergeschichten, Gedichte und Prosawerke, die Busch 1872–78 veröffentlicht hat, erschienen in der Verlagsbuchhandlung Bassermann in Heidelberg (Augustinergasse 9), dann in München. Wilhelm Busch war häufig in Heidelberg zu Gast bei seinem Freund Otto Bassermann in dessen Wohnung Bienenstraße 12. 1872 erschien »Die fromme Helene«, wo es im neunten Kapitel heißt: »'s war Heidelberg, das sich erwählten / Als Freudenort die Neuvermählten. / Wie lieblich wandelt man zu zwein / Zum Schloss hinauf im Sonnenschein. / Ach, sieh nur mal, geliebter Schorsch! Hier diese Trümmer, alt und morsch!« (vgl. *Heinrich-Zille-Straße*).

Wilhelm-Grieser-Straße (Kirchheim, I–K 7–8, zwischen Lochheimer Straße und Schwetzinger Straße). Nach Wilhelm Grieser (1846–1926) benannt, 1880 Lehrer und 1912–15 Rektor an der Volksschule Kirchheim. »Einen Namen machte er sich u. a. als unermüdlicher Organisator und Initiator des Kirchheimer Vereinslebens« (Körner 2009, S. 84).

Wilhelmsfelder Straße (Ziegelhausen-Peterstal, A–B–C 14, zwischen Peterstaler Straße und Wilhelmsfeld). Hauptstraße von Peterstal. 1818 *die gemeine Straße*, dann *Ortsstraße*, 1952 in *Wilhelmsfelder Straße* umbenannt. Der südliche Teil hieß früher *Ziegelhäuser Weg*. Vor dem Bau des neuen Teilstücks der Wilhelmsfelder Straße bildete die heutige *Schweizertalstraße* den Weg nach Wilhelmsfeld und hieß bis zum Ersten Weltkrieg *Alte Wilhelmsfelder Straße* (Hoppe 1956, Peterstal Nr. 34, 47; vgl. *Schweizertalstraße*).
Nr. 105: Kirche St. Peter (1896). – Nr. 107: Bürgerbegegnungsstätte Peterstal (1995).

Wilhelmsplatz (Weststadt, G 9, begrenzt von Wilhelmstraße, Kleinschmidtstraße, Kaiserstraße) (zum Namen vgl. *Wilhelmstraße*)

Wilhelmsplatz 1   Wilhelmsplatz

Wilhelmstraße (Weststadt, G 9, zwischen Landhausstraße und Römerstraße). 1887 wie der *Wilhelmsplatz* wohl nach Prinz Ludwig Wilhelm August von Baden (1829–1897) benannt. Dieser, Sohn des Großherzogs Leopold und der Großherzogin Sophie von Baden, Bruder des Großherzogs Friedrich I., stand 1849–63 als Offizier in preußischen Diensten. Im Krieg zwischen Preußen und dem Deutschen Bund 1866 übernahm er den Oberbefehl über die badische Division im 8. Bundeskorps, das gegen Preußen kämpfte. Im Deutsch-Französischen Krieg 1870/71 befehligte er die badische 1. Brigade im Werderschen Korps und wurde schwer verwundet. Sein Sohn Prinz Max von Baden war der letzte Reichskanzler des Kaiserreichs. – In Heidelberg gab es mehrere Wilhelmstraßen, wobei nicht klar ist, nach welchem Wilhelm sie jeweils benannt sind: Zwischen 1862 und 1887 hieß die heutige *Nadlerstraße* in der Altstadt so, bis 1902 die *Blumenthalstraße* in Handschuhsheim, bis 1930 die heutige *Bürgerstraße* in Kirchheim, die heutige *Brechtelstraße* bzw. *Erbprinzenstraße* in Rohrbach und der heutige *Weidweg* in Wieblingen (Derwein 1940, Nr. 1034).
Nr. 1: Spritzenhaus (1902).

Willy-Brandt-Platz (Weststadt, G 8, Platz vor dem Hauptbahnhof an Lessingstraße und Kurfürstenanlage). 1995 nach Willy Brandt (1913–1992) aus Lübeck benannt, 1957–66 Regierender Bürgermeister von Berlin, 1966–69 Außenminister, 1969–74 Bundeskanzler, erhielt 1971 den Friedensnobelpreis für seine Politik der Versöhnung, besonders gegenüber Osteuropa.
Nr. 1: Tourist Information Heidelberg. – Nr. 5: Hauptbahnhof.

Wingertspfad (Kirchheim, I–K 8, zwischen Bürgerstraße und Hegenichstraße). Zieht nach dem 1720 genannten Gewann »Wingertspfad«. Bis 1930: *Hildastraße* (Körner 2009, S. 84).

Winzerstraße (Rohrbach, I–K 9, zwischen Rathausstraße und Panoramastraße). Zufahrtsweg zu den Weinbergen in den Gewannen »Müllenberg« und »Hofwingert«. Sie hieß vor der Eingemeindung 1927 *Buttergasse*. Damit verschwand ein origineller Gassenname. Das Haus Winzerstraße 11, früher: »Menzinger Hof«, erstmals 1408 erwähnt, kam 1780 in den Besitz der Familie von Leoprechting, die auch in der Heidelberger Hauptstraße ein großes Haus (heute Nr. 78) hatte. 1925 kam der Hof an den Weinhändler Jakob Bälz, 1980 an die Stadt Heidelberg. 1926 wurde die Buttergasse über das Gelände des ehemaligen Menzinger Hofes zur Panoramastraße weitergeführt (vgl. *Junkergasse*).

Winzerstraße

Wörthstraße (Weststadt, G 8–9, zwischen Belfortstraße und Ringstraße). Ehemaliger Güterweg, 1904 nach der Stadt Woerth an der Sauer (Unter-Elsass) benannt. Die Benennung erinnert an die Schlacht vom 6. August 1870 im Deutsch-Französischen Krieg (»Bataille de Fræschwiller«), bei der etwa 20 000 Menschen starben. Für die Deutschen blieb dieser erste entscheidende Sieg im Krieg gegen die Franzosen mit dem Namen Wörth verbunden, dem Standort des Oberkommandos.

Nr. 3: »Nollertblock«, benannt nach den Bauunternehmern Georg und Friedrich Nollert, Bergheimer Straße 127. Hier war vor dem Ersten Weltkrieg die Wirtschaft »Zur Kriegskurve«.

Wolfgangstraße (Kirchheim, K 8, zwischen Bürgerstraße und dem Feld). Bis 1930: *Werderstraße*. Nach der St.-Wolfgang-Kapelle im Gewann »Heuscheuer« an der Kreuzung Judenchaussee/Sandhäuser Straße umbenannt. Sie stammt wahrscheinlich aus dem 13. Jahrhundert und verfiel nach der Reformation. Im 17. Jahrhundert diente sie als Scheune. Die Reste wurden 1968 freigelegt. Der hl. Wolfgang war der Lieblingsheilige der Wittelsbacher, die von 1214 bis 1803 die Geschicke der Pfalz bestimmten. Er war 972–94 Bischof von Regensburg, sein Attribut ist das Beil (Neuer 1985, S. 1ff.; Körner 2009, S. 61f. und 84; Neuer, Die Wiederentdeckung der St. Wolfgangskapelle bei Heidelberg-Kirchheim, in: Ruperto Carola XXII. Jg., Bd. 48, Juni 1970, S. 72–80; Eller, 75 Jahre Pfarrei St. Peter Heidelberg-Kirchheim. Heidelberg o. J., S. 24ff.).

Wolfsbrunnensteige (Schlierbach, E–F 13, zwischen Schlierbacher Landstraße und Wolfsbrunnen). Bis 1955: *Schlierbacher Wolfsbrunnenweg*. Vermutlich alte Steige vom Neckar über das Gebirge (Derwein 1940, Nr. 1042; vgl. *Mühlenweg, Jettaweg, Schloss-Wolfsbrunnen-Weg*).

Wolfshöhlenweg (Altstadt, F–G 10, Weg von der Friedrich-Ebert-Anlage am ehemaligen Hotel Viktoria/Stadtgarten zum Gaisberg). Die *Wolfshöhle* ist eine 1402 erstmals erwähnte Gewannbezeichnung (»in der wolffhülen«). Hier im Wald war im 19. und beginnenden 20. Jahrhundert die Sommerwirtschaft »zum Wolfsgarten«. Ein direkter Zugang vom Stadtzentrum in den Hutzelwald. Hier beginnt der 1957 auf Initiative des Lehrers Ludwig Merz an-

Wolfsbrunnen

Wolfshöhlenweg

gelegte, 12 km lange, mit 9 Tafeln ausgeschilderte »Historische Pfad« im südwestlichen Stadtwald (vom Stadtgarten zum Schützenhaus). – Nach H.-M. Mumm (HJG 9 (2004/2005), S. 79–101) verband der Weg die Neuenheimer/Bergheimer Neckarfurt mit der Sprunghöhe bzw. dem Blockhaus. 1462 wurde der Weg unter Kurfürst Friedrich I. durch den »Trutzkaiser« überbaut, so dass der ursprüngliche Verlauf im Gelände nicht mehr zu erkennen ist (Derwein 1940, Nr. 1045, 1047).

Wormser Straße (Wieblingen, E 6, Wohngebiet Wieblingen-Süd, ringförmig nördlich von und zur Richard-Kuhn-Straße verlaufend). Angelegt und benannt 1978. Wieblingen und Umgebung wurde von der Bischofsstadt Worms aus christianisiert und gehörte kirchlich immer zur Diözese Worms, die 1821 aufgelöst wurde. Seither gehört unser Gebiet zur damals neu geschaffenen Erzdiözese Freiburg (vgl. *Speyerer Straße*).

Wundtstraße (Wieblingen, D–E 6, von der Wallstraße über die Mannheimer Straße Haus Nr. 240 Richtung Neckar, dann nach einer Biegung noch ein Stück nordwärts am zugebauten Neckar entlang). Die Straße ist schon auf dem ältesten Wieblinger Ortsplan (1741/92) vorhanden. Peter Friedrich Wundt (1745–1808) stammte aus einer evangelischen Pfarrersfamilie und war selbst von 1790 bis 1808 evangelischer Pfarrer in Wieblingen, zugleich Dekan und Professor der Geographie und Landesgeschichte an der Universität Heidelberg. Er verfasste die »Geschichte und Beschreibung der Stadt Heidelberg« (Mannheim 1805) und liegt auf dem alten Wieblinger Friedhof begraben. – Sein Sohn Maximilian wurde Pfarrer in Neckarau. Dessen Sohn war der bedeutende Philosoph und Psychologe Wilhelm Maximilian Wundt (1832–1920), der als Begründer der Psychologie als eigenständiger Wissenschaft gilt. Vor 1930: *Mühlgasse*, weil sie zur Mühle am Neckar führte; umbenannt wegen der Mühlstraße in Bergheim (siehe *Fehrentzstraße*). Schon in der Schenkung des Erlebalt an das Kloster Lorsch (siehe *Erlebaltweg*) ist ein »Mühlenplatz« erwähnt, die Mühle selbst ist 1224 erstmals genannt, als sie vom Kloster Neuhausen bei Worms in den Besitz des Klosters Schönau überging. Durch die Reformation kam sie an die Pfälzer Kurfürsten, die sie immer wieder weiterverlehnten.

Neben der Mühle errichtete 1840 der damalige Müller und Schultheiß Helmreich den ersten Wieblinger Industriebetrieb, die Nagelfabrik Helmreich, die bis 1979 bestand (abgetragen 1982). 1853 wurde die Mühle von der Müllerfamilie Bühler erworben, der sie heute noch gehört. Am 23. März 1945 wurden die Mühle und die Helmreichsche Fabrik durch

Wundtstraße 7   Wundtstraße 14a–26

amerikanische Bomben teilweise zerstört, wobei die Schwester des Müllers und ein Fabrik-
arbeiter ums Leben kamen. Der Zustand des provisorischen Wiederaufbaus blieb bis heute
erhalten. 1990 wurde der Mühlenbetrieb eingestellt. Somit ist die Wieblinger Mühle eines
der am längsten in Betrieb gewesenen Unternehmen unserer Gegend. (Martin Krauß, Die
Geschichte der Wieblinger Mühle, HJG 1 (1996), S. 121–138). – Der kleinere Teil der Wundtstraße zur Wallstraße hin wurde früher *Geiersgässl* genannt, weil an der südlichen Ecke zur
Mannheimer Straße der Bauernhof Geier stand. Das Gebäude an der nördlichen Ecke ist
das 1751 erbaute alte evangelische Pfarrhaus, heute das evangelische »Haus für Kinder«
(Kindergarten und Hort).

Nr. 7: Ehemalige Mühle (Wohnhaus 18. Jahrhundert und 1865, Scheune 1792). – Nr. 14a–26: Ehemalige
Fabrik- und Verwaltungsgebäude der früheren Nagelfabrik Helmreich (ab 1840).

Yorckstraße (Bergheim, F 8, zwischen Vangerowstraße und Bergheimer Straße). 1896 *Fuhrhofweg* genannt (nach dem städtischen Fuhrhof, Bergheimer Straße 140). 1913, zum 100jährigen Jubiläum der »Völkerschlacht« bei Leipzig, wurde der Teil südlich der Bergheimer Straße *Yorkstraße* benannt. Der nördliche Teil der Straße hieß bis 1926 noch Fuhrhofweg, der Teil südlich der Bergheimer Straße existiert nicht mehr. – Der preußische Generalfeldmarschall Johann David Ludwig Graf Yorck von Wartenburg (1759–1830) spielte eine bedeutende Rolle in den Kriegen gegen Napoleon. 1812 schloss er auf eigene Faust mit dem russischen General Diebitsch die Konvention von Tauroggen ab (vgl. *Blücherstraße, Blumenthalstraße, Gneisenaustraße, Moltkestraße, Roonstraße, Theodor-Körner-Straße, Werderstraße*).

Yorckstraße

Zähringerstraße (Weststadt, G 0, zwischen Gaisbergstraße und Lessingstraße). 1873 nach der Adelsfamilie benannt, die 1806–1918 über das Großherzogtum Baden herrschte. Das schwäbische Fürstengeschlecht der Zähringer nannte sich nach der Burg Zähringen nördlich von Freiburg im Breisgau. 1112 begründete der Zähringer Hermann II. die Markgrafschaft Baden. Als sein Geschlecht 1218 ausstarb, erbte die Linie der Markgrafen von Baden Teile seines Besitzes und bezeichnete sich in der Folge als das Geschlecht der Zähringer. Als die Linie Baden-Baden 1771 ausstarb, fiel ihr Besitz an den Markgrafen Karl Friedrich von Baden-Durlach. Die Hauptstadt Badens ist seitdem Karlsruhe. In der napoleonischen Zeit wurde der Kleinstaat außerordentlich vergrößert, unter anderem bekam er die rechtsrheinische Kurpfalz mit Heidelberg und Mannheim. 1803 wurde die Markgrafschaft Baden zum Kurfürstentum, 1806 zum Großherzogtum erhoben. Die Novemberrevolution von 1918 führte, obwohl das Herrscherhaus als volkstümlich galt, zur Abdankung des Großherzogs Friedrich II. und damit der Zähringer. – Der östliche Teil der Zähringerstraße zwischen Rohrbacher Straße und Gaisbergstraße hieß 1875–94 *Nadlerstraße*. Bis Mitte der 1950er Jahre bestand keine Verbindung zwischen Zähringerstraße und Lessingstraße (vgl. *Amalienstraße*, *Hildastraße*, *Luisenstraße*, *Sofienstraße*, *Viktoriastraße*, *Karlsplatz*, *Karlstraße*, *Friedrichstraße*).
Nr. 18: Evangelische Stiftung Pflege Schönau (Verwaltung).

Zaunkönigweg (Pfaffengrund, G 6, zwischen Zeisigweg und Oberer Rödt). 1955 benannt. – Eine der 24 nach Vögeln benannten Straßen des Pfaffengrunds.

Zechnerweg (Schlierbach, E–F 14, zwischen In der Aue bzw. Am Schlierbachhang und Linsenteich-Auweg). Bis 1950: *Obere Aue*. Nach der im Wald liegenden Zechnerquelle *Zechnerweg* benannt. 1925 wurde das Wasser der Zechnerquelle der städtischen Wasserleitung zugeführt. Die Quelle soll ihren Namen von einer in der Nähe wohnenden Familie Zechner haben (Hoppe, Vor den Mauern der Stadt. Heidelberg [2]1984, S. 20, 44).

Zähringerstraße 49/51

Zeisigweg   (Pfaffengrund, G 6, zwischen Reiherstraße und Sperberweg). 1922 benannt. – Eine der 24 nach Vögeln benannten Straßen des Pfaffengrunds.

Zengerstraße   (Südstadt, Mark-Twain-Village, zwischen Edisonstraße und Im Bosseldorn). 1951 nach Johann (John) Peter Zenger (1697–1746) aus Rumbach bei Dahn benannt. Er verließ 1710 mit seinen Eltern die Pfalz, wanderte nach Amerika aus und ließ sich 1722 in New York als Drucker nieder. Sein Freispruch vom Vorwurf der Verleumdung im Jahre 1735 trug wesentlich zur Begründung der Pressefreiheit in den USA bei, die 1776 in der Unabhängigkeitserklärung der Vereinigten Staaten als Menschenrecht konstituiert wurde (vgl. *Astorstraße, Carl-Schurz-Straße, Columbusstraße, Edisonstraße, Elsa-Brändström-Straße, Ludwig-Richter-Straße, Mark-Twain-Straße, Nansenstraße, Roeblingstraße*).

Zentstraße   (Kirchheim, I 8, zwischen Seewiesenweg und Albert-Fritz-Straße). Bis 1929: *Kaiserstraße*. Die Kirchheimer Zent war ein Verwaltungs- und Gerichtsbezirk in der Kurpfalz. Sie umfasste weitgehend die Orte in der Rheinebene südlich des Neckars zwischen Mannheim und Heidelberg. Die Zent forderte Fronen und Geleite, rekrutierte Soldaten und erhob Abgaben. Das Gericht war das höchste ländliche Gericht und stand über den Ortsgerichten. Sitz des Zentgerichts war bis etwa zur Mitte des 15. Jahrhunderts Kirchheim, dann Leimen. Das Zentgericht versammelte sich unter freiem Himmel »uff der Kirchemer Höhe«. Der Zentgalgen stand an der Kreuzung Diebsweg/Speyerer Straße. Mit dem Ende der Kurpfalz 1803 wurde auch die Zent aufgelöst (Derwein 1940, Nr. 343, 1061; Neuer 1985, S. 21ff., 45ff.; Körner 2009, S. 17ff., 84).

> *Der Heidelberger Rechtshistoriker Prof. Eberhard Freiherr von Künßberg (1881–1941) schrieb im Januar 1929 an die Stadtverwaltung eine Postkarte: »Sehr geehrter Herr Bürgermeister! Ich las in der Zeitung, dass bei den Straßenbenennungen in Kirchheim eine Straße Zehntstraße getauft werden soll zur Erinnerung an die Kirchheimer ›Zehnt‹. Da diese Zent mit dem Zehnt nichts zu tun hat, möchte ich empfehlen, Zentstraße zu schreiben. Mit ausgezeichneter Hochachtung Ihr ergebenster E. v. K.« – Notiz vom 16. 1. 1929: »Beschluß. An Herrn Prof. E. v. K... Für Ihre Mitteilung vom 13. v. M. über Straßenbezeichnungen in Kirchheim bestens dankend, teile ich mit, dass die betr. Straße mit ›Zentstraße‹ bezeichnet wird. Oberbürgermeister«.*

Zeppelinstraße   (Handschuhsheim, D–E 9, zwischen Blumenthalstraße und Mühlingstraße). 1908 wurde der auf Handschuhsheimer Gemarkung liegende Teil der *Werderstraße* nach Ferdinand Graf von Zeppelin (1838–1917) aus Konstanz benannt, dem Erfinder des Starrluftschiffes. 1900 stieg das erste Luftschiff »LZ 1« am Bodensee auf. 1909 passierte Graf Zeppelin auf der Fahrt von Friedrichshafen nach Frankfurt mit dem Luftschiff »LZ 2« Heidelberg. – Ursprünglich reichte die Straße nur bis zur Husarenstraße. Der *Gustav-Radbruch-Platz* in Handschuhsheim (Grünanlage gegenüber Krankenhaus Salem) hieß früher *Zeppelinplatz*. Die *Adlerstraße* in Wieblingen hieß früher *Zeppelinstraße* (vgl. *Eckenerstraße*).
Nr. 9: Haus Philippus, Altersheim der Evangelischen Stadtmission (1956). – Nr. 11–33: Krankenhaus Salem der Evangelischen Stadtmission (1970). – Nr. 33: Villa »Menge«, 1912/13 für den Mediziner Carl August Menge erbaut, 1933 als »Haus Salem« Altersheim, heute zum Krankenhaus Salem gehörend.

Ziegelgasse (Altstadt, F 10, zwischen Unterer Neckarstraße und Hauptstraße). Nach einer bis zur Mitte des 18. Jahrhunderts an ihrem unteren Ende vorhandenen, schon 1363 erwähnten Ziegelhütte benannt, d. h. einem Betrieb zum Brennen von Ziegeln oder Backsteinen aus Lehm. Sie führt in einer Krümmung zu dem Platz am Neckarufer, wo einst die Personen-Überfahrt nach Neuenheim war. Daher erstmals 1388 *Fahrgasse* genannt, 1577 erstmals als *in der Zigelgassen* erwähnt. Am oberen Ende der Gasse (heute: Hauptstraße 63) stand das ehemalige kurfürstliche Ballhaus (Derwein 1940, Nr. 167, 1064, vgl. *Fahrtgasse*, *Sandgasse*, *Brennerweg*).

Ziegelhäuser Brücke (Ziegelhausen-Schlierbach, E 14) 1914 eröffnete Neckarbrücke zwischen Schlierbach und Ziegelhausen mit Schienen und Oberleitung für die Straßenbahn, die allerdings nie genutzt wurden. 1945 wurde sie gesprengt, 1946–54 diente die »Adler-Überfahrt« als Wagenfähre (»Näh«) zwischen Schlierbach und Ziegelhausen. 1954 wurde die neue Brücke eingeweiht. Auf der Brücke befinden sich eine Statue der Maria mit Kind (gegossen 2000) und eine des hl. Christophorus, der das Christuskind trägt (2002, Bildhauer: Bernd Stöcker).

Ziegelhäuser Landstraße (Neuenheim, E 11–12, zwischen Karl-Theodor-Brücke / Schlangenweg und ehemaliger Ziegelhäuser Gemarkungsgrenze). 1770 erstmals als *Ziegelhäußer Landstraße*, 1782 als *Ziegelhäußer Weeg*, 1816 als *Ziegelhäuser Chaussee* erwähnt. Auf Ziegelhäuser Gemarkung bis zum Steinbachtal hieß sie bis zur Eingemeindung Ziegelhausens *Heidelberger Landstraße*, als *Necker Weg* 1535 erstmals erwähnt. Im Mittelalter gab es wohl keine Fahrstraße zwischen Neuenheim und Ziegelhausen, da Felsen den Abschnitt zwischen Alter Brücke und Haarlass unpassierbar machten. (Jaeger 1988, Nr. 1135; Hoppe 1956, Nr. 171; Dietrich Bahls, Die Ziegelhäuser Landstraße. Ein historischer Spaziergang zur Baugeschichte, HJG 3 (1998), S. 295–304; vgl. *In der Neckarhelle*). In seinem Buch »Heidelberg und seine Umgebungen« aus dem Jahre 1811 schreibt Aloys Schreiber: »Der Weg nach dem Stift Neuburg ist einer der schönsten in der Umgebung von Heidelberg. Er führt längs dem Flusse, an einer mahlerischen Bergreihe hin, wo kühne Felsmassen aus dem freundlichen Waldgrün hervortreten, und durch wildverwachsene Schluchten der Bergquell herabstürzt. (. . .) Von der Mühle unten am Kloster zieht sich ein von Obstbäumen beschatteter Weg nach dem eine Viertelstunde entlegenen Ziegelhausen, welches in einiger Entfernung eine reizende Landschaft bildet.« (S. 201f.)

Nr. 17: Max-Weber Haus (Villa Gervinus, Villa Fallenstein). Hier wohnte 1910–18 der Nationalökonom Max Weber. Seine Witwe Marianne Weber zog hier 1922 wieder ein und hielt ihren Jour fixe, später »Marianne-Weber-Kreis« genannt. Seit 1989 Internationales Studienzentrum der Universität Heidelberg, Gedenkstätte für Alfred Weber und Ernst Troeltsch. – Nr. 21: Waldhorn ob der Bruck, »Scheffelhaus«, 1965 abgerissen. Hier wuchs der Dichter Karl Gottfried Nadler auf (vgl. *Nadlerstraße*). Eine verschwundene Tafel erinnerte an Joseph Victor von Scheffels Heidelberger Zeit in den Jahren 1844–47: »J. V. v. Scheffel / erlebte in diesem Hause / fröhliche Stunden im Geiste / geistesverwandter Gelehrter und Bürger Heidelbergs. / Hier fanden allwöchentlich / die feucht-fröhlichen Sitzungen des Vereins / »Der Engere« statt und hier entstand manches / Lied zum Lob und Preis Alt-Heidelbergs« (vgl. *Scheffelstraße*). – Nr. 43: Katholische Studentenverbindung »Palatia«. – Nr. 63: Villa »Charlottenberg« (seit dem 18. Jahrhundert Wirtschaft »Zum Roten Läppel«, 1810 Wirtschaft »Zum Weinberg«, 1830 Kauf durch Charlotte Cornelia de Nies aus Frankfurt; Claudia Rink, Die Villa »Charlottenberg« an der Ziegelhäuser Landstraße. Zur Geschichte des Heidelberger Villenbaus im 19. Jahrhundert, HJG 2 (1997), S. 137–

ZIEGELHAUSEN Der östlich von Alt-Heidelberg gelegene, 1975 eingemeindete Stadtteil erstreckt sich entlang des Neckars mit der ältesten und dichtesten Bebauung hinauf zu den Höhen des Odenwalds bis nach Peterstal und zum Langen Kirschbaum. Den unteren Ortsteil durchzieht der Steinbach, der unterhalb des Weißen Steins entspringt, sich beim Apfelkopf mit dem Peterstaler Bach vereinigt und (meist verdolt) in den Neckar mündet. Das gesamte Steinbachtal hieß früher »Kreuztal«, weil am Talausgang ein Wegkreuz mit Bildstock aus dem Jahre 1478 steht (vgl. *Kreuzgrundweg*). – Ziegelhausen grenzt heute im Norden an die Gemarkungen Dossenheim, Schriesheim und Wilhelmsfeld, im Osten an Schönau und Neckargemünd. – Der erst nach 1600 üblich gewordene Ortsname Ziegelhausen kommt von mhd. ziegel, dies von lat. tegula »Dachziegel« und ist mit dem keltischen Wort für »Haus« (*tegos) verwandt, so dass der Begriff »Haus« in »Ziegelhausen« zweimal vorkommt. (Im Freundeskreis des »Engeren Ausschusses« nannte man Ziegelhausen auch »Tegulinum«, vgl. *Häusserstraße, Scheffelstraße*.) Hier fanden bereits die Römer Tonerde, die sie zu Ziegeln, Backsteinen und Gefäßen verarbeiteten. Im Mittelalter errichteten die Mönche des Klosters Schönau um 1220 unterhalb des Hahnbergs, heute etwa Kleingemünder Straße 41–43, eine Ziegelei, das »obere Ziegelhus«, und gaben damit den Anlass zur Gründung des Dorfes. Die Ziegelei wurde 1224 von Neuenheimer Bauern wegen des großen Holzverbrauchs zerstört. Wieder aufgebaut, bestand sie bis zur Auflösung des Klosters Schönau. Ein weiterer Anlass für die Gründung eines Dorfes war die Fischerei im Neckar und im Steinbach. »Die ursprüngliche Gemarkung (. . .) war noch ohne Zusammenhang. Es umfasste die Bachmündungen, nämlich die Gegend beim heutigen Haarlass, das sogenannte niedere Ziegelhaus (. . .), das Kloster Neuburg (. . .), dann das obere Ziegelhaus (. . .) und schließlich die Wiesen im breiten Steinbachtal« (Hoppe 1940, S. 8). – 1320 kam die Herrschaft Schauenburg (mit den Dörfern Handschuhsheim, Dossenheim und Neuenheim) unter die Herrschaft des Erzbistums Mainz, 1461 im Gernsheimer Friedensvertrag als Pfand an die Kurpfalz, 1650 im Bergsträßer Rezess endgültig an Kurpfalz. Da Ziegelhausen bis 1776 zur Gemarkung Neuenheim zählte, teilte es dessen Schicksal. Erst 1835 wurde die Grenze zwischen bei-

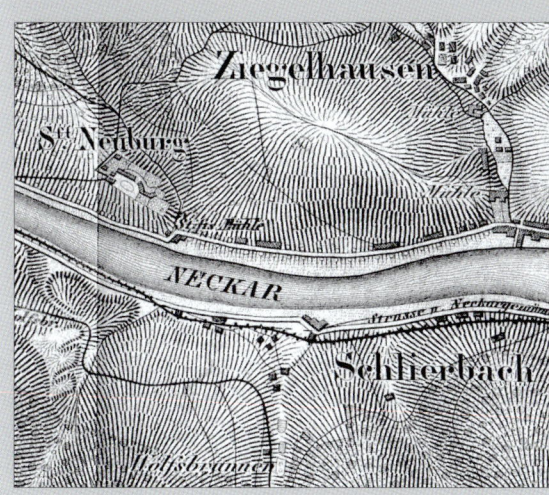

Ziegelhausen und Schlierbach 1865

den Gemarkungen festgelegt. Die Villa Charlottenberg (Ziegelhäuser Landstraße 63) war das letzte Haus der Gemeinde Neuenheim, der Haarlass das erste Ziegelhausens. Der Russenstein (vgl. *Haarlassweg*) markiert die Grenze zwischen den ehemaligen Gemeinden und heutigen Stadtteilen. 1936 wurde Peterstal zu Ziegelhausen, 1975 beide zu Heidelberg eingemeindet. Der letzte Bürgermeister von Ziegelhausen, Richard Bollschweiler, wurde 1975 Technischer Direktor bei der Stadt Heidelberg. – Die 1130 als Filiale des Klosters Lorsch gegründete Abtei Neuburg (1926 wieder mit Benediktinermönchen besetzt), bis ins 17. Jahrhundert als Neuenheimer Gemarkung angesprochen, gehört heute zu Ziegelhausen, ebenso die ehemalige Walk- und spätere Mahlmühle am Mausbach (Stiftsmühle), in der seit 1872 bis zum Bau der Umgehungsstraße 1974 eine Wirtschaft betrieben wurde. – Seit dem 16. Jahrhundert ist die Steinhauerei im Dorf nachweisbar. Die harten Bänke des mittleren Buntsandsteins wurden bis ins 20. Jahrhundert abgebaut und zu Bausteinen verwendet. Steinhauer und Maurer waren im 19. Jahrhundert die häufigsten Berufe der Einwohner. Die Kraft der wasserreichen Bäche wurde zum Betrieb von Mühlen genutzt, es gab mehr Mühlen als in Handschuhsheim. – Im 19. Jahrhundert fanden die Bewohner durch die Wäscherei weitere Beschäftigung. Voraussetzung war das weiche und kalkfreie Wasser der Bäche. Um 1800 waren die drei Fischweiher, die die pfälzischen Kurfürsten im Talgrund des Steinbachs angelegt hatten (ehemalige Ziegeleiteiche?), trockengelegt worden. Danach dienten sie (und die Wiesen am Neckar) als Bleiche für die Wäsche. Bis zum Zweiten Weltkrieg blieb die Wäscherei ein Hausbetrieb, bei der die ganze Familie mithalf. Auch die Wäsche der Heidelberger und Mannheimer wurde in Ziegelhausen gewaschen. Den Waschblausäckchen verdankte die Wäsche ihr strahlend weißes Aussehen und die Ziegelhäuser ihren Scherznamen »Bleelumpe«. Nach dem Zweiten Weltkrieg wurden viele Hausbetriebe aufgegeben, es entstanden leistungsfähige Großbetriebe. Dennoch weist das Adressbuch von 1957 noch 33 Wäschereien aus. – In Ziegelhausen ansässig ist auch die 1978 gegründete und in der ehemaligen evangelischen Kirche behauste Textilsammlung Max Berk (2002 an das Kurpfälzische Museum angegliedert). 1984 wurde der Friedhof auf dem Büchsenacker eröffnet. Die reformierte Kirche war 1733 auf den Fundamenten des Schönauer Kornhauses, die katholische Kirche St. Laurentius 1737/42 auf dem Platz des Heiligenhäusels errichtet worden. 1997 wurde die neue katholische Kirche St. Teresa am Mühlweg geweiht.

161). – Nr. 65–69: Beiselstück, frühere Ziegelhäuser Enklave in der Gemarkung Neuenheim, dieser 1881 einverleibt.

Zollhofgarten (Bahnstadt, G 8, zwischen Jensenstraße und Max-Jarecki-Straße). Benannt nach dem ehemaligen Zollamt Güterbahnhof (2012 in die Dischingerstraße 8 umgezogen).

Zum Steinberg (Handschuhsheim, C–D 9, zwischen Mühltalstraße und Dossenheimer Landstraße, entlang dem Friedhof). Einst Fernstraße nach Frankfurt. Darauf verweisen die Bezeichnungen »Heidelberger Straße« und »Heidelberger Tor« in Dossenheim. Nach einer Gewannbezeichnung benannt, 1571 erstmals als »Wingert am Steinberg« erwähnt. Frühere Namen: *Stuhlgasse* (1608), *Neugasse* (1842), *Friedhofstraße* (1843). 1903–13 hieß der nördliche Teil (Feldweg) *Rottmannstraße*. Am Anfang der Gasse (Haus Nr. 2) stand das 1623

Ziegelhäuser Landstraße 21   Ziegelhäuser Landstraße 69

erstmals erwähnte »Stuhltor«, eines von drei Toren der Ortsbefestigung. Die Bezeichnungen »Stuhltor« und »Stuhlgasse« beziehen sich auf die Gerichtsstätte der kurmainzischen Vogtei Schauenburg auf der Anhöhe nördlich des alten Friedhofeingangs. Sie wurde aufgegeben, nachdem 1460 Pfalzgraf Friedrich der Siegreiche die Vogtei Schauenburg in seine Gewalt gebracht hatte. Der Galgen stand im Feld an der »Hohen Straße«. – Der Handschuhsheimer Bürgermeister Johann Rupp (amt. 1831–38), der 1812 Soldat in Russland war, soll die Gasse vor dem Tor zur besseren Verteidigung haben verschwenken lassen. Danach wurde die neu angelegte Gasse lange Zeit auch *Neugasse* genannt. Erst im 19. Jahrhundert wurde sie auch vor dem Tor bebaut. – Nach Anlage des neuen Handschuhsheimer Friedhofes im Jahr 1843 hieß die Gasse *Friedhofstraße*. Weil es in Heidelberg nach der Eingemeindung Ziegelhausens zwei Friedhofstraßen gegeben hätte, nannte man 1974 die Handschuhsheimer Friedhofstraße nach der wahrscheinlich ältesten Handschuhsheimer Weinberglage »Zum Steinberg«. Bis zur Erweiterung des Friedhofs 1964 bog gegenüber dem Haus Zum Steinberg 31 der *Steinachsweg* nach Osten ab. – Dort, wo die Friedenstraße und die Straße Zum Steinberg in die Mühltalstraße münden, befand sich der »Schlingelsplatz«. Hier traf sich abends die Handschuhsheimer Dorfjugend (Frey 1944, Nr.120, 311, 422, 445, 447, 448; Sinn, Hellenbachtal und Steinberg. Ein geologisch-geographischer Exkursionsbericht, in: Handschuhsheimer Jahrbuch 2010, S.46ff.; Haßlinger, Mühltalstraße: Geschichte einer Straße. Heidelberg 2005).

Zur Forstquelle   (Boxberg, I–K 10, zwischen Kühlem Grund und Boxbergring). 1962 nach dem Forstquellenbrunnen benannt. Der Ingenieur, Offizier und Professor Johann Andreas von Traitteur (1752–1825, vgl. *Traitteurweg*) baute 1790–97 eine Quellwasserleitung von Rohrbach nach Mannheim, welche nur bis in die Höhe von Friedrichsfeld gedieh. Eine der von Traitteur gefassten Quellen war die Forstquelle.

Zwerggewann   (Kirchheim-West, I 7, südlich der Schwarzwaldstraße, bildet mit der Straße Eichgärtlein einen Ring). Nach einer Gewannbezeichnung, 1724 als »Zwerchgewann« erwähnt. Mit zwerch (zu ahd. thwerah »schräg«, mhd. twerch »auf die Seite gerichtet, schräg, verkehrt«) werden Gewanne bezeichnet, die quer zu den benachbarten Flurstücken verlaufen (Körner 2009, S.84).

Zwingerstraße   (Altstadt, F 11, zwischen Kettengasse und Burgweg). Früher: *Statt mauer gäßlein* (1702), Gasse *zum Heißen stein* (1716, nach den dortigen Badstuben, vgl. *Ober-*

Zum Steinberg   Zum Steinberg (Ill. Ludwig Haßlinger)

Zwingerstraße 12

badgasse, Mittelbadgasse) oder *Zwinger Gäßlein* (1750). – »Zwinger« ist der Raum zwischen innerer und äußerer Befestigung, d. h. hier »eine vage Andeutung für einen Streifen Boden außerhalb der Stadtmauer« (Derwein). Längs der Mauer, die innerhalb des Zuges der heutigen Straße lief, war ursprünglich ein Graben. 1861 wurde das 1750 erstmals erwähnte, schmale *Zwinger Gäßlein* zur Straße erweitert. Reste der Stadtmauer sollen im Vineta-Garten (Nr. 8/10) zu sehen sein (Derwein 1940, S. 35f., Nr. 40, 869, 875, 1075f.; vgl. *Bremeneckgasse*).

Nr. 3–5: Zwingerhalle, 1876 »Ammanns Konzerthalle«, seit 1904 Turnhalle der Oberrealschule, seit 1984 Kinder- und Jugendtheater. – Nr. 7: »Haus zum heißen Stein« = Unteres Bad (1716 im Besitz des Deutschen Ordens) (Seidenspinner 2007, S. 243; Derwein 1940, Nr. 40). – Nr. 8/10: Haus »Renard«, Burschenschaft »Vineta«. – Nr. 20: Bergbahn-Talstation Kornmarkt (1888), Parkhaus Kornmarkt (1971), »Griechische Taverne«.

Literaturverzeichnis

Bahls, Dietrich: Die Ziegelhäuser Landstraße. Ein historischer Spaziergang zur Baugeschichte, HJG 3 (1998), S. 295–304

—: Personen um das Rohrbacher Schlößchen, HJG 4 (1999), S. 265–271

—: Neuenheimer Landstraße (Spaziergänge für Heidelberger), Heidelberg 2003

—: Gaisbergstraße (Spaziergänge in Heidelberg), Heidelberg 2004

Bauer, Petra, Dieter Teufel: Geschichte, Gegenwart und Zukunft der Hauptstraßen in Handschuhsheim, Jahrbuch des Stadtteilvereins Handschuhsheim 2003, S. 95–108

Bechtel, Alfred: Kirchenrat August Christian Eberlin, Jahrbuch des Stadtteilvereins Handschuhsheim 2004, S. 77–79

—: Der Schönauer Mönchhof, Jahrbuch des Stadtteilvereins Handschuhsheim 2013, S. 32–39

Bechtel, Ph. K. Heinrich: Kleiner Weg für großen Künstler. Der Rummerweg (Straßennamen in Handschuhsheim), Jahrbuch des Stadtteilvereins Handschuhsheim 1985, S. 89

Blum, Peter (Hg.): Pioniere aus Technik und Wirtschaft in Heidelberg, (Sonderveröffentlichungen des Stadtarchivs Heidelberg, Nr. 12), Aachen 2000

Brecht, Gerd: Die Heidelberger Straßennamen. Zulassungsarbeit zur Staatsprüfung für das wiss. Lehramt an höheren Schulen, Heidelberg 1968

Broßmer, Karl: Stadtschulrat Fritz Frey (geb. am 2. Februar 1881). Zum 75. Geburtstag des Pädagogen und Heimatforschers, Karlsruhe 1956

Budde, Wilhelm: Wilhelm Budde's Heidelberger Tagebücher aus den Jahren 1807 und 1808. Hg. u. erl. von D. Karl Budde. 2 Bände (Neue Heidelberger Jahrbücher Bd. XX und XXI), Heidelberg 1920

Bürger für Heidelberg (Hg.): Der ehemalige Harmonie-Garten und die Theaterstraße in Heidelberg, Heidelberg 2011

Buselmeier, Michael: Erlebte Geschichte erzählt. Interviews 1994–1997. Hg. von der Stadt Heidelberg, [Bd. 1], Heidelberg 2000

—: Erlebte Geschichte erzählt. Interviews 1998–2000. Hg. von der Stadt Heidelberg, [Bd. 2], Heidelberg 2002

—: Erlebte Geschichte erzählt. Interviews 2000–2004. Hg. von der Stadt Heidelberg, [Bd. 3], Heidelberg 2008

—: Erlebte Geschichte erzählt. Interviews 2005–2010. Hg. von der Stadt Heidelberg, [Bd. 4], Heidelberg 2011

Christ, Gustav: Zur Geschichte der Heidelberger Straßennamen, Monatsschrift für die Geschichte Westdeutschlands (Trier), hg. von Richard Pick, 5, 1879, S. 104

[Christ, Karl]: Zur Toponomastik und Topographie Bergheims und des Gäusberges, Archiv für die Geschichte der Stadt. Eine Vierteljahresschrift, hg. von Hermann Wirth, Band 1, Heidelberg 1868, S. 192–197

Christ, Karl: Hausinschriften in Heidelberg, Monatsschrift für die Geschichte Westdeutschlands (Trier), hg. von Richard Pick, 6, 1880, S. 582 und 7, 1881, S. 183–184

—: Ein geschichtlicher Gang über die Hochstraße bei Heidelberg, Mannheimer Geschichtsblätter 5, X. Jg., Mai 1900, Sp. 107ff.

—: Geschichtliche Streifzüge durch Heidelbergs Umgebung, 1. Der Kohlhof, 2. Der Kümmelbacher Hof, 3. Der Speyerershof und der Bierhelderhof, 4. Rohrbach, Mannheimer Geschichtsblätter 7, IX. Jg., Juli 1908, Sp. 145–153

Christ, Karl: Über Flurnamen, besonders aus der Gegend von Heidelberg, Mein Heimatland (Baden) 8, 1921, S. 23–28

—: Chronik von Ziegelhausen und dem Centwald, Heidelberg [2]1922

—: Heimatkunde von Ziegelhausen bei Heidelberg und der Bergsträßer Allmendwald, Heidelberg 1926

—: Commentar zur ersten Hälfte des Verzeichnisses von 1600, in Albert Mays/Karl Christ (Hrsg.): Einwohnerverzeichniß des Vierten Quartiers der Stadt Heidelberg vom Jahr 1600, Neues Archiv für die Geschichte der Stadt Heidelberg und der rheinischen Pfalz, Heft 2, Heidelberg 1893, S. 159–242

Christmann, Ernst: Die rheinischen Flurnamen »Ploeck«, »Pleck«, »Blenk«, Rheinisches Jahrbuch für Volkskunde, 2. Jg., Bonn 1951, S. 32–38

—: Weinlagennamen in Pfalz und Rheinland, in ders.: Flurnamen zwischen Rhein und Saar, (Veröffentlichungen der Pfälzischen Gesellschaft zur Förderung der Wissenschaften in Speyer, Bd. 49), Speyer 1965, S. 165–196

Christmann, Ernst, Herbert Derwein: Der Name der Stadt Heidelberg, Oberdeutsche Zeitschrift für Volkskunde 15 (1941), S. 13–21

Chronik der Hirschgasse, Heidelberg 1910

Chronik der Stadt Heidelberg für das Jahr (...), I.-XXII. Jg. Im Auftrag des Stadtrats bearbeitet (...), Heidelberg 1895–1916

Cser, Andreas et al. (Hgg.): Geschichte der Juden in Heidelberg, Heidelberg 1996

—: Kleine Geschichte der Stadt Heidelberg und ihrer Universität, Leinfelden-Echterdingen 2007

Derwein, Herbert: Handschuhsheim und seine Geschichte, Heidelberg 1933, Neuauflage Heidelberg 1997

—: Ein Stadtplan aus der Zeit der Romantiker, Heidelberger Fremdenblatt 2, 1939, S. 9–13

—: Heidelberger Straßennamen, in Hermann Eris Busse (Hg.): Heidelberg und das Neckartal, Badische Heimat. Zeitschrift für Volkskunde, Heimat-, Natur- und Denkmalschutz, 26. Jg., Jahresband 1939, Freiburg 1939, S. 159–163

—: Die Flurnamen von Heidelberg. Straßen/Plätze/Feld/Wald. Eine Stadtgeschichte, Heidelberg 1940

—: Ein Gespräch über Heidelbergs Gassen und über den Namen Heidelberg, in Heidelberg. Weltoffene Stadt am Neckar. (Hg.: Jess Wilhelm Harrsen, »Deutsche Städte« - Buchreihe), Mannheim 1959, S. 36–41

—: Geschichte der Stadt, in Die Stadt und die Landkreise Heidelberg und Mannheim. Amtliche Kreisbeschreibung, hg. von der Staatlichen Archivverwaltung Baden-Württemberg, Bd. 2.: Die Stadt Heidelberg und die Gemeinden des Landkreises Heidelberg, Karlsruhe 1968, S. 8–96

Drüll, Dagmar: Heidelberger Gelehrtenlexikon 1803–1932, Berlin 1986

—: Heidelberger Gelehrtenlexikon 1652–1802, Berlin 1991

—: Heidelberger Gelehrtenlexikon 1386–1651, Berlin 2002

—: Heidelberger Gelehrtenlexikon 1933–1986, Berlin 2009

Ebert, Werner: Das Rohrbacher Schlößchen. Vom Jagdschlößchen des Herzogs Carl II. August von Pfalz-Zweibrücken zur Thoraxklinik am Universitätsklinikum Heidelberg, Heidelberg 2007

Eichler, Horst et al. (Hgg.): Stadtatlas Heidelberg, hg. von H. Eichler, G. Heinemann, H. Musall, Arnold Scheuerbrandt, in Zusammenarbeit mit der Stadt Heidelberg, Heidelberg 1986, 1994, 1995

Eller, Alfons: Der Ortsadel von Kirchheim und sein Besitz, in Dieter Neuer (Hg.): 1200 Jahre Kirchheim. 767–1967. Hg.: Stadtteilverein Kirchheim. Schriftleitung: Dieter Neuer, Heidelberg [1967], S. 23–32

—: 75 Jahre Pfarrei St. Peter Heidelberg-Kirchheim. Mit ihrer Vorgeschichte vom Beginn des 7. Jahrhunderts bis zur Reformation, [Heidelberg 1984]

Esenwein, Jürgen von, Michael Utz: Folg' ich meinem Genius ... Gedenktafeln berühmter Männer und Frauen in Heidelberg, Heidelberg 1998

Fehrentz, Dieter, Hans-Martin Mumm: Das Mahnmal für die Opfer der nationalsozialistischen Justiz auf dem Bergfriedhof, HJG 7 (2002), S. 271–291

Fink, Oliver, Stefan Büttner: Poetisches Heidelberg. Dichter, Philosophen und Gelehrte. Wohnorte, Wirken und Werke, Jena ²2006

Fink, Oliver: Magische, dunkle Stille. Der Wolfsbrunnen bei Heidelberg als literarischer Ort (Spuren-Heft 77, Deutsche Schillergesellschaft. Deutsches Literaturarchiv), Marbach am Neckar 2007

Flohs, Heinrich: Wieblingen. Vom Dorf zum Stadtteil von Heidelberg, Karlsruhe 2002

Foerster, Thomas: Die historische Verkehrslage Heidelbergs im unteren Neckartal, HJG 9 (2004/2005), S. 103–120

Frauenfeld, Dieter: Vom Dorf zum Stadtteil. 100 Jahre Handschuhsheim, Jahrbuch des Stadtteilvereins Handschuhsheim 1992, S. 18–31

—, Ludwig Merz: Zwei vergessene Dörfer am Fuße des Heiligenbergs, Jahrbuch des Stadtteilvereins Handschuhsheim 1994, S. 13–19

Fricke, Maxi Marianne: 175 Jahre Dr. Heinrich Klose – Freimaurer und Bauherr des alten Englischen Viertels in Heidelberg-Neuenheim. Gedenkschrift zum 175. Geburtstag von Dr. Heinrich Klose am 29. September 2011, Heidelberg 2012

Gamer, Jörg et al.: Der Baublock Grabengasse/Sandgasse (Veröffentlichungen zur Heidelberger Alt-stadt, hg. von P. A. Riedl und J. Julier, Nr. 2) [Typoskript] Heidelberg 1969

—, Wolfgang Schepers: Das Mittermaiersche Haus Karlstraße 8 in Heidelberg (Veröffentlichungen zur Heidelberger Altstadt, hg. von P.A. Riedl und J. Julier, Nr. 7) [Typoskript], Heidelberg 1973

Gedenktafeln und -steine in der Stadt, auf dem Schlosse Heidelberg und in der Umgebung, in Städti-sches Adreßbuch der Kreishauptstadt Heidelberg, 71. Jg., Heidelberg 1934, S. XVIII–XXI

Gercke, Hans et al. (Hgg.): Beruf: Photograph in Heidelberg. Ernst Gottmann sen. & jun., 1895–1955; Architektur; Ausstellung im Heidelberger Kunstverein 6. Januar bis 24. Februar 1980, Frankfurt am Main 1980

Die Geschichte der Friedrich-Ebert-Anlage. Von einem tapferen Schmiedemeister, dem Pulverturm, Kuhtor und anderen Vergangenheiten, Heidelberger Tageblatt, 8. 7. 1949

Gilbert, Harald: Zwangsarbeit in Heidelberg 1940–1945, HJG 1 (1996), S. 205–216

Giovannini, Norbert, Jo-Hannes Bauer, Hans-Martin Mumm: Jüdisches Leben in Heidelberg. Studien zu einer unterbrochenen Geschichte, Heidelberg 1992

—, Frank Moraw: Erinnertes Leben. Autobiographische Texte zur jüdischen Geschichte Heidelbergs, Heidelberg 1998

—, Claudia Rink: Ghetto ohne Ghetto. Hinweise zu den »Judenhäusern« in Heidelberg 1938/39–1945, HJG 14 (2010), S. 75–99

Glaeser, Ernst: Straße großer Geschichte, in Die Bergstraße. Merian Heft 4/XIII, April 1960, S. 3–5

Goetze, Jochen: Die Brücke im Rahmen der Heidelberger Stadtentwicklung, in Helmut Prückner (Hg.): Die alte Brücke in Heidelberg 1788–1988, Heidelberg 1988, S. 17–24

—: Gassen, Straßen und Raster oder die Anfänge der Stadt Heidelberg. Überlegungen und Gedanken zum Heidelberger Stadtgrundriß, HJG 1 (1996), S. 103–120

—: Die Uferstraße in Heidelberg. Der Bau des Neckarstadens 1896/97, HJG 2 (1997), S. 105–118

—, Christoph Vierneisel: Das Anwesen Friedrich-Ebert-Anlage 27 aus dem Jahre 1911. Historisches Kleinod – original-getreu saniert, [Heidelberg] 2004

Grisebach, Hanna: Der Heidelberger Bergfriedhof. Gräber und Grabsteine ausgewählt und dargestellt von Hanna Grisebach. Fotos von Peter Seng, Heidelberg 1981

Haas, Dieter: Bismarckplatz – Wandel des Stadtbilds (Die Plätze in Heidelberg, 1), Rhein-Neckar-Zeitung, 24. 12. 2009

Haller, Friedrich: Entwicklung der Stadt von 1800–1914, in Deutsche Städte – Heidelberg, Stuttgart 1922

—, Paul Rottmann (Hgg.): Neue Stadtbaukunst – Heidelberg, Berlin, Leipzig, Wien 1928

Haßlinger, Ludwig: Mühltalstraße. Eine Straße im Wandel der Zeit. Bilddokumentation, Heidelberg 1994

—: Alte Wege und Gassen in Handschuhsheim, Jahrbuch des Stadtteilvereins Handschuhsheim 2005, S. 104f.

—: Mühltalstraße. Geschichte einer Straße, Heidelberg 2005

Hauser, Stefanie: Die Vorstadt Heidelbergs vom Gaisberg aus gesehen, in Hanns Hubach (Hg.): Kurpfälzisches Skizzenbuch. Ansichten Heidelbergs und der Kurpfalz um 1600, Heidelberg 1996, S. 62–63

Heidelberger Denkmäler 1788–1981. Von einem Autorenkollektiv am Kunsthistorischen Institut der Universität Heidelberg, hg. v. Dietrich Schubert (Neue Hefte zur Stadtentwicklung und Stadtgeschichte 2), Heidelberg 1982

Heidelberg-West. Entwicklung eines Stadtteils. Festbuch zum 90jährigen Bestehen des Vereins West-Heidelberg, Heidelberg [2]1982

Heinemann, Günther (Red.): Der Bierhelderhof in Heidelberg. Das städtische Hofgut in Vergangenheit und Gegenwart, Redaktion Dr. Günther Heinemann (hg. von der Stadt Heidelberg), Heidelberg 1987

—: Der Philosophenweg in Heidelberg. Ein Führer durch Geschichte und Gegenwart. With a brief guide by Peter Bews, Heidelberg 1991

Heinstein, Patrick: Klassikrezeption im romantischen Milieu. Schiller und Heidelberg, HJG 14 (2010), 15 (2011) und 16 (2012)

Hess, Jürgen C., Hartmut Lehmann, Volker Sellin (Hgg.): Heidelberg 1945 (Transatlantische historische Studien, Bd. 5), Stuttgart 1996

Heukemes, Berndmark: Als die Franken vor 1500 Jahren Handschuhsheim begründeten. Reihengräberfunde erhellen die Vergangenheit, Jahrbuch des Stadtteilvereins Handschuhsheim 1994, S. 7–11

Hoepke, Hermann: Heidelberg. Neuer Blick in alte Gassen, Heidelberg 1947

Hoenninger, Waldemar: Vom »Faulen Pelz« in Heidelberg. Ein Bild aus den alten Tagen seiner Geschichte, Heidelberger Neueste Nachrichten 203, 1. 9. 1933, S. 3

Hofmann, Eva: Der Muttergottesbrunnen auf dem Kornmarkt, in Heidelberger Altstadtbrunnen (Schriftenreihe des Stadtarchivs Heidelberg. Sonderveröffentlichungen 7), Heidelberg 1996, S. 74–88

Holl, Arno: Von Amseln, die nicht singen, Bäumen, die nicht blühen, und einem Bahnhof, wo noch nie ein Zug gehalten hat. Eine sprachhistorische Betrachtung zu drei Handschuhsheimer Straßennamen, Jahrbuch des Stadtteilvereins Handschuhsheim 1997, S. 76f.

Holl, Eugen: Die Siedlung Pfädelsäcker (Wohnen in Handschuhsheim), Jahrbuch des Stadtteilvereins Handschuhsheim 1996, S. 43–52

Holl, Karl: »Neu-Heidelberg« 1918–1928. Zehn Jahre Siedlungstätigkeit der Gemeinnützigen Baugenossenschaft Neu-Heidelberg. Im Auftrag von Vorstand und Aufsichtsrat zusammengestellt durch Prof. Dr. Karl Holl, Karlsruhe, Heidelberg o. J. [1928]

Holtermann, Hans Jürgen: Liste der Gedenktafeln, -Steine, -Inschriften Heidelbergs [Typoskript], Heidelberg 1986 (ergänzt auf den Stand: 1. 1. 1995)

Hoppe, Reinhard: Dorfbuch der Gemeinde Ziegelhausen mit Ortsteil Peterstal, Heidelberg 1940

—: Die Flurnamen von Ziegelhausen, Heidelberg 1956

—: 750 Jahre Ziegelhausen 1220–1970, Heidelberg [1970]

—: Vor den Mauern der Stadt. Aus Geschichte und Gegenwart des Stadtteils Heidelberg-Schlierbach, Heidelberg 1972

Huffschmid, Maximilian: Zur Topographie der Stadt Heidelberg, Neues Archiv für die Geschichte der Stadt Heidelberg und der rheinischen Pfalz 7, 1907, S. 81–133

—: Zur Geschichte der Kirchen und Klöster auf dem Heiligenberg, Neues Archiv für die Geschichte der Stadt Heidelberg und der rheinischen Pfalz 8, Heidelberg 1910, S. 156–174, und 12, Heidelberg 1920, S. 92–128

—: Regesten zur Geschichte des Hauses Hauptstraße 136 in Heidelberg 1363–1865, Heidelberg 1921

Hussong, Hermann: Brückenschlag in Heidelberg. Zur feierlichen Verkehrsübergabe der neuen Friedrichsbrücke am Sonntag, 17. Dezember 1949, Heidelberger Amtsanzeiger, Nr. 51, 15. 12. 1949 (Sonderseiten)

—: Die Verlegung des Heidelberger Hauptbahnhofs und ihre städtebauliche Auswirkung, Heidelberger Amtsanzeiger, Nr. 22, 26. 5. 1950, S. 3f.

Jaeger, Otto: Die Flurnamen von Neuenheim, Heidelberg 1988

Jansen, Christian: Vom Gelehrten zum Beamten. Karriereverläufe und soziale Lage der Heidelberger Hochschullehrer 1914–1933. Mit einem personalbibliographischen Anhang und den Wohnsitzen der 1886–1936 Lehrenden, Heidelberg 1992

Jordan, Martin: Die Handschuhsheimer vor 1900. Ortssippenbuch von Heidelberg-Handschuhsheim (Deutsche Ortssippenbücher, Reihe B, Bd. 53; Badische Ortssippenbücher, Bd. 56), Heidelberg 1988

—: Wo wohnten die alten Handschuhsheimer? (Teil I-VII), Jahrbuch des Stadtteilvereins Handschuhsheim, 1991–1997

Kämmerer, D.: Geschichte der Straßen-Beleuchtung zu Heidelberg, in Vaterländische Blätter, hg. von Aloys Schreiber, Heidelberg, No. 16, 23. Mai 1812, S. 121–125; No. 19, 3. Juni 1812, S. 145–151; No. 20, 6. Juni 1812, S. 153–159; No. 26, 27. Juni 1812, S. 201–205

Kindt, Gerhard (Hg.): 1200 Jahre Handschuhsheim 765–1965. Festschrift und Erinnerungsbuch I. und II. Teil, Heidelberg 1965

Kintz, Joseph Ph.: Feste Brücken im Heidelberger Stadtgebiet, aus: Neckarüberfahrten und Neckarbrücken im Heidelberger Stadtgebiet von der prähistorischen Zeit bis zur Gegenwart, in Stadtbuch der Stadt Heidelberg, nebst den Stadtteilen Handschuhsheim, Kirchheim, Wieblingen, Rohrbach und den zur Stadt gehörenden Siedlungen für das Jahr 1928, zusammengestellt im Auftrage des Stadtrats, Heidelberg 1928, Sonderbogen S. 1–28

Knobel, Alfred et al. (Hgg.): 1225 Jahre Bergheim 769–1994. Beiträge zur Stadtgeschichte, Heidelberg 1994

—, Waldemar Wagner: 100 Jahre Stadtteilverein West-Heidelberg e.V., Heidelberg 1992

Knörr, Karl-Heinz: Schlierbach – Geschichte und Geschichten, Heidelberg [2]1999

Koenemann, Friedrich F.: Allmendsteine – Straßenmarkierungen vor 250 Jahren, HJG 11 (2006/2007), S. 169f.

Körner, Philipp: Kirchheim. Ein heimatkundlicher Überblick, Leimen-St. Ilgen 2009

Kollnig, Karl: Wandlungen im Bevölkerungsbild Heidelbergs, Adreßbuch der Stadt Heidelberg 1949, 81. Jg., Heidelberg 1949, S. VII–XIV

—: Wandlungen im Heidelberger Stadtbild, Adreßbuch der Stadt Heidelberg, 82. Jg., Heidelberg 1951, S. IX–XV

—: Heidelberger Inschriften, Adreßbuch der Stadt Heidelberg, 85. Jg., Heidelberg 1956, 7 S.

Kollnig, Karl, Inge Frese: Der Handschuhsheimer Friedhof. Ein Rundgang, Heidelberg 1999

Frese, Inge: Der Neuenheimer Friedhof, Heidelberg 2000

—: Der Handschuhsheimer Friedhof. Bd. 2, Heidelberg 2000

—: Der Handschuhsheimer Friedhof. Bd. 3, Heidelberg-Ubstadt-Basel 2002

[Krauss, Karl]: 25 Jahre Heidelberg-Boxberg. Eines der schönsten im Wald gelegenen Wohngebiete Deutschlands wird 25 Jahre; Festtage vom 11. bis 14. 9. 1987, überreicht durch den Stadtteilverein Heidelberg-Boxberg (Red. Karl Krauss), Buchen 1987

Krauß, Martin: Albert Fraenkel und die Gründung des Krankenhauses Speyererhof, HJG 7 (2002), S. 131–141

Krieger, Albert: Topographisches Wörterbuch des Großherzogtums Baden. Band I, Heidelberg ²1904

[Krödel, Arndt, Ulrich Deutschmann]: Der Emmertsgrund – Global Village oder sozialer Brennpunkt, (Hg. Kulturkreis Emmertsgrund-Boxberg e.V.), Wiesbaden 2009

Kuckuk, Friedrich: Die Wasserversorgung der Stadt Heidelberg in ihrer geschichtlichen Entwicklung, jetzigen Bedeutung und zukünftigen Gestaltung (Sonderdruck aus Verhandlungen des naturhistorisch-medizinischen Vereins zu Heidelberg; N.F. 12, S. 355–371), Heidelberg 1913

Landesamt für Denkmalpflege Baden-Württemberg (Hg.): Stadtkreis Heidelberg (Denkmaltopographie Bundesrepublik Deutschland. Kulturdenkmale in Baden-Württemberg; Bundesrepublik Deutschland, Bd. II.5), Ostfildern 2013

Laroche-Starkenfels, Udo Wilhelm von: Notizen über Wieblingen bei Heidelberg, Karlsruhe 1876

Lehmann, Hermann: Die Schwabenburse, Heidelberg 1996

—: Die so genannte Judenschule. Sozialgeschichte eines Hauses. Mit einem Glossar, Heidelberg 2001

Leibrecht, Werner: Die Villa Krehl in Heidelberg, HJG 8 (2003/2004), S. 99–113

Leonhard, Karl Cäsar von: Fremdenbuch für Heidelberg und die Umgegend. Mit Holzschnitten, eingedruckten Lithographien und einer Karte, Heidelberg 1834

Lessing, Hans-Eberhard: Heidelbergs folgenreichster Student. Karl Drais zum 150. Todestag, HJG 6 (2001), S. 203–217

Löslein, Barbara: Geschichte der Heidelberger Synagogen (Kunsthistorisches Institut der Universität Heidelberg, Veröffentlichungen zur Heidelberger Altstadt, hg. von Peter Anselm Riedl, Heft 26), Heidelberg 1992

Lossen, Wolfgang: Heidelberg aus der Luft. Lossen-Luftbilder aus den 50er und 60er Jahren, Gudensberg-Gleichen 1999

Lurz, Meinhold: Erweiterung und Neugestaltung der Heidelberger Stadtmitte. Pläne vor, während und nach dem Dritten Reich zur Verlegung des Hauptbahnhofs und zur Neugestaltung der frei werdenden Gleisanlagen im Bereich der Kurfürstenanlage (Neue Hefte zur Stadtentwicklung und Stadtgeschichte, 1/1978), Heidelberg 1978

—: Kriegerdenkmäler in Deutschland. Bd. 5: Drittes Reich, Heidelberg 1986

—, Daniela Vogt: Neuenheim im Wandel. Eine Sozialgeschichte in Bildern von 1870 bis 1950, Heidelberg 1990

—, Heidelberg. Ein historischer Führer, Sigmaringendorf 1991

Lutz, Dietrich: Vor dem großen Brand, Stuttgart 1992

Marzolff, Renate: Leontine und Victor Goldschmidt. Gründer der von Portheim-Stiftung. Bürger in Heidelberg 1889–1942, Heidelberg 2007

Mays, Albert: Die Brücken und Fähren über den Neckar bei Heidelberg von der ältesten bis auf die neueste Zeit. Festschrift zu der feierlichen Einweihung der neuen Brücke zwischen Heidelberg und Neuenheim am 7. Oktober 1877, Heidelberg ²1877

Mays, Albert, Karl Christ (Hgg.): Einwohnerverzeichniß der Stadt Heidelberg vom Jahr 1588, hg. und erl. von Albert Mays und Karl Christ, Neues Archiv für die Geschichte der Stadt Heidelberg und der rheinischen Pfalz, Band I, Heft 1, 1890, S. 5–17, 31–296, bis Band III, Heft 4, 1898

—: Einwohnerverzeichniß des Vierten Quartiers der Stadt Heidelberg vom Jahr 1600, Neues Archiv für die Geschichte der Stadt Heidelberg und der rheinischen Pfalz, Band 2, Heidelberg 1893

Menzer, Georg Ludwig: Rohrbach bei Heidelberg. Eine pfälzische Ortsgeschichte, bearbeitet und ergänzt nach Akten des †Pfr. Trautwein, Heidelberg 1926

Merz, Ludwig: Alte Paßwege. Steigen und Hohlwege im Stadtwald, Ruperto Carola 28 (1960), S. 307–313

—: Vor dem Speyerer Tor – Die sieben Wandlungen des westlichen Vorfeldes, Ruperto Carola 32 (1962), S. 170–178

—: Adelshöfe in Heidelberg nach einem Kupferstich von Merian 1620, Burgen und Schlösser 7 (1966), S. 13–15

—: Wege für Ochsenkarren und Autos. Bergsteigen und Fernstraßen im unteren Neckartal. Sonderdruck aus »Heidelberger Amtsanzeiger«, Nr. 36, 1977

—: Schicksale der Heidelberger Brücken. Vom ehemaligen römischen Übergang bis zur Ernst-Walz-Brücke. Sonderdruck aus »Heidelberger Amtsanzeiger«, Nr. 13, 1977

—: Plätze im alten Heidelberg, Adreßbuch der Stadt Heidelberg, 97. Jg., 1978, S. 7–9

—: Die Plätze beiderseits der Hauptstraße, in Stadt Heidelberg (Hg.): Lebensräume in der alten Stadt. Fußgängerbereich Altstadt – eine Dokumentation, Heidelberg 1978, S. 38

—: Einst hieß sie königliche Straße, in Stadt Heidelberg (Hg.): Lebensräume in der alten Stadt. Fußgängerbereich Altstadt – eine Dokumentation, Heidelberg 1978, S. 39

—: Als die Siedlung »Ochsenkopf« noch nicht stand, in 10 Jahre Siedlungsgemeinschaft Ochsenkopf, Heidelberg 1986, S. 10–13

—: Geschichte rund um den Boxberg, in Stadtteilverein Heidelberg-Boxberg (Hg.): 25 Jahre Heidelberg-Boxberg, Heidelberg 1987, S. 11–13

—: Ein Hochzeitszug auf Handschuhsheims ältester Straße, Jahrbuch des Stadtteilvereins Handschuhsheim 9, 1989, S. 31–33

—: Bienenstiche in Heidelberg. Wie die Bienenstraße zu ihrem Namen kam, Rhein-Neckar-Zeitung, 19. 9. 1991

—: Am »Faulen Pelz« gab es keine Faulpelze, Rhein-Neckar-Zeitung, 2.11.1991

—: Vom Michelsberg der Weststadt, in Alfred Knobel, Waldemar Wagner: 100 Jahre Stadtteilverein West-Heidelberg e.V., Heidelberg 1992, S. 155f.

—: Der Heidelberger Römerplatz, in Alfred Knobel, Waldemar Wagner: 100 Jahre Stadtteilverein West-Heidelberg e.V., Heidelberg 1992, S. 234f.

—: Vorgeschichte und Geschichte des Bismarckgartens, in Alfred Knobel, Waldemar Wagner: 100 Jahre Stadtteilverein West-Heidelberg e.V., Heidelberg 1992, S. 247

—: Wie aus der Froschau die Obere Neckarstraße wurde. Einladung zu einer Wanderung durch die Altstadt. Das Augenmerk gilt den Straßen und Gassen. Wie kommen sie zu ihren Namen?, Rhein-Neckar-Zeitung, 25. 8. 1992

Moers-Messmer, Wolfgang von: Problematik von Straßenumbenennung. Heidelberger Flur- und Wegenamen, Rhein-Neckar-Zeitung, 30. 5. 1975

—: Heidelberger »Fahrgassen« und ihre Sanierung (II). Hier brannten Ziegel und Hexen. Ursprünglich hieß die Ziegelgasse »Fahrgasse«, Rhein-Neckar-Zeitung, 15. 1. 1976

—: Die vordeutschen geographischen Namen des Kraichgaus und des unteren Neckarlandes, Kraichgau 11, 1989, S. 70ff.

Mühling, Eduard Johann Joseph: Historische und topographische Denkwürdigkeiten von Handschuhsheim. Ein Beitrag zu dessen Geschichte von seiner Entstehung bis auf unsere Tage, Mannheim 1840, (Nachdruck Heidelberg 1982)

Müller, Bernd: Architekturführer Heidelberg. Bauten um 1000 bis 2000 (Schriftenreihe des Stadtarchivs Heidelberg, Sonderveröffentlichung 10), Heidelberg 1998

Mumm, Hans-Martin: Heidelberg als Industriestandort um 1900. Zur These von der besonderen Industriefeindlichkeit Heidelbergs, HJG 1 (1996), S. 37–59

—: Rechte und linke Winkel im Stadtgrundriss. Feldflur, Wege und Hausgrundrisse vor und nach der Stadtgründung, HJG 6 (2001), S. 187–202

—: Am jähen Steig. Altstraßen und Hohlwege im Stadtwald. Erwägungen zu den Verkehrsbeziehungen Heidelbergs in Mittelalter und früher Neuzeit, HJG 9 (2004/2005), S. 79–101

—: Tore, Türme, Tiere, Tafeln. Gestaltungen und Zeichen städtischer Selbstdarstellung. Zur Vor- und Frühgeschichte des Stadtmarketings, HJG 12 (2008), S. 183–197

—: Das Haus in der Haspelgasse 12, in Thomas Röske, Egon Hassbecker (Hgg.): Primitive Malerei – Art of Outsiders im Museum Haus Cajeth, Heidelberg 2008, S. 10–12

—: Vor der Stadtgründung. Drei Studien, HJG 13 (2009), S. 9–20

—: Zur Lage des jüdischen Friedhofs des Mittelalters, HJG 13 (2009), S. 145–152

—: »Die sieghafte Jugend der Neckarfluren«. Die Pension Friedau, Gaisbergstraße 16a, als Ort Stefan Georges und des Georgekreises, HJG 15 (2011), S. 127–143

—: »Heidelberg« und andere topografische Namen der Altstadt, HJG 15 (2011), S. 183–193

—: Der Name der Heiliggeistkirche. Versuch einer historischen Deutung, HJG 16 (2012), S. 11–44

—: Die Heidelberg-Skizze im Nachlass Domenico Martinellis, HJG 16 (2012), S. 179–187

[Mushake, Ernst]: Die Friedhöfe in Heidelberg. Führer durch die christlichen und jüdischen Friedhöfe, Frankfurt am Main o. J. [1930]

Neu, Heinrich: Aus der Vergangenheit von Wieblingen, Heidelberg 1929

Neuer, Dieter: 1200 Jahre Kirchheim 767–1967. Anlage 1 zu Ruperto-Carola 40 (1966)

—: Die Wiederentdeckung der St. Wolfgangskapelle bei Heidelberg-Kirchheim, Ruperto Carola 48 (1970), S. 72–80

—: Kirchheim. Eine Ortsgeschichte aus der Kurpfalz, [Heidelberg] 1985

Neuhaus, Karl: Die Bergstraße, Frankfurter Geographische Hefte, 4. Jg. H. 1., Frankfurt 1930, S. 1–130

Neumann, Carl: Heidelberg als Stadtbild, Heidelberg 1914

Neumüllers-Klauser, Renate (Bearb.): Die Inschriften der Stadt und des Landkreises Heidelberg. Die deutschen Inschriften, 12. Heidelberger Reihe, 4, Stuttgart 1970

Oechelhäuser, Adolf (Bearb.): Die Kunstdenkmäler des Amtsbezirks Heidelberg (Die Kunstdenkmäler des Großherzogtums Baden, Bd. VIII, 2). Tübingen 1913

Oppenheimer, Max: Der Fall Vorbote. Zeugnisse des Mannheimer Widerstandes, Frankfurt 1969

Paquet, Alfons Hermann: Straße und Schiene. Zur Eröffnung der Schnellautostrecke von Darmstadt nach Heidelberg, Frankfurter Zeitung, 22.5.1935

Perkow, Max: Warum Bienenstraße? Der Name kommt von einem großen Bienengarten, Rhein-Neckar-Zeitung, 5.12.1956

—: Die »Anlage« wechselte oft den Namen, Heidelberger Tageblatt, 11. 4. 1962

Peter, Christine: Die Maler der Handschuhsheimer Straßennamen, Jahrbuch des Stadtteilvereins Handschuhsheim 1996, S. 83–91

Petschan, Walter: Die Entwicklung des Wieblinger Ortssiegels, HJG 11 (2006/2007), S. 11–26

Pfaff, Karl: Heidelberg und Umgebung, Heidelberg 1897, [2]1902, [3]1910 (unveränd. Nachdr. von 1910, Frankfurt 1978)

Probst, Hansjörg: Das Mannheimer Flurnamenlexikon (Mannheimer historische Schriften, Bd. 4), Ubstadt-Weiher 2010

Prückner, Helmut (Hg.): Die alte Brücke in Heidelberg 1788–1988, Heidelberg 1988

Reimold, Emil: Dorfleben in Handschuhsheim und Neuenheim, Heidelberg o. J. (1936), (Nachdruck 1996)

Retzbach, Georg (Red.): 1200 Jahre Wieblingen 767–1967, hg. vom Gemeinnützigen Verein Heidelberg-Wieblingen, Heidelberg 1967

—: Wieblinger Straßennamen und ihre Deutung, in 1200 Jahre Wieblingen 767–1967, hg. vom Gemeinnützigen Verein Heidelberg-Wieblingen, Heidelberg 1967, S. 59–62

Rha: Heidelberger Zukunftsplaudereien, Heidelberger Zeitung, 49. Jg., Nr. 253, 29. Oktober 1907, 2. Blatt, S. 1f.

Rink, Claudia: Die Villa Charlottenberg an der Ziegelhäuser Landstraße. Zur Geschichte des Heidelberger Villenbaus im 19. Jahrhundert, HJG 2 (1997), S. 137–161

—: Neu entdeckte Quelle zur Geschichte des Friedrich-Ebert-Platzes, HJG 14 (2010), S. 135–138

Ruuskanen, Leena: Der Heidelberger Bergfriedhof im Wandel der Zeit (Schriftenreihe des Stadtarchivs Heidelberg, Sonderveröffentlichung 18), Ubstadt-Weiher [2]2008

Säuberung im Straßennamen-Register. Fortfall der Doppelbenennung in Stadt und Vororten, Heidelberger Tageblatt, 13. 12. 1928

Sartorius, Fritz: Von Heidelbergs Gassen, Wäldern und Menschen, Heidelberg 1952

Schaab, Meinrad: Die Entstehung des pfälzischen Territoriums am unteren Neckar und die Anfänge der Stadt Heidelberg, ZGO 106 (1958), S. 233–276

Schadt, Jörg, Michael Caroli (Hgg.): Heidelberg unter dem Nationalsozialismus. Studien zu Verfolgung, Widerstand und Anpassung, Heidelberg 1985

Schaechterle, Karlheinz, Guido Holdschuer: Verkehrsuntersuchung zur Aufstellung eines Generalverkehrsplans für die Stadt Heidelberg, Ulm 1970

Scheuerbrandt, Arnold: Heidelbergs Aufstieg und Niedergang in kurpfälzischer Zeit, in Elmar Mittler (Hg.): Heidelberg. Geschichte und Gestalt, Heidelberg 1996, S. 48–87

Schlechter, Armin: Geschichte Bergheims vom Mittelalter bis ins 19. Jahrhundert, in Alfred Knobel et al. (Hgg.): 1225 Jahre Bergheim 769–1994. Beiträge zur Stadtgeschichte, Heidelberg 1994, S. 19–45

—: Dorf, Feldflur, Stadtteil. Bergheim im Wandel der Jahrhunderte, in Peter Seng: Bergheim gestern und heute, Heidelberg 1996, S. 7–22

Schmith, Heinrich: Neuenheim. Vergangenheit einer Pfälzer Dorfgemeinde in Verbindung mit der Geschichte der Heimat, Heidelberg 1928

Schöll, Eberhard: Vom »Faulen Pelz« zum »Ochsenkopf«. Eine Betrachtung über Heidelberger Straßennamen, Heidelberger Fremdenblatt 5, 1. Juniheft 1964, S. 2–4

—: Dem Gedächtnis wird nachgeholfen. Wer nennt die Straßen, kennt die Namen? 160 Straßen nach Personen benannt. Zusatzschilder geben Hinweise, Heidelberger Amtsanzeiger, Nr. 51, 18. 12. 1970, S. 2

Schöll, Hans Christoph: Wie aus dem »Kaltental« Heidelbergs Karlstraße wurde. Ein Beitrag zur Geschichte der Heidelberger Straßennamen, Volksgemeinschaft 258 (1944), S. 3

Schöningh, C. Georg: Stadtplanung Heidelberger Bahnhofsgebiet, Heidelberger Fremdenblatt 3, 1955/1956, S. 10

Schöningh, C. Georg: Heidelbergs neue Verkehrsstraße. Stadtbaudirektor Schöningh über die Bebauung des alten Bahnhofsgeländes, Heidelberger Fremdenblatt, Januar 1956

Schreiber, Aloys: Heidelberg und seine Umgebungen, historisch und topographisch beschrieben, Heidelberg 1811

Schwaab, Wilhelm: Die Entwässerung Heidelbergs, in Erwin Stein (Hg.): Monographien deutscher Städte. Darstellung deutscher Städte und ihrer Arbeit in Wirtschaft, Finanzwesen, Hygiene, Sozialpolitik und Technik. Bd. XXVIII, Heidelberg, Berlin 1928, S. 131–138

Schwaier, Arnold: Heidelberg-Schlierbach: Ersterwähnung schon vor dem Jahre 1245?, HJG 8 (2003/2004), S. 147–163

—: Vom »Jähen Steig« zur »Hohen Gasse«. Ein Nachruf für Ludwig Merz, in Helmholtz-Gymnasium & Freundeskreis des Helmholtz-Gymnasiums (Hgg.): 175 Jahre Helmholtz-Gymnasium 1835–2010, Heidelberg 2010, S. 94–102

Seeliger-Zeiss, Anneliese: Dächer und Giebel im Altstadtgefüge, Der Heidelberger Portländer 1, 1974, S. 29–33

Seidenspinner, Wolfgang, Manfred Benner: Heidelberg (Archäologischer Stadtkataster Baden-Württemberg, Bd. 32), hg. vom Regierungspräsidium Stuttgart, Landesamt für Denkmalpflege; vom Regierungspräsidium Karlsruhe, Referat 25; von der Stadt Heidelberg. 2 Bde, Stuttgart 2007

Seng, Peter: Bergheim gestern und heute, Heidelberg 1996

Siepen, Wilhelm: Heidelberger Garten- und Parkanlagen. Gebautes und Geplantes, Heidelberger Fremdenblatt 5, 1950/51, S. 8–11

Singer, Gertrud: Heidelberg. Eine Stadtuntersuchung auf geographischer Grundlage. (Phil. Diss.), Heidelberg 1933

Sinn, Peter: Handschuhsheim, Neuenheim und Heidelberg auf einer Karte von 1801, Jahrbuch des Stadtteilvereins Handschuhsheim 1996, S. 61–65

—: Das geologische Fundament Heidelbergs – Stadtbild und Siedlungsgeschichte, HJG 2 (1997), S. 75–103

—: Die archäologischen Funde am Hainsbachweg aus geologischer und siedlungsgeographischer Sicht, Jahrbuch des Stadtteilvereins Handschuhsheim, 2000, S. 81–96

—: Die Geschichte der Brückenstraße nach den alten amtlichen Karten und Plänen, Der Hookemann, Neuenheimer Nachrichten, hg. vom Stadtteilverein Neuenheim, 13 (2003), S. 64

—: »Katz« und »Hühnerstein« – Zwei seltsame Flurnamen auf Handschuhsheimer Gemarkung, Jahrbuch des Stadtteilvereins Handschuhsheim 2009, S. 47–50

—: Hellenbachtal und Steinberg. Ein geologisch-geographischer Exkursionsbericht, Jahrbuch des Stadtteilvereins Handschuhsheim 2010, S. 46ff.

Sobkowiak, Franz: Wieblinger Familien vor 1900 (Deutsche Ortssippenbücher B 63, Badische Ortssippenbücher 60), Heidelberg 1990

Staatliche Archivverwaltung Baden-Württemberg in Verbindung mit den Städten und den Landkreisen Heidelberg und Mannheim (Hg.): Die Stadt- und die Landkreise Heidelberg und Mannheim: Amtliche Kreisbeschreibung. Bd. 1: Allgemeiner Teil, Karlsruhe 1966. Bd. 2: Die Stadt Heidelberg und die Gemeinden des Landkreises Heidelberg, Karlsruhe 1968. Ergänzungsmappe: Karten, Tabellen und Literaturverzeichnis, Karlsruhe 1970

Stadt Heidelberg, Vermessungsamt: Amtlicher Stadtplan Stadt Heidelberg. Maßstab 1 : 15 000, Ausgabe 2014

Die Straßen und Gassen Heidelbergs nach der in dem Verzeichniß eingehaltenen Ordnung, Neues Archiv für die Geschichte der Stadt Heidelberg und der rheinischen Pfalz, Heft 4, 1890, S. 293

Streitberg, Gerhart: Flurnamen und Flurbereinigung in Wieblingen bei Heidelberg, Oberdeutsche Zeitschrift für Volkskunde 12 (1938), S. 108–118

Süss, Rudolf: Emmertsgrundbuch 1998. Fakten, Fakten, Fakten, Heidelberg 1998

Tellenbach, Kurt: Max Reger und seine Besuche in Heidelberg, HJG 9 (2004/2005), S. 191–200

Teufert, Timo: Wissenschaftler für die Bahnstadtstraßen. Namenspaten sollen die Bahnstadt zur Wissenschaftsadresse ersten Ranges machen. Auch Partnerstädte werden berücksichtigt, Rhein-Neckar-Zeitung, 18. 1. 2011, (Blick), S. 5

—: Treitschke soll den Goldschmidts weichen. Johannes Heil, Rektor der Hochschule für Jüdische Studien, legt Gutachten vor. Beirat für Umbenennung, Rhein-Neckar-Zeitung, 14. 5. 2011, S. 3

Uhlig, Klaus: Herrenmühle und Jacobervorstadt, Heidelberger Fremdenblatt 6, 1968. S. 12–15

Vierneisel, Christoph: Der differenzierte Fluchtlinienplan und der Umlegungsplan für die Heidelberger Weststadt von 1891–1896. Der Städtebau-Reformer Reinhard Baumeister in der Planungspraxis, in Juan Rodriguez-Lores und Gerhard Fehl (Hgg.): Städtebaureform von 1865–1900. Stadt Planung Geschichte Bd. 5.1, Hamburg 1985, S. 169–190

Von der »Maulbeerallee« zur »Kurfürstenanlage«. Mancherlei Erinnerungen anläßlich der Umbenennung einer Heidelberger Straße, Badische Volkszeitung, 5.9.1959

Vorgeschichte des Heidelberger Bahnhofs, Heidelberger Fremdenblatt 3, 1, Mai 1955, S. 2–5

Walz, Ernst: Lebenserinnerungen. Vierzig Jahre an der Spitze der Stadt Heidelberg, Heidelberg 1991

Weber, Georg: Heidelberger Erinnerungen. Am Vorabend der fünften Säkularfeier der Universität, Stuttgart 1886

Weckesser, Franz: Der Philosophenweg in früherer Zeit, Heidelberger Neueste Nachrichten, 2.5.1936

Weisert, Hermann: 1200 Jahre Wieblingen. Mit der Geschichte der Wieblinger Adelsfamilie der Reichsfreiherren von La Roche-Starkenfels, Anlage 2 zu Ruperto-Carola 40 (1966)

Winterberg, Thilo (Hg.), Michaela-Patricia-Stahl (Bearb.): Heidelberg im Wandel der Zeit. Graphische Darstellungen der historischen Stadt, Heidelberg 1996

Winterberg, Thilo: Heidelberg im 19. Jahrhundert veranschaulicht an repräsentativ ausgewählten Beispielen aus Privatsammlungen, in Carl-Ludwig Fuchs, Susanne Himmelheber (Hgg.): Biedermeier in Heidelberg 1812–1853, Heidelberg 1999, S. 142ff.

Wundt, Friedrich Peter: Geschichte und Beschreibung der Stadt Heidelberg nach 1693. Bd. I, Mannheim 1805 (Nachdruck Heidelberg 1997)

Zähringer, Wilhelm: Mein Heidelberg. Wie es wurde und wie es ist, Bühl 1921

Zangemeister, Karl: Ein Stadtplan von Heidelberg aus dem Jahre 1622, in Mitteilungen zur Geschichte des Heidelberger Schlosses, Bd. 2, 1890, S. 290–294

Zienert, Adolf: Geographische Einführung für Heidelberg und Umgebung. Mit Exkursions-Vorschlägen, Heidelberg 1981

Zopf, Adolf: Der »Wormser Hof« in Heidelberg, Ruperto Carola 23 (1958), S. 215–219

—: Das erste Anatomiehaus in der Plöck. Das Nosokomium: Marginalien zur Geschichte eines Turmhauses, Ruperto Carola 40 (1966), S. 267–270

Weitere Literaturangaben finden Sie unter »Literatur« auf der Website des Heidelberger Geschichtsvereins e.V. www.haidelberg.de.

Ungedruckte Quellen

Stadtarchiv Heidelberg:

AA 268 Bau- und Feuerpolizei. 1. Bebauungsplan für den Rohrbacher Baubezirk IV (1890–1914)

AA 321/1: Beizug der Angrenzer zu den Kosten der Herstellung verschiedener Straßen im nördlichen Gemarkungsgebiet (1913–1914)

AA 321/2: Herstellung neuer Straßen im Bergheimer Baubezirk (...) (1890–1913)

AA 321/3: Beizug der Angrenzer zu den Kosten der sogen. Avenue zwischen Häusser- und Goethestraße (1903–1907)

AA 322/3: Erweiterung des städtischen Straßennetzes, Aufstellung eines Straßenbauplans für die Herstellung neuer und Renovierung alter Straßen – Gen. – (1912–1929)

AA 322/4: Umgestaltung der Stadt und des Bismarckplatzes (1941–1942)

AA 323/3: Benennung der Straßen und Wege (1922–1933)

AB NE RNG: 403, 405: Amtsbücher Neuenheim: Rechnungen (Inhalt: Rechnungen der selbstständigen Gemeinde Neuenheim: Gemeinderechnungen 1697–1890; Anlegung des Philosophenwegs 1840–52)

Gemeinde Kirchheim, »Umbenennungsakte« vom 1. 10. 1929

UA 288/7: Einführung von emaillierten Straßentafeln (1871)

UA 288/8: Benennung der Straßen in den neuen Bauvierteln, Ergänzung und Verbesserung der Hausnummern (1873–1877)

UA 288/9: Bezeichnung der Straßen und Wege (1875–1902)

UA 288/9a: Benennung der Straßen und Wege (1875–1922)

UA 288/10: Instruktion für die Anlegung der Vicinalstraßen, sowie das Zurücksetzen der Bäume in den Landstraßen (1824–1846)

UA 288/11: Unterhaltung der Chausseen in der Heidelberger Gemarkung (1824–1831)

UA 288/12: Unterhaltung der Vicinalstraßen in Heidelberg (1826–1831)

UA 288/13: desgleichen (1858–1873)

UA 288/99: Straßen, Wege, Brücken. Die Benennung der Straßen und Wege (1902–1921)

VA 28/46 Gemeinde Ziegelhausen, Verwaltungssachen, Spezialia XVII, Straßen, Wege und Eisenbahnen.

VA 28/47 Gemeinde Ziegelhausen, Verwaltungssachen, Spezialia XVII, Straßen, Wege und Eisenbahnen: Wegweiser, Haus- und Straßenbezeichnung betr. (1948)

VA 28/48 Gemeinde Ziegelhausen, Einzelplan Bau- und Wohnungswesen, Benennung von Straßen von 1954 bis 1974

VA NE 25/26 Gemeinde Neuenheim, Herstellung des Mönchhöfer- und Kirchhofwegs

VA NE 38: Vorortakten Neuenheim, Rubrik (neu) 26: Straßen, Wege, Brücken. (Inhalt: Akten der selbständigen Gemeinde. Bau und Unterhaltung von Straßen und Wegen. Enthält auch: Philosophenweg (1847/48))

ZGS 1/210 Straßenbenennungen

Weitere Literaturangaben finden Sie unter »Literatur« in www.haidelberg.de, der Website des *Heidelberger Geschichtsvereins e.V.*

Bildnachweise: Walter Petschan (Abbildungen zu den Wieblinger Straßennamen), Hansjoachim Räther.

hgv HEIDELBERGER GESCHICHTSVEREIN E.V.

Über den Heidelberger Geschichtsverein

Der Heidelberger Geschichtsverein e.V. wurde 1993 gegründet. Er sieht es als seine Aufgabe an, die Erforschung und Darstellung der Geschichte der Stadt Heidelberg und ihrer Ortsteile sowie der Vor- und Frühgeschichte auf ihrer Gemarkung zu fördern, das öffentliche Interesse an der Orts- und Regional-geschichte zu wecken und interessierten Bürgerinnen und Bürgern sowie den Mitgliedern des Vereins ein Forum im Sinne der Vereinszwecke zu bieten.
Der Verein veranstaltet Vorträge, Führungen und Exkursionen. Er gibt seit 1996 „Heidelberg. Jahrbuch zur Geschichte der Stadt" heraus, das im Kurpfälzischen Verlag Dr. Hermann Lehmann erscheint und im Buchhandel erhältlich ist; den Mitgliedern geht jeweils ein Belegexemplar zu.
Der Geschichtsverein sucht den Kontakt zu historischen und kulturellen Einrichtungen in der Region. Er ist als gemeinnützig anerkannt. Der jährliche Mitgliedsbeitrag beträgt 30,00 Euro. Das Beitrittsformular kann beim Vorstand angefordert werden und findet sich auch auf der Internetseite www.haidelberg.de.

Vorstand

Hans-Martin Mumm, Claudia Rink
Dr. Martin Krauß, Dr. Maike Rotzoll, Hansjoachim Räther

Vereinsadresse

Heidelberger Geschichtsverein
c/o Hans-Martin Mumm, Kaiserstraße 10, 69115 Heidelberg
E-Mail: hans-martin.mumm@gmx.de
Internet: www.haidelberg.de

Jahrbuch

Anfragen und Zusendungen an die Jahrbuchredaktion bitte über die Vereins-adresse. Die früheren Ausgaben von „Heidelberg. Jahrbuch zur Geschichte der Stadt" sind – mit Ausnahme der Jahrgänge 1 und 8 – lieferbar. Jeder Band kostet 18 Euro.

Renate Marzolff

Leontine und Victor
Goldschmidt

Gründer der von Portheim-Stiftung
Bürger in Heidelberg 1889–1942

Das Buch verdankt sein Entstehen der Suche nach dem verschollenen Leben der Leontine von Portheim. Zusammen mit ihrem Mann, dem weltbekannten Kristallographen Victor Goldschmidt, dessen enge Mitarbeiterin sie war, hat sie 1919 in der Notsituation nach dem Ersten Weltkrieg einen großen Teil ihres gemeinsamen Vermögens dem neuen badischen Staat vermacht. Ihre Stiftung für Wissenschaft und Kunst, die *Josephine und Eduard von Portheim-Stiftung*, die heute noch existiert, war als öffentliche Wohlfahrtseinrichtung und zur Unterstützung der Heidelberger Universität gedacht. Die Goldschmidts blieben Heidelberg zeitlebens verbunden, doch die Erinnerung an ihr Leben ist durch die Auswirkungen des Nationalsozialismus weitgehend gelöscht.

Das Buch versteht sich als Versuch einer Rekonstruktion.

Dr. Renate Marzolff war nach dem Studium der Romanistik, Germanistik und Kunstgeschichte von 1968 bis 2001 Gymnasiallehrerin am Hölderlin-Gymnasium Heidelberg

ISBN 978-3-930978-98-4, 2007, 185 Seiten, 26 Abb., 19,80 Euro

MATTES VERLAG

Steigerweg 69, 69115 Heidelberg
E-Mail verlag@mattes.de, Internet www.mattes.de